ELIAS DAVIDSSON

PSYCHOLOGISCHE KRIEGSFÜHRUNG UND GESELLSCHAFTLICHE LEUGNUNG

Die Legende des 9/11 und die Fiktion der Terrorbedrohung

Inhaltsverzeichnis

Elias Davidsson

Psychologische Kriegsführung und gesellschaftliche Leugnung

6. Auflage August 2020

Satz und Gestaltung: Fabio Biasio
Kontakt zum Autor: www.juscogens.org
ISBN 978-3-88975-252-9

Vorwort

Am Phänomen des modernen Terrorismus ist bemerkenswert, dass manchmal die Realität die Fiktion übertrifft. Dem Autor Elias Davidsson gelang mit Bravour am Beispiel der Attentate vom 11. September 2001 durch einen anderen Blickwinkel, dieses Paradoxon zu vermitteln, wobei der offizielle Blickwinkel weder Anfechtung noch Widerspruch duldet und androht, dies als Wegbereitung einer Verschwörungstheorie zu bezeichnen.

Um diese Herausforderung zu bestehen, müssen drei Voraussetzungen vorhanden sein:

- spezielle Kenntnisse über die Funktionsweise der Nachrichtendienste;
- ein freier Geist, der gegen die offiziellen Einflüsse gewappnet ist, die aus Staatsraison ein Glaubensbekenntnis bilden, gegen das niemand irgendetwas einwenden kann; und vor allem,
- ein besonders feines Gespür für die Einsicht, das Emotionen nicht den analytischen Geist beeinflussen sollen, so dass allein die Objektivität und die Unvoreingenommenheit gewährleistet werden können.

Deswegen reiht sich dieses Buch nicht in ein klassisches Schema ein. Es begnügt sich nicht allein damit, über ein bestimmtes Ereignis zu berichten, sondern wirft darüber hinaus ein beispielhaftes Licht auf die Versuche der US-Regierung, der Öffentlichkeit eine einzige autorisierte Fassung der Ereignisse aufzuzwingen. Dieses Buch lädt den Leser ein, sich selbst die richtigen Fragen zu stellen und sich eine eigene Meinung zu bilden.

Der Terrorismus, wessen Ursprung und Autorität er auch sei oder aus welcher Ideologie er entstehen möge, muss mit äußerster Strenge bekämpft werden. Das sollte aber in einem völlig legalen Rahmen stattfinden. Sonst würde die Tür für allerlei Überschreitungen und Abweichungen offen stehen, die den Bürger in ein unlösbares Dilemma treiben würde, in dem die einzige Alternative seiner eigenen Sicherheit darin bestünde, seine Grundrechte aufzugeben und die Einschränkung seiner Freiheiten zu akzeptieren.

Leider erlebte ich als Offizier des algerischen Nachrichtendienstes (DRS) einige abstoßende Vorkommnisse, die mein Bewusstsein kränkten und mich zur Fahnenflucht veranlasst haben. Ich verurteilte die Bekämpfung des Terrorismus mit terroristischen Methoden, z.B. die Ausführung von Anschlägen, die dem Gegner in die Schuhe geschoben wurden. Genauso unannehmbar waren politische Morde und das Gemetzel von Unschuldigen als Mittel zur Berechtigung bestimmter Maßnahmen (Tilgung des Wahlvorganges in Algerien in Januar 1992) oder für die Diskreditierung von politischen Gegnern. Diese abscheulichen Praktiken haben tatsächlich im Namen der Wiederherstellung der Ordnung und zur Erhaltung der Macht stattgefunden und das Leben tausender Menschen gekostet.

Beim Lesen des Buches von Elias Davidsson war ich von der Ähnlichkeit zwischen den operativen Methoden der Attentäter vom 11. September 2011 und jenen Operationen unter falscher Flagge, die in Algerien während des blutigen Jahrzehnts stattfanden, bestürzt. Die angsterzeugende Praxis fußt in erster Linie auf der Unterstützung der Medien, die die öffentliche Meinung manipulieren, die „Täter“ benennen und ein Spannungsklima erzeugen, das die Mehrheit der Bevölkerung zur Billigung von militärischen Angriffen verführen soll. Parallel dazu dient eine gehorsame Justiz, die Anweisungen befolgt, Verdächtige zu beschuldigen und Urteile zu fällen. Zu guter Letzt werden Lobbygruppen gegründet, um die Propaganda und Desinformation im Ausland zu propagieren, indem darauf geachtet wird, diese Medienkampagnen durch Korruption abzusichern, indem Zugang zu Märkten angeboten oder Wahlkämpfe finanziert werden.

Auch wenn das Vorhaben Agenten in terroristische Netzwerke einzuschleusen, eine legitime Methode sein kann, um Täter zu identifizieren, ihre Machenschaften zu beobachten und ihre kriminellen Pläne zu vereiteln, wird diese Methode spätestens dann verwerflich, wenn die Agenten der Nachrichtendienste sich der Justiz entziehen, außergerichtliche Hinrichtungen von Gegnern ausführen, Dorfbewohner als Strafe massakrieren, Gefangene foltern, Vergewaltigungen begehen oder Personen, die aus ihren Häusern oder von ihren Arbeitsplätze entführt werden, verschwinden lassen.

Alle diese Missetaten wurden unter dem Vorwand ausgeführt, den Terrorismus zu bekämpfen. Durch Anschläge auf und Gemetzel von Zivilisten, die islamistischen Gruppen zugeschrieben wurden, ist es den algerischen Generälen – Verursacher des Staatsstreiches von 1992 gegen die neu entstehende Demokratie – gelungen, die Zivilgesellschaft gegen die Islamisten aufzubringen und die Öffentlichkeit zwischen den Befürwortern des Staatsstreiches und den Gegnern zu spalten.

Die algerische Erfahrung mit dem Terrorismus diente vermutlich als Modell für die Amerikaner. Am Morgen des 11. September 2001 befand sich General Mohammed Mediène, „Toufiq" genannt, und Chef der algerischen Geheimdienste, in den Räumlichkeiten der CIA. War dies ein Zufall? Bestimmt nicht, denn am Tag danach erklärte sich Algerien bereit, in die amerikanische anti-terroristische Kampagne einzusteigen und ließ Washington eine Liste von 4000 Dschihadisten zukommen, die mit Al Qaida mutmaßlich in Verbindung standen. Mindestens zwei Drittel von ihnen waren Mitglieder oder Sympathisanten der Partei, die die Parlamentswahlen im Dezember 1991 gewonnen hatten (FIS - Front islamiste du salut), bevor die Wahlen durch das Militär für nichtig erklärt wurden. Diese Kämpfer hatten außerhalb Algeriens Exil gefunden, um den Ausschreitungen und Verfolgungen zu entgehen. Die Zusammenarbeit zwischen den Staaten intensivierte sich dermaßen, dass Algerien den Amerikanern den Aufbau einer Abhörzentrale in der Sahara ermöglichte sowie ihnen ein geheimes Untersuchungszentrum zur Vernehmung der aus Afghanistan verschleppten Verdächtigen errichtete.

Straffreiheit hat seinen Preis und der Terrorismus unter falscher Flagge bildet keine Ausnahme von dieser Regel. Zwischen Algerien und Frankreich existiert eine Art „Hassliebe", die seit dem Beginn der November-Revolution (November 1954) besteht. Dieser Widerspruch entstand, als die Generäle, die den Putsch gegen den Volkswillen durchführten, zum größten Teil Armeeangehörige waren, die die Uniform der französischen Kolonialtruppen während der Revolution trugen. Sie besitzen daher eine fundierte Erfahrung in dem anti-subversiven Kampf. General Paul Aussaresses, der an der Schlacht vor Algier teilgenommen hatte, lehrte in Fort Bragg in den USA Grundkenntnisse im Anti-Guerilla-Kampf, um Amerikaner für ihre Taten in Zentralamerika (Nicaragua, Panama, Guatemala) vorzubereiten. Im Jahre 1993 waren es französischen Berater, die mit den Verantwortlichen der algerischen Geheimdienste die vorgetäuschte Entführung des Ehepaars Thévenot, Angestellte am französischen Konsulat, vereinbarten. Diese vorgetäuschte Entführung diente als Vorwand für „Operation Chrysanthème", die Charles Pasqua, damaliger Innenminister, einleitete, nämlich die außergerichtliche Festnahme und Verschleppung der in Frankreich lebenden FIS-Aktivisten nach Burkina Faso.

Im Jahr 1995, unmittelbar nach der Attentatswelle, die über Frankreich hinweg rollte, und nach der Ermordung des Imams Abdelbaki Sahraoui, stattete mir in Bonn General Smaïn Lamari, Chef der algerischen Gegenspionage, einen Besuch ab. Zweck seines Besuches war die Vorbereitung der physischen Beseitigung zweier Regimegegner, die in Deutschland lebten: Rabah Kebir, der die exekutive Instanz des FIS im Ausland leitete, und Abdelkader Sahraoui. Diese beiden waren den algerischen Behörden ein besonderer Dorn im Auge, da diese Persönlichkeiten durch ihren Unternehmungsgeist und ihren guten Kontakten zu westlichen Behörden die politische Legitimität der algerischen Islamisten in Algerien stärkten.

Da ich mich vehement gegen diese Art krimineller Handlungen ausgesprochen hatte, blieb mir keine andere Wahl, als zu desertieren. Dies tat ich dann im Januar 1996. Leider wurden nach meiner Abreise die Mönche von Tibhirine im Juni 1996 ermordet. Sie hatten nicht das gleiche Glück wie Rabah Kebir und Abdelkader Sahraoui. Zwanzig Jahre nach ihrer bestialischen Ermordung ist diese Schandtat noch nicht aufgeklärt. Der Prozess zieht sich immer noch hin, zum großen Missfallen der Angehörigen der Opfer, die nicht müde werden zu klagen und zu versuchen, die Wahrheit ans Licht zu bringen. Djamel Zitouni, der sich zu ihrer Entführung bekannte, war ein Agent der algerischen Geheimdienste. Abdelkader Tigha, ehemaliger Unteroffizier des DRS und Autor des Buches „Contre Espionage Algerien – Notre lutte contre les islamistes“ (2008), hat in seiner mit Einzelheiten und Zugeständnissen gespickten Schrift bestätigt, dass General Smaïn Lamari der eigentliche Drahtzieher dieses makabren Ereignisses war. Lamari wollte die Mönche aus dem Kloster weg haben, weil sie unbequeme Zeugen der Ausschreitungen der Armee waren und verwundete Terroristen pflegten. Tigha lebt seitdem im Exil in den Niederlanden.

Es gibt zahlreiche solcher Beispiele. Sie können nicht alle in diesem kurzen Bericht erwähnt werden. Unter den prominentesten Fällen sollen nur jene erwähnt werden, in denen Spezialkräfte, die als afghanische Kämpfer gekleidet waren und Bärte trugen, an Gemetzeln von Dorfbewohnern teilnahmen. Sie sorgten dafür, dass echte Islamisten, die im Ort lebten, sie begleiteten. Diese waren einige Tage zuvor festgenommen worden und erweckten durch ihre Anwesenheit am Gemetzel den Anschein, dass diese Bluttat tatsächlich von Islamisten begangen wurde.

Diese Art der Beispiele sind Legion in Algerien. Ich kann über zahlreiche Fälle von durch Säure entstellten jungen Mädchen berichten, die sich weigerten, das Kopftuch zu tragen, sowie von Bussen in Blida, in denen Frauen und Männer getrennt voneinander fahren mussten, über die terroristischen Feldzüge gegen Intellektuelle mittels von Geheimdiensten publizierten falschen Nachrichten und über die Schaffung von künstlichen Guerillagruppen und bewaffneten Gruppierungen. Alleine die Fälle von Ali Touchent, Amari Saifi, Djamel Zitouni, Hassan Hattab machten Schule als Methoden der Manipulation. Warum darf der DRS solche Terroristen bei sich halten statt sie an der Justiz zu liefern?

Indem ich einige dieser Erinnerungen preisgebe, ist es mir ein Anliegen, ein verdientes Zeugnis für das ausgezeichnete Werk von Elias Davidsson abzulegen, das ihn stärken möge.

Mohammed Samraoui *

Bonn, 2.10.2016

* Mohammed Samraoui hat seine Erfahrungen als Geheimagent der algerischen Regierungen in seinem Buch *Chronik der Jahre des Blutes* (Zambon Verlag 2012) beschrieben.

Was uns 9/11 heute noch angeht

Von Klaus Hartmann, Bundesvorsitzender des Deutschen Freidenker-Verbandes

Die terroristischen Anschläge in den USA vom 11. September 2001 sind bis heute nicht aufgeklärt. Wen stört das? Es stört jedenfalls den Autor des vorliegenden Buches. Sein Anliegen ist es, dass dies mehr Menschen ins Bewusstsein dringt, dass sie sich nicht mit den offiziellen Erzählungen zufrieden geben, sondern eine ernsthafte, auf Fakten und Beweisen basierende, restlose Aufklärung fordern. Genauso, wie man dies eben mit Fug und Recht bei allen Kriminalfällen erwarten kann und auch erwartet. Ausgerechnet und gerade bei diesem monströsen Verbrechen namens „9/11" gibt es überhaupt keinen Grund, darauf zu verzichten, mit anderen Maßstäben zu messen. Zumal wir mit den kriegerischen Folgen auch 15 Jahre nach dem Ereignis konfrontiert sind und ein Ende nicht in Sicht ist.

Doch bemerkenswerterweise gilt es in einer Öffentlichkeit, die eine „Informationsgesellschaft" sein will, als unfein und deplatziert, die offizielle Erzählung zu 9/11 anzuzweifeln. Schon wer nur Fragen stellt, Zweifel äußert, auf Ungereimtheiten aufmerksam macht, begibt sich auf ein Minenfeld, bekommt schnell das Etikett „Verschwörungstheoretiker" aufgeklebt. Das ist das Mindeste, wahlweise werden Kritiker auch als „Spinner" diffamiert, des „Antiamerikanismus" geziehen oder als „Antisemiten" abgestempelt. Welche Motive und Interessen leiten die Urheber der Diffamierung?

Solche Etikettierungen sind der Wahrheitsfindung abträglich, und das ist womöglich der Zweck. Sie widersprechen einer demokratischen und freien Diskussionskultur. 15 Jahre danach beansprucht die amtliche Sicht auf 9/11 den Status einer nicht hinterfragbaren,

„endgültigen Wahrheit". Zur Durchsetzung der amtlichen Sicht funktionieren die „Qualitätsmedien" wie Amtsblätter der Obrigkeit. Ihre Deutung wird zum verordneten Glaubenssatz. Sowas nennt man ein Dogma. Ketzern drohen zwar nicht unmittelbare Höllenstrafen, aber in der öffentlichen Meinungsbildung für gleichsam verrückt erklärt zu werden, kommt dem mittelalterlichen Pranger schon recht nahe.

Mit einer solchen Situation können sich Freidenker wie der Autor Elias Davidsson schwerlich abfinden. In seiner programmatischen „Berliner Erklärung" (1994) hat der Freidenkerverband das Freie Denken u.a. definiert als „ein Denken … das sich befreit von religiösen oder anderen Dogmen und Tabus" und das „Fragen, Zweifel und Kritik als Mittel zur Erkenntnis" nutzt.

Auch Formulierungen in weiteren Dokumenten kann man als Kommentar zur vorliegenden Thematik lesen: „Wer die von den Leitmedien dekretierten Deutungen der Wirklichkeit anzweifelt, wird als ‚Verschwörungstheoretiker' aus der ‚erlaubten' Meinungsbildung ausgeschlossen. Der in der Kriegsberichterstattung erfundene ‚eingebettete Journalismus' ist ein Schlüsselbegriff der gesamten, wie gleichgeschaltet funktionierenden Medienwirklichkeit, er enthüllt die zentrale Aufgabe: die Einschläferung jeden kritischen Geistes, die Ausschaltung jeder selbstständigen Gehirntätigkeit." (Beschluss Freidenker-Verbandstag 2009, Berlin.) „Gegen den verlockenden Reiz, zum ideologischen ‚Mainstream' zu gehören, muss durch widerständische Bildung die Lust zu Widerspruch und Ungehorsam geweckt werden." (Beschluss Freidenker-Verbandstag 2012, Nürnberg.)

Gerade 9/11 sollte Anlass sein, nicht mit dem Strom zu schwimmen, nicht mit den Wölfen zu heulen, sondern sich auf Immanuel Kants „Wahlspruch der Aufklärung" zu besinnen: „Habe Mut dich deines eigenen Verstandes zu bedienen!". Eine große Zahl von US-Bürgern hat diesen Mut. Bei ihnen kann der Vorwurf des „Antiamerikanismus" schwerlich verfangen. Mehr als 2000 Berufskollegen haben sich in der Vereinigung „Architekten und Ingenieure für die Wahrheit über 9/11" zusammengeschlossen. Sie fühlen sich durch die regierungsamtlichen Legenden in ihrer Berufsehre beleidigt. Die Auffassung, dass die WTC-Türme durch kontrollierte Sprengung zum Einsturz gebracht wurden, findet sich nicht nur in Blogs von Außenseitern, sondern jüngst auch im renommierten Physik-Fachjournal „EuroPhysicsNews" (EPN) Nr. 47, Juli/August 2016. Die Autoren fordern eine „neue, ergebnisoffene Untersuchung", und selbst Bob Graham, der ehemalige Leiter der offiziellen 9/11-Untersuchungskommission, meint: „Die Geschichte von 9/11 muss neu geschrieben werden."

Das vorliegende Buch leistet dazu einen Beitrag. Die Neubetrachtung des Ereignisses, das nun über 15 Jahre zurückliegt, ist umso wichtiger, als es bis heute unser Leben auf vielerlei, uns oft nicht bewusste Weise prägt. Zunächst war es der Anlass, den sogenannten „Krieg gegen den Terror" auszurufen. US-Präsident George W. Bush verkündete am Abend des 11.09.2001: „Dieser Kreuzzug, dieser Krieg gegen den Terrorismus, wird lange dauern". Im Juli 2001 waren die Öl-Verhandlungen mit den Taliban erfolglos abgebrochen worden.

Vielen Zeitgenossen ist nicht geläufig, dass mit dem Vorwurf „Verschwörungstheorie" eine Kampagne der CIA recycelt wird, die seinerzeit Zweifler an der offiziellen Version der Kennedy-Ermordung als Spinner abqualifizieren sollte. Keine „Verschwörungstheorie" ist auch der Plan: „Wir werden sieben Staaten in fünf Jahren zerstören". Das gab der ehemalige Oberbefehlshaber der NATO, General Wesley Clark, zu Protokoll – Clark hatte die NATO-Aggression gegen Jugoslawien 1999 kommandiert. Nach seiner Aussage präsentierte ihm ein Pentagon-Mitarbeiter kurz nach den Anschlägen ein Memo des Verteidigungsministers, in dem der Irak, Syrien, Libanon, Libyen, Somalia, Sudan und Iran genannt werden.

In 15 Jahren haben die Vereinigten Staaten mehr als 10.000 ihrer Mitbürger geopfert, während ihr Krieg mehr als 2 Millionen Tote in dem „Erweiterten Mittleren Osten“ forderte. Um jene zu vernichten, die sie als ihre Feinde bezeichnen, haben sie mehr als 3500 Milliarden Dollar ausgegeben. Und ein Ende der Massaker ist nicht in Sicht.

Erfahrungsgemäß wird die Aggression nach außen von Repression nach innen flankiert. Seit über 15 Jahren lebt die Bevölkerung der USA unter dem Regime des „Patriot Act“ – also einem permanenten Ausnahmezustand: im Ausland wird Folter praktiziert, die eigene Bevölkerung massiv bespitzelt. Auch rein formal betrachtet können die USA nicht mehr beanspruchen, ein Rechtsstaat zu sein. Die Gewaltentrennung nach Montesquieu ist aufgehoben, Legislative und Judikative sind nicht mehr fähig, die Exekutive zu kontrollieren.

Auch in Deutschland schreitet der Ausbau des Überwachungsstaates voran, auch hier sind als „islamistisch“ deklarierte Anschläge der Anlass. Die Massenmedien verspüren bei Terroranschlägen zwar wenig Lust auf Recherche, schüren aber die Angst vor Muslimen und dem Islam. Das soll die Akzeptanz westlicher Interventionen und Aggressionen in der arabisch-islamischen Welt ebenso fördern wie die der polizeistaatlichen Aufrüstung.

Ob 9/11, ob „islamistischer Terror“ in den folgenden Jahren – sie sollten uns an einige länger zurückliegende Anschläge erinnern: das Oktoberfest-Attentat 1980 in München, bis heute unaufgeklärt, und jenes auf den Bahnhof von Bologna im selben Jahr. Vermutungen, dass es sich um Anschläge unter „falscher Flagge“ handelte, wurden auch zunächst als „Verschwörungstheorie“ lächerlich gemacht, inzwischen kann man selbst bei „wikipedia“ lesen:

„Die Strategie der Spannung (italienisch *strategia della tensione*) ist ein 1990 in Italien bekannt gewordener Begriff für eine Reihe unter ‚falscher Flagge‘ inszenierter terroristischer Aktivitäten von italienischen Geheimdiensten, Rechtsextremisten, der NATO/CIA-Geheimorganisation Gladio und der Geheimloge Propaganda Due (P2). Diese hatten das Ziel, die öffentliche Meinung zu Ungunsten der politischen Linken zu manipulieren, insbesondere der

Kommunistischen Partei Italiens. Weil sich ähnliche Vorgänge auch in anderen Ländern nachweisen ließen, wird der Begriff mittlerweile generell für bestimmte staatsterroristische Aktivitäten verwendet, siehe Strategie der Spannung."

Eine andere wesentliche Begleiterscheinung der Kriege ist die ideologische Seite, die psychologische Kriegsvorbereitung. Mit den Anschlägen vom 11.09.2001, dem Einfall in Afghanistan und dem zweiten Irak-Krieg wurde die „Islamische Gefahr" kreiert als Dauerkriegspropaganda für die Heimatfront. Die Deutung der imperialistischen Angriffskriege als Kulturkampf entlastet die Aggressoren und blendet die imperialistischen Interessen aus.

Bei genauerer Betrachtung zeigt sich, dass der Imperialismus keineswegs unterschiedslos islamische Länder ins Visier nimmt. Mit Saudi-Arabien, den Golf-Monarchien und auch der Türkei bestehen enge Waffenbruderschaften und strategische Partnerschaften. Laut Präsident Bush wären die Anschläge vom 11. September von al-Kaida verübt worden, genau jenem Verein, der zuvor wiederholt „gute" Dienste geleistet hat.

Zunächst wurden in den 1980er Jahren in Afghanistan islamistische Terroristen von den USA im Verbund mit Saudi-Arabien und Golfmonarchien rekrutiert, bewaffnet, trainiert und in den Kampf gegen die gewählte sozialistische Regierung und die ihr zur Hilfe gekommene Sowjetarmee eingesetzt. Nach ihrem „Erfolg", der Einsetzung einer islamistischen statt sozialistischen Regierung, suchten viele Söldner nach einer „Anschlussverwendung". Die kam mit dem Krieg in Bosnien wie gerufen. Zuletzt erfreute sich die „arabische Legion" Bin Ladens großer Beliebtheit im Westen, als sie bei der NATO-Aggression 1999 gegen Jugoslawien zur Unterstützung der kriminellen Organisation UCK die Hilfstruppe der NATO-Luftwaffe spielen durfte.

In scharfem Kontrast zur Kriegspropaganda über die „islamische Gefahr" wurden mit dem Irak, Libyen und Syrien gerade Staaten angegriffen und zerstört, die säkular verfasst waren und in denen Menschen unterschiedlicher Konfession friedlich zusammenlebten. Die Doppelmoral der USA zeigte sich zuletzt besonders augenfällig in Syrien, wo seit Beginn des von imperialistischen Kräften inszenierten Aufstands im Jahr 2011 der al-Kaida-Ableger al-Nusra als Instrument der US-amerikanischen Kriegspläne fungiert. Zur Terrororganisation Daesch („IS") belegen US-Geheimdienstdokumente, dass die USA die Schaffung eines salafistischen Herrschaftsgebietes zwecks Isolierung der syrischen Regierung förderten. Der russische Außenminister Sergej Lawrow informierte am 4. Juni 2016, sein US-Amtskollege habe ihn gebeten, die Verbündeten der al-Kaida in Syrien nicht zu bombardieren.

Nachdem die Saat der jahrelangen Anti-Islamhetze schließlich aufging, vergießen Regierende und „Qualitätsmedien" Krokodilstränen, wenn Pegida oder AfD Ressentiments gegen Muslime mobilisieren. Die selben Politiker und Medien sind jetzt schnell bei der Hand, diese Demonstranten als Deppen und als Nazis zu beschimpfen. Dabei handelt es sich um Betrogene, betrogen von den selben, die sie jetzt verächtlich machen, Betrogene, die den Betrug nicht durchschauen, und so das Geschäft der Betrüger betreiben.

Sie kommen sich damit fürchterlich „politisch unkorrekt" vor, dabei plappern sie nur die vormalige Regierungs- und NATO-Propaganda nach. Weswegen ihnen auch eine breitere Resonanz in der Bevölkerung gewiss ist: der Boden ist schon gedüngt. Sie glauben, für ihre Interessen zu demonstrieren, und werden doch nur am Nasenring durch die Manege geführt. Kritik an den Pegida-Demonstranten ist wohlfeil. Aber eine Kritik, die diese Zusammenhänge nicht offenlegt und thematisiert, ist keine Aufklärung und kein Antifaschismus, sondern spielt im herrschenden Betrugssystem mit.

Die vorliegende Arbeit von Elias Davidsson will mit einer Fülle von Fakten den Widersprüchen der offiziellen 9/11-Legende auf die Spur kommen. Damit wird ein wichtiger Beitrag zu einem Kapitel der jüngeren Geschichte geleistet. Verdienstvoll ist dies aber besonders deshalb, weil dieses Kapitel nicht „Geschichte“ ist, sondern bis heute nachwirkt: Die seit 2001 vom US-Kongress erteilte Kriegsermächtigung an den Präsidenten, ohne räumliche und zeitliche Beschränkung, ist weiterhin in Kraft. Ein imperialistischer Aggressionskrieg nach dem anderen findet seitdem statt, ebenso verdeckte Aktionen mit dem selben Ziel: „Regime Changes“ durchzuführen und „ungehorsame“ Staaten platt zu machen. Damit wird das Völkerrecht mit seinem Gewalt- und Interventionsverbot aus den Angeln gehoben.

Die innenpolitischen Nebenwirkungen sind der fortgesetzte Abbau demokratischer Rechte und der autoritäre Staatsumbau. An der ideologischen Front findet Volksverhetzung durch die Produktion von Feindbildern und Sündenböcken statt mit dem Ziel der Spaltung der Gesellschaft und der Unterbindung von Protest gegen all diese bedrohlichen Tendenzen sowie deren wahren Nutznießer.

In der Summe und im Zusammenhang betrachtet folgen diese Entwicklungen einer „Logik“ imperialistischer Herrschaftssicherung, die zur Aufrechterhaltung des Status der USA als „einziger Weltmacht“ und des „Rests“ als „Vasallen und Tributpflichtigen“ (wie es der ehemalige Sicherheitsberater Zbigniew Brzezinski so klassisch formulierte) die Niederhaltung, Einkreisung und die Konfrontation mit Russland und China ansteuert. Dabei wird auch ein neuer, großer Krieg nicht ausgeschlossen. Dieser Marsch in den Untergang kann und muss gestoppt werden. Dazu müssen alle Friedenskräfte und alle vom Imperialismus bedrohten Staaten zusammenarbeiten – für Frieden und Völkerverständigung in einer multipolaren Weltordnung, einer Welt von Gleichen.

Einleitung

Seit dem 11. September 2001 wird gegen die Völker der Welt ein unerbittlicher psychologischer Krieg geführt, der jedoch weitgehend geleugnet wird. Diese Leugnung gefährdet zwar nicht das Leben der Menschen auf der Erde, aber trägt zur Unterminierung der Grundlagen der modernen Zivilisation bei. Die zahlreiche Terroranschläge, die in Nord-Amerika und Europa begangen wurden, deuten auf eine langatmige Strategie die vom Einsatz erheblicher Ressourcen getragen wird.

Psychologische Kriegsführung beschränkt sich nicht auf Propaganda, sondern wird auch je nach Bedarf durch konkrete Aktionen wie z. B. Terroranschläge ergänzt, deren Hauptzweck nicht das Auslöschen des Lebens, sondern die mediale und politische Ausschlachtung der Ereignisse ist.

In diesem Buch werden durch Fallstudien die strategische Ziele und die Kampfmittel des gegenwärtigen Terrors sowie seine Leugnung veranschaulicht. Der Autor betrachtet dieses Buch als Aufklärungsschrift zur Bewahrung des Rechtsstaates, des Friedens und für eine gerechtere Gesellschaftsordnung. Er folgt in seiner Vorgehensweise tradierten, wissenschaftlichen und forensischen Methoden der Beweisführung und der Wahrheitsfindung. Er stellt den LeserInnen seine sämtlichen Quellen zur Verfügung, um sie zu befähigen, seine Befunde und Analysen kritisch zu bewerten.

* * * * *

Als Einführung zum Thema der gegenwärtigen psychologischen Kriegsführung ist kein Ereignis besser geeignet als der 11. September 2001, weil dieses Ereignis am leichtesten zu entziffern ist. *Erstens* gibt es über die Ereignisse des 9/11 eine umfangreiche und öffentlich zugängliche Dokumentation, die bei anderen Terroranschlägen nicht vorhanden ist. *Zweitens* hinterließen die Täter aus Fahrlässigkeit viele Spuren, die man zur Aufklärung heranziehen konnte. Wer sich für das Verständnis der jüngsten Terroranschläge interessiert, ist gut beraten, sich mit 9/11 zuerst auseinanderzusetzen. Daher ist die Lektüre des ersten Teils des Buches allen Lesern besonders empfohlen.

Die strategische Bedeutung der Anschläge des 9/11 sollte für jeden ersichtlich sein, sobald man die Folgen des Zusammenbruchs der Sowjetunion zur Kenntnis nimmt. Kapitel 1 befasst sich mit der Reaktion der führenden Kreise des Westens auf diese neue globale Situation, die ihnen eine einmalige Gelegenheit bot.

Der zweite Teil des Buches versucht, zum Verständnis des Phänomens Terrorismus beizutragen. Traditionell wird zwischen zwei Haupttypen von Terrorismus unterschieden: *Der erste Typus* ist der Staatsterrorismus, der sich primär auf die Terrorisierung einer Gesellschaft seitens ihrer eigenen Machthaber bezieht, wie z.B. im Dritten Reich. Eine erweitere Definition des Staatsterrorismus umfasst auch Kriegsmaßnahmen, wie z.B. die Bombardierung von Städten. *Der zweite Typus* bezieht sich auf politische Gewalt, die von Aufständischen gegen unbeteiligte Zivilisten ausgeübt wird. Das vielleicht bekannteste Beispiel für authentischen Terrorismus sind die Anschläge von Palästinensern in Israel, die sie als einen Akt der Verzweiflung gegen die bald 50-jährige israelische Besatzung ausführen. In diesem Buch wird ein *dritter Typus* des Terrorismus vorgestellt, nämlich der verdeckte Staatsterrorismus. Verdeckter Staatsterrorismus ist in Europa durch die Anschläge des Gladio-Netzwerks in Italien und Belgien während des Kalten Krieges bekannt geworden. Verdeckter Staatsterrorismus ist eine bevorzugte Methode der psychologischen Kriegsführung.

Um zwischen authentischem und verdecktem Staatsterrorismus zu unterscheiden, präsentiere ich (Teil II/1) eine Liste von zehn Kriterien, die eine grobe Einordnung von Terroranschlägen ermöglicht. Als Demonstration dieser Bewertungsmethode habe ich diese Kriterien auf zwölf bekannte Terrorereignisse der letzten Jahre angewendet. Dieses Experiment können die LeserInnen beliebig ändern, um die Beständigkeit und Nützlichkeit der Methode zu überprüfen.

Um das Risiko einer beschworenen Gefahr einschätzen zu können, benutzen wir nicht nur den gesunden Menschenverstand, sondern auch konkrete Zahlen über die Häufigkeit der Gefahr sowie die Art und das Ausmaß ihrer schädlichen Folgen. Das gilt für die Einschätzung des Risikos von Naturkatastrophen, Epidemien, Verkehrsunfällen sowie der terroristischen Gefahr.

Teil II/2 beinhaltet statistisches Material über das Ausmaß terroristischer Ereignisse Welt- und europaweit sowie speziell in Deutschland. Diese Zahlen werden hier erstmalig veröffentlicht.

Teil II/3 beschreibt unter dem etwas skurrilen Titel „Die Pflege der Fiktion", wie der Glaube an den offiziellen Diskurs über 9/11 und an die Bedrohung durch den internationalen Terrorismus gepflegt wird.

In Teil II/4 werden die bekanntesten Terrorverfahren der letzten Jahre in Deutschland untersucht. Damit soll noch gründlicher der Frage nachgegangen werden, wie groß die Terrorgefahr in Deutschland tatsächlich ist. Wer bisher Zutrauen zur deutschen Justiz hatte, wird durch die Lektüre dieses Kapitels eines Besseren belehrt.

Wer die beiden ersten Teile des Buches gelesen hat, mag sich fragen, wie das deutsche Bildungsbürgertum mit den in diesem Buch angeführten Tatsachen umgegangen ist. Dieser Fragestellung wird im dritten Teil des Buches ausführlich nachgegangen. In drei Schritten wird die Handhabung der Ereignisse des 9/11 und der mutmaßlichen Bedrohung durch den islamistischen Terrorismus seitens der Medien, der Politik und der Wissenschaft untersucht. Wenn die Gegenüberstellung zwischen den ersten beiden Teilen des Buches und der Rezeption durch das Bildungsbürgertum jemand überraschen oder schockieren sollte, dann lag dies in der Absicht des Autors.

Im letzten und vierten Teil des Buches werden die wichtigsten außen- und innenpolitischen Maßnahmen beschrieben, die westliche Regierungen *im Namen* der 9/11-Legende und der Terrorfiktion für Kriege und Unterdrückung verabschiedet haben. Hier werden die strategischen Ziele des Krieges gegen den Terror und damit die Aufrechterhaltung der Terrormythen sichtbar.

Über Methodik

Die Ermittlung einer Straftat beginnt immer mit den unbestreitbaren Fakten. Im Fall des 9/11 fangen wir daher mit der Feststellung an, dass drei Hochhäuser am Abend des 11. September 2001 nicht mehr existierten. *Wie sie zusammenbrachen,* steht auf einem anderen Blatt. Dass zwei Linienflugzeuge in die Hochhäuser hineinflogen, ist nicht eindeutig feststellbar, da (a) Augenzeugen nicht den Typ und die Nummer der Flugzeuge feststellen konnten; und (b) eine nachträgliche Bestimmung der Fakten von Außenseitern nicht gewährleistet war. Außenseiter konnten sich daher nicht auf ihre eigene Sinneserlebnisse – wie die Feststellung der Abwesenheit der Hochhäuser – sondern nur auf einen Polizeidiskurs berufen. Noch weniger ist die Behauptung unbestreitbar, dass 19 Muslime Passagierflugzeuge gekapert hatten. Nicht nur konnte niemand die mutmaßlichen Piloten der anfliegenden Flugzeuge sehen, geschweige ihre Religion feststellen, sondern niemand hatte diese beim Einsteigen in die Flugzeuge identifiziert oder gesichtet.

Ermittler, Journalisten und Historiker erfahren selten das Subjekt ihrer Untersuchung durch die eigenen Sinne. Sie sind gezwungen, Geschichten über das Ereignis zu bewerten: Darstellungen von Augenzeugen, Bilder, Videos, Tonaufzeichnungen, Manuskripte. Auch Geschichten aus erster Hand sind im besten Fall subjektiv und bieten nur eine Perspektive. Darstellungen eines Ereignisses sind auch oft mit Irrtümern oder sogar mit absichtlichen Verzerrungen befrachtet. Sogar unverfälschte Bilder und Videos sind insoweit subjektiv, als sie eine Wahl des Subjekts voraussetzen, zeitgebunden sind, und nur eine Perspektive vermitteln. Der geschickte Forscher muss diese Teilgeschichten auf Grund seiner analytischen Fähigkeiten vergleichen und versuchen, soweit es ihm möglich ist, zu einer einigermaßen kohärenten Beschreibung der Ereignisse zu gelangen, die die Gesetze der Physik, der Logik und des gesunden Menschenverstandes respektiert. Ob es ihm gelingt, sollen die Leser beurteilen.

Ein verbreitetes Missverständnis besteht darin, dass für eine angemessene Ermittlung *alle* Fakten herangezogen werden müssen. Erfahrene Ermittler wissen, dass nicht alle rohe Fakten gleich erheblich sind und dass diese nicht in einer willkürlichen Reihenfolge zu bewerten sein sollten. Um zu wissen, wie jemand einen Wagen gestohlen hat, müssen wir nicht erst seinen Geburtstag kennen. Im Fall der Münchner Ereignisse vom 22. Juli 2016 müssen wir uns z.B. nicht mit der geistigen Gesundheit des mutmaßlichen Amokläufers befassen, bevor seine Teilnahme an den Anschlägen eindeutig festgestellt worden ist. Im Fall der Anschläge des 9/11 ist die Ideologie von Al Qaeda unerheblich, solange die Teilnahme von islamistischen Fanatikern nicht eindeutig festgestellt wurde. Das erklärt, warum ich einige medial hervorgehobene Aspekte der einzelnen Terroranschläge aus Platzgründen in diesem Buch unberücksichtigt gelassen habe.

Sämtliche von mir herangezogenen Quellen sind öffentlich und leicht zugänglich. Es sind weitgehend Beiträge aus so genannten seriösen Medien, aus Gerichtsakten, Berichten von offiziellen Untersuchungskommissionen, Äußerungen von AmtsträgerInnen und dergleichen. Es werden auch gelegentlich wertvolle Beiträge aus privaten Blog-Seiten zitiert. Da ich nicht die Echtheit, Präzision bzw. den Wahrheitsgehalt der Urquellen nachprüfen kann, versuchte ich, diese Einschränkung durch das Heranziehen von mehreren unabhängigen Quellen zum selben Sachverhalt zu kompensieren. Dies mag nicht immer für den Leser offensichtlich sein, da ich aus Platzgründen in der Regel nur eine Quelle von mehreren zitiert habe. Im Zweifelsfall sollten die Leser andere Quellen aufsuchen. Wenn nichts anders angeführt wird, so sind alle fremdsprachlichen Zitate (Englisch, Französisch und anderen Sprachen) von mir selbst übersetzt.

Zugang zu Quellen

Ich habe mich bemüht, für jede Tatsachenbehauptung und jedes Zitat die genaue Quelle anzugeben, um den Lesern die Gelegenheit zu geben, die Genauigkeit und Echtheit meiner Befunde nachzuprüfen. Da Internetquellen gelegentlich auf eine neue Adresse umgeleitet oder sogar gelöscht werden, habe ich, wo es mir möglich war, die zitierten Beiträge auf meiner Webseite sicherheitshalber „gespiegelt". Diese gespiegelte Version kann wie folgt abgerufen werden: Hinter den Quellennachweisen finden Sie in der Regel eine Zahl mit einem vorangestellten Zeichen # oder =.

Für Zahlen mit einem vorangestelltem '#' befindet sich der Beitrag auf aldeilis.net/fake/nnn.pdf (wobei nnn für die Zahl steht).

Für Zahlen mit einem vorangestelltem '=' befindet sich der Beitrag auf aldeilis.net/terror/nnn.pdf (wobei nnn für die Zahl steht).

Zur Qualität der Beweisführung

Die Sachverhalte, die in diesem Buch untersucht werden, entziehen sich wegen der Geheimhaltung der Staaten einer vollständigen Aufklärung. Das bedeutet aber nicht, dass Menschen sich als neutrale Zuschauer eines akademischen Streits verhalten sollten, denn es geht um ihre eigene Sicherheit. Staaten sind die primären Nutznießer von terroristischen Anschlägen, weil solche Ereignisse ihnen die Möglichkeit bieten, ihren Unterdrückungsapparat (Armee, Polizei, Geheimdienste) zu stärken. Wer von einem Verbrechen Nutzen zieht, gilt in der Regel als verdächtig, und muss deshalb selbst seine Unschuld unter Beweis stellen. Staaten, die terroristische Ereignisse auf ihrem Territorium nicht gründlich und transparent untersuchen wollen, stehen unmittelbar unter Verdacht der Verdunkelung oder der Beteiligung. Ferdinando Imposimato, ehemaliger italienischer Abgeordneter, Senator und Richter, brachte diesen Sachverhalt auf den Punkt, als er im Vorwort zum Buch des ehemaligen Offiziers der algerischen Spezialkräfte Souaïdia schrieb:

> Bei [der] Wahrheitssuche ist Umsicht geboten, da es zu vermeiden gilt, eine opportunistische Wahrheit durch eine andere, ebenso wenig schlüssig erwiesene zu ersetzen, insbesondere bei terroristischen Verbrechen, für die niemand eindeutig die Verantwortung übernommen hat. Aber wir dürfen auch nicht dem Fehler verfallen, zu behaupten, man könne einen Sachverhalt in Ermangelung mathematischer, unumstößlicher Beweise nicht hinreichend belegen.[1]

Danksagung

Die Anregung zu diesem Buch verdanke ich ganz besonders Giuseppe Zambon, meinem Verleger. Es gibt nur sehr wenige Verleger in Deutschland, die bereit sind, Materialien zu veröffentlichen, die die Glaubwürdigkeit sämtlicher gesellschaftlicher Institutionen erschüttern. Ich hoffe, dass er auch die Herausforderung dieser Veröffentlichung gut bestehen wird. Ein herzlicher Dank geht an Klaus von Raussendorff für seine hilfreichen politischen Hinweise. Ich danke Günter Schenk und Theo Genn für ihre nützlichen Anregungen zur Realisierung der 2. Auflage dieses Buches. Ich danke auch Freunden, Kollegen und politischen Gegnern, die mich entweder wohlwollend oder unbeabsichtigt zu dieser Arbeit angeregt und meine Motivation permanent stimuliert haben. Dieses Buch wäre aber auch nicht zustande gekommen, ohne die bereits geleisteten Forschungsarbeiten von zahlreichen Journalisten und Autoren, die jedoch nicht immer die Brisanz ihrer Befunde erkannt haben. Sie werden an den betreffenden Stellen im Buch zitiert.

TEIL I

BAUSTEINE DER 9/11-LEGENDE

Einleitung zum Thema 9/11

Am 11. September 2001 wurde der ganzen Welt ein Spektakel des Entsetzens aufgebürdet. Fernsehsendungen wurden weltweit unterbrochen und ganze Völker wurden in Echtzeit durch einen Massenmord erschüttert. Ungefähr 3.000 Menschen sind durch dieses Verbrechen ums Leben gekommen.[2]

Ein persönliches Geständnis

Wie Millionen von Menschen saß auch ich – wie viele Friedensaktivisten – erschüttert vor dem Fernsehschirm und konnte meinen Augen kaum trauen. Islamistische Terroristen sollen es mit kurzen Teppichmessern geschafft haben, die Supermacht USA bis ins Mark zu treffen. Als Gegner der US-amerikanischen Außenpolitik interpretierte ich diese Anschläge als eine schreckliche Vergeltung seitens islamistischer Militanter gegen diese Politik. Dass die Politik der USA, wie z. B. in der Palästinafrage, von vielen Muslimen heftig kritisiert wird, war bekannt. Die Bereitschaft von palästinensischen Nationalisten Selbstmordanschläge zu begehen, unterstrich die Glaubhaftigkeit der Behauptung, dass die Anschläge in den USA auch von Selbstmordattentätern begangen wurden. Daher beschränkten sich die Debatten über die Anschläge auf die Motive der Angreifer und die Wahl der geeigneten Gegenmaßnahmen. Ich stellte damals die öffentliche Darstellung der Ereignisse nicht in Frage.

Ein Jahr später fiel mir ein Buch von Thierry Meyssan über den 9/11 in die Hände. Obwohl mich das Thema damals nicht besonders interessierte, blätterte ich aus Neugier im Buch. Der Autor stellte die offizielle Darstellung der Ereignisse in Frage und tat dies mit Hinweisen auf Beiträge, die in angesehenen US-Medien erschienen sind. Als unverbesserlicher Skeptiker prüfte ich sorgfältig die angeführten Quellen. Zu meinem Erstaunen war hier kein Schwindler am Werk: Die Quellen waren alle authentisch. Mir wurde plötzlich bewusst, dass ich ein ganzes Jahr betrogen wurde. Diese Entdeckung veranlasste mich, die Umstände der Anschläge selbst zu untersuchen. Diese Untersuchung beschäftigte mich über zehn Jahre. Sie mündete in der Veröffentlichung meines ersten Buches „Hijacking America's Mind on 9/11" in den USA im Jahre 2013. Diese Arbeit änderte mein Verständnis des modernen Staates und der Gesellschaftsordnung und erschloss mir neue Perspektiven in Bereichen, die ich vorher unbeachtet gelassen habe. Das vorliegende Buch gibt den augenblicklichen Stand meiner Forschungen wieder. Bei meinen Bemühungen, den Massenmord vom 11. September 2001 aufzuklären, versuche ich so weit wie möglich, der forensischen Vorgehensweise von Strafermittlern zu folgen.

Die Befestigung der öffentlichen These zum 9/11

Es vergingen nur wenige Minuten nach dem Aufprall eines Flugkörpers[3] auf den Nordturm des World Trade Centers (WTC) in New York, bis Fernsehkommentatoren Osama bin Laden als den Hauptverdächtigen bezeichneten. Präsident George W. Bush erklärte während eines Schulbesuchs in Florida innerhalb von 30 Minuten, dass die Vereinigten Staaten (aus dem Ausland) angegriffen worden seien. Die wesentlichen Merkmale der offiziellen Darstellung der Ereignisse wurden vom US-amerikanischen Kongress innerhalb von 24 Stunden einstimmig festgestellt, ohne irgendeine Ermittlung abzuwarten. Sämtliche Mitglieder des Kongresses erklärten ihre uneingeschränkte Unterstützung für den US-Präsidenten als Oberbefehlshaber der Streitkräfte, eine Kriegserklärung vorausschickend, und beriefen sich auf die schützende Hand Gottes, um jegliche Infragestellung der offiziellen Fassung als Ketzerei erscheinen zu lassen.[4] Kein Mitglied des Kongresses stellte Fragen zu den Tatvorgängen des vorigen Tages. Journalisten schienen nicht besonders überrascht über die ungewöhnliche Schnelligkeit, mit der die Tatbestände der komplexen Anschläge, die Namen der mutmaßlichen Täter und die Gründe der Zusammenbrüche der Zwillingstürme festgestellt wurden.

Einzelheiten der offiziellen Darstellung wurden innerhalb von wenigen Tagen ergänzt und bestehen bis heute als die endgültige offizielle Wahrheit über dieses Verbrechen. Diese Darstellung kann wie folgt zusammengefasst werden:

> Am Morgen des 11. September 2001 wurden vier große Passagierflugzeuge, welche die Flugnummern AA11, UA175, AA77 und UA93 trugen, von kleinen Teams fanatischer Muslime entführt. In jedem Team von 4 bis 5 jungen Männern befand sich ein ausgebildeter Pilot. Die Luftpiraten errangen die volle Kontrolle über die Flugzeuge mit Teppichmessern und flogen unbehelligt von der US-Luftwaffe eine Boeing 767 (Flugnr. AA11) in den Nordturm des WTC in New York, eine weitere Boeing 767 (Flugnr. UA175) in den Südturm und eine Boeing 757 (Flugnr. AA77) ins Pentagon. Das vierte Flugzeug, eine Boeing 757 (Flugnr. UA93) sollte vermutlich über dem Weißen Haus abstürzen, hat aber ihr Ziel nicht erreicht. Das Flugzeug soll auf einem Feld in Pennsylvania abgestürzt sein, nachdem die Passagiere rebellierten und damit das Flugzeug über einem brachen Bereich zum Absturz brachten.
>
> Infolge des Einschlages der Flugzeuge in die Zwillingstürme und des daraufhin ausbrechenden Feuers sind beide Türme kurze Zeit später in sich zusammengefallen. Insgesamt starben bei den Anschlägen rund 3.000 Menschen. Osama bin Laden und sein al-Qaida-Netzwerk wurden kurz danach für die Anstiftung, Planung, Finanzierung und Ausführung der Angriffe verantwortlich gemacht.

Die Angriffe des 9/11 wurden von Politikern als ein „Schlüsselereignis“, „historisches Ereignis”, „historischer Wendepunkt”, „Tag, der die Welt veränderte”, „neues Zeitalter“ oder „neues Kapitel in der Geschichte“ bezeichnet. Die sofortigen verbalen Äußerungen und ergriffenen Maßnahmen der Regierungen und internationalen Organisationen zu 9/11 bestätigten diese Wahrnehmung.

1 Der Weg zum 9/11

Die Sowjetunion bestand seit der Oktoberrevolution von 1917 bis zum 26. Dezember 1991, dem Tag ihrer Selbstauflösung. Der sowjetische Staatspräsident Michail Gorbatschow trat Tags zuvor zurück. Seit Mai 1985 versuchte Gorbatschow erfolglos, die sowjetische Wirtschaft zu reformieren und zu beleben. Seine Liberalisierungsmaßnahmen führten ab 1986 zur Entstehung von nationalistischen Bewegungen und ethnischen Auseinandersetzungen innerhalb der verschiedenen Sowjetrepubliken. Die Berliner Mauer fiel am 9. November 1989. Einen Monat später trafen sich US-Präsident George Bush Senior und Michael Gorbatschow auf Malta, wo sie „die raschen Veränderungen in Osteuropa diskutierten".

Zu welchem Zeitpunkt westliche Politiker den Untergang der Sowjetunion und des Warschauer Paktes auch vorausgeahnt hatten, so stellte dieser Untergang eine historische Herausforderung für all jene dar, die ihre globale Politik nach dem Paradigma des Kalten Krieges ausgerichtet hatten. Das Verschwinden der Sowjetunion eröffnete zugleich neue, verlockende Möglichkeiten für die USA, um ihren globalen Einfluss zu stärken.

1.1 Eine historische Gelegenheit und die Notwendigkeit eines Feindbildes

General Alfred M. Gray präsentierte bereits im Jahr 1990 - also vor dem offiziellen Ende des Kalten Krieges - neue Rechtfertigungen zur Geltendmachung der US-amerikanischen Hegemonie:

> Die wachsende Unzufriedenheit der unterentwickelten Welt über die Kluft zwischen reichen und armen Nationen wird einen fruchtbaren Nährboden für Aufstände erzeugen. Diese Aufstände haben das Potenzial, [...] unseren Zugang zu wichtigen wirtschaftlichen und militärischen Ressourcen zu gefährden. Diese Situation wird umso kritischer, je mehr unsere Nation und unsere Verbündeten sowie unsere potentiellen Gegner von diesen strategischen Ressourcen abhängig werden. Wenn wir die Stabilität in diesen Regionen beibehalten, den Zugang zu ihren Ressourcen aufrechterhalten, unsere Bürger im Ausland schützen, unsere lebenswichtigen Anlagen verteidigen und Konflikt abschrecken wollen, müssen wir [...] eine glaubwürdige Projektionsfähigkeit der militärischen Macht aufrechthalten, die flexibel genug ist, um auf etliche Konflikte auf dem gesamten Globus zu reagieren.[5]

Charles Krauthammer, ein berühmter amerikanischer Publizist, argumentierte, dass „[d]ie Welt sich nicht von alleine klärt" und verwies auf das 19. Jahrhundert, als „die internationale Stabilität nicht von alleine errungen wurde, sondern zu einem großen Teil das Produkt der britischen unerbittlichen Anstrengungen im Namen der Machtverhältnisse war". Er fügte hinzu, dass internationale Stabilität „das Produkt des selbstbewussten Vorgehens der Großmächte, und ganz besonders der größten Macht sei [...] Wenn Amerika Stabilität will, muss sie sie herstellen."[6]

Krauthammer machte deutlich, dass der globale US-Militäreinsatz

> in vielerlei Hinsicht ein wesentlicher Pfeiler der amerikanischen Wirtschaft ist. Die Vereinigten Staaten sind, wie Großbritannien zuvor, eine kommerzielle, maritime Handelsnation, die ein offenes, stabiles Umfeld braucht, um zu gedeihen. Würden die Vereinigten

> Staaten in einer Welt voller Saddams ihre einzigartige Rolle einer Supermacht ablegen, würde die Wirtschaft schweren Schaden erleiden. Unsichere Seewege, verarmte Handelspartner, unerschwingliche Ölpreise und aufbrausende regionale Instabilität wären nur die offensichtlichsten Risiken einer amerikanischen Abdankung. Ausländische Verstrickungen sind in der Tat eine Belastung. Sie sind aber auch eine Notwendigkeit.[7]

Thomas Friedman, ein Mitglied des Council on Foreign Relations (CFR) und ehemaliger Berater von Außenministerin Madeleine Albright, schloss sich Krauthammers Ansichten mit einer ungewöhnlich freimütigen Aussage an:

> Damit die Globalisierung funktioniere, darf Amerika keine Angst haben wie die allmächtige Supermacht, die sie ist, zu handeln [...] Die unsichtbare Hand des Marktes wird niemals ohne die versteckte Faust funktionieren - McDonalds kann nicht ohne McDonald-Douglas, Produzent des F-15, gedeihen. Und die versteckte Faust, die die Welt für die Silicon Valley-Technologien sicher hält, heißt United States Army, Air Force, Navy und Marine Corps.[8]

Friedmans Erklärung war zynisch und unbestreitbar, dennoch war sie ungeeignet, die US-amerikanische Bevölkerung für eine globale militärische Präsenz der USA zu begeistern. Nur eine glaubwürdige Bedrohung für das US-Festland könnte die Öffentlichkeit bewegen, um massive militärische Anstrengungen zu unterstützen und dafür Einiges zu opfern.

Noch bevor sich die Sowjetunion offiziell auflöste, offenbarte Gregory F. Treverton – ehemaliger stellvertretender Vorsitzender des National Intelligence Council und späterer Direktor des RAND Center for Global Risk and Security – seine Überzeugung für die Notwendigkeit eines neuen außenpolitischen Paradigmas: „Amerika muss nun die peinliche Frage beantworten, wie man die Landesverteidigung organisieren soll, falls die sowjetische Bedrohung, die sie vierzig Jahre getrieben hat, verschwinden sollte."[9]

Theodore Sorenson, Autor und ehemaliger Chefberater von Präsident John F. Kennedy, wies in ähnlicher Weise, auch vor der formellen Auflösung der Sowjetunion, auf diese Notwendigkeit hin: „Der Prüfstein für unser nationales Sicherheitskonzept - die Eindämmung der sowjetischen militärischen und ideologischen Macht – ist weg. Die primäre Bedrohung, die mehr als vierzig Jahre zur Rechtfertigung für den größten Teil unseres militärischen Haushalts zitiert wurde, ist verschwunden."[10]

Einer der führenden US-amerikanischen Historiker, John Lewis Gaddis, erkannte im Jahr 1991 die Notwendigkeit eines neuen Paradigmas für die globale Politik der USA: „Es ist das erste Mal in mehr als einem halben Jahrhundert", schrieb er, „dass keine einzige Großmacht oder Machtkonstellation, eine 'sichtbare und gegenwärtige Gefahr' für die nationale Sicherheit der Vereinigten Staaten darstellt. [...] die Verabschiedung des Kalten Krieges bedeutet keineswegs ein Ende amerikanischen Engagements in der zukünftigen Welt; es bedeutet nur, dass die Art und der Umfang dieser Beteiligung noch nicht klar sind."[11]

In der Einleitung zu seinem im Jahre 1991 veröffentlichen Buch, *A Search for Enemies* (Auf der Suche nach Feinden), schrieb der Autor Ted Galen Carpenter:

> Da es keine glaubhafte gemeinsame Bedrohung mehr gibt, um den Zusammenhalt der Verbündeten der ‚freien Welt' zu fördern, fängt nun die Solidarität [dieser Verbündeten] an zu bröckeln, in Übereinstimmung mit der Theorie der internationalen Beziehungen und der Geschichte [...] Zum ersten Mal in fünfzig Jahren gibt es keinen leistungsstarken Herausforderer wie Nazi-Deutschland und die Sowjetunion mehr, die eine ernste Bedrohung für Amerikas Sicherheit darstellen

> könnte, noch ist eine potenzielle Bedrohung dieser Größenordnung am Horizont sichtbar.[12]

Carpenter fiel schon damals die „verzweifelte Suche" nach einem neuen Feindbild auf:

> Seitdem das osteuropäische Imperium der Sowjetunion im Sommer 1989 allmählich zerfiel, unternahmen die Bush-Regierung und zahlreiche Mitglieder der außenpolitischen Community eine verzweifelte Suche nach alternativen Begründungen für das atlantische Bündnis. Die breite Palette der Vorschläge [für alternative Begründungen], die NATO-Anhänger machen, zeugt sowohl von ihrer Kreativität als auch von ihrer Verzweiflung.[13]

Ted Carpenter war kein Linker, sondern vertritt die Einstellung des Cato-Instituts, einer libertären Einrichtung, die sich für „die Grundsätze der individuellen Freiheit, begrenzte Regierung, freie Märkte und Frieden" einsetzt. Carpenter schlug eine Politik der strategischen Unabhängigkeit, ja sogar mit dem Ziel eines Austritts der USA aus der NATO, vor. Diese Politik würde es

> den Vereinigten Staaten ermöglichen, seinen Verteidigungshaushalt von 291 Mrd. $ im Geschäftsjahr 1992 auf rund 125 Mrd. US $ im Jahr über einen Zeitraum von fünf Jahren zu reduzieren. Die vorteilhaften wirtschaftlichen Auswirkungen einer „Friedensdividende" in dieser Größenordnung wären enorm.[14]

Carpenters Werbung für eine Friedensdividende setzte sich nicht durch. Die weltweiten Gelegenheiten, die der Untergang der Sowjetunion für die herrschenden Kreise der USA eröffnete, waren zu verlockend.

Als Carpenters Buch veröffentlicht wurde, hatte die herrschende Elite der USA noch keine klare Bedrohung öffentlich formuliert, die glaubhaft das Feindbild der Sowjetunion ersetzen könnte:

> Das Beste, was sie kurzfristig in der Lage waren sich auszudenken, war die Notwendigkeit, den größten Teil von Washingtons Sicherheitsverpflichtungen unversehrt gegen Instabilität, Unberechenbarkeit und Unsicherheit zu erhalten. Solchen vagen ‚Gefahren' fehlt offensichtlich die gefühlsmäßige Auswirkung oder Glaubwürdigkeit eines imperialistischen Feindes wie die Sowjetunion.[15]

Elaine Sciolino zitierte in der *New York Times* vom 4. Februar 1992 eine Frage von Senator Daniel Patrick Moynihan: „Da die sowjetische Bedrohung verschwunden ist, warum nicht einfach die CIA abschaffen und dem Außenministerium die Aufgabe übergeben?" eine Frage, die sicherlich bei den Mitarbeitern der CIA ein Schaudern verursachte:

> Seit 40 Jahren trieb die Gefahr eines Atomkriegs die CIA und andere Agenturen und Abteilungen an, die zusammen einen Etat von 30 Milliarden $ verschlingen. [...] Unter diesen befindet sich die National Security Agency (NSA), die für das weltweite Abhören verantwortlich ist; die Defense Intelligence Agency, der Nachrichtendienst des Pentagons; das National Reconnaissance Office, eine Instanz, die Satellitenaufklärung verwaltet; und nachrichtendienstliche Abteilungen im Auswärtigen Amt, im Handels- und im Finanzministerium.[16]

Historiker Andrew J. Bacevich schrieb im Jahr 1993: „In einer Demokratie kann kein Krieg gewonnen und keine Strategie durchgesetzt werden ohne die Unterstützung der aufklärten Bürgerinnen und Bürger."[17] Phil Williams, Paul Hammond und Michael Brenner schrieben - auch im Jahr 1993 - über die Notwendigkeit einer neuen äußerlichen Bedrohung: „Eine weitere Schwierigkeit bei dem Versuch, die US-Führung in der NATO aufrechtzuerhalten, ist die

Legitimität im Inneren [...] Es wird nicht einfach sein, ein Bündnis ohne einen Feind und eine Strategie aufrechtzuerhalten [...] Ohne eine äußere Bedrohung, die einen Sammelpunkt, Fokus und Ziel darstellt, wird es wahrscheinlich unmöglich sein, den grassierenden Pluralismus und die Zerstückelung des politischen Systems der USA zu überwinden."[18] Robert W. Tucker schrieb schon 1990 in *Foreign Affairs*, dass zum Erhalt des westlichen Bündnisses, „die Existenz eines neuen Gegners" vorausgesetzt werden muss.[19]

Der bereits erwähnte Historiker Gaddis betonte Mitte 1989 in einem Interview die Notwendigkeit eines „*fokussierten* Gegners", der die Bürokratie kräftig erschüttern würde:

> Kreisler: Sie sagen also, dass ein klar sichtbarer Gegner für die Formulierung einer klaren Strategie wichtig war.
>
> Gaddis: Jawohl. [...] Wenn die Wahrnehmung einer klaren und gegenwärtigen Gefahr zu bröckeln beginnt, entwickelt sich eine Argumentation über Prioritäten, Ziele und Maßnahmen, wie wir jetzt ganz deutlich in der NATO-Allianz beobachten können. Also, in einem gewissen Grade hängt die Kohärenz der Allianz und der außenpolitische Konsens von der Wahrnehmung einer externen Bedrohung ab. [...] Es ist sehr einfach zu erklären, dass wir für eine konfrontative Gesamtlage nicht bloß die durchschnittlichen Probleme brauchen, die man in den internationalen Beziehungen täglich behandelt. Diese sind nicht ausreichend für diese Art von Vision. Man benötigt eine Krise, wie die, die wir im Jahr 1947 erlebt haben, oder was wir in 1940/41 erlebten, als die Sicherheit des Landes in Gefahr war, und Menschen gezwungen waren, schnell zu denken.
>
> Wir haben [heute] große Chancen, die genutzt werden könnten, wenn es uns gelingt, unsere Strategie klarer zu formulieren. Das Problem ist aber, dass wir

> ohne die eindeutige Wahrnehmung einer Gefahr möglicherweise nicht in der Lage sind, eine klare Strategie zu formulieren.[20]

1.2 Das Streben zur Weltherrschaft der USA: PNAC

Das Project for the New American Century (PNAC) wurde 1997 als eine „Denkfabrik" mit Sitz in Washington, D.C. gegründet. PNACs Ziel war es, für die weltweite Vorherrschaft der Vereinigten Staaten zu werben.

In ihrer Grundsatzerklärung nannten die Gründer von PNAC u.a. folgende Ziele: Das neue Jahrhundert soll mit Blick auf US-amerikanische Prinzipien und Interessen gestaltet werden;

- Eine Außenpolitik soll kühn und gezielt US-amerikanische Prinzipien weltweit fördern;
- Die Rüstungsausgaben der USA sollen deutlich erhöht werden;
- Feindselige Regime gegenüber US-Interessen und Werten sollen herausgefordert werden;
- Die besondere Rolle der USA bei der Erhaltung und Erweiterung einer internationalen Ordnung, die für unsere Sicherheit, unseren Wohlstand und unsere Grundsätze vorteilhaft ist, soll akzeptiert werden.[21]

PNAC wurde 2006 wieder aufgelöst. Unter den Mitgliedern des PNAC befanden sich folgende Mitglieder der Regierung von George W. Bush: Dick Cheney, Donald Rumsfeld, Paul Wolfowitz, Richard Perle, Richard Armitage, John R. Bolton und Lewis Libby. Im Jahr 1998, warnte Gary J. Schmitt, Geschäftsführer des PNAC vor einer „Krise des Verteidigungshaushalts". Er leitete die Ursache der aktuellen Krise aus dem Mangel an einer

> zwingenden strategischen Vision ab, die einen stattlichen - geschweige denn stattlichteren - Verteidigungs-

> haushalt rechtfertigt. Nachdem sie sich mehr als vierzig Jahre mit einer einzigen bedeutenden Bedrohung beschäftigt haben, können Amerikas Führer nicht erklären, trotz des Fehlens einer solchen Bedrohung, warum erhebliche Ressourcen für die Verteidigung benötigt werden. Das Ergebnis ist ein schrumpfender Verteidigungshaushalt und schrumpfende militärische Fähigkeiten. Die aufkeimende Gefahr, mit welcher wir uns befassen sollten, ist die Verkümmerung unserer Fähigkeit, aus den beispiellosen strategischen Gelegenheiten, die sich aus unserer globalen Vormachtstellung ergeben, Vorteile zu ziehen.[22]

Robert Kagan und William Kristol, Mitglieder des PNAC, veröffentlichten im Frühjahr 2000 einen Beitrag mit dem Titel „The Present Danger" (Die gegenwärtige Gefahr).[23] Die zitierte Gefahr war nicht die Sowjetunion oder ein äußerer Feind, sondern *Arglosigkeit*: „Viele unserer Strategen erzählen uns, dass wir in den nächsten 20 Jahren oder länger keine neue große Bedrohung erleben werden, und dass wir dementsprechend eine ‘strategische Pause’ genießen könnten. Meinungsumfragen zufolge ist die amerikanische Öffentlichkeit heute weniger an der Außenpolitik interessiert als zu irgendeiner Zeit vor dem Zweiten Weltkrieg." Dieses mangelnde Interesse stellte daher eine erhebliche Herausforderung für die Befürworter einer starken US-militärischen Macht dar. Die Autoren beklagten die graduelle „moralische und strategische Abrüstung der USA" in den 1990er Jahren und kritisierten die Führung der USA für die „Verzettelung der Möglichkeiten, eine für die Vereinigten Staaten günstige internationale Ordnung zu stärken und zu erweitern".[24]

Mit ungewöhnlicher Deutlichkeit bestätigten die Autoren, was zahlreiche Staatsmänner in der ganzen Welt seit Jahren verbreiten:

> Die heutige internationale Ordnung beruht nicht auf einer Machtbalance, sondern rund um die amerikanische

> Vorherrschaft. Die internationalen Finanzinstitutionen wurden von Amerikanern gestaltet und dienen amerikanischen Interessen. Die internationalen Sicherheitsstrukturen sind im Wesentlichen eine Sammlung von US-geführten Bündnissen. Was Amerikaner gerne als internationale ‚Normen' bezeichnen, reflektieren in der Tat amerikanische und westeuropäische Grundsätze.[25]

Fairerweise vertraten die oben genannten Ansichten nicht einen US-amerikanischen Konsens. Ein wesentlicher Teil der politischen Klasse – vertreten z.B. durch die Mitglieder des Council on Foreign Relations – betrachtet solche Ansichten als zu krass und ziehen es vor, die Außenpolitik der USA in diplomatischerer Sprache vorzutragen.

Während der Clinton-Ära warben die Neokonservativen (Neocons) – von PNAC ausgehend – weiterhin für eine militante Außenpolitik, die sich im bereits erwähnten Bericht Cheneys von 1992 widerspiegelt. Sie äußerten vor allem Kritik an der Clinton-Regierung für deren Sanftmut und unbeständige Außenpolitik. Sie beabsichtigten, das Weiße Haus zu erobern. Das gelang ihnen auch, nach einem umstrittenen Wahlergebnis im Jahre 2000. Als George W. Bush ins Weiße Haus einzog, lud er seine neokonservativen Anhänger in die Regierung ein, in der sie nun ihre außenpolitischen Vorstellungen durchsetzen konnten.

1.3 Das Bedürfnis eines traumatisierenden Ereignisses

Zbigniew Brzezinski, außenpolitischer Berater mehrerer US-Präsidenten, erkannte die Schwierigkeit für ein demokratisches Regime, seine Bevölkerung für eine imperiale Politik, außer nach einer plötzlichen und ernsthaften Gefahr, zu mobilisieren. In seinem bekannten Buch The Grand Chessboard (dt. Titel „Die einzige Weltmacht") schrieb er:

> Es ist auch offenkundig, dass Amerika zu demokratisch im Inneren ist, um im Ausland autokratisch zu han-

> deln. Dies beschränkt von vornherein die Anwendung von Macht, besonders die Fähigkeit zu militärischer Einschüchterung. Nie zuvor hat eine populistische Demokratie internationale Vormachtstellung erlangt. Aber das Streben nach Macht wird kein Volk zu leidenschaftlicher Begeisterung hinreißen, außer in Situationen, die das Empfinden des allgemeinen Wohlergehens bedrohen oder gefährden. Die für eine solche Anstrengung erforderliche finanzielle Selbstbeschränkung (Verteidigungsausgaben) und Aufopferungsbereitschaft (Verluste unter Berufssoldaten) passen nicht ins demokratische Empfinden. Die Staatsform Demokratie ist einer imperialen Mobilmachung abträglich.[26]
>
> Außerdem wird Amerikas Gesellschaft in steigendem Maße multikulturell. Daher dürfte es schwerer sein, einen Konsens über außenpolitische Fragen herzustellen, außer in Fällen einer wirklich massiven, unmittelbaren und weitgehend wahrgenommenen Bedrohung von außen.[27]

Philip Zelikow, später Geschäftsführer der 9/11-Kommission und Hauptverfasser des Schlussberichts über die Vorgänge des 11. September 2001, warnte bereits 1998 – drei Jahre vor 9/11 – vor einem „katastrophalen Terrorismus", der zu einem Wendepunkt in der amerikanischen Geschichte werden könnte:

> Ein Ereignis des katastrophalen Terrorismus, wobei Tausende oder Zehntausende von Menschen getötet würden, [...] wäre ein Wendepunkt in der Geschichte Amerikas [...] Wie bei Pearl Harbor würde ein solches Ereignis unsere Vergangenheit und unsere Zukunft in ein „vor" und „nach" teilen.[28]

Wusste Zelikow damals schon über die Pläne für 9/11 Bescheid, oder war er sogar selbst darin involviert? Wenn man sein Verhalten als Geschäftsführer der 9/11-Kommission würdigt, sind diese Fragen berechtigt.

Die Autoren des Berichts „Rebuilding America's Defenses: Strategie, Force and Resources For a New Century", die PNAC im September 2000 veröffentlichte, erwähnten auch die traumatische Wirkung von Pearl Harbor. Das Manifest hält den Übergang zu neuen Waffentechnologien, und damit die Rückkehr der USA zu einer hegemonialen Vormachtstellung für einen langsamen Prozess, „es sei denn, ein katalysierendes, katastrophales Ereignis träte ein".[29]

Unmittelbar nach den Ereignissen von 9/11 verglichen zahlreiche Kommentatoren, darunter Mitglieder des US-Kongresses, diese Angriffe mit dem japanischen Angriff auf die US-Streitkräfte in Pearl Harbor am 7. Dezember 1941. Mit diesem Vergleich meinten sie, dass die Ereignisse von 9/11 eine ähnliche Wirkung auf die amerikanische Psyche hatten wie der Angriff auf Pearl Harbor: Beide hatten die Bevölkerung zu einer Kriegspolitik aufgepeitscht.

Selbst ein Ausschuss (The Rumsfeld Commission, U.S. Space Command) unter Aufsicht des damaligen Verteidigungsministers Donald Rumsfeld, bezog sich schon am 11. Januar 2001 auf die vorteilhafte Folge

> eines externen, ‚unwahrscheinlichen' Ereignisses, das zähe Bürokratien zwingen würde, Maßnahmen zu ergreifen. Die Frage ist, ob die USA klug genug sind, um verantwortungsvoll zu handeln und schnell genug, um die Sicherheitsanfälligkeit des US-Weltraums zu reduzieren. Oder ob, wie in der Vergangenheit, ein lähmender Angriff gegen das Land und seine Menschen - etwa ein ‚Pearl Harbor im Weltraum' - einzig in der Lage wäre, die Nation zu stählen und die US-Regierung zum Handeln zu veranlassen.[30]

Warteten Dick Cheney, Donald Rumsfeld und ihre Kollegen bei PNAC - nun in führenden Regierungsposten unter Präsident George Bush Jr. - ganz geduldig auf ein neues Pearl Harbor, das „die Nation stählen" würde, um den notwendigen Schub für ihre gewünschte Politik zu gewährleisten?

1.4 Abschließende Bemerkungen

In seinem Buch *The Grand Chessboard*[31] betonte Zbigniew Brzezinski die Bedeutung eines traumatisierenden Ereignisses für die Legitimierung einer imperialen Außenpolitik. Er erwähnte besonders „die Schockwirkung, die der japanische Angriff auf Pearl Harbor ausgelöst hatte", der die Bevölkerung davon überzeugte, dass die USA im Zweiten Weltkrieg „ihre Macht international geltend machen sollten".[32] Dieses traumatisierende Ereignis fand am 11. September 2001 statt.

Der Kongressabgeordnete Lee H. Hamilton, der später von Präsident Bush als stellvertretender Vorsitzender der 9/11-Kommission ernannt wurde, sagte am 2. Oktober 2001, dass die Bekämpfung des Terrorismus „zum Organisationsprinzip der US-Außenpolitik" geworden ist. Er fügte hinzu: „Wenn wir mit Weitsicht und Entschlossenheit handeln, können wir diese Stunde von einer unserer größten Tragödien zu einem unserer schönsten Momente transformieren, wie wir [auch] Pearl Harbor transformierten."[33] Er erklärte allerdings nicht – einige Tage vor dem Angriffskrieg auf Afghanistan – was er mit „unseren schönsten Momenten" meinte.

Noch im Jahr 2011 bezeichnete Anne-Marie Slaughter, Professorin für Politikwissenschaft und internationale Angelegenheiten an der Princeton University, die Anschläge des 9/11 als „das entscheidende Ereignis des neuen Jahrtausends", weil 9/11 „der Katalysator für das Ende der [traditionellen] Kriegsführung des zwanzigsten Jahrhunderts" war.[34] Damit verkündete sie – *in petto* – das Zeitalter der *neuen* Kriege – mit Drohnen, Kampfrobotern und massiver Überwachung der Weltbevölkerung.

2
Seltsame Flugzeugabstürze

Laut der offiziellen Darstellung entführten 19 fanatische Muslime vier Passagierflugzeuge mit der Absicht, sie auf symbolische Ikonen der USA abstürzen zu lassen. Ein Flugzeug vom Typ Boeing 767-200 (Flug AA11) soll zwischen dem 93. und 99. Stockwerk des Nordturms des World Trade Centers (WTC) in New York mit 430 Meilen pro Stunde (796 km/h) um 8:46 Uhr eingedrungen sein.[35] Ein zweites Flugzeug, eine Boeing 767-200 (Flug UA175), soll zwischen dem 77. und 85. Stockwerk in den Südturm des WTC mit 587 Meilen pro Stunde (945 km/h) um 9:03 Uhr hineingeflogen sein.[36] Eine Boeing 757 (Flug AA77) soll horizontal zwischen dem Erdgeschoss und dem zweiten Stockwerk an der Westseite des Pentagons in Washington mit 530 Meilen pro Stunde (853 km/h) um 9:37 eingedrungen sein.[37] Schließlich soll eine Boeing 757 (Flug UA93) auf einem leeren Feld in der Nähe von Shanksville, Pennsylvania, mit 580 Meilen pro Stunde (933 km/h) um 10:03 bzw. um 10:06 abgestürzt [38] und in der Erde versunken sein.[39] Die 9/11-Untersuchungskommission (vgl. Kapitel 9) mutmaßte, dass der Pilot des Fluges UA93 entweder auf das Capitol (Sitz des US-Kongresses) oder über dem Weißen Haus in Washington D.C. abstürzen wollte, aber durch einen Aufstand der Passagiere daran gehindert worden sei.[40] Soweit die offizielle Darstellung.

Wegen der Geschwindigkeit und Plötzlichkeit, mit welcher die Flugkörper in New York erschienen sind, konnten Augenzeugen den Typ des Objektes und seine Registrierungsnummer visuell nicht identifizieren. Auch auf Videoaufzeichnungen kann man diese nicht erkennen. Einige Zeugen sprachen von einem kleinen Flugzeug oder von einer Rakete. Und selbst wenn einige Augenzeugen glaubten, es wären Passagierflugzeuge gewesen, konnte niemand die Flugnummer visuell bestimmen, denn diese bezeichnet nicht das Flugzeug, sondern die Strecke. Es war daher zwingend erforderlich, die Trümmer der Flugzeuge zu identifizieren, um sie einer bestimmten Maschine zuzuordnen.

Oberst George Nelson, ein erfahrener Pilot und ehemaliger Ermittler von Flugunfällen bei der Flugbehörde FAA (Federal Aviation Administration), erklärte, wie man aus den Trümmern das Flugzeug identifizieren kann:

> Nach einer bestimmten Anzahl von Flugstunden oder von Take-Off- und Landungszyklen müssen kritische Ersatzteile überholt oder untersucht werden. Wenn diese Ersatzteile installiert werden, sind ihre Seriennummern zusammen mit den Luftfahrzeugkennzeichen in den Akten des Flugzeugs registriert. [...] Wenn die Teile innerhalb einer festgelegten Zeit oder Zyklusgrenzen nicht ersetzt werden, wird normalerweise ein Flugverbot erlassen, bis die Wartung ausgeführt worden ist. Die meisten dieser Ersatzteile, darunter Pumpen, Fahrwerke, Triebwerke oder Bestandteile der Triebwerke, sind eigentlich unzerstörbar. Ein Feuer, das sich aus einem Flugzeugunfall ergibt, kann nicht alle kritischen Ersatzteile oder ihre Seriennummern zerstören oder auslöschen.[41]

Die US-amerikanische Flugsicherheitsbehörde NTSB (National Transportation Safety Board) wurde 1967 gegründet, um u. a. unabhängige Untersuchungen aller Unfälle der Zivilluftfahrt in den USA durchzuführen. Dafür veranstaltet die NTSB sogenannte Anhörungen, an denen alle Interessenten teilnehmen dürfen und veröffentlicht die Ergebnisse ihrer Untersuchungen. Falls ein Flugunfall durch eine vermutete Straftat verursacht wurde, übernimmt das FBI die Aufklärungsarbeit.[42] Allerdings ist das FBI nicht verpflichtet, seine Ermittlungsergebnisse zu veröffentlichen. Hat das FBI die Abstürze der vier Flugzeuge ermittelt und aufgeklärt?

2.1 Keine Identifizierung der Trümmer

Aidan Monaghan, ein unabhängiger amerikanischer Forscher, hat im Jahre 2007 auf Grund des Informationsfreiheitsgesetzes (Freedom of Information Act=FOIA) vom FBI die Belege über die Identifizierung der Flugzeugtrümmer von 9/11 beantragt.[43] Zuerst antwortete ihm das FBI am 26. November 2007, dass die beantragten „Aufzeichnungen in ihrer Gesamtheit [...] vor der Veröffentlichung geschützt wären", weil ihre Herausgabe „gerichtliche Verfahren beeinträchtigen könnten".[44] Diese Antwort stellte sich später als unwahr heraus. Denn nachdem Monaghan gegen das FBI gerichtlich vorging, gestand Patrick A. Rose, Anwalt des FBI, dass das FBI überhaupt keine Unterlagen über die Identifikation der Trümmer besitze. Der Anwalt erklärte diesen Umstand wie folgt:

> Bundesangeklagter [das FBI] hat festgestellt, dass es keine zutreffenden [responsive] Belege [zum FOIA-Antrag] gäbe. Die Identität der in den Angriffen des 11. September entführten Flugzeuge war nie umstritten; deshalb wurden keine Belege angefertigt, die „den Vorgang offenbaren, durch welchen die vom Angeklagten eingetriebenen Wrackteile der Flugzeuge, die während der Terrorangriffe vom 11. September 2001 verwendet worden sind, vom Angeklagten positiv zu besagten Flugzeug zugeordnet wurden". (Im Original: Federal Defendant [the FBI] has determined that there are no responsive records [to the FOIA request]...The identities of the airplanes hijacked in the September 11 attacks was (sic) never in question, and, therefore, there were no records generated „revealing

> the process by which wreckage recovered by defendant, from aircraft used during the terrorist attacks of September 11, 2001, was positively identified by defendant [...] as belonging to said aircraft [...]")[45]

Es ist kaum zu glauben, dass ein Rechtsanwalt des FBI nicht in der Lage war, verständliche Sätze zu formulieren. Die verschlungene Sprache, die von ihm angewendet wurde – und die hier so originaltreu wie möglich in deutscher Übersetzung wiedergegeben ist – deutet auf einen Versuch der Irreführung hin. Die Antwort beinhaltet zumindest eine Lüge, nämlich dass die „Identität der in den Angriffen des 11. September entführten Flugzeuge [...] nie umstritten" gewesen war. In der Tat gab es ein so großes Wirrwarr am 11. September, dass das Militär zu einem bestimmten Zeitpunkt von 29 entführten Flugzeugen sprach! Der Grund für die Verwirrung wird im Kapitel 5 ausführlich erläutert.

In Normalsprache gestand der Anwalt des FBI, dass seine Behörde nicht die grundlegendste Maßnahme zur Aufklärung der Flugzeugabstürze unternommen hatte, nämlich die Wrackteile spezifischen Luftfahrzeugen zuzuordnen.

Der bereits erwähnte Oberst Nelson schrieb dazu, dass in all seinen Jahren als Ermittler von Flugzeugunfällen in den USA er „nie von einem Flugzeugverlust erfuhr, wo Wrackteile zugänglich waren, aber die Ermittler nicht in der Lage gewesen wären, den Typ, das Modell und die spezifische Registrierungsnummer des Flugzeuges - und in den meisten Fällen die genaue Ursache des Unfalls – eindeutig zu identifizieren".

Die Entscheidung des FBI, keine formelle Identifizierung der Trümmer von den Absturzstellen durchzuführen, ergibt Sinn, sobald man begreift, was an den Absturzstellen *nicht* gefunden wurde.

2.2 Seltsame Absturzstelle am World Trade Center in New York City

Zwei große Passagierflugzeuge, Typ Boeing 767, sollen vorsätzlich in die Zwillingstürme des WTC gesteuert worden sein. Man würde daher erwarten, in den öffentlichen Berichten zahlreiche Abbildungen der Trümmer zu finden und zuverlässige Aussagen von Zeugen zu lesen, die diese Trümmer gesichtet bzw. identifiziert haben. Es gibt aber nur ein einziges behördliches Dokument, in dem sich Abbildungen der Flugzeugtrümmer am World Trade Center befinden und gerade einmal zwei schwammige Abbildungen von Metallteilen, die angeblich den zwei Flugnummern (!) zugeordnet sind (Abb. 1 und 2). Abbildung 1 soll ein „Stück des Fahrwerks des Flugs 11“[46] und Abbildung 2 ein „Stück des Rumpfs von Flug 175“[47] zeigen. Die Bezeichnungen sind insofern irreführend, da Flug 11 und Flug 175 nicht die Kennzeichnungen der Flugzeuge, sondern Flugnummern sind.

Anhand dieser Abbildungen kann man weder den Typ des Flugzeuges noch die Identität des Flugzeuges bestimmen, geschweige denn wo, wann und von wem diese Trümmer abgebildet wurden. Es ist undenkbar, dass diese abgebildeten Trümmerteile das Gesamtwrack von zwei Boeing 767-200 Flugzeugen darstellen, die zusammen beinahe 160 Tonnen wiegen. Merkwürdigerweise gibt es keine Abbildungen der Triebwerke. Laut dem Endbericht der 9/11-Kommission konnten auch die beiden Flugdatenschreiber und Stimmenrecorder (VCR) der Flugzeuge nicht gefunden werden.[48] Unglaublich, denn seit 1965 bis zum 11. September 2001 sollen nur zehn Fälle weltweit bekannt sein, in denen Flugschreiber nach einem Flugzeugabsturz nicht gefunden wurden.[49]

Die großen Fernsehanstalten waren innerhalb weniger Minuten vor Ort, als der zweite Flugkörper den Südturm des World Trade Centers traf. Die Bilder des zweiten Flugkörpers konnten damit weltweit fast in Echtzeit verbreitet werden.[50] Sie vermittelten den Eindruck eines großen Passagierflugzeuges. Die damaligen Aufzeichnungen der Fernsehanstalten *ABC News, CNN* und *NBC News* können im Internet angeschaut werden.[51] Der 11. September 2001 war ein sonniger Tag, der Himmel war blau, ein idealer Tag für hervorragende Aufnahmen. Merkwürdigerweise sind die weltweit verbreiteten Bilder des heranfliegenden Objektes von sehr schlechter Qualität. Die unnatürlichen Farben und Hintergründe dieser Aufzeichnungen deuten auf eine Manipulation hin, um die Erkennung des fliegenden Objektes zu erschweren. Auch andere Manipulationen der Bilder sind erkennbar. War dieses Objekt eine Rakete, wie einige der Zeugen vermuteten, darunter Don Dahler von *ABC TV* (8.54 Uhr) und Dick Oliver von *FOX News* (9.08 Uhr)?

2.3 Seltsame Absturzstelle am Pentagon in Washington

Laut der offiziellen Version soll Flug AA77, eine Boeing 757, auf der Westseite des Pentagons abgestürzt sein. Bei dem Gerichtsverfahren von Zacarias Moussaoui wurde eine einzige trübe Abbildung als Beweis des Absturzes des mehr als 60-Tonnen schweren Flugzeugs am Pentagon präsentiert (siehe unten).[52] Diese Abbildung wird betitelt „Flugzeugteile im Pentagon, nachdem Flug 77 gegen das Gebäude gekracht war".[53] Zacarias Moussaoui, der am Tag der Anschläge im Gefängnis saß, „bestätigte" die Echtheit der Abbildung![54] Im Internet kursieren zwar einige zusätzliche Abbildungen, die dem Wrack des Flugzeugs zugeordnet werden, aber diese sind nicht behördlich beglaubigt und ermöglichen auch keine Zuordnung des abgebildeten Teils zu einer bestimmten Maschine. Übrigens ist Flug AA77 nicht die Bezeichnung eines bestimmten Flugzeugs, sondern eine Flugnummer, die je nach Bedarf irgendeinem Flugzeug zugeordnet wird.

Captain Daniel Davis, ehemaliger Offizier der US Luftverteidigung („Air Force") und später Gründer und Vorstand von Turbine Technology Services Corp., hat folgende Erklärung dazu abgegeben:

> Als ehemaliger Fachmann im Bereich von Triebwerken der Firma General Electric und danach Betriebsleiter und später Vorstand einer Beratungsfirma für Triebwerke kann ich versichern, dass keines der Triebwerke der vier Flugzeuge, die am 11. September abgestürzt sind, völlig zerstört, verbrannt, zerschmettert oder geschmolzen sein konnte. Beschädigt, ja, aber nicht zerstört. Wo sind alle jene Triebwerke besonders diejenigen im Pentagon? Wenn ein Jet am 11. September abgestürzt ist, müssten jene Triebwerke, Flügel und Heck, dort gefunden werden.[55]

Das Pentagon wird, laut eigenen Verlautbarungen, durch mehr als 80 Sicherheitsvideokameras umgeben,[56] hat aber bis heute nicht eine einzige glaubhafte Aufzeichnung über das Heranfliegen eines *Flugzeugs* in das Pentagon veröffentlicht.[57]

Erstaunlich ist auch die Unbestimmtheit der Zeit des *Ereignisses* im Pentagon. Man würde annehmen, dass eine Behörde wie das Verteidigungsministerium in Washington im Stande wäre, die Zeit einer Explosion oder eines Feuerausbruchs in ihrer eigenen Anlage bis auf die Sekunde festzustellen, nicht nur weil fast jeder Mitarbeiter eine Uhr trägt und Wanduhren überall hängen, sondern weil Computerprogramme Dateien mit genauer Zeitangabe speichern. Die folgende Liste über die veröffentlichen Absturzzeiten im Pentagon wurde vom Autor Steven Welch zusammengestellt:[58]

9:20 AM - The Washington Post, 11.9.2001

9:20 AM- CNN interview, 11.9.2001

ca. 9:30 AM - The New York Times, 12.9.2001

9:37 AM- The Washington Post, 12.9.2001

9:40 AM- The New York Times, 12.9.2001

9:40 AM- San Antonio Express-News, 12.9.2001

9:43 AM- DCMilitary.com, 14.9.2001

9:43 AM- CNN timeline, 12.9.2001

9:43 AM- Daily Telegraph, 16.9.2001

9:45 AM- The New York Times, 15.9.2001

ca. 9:45 AM- The Baltimore Sun, 12.9.2001

Die riesige Zeitspanne (9:20 bis 9:45) kann nur damit erklärt werden, dass das Pentagon die genaue Zeit des Ereignisses nicht verraten wollte. Journalisten interessierten sich übrigens nicht für die Gründe dieser Unbestimmtheit. Was sich am Pentagon am Morgen des 11. September tatsächlich abspielte, bleibt daher ein Staatsgeheimnis.

2.4 Seltsame Absturzstelle bei Shanksville, Pennsylvania

Laut der offiziellen Darstellung des 9/11 soll Flug UA93 (eine Boeing 757-200) mit 44 Passagieren an Bord auf einem Feld in Somerset County bei Shanksville (Pennsylvania) um 10:03 Uhr abgestürzt sein (ursprünglich wurde die Zeit 10:06 angegeben). Mindestens vierzehn Personen, die unabhängig voneinander innerhalb kurzer Zeit zur mutmaßlichen Absturzstelle geeilt sind, erklärten, dass sie dort nichts gesehen hätten, was sie an einen Flugzeugabsturz erinnere: Keine erkennbaren Flugzeugtrümmer, keine Leichen, kein Blut, kein Gepäck, nicht einmal der Geruch von Kerosin.[59]

Die Abwesenheit von erkennbaren Flugzeugtrümmern hat einige Reporter dazu verleitet, die These zu äußern, dass das Flugzeug in dem schwammigen Boden versunken und dort begraben sei.[60]

Die Erde soll das Flugzeug einfach geschluckt haben. Diese Theorie wurde allmählich zur halbamtlichen Erklärung für den Mangel an sichtbaren Trümmern.[61] Das FBI hat diese Theorie zwar nicht öffentlich gebilligt, aber ihr auch nicht widersprochen.

Ein Blogger namens Dave spottete mit unverhohlener Ironie über diese Legende:

> Wie wir alle wissen, hat sich am 11. September 2001 „alles geändert". Enorme Bürogebäude [die Zwillingstürme in New York], zum Beispiel, erwarben plötzlich und unerklärlich die Fähigkeit, in ihre Fundamente ohne Hilfe von Abbruchexperten zu kollabieren. Fünfstöckige Mauerwerkgebäude [das Pentagon] erwarben plötzlich die außergewöhnliche Fähigkeit enorme Verkehrsflugzeuge zu schlucken, ohne ein zutreffendes Zugangsloch oder eine Spur von Flugzeugwrackteilen zu hinterlassen. Und jetzt entdecken wir, vielleicht am erstaunlichsten, dass der Boden irgendwie die Fähigkeit erworben hat, große Passagierflugzeuge zu schlucken. An diesem schicksalhaften Tag, und nur an diesem Tag, gelang es einem 155 Fuß langen, 125 Fuß breiten und 45 Fuß großen Flugzeug, das mehr als 100 Tonnen wog, in einem Krater [bei Shanksville] zu verschwinden, der höchstens, „30 bis 40 Fuß lang, 15 bis 20 Fuß breit und 18 Fuß tief" war. Jeder professionelle Zauberer, denke ich, könnte ein Flugzeug in ein Gebäude hinein zaubern. Aber ein komplettes Flugzeug spurlos auf einem leeren Feld verschwinden lassen? Ich muss zugeben, dass das ziemlich eindrucksvoll ist.[62]

Die Zauberkünste, die von „Dave" beschrieben worden sind, endeten nicht am 11. September. Bill Crowley vom FBI hat dreizehn Tage nach 9/11 vor die Presse erklärt, dass „95 Prozent des Flugzeugs [bei Shanksville aus dem Loch] geborgen wurde".[63] Doch keinem Journalisten wurde erlaubt, die Rückgewinnung des Wracks aus der Erde oder die Ergebnisse dieser Hochleistung zu dokumentieren. Crowley sagte, dass die Trümmer an die United Airlines zurückgegeben wurden. Von einer behördlichen Untersuchung der Trümmer wurde nichts erwähnt. Auf Anfrage, was mit den Trümmer geschehen soll, sagte der Sprecher der United Airlines, „Ich denke nicht, dass eine Entscheidung getroffen worden ist, [...] aber wir kommentieren nicht".[64]

Als ein Team des deutschen ZDF die USA besuchte, um eine Dokumentation über 9/11 zu drehen, wollte ein Mitglied des Teams, Michael Renz, die Wrackteile des in Shanksville abgestürzten Flugzeugs filmen. Nachdem er einen Antrag an die United Airlines stellte, wurde ihm mitgeteilt, diese Wrackteile wären bei einer Versicherungsgesellschaft aufbewahrt. Die Versicherungsgesellschaft erklärte ihm, dass sie keine Auskunft geben könne: Die verantwortliche Person wäre in einer Sitzung, dann auf einer dreitägigen Dienstreise und dann auf einer zeitlich unbegrenzten interkontinentalen Reise, wobei der Unantreffbare weder über E-Mail noch Handy erreichbar sei. Nach Wochen und unzähligen Anrufen wurde Renz mitgeteilt: Man habe das Wrack nicht, das FBI hat es. Das FBI wollte keine Interviews geben, erlaubte aber sofort, das Wrack zu filmen. Allerdings nicht gleich, denn es gäbe ein ernst zu nehmendes Hindernis: Man habe das Wrack doch nicht, United Airlines hat es.[65] Die Filmemacher kehrten ohne irgendwelche Beweise dieser Wrackteile nach Deutschland zurück.

Weniger bekannt ist, dass sich United Airlines Flug 93 um 10:03 in mehr als 500 Meilen von der offiziellen Absturzstelle befand.[66] Das Flugzeug ist also nicht in Shanksville abgestürzt. Ob sich im Krater bei Shanksville etwas anderes als Erde und Müll befand, ist belanglos.

2.5 Fazit

Jedes Verkehrsflugzeug ist mit einem eindeutigen Kennzeichnen beschriftet (*Luftfahrkennzeichen*), das sich aus dem Staatszugehörigkeitszeichen des Staates, in dem das Flugzeug registriert ist, und einem nationalen Eintragungszeichen zusammensetzt. Eine *Flugnummer* hingegen ist eine Ordnungszahl, die benutzt wird, um eine bestimmte Flugverbindung zu identifizieren. Merkwürdigerweise wurden die angeblich in den Anschlägen eingesetzten Luftfahrzeuge ("die physischen Mordwaffen") von den Ermittlungsbehörden und von der 9/11-Untersuchungskommission nicht durch ihre physischen Identität (ihr *Luftfahrkennzeichen*), sondern anhand ihrer nicht beschrifteten Flugnummern bezeichnet.

In diesem Abschnitt wurde veranschaulicht, dass die US-amerikanischen Behörden keine konkreten Beweise vorlegen konnten, dass Flugzeuge, die unter den Flugnummern AA11, UA175, AA77 und UA93 am 11. September 2001 flogen, an den benannten Orten abgestürzt sind. Wo sie gelandet sind, bleibt ein streng gehütetes Staatsgeheimnis.

Wenn tatsächlich keine Passagierflugzeuge am 11. September 2001 abgestürzt sind – und diese Schlussfolgerung scheint wahrscheinlich – stellt sich die Frage, wohin die Passagiere und Besatzungsmitglieder gebracht worden sind und was mit ihnen passiert ist. Es gibt keinen Anhaltspunkt für die Vermutung, dass sie noch leben.

3 Seltsame Terroristen

3.1 „Außerordentliche Geheimhaltung"

George Tenet, Direktor der CIA, sagte bei einer Anhörung vor einem Ausschuss des amerikanischen Senats am 18. Juni 2002:

> Als [die 9/11-Terroristen] in den USA waren, versuchten sie, sich vorsichtig zu verhalten, *um nicht die Aufmerksamkeit der polizeilichen Behörden zu wecken.*[67]

Ähnlich und ausführlicher äußerte sich Robert S. Mueller, Direktor des FBI, in einer Rede vor dem Commonwealth Club in Kalifornien am 19. April 2002:

> Aus unserer Untersuchung hat sich ein ernüchterndes Porträt der 19 Flugzeugentführer herausgestellt, die ihre Angriffe mit sorgfältiger Planung, *außerordentlicher Geheimhaltung* und umfassenden Kenntnissen darüber, wie Amerika funktioniert, begangen haben. [...]
>
> Während sie in den USA waren, haben die Entführer alles unternommen, um sich unserer Kontrolle zu entziehen. Sie kontaktierten keine terroristischen Sympathisanten. Sie begingen keine gravierenden Verbrechen. Sie zogen sich wie Amerikaner an, kauften ein und aßen an Orten wie Wal-Mart und Pizza Hut [...]. Als sie wegen zu schnellen Fahrens angehalten wurden, blieben sie ruhig. Da keiner von ihnen als Terrorist bekannt war, sah die Polizei keinen Grund, sie zu befragen oder festzunehmen.

> Die Entführer *hinterließen keine Aufzeichnungen.* In unserer Untersuchung haben wir kein einziges Schriftstück entdeckt - weder hier in den USA oder in der Fundgrube von Informationen in Afghanistan oder anderswo – auf dem die Vorbereitungen der Anschläge erwähnt wurden. Die Entführer hatten keine Computer, keine Laptops, keine Speichermedien. Sie benutzten hunderte verschiedener Telefone und Handys, die äußerst schwer zu ermitteln sind. Und sie sorgten dafür, dass das ganze Geld an sie zur Finanzierung ihrer Angriffe in kleinen Mengen überwiesen wurde, *um nicht aufzufallen.*[68]

In einer Aussage vor dem Geheimdienstausschuss des Kongresses am 26. September 2002 wiederholte Robert S. Mueller seine Behauptung, die „Entführer" hätten sich in den USA diskret verhalten und keinen Verdacht auf sich gezogen.[69]

In seiner Zeugenaussage vor einem anderen Ausschuss des Kongresses am 17. Oktober 2002 wiederholte Robert S. Mueller nochmals diese Behauptung:

> [W]ährend sie sich in den Vereinigten Staaten aufhielten, agierten die Entführer, ohne sich verdächtig zu machen und *ohne die Aufmerksamkeit der Polizeibehörden auf sich zu ziehen.*[70]

George Tenet und Robert S. Mueller haben nicht die Wahrheit gesagt.

3.2 Rüde

Laut der offiziellen Darstellung sollen Mohammed Atta Flug AA11 und Marwan Alshehhi Flug UA175 gesteuert und zum Absturz gebracht haben. Während Mohammed Atta und Marwan Alshehhi in Venice, Florida, eine Flugschule besuchten, mieteten sie ein Zimmer mit zwei Einzelbetten und einem Bad. Die jungen Männer grüßten nicht ihre Vermieter, Drucilla Voss und ihren Ehemann Charles, der als Buchhalter in derselben Flugschule arbeitete. Die jungen Männer sollen schlampig gewesen sein, hielten ihre Zimmer nicht in Ordnung und hinterließen eine Menge Wasser auf dem Badezimmerboden. „Wir sind kein Bed-and-Breakfast", sagte Voss. „Meine Frau schätzt es nicht, und ich auch nicht". Nach einer Woche warfen sie ihre Mieter hinaus.[71]

Nachdem sie einige Wochen bei Huffman Aviation in Venice Flugstunden erhielten, zogen die jungen Männer nach Jones Aviation in Sarasota, etwa 20 Meilen nördlich von Venice, um ihre Ausbildung fortzusetzen. Nach Angaben eines Fluglehrers bei Jones Aviation „waren die beiden aggressiv, unfreundlich und manchmal kämpften sie mit ihm während ihrer Trainingsflüge, um die Kontrolle über das Flugzeug zu übernehmen".[72] Gary Jones, Vize-Präsident der Schule, erklärte später: „Wir sagten ihnen, wir würden sie nicht mehr unterrichten. [...] Sie sprachen kein Englisch, und hatten schlechte Manieren. Sie folgten nicht den Anweisungen des Lehrers." Daraufhin kehrten sie zurück nach Huffman Aviation in Venice.[73]

Die Washington Post beschrieb das Verhalten der mutmaßlichen Terroristen folgendermaßen:

> Während ihres Aufenthalts in den Vereinigten Staaten waren die klugen Anführer [der Terroristen] in ihrem Englisch und Verhalten so ungeschickt, dass sie ständig Aufmerksamkeit und Ärger hervorriefen, wenn nicht sogar Verdacht auf sich zogen.[74]

Ein rüdes Verhalten war sicherlich nicht geeignet, um unauffällig zu bleiben. Aber es wird noch bizarrer.

3.3 Arglos

Mohammed Atta

Am 21. Februar 2001 stoppte die Polizei in DeKalb County, Georgia, einen Wagen, der auf den Namen Mohammed Atta registriert war. Der Vorfall wurde in der Polizeidatenbank NCIC gespeichert. Es folgte keine Erklärung, warum der Wagen von der Polizei angehalten worden war.[75]

Am 26. April 2001 wurde ein gewisser Mohammed Atta an einer Polizeisperre in der Nähe von Fort Lauderdale angehalten. Mohammed bekam eine Vorladung zum Gericht, weil er keinen Führerschein hatte.[76] Er ignorierte die Gerichtsvorladung zum 28. Mai[77], woraufhin am 4. Juni ein Haftbefehl gegen ihm ausgestellt wurde.[78] Die Polizei in Delray Beach, Florida, meldete, dass Atta am 5. Juli wegen zu schnellen Fahrens verwarnt, aber nicht verhaftet wurde, obwohl ein Haftbefehl gegen ihn von einem Gericht im benachbarten Bezirk erlassen worden war.[79]

Am 23. August 2001 setzte der Staat Florida Attas Führerschein auf unbestimmte Zeit aus, weil er die Vorladung zu einem Gerichtstermin ignorierte. Dies hinderte ihn jedoch nicht daran, weitere Fahrzeuge in Florida zu mieten. Er fühlte sich offensichtlich immun gegen eine drohende Verhaftung.

Nawaf Alhazmi

Nawaf Alhazmi, ein anderes Mitglied der angeblichen Terrorbande des 11. September 2001, wurde von der Polizei bei Clinton, Oklahoma, am 1. April 2001 wegen zu schnellen Fahrens angehalten.[80] Die Polizei prüfte in der Datenbank, ob irgendwelche Haftbefehle auf ihn ausgestellt waren. Da nichts über ihn gefunden wurde, bekam er einen Strafzettel und konnte weiterfahren. Die CIA soll zu dieser Zeit schon gewusst haben, dass Alhazmi ein „Mitglied der Al-Qaida" war und dass er sich wahrscheinlich seit März 2000 in den USA aufhielt. Diese Informationen wurden angeblich nicht an die Polizei weitergegeben.[81] Die Pointe hier ist nicht die angebliche Schlamperei der Behörden, sondern das arglose Verhalten eines angeblich konspirativen Terroristen.

Alhazmi begnügte sich nicht mit zufälligen Begegnungen mit der Polizei. Laut FBI erhob er am 1. Mai 2001 bei der Polizei in Fairfax County, Virginia, Klage gegen einen unbekannten dunkelhäutigen Mann, der ihn angeblich vor seiner Wohnung in Alexandria, Virginia, angegriffen haben soll. Er gab an, dass er den Angreifer zwei Wochen lang fast jeden Tag vor seiner Wohnung gesehen hätte.[82] Nach Berichten der Tageszeitung San Diego Union Tribune wären es fünf Männer gewesen, die ihm sein Portemonnaie haben wegnehmen wollen. Ein Polizist sei wegen des Vorfalls zu ihm nachhause gekommen, aber bevor er wegging, soll Alhazmi schriftlich erklärt haben, auf eine Anzeige zu verzichten.[83]

Hani Hanjour

Am 1. August 2001 ist Hani Hanjour (mutmaßlicher Pilot des Fluges AA77) in Arlington, Virginia, wegen zu schnellen Fahrens von der Polizei gestoppt worden.[84] Drei Wochen später überwies er ohne zu murren die Geldbuße an das Bezirksgericht von Arlington. Er wollte offensichtlich nach seinem Tod „Onkel Sam" nichts schuldig bleiben. Ein anständiger Terrorist.[85]

Ziad Jarrah

Am 9. September 2001 um Mitternacht, also kaum zwei Tage vor dem Tag seiner angeblichen Himmelfahrt, wurde Ziad Jarrah (angeblicher Pilot von Flug UA93), wegen zu schnellen Fahrens im U.S. Staat Maryland von der Polizei angehalten. Er bekam einen

Strafzettel und durfte weiterfahren. Die Polizei fand seinen Namen nicht in der nationalen Datenbank, obwohl ein gewisser Ziad Jarrah im Januar desselben Jahres in den Vereinigten Arabischen Emiraten auf Wunsch der CIA wegen „Verdachts der Teilnahme an terroristischen Aktivitäten“ vernommen worden war.[86]

3.4 Aufdringlich

Laut *Spiegel Online* vom 24. September 2001 sollen die „Terroristen“ sich in Florida für Flugzeuge interessiert haben, die auf Äckern Chemikalien versprühen.[87] Wie der *Miami Herald* berichtete, identifizierte ein Mitarbeiter des Flughafen in Belle Glade, Florida, Mohammed Atta:

> Atta [der zweimal den kleinen Flughafen von Belle Glade besuchte] wollte wissen, laut James Lester, einem Mitarbeiter des Flughafens, wie man solche Flugzeuge startet, fliegt, wie viel Kerosin das Flugzeug aufnehmen könne und wie viel Chemikalien es trägt. Er fügte hinzu: „Das FBI zeigte mir [Attas] Foto. [...] Ich erinnere mich an ihn, weil er ständig hinter mir herlief und aufdringliche Fragen stellte.“[88]

Mit ihrem aufdringlichen Verhalten und intensiven Interesse an diesen Flugzeugen wollten die Besucher offensichtlich einen Verdacht auf sich lenken, bzw. eine Spur hinterlassen, dass sie sich besonders für diese Technik in Hinblick auf geplante Terroranschläge interessierten. Einige Quellen deuten darauf hin, dass sie diesen Flughafen noch am 8. September 2001 besucht hatten.[89]

3.5 Geschwätzig

Ein offenkundiger Versuch, die Legende des Terroristen Mohammed Atta aufzubauen, war die Begegnung zwischen einem Mann, der sich als Mohammed Atta vorstellte, und Johnelle Bryant, damals eine Sachbearbeiterin beim Landwirtschaftsministerium in Florida.

Von dieser bizarren Begegnung berichtete Johnelle Bryant in einem ausführlichen Interview mit Brian Ross von *ABC News*, das am 6. Juni 2002 gesendet wurde (ABC News gilt als eine der drei größten Fernsehanstalten in den USA). Die Begegnung mit Atta soll mehr als ein Jahr vor den Anschlägen des 11. September 2001 stattgefunden haben. Ein Wortprotokoll des Interviews befindet sich immer noch (Stand 31. Dezember 2015) auf der Webseite des Senders und zur Sicherheit auch auf meiner Webseite.

Bryant erklärte in dem Interview, dass ein Mann namens Mohammed Atta sie in ihrem Büro gegen Ende April oder Anfang Mai 2000 mit dem erklärten Ziel aufgesucht habe, von ihrem Amt ein Darlehen von $ 650.000 für den Kauf eines Flugzeugs zum Pestizide-Einsatz zu erhalten.

Ross: „Wie stellte er sich vor?"

Bryant: „Ich machte mir Notizen. Das tun wir üblicherweise. Und zur Sicherheit buchstabierte ich seinen Namen A-T-T-A-H, und er sagte: „Nein, A-T-T-A, wie in 'Atta boy!'"

Er habe behauptet, dass er durch eine Fernsehwerbung von der Möglichkeit eines Darlehens erfahren habe. Sie machte ihm sofort klar, dass er als Ausländer nicht dazu berechtigt sei.

Atta verließ aber nicht das Büro nach dieser Absage, sondern nutzte die Gelegenheit, um über sein Leben und seine Gesinnung zu berichten. Er erzählte ihr, er sei Ägypter, habe sich aber aus politischen Gründen nach Afghanistan abgesetzt. Er erwähnte auch, dass er Ingenieur sei und in Deutschland studiert habe. Nachdem er ohne Anlass von Sicherheitsmaßnahmen in seinem Land Ägypten berichtete, „fragte er mich, was […] ihn daran hindern könnte, sich hinter den Schreibtisch zu begeben, mir die Kehle durchzuschneiden und mit den Millionen, die sich im Geldschrank hinter mir befänden, zu fliehen". Sie sagte ihm, es sei kein Geld im Schrank zu finden, außerdem beherrsche sie Karate.

Bryant weiter:

> Während der ganzen Zeit, die er in meinem Büro war, wallten seine Gefühle auf und ab, auf und ab. […] Als ich ihm erklärte, dass wir nicht in der Lage seien, ein solches Flugzeug zu finanzieren, […] warf er mir vor, ihn zu diskriminieren, weil er kein amerikanischer Staatsbürger sei. […]. Ich versuchte deshalb, besonders freundlich zu ihm zu sein und ihn zu beruhigen [...]
>
> Dann wollte er unbedingt das Bild von Washington, D.C., das an der Wand meines Büros hängt, mir abkaufen. Er zog ein dickes Bündel Geldscheine hervor und warf es auf meinen Schreibtisch. […] Ich erklärte ihm, dass es sich um ein Geschenk handele, das nicht zu verkaufen sei. Daraufhin warf er noch mehr Geld auf den Tisch.
>
> Schließlich sagte er mir, er wolle das World Trade Center in New York besichtigen. [...] Er fragte mich, ob es schwierig sei, hinein zu kommen. In diesem Zusammenhang sagte er: ‚Ach ja, in meinem Land, äh, würde man jemanden wie mich nicht für so einen Besuch zulassen.' Ich sagte ihm […] wenn er einen Personalausweis habe, könne er hingehen, wohin er wollte. Dann wollte er wissen, wie es um die Sicherheit im World Trade Center bestellt sei. Ich antwortete ihm, es sei wie auf einem Flughafen, man müsste durch eine Sicherheitskontrolle gehen und wahrscheinlich den Inhalt seiner Tasche zeigen. [...]

> Als er fragte, warum ich aus Washington D.C. nach Florida gekommen sei, ob ich verbannt worden sei, versuchte ich ihm zu erklären, dass es so etwas in Amerika überhaupt nicht gebe. Darauf sprach er immer wieder von seinem Land, und ich ging davon aus, dass er damit Afghanistan meinte. Ganz aufgewühlt und begeistert, berichtete er von einer Organisation in seinem Land. Er sagte sie könnten Menschen, äh, als Mitglieder gebrauchen, auch Amerikaner. [...] Ich hatte keine Ahnung, wovon er redete. [...] Ich weiß jetzt, dass er von al-Qaida sprach, obwohl ich weder von Al-Qaida noch von Osama bin Laden jemals etwas gehört hatte. Wie er es aussprach, klang es wie ein Frauenname, Akeda, Akeda. Er wiederholte es mehrmals, bis ich sagte ‚Ach ja, richtig'.[Lacht]. Ich wusste nicht, worüber er redete. [...] Ja, er erwähnte Al-Qaida. Er erwähnte Osama bin Laden. [...] Ich hatte aber keine Ahnung, wer Osama bin Laden ist. Für mich hätte das auch eine Figur aus Star Wars sein können. [...] Er behauptete, dass dieser Mann irgendwann als der größte Führer der Welt bekannt werde. Ich hatte keine Ahnung, von wem er sprach. [...]
>
> Seine Augen waren beängstigend, und sein Akzent wirkte auf mich sehr einschüchternd. Er hatte eine ungewöhnliche Angewohnheit: Wenn er eine Frage stellte und auf die Antwort wartete, drückte er seine Lippen zusammen. Das Bild, das die Zeitungen von ihm publizierten, sah genau so aus.[90]

Laut der britischen Tageszeitung *The Guardian* vom 7. Juni 2002 hatte Frau Bryant ihren seltsamen Gast damals nicht angezeigt, da sie in ihm keinen Terroristen vermutet habe. Kurz nach dem 11. September 2001 habe Bryant Attas Foto gesehen und die Behörden alarmiert. Das FBI erklärte gegenüber *Associated Press*, dass die

Informationen von Frau Bryant die Behörde dazu veranlasst hatten, eine öffentliche Warnung über eine mögliche terroristische Nutzung von Pestizide versprühender Flugzeuge zu veröffentlichen.[91] Robert Epling, Präsident der Community Bank of Florida, bestätigte am 25. September 2001, dass ihm der Besuch Mohammed Attas im Ministerium bekannt gewesen sei.[92] Einige Mitarbeiter des Landwirtschaftsministeriums, in dem Frau Bryant arbeitete, sollen dem FBI mitgeteilt haben, dass Bryants Gast ("Atta") Tommy Hilfiger-Kleidung trug und schwer nach Eau de Cologne roch.[93]

Seit ihrem Interview mit *ABC News* ist Johnelle Bryant verschwunden. Auf meine Anfrage erklärte das Landwirtschaftsministerium in Florida, das Frau Bryant gekündigt habe und ihr Verbleib nicht bekannt sei. Mohammed Atta soll, laut offiziellen Quellen, nur am 3. Juni 2000 zum ersten Mal in die USA eingereist sein.[94] Die Begegnung mit Frau Bryant in Florida soll aber in April oder Mai 2000 stattgefunden haben. Die 9/11 Untersuchungskommission hat Frau Johnelle Bryant mit keinem Wort erwähnt. War ihr Gast ein Doppelgänger des ägyptischen Studenten aus Hamburg, der von sämtlichen Freunden, Bekannten und Kommilitonen als Mohammed El Amir und nicht als Mohammed Atta bekannt war? War es die Aufgabe des Gastes, eine Legende des „Terroristen Atta" durch seinen Besuch zu hinterlassen? Fest steht: Weder die Behörden noch die Medien haben den Verdacht geäußert, diese außerordentliche Geschichte wäre erfunden worden. Johnelle Bryant hatte nachweislich unmittelbar nach dem 9/11 diesen seltsamen Besuch an das FBI angemeldet. Das FBI hält allerdings – aus Gründen des Datenschutzes – die Vernehmung von Frau Bryant unter Verschluss.[95]

Laut Erkenntnissen der Rechtspsychologie erfüllt die Darstellung von Frau Bryant sämtliche Merkmale einer erlebnisfundierten Aussage, nämlich Farbigkeit, Lebendigkeit, Detailreichtum, Konkretheit und Originalität. Die Geschichte wurde von den meisten Medien nicht bestritten, sondern verschwiegen, weil sie (a) die These der konspirativen 9/11-Terroristen erschüttert hätte; und (b) den

Verdacht nahelegt, der Besucher wäre nicht Mohammed El Amir Atta aus Hamburg, sondern ein bezahlter Doppelgänger gewesen.

3.6 Hedonistisch I

Atta, Alshehhi, Jarrah und Hanjour, die vier angeblichen Todespiloten, sollen sich – laut Urteil des Hanseatischen Oberlandesgerichts in Hamburg gegen Mounir el Motassadeq[96] – für eine Selbstmordaktion vorbereitet haben mit dem Ziel, als „Märtyrer eine Sonderstellung im Paradies“ zu genießen und dort „besonderer Genüsse teilhaftig werden“.[97] Zu den religiösen Regelungen, auf deren Einhaltung Atta auch in seinem Freundes- und Bekanntenkreis achtete, „gehörte weiter das Verbot, Musik zu hören und Alkohol zu trinken“.[98]

Laut der 9/11-Kommission begingen die 19 mutmaßlichen Terroristen die Anschläge des 11. September wegen ihrer islamistischen Haltung. Der Abschlussbericht der Kommission enthält das Wort Islam und dessen Varianten (Islamisten, Islamismus, Muslimen, u. dgl.) hunderte Male. Doch im speziellen Bezug auf die religiösen Überzeugungen von Mohammed Atta, Marwan Alshehhi und Ziad Jarrah befindet sich merkwürdigerweise nur ein einziger, allgemeiner, Satz:

> Aufgrund des Einflusses von Zammar oder durch andere Anregungen entschlossen sich Atta, Binalshibh, Shehhi und Jarrah, ihre extremistischen Überzeugungen in die Tat umzusetzen. Gegen Ende des Jahres 1999 waren sie nun bereit, ihr Studentenleben in Deutschland zu Gunsten des gewalttätigen Jihad aufzugeben. Diese letzte Phase ihrer Entwicklung in Richtung eines umfassenden islamistischen Extremismus blieb von ihrer Umgebung nicht gänzlich unbeachtet.[99]

Dass islamistische Terroristen sich in den USA wie Amerikaner kleiden und keinen Bart tragen würden, kann man wohl verstehen.

Aber wie steht es mit ihrer Neigung, sich in Bars aufzuhalten, Alkohol zu trinken und Prostituierte aufzusuchen? Und welchen Reiz stellt Las Vegas, Stadt der Sünde, für streng religiöse Muslime dar, wohin sie einige Mal reisten? Wegen der vielfältigen Berichte über ihr hedonistisches Verhalten stellt sich die Frage, ob diese Männer ihre Religiosität in Deutschland vorgetäuscht hatten oder ob es sich um ganz andere Personen handelte als jene, die in Hamburg als gläubige Muslime bekannt waren.

Die Zeche bei Shuckum's

Shuckum's ist (oder war) eine Restaurant/Bar in Hollywood, Florida. Laut zahlreichen Berichten verbrachten Mohammed Atta und Marwan Alshehhi einige Stunden in dieser Bar nur wenige Tage vor dem 11. September 2001 und betranken sich. Diese Zeche soll am 5. oder 6. September 2001 (Akten des FBI[100]); am 6. September 2001 (*NBC News*[101]); am 7. September (*Associated Press*[102] und *New York Times*[103]) oder am 8. September (*Time Magazine*[104] und *St. Petersburg Times*[105]) stattgefunden haben.

Tony Amos, Shuckum's Geschäftsführer, erklärte gegenüber Ken Thomas von *Associated Press* am 12. September 2001, dass „zwei Männer", einer davon Mohammed Atta, mehrere Getränke konsumierten und sich mit der Barfrau über die Höhe der Rechnung gestritten haben. Amos sagte: „Der Mann Mohammed war betrunken, seine Stimme war undeutlich, und er hatte einen dicken Akzent."[106] Barfrau Patricia Idrissi erklärte gegenüber Journalisten der *St. Petersburg Times*, dass, als sie hereinkamen, die Männer „knallvoll" („wasted") waren. Sie hätte sie auf ein nahe gelegenes China-Restaurant hingewiesen. Später kamen sie zurück und „jeder bestellte fünf Getränke", sagte sie.[107] Laut *New York Times* vom 12. September 2001 trank „der Mann [...] Stolichnaya Vodka innerhalb von drei Stunden".[108] Frau Idrissi erklärte, dass die Männer über ihre Rechnung stritten. Dann zog der eine ein Bündel von $100 und $50

Scheinen, bezahlte die Rechnung und hinterließ $3 als Trinkgeld. Sie sagte, die eingetroffenen FBI-Agenten hätten ihnen mitgeteilt, dass zumindest einer der Männer aus Pakistan wäre und dass sich ihre Namen auf den Passagierlisten der entführten Flugzeuge befanden, die von Boston abflogen.[109] Laut Frau Idrissi soll Mohammed gesagt haben „er arbeite für American Airlines und könnte seine Rechnung bezahlen".[110]

Wie Whiskey sich zum Preiselbeersaft ändert

Die Geschichte der Zeche bei Shuckum's wurde in zahlreichen Medien, auch außerhalb der USA, während des ganzen Monats September 2001 verbreitet.[111] Allerdings begann ab dem 15. September sich eine neue Fassung der Zech-Story durchzusetzen.[112] Laut der neuen Fassung war Atta mit Videospielen beschäftigt und hatte nur Preiselbeersaft getrunken. Allmählich ersetzte diese Fassung die erste, die zur Legende des streng religiösem Atta nicht passte.[113]

Nun war es Tony Amos, der seine Aussage revidierte. Mohammed Atta habe an jenem Abend nichts schärferes als Preiselbeersaft zu sich genommen. Er habe den ganzen Abend schweigsam dagesessen. Es seien seine Gefährten Marwan und der dritte Mann gewesen, die alleine gezecht hätten, so Amos. Marwan [Alshehhi] soll aber laut der offiziellen Legende und laut dem Urteil des Oberlandesgerichts (OLG) Hamburg auch ein streng religiöser Muslim gewesen sein.

Die neue Fassung liest sich in der Los Angeles Times wie folgt:

> Am selben Abend (7. Sept.), unten an der Küste Floridas, gingen Atta und Alshehhi ins Shuckum's Sports Bar in Hollywood zusammen mit einem noch nicht identifizierten dritten Mann. Der Besitzer (sic), Tony Amos, sagte, dass Atta ganz ruhig dasaß, Preiselbeersaft trank und Videogames spielte und Alshehhi mit dem anderen Gast Mix-Drinks konsumierte und diskutierte.[114]

Übrig blieben „gesäuberte" Presseberichte, wie der folgende, der am 22. September in der *Washington Post* erschien:

> Am Freitagabend vor den Anschlägen verbrachten Atta und zwei andere Männer - einer von ihnen Marwan Alshehhi, ein weiterer mutmaßlicher Flugzeugentführer - dreieinhalb Stunden in einer Bar namens Shuckum's in Hollywood (Florida). Atta spielte Videospiele, eine Beschäftigung, die mit fundamentalistischen Überzeugungen eigentlich nicht vereinbar ist. Doch der Geschäftsführer, der an jenem Abend Dienst hatte, gibt an, er erinnere sich nicht, Atta Alkohol trinken gesehen zu haben.[115]

Der Autor Daniel Hopsicker recherchierte in Florida zwei Jahre lang über Mohammed Atta. Im Bezug auf die Episode bei Shuckum's, schrieb er:

> Ich wollte es von Tony Amos selbst hören. Doch als ich im Shuckum's einkehrte, stellte ich fest, dass sowohl er als auch die Barkeeperin Idrissi nicht mehr hier arbeiteten. Niemand wusste, wohin sie gegangen waren. Die Nachfolgerin hinter der Theke deutete immerhin an, bevor sie merkte, dass sie dabei war, zu viel zu reden, dass der Abgang der beiden irgendwie mit dem 11. September zusammenhing. Tony Amos und Patricia Idrissi hatten Fahrkarten auf die Insel der verschollenen Zeugen gelöst. Hoffentlich hin und zurück.[116]

Wann besuchte das FBI die Bar?

Nach Angaben des *St. Petersburg Times* vom 13. September 2001 trafen Agenten des FBI bei Shuckum's „bald nach den Angriffen" ein, also schon am Nachmittag des 11. September 2001.[117] Diese Zeitangabe wurde von der *New York Times* und durch interne FBI-Berichte bestätigt.[118] Wie kam aber das FBI auf den Gedanken, dass strenggläubige muslimische „Todespiloten“ sich in Bars aufgehalten hatten? Und wie konnte das FBI am Nachmittag des 11. September 2001 vermuten, dass die „Todespiloten“ eine bestimmte Bar in Florida besucht hatten? Die einzige Erklärung dafür ist, dass das FBI die „Todespiloten“ schon vor dem 9/11 kannte und sie ständig im Visier hatte.

Wie reagierte das FBI auf die Zeche bei Shuckum's?

Unter den Akten der 9/11-Kommission, die im Jahre 2009 vom US-amerikanischen Nationalarchiv (NARA) veröffentlicht wurden, befinden sich zahlreiche Dokumente, die das FBI damals der Kommission zur Verfügung gestellt hat. Unter diesen Dokumenten befinden sich drei verschiedene sogenannte 302-Berichte, die unterschiedliche FBI-Agenten über ihre Vernehmungen bei Shuckum's erstellten. Die Berichte widersprechen dem, was Medien über dieses Ereignis berichtet hatten; sie enthalten Zusammenfassungen von Interviews, die Ermittler des FBI mit MitarbeiterInnen des Shuckum's *an dem Tag der Angriffe* geführt hatten. Laut diesen Berichten zeigten die Ermittler den MitarbeiterInnen Abbildungen von Mohammed Atta und Marwan Alshehhi. Ihre 302-Berichte tragen ausnahmsweise keine Identifikationsnummer, und die Namen der Ermittler sind geschwärzt. In einem dieser Berichte[119] wird behauptet, Atta und sein Freund wären am 5. September bei Shuckum's gewesen. In dem zweiten Bericht wird das Datum 6. September angegeben.[120] Im dritten Bericht wird behauptet, die Zecher wären *am oder um* den 6. September bei Shuckum's gewesen.[121] In keinem der drei Berichte wird Alkoholgenuss erwähnt. Hatten die Zeitungen das Zechen der „islamistischen Terroristen“ erfunden oder durfte diese Tatsache nicht in den Berichten des FBI erwähnt werden? Weder Tony Amos noch Patricia Idrissi wurden bekanntlich von der 9/11-Kommission vernommen.

Laut dem *Longboat Observer* vom 21. November 2001 soll Mohammed Atta auch im Holiday Inn Hotel in Longboat Key, Florida, beim Alkoholkonsum vier Tage vor dem 9/11 gesichtet worden sein.[122] Eine der Zeugen, Barfrau Darlene Sievers, bekräftige ihre ursprüngliche Aussage in einem Interview mit der *St. Petersburg Times* vom 4. Juli 2004.[123] Ihre Aussage wurde auch von ihren Mitarbeitern Frank Boyal und Mark Bean bestätigt.

Die Genüsse auf den Philippinen

Es soll hier nicht der Eindruck entstehen, dass Atta und Alshehhi nur ausnahmsweise kurz vor dem 9/11 Alkohol tranken, als ob sie im September 2001 die letzte Gelegenheit nutzten, um die Lüste des diesseitigen Lebens zu genießen. Laut *New York Times* vom 5. Oktober 2001 sollen Atta und Alshehhi auch auf den Philippinen mehrfach zwischen 1998 und 2000 beim Alkoholkonsum gesichtet worden sein.[124] Gina Marcelo, eine ehemalige Serviertochter im Woodland Park Resort Hotel in Malabacat, etwa 100 km. nördlich von Manila, sagte, dass Alshehhi eine Party mit sechs oder sieben arabischen Freunden im Hotel veranstaltet habe:

> Sie tranken Johnnie Walker Black Label Whiskey und Mineralwasser. Sie grillten Krevetten und Zwiebel. Sie kamen in großen PKWs und hatten sehr viel Geld. Alle hatten Freundinnen. [...][Aber] sie gaben nie Trinkgeld. Hätten sie Trinkgeld gegeben, würde ich mich nicht so gut an sie erinnern.[125]

3.7 Hedonistisch II

Als „Vorbereitung" für ihren Aufstieg ins Paradies nutzten die angeblich strengreligiösen Terroristen die sinnlichen Genüsse der Vereinigten Staaten. Am 4., 6., 27. und 30. Juli 2001 bestellten Hamza Alghamdi und Marwan Alshehhi telefonisch pornographische Videos und Sexspiele von einem Verleih in Florida.[126] Der Bürgermeister von Paterson, New Jersey, sagte seinerseits, dass sechs der angeblichen Terroristen, die in der Stadt wohnten „niemals in einer Moschee gesichtet worden sind; sie besuchten gerne Go-Go Klubs".[127] Hamza Alghamdi soll, nach Angaben des FBI, am Nachmittag des 9. September 2001 um genau 15:40 Uhr ein Pornovideo in seinem Hotelzimmer angeschaut haben.[128] Solche Details wurden vom FBI rekonstruiert, da die angeblichen Terroristen die Mehrheit ihrer Einkäufe und Dienstleistungen mit Kreditkarten bezahlten.

Ziad Jarrah, der in seiner Heimat Libanon als Partylöwe bekannt war, änderte sich – laut dem Urteil des OLG Hamburg gegen Mounir El Motassadeq – in einen strenggläubigen und fanatischen Islamisten. Dennoch berichteten amerikanische Zeitungen, dass er im Februar 2001, während eines Aufenthaltes in Jacksonville, Florida, Wackos Stripclub besucht hatte. Er wurde von Mitarbeiterinnen des Klubs auf Fotos, die ein Beamter des FBI ihnen zeigten, erkannt.[129]

Laut FBI hatten nicht weniger als sechs Tänzerinnen im Nachtklub Cheetah in Pompado Beach, Florida, Marwan Alshehhi am 1. Juli 2001 gesichtet. Er wurde auch in Las Vegas, Nevada, von einer Stripperin namens Samantha in Olympic Garden Topless Cabaret gesehen. Er soll bei ihr einen Schoßtanz erhalten haben, spendete aber nur $20. Deshalb erinnerte sie sich an ihn.[130] Laut Ermittler sollen Atta, Alshehhi, Jarrah und andere angebliche Attentäter mindestens sechs Mal Las Vegas besucht haben. Die 9/11-Kommission fand keine andere Erklärung für ihre Reisen nach Las Vegas als die „touristische" Anziehung der Stadt.[131]

Am Abend vor den Anschlägen des 11. September sollen drei Männer den Pink Pony Strip-Club in Daytona Beach, Florida, besucht haben und gaben je zwischen $200 und $300 für Schoßtänze und Drinks aus. Sie bezahlten mit Kreditkarten. Der Geschäftsführer, John Kap, händigte FBI-Agenten die Belege der Kreditkartenbezahlungen aus. Die Männer hinterließen bei der Bar eine Visitenkarte und einen Koran. Um Aufmerksamkeit auf sich zu ziehen, äußerten sie während ihres Aufenthaltes im Club ihren Hass gegen die USA und sprachen über das bevorstehende Blutvergießen. Einer der Männer soll gesagt haben: „Warten Sie bis morgen. Amerika wird Blut sehen!" Obwohl sie eine Visitenkarte hinterließen, ist über ihre Identität nichts bekannt.

Waren es überhaupt Muslime?

Prof. Mahmoud Mustafa Ayoub von der Temple University sagte, dass der Islam nicht die Tötung von unschuldigen Menschen billigt. Noch kann ein Muslim, der Alkohol trinkt und Stripklubs besucht, ins Paradies gelangen: „Es ist nicht erklärbar dass jemand an einem Abend sich betrinkt und einen Strip Club besucht und am nächsten Tag im Namen des Islams sich umbringt. [...] Leute, die sich im Namen der Religion umbringen, haben einen sehr strengen islamistischen Hintergrund. Etwas stimmt hier nicht".[132]

Dr. Osama Haika, Vorstand der islamischen Stiftung in Nevada, kommentierte seinerseits: „Wahrhaftige Muslime trinken keinen Alkohol, nehmen nicht Teil an Glücksspielen und besuchen keine Strip-Clubs. Ein solches Verhalten ist sündig, genau so sündig wie das, was sie in New York und Washington getan hatten."[133]

Auch deutsche Freunde und Bekannte von Atta, Alshehhi und Jarrah konnten sich nicht vorstellen, dass diese strenggläubigen Muslime sich so verhalten würden, wie es amerikanische Medien berichteten.

Jahrelang hat auch Attas ehemaliger Professor Dr. Dittmar Machule nach Erklärungen gesucht. Er fragte sich: „Wie ist es dazu gekommen, dass aus dem Mohammed El Amir, dem fleißigen, sympathischen und engagierten Studenten [...], ein Massenmörder, ein radikaler und gehirngewaschener Mensch, der solch ein Verbrechen begeht, wurde?" Er selbst habe ihn ja als einen ganz anderen Menschen erlebt - „und nicht als die Person, die hinter dem fratzenhaften Bild, das die Amerikaner als erstes gezeigt haben, steht."[134]

Hatten Atta, Alshehhi und Jarrah ihre Strenggläubigkeit in Deutschland vorgetäuscht oder waren die Männer, die sich als Atta, Alshehhi und Jarrah in der USA tummelten, andere Personen, die im Auftrag Unbekannter diese Namen benutzten, um die Legende der islamistischen Terroristen aufzubauen?

3.8 Planten die Gotteskämpfer am 11. September 2001 zu sterben?

Der Öffentlichkeit wird erzählt, dass die Attentäter des 9/11 sich auf einen Märtyrertod vorbereiteten. Allerdings belegen ihre Flugbuchungen, Einkäufe und Geldabwicklungen, die vom FBI akribisch dokumentiert worden sind, dass sie keineswegs glaubten, am 11. September 2001 zu sterben. Hier seien nur einige Beispiele angeführt.

Am 10. August 2001, kaufte Marwan Alshehhi – angeblicher Todespilot von Flug UA175 – neue Reifen für seinen 1989er Pontiac Grand Prix.[135] Am 3. September 2001 kaufte er mit einer Kreditkarte Stereo-Kopfhörer und einen Sony Walkman bei Circuit City in Delray Beach (Florida). Er wurde auch am selben Tag bei Piercing Pagoda (Pompano Square Mall) mit einem unbekannten arabischen Mann gesichtet, als er zwei Halsketten und einen männlichen Ring für $81.62 mit einer Kreditkarte auf dem Namen seiner Kumpel Satam Alsuqami und Waleed Alshehri kaufte.[136]

Am 30. August 2001 buchte Ziad Jarrah – angeblicher Todespilot von Flug UA93 – einen Flug von Newark International Airport mit Flug UA93 für den 11. September 2001 mit einem Anschlussflug nach Las Vegas. Am Tag zuvor erhielt er einen Fahrerschein des Staates Virginia, wahrscheinlich um „im Paradies herumzufahren".[137] In einem Interview mit der Tageszeitung *Boston Globe* aus dem Dorf Al-Mari in Libanon, sagte sein Onkel, Jamal Jarrah, dass Ziad ihn zwei Tage vor dem 9/11 anrief und sagte, er würde Mitte September zu einer Hochzeit in den Libanon kommen: „Ziad sagte, er hatte sogar einen neuen Anzug für diese Gelegenheit gekauft". Eine FBI-Zeitleiste bestätigt diesen Einkauf. Am 10. September 2001 kaufte Ziad *mit Bargeld* ein Paar Hosen bei Joe Fischman Sportswear and Clothing.[138] Auch davon wusste das FBI.

Als Vorbereitung für seinen angeblichen Todesflug registrierte „Mohammed Atta“ sich am 25. August 2001 als „Vielflieger“ auf der Webseite der American Airlines.[139] Am 10. September 2001 um 21:22 Uhr – kurz vor Betriebsschluss – kauften „Atta“ und „Alomari“ bei Wal-Mart in Portland (Maine) einen 6-Volt Stromkonverter.[140]

Abdul Raham Saed Alghamdi, einer der angeblichen Attentäter, buchte einen Flug mit United Airlines Express Flug No. 7491 von Dulles Airport (Washington) nach Norfolk für den 13. September 2001, also für zwei Tagen nach seinem Tod.[141]

Einer der Alghamdi Brüder, die angeblich am 11. September 2001 an den Entführungen teilnahmen, buchte am 5. September 2001 eine Flugreise mit Royal Air Maroc von Casablanca (Marokko) nach Riyadh (Saudi Arabien) sogar für den 20. September 2001.[142]

Noch seltsamer sind die verschiedenen Geldabwicklungen der angeblichen Attentäter am Tag der Anschläge und später. Auch diese Informationen stammen vom FBI:[143]

- Abdulaziz Alomari bewirkte am 11. September 2001 eine Bargeldauszahlung von $42 mit einer Kreditkarte bei Fast Green, South Portland.
- Fayez Banihammad tätigte am 11. September 2001 um 9:26 Uhr eine Auszahlung von $1.362 bei Sharjah (Saudi Arabien) im Beisein von Hamza Alghamdi und Marwan Alshehhi.
- Nawaf Alhazmi überwies $3.000 am 11. September 2001 an Sheik Abusattar.
- Jemand kaufte am 15. September 2001 eine Camping-Ausrüstung mit einer Debit-Kreditkarte von Mohammed Atta und Marwan Alshehhi für $469 und weitere Artikel für $49.02 bei einer Drogerie namens Linda Plaza Mayor.
- Majed Moqed erkundigte sich nach seinem Kontostand am 18. September 2001 um 9.34 Uhr abends.

4
Unsichtbare Flugzeugentführer

Die offizielle Darstellung von 9/11 beruht auf einer Entführungsgeschichte. Demnach sollen 19 Personen, deren Namen und Abbildungen auf der Webseite des FBI angeführt worden sind, in die Flugzeuge AA11, UA175, AA77 und UA93 am Morgen des 11. September 2001 eingestiegen sein, diese in der Luft gekapert und sie in einer Selbstmordaktion über symbolischen Ziele vorsätzlich zum Absturz gebracht haben.

Innerhalb weniger Minuten beschlagnahmte das FBI alle Aufzeichnungen von Sicherheitskameras der betreffenden Flughäfen und fing an, Dutzende von MitarbeiterInnen der Fluggesellschaften und der Flughäfen zu vernehmen, um zu wissen, was sie an diesem Morgen vor und während der Abflüge erlebten. Das FBI soll daher alle vorhandenen Beweismittel über das Einchecken und Einsteigen der vier „Todesflüge" besitzen.

Zu den wichtigsten Zielen der Ermittlung eines Massenmordes gehört die Identifizierung der Täter. Um zu beweisen, dass bestimmte Personen ein Flugzeug entführt haben konnten, muss zunächst nachgewiesen werden, dass sie sich am Tatort befanden, in diesem Fall in den Flugzeugen. Um zu beweisen, dass sie mit diesen Flugzeugen reisten, hätten die US-Behörden folgende Beweise vorlegen müssen:

- Beglaubigte Passagierlisten mit den Namen aller Passagiere, inkl. der Verdächtigen;
- Beglaubigte Bordkarten, mit den Namen aller Passagiere, inkl. der Verdächtigen;

- Beglaubigte Sicherheitsvideos aus den Flughäfen von Boston, Newark und Washington D.C., die die Passagiere, inkl. der Verdächtigen, zeigen;
- Beglaubigte Aussagen von MitarbeiterInnen der Flughäfen und der Fluggesellschaften, die die Verdächtigen gesichtet haben;
- Beglaubigte Identifizierung der individuellen Leichen bzw. der körperlichen Überreste der Verdächtigen von den Absturzstellen.

Selbst wenn diese Beweise vorgelegt und als unverfälscht bewertet worden wären, müssten die US-Behörden auch nachweisen, dass die Verdächtigen in der Lage gewesen waren, alle Phasen der Straftat auszuführen und diese tatsächlich auch ausführten. Zunächst aber beschränken wir uns auf die Frage, ob die 19 angeblichen Täter überhaupt in den sogenannten Todesflügen geortet worden sind.

4.1 Keine beglaubigte Passagierlisten

Bevor jemand ein Passagierflugzeug besteigt, werden seine Personalien mit der Passagierliste verglichen, weil Fluggesellschaften sich gegen gefälschte Entschädigungsanträge – falls ein Unfall stattfindet – schützen müssen. Passagiere werden daher gebeten, einen Ausweis vorzulegen. Ausweise können zwar gefälscht sein, aber der auf dem Ausweis angeführte Name muss immerhin mit dem Namen des gebuchten Passagiers übereinstimmen.

Was die vier Flüge des 11. September betrifft, haben die Fluggesellschaften – American Airlines und United Airlines – die Veröffentlichung von beglaubigten Passagierlisten untersagt. Der Grund für diese Verheimlichung wurde nie erklärt. Die amerikanischen Behörden haben ihrerseits widersprüchliche Erklärungen über die Anzahl und Identität der angeblichen Entführer veröffentlicht. Es gibt daher keine offizielle Urkunde, in der ausdrücklich bestätigt wird, dass die

19 Personen, die am 14. September 2001 vom FBI als die Entführer bezeichnet worden sind, in die vier „Todesflüge" eingestiegen sind.

Am 13. September 2001 behauptete der amerikanische Generalbundesanwalt John Ashcroft, dass „zwischen drei und sechs Personen per Flugzeug an der Entführung teilnahmen".[144] Am selben Tag behauptete Robert S. Mueller, Direktor des FBI, dass eine „vorläufige Untersuchung die Anzahl von 18 Entführern bestimmt hätte – je fünf in den zwei Flugzeugen, die am World Trade Center abgestürzt sind, und je vier in den anderen zwei Flugzeugen".[145] Am nächsten Tag stieg die öffentliche Zahl auf 19.[146] Am 14. September 2001 berichtete *CNN*, dass jemand mit dem Namen *Mosear Caned* sich „auf einer Liste [von angeblichen Entführern] befinde, die von den Behörden irgendwann später heute veröffentlicht wird".[147] Sein Name verschwand aber einige Stunden später und wurde mit dem Namen Hani Hanjour ersetzt, als eine neue Liste vom FBI veröffentlicht wurde.[148] Es wurde nicht erklärt, woher der Name Mosear Caned stammte und warum er dann ersetzt wurde.[149]

Laut *CNN* vom 14. September 2001 sollen amerikanische „Bundesquellen anfangs [Adnan] Bukhari und Ameer Bukhari als mögliche Entführer identifiziert [haben], die in eines der Bostonflüge eingestiegen sind".[150] Stunden später veröffentlichte *CNN* die folgende Korrektur: „Auf Grund von Informationen aus [nicht identifizierten] Polizeiquellen behauptete *CNN*, dass Adnan Bukhari und Ameer Bukhari aus Vero Beach, Florida, als die Piloten der zwei am World Trade Center abgestürzten Flugzeuge verdächtig würden. *CNN* erfuhr aber später, dass Adnan Bukhari noch immer in Florida lebt, wo er vom FBI vernommen wurde. [...] Ameer Bukhari starb bei einem Absturz eines kleinen Flugzeuges im letzten Jahr". Diese Namen verschwanden von den später publizierten, aber nicht beglaubigten, Passagierlisten und wurden durch neue Namen ersetzt.

Am Tag des 11. September hatte das FBI schon „die Passagierlisten der vier Flüge durchgekämmt [und Amer] Kamfar" als verdächtigen Entführer „im Augenschein". Am 12. September um 8:30

morgens standen acht Beamte des FBI vor der Haustür von Henry Habora, Kamfars Nachbar, in Vero Beach, Florida, und zeigten ihm Kamfars Foto. Sie fragten, ob er ihn erkenne.[151] Der Name Amer Kamfar, der laut Medienberichten von der Passagierliste stammte, verschwand von späteren Listen der verdächtigen Entführer und wurde durch einen anderen Namen ersetzt.

Die Tageszeitung *Washington Post* behauptete am 16. September 2001, dass sich der Name Hani Hanjour, angeblicher Pilot des Fluges AA77, nicht auf der ursprünglichen Passagierliste dieses Fluges befand. In ihrer letzter Ausgabe vom 16. September erklärte die Zeitung, dass Hanjours Name „nicht auf der Passagierliste des Fluges AA77 [war], weil er möglicherweise keine Flugkarte hatte".[152] Auch American Airlines konnte nicht „bestätigen", ob Hani Hanjour eingecheckt hatte.[153] Sein Name ist aber auf allen späteren [nicht beglaubigten] Passagierlisten aufgeführt.

Am 12. September 2001 veröffentlichten einige Zeitungen unvollständige Passagierlisten der abgestürzten Flüge. Die unvollständige Passagierliste von Flug AA11 beinhaltete die Namen *Jude Larson* und *Natalie Larson*.[154] Doch am 18 September 2001 berichtete *Honolulu Star Bulletin*, eine Zeitung auf Hawaii, dass Jude Larson nicht gestorben sei. Die Zeitung hatte eine Meldung von ihm bekommen: Weder er noch seine Frau, Natalie, wären im Flugzeug gewesen.[155] Laut der Zeitung soll „eine Person, die sich als Mitarbeiter der Fluggesellschaft vorgestellt hatte", Judes Vater, *Curtis Larson*, einem „bekannten Bildhauer" auf Hawaii, telefonisch mitgeteilt haben, dass sein Sohn und seine Schwiegertochter beim Absturz von Flug AA11 umgekommen wären. Die Zeitung bezeichnete nachträglich diese Geschichte als einen Scherz. Die Namen von Jude und Natalie Larson verschwanden danach von den veröffentlichen (nicht beglaubigten) Passagierlisten. Dieser vermeintliche Fehler hätte nicht stattfinden können, wenn die Medien sich auf echte Passagierlisten berufen hätten. Die Saga der Larsons war aber noch nicht zu Ende, denn ihre Namen befanden sich noch Jahre später auf der Webseite des National Obituary Archive über die Opfer des 11. Septembers.[156] Laut dieser Webseite beruht die Liste der Verstorbenen „auf offiziellen Quellen, die [Presseagentur] Associated Press und Registern von Beerdigungsinstituten".[157] Ich habe übrigens den in seiner Gemeinde „bekannten Bildhauer" Curtis Larson nicht auffinden können.

Die oben erwähnten Schwankungen in der Anzahl und die Identitäten der angeblichen Entführer (und Passagiere) deuten darauf hin, dass entweder die authentischen, ursprünglichen Passagierlisten nachträglich gefälscht worden sind oder dass diese überhaupt nicht existieren.

Im Jahre 2006 publizierte eine private Webseite Abbildungen von sieben Faxseiten, die angeblich die originalen Passagierlisten vom 11. September 2001 darstellen sollten.[158] Die veröffentlichen Abbildungen der Faxseiten sind von schlechter Qualität und scheinen aus folgenden Gründen keine Kopien von authentischen Passagierlisten zu sein: (1) Die Listen sind mit keinem amtlichen Zeichen und keiner Unterschrift beglaubigt; (2) Der Name Ziad Jarrah ist auf der Abbildung der Passagierliste von Flug UA93 richtig geschrieben, obwohl er ursprünglich vom FBI als Jarrahi bezeichnet wurde;[159] (3) Die Listen beinhalten nicht die Namen von Jude Larson und seiner Frau Natalie, obwohl sie ursprünglich als Passagiere genannt wurden; (4) Die Liste von Flug AA77 enthält den Namen von Hani Hanjour, obwohl er möglicherweise kein Flugbillet hatte; (5) Das FBI hat sich bis heute nicht getraut, diese Abbildungen als echte Kopien der ursprünglichen Passagierlisten zu bestätigen.

Auf mein Ersuchen hin, eine Kopie der originalen Passagierlisten zu erhalten, schrieb mir das FBI am 4. April 2007, dass die Passagierlisten „auf der Webseite des Justizministeriums [unter den Akten des Verfahrens gegen Zacarias Moussaoui] öffentlich zugänglich" wären.[160] Auf der betreffenden Webseite befinden sich zwar Dokumente aus diesem Gerichtsverfahren, und das vom FBI erwähnte

Dokument Nr. P200054 beinhaltet auch tatsächlich die Namen der Passagiere, inklusive der angeblichen Entführer, zeigt aber keineswegs eine Abbildung von Passagierlisten, sondern nur eine graphische Darstellung der Innenräume der Flugzeuge.

Die US-Behörden und die jeweiligen Fluggesellschaften haben nicht nur keine beglaubigten Passagierlisten und die entsprechenden Bordkarten für die vier „Todesflüge" veröffentlicht, sondern weigern sich auch zu bestätigen, dass sie solche Dokumente besitzen.[161] Dennoch gäbe es keinen Grund, diese Dokumente zu verheimlichen, denn die Namen aller Passagiere und Besatzungsmitglieder wurden längst veröffentlicht. Soweit bekannt ist, erhielt auch die offizielle 9/11-Untersuchungskommission keine beglaubigten Passagierlisten.

Es gibt also keine *schriftlichen* Beweise, dass die 19 angeblichen Täter die vier mutmaßlichen Todesflüge des 9/11 bestiegen hatten, aber auch keine Beweise, dass andere Passagiere in diese Flugzeuge eingestiegen sind. Damit stellt sich die Frage, wo die Passagiere und die Besatzungsmitglieder der vier Flüge tatsächlich abgeblieben sind, nachdem sie in den drei Flughäfen eintrafen. Wo und wie sie gestorben sind, bleibt eines der unheimlichsten Geheimnisse der 9/11.

4.2 Keine Augenzeugen

Obwohl Dutzende MitarbeiterInnen der Flughäfen und der Fluggesellschaften am Tag der Anschläge und kurz danach vom FBI vernommen worden sind, konnte niemand von ihnen mit Sicherheit behaupten, er oder sie hätten einen der 19 angeblichen Entführer im Flughafen gesehen.

Laut der 9/11-Kommission wurden zehn der angeblichen Flugzeugentführer vom Computersystem CAPPS für eine „zusätzliche Sicherheitskontrolle" ausgewählt.[162] Doch keiner der Angestellten, der diese Sicherheitskontrolle durchführte, oder irgendwelche Mitarbeiter des Flughafens oder der Sicherheitsfirmen, die vom FBI oder von der Flugbehörde (FAA) am 11. September oder später verhört wurden, erinnerte sich an irgendeinen der angeblichen Flugzeugentführer. Was die Flüge AA11 und UA175 betrifft, die laut der offiziellen Darstellung von Boston abflogen, stellte die Kommission fest, dass „keiner der Sicherheitsbeamten sich an die Entführer erinnerte oder über etwas Verdächtiges berichtete".[163] Was Flug AA77 betrifft, schrieb die Kommission: „Das Sicherheitspersonal des [Dulles] Flughafens [hat] sich an nichts Ungewöhnliches erinnert. Sie konnten sich an keine Passagiere erinnern, die für eine zusätzliche CAPPS Sicherheitskontrolle ausgewählt wurden".[164] Was Flug UA93 betrifft, der mutmaßlich vom internationalen Flughafen in Newark abflog, berichtete die Kommission, dass die „FAA die Sicherheitsbeamten später vernommen hatte: keiner von ihnen erinnerte sich an etwas ungewöhnliches oder verdächtiges",[165] auch nicht an irgendein Messer, denn laut einem Bericht des FBI, wurden „vierzehn Messer oder Messerteile am Absturzort des Fluges UA93 gefunden".[166] Allerdings konnte keiner der vernommenen Mitarbeiter der Sicherheitskontrollc sich daran erinnern, Messer bei Passagieren an diesem Morgen entdeckt zu haben.[167] Zusammenfassend kann festgestellt werden, dass kein einziger Sicherheitsbeamter aus Boston, Newark und Washington eine Aussage gemacht hat, die die Anwesenheit eines der angeblichen Entführer am Flughafen auch nur im Ansatz bestätigen konnte.

Wenn man sich die Verhältnisse des 11. September 2001 vergegenwärtigt, so hätte damals für jeden der vier Flüge mindestens ein Mitarbeiter der Fluggesellschaft die Passagiere beim Einsteigen ins Flugzeug kontrolliert. Gerade die Identität dieses Personals steht unter Verschluss.[168] In den Medien gibt es kein Interview mit diesem Personenkreis.

Auch über die Ausgangstür zum Flug AA11 gab es in den Medien widersprüchliche Angaben. Zuerst berichteten die Medien, dass die Passagiere durch die Ausgangstür Nr. 26 zum Flugzeug gelangt seien. Später wurde berichtet, sie wären durch Ausgangstür Nr. 32 zum Flugzeug gelangt.[169] Waren die Widersprüche bloß ein Missverständnis oder ein Tippfehler, oder handelt es sich um zwei verschiedene Flugzeuge mit derselben Flugnummer?

Im Jahre 2003 entdeckte der australische Forscher Gerard Holmgren die Abwesenheit von Einträgen für die Flüge AA11 und AA77 für den 11. September in der Datenbank BTS des amerikanischen Verkehrsministeriums (Department of Transportation). Einträge für die Flüge AA11 und AA77 befanden sich in der Datenbank zwar für die bevorstehenden und folgenden Tage, nur nicht für den 11. September.[170] Ich kann diese Entdeckung bestätigen, denn auch ich hatte damals diese Ungereimtheit bemerkt. Die amerikanischen Behörden haben anscheinend von Holmgrens Veröffentlichung erfahren, denn kurz danach tauchten in der Datenbank plötzlich Eintragungen für die fehlenden Flüge auf. Später wurden sie aber wieder gelöscht. Auf meine Anfrage an das BTS konnte (oder wollte) die Behörde die Manipulation der Datenbank nicht bestätigen oder erklären.

4.3 Keine beglaubigten Sicherheitsvideos

Viele Menschen glauben aber, sich zu erinnern, dass Videoaufzeichnungen der Entführer bei der Sicherheitskontrolle in den Flughäfen im Fernsehen gezeigt wurden. Tatsächlich wurden weltweit zwei kurze Abschnitte von Videoaufzeichnungen im Fernsehen gezeigt, die angeblich vom Morgen des 11. September 2001 stammen. Keiner dieser Abschnitte zeigte den Einstieg in ein Flugzeug.

Die erste Aufzeichnung soll angeblich Mohammed Atta und seinen Kumpel Alomari im Flughafen von *Portland* zeigen. Laut offiziellen Berichten fuhren sie mit einem Mietwagen am 10. September 2001 von Boston nach Portland, um am frühen Morgen des 11. September 2001 von Portland zurück nach Boston zu fliegen.[171] Der Abstecher nach Portland war, laut der offiziellen Darstellung, hochriskant für die angeblichen Attentäter, denn wenn ihr Anschlussflug aus Portland in Boston mit Verspätung angekommen wäre, hätten sie ihren Todesflug verpasst und damit ihren epochalen Anschlag und seine Medienwirkung vermasselt. Weder das FBI noch die 9/11-Kommission konnten für diesen arglosen Abstecher nach Portland eine Erklärung liefern. Auf den wahrscheinlichen Zweck dieses Abstechers komme ich noch zu sprechen.

Kenneth A. Anderson, Pilot des kleinen Flugzeuges, mit welchem „Atta" und „Alomari" aus Portland nach Boston flogen, wurde von einem Polizisten (State Trooper) am 11. September 2001 vernommen. Er soll dem Polizeibeamten gesagt haben, dass einer der zwei arabisch aussehenden Passagiere eine Brille trug. Niemand sonst hatte erwähnt, dass Mohammed Atta oder Abdulaziz Alomari eine Brille trug. Anderson sagte, er könnte den einen Mann oder sogar beide Männer erkennen, falls ihm ein Foto gezeigt würde.[172] Anscheinend wollte ihm aber niemand Fotos zeigen.

Auch wenn die Personen auf der Aufzeichnung von Portland (siehe Abbildungen) eine mögliche Ähnlichkeit mit Mohammed Atta und Alomari aufweisen, ist damit weder ihre Identität eindeutig nachgewiesen noch dass sie in ein bestimmtes Flugzeug in Boston eingestiegen sind. Die weltweite Verbreitung dieser Aufnahmen erweckte jedenfalls den Eindruck, es gäbe tatsächlich Beweise für die Teilnahme der genannten Personen an den Anschlägen.

Eine zweite Aufzeichnung stammt angeblich vom Flughafen Dulles bei Washington, D.C. Diese Aufzeichnung wurde auch im Fernsehen als „Beweis" für die Anwesenheit der Entführer im Flughafen Dulles veröffentlicht. Die Aufzeichnung wurde nicht von offiziellen Behörden, sondern von der privaten Anwaltsfirma Motley Rice im Jahre 2004 den Medien übergeben.[173] Die Aufzeichnung befindet sich auf verschiedenen Webseiten.[174] Sie ist aber wahrscheinlich eine Fälschung. Dafür gibt es einige Indizien: Sicherheitskameras prägen in der Regel automatisch das Datum, die Uhrzeit und die

Kameranummer auf die Aufzeichnung, denn ohne solchen Daten wäre sie nicht verwertbar. Diese Daten fehlen aber auf dieser Aufzeichnung, die angeblich im Flughafen Dulles am Morgen des 11. September 2001 entstanden ist (siehe Abbildungen).[175]

Die 9/11-Kommission behauptete, dass die Aufzeichnung von Dulles „alle Passagiere" zeige.[176] Dies ist aber nicht auf der veröffentlichen Version des Videos ersichtlich. Ed Nelson, Sicherheitschef des Flughafens von Dulles, erzählte den Autoren Joseph und Susan Trento, dass Beamte des FBI ihm diese Aufzeichnung schon am Morgen des 9/11 zeigten und ihn sofort auf die Attentäter auf dem Schirm hingewiesen hatten. Er sagte verblüfft: „Ich konnte es kaum fassen, dass sie schon die Attentäter erkannt hatten. [...] Ich wollte wissen, wie sie so schnell zu dieser Information gekommen sind. Es ergab überhaupt keinen Sinn."[177] Ob es ihm gelang, seine Neugier zu befriedigen, wurde nicht erklärt. Von den Flughäfen Boston und Newark gab es übrigens keine Sicherheitsaufzeichnungen.

4.4 Keine Leichen der Entführer

Laut der offiziellen Darstellung sollen die 19 Täter der Anschläge mit den Flugzeugen abgestürzt und gestorben sein. Es gibt aber keinen Beweis für diese Behauptung. Die 9/11-Kommission erwähnte nicht, wie die Integrität der Körperüberreste aus den Absturzstellen bis zu ihrer Identifikation gewährleistet wurde. Auch im Gerichtsverfahren gegen Moussaoui wurde das FBI nicht aufgefordert, eine Kontrollkette („chain-of-custody reports") dieser Asservaten vorzulegen.

Laut anonymen amerikanischen Beamten, die von der britischen Zeitung *The Times* im Oktober 2001 angesprochen wurden, erwarteten diese Beamten sogar, dass die körperlichen Überreste der Entführer durch ein Ausschlussverfahren identifiziert würden.[178] Sie erklärten nicht, warum sie nicht mit einer eindeutigen Identifikation der einzelnen Entführer rechnen konnten.

Chris Kelly, Sprecher des Pathologischen Institutes der Amerikanischer Armee (AFIP), wo die Identifizierung der Opfer von Flügen AA77 und UA93 stattgefunden haben soll, erklärte, dass die Behörden sich dagegen sträubten, die Körper der Entführern an ihre Familien freizugeben: „Wir sind nicht ganz sicher, was mit [den körperlichen Überresten der Entführer] gemacht wird, wir bezweifeln sehr, dass wir uns bemühen werden, die Familien der Entführer aufzusuchen.“[179] Er erklärte nicht, warum das AFIP nicht DNA-Vergleichsmuster von den Wohnungen und Fahrzeugen der angeblichen Entführer gebrauchen konnten, um eine eindeutige Identifizierung zu ermöglichen.

Laut AFIP konnten die Überreste der Leichen von nahezu allen Passagieren des Flugs AA 77, das angeblich auf das Pentagon stürzte, identifiziert werden, obwohl der Stimmrekorder (CVR) dieses Fluges wegen der „intensiven Hitze“ zerstört gefunden worden war![180] Solche Geräte können aber viel höhere Temperaturen als menschliches DNA überstehen. Wie es dem Militär gelungen sei, unter solchen Umständen praktisch alle Passagiere von Flug AA77 zu identifizieren, bleibt ein Geheimnis.

Was die Identifizierung der angeblichen Entführer des Pentagon-Fluges betrifft, sagte Chris Kelly: „Die körperlichen Überreste, die keinem Vergleichsmuster entsprachen, wurden den Entführern [im Ausschlussverfahren] zugeordnet.“[181] Der Leichenbeschauer von Somerset County, wo Flug UA93 angeblich abstürzte, sagte: „Die Todesurkunden [für die angeblichen Entführer] wurden als Joe Doe (Otto Normalverbraucher)“ ausgestellt.[182]

Was die Flüge AA11 und UA175 betrifft, erklärte die Sprecherin des New Yorker Medical Examiner's Office, in dem die Identifizierung der New Yorker Opfern durchgeführt wurde, dass das FBI im Februar 2003 „Profile von all den 10 Entführern“ ihr zugesandt hätten, „um deren Körperreste von denen der [unschuldigen] Opfern auszusortieren“. Sie fügte hinzu: „Keine Namen wurden diesen Profilen zugeordnet. Wir haben sie verglichen und entdeckten zwei davon, die mit unseren Mustern übereinstimmten."[183] Es wurde nie erklärt, wie und von wo das FBI die zehn Vergleichsmuster besorgt hatte, warum es so lange dauerte, sie für die Identifikation zur Verfügung zu stellen und warum die Muster nicht bestimmten Personen zugeordnet wurden. *Der Spiegel* fasste diese Gegebenheiten so zusammen: „Da das FBI diese DNA-Profile nur mit dem jeweiligen Code 'K' kennzeichnete, konnten die Gerichtsmediziner die Täter zwar eindeutig, jedoch nicht namentlich identifizieren."[184] Eindeutig, aber doch nicht eindeutig!

Das Fehlen einer eindeutigen Identifizierung der körperliche Überreste der angeblichen Entführer und das Ausbleiben der Dokumentation (Kontrollkette) über die Handhabung dieser Überreste vom Fundort bis zur ihrer Identifizierung bedeutet, dass die amerikanischen Behörden keine Beweise vorlegen konnten, dass die 19 genannten Täter des Massenmordes vom 11. September 2001 an den mutmaßlichen Absturzstellen der vier Flugzeuge starben und daher in den abgestürzten Flugzeugen saßen.

4.5 Unsichtbare Flugzeugentführungen

Leser mögen sich daran erinnern, dass Passagiere und Besatzungsmitglieder „aus den Flugzeugen" telefoniert hatten und über Flugzeugentführungen berichteten. Was aber wurde in diesen Telefonaten genau gesagt oder nicht gesagt?

Flugbegleiterin Betty Ong (Flug AA11), die das längste Gespräch führte, sagte, dass die Passagiere die Entführung überhaupt nicht wahrgenommen hatten und vermied, trotz Anfrage, die Täter zu beschreiben. Aus Flug UA175 soll Peter Hanson, einer der drei Anrufer, berichtet haben, dass die Maschine entführt worden wäre und dass die Täter – er soll es mitgehört haben – unter sich von acht entführten Maschinen sprachen. Er erklärte nicht, wie das Flugzeug entführt wurde, noch in welcher Sprache die angeblichen Entführer ihre Ansagen machten. Aus Flug AA77 berichtete eine Passagierin, Barbara Olson, dass der Pilot über Lautsprecher eine Ansage über eine Entführung machte. Auch sie beschrieb keine Entführungshandlungen. Flugbegleiterin Renée May, die aus demselben Flugzeug telefonierte, erwähnte aber nicht die Ansage des Piloten. Keiner der mehr als 20 Anrufer erklärte, wie die Flugzeuge entführt worden sind.

Keiner der Anrufer beschrieb das Aussehen oder die Landessprache der angeblichen Täter. Auch schwanken in den Anrufen die Anzahl der angeblichen Täter. Keine der Anrufer erklärte, wie die angeblichen Entführer ins Cockpit eingedrungen sind. Dennoch saßen einige der anrufenden Passagiere in der Nähe der Cockpittür. Flugbegleiterinnen sind trainiert, exakt über den Ablauf einer Entführung zu berichten. Es ist daher besonders merkwürdig, dass keine der Flugbegleiterinnen über das Eindringen ins Cockpit in ihren Telefonaten berichtete.

Eine umfassende Untersuchung aller 51 Telefonate befindet sich in meinem Buch „Hijacking America's Mind on 9/11" (S. 121-283). Wenn man versucht, diese Telefonate im Lichte der öffentlichen Darstellung der Ereignisse zu verstehen, ergeben sie überhaupt keinen Sinn. Sie ergeben aber Sinn, wenn man in Betracht zieht, dass am Morgen des 11. September 2001 die US-Luftwaffe eine ganze Reihe von simulierten, realitätsnahen, Flugzeugentführungen durchführte (vgl. Kapitel 5).

4.6 Fazit

Im Falle eines Mordes erwartet die Öffentlichkeit von staatlichen Ermittlern, dass sie das Verbrechen in angemessener Weise untersuchen. Dazu gehören ernsthafte, professionelle Bemühungen, um die Identität der Täter festzustellen. Manchmal sind staatliche Behörden trotz aller Bemühungen nicht in der Lage, die Täter eines Mordes zu identifizieren. Im vorliegenden Fall aber beschuldigten die Behörden der USA neunzehn Personen des Massenmordes, ohne die geringsten Beweise für die Teilnahme dieser Personen an der Straftat vorzulegen.

Da weder die US-Behörden noch die Fluggesellschaften seit 2001 Beweise dafür vorlegen konnten, dass die 19 angeblichen Entführer in die Maschinen der vier „Todesflüge" eingestiegen sind, kann man davon ausgehen, dass diese Beweise nicht existieren, denn es ist undenkbar, dass die Behörden der USA ihre überzeugendsten Beweise verheimlichen würden. Wenn aber diese Beweise nicht existieren, folgt daraus, dass die 19 angeblichen Entführer gar nicht an Bord der vier Flüge waren.[185] Damit würde die offizielle Darstellung des 9/11 wie ein Kartenhaus in sich zusammenfallen. Das Fehlen von Beweisen über die Beteiligung von Islamisten an den Anschlägen des 11. September ist zwar von höchster kriminalistischer und politischer Brisanz, aber nur einer der Gründe für die Ablehnung der öffentlichen Legende.

Der Einwand wird manchmal vorgebracht, dass das FBI oder die CIA mit Leichtigkeit gefälschte Passagierlisten und andere Dokumente erstellen hätten können. Das wäre tatsächlich der Fall gewesen, wenn in der Regel diese Dokumente von der Polizei oder den Geheimdiensten erstellt gewesen wären. Passagierlisten werden aber von ganz gewöhnlichen MitarbeiterInnen der Fluggesellschaften erstellt und unterzeichnet. Es wäre daher für das FBI bzw. die CIA notwendig gewesen, solche zivilen MitarbeiterInnen für eine kriminelle Fälschung und ein lebenslanges Schweigen zu gewinnen. Es ist schwer sich vorzustellen, dass MitarbeiterInnen einer Fluggesellschaft, deren Identität bekannt ist, dazu bereit gewesen wären. Damit würden sie sich einem enormen persönlichen Risiko als Geheimnisträger aussetzen. Viel einfacher war es deshalb für die staatlichen Behörden, sämtliche „Beweise" einer Teilnahme von Islamisten an den Anschlägen als Verschlusssache zu behandeln. Beamte können daher Anträge zur Veröffentlichung dieser „Beweise" mit Hinweis auf die nationale Sicherheit, Datenschutzerwägungen, laufende Gerichtsverfahren, usw. ablehnen, wie sie es seit 9/11 tun.

5 Simulierte Flugzeugentführungen

5.1 Die Verwirrung

Es scheint, dass Fluglotsen mit weit mehr als vier mutmaßlichen Entführungen am Morgen des 11. September zu kämpfen hatten. Laut der 9/11-Kommission gab es im Laufe des Morgens „mehrere Falschmeldungen von entführten Flugzeugen im System".[186]

Alan Scott, ein Mitarbeiter des NORAD, berichtete vor der 9/11-Kommission, dass Flug Delta 89 zuerst als vermisst, dann als entführt gemeldet wurde und schließlich, dass er nicht entführt, sondern in Cleveland gelandet wäre. Scott beschrieb den Flug als „die erste Ablenkung des Tages, denn es gab eine Reihe von Meldungen über mögliche Flugzeugentführungen in den Stunden nach den tatsächlichen Angriffen".[187]

Laut der britischen Tageszeitung *Daily Telegraph* sollen „möglicherweise bis zu neun Flugzeuge in die ursprüngliche Verschwörung verwickelt gewesen sein".[188] Etwa um 9:09 Uhr berichtete die Kommandozentrale der FAA, dass elf Flugzeuge die Kommunikation zur FAA abgebrochen hatten oder unvorhergesehenen Flugrouten folgten.[189] Generalmajor Larry Arnold (NORAD) sagte in einem Interview, dass am Morgen des 9/11 insgesamt 21 Flugzeuge unter Verdacht einer Entführung gestanden haben.[190] Er fügte hinzu: „Wir erhielten zahlreiche Meldungen über entführte Flugzeuge. Wir konnten nicht wissen, von wo das Flugzeug abgeflogen war. Wir wussten auch nicht, wo sich das Flugzeug befand."

Laut Colonel Robert Marr, Kommandeur bei NEADS, hatte seine Behörde von 29 mutmaßlichen Flugzeugentführungen erfahren.[191] Auch Victoria Clarke, Sprecherin von Verteidigungsminister Donald Rumsfeld, gestand: „Es gab viele falsche Signale da draußen. Es waren falsche Entführungssignale („hijack squawks")[192]; die große Herausforderung bestand darin, die legitime Bedrohung von den falschen Signalen auszusortieren".[193] Blogger *shoestring* stellte eine lange Liste von Flügen zusammen, die am 11. September 2001 als entführt galten.[194]

5.2 Der Grund für die Verwirrung

Es gab einen guten Grund für die Verwirrung der Flugbehörden und des Militärs, obwohl dieser damals von den Medien nicht erwähnt wurde. Am Morgen des 11. September 2001 führten die US-amerikanischen Streitkräfte mehrere Kriegsspiele (oder Übungen, oder Manöver) im östlichen Luftraum der USA durch. Mindestens eine dieser Übungen beruhte auf fingierten Flugzeugentführungen, wobei reelle

Abb. 10: Ankündigung einer militärischen Übung zwischen 10-12 September 2001

Flugzeuge an der Übung teilnahmen. Diese Übungen wurden von NEADS, NORAD und CANR wie folgt angekündigt:

Ein zentraler Bestandteil der simulierten Flugzeugentführungen war die Einspeisung von elektronischen Zeichen in die militärischen und zivilen Flugüberwachungssysteme. Diese Zeichen standen stellvertretend für reale und virtuelle Flugzeuge. Als sich die Ereignisse von 9/11 entfalteten, mussten Fluglotsen sich mit drei Arten von elektronischen Pünktchen auf ihren Radarschirmen herumschlagen: Zeichen von virtuellen (fingierten) Flugzeugen, Zeichen von konkreten Flugzeugen, die an den Kriegsspielen teilnahmen, und Zeichen von gewöhnlichen zivilen Flugzeugen.

Ähnliche Übungen wurden übrigens einige Tage vor dem 9/11 abgehalten. Diese Übungen beruhten auf einem Szenario eines von Terroristen entführten Flugzeugs auf dem Weg von London nach New York. Das Flugzeug sollte über New York „explodieren".[195] Fluglotsen und andere Verantwortliche für die Flugsicherheit im Osten der USA hatten daher am 11. September gute Gründe zu der Annahme, dass zumindest einige der elektronischen Zeichen mit dieser oder ähnlichen Übungen in Verbindung standen.

Der Abschlussbericht der 9/11-Kommission erwähnte beiläufig eine solche Übung. Das folgende Gespräch ist im Abschlussbericht der Kommission zitiert:

> FAA: Hallo. Boston-Center TMU (Traffic Management Unit). Wir haben hier ein Problem. Wir haben ein entführtes Flugzeug auf dem Weg nach New York, und wir brauchen euch, wir brauchen jemanden, der irgendwelche F-16 da oben zum Abfangen senden kann. Helft uns.
>
> NEADS: Ist das Echtwelt oder eine Übung?
>
> FAA: Nein, dies ist keine Übung, kein Test.[196]

Shelley Watson, Maureen Dooley und Stacia Rowntree, Technikerinnern bei NEADS, freuten sich schon auf eine spannende Übung:

Watson: Was?

Dooley: Whoa!

Watson: Was war das?

Rountree: Ist das Echtwelt?

Dooley: Eine Entführung in Echtwelt.

Watson: Cool![197]

Major James Fox, Leiter des NEADS Waffenteams, sagte um 8:43: „Ich habe noch nie so viel Echtweltzeug bei einer Übung erlebt."[198]

Wie man aus den hier angeführten Äußerungen entnehmen kann, bezeichnet der Begriff „Echtwelt" eine Übung mit konkreten Gegenständen, in diesem Fall mit realen Flugzeugen, im Gegensatz zu den häufigeren Übungen, die man im Büro am Computer durchführt.

Nachdem NEADS Kommandeur Col. Robert Marr eine Meldung aus Boston über eine mögliche Flugzeugentführung des Fluges AA11 erhielt, fragte er sich, ob diese Meldung ein Teil der Übung sei. Lt. Col. Dawne Deskins empfing ebenso eine solche Meldung. Auch sie ging ursprünglich von einer Übung aus. Major Kevin Nasypany, Kommandeur der NEADS Mission, hatte selbst mitgeholfen, die Tagesübung zu gestalten. Da er davon ausging, dass die Meldung ein Teil der Übung sei, soll er gesagt haben: „Die Entführung soll eine Stunde später stattfinden."[199]

Als NEADS Kommandant Robert Marr die Reaktion seiner Mitarbeiter auf einer Entführungsmeldung beobachtete, dachte er, dass die Übung des Tages „mit einer lebendigen, unerwarteten Wendung beginnt". Auch nachdem ein Kollege ihn über die wirklichen Umstände informierte „Wirklichkeit, kein Teil der Übung", glaubte er weiterhin, dass sein Kollege an der Übung teilnehme und ihn zu täuschen versuche. Marr sagte, er hätte gedacht: „Das ist ein interessanter Beginn der Übung. Diese Mischung von ‚Echtwelt' in das heutige Simex [simulierte Übung] wird [meine Mitarbeiter] wachsam halten."[200]

Sogar Generalmajor Larry Arnold sagte später, als er zuerst von der Entführung hörte, sei sein erster Gedanke gewesen: „Ist das ein Teil der Übung?"[201]

Ähnlich verfuhr Andy Studdert, Geschäftsführer der United Airlines. Zehn Tage vor 9/11 hatte er seine MitarbeiterInnen mit einer Krisenübung überrascht, als er ihnen erzählte, ein Flugzeug hätte die Funkverbindung über dem Pazifik abgebrochen und möglicherweise einen katastrophalen Motorschaden erlitten. Das Personal glaubte an eine Katastrophe, bis er ihnen die Wahrheit erzählte: Dies wäre nur eine Übung gewesen.[202] Als er bei Systems Operations Control (SOC), dem Zentrum der Fluggesellschaft, am Morgen des 11. September um 9:00 Uhr eintraf, musste er mehrmals seinen MitarbeiterInnen erklären, dass, was sich nun im Fernsehen abspiele, keine Übung sei.[203]

Noch um 9:04:50, nach der Explosion am Südturm des WTC, wurde folgendes Gespräch beim NEADS aufgezeichnet:

> - Ist diese Explosion, die wir im Fernsehen jetzt sehen, ein Teil davon?
>
> - Ja.
>
> - Jesus ...
>
> - Und es gibt auch eine zweite mögliche Entführung - eine United Airlines ...
>
> - Zwei Flugzeuge?
>
> - Geh zur Hölle... („Get the f...out")
>
> - Ich denke, ehrlich gesagt, dass es eine verdammte Einspeisung ist.[204]

Der letzte Satz veranschaulicht, dass der nicht identifizierte Sprecher die Bilder im Fernsehen als eine „Einspeisung" von fabrizierten Bildern interpretierte. Dies deutet darauf hin, dass er nicht der einzige war, der die Echtheit der Bilder im Fernsehen bezweifelte.

Wie die Zeitschrift *Vanity Fair* berichtete, belegen Aufzeichnungen, die NEADS machte, die Annahme [des Militärs], dass der Angriff mit dem Absturz von Flug UA 93 noch nicht beendet war. Stattdessen „werden falsche Entführungsmeldungen [...] bis weit in den Nachmittag verbreitet [...] Niemand in NEADS ging bis spät in der Nacht nachhause".[205]

Das FBI und die 9/11-Kommission erklärten nicht, welche Wirkung diese Übungen auf die Ausführung der Anschläge hatte.

Der verstorbene Autor Michael Ruppert, der als erster die Übungen des 11. September untersuchte, war fest davon überzeugt, dass diese als Tarnung für die Ausführung der Anschläge dienten.[206] Webster G. Tarpley seinerseits veröffentlichte eine detaillierte Analyse von nicht weniger als 46 Übungen, die möglicherweise in Beziehung zu den Ereignissen von 9/11 durchgeführt worden sind.[207] Tarpley erklärt in seinem Buch u. a. wie militärische Übungen als eine klassische Methode zur Tarnung eines Überraschungsangriffes verwendet werden.[208]

Die Schlussfolgerungen von Ruppert und Tarpley werden von Robin D. Hordon, einem ehemaligen Fluglotsen, Pilot und Mitarbeiter der Flugbehörde FAA, in einer eidesstaatlichen Erklärung vom 29 Juni 2009 bekräftigt.[209]

Die Entscheidung, Übungen von Flugzeugentführungen gleichzeitig mit den Anschlägen des 9/11 auszuführen und die Weigerung der Behörden, die Beziehung zwischen diesen beiden Ereignissen aufzuklären, erhärtet Rupperts und Tarpleys Vermutung, dass diese Übungen als Tarnung für die tödlichen Anschläge dienten.

6
Die Zerstörung der Zwillingstürme in New York

Bekanntlich brachen am 11. September 2001 die weltberühmten Zwillingstürme des World Trade Center in New York gänzlich zusammen. Der Südturm (WTC Nr. 2) fiel um 9:59 (EST) in sich zusammen, 56 Minuten, nachdem ein Flugobjekt ihn traf; der Nordturm (WTC Nr. 1) stürzte um 10:28 ein, 102 Minuten, nachdem er getroffen wurde. Die Verfilmung dieser unerwarteten Zusammenbrüche wurde weltweit in Echtzeit übertragen. Es ist nicht erstaunlich, dass der plötzliche und vollständige Zusammenbruch der Zwillingstürme Milliarden von Zuschauern zutiefst erschütterte. Niemand konnte diese Bilder vergessen. Diese psychologische Wirkung wurde zweifellos von den Planern der Anschläge beabsichtigt.

6.1 Beispiellose Ereignisse in der Baugeschichte

Vor ihrem Zusammenbruch waren die Zwillingstürme 417 und 415 Meter hoch und bestanden jeweils aus 110 Stockwerken. Ihre Breite und Tiefe betrug jeweils 63 Meter, etwa 30% breiter als die Spannweite von Boeing 767 Flugzeugen, die angeblich die Gebäude trafen.

Am Morgen des 11. September 2001 erwartete kein Feuerwehrmann einen vollständigen Einsturz der Zwillingstürme. Während der elften öffentlichen Anhörung der 9/11-Kommission sagte Sam Caspersen, ein Mitarbeiter der Kommission:

> Keiner der anwesenden Feuerwehrchefs hielt einen vollständigen Zusammenbruch der Türme für möglich. Später, nachdem der Bürgermeister den Ort verließ, äußerte ein anwesender Chef seine Sorge, dass die oberen Etagen in einigen Stunden kollabieren könnten.

Der Grund, warum niemand einen vollständigen Zusammenbruch erwartete, war einfach: Abgesehen vom 11. September 2001 wurde in der Vergangenheit jeder vollständige Einsturz eines Hochhauses in Stahlskelettbauweise durch eine geplante Sprengung verursacht.[210]

6.2 Die Geburt der offiziellen Legende des Zusammenbruchs

Innerhalb von zwei Stunden wurde die offizielle Erklärung über den Einsturz der Zwillingstürme in die Welt gesetzt. Rick Leventhal vom Sender *Fox News* traf einen Mann auf der Straße, der als Mark Walsh vorgestellt wurde, und bat ihn, seine Erlebnisse zu schildern. Er wurde so vorgestellt, als ob er zufälligerweise angesprochen worden sei. Der Mann stellte sich als ungewöhnlich sprachgewandt heraus und konnte schon den Zusammenbruch der Zwillingstürme fließend erklären:

> Ich war [unverständlich] im 43. Stock des Gebäudes, das fünf Blöcke vom World Trade Center entfernt ist. Ich sah das ganze Ding von Anfang bis Ende. [...] Ich habe es mit meinem Mitbewohner beobachtet, es waren einige Minuten, nachdem das erste Flugzeug einschlug, ich sah das Flugzeug aus dem Nirgendwo auftauchen, es rammte in die Seite des Zwillingsturms [zeigte die Flugzeugbewegung mit einer Handbewegung], explodierte durch die andere Seite. Und dann sah ich, wie beide Türme, erst der eine und dann der zweite, als Folge des Strukturversagens einstürzten, weil das Feuer einfach zu heftig war.[211]

Die Geläufigkeit, mit welcher er die Geschehnisse schilderte, und seine Verwendung des technischen Begriffes „Strukturversagen" legt nahe, dass er kein zufälliger Passant war, sondern auf das Interview vorbereitet wurde.

Jerome (Jerry) Hauer war zu dieser Zeit Leiter des Office of Emergency Management (OEM) der Stadt New York. Er versuchte ebenso frühzeitig, die offizielle Legende des Zusammenbruchs ins Volk zu tragen. Als er einige Stunden nach dem Zusammenbruch von Dan Rather von *CBS News* gefragt wurde, ob es möglich gewesen wäre, dass nur ein Flugzeugabsturz den Zusammenbruch der Gebäude veranlasst hätte, oder ob „es irgendwie die vorherige Platzierung von (anderen) Sprengstoffen in den Gebäuden notwendig gewesen wäre", stammelte Hauer:

> Nein, ich, äh, mein Empfinden ist, dass nur die Geschwindigkeit des Flugzeugs und die Tatsache, dass ein Flugzeug voll mit Kraftstoff das Gebäude trifft, äh, es brannte, äh, die Geschwindigkeit des Flugzeuges, äh, natürlich, uh, uh , hatte ein Wirkung auf die Struktur, und dann die Tatsache, dass es brannte und man hatte dieses intensive Feuer, äh, schwächte wahrscheinlich auch die Struktur, äh, und ich denke es, äh war, äh, einfach die, äh, die Flugzeuge, die auf die Gebäude schlugen und den Zusammenbruch veranlassten."[212]

6.3 Die erste offizielle Untersuchung der Zusammenbrüche

In der Folge des Zusammenbruchs der Zwillingstürme kontaktierte das American Institute of Steel Construction, Inc. (AISC) die Regierungsbehörde FEMA und führende Vereinigungen von Bauingenieuren und bildete eine Arbeitsgruppe, die die Zusammenbrüche der Zwillingstürme untersuchen sollte.[213] Ebenso hatte sich eine Gruppe von Mitgliedern der American Society of Civil Engineers (ASCE) innerhalb weniger Stunden nach den Ereignissen gebildet, um die Verwüstung der Gebäude zu untersuchen.[214] Am folgenden Tag, am 12. September 2001, errichtete FEMA (Federal Emergency Management Agency) und ihr Vertragspartner, Greenhorne und O'Mara, Inc. ein Untersuchungsteam (Building Performance Assessment Team, oder BPAT), um eine formale Analyse dessen, was FEMA im Vorfeld als den „progressiven Kollaps" der Gebäude bezeichnete, durchzuführen.[215] Das BPAT-Team erhielt für seine Arbeit $ 600.000 von FEMA und $ 500.000 von ASCE.[216] Dem BPAT-Team wurde bis zur Woche nach dem 7. Oktober allerdings kein Zutritt zum Gelände gewährt.[217] Monatelang gelang es den Ermittlern des BPAT-Teams nicht [...] FEMA dazu zu bewegen, grundlegende Daten und Dokumente, wie detaillierte Pläne der betroffenen Gebäude bereitzustellen. [...] FEMA verweigerte dem Team [auch] einen Aufruf an die Öffentlichkeit, Fotos und Videos der Wolkenkratzer, die für die Aufklärung hilfreich sein könnten, zur Verfügung zu stellen.[218]

Die Beteiligung der FEMA an der Untersuchung war nicht selbstverständlich, denn FEMAs traditionelle Aufgabe war die Beseitigung der menschlichen und sachlichen Folgen von Naturkatastrophen, wie z. B. Erdbeben oder Überschwemmungen.[219] Es ist deshalb merkwürdig, dass nur vier Monate vor dem 9/11 Präsident Bush die Zuständigkeit der FEMA zur Beseitigung der Folgen von Terroranschläge erweiterte.[220] Dafür ernannte Präsident Bush Joe M. Allbaugh, der seine Wahlkampagne geleitet hatte, als Direktor von FEMA.[221] Allbaugh seinerseits ernannte Dr. W. Gene Corley zum Leiter des schon erwähnten BPAT-Teams. Dr. Corley war zuvor der Hauptermittler des Bombenangriffs auf das Murrah Building in Oklahoma City im Jahre 1995,[222] ein Ereignis, das noch mit vielen unbeantworteten Fragen und Verdachtsmomenten befrachtet ist.[223] Die Untersuchung in New York sollte also von Vertrauensleuten des Präsidenten durchgeführt werden.

Der Schlussbericht des Untersuchungsteams von FEMA-BPAT wurde im Mai 2002 veröffentlicht.[224]

Bill Manning, Herausgeber der Fachzeitschrift *Fire Engineering*, nannte die FEMA-BPAT- Untersuchung „eine unausgegorene Farce, die bereits von politischen Kräften übernommen wurde und deren primäres Interesse, um es diplomatisch auszudrücken, weit von einer vollen Aufklärung entfernt ist".[225] In einem Leitartikel rügte er den Mangel an Ernsthaftigkeit der Untersuchung:

> Abgesehen vom Grenznutzen eines dreitägigen Spaziergangs des ASCE-Teams durch die Trümmer der Zwillingstürme - wobei eine glaubhafte Quelle dies als „touristische Reise" bezeichnete - prüft niemand die Beweise. [...] Wie die Dinge jetzt aussehen, und wenn sie so weiter betrieben werden, wird die Untersuchung des Feuers im World Trade Center und sein Untergang sich auf papier- und computergenerierte Hypothesen beschränken.[226]

6.4 Die zweite offizielle Untersuchung der Zusammenbrüche

Es scheint, dass die Untersuchung des FEMA-BPAT-Team niemanden befriedigte. Viele Fragen blieben unbeantwortet, und die offizielle These über den Zusammenbruch der Zwillingstürme blieb anfällig für Kritik. Anscheinend bat FEMA das National Institute of Standards and Technology (NIST) bereits im Januar 2002, die nächste Phase der Untersuchung zu übernehmen. Sie sollte „im Wesentlichen auf den Empfehlungen von BPAT aufbauen und die Ereignisse, die zu dem Kollaps führten, gründlicher untersuchen".[227] Unter der Überschrift „Zweck und Reichweite" teilte der Abschlussbericht von NIST mit, dass es „Ein Ziel der Untersuchung gewesen sei, Hypothesen zur wahrscheinlichen Abfolge der statischen Vorgänge zu entwickeln, *die zum Zusammenbruch der einzelnen Türme führten*".[228] Der Zusammenbruch selbst sollte also nicht untersucht werden.

Während die NIST-Untersuchung von der Regierung finanziert und als wissenschaftliche Leistung verkündet wurde, durfte kein Folgebericht der Untersuchung in der Zukunft als Beweismittel in einer Gerichtsverhandlung eingeführt werden. NIST verbat außerdem seinen Experten, vor Gericht zu erscheinen.[229]

Am 21. August 2002 kündigte NIST die Einleitung seiner Bau- und Brandsicherheitsuntersuchung des World Trade Center (WTC) an. Die Untersuchung wurde gemäß des National Construction Safety Team (NCST)-Gesetzes vom 1. Oktober 2002 durchgeführt.[230]

Der Entwurf des zusammenfassenden Berichtes der NIST über den Zusammenbruch der Zwillingstürme wurde am 23. Juni 2005 veröffentlicht. Dr. Hratch Semerjian, Geschäftsführer der NIST, bezeichnete die Untersuchung seiner Behörde als „gründlich, offen und unabhängig".[231] Das war jedoch eine dreifache Unwahrheit. NIST ist dem US-Handelsministerium unterstellt und ist daher keine von politischer Einflussnahme „unabhängige" Instanz. Die Untersuchung war auch nicht „offen" bzw. transparent. NIST behielt alle Beweismittel und Dokumente als Verschlusssache zurück.[232] Die Untersuchung war nicht „gründlich" (a) weil NIST alle Zeugenaussagen ignorierte, die ihre Theorie entkräftet hätten; und (b) weil NIST sich darauf beschränkte, die Ereignisse nur bis zum Eintritt des Zusammenbruchs der Gebäude zu untersuchen.

6.5 Die Vertuschung

Um die wissenschaftliche Qualität der Untersuchungen von FEMA-BPAT und NIST zu bewerten, wird nun dargelegt, wie die offiziellen Ermittler folgende Fragen beantworteten:

(i) Wie haben die Ermittler festgestellt, dass das Feuer in den Gebäuden heiß und lang genug währte, um den vollständigen Zusammenbruch zu bewirken?

Redakteure der *BBC* waren schon am 13. September 2001 davon überzeugt, dass „die Stahlbalken im Inneren [der Türme] die Temperatur von 800° C erreicht hatten“ und zitierten Ingenieur Chris Wise, der behauptete, dass „nichts solchen Temperaturen mit dieser Menge an Kraftstoff überleben konnte“.[233] Hyman Brown, der ursprünglich den Bau der Zwillingstürme leitete, behauptete sogar, dass „24.000 Gallonen des Kraftstoffes [der Flugzeuge] den Stahl geschmolzen hätten. Nichts hätte so einem Feuer widerstehen können“.[234] Abgesehen von der absurden Behauptung, brennendes Kerosin könnte Stahl schmelzen, ist merkwürdig, dass die *BBC* und die obigen Bauexperten sich nach nur zwei Tagen anmaßten, eine endgültige Erklärung für den Zusammenbruch der Zwillingstürme zu liefern. War diese Behauptung vielleicht nicht wörtlich gemeint, sondern eher als eine Mutmaßung, dass das Feuer den Stahl erheblich geschwächt hätte?

Es ist bekannt, dass Baustahl (structural steel) bei etwa 425° C erweicht und die Hälfte seiner Stärke bei 650° C verliert.[235] Zur Stahlschmiede werden allerdings Temperaturen zwischen 1193° C bis 1288° C, je nach Art des Stahls, empfohlen.[236] Der Schmelzpunkt von Baustahl liegt bei ungefähr 1510° C.

Laut Thomas W. Eagar und Christopher Musso vom FEMA-BPAT-Team „soll Stahl sogar bei Halbierung seiner Stärke weiterhin zwei bis drei Mal die Belastungen eines 650° C heißen Feuers standhalten“.[237] Dies war aber eine allgemeine Erklärung. Um zu behaupten, dass Feuer die strukturelle Integrität eines Gebäudes zu Grunde richtet, ist es entscheidend, das Verhalten des Feuers und seiner Temperatur an bestimmten Stellen innerhalb der Struktur festzustellen. Im Bericht des FEMA-BPAT heißt es allgemein:

> Temperaturen konnten an einigen Stellen sogar 900-1100° C und an anderen Stellen zwischen 400 und 800° C gewesen sein.[238]

Die Autoren erklärten nicht, welche Teile der Baustruktur solchen Temperaturen unterlagen und wie lange sie unter solchen Temperaturen standen. Die Autoren erklärten auch nicht wie diese Temperaturen festgestellt wurden. Die Autoren unterließen auch zu erwähnen, dass unkontrolliertes Bürofeuer nur während einiger Sekunden Temperaturen im Bereich von 800° C bis 1100° C in sogenannten *flashover* (schlagartige Ausbreitung eines Brandes) erreichen.

Die Autoren geben allerdings zu, dass „vorläufige Untersuchungen über das Wachstum und die Ausbreitung der Hitze [...] nicht ausführlich genug waren, um ein Verständnis der wahrscheinlichen Verteilung der Temperatur im Gebäude in den verschiedenen Phasen der Ereignisse zu ermöglichen".[239]

Es gibt Beispiele von Bränden in Wolkenkratzern, die die Eigenschaften eines „wütenden Feuers" veranschaulichen: Zum Beispiel das Feuer im *One Meridian Plaza* in Philadelphia am 23. Februar 1991, das 18 Stunden dauerte[240]; das Feuer im *Tower* in Caracas, Venezuela, am 17. Oktober 2004, dass mehr als 17 Stunden brannte[241]; das Feuer des *Windsor-Gebäudes* in Madrid (Spanien) am 12. Februar 2005, das fast einen ganzen Tag brannte[242] sowie das Feuer im *Beijing Mandarin Oriental Hotel* am 9. Februar 2009, das mindestens vier Stunden brannte.[243] Keines dieser Gebäude ist eingestürzt.

Laut NIST konnten nur drei Standorte im Nordturm gefunden werden, an denen der Stahl eine höhere Temperatur als 250° C erreichte: Die östliche Seite, Stockwerk 98, Säule 210; die östliche Seite, Stockwerk 92, Säule 236; und die nördliche Seite, Flur 99, Säule 143.[244]

NIST gestand ein, dass „die Leistung des Stahls eine Schlüsselrolle [...] vom Einschlag [der Flugzeuge] bis zum endgültigen Zusammenbruch“ spielte. Von insgesamt 200.000 Tonnen Baustahl in den Zwillingstürmen erhielt NIST gerade 236 Stahlproben für seine Untersuchung.[245]

Resümierend kann festgestellt werden, dass weder das Team von FEMA-BPAT noch die Experten der NIST nachweisen konnten, dass Stahlträger durch ausreichend hohe Temperaturen über einen langen Zeitraum ausgesetzt worden sind, um simultan diese Träger zu schwächen und damit den plötzlichen und vollständigen Zusammenbruch der Gebäude zu bewerkstelligen.

(ii) Wie haben die Ermittler das Beben des Bodens vor dem Zusammenbruch erklärt?

- Einige Zeugen berichteten vom Beben des Bodens kurz vor den Zusammenbrüchen:
- Feuerwehrmann Paul Curran erklärte: „Der Boden fing plötzlich an zu beben. Ich empfand als würde ein Zug unter meinen Füßen fahren [...]. In dem Augenblick schauten wir nach oben und der Turm kollabierte“.[246]
- Jay Jonas befand sich im vierten Stock des Nordturms. Er sagte, dass er einige Sekunden vor dem Zusammenbruch eine „gewaltige Erschütterung und Beben empfand; der Boden fing an zu wanken“.[247]
- Joseph Fortis (EMT) sagte, „der Boden fing an zu beben wie bei einem heranbrausenden Zug“. Er blickte nach oben und sah, wie der Südturm kollabierte.[248]
- Lonnie Penn (EMT) sagte, er und sein Kumpel „fühlten den Boden beben. Man konnte sehen, wie die Türme schwankten und dann einfach kollabierten“.[249]
- Bradley Mann erklärte: „Kurz vor dem Einsturz des ersten Turms erinnere ich mich, dass ich empfunden hatte, als ob der

Boden bebe. Ich hörte ein schreckliches Geräusch und dann fielen die Trümmer überall".[250]

Das Team des FEMA-BPAT und die NIST ignorierten völlig diese Zeugenaussagen.

(iii) Wie haben die Ermittler die Aussagen von glaubwürdigen Beobachtern erklärt, dass die Zusammenbrüche an professionelle Gebäudesprengungen erinnerten?

Bevor die offizielle Fassung über den Zusammenbruch der Gebäude in Stein gemeißelt wurde, äußerten mehrere Zeugen, dass der Zusammenbruch sie an professionelle Gebäudeabbrüche mit Sprengstoff erinnerten:

- Reporter John Bussey, der die Ereignisse aus seinem Büro im *Wall Street Journal* beobachtete, sagte: „Ich [...] schaute hinauf aus dem Fenster und sah, was wie perfekt synchronisierte Explosionen aus jedem Stockwerk aussahen, und Glas und Metall nach außen warfen. Eine nach der anderen, von oben nach unten, mit einem Bruchteil einer Sekunde dazwischen, explodierten die Stockwerke".[251]

- Der Stellvertretende Beigeordnete für das Feuerwehrwesen, Thomas Fitzpatrick, beschrieb seine Eindrücke ein paar Wochen später: „Ich erinnere mich, es sah aus wie etwas Funkelndes um eine bestimmte Schicht des Gebäudes [...] Dann begann das Gebäude herunterzufallen. Meine erste Reaktion war, das sieht genauso aus, wenn man Ihnen den Abbruch von Gebäuden im Fernsehen zeigt".[252]

- Der Assistent des Beigeordneten für das Feuerwehrwesen, Stephen Gregory, beschrieb seine Eindrücke folgendermaßen: „Ich sah geringe Blitze. In meinem Gespräch mit Leutnant Evangelista [...] fragte er mich, ob ich geringe Blitze vor dem Gebäude sah, und ich stimmte ihm zu. [...] Ich sah einen Blitz, Blitz und dann stürzte das Gebäude [...] Sie wissen, das ist wie, wenn ein Gebäude abgebrochen wird [...] Das ist, was ich dachte, das ich sah".[253]

- Feuerwehrmann Richard Banaciski sagte: „Es schien wie sie im Fernsehen diese Gebäude sprengen. Es schien als sei es ganz herum gegangen wie ein Gürtel, alle diese Sprengungen".[254]

Der Team von FEMA-BPAT und die NIST-Ermittler ignorierten alle diese Zeugenaussagen.

(iv) Wie erklärten die Ermittler den plötzlichen Eintritt der Einstürze?

Wenn man die Erklärung des FEMA-BPAT akzeptiert, dass die Struktur nur *allmählich* geschwächt worden ist, müsste ein Absacken der oberen Stockwerke sichtbar gewesen sein. Jedoch hatten weder Augenzeugen dies wahrgenommen noch Filmaufnahmen es dokumentiert. Die Experten der FEMA[255] boten auch keine Beweise für ein Absacken. Ihre Studie bestätigt den „plötzlichen" Eintritt der Abstürze, aber unterließ es, diese Begebenheit zu erklären.[256]

NIST erklärte, dass laut durchgeführten Tests, das Absacken stattfinden konnte, aber lieferte keine Beweise dafür.

(v) Wie erklärten die Ermittler die zahlreichen Berichte von Sprengungen, die den Zusammenbruch der Gebäude begleiteten?

Schon am Tag selbst berichteten führende Medien von mehreren Explosionen im World Trade Center. Am 12. September 2001 verwiesen zwei US-Senatoren auf Sprengungen im World Trade Center: Senatorin Mary Landrieu (Louisiana) verwies auf „Explosionen, die die Hochhäuser zum Einsturz brachten".[257] Senatorin Olympia Snowe (Maine) verwies auf die „Geräusche der Sprengungen, [die] in Manhattan und in unsere Hauptstadt hallten".[258] Auf einigen Videoaufzeichnungen des Tages können Sprengungen mit Klarheit gehört werden.[259]

Kurz danach, durfte nicht mehr von diesen Explosionen in den führenden Medien gesprochen werden.

Zwischen Oktober 2001 und Januar 2002 wurden 503 Feuerwehrleute, Sanitäter und Rettungssanitäter, die an der Rettungsaktionen am World Trade Center teilnahmen, zu ihren Erfahrungen befragt. Ihre protokollierten Aussagen, die sich über mehr als 12.000 Seiten erstrecken, wurden auf Wunsch der Behörden geheim gehalten. Nachdem im Jahr 2005 die New York Times gegen die Geheimhaltung geklagt hatte, wurden die Aussagen freigegeben und befinden sich seither auf der Webseite der Zeitung.[260] Aus diesen Aussagen geht hervor, dass mehr als einhundert Befragte erklärt haben, sie hätten mehrere Sprengungen vor und während der Zusammenbrüche der Gebäude gehört, gesehen oder am Leib empfunden. Im Folgenden werden einige Beispiele aus diesen Zeugenaussagen zitiert. Dabei ist wichtig, darauf zu achten, wie die Zeugen ihre Erlebnisse formulieren.

- Hauptmann Dennis Tardio: „Ich höre eine Explosion und schaue nach oben. Es ist, als ob das Gebäude implodiert, vom obersten Stockwerk nach unten, ein Stockwerk nach dem anderen, boom, boom, boom."[261]

- Assistent des Beigeordneten für das Feuerwehrwesen James Drury: „Menschen auf der Straße und ich selbst dachten, dass der Lärm so laut war, dass die Sprengung, die Bomben im Inneren des Gebäudes explodierten."[262]

- Feuerwehrmann James Curran: „Ich hörte, wie jedes Stockwerk tchu-tchu-tchu beim Fallen machte. Blickte zurück und aus dem Druck flog alles von den Stockwerken, bevor es tatsächlich kollabierte."[263]

- EMS Hauptfrau Karin Deshore: „Irgendwo in der Mitte des World Trade Center kamen diese orangefarbigen und rotblinkenden Blitze. Anfangs war es nur ein Blitz. Dann schossen solche Blitze den ganzen Weg rund um das Gebäude und das Gebäude begann zu explodieren. Der Knall, und mit jedem Knall war es zunächst ein orangefarbiger und dann ein rotfarbiger Blitz, der aus dem Gebäude schoss, und es ging rund um das Gebäude auf beiden Seiten soweit ich sehen konnte. Diese Knackgeräusche und die Explosionen wurden immer größer, gingen nach oben und nach unten und dann rund um das Gebäude. Ich ging hinein [...] und ich sagte, ich denke, wir haben eine weitere große Explosion."[264]

- Feuerwehrmann Joseph Meola: „Als wir hinauf auf das Gebäude blickten, was ich sah, sah aus, als explodiere das Gebäude von allen vier Seiten. Wir haben tatsächlich die Knallgeräusche gehört."[265]
- Bataillonchef Brian Dixon: „Ich habe das Feuer beobachtet [...] das niedrigste Stockwerk des Feuers im Südturm sah aus, als hätte jemand Sprengstoff um das Stockwerk platziert [...]. Ich dachte, meine Güte, das sieht wie eine Explosion dort oben aus, es blies."[266]
- Feuerwehrmann Edward Cachia: „Wir hatten ursprünglich gedacht, es wäre wie eine innere Sprengung, weil es hintereinander, boom, boom, boom, boom ging, und dann fiel der Turm."[267]
- Feuerwehrmann Kenneth Rogers: „Es gab eine Explosion im Südturm [... Ich hielt mich an meine Beobachtung. Stockwerk nach Stockwerk nach Stockwerk. [...] Und als es den fünften Stock erreichte, dachte ich, es wäre eine Bombe, denn es sah aus wie ein vorsätzlich synchronisierter Ablauf."[268]
- Rettungssanitäter Daniel Rivera: „Haben Sie jemals einen professionellen Abriss [eines Gebäudes] gesehen, in dem sie Sprengstoff in bestimmte Stockwerke platzieren und dann 'Pop, pop, pop, pop, pop' hören? Das ist genau das, denn ich dachte, es wäre das."[269]
- EMT Gregg Brady: „Ich hörte drei laute Explosionen. Ich schaue nach oben und sah den Nordturm nach unten kommen."[270]

- Leutnant Michael Cahill: „Das war, als der zweite Zusammenbruch begann. Allerlei Geräusche. Boom, boom, boom, boom, boom, sehr laut.“[271]
- Feuerwehrmann Sal D’Agostino war im vierten Stockwerk des Nordturms, als der Zusammenbruch stattfand. Er sagte: „Es ‘pfannkuchte’ von oben nach unten, und es gab diese gewaltigen Explosionen, ich meine riesige, gigantische Explosionen [...]. Es war, als ob ein Zug fünf Zentimeter über deinem Kopf fahren würde, vor Ihrem Kopf: Bang-Bang, Bang-Bang, Bang-Bang.“[272]

Der kanadische Autor Graeme MacQueen veröffentlichte im Jahr 2006 eine ausführliche Studie mit dem Titel „118 Zeugen: Die Aussagen von Feuerwehrleuten zu Explosionen in den Zwillingstürmen.“[273] In dieser Studie bewertet der Autor die einzelnen Aussagen. Er identifizierte auch drei häufig vorkommende Merkmale, die die Explosionen in WTC 1 und WTC 2 von den Arten von Explosionen unterscheiden, die bei Bränden auftreten.[274]

Auf Anfrage erhielt ich eine Antwort von Prof. Jonathan Barnett, der in dem FEMA-BPAT-Team teilnahm.[275] Er war einer der fünf Hauptautoren des Abschlussberichts des Teams. Er schrieb mir, dass nach Ansicht des Teams die angeblichen Explosionen nur „Geräusche des Versagens der Struktur“ (Original: „the sound of structural failures“) waren. Beweise für seine Behauptung führte er keine an und ignorierte, dass einige Zeugen die Explosionen nicht nur hörten, sondern sie auch sahen oder körperlich erlebten.

NIST ignorierte ganz einfach die Aussagen über Explosionen. Der offizielle Grund dafür war, dass die Phase des Zusammenbruchs der Türme nicht zum Auftrag ihrer Untersuchung gehörte.

(vi) Wie erklärten die Ermittler die Gegenwart von geschmolzenem Stahl in den Trümmern?

Zeugen berichteten, dass geschmolzener Stahl unter den Trümmern des World Trade Center während mehrerer Monate nach dem 9/11 beobachtet wurde. Stahl schmilzt bei etwa 1565° C also fast das Doppelte der höchsten Temperatur, die das Feuer im World Trade Center theoretisch erzeugen konnte. Hier folgen einige Zeugenaussagen:

- Joe O'Toole erinnerte sich im Februar 2002 gesehen zu haben, wie ein Kran eine Stahlsäule senkrecht aus der Tiefe der Katakomben heraufbrachte. „Es tropfte aus dem Stahl", sagte er.[276]

- Dr. Keith Eaton, Geschäftsführer der in London beheimateten Institution of Structural Engineers, beschrieb, er hätte „geschmolzenes Metall, dass noch Wochen nach dem Ereignis [von 9/11] rotheiß war", gesehen und „vier Inch dicke gebogene Stahlplatten".[277]

- Bauingenieur Leslie Robertson, der beim Entwurf des World Trade Center beteiligt war, sagte am 5. Oktober 2001 auf einer Tagung des Verbandes von Bauingenieuren in Utah: „21 Tage nach den Angriffen, währte immer noch das Feuer [in den Trümmern der Zwillingstürme] und geschmolzener Stahl tropfte immer noch". Später aber nahm er seine Aussage zurück.[278]

- Stewart C. Burkhammer, Vizepräsident von Bechtel Corporation, beschrieb die Umstände in den Trümmern der Zwillingstürme: „Die Trümmer waren sehr heiß. [...] Messungen wurden täglich von einem Helikopter aus gemacht. Sie zeigten Temperaturen von 204° C bis zu über 1537° C. Die Oberfläche war so heiß, dass, wenn man zu lange auf einer Stelle stand, die Schuhe weich wurden oder schmolzen."[279]

- Guy Lounsbury, der zwischen dem 22. September und 6. Oktober am Ort war, berichtete in der Zeitschrift *National Guard*: „Ein Feuerwehrmann sagte uns, dass sich in den Trümmern noch geschmolzener Stahl aus den Gebäuden befindet. Feuerwehrleute versprühten Wasser, um die Trümmer abzukühlen, aber die Hitze blieb stark genug, um die Stiefel zu schmelzen."[280]

- Selbst Rudy Giuliani, ehemaliger Bürgermeister von New York, erzählte vor einem verblüfften Publikum in Wilmington, Delaware, im Jahre 2007: "Ich wusste, was sich unter den Füßen der Rettungsarbeiter befand. Sie standen über einem großen Kessel. Sie standen über einem Feuer von 1093° C, das ganze 100 Tage brannte."[281]

Wie erklärten die Verfechter der offiziellen Fassung die Anwesenheit von geschmolzenem Stahl in den Trümmern der Zwillingstürme? Mark Loiseaux führte das Feuer auf „Papier, Teppiche und andere brennbare Gegenstände" zurück.[282] Manuel Garcia, ein Physiker, erklärte den weiteren Brand durch die Fahrzeuge, die in den Parkhäusern unter den Zwillingstürme standen, und die das Feuer anheizten.[283] Die Tatsache ist aber, dass keines dieser Materialien noch irgendeine andere vorhandene Energiequelle genügend Hitze erzeugen konnte, um Stahl zu schmelzen. Aus diesem Grund bleibt die beobachtete Entdeckung von geschmolzenem Stahl im Scheiterhaufen unerklärt und deutet auf eine unbekannte Energiequelle hin.

NIST ignorierte völlig diese Befunde in ihrem Abschlussbericht. Aufgrund heftiger Kritik wegen zahlreicher Auslassungen, darunter über den geschmolzenen Stahl, veröffentlichte NIST im Jahre 2006 auf ihrer Webseite eine Reihe von Antworten auf „häufig gestellte Fragen" (FAQ), darunter befinden sich folgende Antworten:

> Warum nahm die Untersuchung von NIST keine Notiz von Berichten über geschmolzenen Stahl in den Trümmern der Zwillingstürme? Antwort: [...] Der Zustand des Stahls in den Trümmern (d.h. ob er geschmolzen oder nicht geschmolzen war), war für die Untersuchung des Zusammenbruchs der Türmer unerheblich, weil dieser keine schlüssigen Informationen über den Zustand des Stahls vor dem Zusammenbruch lieferte.[284]

Wenn diese Antwort als ausweichend erscheint, was soll man von den nachfolgenden Sätzen halten?

Unter besonderen Umständen wäre es denkbar, dass ein Teil des Stahls nach dem Zusammenbruch der Türme in den Trümmern schmelzen würde. Wahrscheinlicher scheint jedoch, dass der Stahl wegen einer längeren zeitlichen Aussetzung von chemischen Prozessen im Scheiterhaufen geschmolzen sein kann, als in der kurzen Aussetzung durch Feuer oder Sprengungen während die Türme standen.[285]

6.6 Mehr als 1100 Opfer hinterließen keine Spur

Eine der unheimlichsten Bilder während des Zusammenbruchs der Zwillingstürme war die scheinbare Pulverisierung von ganzen Stockwerken von oben nach unten. Dieses Phänomen ist auf zahlreichen Videoaufzeichnungen[286] und Abbildungen des Zusammenbruchs sichtbar.[287] Matt Nelson, ein freischaffender Autor, hat die Pulverisierung der Zwillingstürme in seiner Studie über die Trümmer des World Trade Center durch Zitate von zahlreichen Augenzeugen beschrieben.[288] Er beschreibt auch, wie verdutzt Beobachter waren, als sie kaum Gegenstände und nur sehr wenige Leichen am Ground Zero fanden. Die Frage, welche Energiequelle diese Pulverisierung bewirken konnte, will anscheinend niemand klären. Man will es im Grunde nicht wissen.

Einer der ersten Zeugen, der die Pulverisierung der Zwillingstürme beim Namen nannte, war niemand anderes als der Gouverneur des Staates New York, George Pataki, im Gespräch kurz nach dem 11. September mit Bill Hemmer vom Nachrichtensender *CNN*:

> Pataki: „Und Sie schauen und sehen, es gibt keinen Beton. Es gibt sehr wenig Beton". Hemmer: „Was ist mit dem Beton?" Pataki: „Der Beton wurde pulverisiert. Und ich war hier unten am Dienstag, und es sah wie auf einem fremden Planeten aus. Das ganze Lower

> Manhattan - und nicht nur hier - von Staub und Pulver belegt, zwei bis drei Zoll dick. Der Beton wurde einfach pulverisiert".[289]

Dieses seltsame Phänomen wurde auf mehrere Arten beschrieben. Hier ist eine:

> Beide Türme veranschaulichten während ihres Zusammenbruchs ein pilzartiges Verhalten [...] Die aus dichtem Staub und Stahl konstituierten Pilzwolken begannen bei den Aufprallzonen und dehnten sich schnell aus. Nach etwa fünf Sekunden betrug der Durchmesser der Pilzwolke schon das Dreifache des Durchmessers des Turms.[290]

Eine andere Beschreibung lieferten Seismologen vom Columbia Lamont-Doherty Earth Observatory. Sie bemerkten, dass,

> wie man in Fernsehbildern zu sehen bekommt, der Zusammenbruch der Türme an einen pyroklastischen Fluss eines Vulkans erinnert, wo heißer Staub und Materialstücke in einer Staub/Schlamm-Matrix den Vulkanhang herunter fließen. Der Zusammenbruch der Zwillingstürme erzeugte so einen Fluss, allerdings ohne die hohen Temperaturen, die bei vulkanischen Flüssen üblich sind.[291]

Die *New York Times* zitierte am 13. September 2001 prominente Journalisten, die den Untergang der Twin Towers mit dem Ausbruch des Vulkans „Mount St. Helens" (Brian William, *MSNBC*), mit einem „nuklearen Winter" (Tom Brokaw, *NBC*) und „dem Rande des Kraters eines Vulkans" (Diane Sawyer, *ABC*) verglichen.[292] Solche Vergleiche wurden niemals mehr wiederholt, nachdem die offizielle Fassung der Anschläge mit quasi militärischer Disziplin den Medien auferlegt wurde.

Der Umfang der Pulverisierung kann durch die Einschätzung der Größe der Staubwolken, die überraschend geringe Höhe des

Stapels am Ground Zero und das Fehlen von zerbrochenen Möbeln, Computern, Telefonen und anderen Bürogegenständen im Schutt nachvollzogen werden.

Michael Grunwald beschrieb in der *Washington Post* am 21. September 2001, was er am Ground Zero nachvollzog: „Hier am Ground Zero gibt es verstümmelten [„mangled“] Stahl und graues Pulver, und fast nichts anderes. [...] Keine Betonbrocken. Keine Glasscherben. Keine Schreibtische oder Stühle oder Computer oder Bilderrahmen.“

„Nach jeder Katastrophe,“ schreibt Grunwald, „erzählen die Trümmer eine Geschichte, zumindest für Ingenieure und andere Experten, die es wissen, wie man sie liest: Hier ein gelber Teppich, wahrscheinlich aus dem siebten Stockwerk, da ein Armband, ein Telefon, eine Waffe; vielleicht ist die Leiche des Besitzers in der Nähe. Aber es gibt kaum Trümmer am Ground Zero. Die Bagger sagen, sie können selten Beton oder Kunststoff oder Stoff finden. Dieses [Gelände] erzählt eine ganz andere und viel haarsträubender Geschichte.“[293] Diese Beschreibung wurde fast wörtlich von einem der Leiter der New Yorker Feuerwehr, Harry Meyers, am folgenden Jahr bestätigt.[294]

Eine ausgezeichnete, aber verhängnisvolle Videodokumentation liefert weitere Aussagen von Augenzeugen, die die rätselhafte Abwesenheit von Büromaschinen, Möbel und anderen menschlichen Gegenständen aus den Trümmern bestätigten.[295]

Thomas von Essen, damals Beigeordneter für das Feuerwehrwesen in New York und selbst ehemaliger Feuerwehrmann, bestätigte den rätselhaften Anblick in seinem Buch *Strong Heart*:

> Als ich durch die Gegend lief, dachte ich über andere kollabierte Gebäude nach, die ich in meiner Karriere gesehen habe, und ich bemerkte etwas Seltsames hier, dass mir diese Szene noch unheimlicher machte: So abartig wie es schien, musste ich gestehen, dass es we-

> niger Schutt gab, als es hätte sein sollen. Es gab keine [zerbrochene] Telefone, keine Stühle, keine Computer, keine Schreibtische, nichts von den Gegenständen und Dekorationen, die alle Büros füllten. [...] Es schien, als ob alle Spuren der Menschen, die nur wenige Stunden vorher an der Arbeit dort angekommen waren, von der Erde verschwunden sind.[296]

Bewohner von Lower Manhattan verbrachten mehrere Monate, um ihre Wohnungen vom ultrafeinen und toxischen Staub zu reinigen.[297] Tausende Arbeiter am Ground Zero und Bewohner von Lower Manhattan erlitten und leiden immer noch an schweren gesundheitlichen Schäden von diesem Staub. Einige starben vorzeitig, und zahlreiche Arbeiter verloren ihre Arbeitsplätze als Folge dieser Erkrankungen. Ganze Organisationen wurden gegründet, um sich um die Opfer des Staubes zu kümmern.[298]

Die Zeitschrift *Popular Mechanics* versuchte in einem Artikel, die Pulverisierung der Zwillingstürme folgendermaßen zu erklären:

> Wie alle Bürogebäude enthielten die WTC-Türme riesige Luftvolumen. Als sie zusammenfielen, wurde diese Luft – zusammen mit dem Beton und anderen Trümmern – als Folge der Kraft des Zusammenbruchs mit enormer Energie ausgestoßen. „Wenn ein erheblicher Teil des Fußbodens kollabiert, wird Luft und Betonstaub aus dem Fenster geschossen," erklärte der führende Ermittler von NIST, Shyam Sunder. Diese Staubwolken können zwar den Eindruck einer kontrollierten Sprengung hinterlassen, fügte Sunder hinzu, „aber diese Wahrnehmung ist täuschend".[299]

Der kanadische Experte Dr. Frank R. Greening behauptete und präsentierte Berechnungen, um seine Behauptung zu untermauern, dass der Beton des WTC alleine durch die Schwerkraft der kollabierenden Stockwerke pulverisiert werden konnte.[300] Um Gestein oder

Beton zu Kies, geschweige denn zu Staub zu zermalmen, braucht es kräftige Maschinen und viel Zeit. Die blitzartige Umwandlung der riesigen Zwillingstürme und deren Inhalt zu feinem Staub konnte nur durch die Verwendung einer außerordentlichen Art von Energie stattfinden, deren Identität noch nicht festgestellt ist.

Die Ermittler des FEMA-BPAT und der NIST ignorierten völlig die massive Pulverisierung der Gebäude sowie die Abwesenheit von zerbrochenen und zermalmten Bürogegenständen.

Der unheimlichste Aspekt der Pulverisierung ist, dass mehr als 1.100 Menschen buchstäblich in Staub umgewandelt worden sind. Noch am 11. September 2011 – genau zehn Jahre nach 9/11 – hatten 1.120 Familien „keine Spur von Überresten, nicht einmal ein Knochenfragment“ ihrer Geliebten erhalten.[301] Die Mutter von Michael Ragusa, einer der Opfer vom WTC, konnte es einfach nicht fassen: „Keine Spur von so vielen Menschen. Das kann so nicht gewesen sein. [...] Menschen verschwinden nicht so einfach“. Laut *USA Today* können Menschen ohne Spuren in bestimmten Fällen verschwinden, z.B., „[beim Sinken des] Titanic, [nach der Atomsprengung in] Hiroshima, bei Erdrutschen, in Flutwellen und im Krieg“.[302] Kann 9/11 einer dieser Kategorien zugeordnet werden?

Laut Dr. Charles Hirsch, Chief Medical Examiner der Stadt New York, sollen viele Körper – niemand ist sich sicher, wie viele – sich „aufgelöst"("vaporized") haben und blieben daher nicht identifizierbar. Ellen Borakove, seine Sprecherin, erklärte, ihr Chef meine, dass die Leichen im Kerosinfeuer der abgestürzten Flugzeuge verzehrt worden, oder zum Staub durch den Zusammenbruch der Türme verwandelt worden sind.[303] Dr. Hirsch selbst wollte nicht kommentieren. Später erklärte er, unheilvoll: „Wenn Stahlbeton zu Staub wurde, soll es wirklich kein Geheimnis gewesen sein, was mit den Menschen geschehen ist.“[304]

6.7 Fazit

Mehr als 2.000 Architekten und Ingenieure sind mittlerweile Mitglieder des Vereins *Architekten und Ingenieure für die Wahrheit zu 9/11* geworden. Der Verein fordert eine neue, unabhängige Untersuchung des Zusammenbruchs der Zwillingstürme. Sie betrachten es als eine Beleidigung ihrer fachlichen Kompetenz, wenn ihnen gesagt wird, die Zwillingstürme wären als Folge eines Bürobrandes zusammengebrochen.[305] Aber dies ist nicht nur eine Frage der Berufsehre, denn wenn solche Gebäude tatsächlich als Folge eines Brandes völlig zusammenbrechen können, müssten Baustandards in der ganzen Welt geändert werden. Die Tatsache, dass so viele Architekten und Ingenieure Mitglieder in einer solchen Vereinigung wurden, ist schon an sich bemerkenswert und zeugt von ihrem tief empfundenen und begründeten Misstrauen gegenüber der offiziellen Untersuchung.

Sogar Laien können nicht übersehen, wie NIST eine ganze Reihe von erheblichen Befunden ignorierte, darunter die zahlreichen Sprengungen kurz vor und während des Zusammenbruchs, die Anwesenheit von geschmolzenen Stahl im Schutt und die Pulverisierung der Gebäude und ihrer Inhalte. Das Verhalten von NIST deutet darauf hin, dass ihre Aufgabe sich darauf beschränkte, die offizielle Version des 11. September durch pseudo-wissenschaftliche Berichte zu bestätigen.

7 Der mysteriöse Zusammenbruch von WTC-7

Vor seinem Zusammenbruch am 11. September war WTC No. 7 ein 47-stöckiger Wolkenkratzer, der schon lange im Besitz des Immobilienmaklers Larry Silverstein war. Das Gebäude ist auch als Salomon Brothers-Building bekannt. Unter den Mietern befanden sich zur Zeit des Einsturzes die Bundessteuerbehörde (*Internal Revenue Service*), das Verteidigungsministerium, der Geheimdienst (die CIA), die Börsenaufsichtsbehörde der USA (*Securities and Exchange Commission*) und eine Vielzahl von Banken und Versicherungsgesellschaften.[306] Im Gebäude befand sich auch der Katastrophenstab der Stadt New York (*Office of Emergency Management*, oder OEM), ein Bunker, der unmittelbar dem damaligen Oberbürgermeister Rudy Giuliani unterstellt war. Dieser hochmoderne Bunker befand sich im 23. Stockwerk und war auf dem neuesten Stand der Technik; seine Aufgabe bestand darin, im Katastrophenfall die Arbeit der verschiedenen Behörden zu koordinieren. Ausgerechnet bei der Katastrophe des 11. September konnte diese Zentrale nicht genutzt werden. Die Mitarbeiter sollen kurz nach den mutmaßlichen Flugzeugabstürzen das Gebäude verlassen haben. Das Gebäude stürzte um 5:20 Uhr nachmittags vollständig, senkrecht und im freien Fall ein.[307] Videos über den erstaunlichen Zusammenbruch von WTC-7 befinden sich auf zahlreichen Webseiten (Suchbegriff „WTC-7 collapse video").

7.1 Erklärung des FEMA-BPAT-Teams zum Absturz von WTC-7

In seinem abschließenden Bericht bezüglich des Einsturzes von WTC-7 schrieb das FEMA-BPAT-Team: „Die Details des Feuers im WTC-7 und wie das Feuer den Einsturz des Gebäude verursachte, bleiben zu diesem Zeitpunkt unbekannt. Obwohl der im Gebäude gelagerte Dieseltreibstoff eine große potentielle Energie beinhaltete, hat die beste Hypothese [zum Dieseltreibstoff als Ursache des Zusammenbruchs] nur eine geringe Wahrscheinlichkeit."[308]

7.2 Erklärungen der NIST zum Absturz von WTC-7

Sieben Jahre nach dem 9/11, am 22. August 2008, veröffentlichte NIST die Ergebnisse ihrer dreijährigen Untersuchung über den Zusammenbruch von WTC-7.[309] Diese wurden von der *New York Times* zusammengefasst.[310] Dr. Shyam Sunder, Leiter der Untersuchung, erklärte gegenüber der Presse, dass der Grund des Einsturzes „nicht mehr ein Mysterium" sei.[311] Er betonte, dass der strukturelle Schaden an dem Gebäude, der durch herabstürzende Trümmer aus dem Nordturm verursacht wurde, die Stabilität des Gebäudes nicht erheblich gefährdet habe und daher nicht als Ursache für den Einsturz bezeichnet werden könne. NIST sah die Ursache des Zusammenbruchs hauptsächlich im Feuer innerhalb des Gebäudes. Er gab zu, dass NIST nicht nach Spuren von Sprengstoff gesucht habe, weil „kein lautes 'boom' oder andere Geräusche, die bei einer Sprengung üblicherweise stattfinden, gehört worden sind".[312] Hatte Dr. Sunder nie von leisen Sprengkörpern gehört?[313] Audioaufnahmen und Ohrenzeugenberichte von Explosionen, die kurz vor und während der Zerstörung von WTC 7 auftraten, widerlegen jedoch diese Behauptung.[314]

FEMA-BPAT und NIST gestanden in ihren Berichten ein, dass ihre Einschätzung des Feuers in WTC-7 auf unvollständigen Befunden beruhten. Sie besaßen keine Stahltrümmer aus WTC-7, da sie alle vernichtet wurden. In ihrem Bericht über den Zusammenbruch von WTC-7 aus dem Jahr 2002 schrieben die Autoren des FEMA-BPAT-Berichtes: „Zur Zeit gibt es nur begrenzte Information über die Entstehung und Entfaltung des Feuers im WTC Nr. 7.“[315] In ihrem Schlussbericht wies NIST darauf hin, dass „vorhandene Abbildungen vom WTC-7 keine detaillierte Nachzeichnung der Feuerentfaltung im Gebäude ermöglichen“. Weiter: „Es muss daran erinnert werden, dass die Feuerbeobachtungen der NIST auf Abbildungen der Außenflächen [des Gebäude] beruhten, die wenig Einsicht in das Verhalten des Feuers innerhalb des Gebäude zuließen.“ Die Autoren schrieben trotzdem: „Es gibt ausreichende Informationen, um aus [den Abbildungen] eine allgemeine Schilderung des Feuers in den verschiedenen Stockwerken abzuleiten.“[316]

Auf einer Liste von Fragen und Antworten (FAQ) über den Absturz von WTC-7 schrieb NIST, dass das Feuer in den unteren Stockwerken 7 bis 9 und 11 bis 13 ausbrach und sich von dort zum nordwestlichen Teil des Gebäude ausbreitete, „wo der Absturz des Gebäudes“ begann.[317] Zusätzlich beschreibt NIST den Absturz als einen *allmählichen* Prozess (“progressive collapse”). Diese Behauptungen widersprechen dem völlig symmetrischen, plötzlichen Einsturz des Gebäude im freien Fall, den man auf vielen Videoaufzeichnungen beobachten kann. In der ersten Fassung der Fragen- und Antworten-Abfolge erklärte NIST, dass das Gebäude 40 Prozent langsamer als im freien Fall eingestürzt sei. Als externe Wissenschaftler diese Antwort rügten, gestand NIST merkwürdigerweise in ihrer zweiten Fassung ein, dass zumindest von Sekunde 1.75 bis Sekunde 4.0 des Einsturzes das Gebäude „im Grunde“ (“essentially”) sich im freien Fall befand.[318] NIST räumte damit einen freien Fall von zumindest 2 Sekunden ein, ohne zu erklären, wie es dazu kommen konnte. Autor David R. Griffin beschreibt dieses Eingeständnis so: „Nachdem NIST uns 600 Seiten mit Beschreibungen, Abbildungen, Zeugenaussagen, Analysen, Erklärungen und mathematischen Formeln vorgelegt hatte, gab NIST uns zu verstehen, dass hier ein Wunder geschehen sei.“[319]

7.3 Kritik der offiziellen Erklärungen

Der Physiklehrer David Chandler, der durch seine Forschung NIST zu dem erwähnten Geständnis veranlasst hatte, erklärt, warum sogar zwei Sekunden eines freien Falls der oberen Teile einer Struktur die Abwesenheit von Widerstand der unteren Teile nachweist.[320] Im Fall des WTC-7 fielen im freien Fall ganze acht Stockwerke. Das bedeutet, dass zumindest acht der unteren Stockwerke nicht den geringsten Widerstand mehr leisteten. Sie waren buchstäblich – und plötzlich - nicht mehr vorhanden. Dies konnte nur durch eine Sprengung bewerkstelligt werden.

Es ist in diesem Zusammenhang interessant, dass NIST noch in August 2008 darauf bestand, dass ihre Analyse des Zusammenbruchs des WTC-7 mit den „Grundsätzen der Physik vereinbar" war („consistent with physical principles").[321] In späteren Berichten der NIST über WTC-7 verschwand merkwürdigerweise dieser Satz. Man kann wohl sagen, dass NIST damit implizierte, dass der Zusammenbruch des WTC-7 nicht mehr mit den Gesetzen der Physik erklärbar sei, sondern ein Naturwunder gewesen war.

David Chandler schrieb dazu:

> Die Wissenschaftler des NIST sind ohne Zweifel qualifizierte Personen, so dass die einzige vernünftige Schlussfolgerung ist, ihr Verhalten als Teil einer Vertuschung zu verstehen. (Es ist wichtig [...] den Zusammenhang dieser Ereignisse zu erkennen. Dies war nicht nur eine Vertuschung einer peinlichen Tatsache. Es war eine Vertuschung von Fakten in Bezug auf die Ermordung von fast 3000 Menschen, und gleichzeitig eine Vertuschung, die zur Begründung eines Krieges beitrug, in dem weit über eine Million Menschen getötet worden sind).[322]

7.4 Die Rolle des Katastrophenstabs (OEM) im WTC-7

Die Geschichte des OEM im 23. Stockwerk Pony Strip des WTC-7 ist ein Kapitel für sich. Niemand hat bisher erklären können, warum Bürgermeister Rudy Giuliani diesen Katastrophenstab, trotz aller Warnungen, gerade an diesem Ort einrichten wollte. Der Bunker wurde im Jahre 1999 in Betrieb genommen, also zwei Jahre vor dem 9/11.[323]

Als Giuliani vor der 9/11-Kommission am 19. Mai 2004 aussagte, erklärte er:

> Das Office of Emergency Management, das wir in '95, '96 errichteten,[324] war unschätzbar nützlich für uns. Wir wären nicht durchgekommen, wenn ich sage 11. September, damit meine ich nicht nur diesen Tag, ich meine die Monate danach, und die nachfolgenden Milzbrandanschläge. Ohne die Ausbildung durch das OEM hätten wir das alles nicht bewältigen können.[325]

Was Giuliani nicht sagte und die Kommission scheinbar nicht interessierte, war „[weshalb] am Tag, an dem es am dringlichsten gewesen wäre [11. September 2001], das OEM praktisch nutzlos war".[326]

In seinem Buch, *Leadership*, prahlte Giuliani immer noch mit „seinem" OEM:

> Meine Behörde errichtete eine hochmoderne Kommandozentrale, von der wir alle Notfälle in New York behandelten, darunter das West-Nil Virus, Stromausfälle, Hitzewellen, Schneestürme und Y2K. Die Zentrale war mit Computern und Fernsehschirmen vollgestopft, die die Situation in der ganzen Stadt und darüber hinaus überwachten. Die Zentrale verfügte über Stromerzeuger [...], Übernachtungsmöglichkeiten, Lagertanks mit Wasser und Treibstoff sowie Vorräten von verschiedenen Gegengiften.[327]

Wenig ist bekannt über den tatsächlichen Einsatz des OEM bei irgendeinem Notfall. Laut Autoren Barrett und Collins hat das OEM „zehn bedeutende Notfallübungen durchgeführt [...], aber keine davon betraf den gefährdeten WTC-Komplex“ obwohl das WTC im Jahr 1993 durch ein Bombenattentat angegriffen wurde.[328] Die Frage stellt sich daher und sie ist immer noch nicht beantwortet, warum die Sicherheitszentrale der Stadt New York überhaupt an diesem Ort errichtet wurde und sogar im 23. Stockwerk eines Hochhauses! Was konnte der wahre Zweck des OEM sein, wenn die Mitarbeiter der Zentrale nicht einmal auf plausible Gefahren vorbereitet wurden?[329] Wurde das OEM als Kommandozentrale für die Zerstörung der Zwillingstürme konzipiert, wie es einige Beobachter vermuten, und wurde das Gebäude zerstört, um die Spuren des Verbrechens – und vielleicht noch mehr – zu vernichten?[330] Der verstorbene Barry Jennings hat möglicherweise einige Indizien zu dieser These hinterlassen.

7.5 Zeuge Barry Jennings

Barry Jennings, Vizedirektor des Notfalldienstes der New York City Housing Authority, starb unerwartet am 19. August 2008, zwei Tage vor der Veröffentlichung des NIST-Berichts über den Zusammenbruch von WTC-7.[331] Am Morgen des 11. September 2001 wurden Jennings und Rechtsanwalt Michael Hess aus dem WTC-7 gerettet, nachdem sie im Gebäude durch eine Explosion eingeklemmt waren. Jennings wurde danach von einem Reporter des Senders *ABC-TV News* interviewt und von *Associated Press* zitiert. Er erzählte dem Reporter, dass er und Michael Hess innerhalb des WTC-7 eine gewaltige Explosion erlebten. Als sie mit Mühe zur Eingangshalle (“lobby”) des Gebäudes gelangten, war sie völlig „verschwunden“. Er sagte, „es sah aus wie die Hölle“.[332] Er wiederholte seine Aussagen im Jahre 2007 in einem langen und ausführlichen Interview mit Jason Bermas und Dylan Avery, Produzenten des Films *Loose Change*. Nach Jennings Tod veröffentlichte Avery das Interview.[333] Die Todesursache von Jennings, 53 Jahre alt, wurde nicht bekanntgegeben.[334] Wenn man seinen Aussagen Glauben schenkt – und es gibt keinen Anlass, sie zu bezweifeln – deuten sie darauf hin, dass WTC-7 schon am Morgen der Anschläge mit Sprengstoff zerstört werden sollte, aber dass dieser Versuch gescheitert war. Diese Vermutung wird auch durch folgende Indizien ergänzt, die von Ted Walter zusammengefasst wurden:

> Schon etwa eine Stunde nach der Zerstörung von WTC 1, um 10:28 Uhr, begannen die Verantwortlichen am World Trade Center, den Einsturz von WTC 7 mit erstaunlicher Gewissheit und Präzision vorauszusehen. Diese Erwartungshaltung war derartig sicher, dass die Medien schon weitreichend über den bevorstehenden Einsturz von WTC 7 berichteten und einige Nachrichtenagenturen den Einsturz sogar schon meldeten, bevor er überhaupt stattgefunden hatte![335]

In seinem Interview erwähnte Jennings auch, dass er und Michael Hess durch die nun dunkle Eingangshalle geführt worden sind und er über Leichen ging. Laut der offiziellen Berichterstattung soll aber niemand im Gebäude WTC-7 gestorben sein. Jennings wurde zwar von der 9/11-Kommission als Zeuge eingeladen, aber ist im Schlussbericht der Kommission nicht erwähnt. Seine Aussagen vor der Kommission wurden nicht veröffentlicht.

7.6 Zeuge Michael Hess

Michael Hess wurde von Frank Ucciardo, einem Reporter des *UPN 9*, auch am 11. September 2001 interviewt. Das Interview begann entweder um 11:34 oder um 11:57 Uhr.[336] Er erklärte dem Interviewer, dass er und ein anderer Mann (Jennings) im OEM im 23. Stockwerk waren. Dann gingen alle Lichter aus, und sie gingen zusammen im Dunkeln herunter zum 6. oder 8. Stockwerk, wo sie eine Sprengung erlebten. Hess sagte, dass sie an diesem Ort für einundeinhalb Stunden feststeckten, bis sie von Feuerwehrleuten gerettet wurden.[337]

Um die offizielle These zu bekräftigen, dass die „Sprengungen" im WTC-7 bloß das Geräusch der fallenden Trümmer vom Nordturm gewesen waren, erklärte NIST, die Männer wären erst nach 12:10 aus dem WTC-7 befreit worden. Da Hess vor 12:00 Uhr in der Nähe des Rathauses, mehr als eine halbe Meile vom WTC-7 entfernt, interviewt wurde, offenbarte NIST damit ihren Versuch, diese Tatsache zu vertuschen, dass die Sprengungen im WTC-7 authentisch waren.

In einem späteren Interview mit der *BBC* bestritt zwar Michael Hess, dass er eine Sprengung im WTC-7 gehört oder erlebt hatte. Laut der neuen Fassung hätte er nur über eine Sprengung *spekuliert.*[338] Im Gegensatz zu Jennings starb Hess nicht.

7.7 Das Feueralarmsystem im WTC-7

Laut NIST wurde „das Feueralarmsystem im WTC-7 am Morgen des 11. September 2001 um 6:47:03 für eine Zeitdauer von 8 Stunden auf TEST gesetzt".[339] Es wurde nicht erklärt, wer diese Einstellung unternahm und warum sie unternommen wurde.

7.8 Minimale Berichterstattung über WTC-7

Der Schlussbericht der 9/11-Kommission erwähnte den Zusammenbruch von WTC-7 mit keinem Wort. Auch die führenden Medien haben den Zusammenbruch von WTC-7 nicht oder nur beiläufig erwähnt, obwohl dieses Ereignis einmalig in der Baugeschichte gewesen war.[340]

Diese weitgehende Unterlassung kann nur damit erklärt werden, dass der Einsturz von WTC-7 die offizielle Legende über 9/11 schwer belastet und peinliche Fragen aufwirft. Gerade diese Unterlassung zeugt von einem Vorsatz, die wahren Umstände von 9/11 zu vertuschen und damit die eigentlichen Täter zu schützen.

8 Spurenbeseitigung und platzierte Beweise

Verbrecher versuchen häufig, die Spuren ihrer Tat zu verwischen bzw. zu vernichten und falsche Spuren zu legen. Haben sie es auch im Bezug auf 9/11 getan?

8.1 Die Beseitigung des Stahls aus dem World Trade Center

Bis zum 11. September 2001 kollabierte nie ein stahlgestärktes Hochhaus wegen eines Feuerausbruchs. Damit Feuer- und Bauingenieure die Gründe des Zusammenbruchs studieren könnten, war es unabdingbar, die Stahlträger und Stahlbalken der Gebäude sorgfältig zu markieren und bewahren. Darüber hinaus musste der Tatort eines Verbrechens für die Ermittlung sorgfältig dokumentiert werden, bevor er gesäubert wurde.

Dennoch wurde kurz nach dem 9/11 der Stahl aus den Trümmern der Zwillingstürme nicht nur entfernt, sondern teilweise nach Indien und China zum Schmelzen verschifft. Am 4. Oktober 2001 berichtete PRNewswire dass „zwei Schrotthändler schon 20.000 Tonnen Stahlbalken zu ihren Lagern verfrachtet hatten“.[341]

Der Chefredakteur der Zeitschrift *Fire Engineering*, William A. Manning, rief Amerikas Feuerwehrleute am Ende des Jahres 2001 zu einer Aktion auf. Er forderte eine kriminalistische Untersuchung und die Bewahrung des Stahls aus den Trümmern, um die Gründe des Zusammenbruchs zu ermitteln. „Die Zerstörung von Spuren", schrieb Manning, „deutet auf eine überraschende Ignoranz der Behörden über die Bedeutung einer gründlichen, wissenschaftlichen Untersuchung des größten Zusammenbruch eines Gebäudes in der Weltgeschichte infolge eines Feuers hin".[342]

Er wiederholte seinen Aufruf im Leitartikel seiner Zeitschrift vom 4. Januar 2002. Drei Monate später fügte der Wissenschaftsausschuss des Repräsentantenhauses seine Stimme hinzu: Die Untersuchung des Zusammenbruchs der Zwillingstürme wäre durch die Vernichtung von bedeutenden Spuren „erschwert". Im Bericht des Ausschusses vom 6. März 2002 steht: „Einige kritische Stahlstücke [...] verschwanden schon bevor der erste Ermittler zum Ort gelangte."[343] Aus etwa 350.000 Tonnen Stahl wurden nur 146 „Stahlstücke" für die Ermittler aufbewahrt.[344]

Später wurde berichtet, die Zerstörung des Stahls aus dem WTC wäre Folge eines „ursprünglichen Durcheinanders" gewesen. Ermittler erhielten nicht die Genehmigung, Stahlstücke für ihre Untersuchung zu beschlagnahmen, bevor diese zur Wiederverwertung entfernt wurden. Jedoch wurde niemand wegen des angeblichen Durcheinanders zur Rechenschaft gezogen. Es erscheint wenig glaubhaft, dass Ermittler des FBI nicht die Genehmigung erhalten konnten, Spuren am Tatort zu beschlagnahmen und für eine Ermittlung aufzubewahren. Mit der Zerstörung eines großen Teils des Stahls wurde nicht nur die Ermittlung des außergewöhnlichen Zusammenbruchs der Hochhäuser beeinträchtigt, sondern kriminelle Indizien zerstört.

8.2 Die Entfernung von Spuren aus dem Pentagon

Um die Mittagszeit des 11. September 2001, nicht einmal zwei Stunden nach der Sprengung im Pentagon, stellten sich 20 FBI-Beamte in Reih und Glied auf, um den Rasen vor dem Pentagon nach kleinen Fundstücken abzusuchen.[345] Auf der Abbildung Nr. 11 kann man die Entfernung vom mutmaßlichen Einschlagsort einigermaßen einschätzen. Welche Gegenstände wurden gefunden und vom Tatort entfernt? Wie kamen diese Gegenstände dahin und wohin gelangen diese Gegenstände? Diese Fragen wurden weder vom Pentagon noch von der 9/11-Kommission beantwortet.

Eine andere Abbildung (Nr. 12) aus dem Pentagon zeigt zwei Agenten in Bürokleidung, die metallische Bruchteile vom Rasen außerhalb des Pentagon entfernen. Wer die Männer sind, wurde nicht geklärt. Auch die Stücke, die sie entfernten, wurden nicht identifiziert.

Leutnant Robbie Turner von der Pentagon-Polizei erklärte, er hätte Leute beobachtet, die „aus dem Wrack klauen [...] darunter Militärs, die Stücke des Flugzeugwracks von der Landesstraße aufhoben".[346] Seine Aussage wurde von einem anderen Pentagon-Polizisten, Roosevelt Roberts Jr., größtenteils bestätigt.[347] Dennoch konnten sie selbstverständlich nicht durch ihre bloße Beobachtung schließen, ob die Gegenstände „geklaut" worden sind und ob es überhaupt Trümmer eines Flugzeugs waren. Es ist nicht bekannt, dass irgendjemand im Pentagon wegen dieses mutmaßlichen Diebstahls zur Rechenschaft gezogen wurde.

8.3 Aufgezeichnete Zeugenaussagen wurden geschreddert

Am Morgen des 11. September 2001 wurden Fluglotsen in der New Yorker Zentrale der Flugbehörde FAA gebeten, ihre Erlebnisse zu schildern, da sie sich mit der Überwachung der zwei „Todesflüge" befasst hatten. Ihre Aussagen wurden auf einem Tonband aufgezeichnet. Der Geschäftsführer des Zentrums, Mike McCormick, zeichnete die Aussagen auf.[348]

Am nächsten Tag, am 12. September, begann Kevin Delaney, ein Mitarbeiter des Zentrums, Funk- und Radaraufzeichnungen der FAA an das FBI zu übersenden. Die Aufzeichnung der Aussagen wurde allerdings nicht gesendet und ihre Existenz wurde vom FBI zurückgehalten. Am 14. September wurde dem Zentrum befohlen, alle Dokumente und Daten vom 11. September aufzubewahren und zu schützen. In der Meldung soll gestanden haben: „Soll eine Frage entstehen, ob man Daten aufbewahren soll oder nicht, bitte BEWAHRE SIE. Bitte melde dich, falls Fragen entstehen.“[349] Als einer der sechs Fluglotsen die Aufzeichnung anhören wollte, um seinen schriftlichen Bericht vorzubereiten, „wurde ihm dieser Antrag verweigert“.[350]

Matthew L. Wald, ein Journalist der *New York Times*, enthüllte später, dass niemand anders als Delaney selbst die einstündige Aufzeichnung einige Monate später geschreddert hat. Laut *Aviation Today*, „schredderte Delaney die Kassette mit seiner Hand und warf die Fetzen in verschiedene Mülleimer“.[351]

Delaney rechtfertigte die Schredder-Aktion. Er sagte, dass die Fluglotsen – wegen des Stresses des Tages – „nicht in der richtigen Verfassung waren, um die Aufzeichnung ordnungsmäßig zu gestalten“.[352]

8.4 Platzierte Beweise?

Die offizielle Legende vom 11. September 2001 beruhte größtenteils auf „Glücksfunden“ des FBI. Am Morgen des 11. September 2001 wurden zwei Koffer im Flughafen von Boston gefunden, die angeblich einem Mohammed Atta und seinem Kumpel Abdulaziz Alomari gehörten. Wie bereits erwähnt, fuhren „Atta“ und „Alomari“ mit einem Mietwagen am Nachmittag des 10. September 2001 von Boston nach Portland und flogen am frühen Morgen des 11. September zurück nach Boston. Obwohl ihr Anschlussflug eine Stunde vor Abflug ihres „Todesfluges“ nach Boston ankam, wurden ihre Koffer nicht in das „Todesflugzeug“ (Flug AA11) geladen, sondern blieben, aus „unerklärlichen Gründen”, wie es hieß, im Flughafen stecken. Das Nachrichtenmagazin *Der Spiegel* soll aber genau den Grund dieser Panne gewusst haben: Das Gepäck wurde „versehentlich fehlgeleitet“.[353]

Die 9/11-Kommission konnte weder den Abstecher „Attas" nach Portland noch die „versehentliche" Fehlleitung seines Gepäckes erklären. Nachdem zahlreiche Akten der 9/11-Kommission im Jahre 2009 zur Veröffentlichung freigegeben wurden, konnte ein Teil des Rätsels gelöst werden. Ein Arbeiter des Flughafens in Boston, Philip A. DePasquale, erzählte einem Mitarbeiter der 9/11-Kommission, dass Attas Taschen „verdeckte Sicherheitsmarkierungen" trugen, die schon im Flughafen in Portland angebracht wurden.[354] Über diese verdeckten Sicherheitsmarkierungen wurde jedoch nie öffentlich berichtet. Diese Markierungen waren offensichtlich ein Zeichen für Flughafenarbeiter, die Taschen nicht in das Flugzeug zu laden. Damit konnte das FBI „die geheime Identität der Selbstmordattentäter und ihre Motive zügig aufklären".[355] Die Markierung bedeutete, dass jemand in Portland die Rolle „Attas" und „Alomaris" kannte. Wer es war, bleibt eine Verschlusssache.

Der Inhalt dieser Taschen wird in verschiedenen Dokumenten des FBI aufgelistet.

Das erste Dokument über den Inhalt der Taschen wurde von FBI-Spezialagent James L. Lechner am 12. September 2001 als Anhang zu einem Antrag zur Durchsuchung eines Wagens am Flughafen in Portland einem Richter vorgelegt. Folgende Artikel wurden im Antrag Lechners aufgelistet:

> Zahlreiche Dokumente, darunter ein Empfehlungsbrief und weitere bildungsbezogene Dokumentationen mit dem Namen ‚Mohammed Mohammed Elamir Awad Elsayed' und ‚Mohammed Mohammed Elamir Awad Elsayed Atta'; ein Navigationscomputer; Simulatorprozeduren für Boeing 757 und 747 Flugzeuge; ein Flugrechner; und ein Exemplar des Korans. Dazu befand sich im Gepäck noch ein „in Arabisch handgeschriebenes Dokument mit dem Titel ‚Im Namen Gottes des Erhabenen, Todeszertifikat' datiert vom 11. April 1996.[356]

In einem Bericht über den Inhalt der Taschen, der von MitarbeiterInnen der 9/11-Kommission auf der Grundlage von FBI-Dokument 302-1306 erstellt wurde, sind weitere Gegenstände erwähnt. In Attas Tasche sollen auch ein „vierseitiger Brief in Arabisch; ein islamischer Gebetsplan; ein Messer und Pfefferspray“ gefunden worden sein. In der zweiten Tasche, die Alomari zugeordnet wurde, sollen zusätzlich folgende Gegenstände gefunden worden sein: „Drei englische Grammatikbücher; ein Arabisch-Englisches Wörterbuch; eine Flasche Parfüm; ein saudischer Reisepass von Alomari; ein Checkheft auf dem Namen Alomari; drei Fotos; ein Taschentuch; ein Geldschein von $20.“[357]

Die längste Liste von Gegenständen, die im Gepäck der zwei mutmaßlichen Attentäter gefunden worden sind, befindet sich in einer Meldung des FBI an SAC, Boston, vom 21. September 2001. Die Liste beschreibt mehr als 60 Gegenstände und Dokumente, die „aus dem gefundenen Gepäck stammen und persönlich an das Labor des FBI von Spezialagenten [...] der Bostoner Zweigstelle des FBI geliefert worden sind“. Unter den zusätzlichen Gegenständen befanden sich Checks der Dresdner Bank; Briefe der Hochschule in Hamburg; Kopien aus einem ägyptischen Reisepass; Hemd und Krawatte; sieben Unterhosen; vier Paaren Socken und noch mehr.[358]

Paul Sperry, damals Washingtoner Bürochef des *World Net Daily* schrieb, dass „[d]ie Kleidung, die sich in einer der Taschen von Mohammed Atta befand, nicht wie zuerst berichtet, eine Pilotenuniform gewesen war, sondern sein Hochzeitsanzug fürs Paradies", wie ihm ein Mitarbeiter der American Airlines mitteilte, der seine Anonymität aus Furcht vor Repressalien nicht nennen wollte. Neben dem marineblauen Anzug mit einer Saphir-blauen Krawatte unter einem knackigen Hemdkragen eingezogen und ordentlich verknotet – der auf unheimliche Weise angelegt wurde, als ob Atta darin lag, befand sich eine Flasche Eau de Cologne. Am Fuß der Tasche, die gesperrt worden war, lag ein schicker ledergebundener und goldlackierter Koran. „Es war, als ob man einen Sarg öffnete," soll der amerikanische Mitarbeiter in einem exklusiven WorldNetDaily-Interview gesagt haben.[359]

Autor McDermott kommentierte folgendermaßen über das gefundene Sammelsurium: „Attas Tasche beinhaltete nahezu jedes Dokument, das für sein Leben wichtig war. [...] Wenn man den Strafermittlern einen Wegweiser hinterlassen wollte, wäre diese Tasche ein guter Start."[360]

Brian Whitaker, Journalist der Tageszeitung *The Guardian*, brachte diese Glücksfunde mit leichter Ironie auf dem Punkt: „Diese Funde sind sicherlich ein glücklicher Zufall, doch vielleicht etwas zu glücklich."[361]

Andere zahlreiche belastende Artikel wurden prompt gefunden. Barry Mawn, Leiter des New Yorker Büros des FBI, berichtete am 18. September, dass ein Reisepass von einem der angeblichen Entführer während einer Rastersuche des FBI um das World Trade Center gefunden worden ist.[362] Die 9/11-Kommission erklärte später, dass der Reisepass „von einem Passanten kurz vor dem Einsturz der Türmer am Fuß des World Trade Center gefunden worden sei".[363] Er soll den Pass dem Polizeibeamten Yuk H. Chin gegeben haben, aber verschwand sofort, ohne seinen Namen zu hinterlassen.[364] Diese Geschichte veranlasste sogar Redakteure von Leitmedien zum Schmunzeln, denn niemand glaubte an ein solches Wunder.[365]

Am Flughafen Dulles, Washington, D.C., wurde am 12. September 2001 ein Fahrzeug entdeckt, das einem anderen der angeblichen Entführer – Nawaf Alhazmi – gehört haben soll. Im Wagen sollen 47 Artikel gefunden sein, u. A. vier Zeichnungen des Cockpits einer Boeing 757 Maschine, ein Teppichmesser, ein Ausweis der Flugschule Pan Am International Flight Academy, in Phoenix, Arizona, auf den Namen Hani Hanjour, ein Check für diese Flugschule in Höhe von $5745 von Hanjour ausgestellt, ein Reiseplan für Khalid Almihdhar und Majed Moqed für den Flug AA77, ein Zettel mit dem Namen „Osama 5985316", eine Quittung wegen einer Paketsendung an die Vereinigten Arabischen Emirate vom 10. September 2001, ein Checkheft für das Konto eines Nawaf Alhazmi, zwei Bücher in Arabisch, drei handgeschriebene Seiten auf Arabisch, eine Seite mit Bemerkungen und Telefonnummern und vieles mehr.[366] In den Trümmern des Pentagons soll ein noch lesbarer Studentenausweis von Majed Moqed, einem der angeblichen Entführer von Flug AA77, gefunden worden sein.[367] Der Stimmrekorder des Flugzeugs (CVR) war aber „schwer verbrannt und unlesbar"[368], und vom Flugzeug blieb anscheinend wenig übrig (vgl. Kapitel 2).

Am Flughafen Logan in Boston wurde ein Auto entdeckt, das Marwan Alshehhi gemietet haben soll. Im Wagen soll er ein Flughandbuch auf Arabisch, einen Zugangspass zum Flughafen in Boston und die Namen von angeblichen Entführern hinterlassen haben. Dort soll auch der Name der Flugschule – Huffman Aviation - gestanden haben, an der ein gewisser Mohammed Atta und ein gewisser Marwan Alshehhi ausgebildet wurden.[369] Ermittler sollen diesen Wagen gefunden haben, weil ein Flugpassagier, nachdem er über die Flugabstürze am World Trade Center erfuhr, sich bei den Behörden in Boston über einen Wortwechsel mit zwei Arabern wegen eines Parkplatzes beklagt haben soll.[370]

Laut *Washington Post* entdeckten Ermittler um 2:00 Uhr morgens am 13. September im Parkhaus von Logan Airport, Boston, ein Teppichmesser, eine Broschüre in Arabisch und eine Kreditkarte, die die angeblichen Attentäter vermutlich hinterließen.[371]

Eine Anzahl belastender Artikel, die zur Benennung der Verdächtigen des Fluges UA93 beigetragen haben sollen, wurden am vermeintlichen Absturzort dieses Fluges in Pennsylvania prompt gefunden, obwohl kein Wrack des Flugzeugs und kein Tropfen Blut am Absturzort gesichtet wurden.[372] Unter diesen belastenden Artikeln befanden sich ein Reisepass von Alghamdi[373], ein in Florida erstellter Führerschein von Alnami,[374] seine Saudi-Arabische Jugendherbergskarte[375], eine Seite aus Ziad Jarrahs Reisepass[376] und eine

Visitenkarte von Jarrahs Onkel.[377] In einem FBI-Dokument wurde behauptet, dass das FBI nicht weniger als 14 Messer oder Messerteile beim angeblichen Absturzort des Fluges UA93 gefunden hätte.[378]

Laut einem Profil, das von der Ausländerbehörde in Tampa am 20. März 2002 über den vermeintlichen Todespilot Ziad Jarrah erstellt wurde, sollen Beamte der Behörde in einem Hotelzimmer, in dem er angeblich seine letzte Nacht verbracht hatte (Days Inn, Newark Airport) „Flughandbücher für Boeing 757 und 767 in Englisch und Arabisch" und in einem Mülleimer hinter dem Hotel weitere flugbezogene Unterlagen gefunden haben.[379]

Am 12. September 2001 teilte ein Hotelbesitzer in Deerfield Beach, Florida, dem FBI mit, dass er ein Teppichmesser in einem Zimmer gefunden hätte, in dem Marwan Alshehhi und zwei unbekannte Männer gewohnt hätten. Der Besitzer soll auch in einem Mülleimer in der Nähe seiner Wohnung eine Tasche mit Boeing 757 Unterrichtsbüchern, eine Mappe mit handgeschriebenen Bemerkungen, ein Englisch-Deutsches Wörterbuch und zwei Flugzeugartikel gefunden haben.[380]

8.5 Ein gefälschter Abschiedsbrief

Das FBI erhielt einige Wochen nach dem 9/11 einen sogenannten Abschiedsbrief, den Ziad Jarrah, der angebliche Todespilot vom Flug UA93, an seine in Deutschland lebende Freundin Aysel Sengun am Vorabend der Anschläge geschrieben haben soll. Ziad soll die falsche Adresse von Aysel auf das Kuvert geschrieben haben, so dass der Brief zurück in die USA kam, wo er später in die Hände des FBI geriet. Eine Handschriftanalyse des Briefes ergab, dass er gefälscht war. Der Brief wurde Aysel nicht zum Authentifizieren vorgelegt. Mit der Fälschung sollte der Anschein erweckt werden, Ziad hätte seiner Freundin seinen bevorstehenden Märtyrertod angekündigt. Am nächsten Tag, dem 11. September 2001 zwischen

15 und 16 Uhr (Deutscher Zeit) rief Ziad seine Freundin Aysel in Deutschland an. Sie befand sich gerade in einem Krankenhaus. Laut ihrer polizeilichen Aussage war die Telefonverbindung sehr gut und Ziad hatte nichts Ungewöhnliches zu berichten. Flug UA93 befand sich zwischen 15 und 16 Uhr auf 33.000 Fuß Höhe. Aus dieser Höhe konnten keine Handyanrufe funktionieren. Ziad konnte daher, schon aus diesem Grund, nicht im Flugzeug sitzen. Zwei Tage später wurde Aysel erzählt, die Polizei in den USA wäre auf der Suche nach Ziad. Kurz danach wurde ihr mitgeteilt, Ziad sei tot. Wo und wie starb Ziad? Aysel erfuhr es nicht. Sie wurde von der deutschen Polizei ins Zeugenschutzprogramm aufgenommen und verschwand. Die Umstände lassen vermuten dass Ziad eine Falle erahnt hatte, daher nicht zum Abflug des Fluges UA93 erschien und kurz danach in der Nähe seines Hotels hingerichtet wurde.

8.6 Fazit

Aus der Tatsache, dass keine Beweise über die Teilnahme von 19 fanatischen Muslimen an den Anschlägen des 11. September 2001 vorliegen (vgl. Kapitel 4), folgt, dass die „belastenden" Gegenstände von den Behörden platziert wurden, damit sie von Ermittlern gefunden werden. Die Geheimmarkierung der Taschen von Atta und Alomari, die in Boston „steckengeblieben" sind, bekräftigt diese Schlussfolgerung. Außerdem kann man aus den Listen der gefundenen Gegenstände entnehmen, dass sie sorgfältig ausgewählt worden sind, um die Hauptthesen der 9/11-Legende zu illustrieren: Arabische Namen, Märtyrertum, Islam, Flugunterricht, Bezüge zu Universitäten in Hamburg und Kairo, Messer und Pfefferspray.

9 Wie wurden die Anschläge ermittelt?

Am Morgen des 12. September 2001, als noch niemand das Was, Wo, Wer und Wann der Anschläge überblicken konnte, erklärte der amerikanische Justizminister John Ashcroft in einer Pressekonferenz, die unmittelbare Aufgabe des FBI wäre nicht, die Umstände des Massenmords zu ermitteln, sondern neue Anschläge zu verhindern.[381] Am selben Morgen erklärte allerdings Ari Fleischer, Sprecher des Weißen Hauses, vor Journalisten: „Wir glauben, dass die Täter ihren Plan ausführten, und daher die Risiken erheblich reduziert sind."[382] Beide verblüffende Äußerungen wurden beiläufig ohne Kommentare in einigen Zeitungen erwähnt, aber verschwanden sofort aus der weiteren Berichterstattung.

Während Ari Fleischers Äußerung höchst peinlich war – der Wortlaut dieser Pressekonferenz befindet sich ausnahmsweise nicht auf der Webseite des Weißen Hauses – wiederholte John Ashcroft seine Anordnung vom 12. September. Vier Wochen nach 9/11 berichtete die New York Times, dass John Ashcroft und FBI Direktor Robert S. Mueller ihre MitarbeiterInnen angewiesen hätten, die Ermittlung zu 9/11 nicht weiter zu verfolgen, falls sie irgendeinen Verdacht über eine terroristische Gefahr wahrnehmen sollten: „Dem Ermittlungspersonal soll klar gemacht werden, dass wir jetzt kein Verbrechen aufklären wollen".'[383]

Über die kriminalistische Ermittlung des größten Massenmordes in der Geschichte der USA (9/11 - „PENTTBOM") ist dagegen wenig bekannt. Das FBI hat keinen Bericht über seine Ermittlungen veröffentlicht, und die Webseite des FBI über 9/11 enthält gerade einmal drei DIN A4-Seiten darüber.[393] Auch die Medien zeigten kein Interesse an diesen Ermittlungen. Der einzige Beitrag über PENTTBOM erschien erst im Jahre 2004.[394] Zwar wurden zahlreiche Personen vom FBI vernommen, aber Zusammenfassungen über diese Vernehmungen wurden nur teilweise und unvollständig an die 9/11-Kommission weitergeleitet.[395] Wortprotokolle dieser Vernehmungen wurden nicht erstellt.

9.1 Das Recht auf die Wahrheit und staatliche Verpflichtungen

Durch eine grobe Verletzung der Menschenrechte entstehen staatliche Verpflichtungen auch gegenüber den Opfern, darunter die Pflicht, die wahren Umstände der Verletzung zu ermitteln, und die Täter zu identifizieren und zu bestrafen. Die Massentötungen von 9/11 waren nicht nur ein schweres Verbrechen, sondern gleichzeitig eine grobe Verletzung des Rechts auf Leben von etwa 3 000 Menschen.

1998 erklärte die Interamerikanische Kommission für Menschenrechte (IAKMR), dass eine Bevölkerung das Recht auf die Wahrheit über vergangene grobe Menschenrechtsverletzungen besitzt.[396] Das Interamerikanische Gericht für Menschenrechte hat im Jahr 2001 das Recht der individuellen Opfer von Menschenrechtsverletzungen auf die Wahrheit genauer spezifiziert.[397]

Im Jahr 2005 statuierte die Generalversammlung der UNO die Pflicht der Mitgliedstaaten, Opfern von Menschenrechtsverletzungen „volle und effektive Wiedergutmachung zu gewährleisten, [...] darunter [...] die Ermittlung der Tatbestände und die vollständige, öffentliche Darlegung der Wahrheit".[398] Diese Pflicht gilt insbesondere bei groben Verletzungen der Menschenrechte, auch wenn private und nicht-staatliche Instanzen diese Verletzungen begehen.[399]

Die UN-Menschenrechtskommission hat im Jahre 2006 das Recht der Menschen auf die Wahrheit anerkannt:

> Das Recht auf die Wahrheit über schwere Menschenrechtsverletzungen [...] ist ein unveräußerliches und autonomes Recht. Es hängt zusammen mit der Aufgabe und Pflicht des Staates, die Menschenrechte zu schützen und zu gewährleisten, wirksame Untersuchungen durchzuführen und Abhilfe und Wiedergutmachung zu gewährleisten. Dieses Recht ist mit anderen Rechten eng verbunden, hat sowohl eine individuelle und eine gesellschaftliche Dimension und sollte als unveräußerliches Recht ohne Einschränkungen berücksichtigt werden.[400]

Durch seine Rechtsprechung hat der Europäische Gerichtshof für Menschenrechte festgelegt, was eine „angemessene" Untersuchung von groben Verletzungen des Rechts auf Leben zu leisten habe. Eine „angemessene" Untersuchung muss *zügig* eingeleitet werden und von einer *unabhängigen* Instanz *gründlich*, *unvoreingenommen* und *transparent* durchgeführt werden.[401] In Fällen, in denen ein Staat sich nicht an diese Kriterien hält, kann der europäische Gerichtshof den Staat wegen einer Verletzung des Rechtes auf Leben verurteilen. Solche Urteile sind mehrmals gefällt worden.[402] Obwohl die USA kein regionales oder internationales Gericht für Menschenrechte anerkennt, können die hier erwähnten fünf Kriterien als Maßstab zur Bewertung der Untersuchungen von 9/11 seitens der US-Behörden dienen.

9.2 Das Weiße Haus setzte sich gegen eine parlamentarische Untersuchung der Anschläge durch

In den USA werden üblicherweise nach nationalen Katastrophen öffentliche Untersuchungen eingeleitet. Es vergingen nur fünf Tage nach der Katastrophe der Titanic, elf Tage nach dem Angriff auf

Pearl Harbour und sieben Tage nach der Ermordung von Präsident John F. Kennedy bis zur Einsetzung einer Untersuchungskommission. Nicht so bei dem verheerenden Massenmord des 11. September. Es sollte überhaupt keine öffentliche Untersuchung stattfinden.

Nachdem Vertreter der Hinterbliebenen, teilweise mit Unterstützung der Medien und Kongressmitgliedern, eine öffentliche Untersuchung von 9/11 forderten, konnte Präsident Bush es sich nicht leisten, diese öffentlich zu ignorieren. Er bat Tom Daschle, Mehrheitssprecher des Senats, stattdessen, eine zukünftige Untersuchung der Ereignisse des 11. September zu *begrenzen*. Dieser Antrag wurde in einem privaten Treffen gegenüber führenden Kongressmitgliedern geäußert.[403]

Senator Daschle erklärte gegenüber Journalisten, dass Vizepräsident Dick Cheney sich Sorgen machte, dass eine öffentliche Untersuchung über den 11. September, „finanzielle Mittel und Personal im Kampf gegen den Terrorismus abziehen würde". Aber Daschle fügte hinzu, dass er sich nicht auf eine Begrenzung der Untersuchung eingelassen hätte: „Ich denke, dass das amerikanische Volk ein Recht hat zu wissen, was passiert ist und warum."[404]

Laut den Aussagen verschiedener Journalisten und des Autors Philip Shenon hatte Vizepräsident Dick Cheney Senator Daschle gewarnt, dass eine Untersuchung der Anschläge „eine sehr gefährliche und zeitraubende Ablenkung für jene von uns ist, die sich an der Front der heutigen Gegenwehr befinden".[405]

Sogar während seines Besuches in Berlin äußerte Präsident Bush in Mai 2002 seinen Einwand gegen eine Untersuchung der behördlichen Versäumnisse zu 9/11.[406]

Am ersten Jahrestag des 9/11, beschrieb Jim Dwyer in der *New York Times* den Unterschied zwischen den Reaktionen auf 9/11 und zum Untergang der Titanic:

> Fakten über den Untergang der Titanic fanden Eingang in den öffentlichen Diskurs, nachdem Carpathia an den Chelsea Piers in Manhattan am 18. April 1912

> mit 705 Überlebenden aus dem Nordatlantik andockte. Schon am nächsten Morgen im Waldorf-Astoria informierten die kaum trockenen Zeugen den parlamentarischen Handelsausschuss über den Unfall der Titanic und über maritime Praktiken. Der Ausschuss führte während 18 Tagen Anhörungen durch. [...]. Keine ähnliche Untersuchung im Umfang, Energie oder Transparenz fand statt in Bezug auf die Ereignisse des 11. September [...] Eine Handvoll fokussierter Bewertungen wurden meist im Verborgenen innerhalb Kongressausschüssen oder von privaten Beratern durchgeführt. Ein Jahr später weiß die Öffentlichkeit weniger über die Umstände von 2801 Todesfällen in Manhattan am helllichten Tag [des 9/11], als man im Jahre 1912 innerhalb weniger Wochen über die Titanic wusste, die in der Nacht mitten im Ozean sank.[407]

Patrick Martin von der *World Socialist Web Site* musste sich nicht so diplomatisch wie die *New York Times* ausdrücken. Er schrieb, „trotz der öffentlichen Sympathieerklärungen der Bush-Regierung für die Opfer und ihrer Familien, verweigert sie ihnen ihr Grundrecht: eine gründliche Untersuchung der Ursachen der Angriffe auf das World Trade Center und das Pentagon und die Umstände, unter denen sie stattgefunden haben. [...] Das offizielle Mauern ist die erstaunlichste Tatsache über den 11. September, die weitgehend von den amerikanischen Medien ignoriert wird."[408] Er fügte Unheilvolles ahnend hinzu, dass es für diese Verweigerung „keine harmlose Erklärung gäbe. Die Details der Entführungen sind keine schutzbedürftigen Verschlusssachen. [...]. Bush, Cheney & Co. verhalten sich wie Leute, die etwas zu verbergen haben. Ihre Methoden der Vertuschung und ihr provozierendes Verhalten deuten auf ein schlechtes Gewissen, auf Angst vor der Aufdeckung hin."[409]Es ist bemerkenswert, dass diese Zeilen schon im Jahre 2002 geschrieben wurden, lange vor der Entstehung der 9/11-Wahrheitsbewegung.

9.3 Bemühungen, die Untersuchung zu sabotieren

Als Folge der Bemühungen der Hinterbliebenen des 9/11, darunter der vier Witwen aus New Jersey ("*The Jersey Girls*"), genehmigte der US-Kongress die Errichtung einer öffentlichen Kommission zur Untersuchung der Anschläge. Die Kommission sollte laut Mandat „die Fakten und Ursachen der Anschläge prüfen und dokumentieren" und „eine umfassende und vollständige Übersicht über die Umstände der Anschläge" geben. Präsident Bush genehmigte diese Entscheidung am 27. November 2002, also 441 Tage nach den Anschlägen, aber nicht ohne Vorbehalte. Er fügte hinzu, dass „er sich das Recht vorbehalte, der Kommission Informationen vorzuenthalten, deren Veröffentlichung die Außenbeziehungen der USA, die nationale Sicherheit, die Entscheidungsbefugnisse der Exekutive oder die verfassungsmäßigen Pflichten der Exekutive beeinträchtigen könnten".[410] Hiermit konnte der Präsident beinahe jede Information unter Berufung auf diese Kriterien der Kommission vorenthalten.

Der Präsident behielt auch die Befugnis, die Vorsitzenden und den Geschäftsführer der Kommission selbst zu ernennen. Er gewährte der Kommission 18 Monate Zeit. Für die Untersuchung des größten Massenmordes in der Geschichte der USA (9/11) genehmigte er dem US-Kongress vorerst ganze $3 (drei!) Millionen und nachträglich weitere $12 Millionen.[411] Die Errichtung einer Gedenkstätte für die Opfer des Fluges UA93 am Ort des angeblichen Absturzes sollte $56 Millionen kosten.[412] Die Untersuchung der Sexaffären von Bill Clinton kostete $70 Millionen.[413] Die Untersuchung des Unfalls der Raumfähre Columbia, wobei sechs Personen ums Leben kamen, kostete mehr als $175 Millionen.[414]

Präsident Bush ernannte ursprünglich Henry Kissinger als Vorsitzenden der 9/11-Kommission.[415] Angesichts dieser seltsamen Entscheidung fragte sich die *New York Times* ob „die Wahl von Mr. Kissinger nicht ein cleveres Manöver des Weißes Hauses gewesen war, um die Untersuchung, die es nicht mochte, zu vereiteln".[416] In

Folge des breiten öffentlichen Unmuts trat Kissinger als Vorsitzender der Kommission zurück. Doch nicht sein kontroverser Hintergrund als vermeintlicher Kriegsverbrecher wurde ihm zur Last gelegen, sondern seine Weigerung, seine privaten Geschäftsbeziehungen bekannt zu geben.[417] In einem Treffen mit Lorie Van Auken, eine der berühmten „Jersey Girls", fragte sie Kissinger, ob er „irgendwelche Kunden namens bin Laden" hätte. Kissinger soll fast vom Stuhl gefallen sein, sagte aber kein Wort.[418]

9.4 Insider als Kommissionsmitglieder

Aber auch nach dem Rücktritt von Kissinger war die 9/11-Kommission nicht von gegenseitigen Interessenkonflikten befreit. Es stellte sich heraus, dass mindestens sechs der zehn Mitglieder der Kommission enge Beziehungen zur Flugindustrie hatten.[419]

Noch befangener war der von Präsident Bush ernannte Geschäftsführer der Kommission, Dr. Philip Zelikow, ein enger Mitarbeiter von Condoleezza Rice und Mitglied des Foreign Intelligence Advisory Board des Präsidenten.[420] Das Family Steering Committee (eine Gruppe von Hinterbliebenen der 9/11-Opfer) rief am 20 März 2004 zum „sofortigen Rücktritt" von Dr. Zelikow auf und bat die Kommission, sich „bei den 9/11-Familien und der Nation wegen dieser massiven Ungehörigkeit zu entschuldigen".[421] Philip Shenon, Autor des Buches „The Commission" und Journalist bei der New York Times, schrieb, dass nicht wenige Journalisten in Washington Zelikow als einen „Maulwurf des Weißen Hauses" in der 9/11-Kommission betrachten.[422] Shenon berichtete auch, dass Dr. Zelikow seinen MitarbeiterInnen untersagte, nicht nur nicht mit Journalisten, sondern auch nicht mit Mitgliedern der Kommission ohne seine Genehmigung zu sprechen.[423]

9.5 Vorbestimmte Ergebnisse

Schon die Namensgebung der Kommission, *Nationale Kommission [zur Untersuchung] von terroristischen Anschlägen auf die Vereinigten Staaten*, verpflichtete die Kommission zur Annahme, dass die USA von außerhalb ihrer Grenzen angegriffen wurden. Die Kommission ignorierte daher vollständig die Hypothese eines inländischen Angriffs, obwohl kein sichtbarer Aspekt der Anschläge eine ausländische Dimension hatte.

Nach der Veröffentlichung des Schlussberichts der 9/11-Kommission im Jahre 2004 stellte sich heraus, dass Dr. Philip Zelikow und sein langjährigen Partner, Ernest May, den *detaillierten* Umriss des Schlussberichts schon im Voraus formulierten.[424] Dr. Zelikow soll diesen Umriss beiden Vorsitzenden der Kommission, Thomas Kean und Lee Hamilton, vertraulich gezeigt haben, und diese sollen den Entwurf gebilligt haben.[425]

9.6 Obrigkeitstreue

Am 25. Februar 2004 erklärte Präsident Bush sich zusammen mit seinem Vize, Dick Cheney, bereit, die beiden Vorsitzenden der 9/11-Kommission privat zu treffen. Er wollte nicht mit allen Mitgliedern der Kommission zusammentreffen.[426] Zuerst wollte der Präsident die Begegnung auf eine Stunde beschränken,[427] zog diese Bedingung aber zurück als ihm versprochen wurde, er dürfe mit Dick Cheney gemeinsam erscheinen.[428] Als der Vorsitzende der Kommission, Thomas Kean, in einer Pressekonferenz über dieses seltsame Doppeltreffen gefragt wurde, witzelte er: „Nun, wir glauben dass Herr Bush Herrn Cheney mit einigen Fragen behilflich sein könnte". Der Präsident wollte jedoch nicht den Grund des gemeinsamen Treffens erklären.[429] Er setzte immerhin durch, dass keine Aufzeichnung und kein Protokoll von ihrem Gespräch erstellt wurde, noch dass sie gezwungen würden, unter Eid auszusagen.[430]

Kurz nach der Begegnung traf der Präsident Journalisten im Rosengarten des Weißen Hauses und erklärte ihnen gegenüber: „Es war eine gute Diskussion. [...] Die Mitglieder der Kommission stellten zahlreiche guten Fragen. Ich habe es genossen".[431]

Zahlreiche Zeugen durfte die Kommission nur mit Genehmigung der Regierung befragen. Sie kamen oft in Begleitung von juristischen Aufsehern, die sicherstellen sollten, dass die Zeugen nur „das Richtige sagen".[432]

Die Kommission führte 12 öffentliche Anhörungen durch. Mit den Ereignissen des 11. September 2001 befasste sich die Kommission allerdings nur in ihrer letzten Anhörung, am 16. und 17. Juni 2004, ohne dabei Zeugen oder Opfer zu befragen.

Die erstaunlichste Unterlassung des Schlussberichts der 9/11-Kommission war der Zusammenbruch des WTC-7. Die subtilste Täuschung des Schlussberichts bestand darin, die angeblichen Werkzeuge des Massenmordes (die vier Flugzeuge) nicht durch ihre eindeutigen, beschrifteten Luftfahrkennzeichen („Registration number"), sondern durch Flugnummern zu bezeichnen. Damit wurde die Tatsache vertuscht, dass die Trümmer der angeblich abgestürzten Flugzeuge nicht einem bestimmten Flugzeug zugeordnet werden konnten.[433]

Der Schlussbericht der 9/11-Kommission erschien im Jahr 2004 und wurde von den Leitmedien in den USA wie ein Bestseller vorgestellt. Bis zur Ernüchterung dauerte es aber nicht lange. Im August 2006 schrieb Dan Eggen in der Washington Post: „Der Verdacht [der Täuschung seitens der CIA und des Militärs] saß so tief in den Köpfen der zehnköpfigen Kommission, dass sie in einer geheimen Sitzung eine Strafermittlung seitens des Justizministeriums erwog."[434]

Die Vorsitzenden Thomas Kean und Lee Hamilton versuchten nachträglich, sich als Opfer einer behördlichen Täuschung hinzustellen. Sie behaupteten in einem gemeinsamen Buch, dass die CIA die Arbeit der Kommission behinderte, dass der Kommission Dokumente vorenthalten worden sind, und dass sie von hohen Beamten des Pentagons und der Flugbehörde getäuscht und belogen wurden.[435] Die Autoren gaben zu, dass der Schlussbericht unvollständig und dürftig gewesen war und dass viele Fragen über 9/11 unbeantwortet blieben.[436] Das hatten sie selbstverständlich gewusst, als sie die 9/11-Kommission leiteten, aber zogen es vor, es zu verschweigen. Ihr verspätetes Geständnis war eine grobe Verharmlosung. John Farmer, führender Jurist der Kommission, schrieb in seinem Buch: „Auf irgendeiner Stufe des Regierungsapparates, zu irgendeinem Zeitpunkt [...] wurde die Entscheidung getroffen, nicht die Wahrheit über die Ereignisse [des 9/11] zu veröffentlichen."[437]

David Ray Griffin beschrieb in seinem meisterhaften Buch *The 9/11 Commission Report: Omissions and Distortions*,[438] wie die 9/11-Kommission eine Gegen-Aufklärung durch systematische Unterlassungen und Verzerrungen betrieb. Als Einführung zu seinen Schlussfolgerungen schrieb er:

> Die Aufgabe der 9/11-Kommission – das sollte jetzt völlig klar sein – war es nicht „so gut wie möglich, die Ereignisse um 9/11 aufzuklären," [sondern] stillschweigend zu belegen, dass die US-Regierung an den Anschlägen vom 11. September selbst nicht mitschuldig war. Wie wir [im Buch] aber sahen, konnte die Kommission ihre Argumentation nur durch Verzerrung und durch die Unterschlagung von zahlreichen Fakten aufrechterhalten.[439]

Er stellte dann folgende Frage: „In der Regel verzerren Menschen nicht die Wahrheit ohne erkennbaren Grund.[440] [...] Warum nahmen die Verantwortlichen dieses Schlussberichts an einem solchen Betrug teil, wenn es nicht ihre Absicht gewesen war, ein kolossales Verbrechen zu vertuschen?"[441]

Obwohl der Abschlussbericht der 9/11-Kommission *zur Aufklärung* der Ereignisse untauglich ist, besitzt er einen Nutzen: Er verkörpert eine endgültige und zitierbare Fassung der offiziellen Legende über 9/11.

9.7 Keine Untersuchung der Flugzeugabstürze

Gemäß der US-amerikanischen Gesetzgebung ist die NTSB (National Transportation Security Board) für Ermittlungen von Flugzeugunfällen zuständig. Zwei Jahre vor dem 11. September wurde das Gesetz geändert: Falls der Verdacht entstehen würde, dass ein Flugzeugunfall durch eine Straftat verursacht wurde, sollte nun dem Generalbundesanwalt die Entscheidung überlassen werden, ob die Leitung der Ermittlungen an das FBI übertragen werden sollte.[442] Für diese Gesetzesänderung gab es jedoch keinen besonderen Anlass. Diese neue Arbeitsvorschrift wurde zum ersten Mal bei 11. September 2001 angewendet, als die Leitung der Ermittlungen der angeblichen Flugabstürze an das FBI übertragen wurde.

Im Gegensatz zu der NTSB, deren Verfahren relativ transparent sind, ist das FBI nicht dazu verpflichtet, seine Ermittlungen und Ergebnisse zu veröffentlichen. Wenn das FBI die Ermittlung durchführt, „bleibt alles, auch die kleinsten Details, unter strengem Verschluss," schrieb Jonathan D. Silver in der Pittsburgher *Post-Gazette* in November 2001 und beschrieb damit die extreme Verschwiegenheit der Behörden über die angeblichen vier Flüge des 9/11.[443]

Mary Schiavo, ehemalige Generalinspekteurin des US-Verkehrsministeriums, beklagte die Ausgrenzung der NTSB aus der Ermittlung der mutmaßlichen Flugabstürze des 9/11 in ihrer Aussage vor der 9/11-Kommission. Ihre Aussage ist erwähnenswert:

> Bei jeder anderen Luftfahrtkatastrophe, einschließlich derjenigen, die von Terrorismus, Luftfahrtverbrechen oder Piraterie verursacht sind, prüft die NTSB die Tragödie und erlässt technische, betriebliche und administrative Empfehlungen an die Regierung, an die Fluggesellschaften, Flughäfen und an andere. Die NTSB tut das, um uns zu ermöglichen, Fehler, die die Tragödie verursachten, zu korrigieren. [...] Keine solche Untersuchung fand statt, noch ist eine solche beabsichtigt,

> um die Abstürze des 9/11 zu untersuchen [...] Unsere Regierung hat [damit] die offizielle Botschaft kundgetan, dass sie bereit ist, die Fluggesellschaften und ihre Geschäftsführer von und auf Kosten von verstorbenen Amerikanern, zerbrochenen Familien und einem verwüsteten Luftverkehrssystem zu schützen.[444]

Mary Schiavo war nicht die einzige, die diese Umstände rügte. In Februar 2002 schrieb die *New York Times*:

> Innerhalb von fünf Monaten nach einem Flugzeugunfall veröffentlicht die NTSB in der Regel Tausende von technischen Wörtern und Informationen. Im Fall der vier Flugzeuge, die in den Anschlägen vom 11. September beteiligt waren, hat der Vorstand [der NSTB] nichts gesagt und wird auch wahrscheinlich nichts sagen, weil die Zuständigkeit über die Ermittlung dem FBI übergeben wurde.[445]

Im Kapitel 2 wurde dokumentiert, dass das FBI die Trümmer der angeblich abgestürzten Flugzeuge nicht identifizierte. Durch die Berichte der NTSB wurde bekannt, dass die Seriennummern der drei unversehrten Flugschreiber des 9/11 ausnahmsweise auch nicht festgestellt worden sind und daher keinem bestimmten Luftfahrzeug zugeordnet werden konnten*. Aidan Monaghan, ein US-Amerikaner, der sich mit diesem Sachverhalt befasste, versuchte die Seriennummer dieser Flugschreiber auf Grund des Informationsfreiheitsgesetzes (FOIA) zu erhalten. Die NTSB verweigerte ihm die Herausgabe der Seriennummer der Flugschreiber. Laut seinen Recherchen entdeckte er nur ein Beispiel eines Flugzeugabsturzes aus dem Jahre 1991, bei dem die Seriennummer der Flugschreiber nicht veröffentlicht wurde.[446]

---

* Der Flugdatenschreiber des Fluges AA 77 (FDR) soll offiziellen Quellen zufolge beim Pentagon gefunden worden sein. Der zugehörige Stimmenrekorder (CVR) sei so stark beschädigt gewesen, dass die Daten nicht wiederherzustellen waren. Es wird auch offiziell behauptet,

man habe beide Flugschreiber des Fluges UA 93 am angeblichen Absturzort in Pennsylvania gefunden.

9.8 Eine unvollständige und oberflächliche Schadensuntersuchung des Pentagons

Ein Team von freiwilligen Mitgliedern der American Society of Civil Engineers (ASCE) wurde am Nachmittag des 11. September 2001 zusammengestellt, um die baustrukturelle Leistung des geschädigten Pentagon zu untersuchen. Es wurde nicht erklärt, wie es zu einer so schnellen Zusammenstellung des Teams kam. Die Studie des Teams wurde im Januar 2003 unter dem Titel „The Pentagon Building Performance Report" veröffentlicht.[447]

Das erklärte Ziel der ASCE-Studie war, „die Leistung der Struktur beim Absturz [des Flugzeugs] und beim anschließenden Feuer, zum Nutzen des Baugewerbes und der Öffentlichkeit" zu untersuchen.[448]

Paul F. Mlakar leitete das sechsköpfige Kernteam.[449] Im Team nahmen auch Mete Sozen und Gene Corley teil. Alle drei waren auch an der Untersuchung des Bombenanschlags auf das Murrah Federal Building in Oklahoma City am 19. April 1995 beteiligt.[450] Sind Bauingenieure besonders geeignet, um terroristische Anschläge zu untersuchen? Oder war das Pentagon, wie das Murrah Federal Building, auch durch eine Bombe und nicht durch einen Flugzeugabsturz beschädigt worden? Das ist jedenfalls die Vermutung von Frau April Gallop, die im Pentagon eine Sprengung am Morgen des 9/11 überlebte und kein Zeichen eines abgestürzten Flugzeugs sah.[451] Diese überlebende Augenzeugin wurde von Mlakars Team und von der 9/11-Kommission ignoriert.

Paul Mlakar erhielt „begrenzten Zugang" zur Pentagon-Stelle zwischen dem 14. und 21. September 2001.[452] Am 4. Oktober 2001 durfte sein gesamtes Team innerhalb von vier Stunden „das Innere und Äußere des beschädigten Bereich des Pentagon" besuchen. Zu diesem Zeitpunkt waren schon „alle Trümmer entfernt worden".[453] Das Gros ihrer Analyse beruhte auf Fotos, die sie vom Pentagon erhielten.

Das Team gestand, dass die „Menge an Informationen über den Flugzeugabsturz in das Pentagon am 11. September eher begrenzt ist“[454], zögerte aber nicht zu behaupten, dass „eine Boeing 757-200, die ursprünglich im Jahre 1991 geliefert wurde“ in das Pentagon mit 64 Personen stürzte.[455]

Der Bericht enthält auch fünf Standbilder einer Pentagon-Überwachungskamera, die ein fliegendes Objekt zeigen sollten.[456] Mit besten Willen ist es unmöglich, auf diesen (folgenden) Abbildungen (Nr. 13-17) ein Flugzeug zu erkennen. Auch das Datum und Uhrzeit zeugen von einer Manipulation.

Auf Grund seiner vorgefassten Annahmen schließt das ASCE-Team alternative Erklärungen für den strukturellen Schaden am Pentagon aus, wie z. B. die Explosion einer Bombe, von der einige MitarbeiterInnen des Pentagon damals berichteten.

9.9 Fazit

Im vorliegenden Abschnitt wurde dargelegt, dass die US-Behörden die Ereignisse von 9/11 nicht untersuchen wollten; dass sie sich bemühten, teilweise mit Erfolg, bestimmte Untersuchungen gänzlich zu verhindern; und dass die Untersuchungen, die sie nicht verhindern konnten, weder unabhängig, objektiv, gründlich noch transparent durchgeführt wurden. Eine sachgemäße Untersuchung des Massenmordes vom 11. September 2001 war und bleibt von den Machthabern der Vereinigten Staaten weiterhin unerwünscht. Die US-Behörden haben damit das Recht der Hinterbliebenen auf die Wahrheit in gröbster Weise verletzt.

Wenn die politische Klasse eines Staates die Wahrheit über einen Massenmord im eigenen Land zu vertuschen versucht, ist die Bevölkerung berechtigt, angemessene Schlüsse für ihre eigene Sicherheit aus diesem Verhalten zu ziehen.

10
So wurde Schweigen erkauft!

Während Staaten nach ihren verdeckten Operationen Mitwissende niedrigen Ranges gelegentlich liquidieren, genügt oft die Bestechung durch Geld oder einer Förderung, um Menschen davon abzuhalten, peinliche Fragen zu stellen. Das hat im Fall von 9/11 gut funktioniert. Nur sehr wenige der Rezipienten der Bestechung – die Familien der Opfer – haben sich für die Aufklärung des Massenmordes eingesetzt, obwohl normalerweise Familien von Mordopfern das größte Interesse an der Aufklärung zeigen.

Um die rund 3000 Familien der 9/11-Opfer zu veranlassen, nichts wissen zu wollen, bestach sie die US-Regierung und spielte mit ihren Gefühlen der Ohnmacht und der Eitelkeit. Im Folgenden wird u.a. aus einem Bericht zitiert, der von einem unglaublichen Zynismus seitens der US-amerikanischen Machthaber gegenüber den Familien der Opfer geprägt ist.

10.1 Massive Bestechung

Nur elf Tage nach 9/11 verabschiedete der US-Kongress ein Gesetz zur Entschädigung für die Luftfahrtindustrie, das durch die Errichtung eines Entschädigungsfonds für die Hinterbliebenen von 9/11 verziert wurde.[457] Um eine staatliche Entschädigung zu erhalten, mussten Antragssteller allerdings auf ihr Recht verzichten, jemals eine Schadenersatzklage gegen Dritte wegen der Anschläge zu erheben.[458] Damit sollte verhindert werden, dass durch die Offenlegungspflicht der Gerichte die Umstände des Todes ihrer Geliebten aufgeklärt würden.[459]

Diejenigen, die diese Bedingungen nicht annehmen wollten, konnten nach dem neuen Gesetz nur im US-Bezirksgericht des südlichen Bezirkes von New York eine Schadenersatzklage erheben,[460] wo sie es mit Richter Alvin K. Hellerstein zu tun bekamen. Mehr über ihn später.

US-Justizminister John Ashcroft ernannte Kenneth R. Feinberg als Hauptverwalter ("Special Master") des 9/11-Entschädigungsfonds. Feinberg hatte im Jahr 1984 der US-Regierung gedient, um eine armselige $180 Millionen-Abfindung an 80.000 Veteranen zu verteilen – im Durchschnitt $2250 pro Person –, die durch das Herbizid Agent Orange im Vietnam-Krieg geschädigt worden sind.[461] Feinberg, dessen Ehefrau im Vorstand der zionistischen Jewish Agency for Israel sitzt (Stand 2012), wurde im Jahre 2005 von der israelischen Regierung beauftragt, Richtlinien zur Entschädigung der jüdischen Siedler, die aus dem Gazastreifen entfernt worden sind, zu entwerfen. Sie bekamen im Durchschnitt $1 (eine) Million als Entschädigung.[462]

Unter Feinbergs Verwaltung erhielten die 9/11-Hinterbliebenen, die auf ihr Klagerecht verzichtet hatten, im Durchschnitt $2,1 Millionen steuerfrei.[463] Dieser Betrag überschritt das Zehnfache der durchschnittlichen staatlichen Entschädigung für Opfer von früheren Terroranschlägen oder für Familien von Polizeibeamten, Feuerwehrleuten oder Soldaten, die im Einsatz gestorben sind.[464] Als die Errichtung des Fonds angekündigt war, erklärte Kenneth Feinberg, dass der „Entschädigungsfonds ein beispielloser Ausdruck des Mitgefühls seitens des amerikanischen Volkes für die Opfer von 9/11 und ihre Familien" sei.[465] Feinberg wiederholte die gleiche Erklärung in einem *CNN-Interview* zwei Tage später: „Das ist ein beispielloses, einzigartiges Programm und veranschaulicht, denke ich, das Beste im amerikanischen Volk."[466] Zwar war das Programm beispiellos und einzigartig, veranschaulichte aber kaum das „Beste im amerikanischen Volk", denn es war sehr ungerecht gegenüber Opfern anderer Katastrophen, Terroranschlägen oder Todesfällen während eines Militäreinsatzes.[467]

Feinberg empfand wahrscheinlich, dass seine vorgegebene Großzügigkeit „im Namen des Volkes" nicht überzeugend wirkte. Er fügte daher folgende Bemerkungen hinzu:

> [Das Entschädigungsprogramm] muss nicht aus der Perspektive des Opfers betrachtet werden, sondern vielmehr aus der der Nation, [nämlich] eine einheitliche Antwort der Gemeinschaft auf eine einzigartige und beispiellose historische Tragödie. Die Terroranschläge des 11. September und deren Auswirkungen auf die kollektive Psyche der Vereinigten Staaten forderten eine nationale Antwort auf die Tragödie. Ein Teil dieser Antwort war die Schaffung eines öffentlichen Entschädigungsfonds, der nicht nur eine finanzielle Entlastung für die Opfer bereitstellt, sondern auch eine gemeinsame nationale Trauer, Grauen, Abscheu auf die terroristischen Gräueltaten ausdrückt. Der Entschädigungsfonds ist nicht vergleichbar, weil die Reaktion auf die Anschläge so allgemein und tiefgreifend gewesen war. Während die Tragödie von Oklahoma City (1995) oder anderer Terroranschläge in keiner Weise verharmlost werden, stellt die Tragödie des 11. September ein einzigartiges historisches Ereignis dar, vergleichbar in seiner Art dem amerikanischen Bürgerkrieg, Pearl Harbor und der Ermordung von Präsident Kennedy. In diesem Zusammenhang betrachtet, stellt der Fonds eine legitime Antwort der Nation dar. Kritiker des Fonds irren sich, wenn sie sich auf die restriktive Definition der Opfer und auf die unfaire Natur dieser Lösung konzentrieren. Es sind nicht die Opfer, die den Fonds rechtfertigen, sondern die Reaktion des ganzen Volkes auf die Tragödie.[468]

Die wenigen, die Feinbergs Erklärung im hinteren Teil des Schlussberichts seines Amtes lasen, müssen gestutzt haben. Eine weitaus profanere Erklärung für die Großzügigkeit der US-Regierung ist, dass Empfänger einer großzügigen Entschädigung sehr wahrscheinlich die Motive ihres Wohltäters nicht hinterfragen, geschweige denn mit „Verschwörungstheorien" kokettieren würden. Eine weitere Besonderheit des Fonds war, dass die Höhe der Entschädigung „nach den Umständen des einzelnen Antragstellers zugeschnitten wurden". Im Klartext bedeutete dies: reiche Antragsteller bekamen eine höhere Entschädigung als einfache Angestellte. Mit unverhohlener Klassenlogik erklärte Feinberg sein Konzept:

> Der gleiche Betrag, wie hoch er sein mag, hätte eine ganz andere Auswirkung auf die Familie eines Börsenmaklers oder Bankers als auf die Familie eines Kellners, Polizisten oder Mitgliedes des Militärs.[469]

Das Ergebnis dieses Konzepts steht auf Seite 97 des Schlussberichts des Fonds. Während 77 Antragsteller, deren jährliche Einnahmen $1.000.000 überstiegen, im Durchschnitt $5.9 Millionen als Entschädigung erhielten, bekamen jene, deren jährliches Einkommen unter $100.000 lag, eine durchschnittliche Entschädigung von $1.4 Millionen. So entstand in der Tat ein Drei-Klassen-System, wobei sogar die untere Schicht der Entschädigten etwa zehnfach mehr erhielt als die wahren Helden des 9/11, die ihr Leben im Einsatz verloren.

Fonds-Verwalter Kenneth Feinberg erklärte auch, warum die Struktur und der Umfang des Entschädigungsfonds kein Präzedenzfall sein dürfte:

> Einige haben die Errichtung eines künftigen Ausgleichsfonds vorgeschlagen, der im Fall eines ausländischen Terrorangriffs durch eine Zertifizierung des Außenministers aktiviert werden könnte [um Opfern zu entschädigen]. Obwohl der Kongress und die Regierung die Struktur eines zukünftigen Entschädigungsprogramms prüfen und diskutieren und die Alternativen abwägen können, ist der Erlass eines solches Fonds zum gegenwärtigen Zeitpunkt unwahrscheinlich. Und

> es wäre auch nicht klug, dies zu tun [...] außer im Fall von tiefgreifenden Bedingungen, die unmittelbar nach den Anschlägen vom 11. September vorhanden waren. Zu erwarten, dass es außerhalb eines solchen Kontextes geschieht, wäre wahrscheinlich unangemessen. [...] Ich hoffe, dass die Ereignisse des 11. September ein einmaliges historisches Ereignis bleiben und sich nie wiederholen werden. Und es gibt keinen Bedarf, den Entschädigungsfonds des 11. September als Präzedenzfall für die Einrichtung eines ähnlichen Programms zu zitieren.[470]

Tim Harper vom *Toronto Star* war einer der ganz wenigen Journalisten, die Verständnis für die Hinterbliebenen zeigte, die sich weigerten, vom Fonds eine Entschädigung zu beantragen. Er schrieb:

> Für manche gilt es als Blutgeld, eine abstoßende Auszahlung. Sie fühlen, sie hätten keine andere Wahl, als zu akzeptieren [...] Aber 73 Familien[471] sehen den Entschädigungsprozess der US-Regierung in erster Linie als einen Versuch, jene zu schützen, die die Verantwortung für einen Massenmord tragen.[472]

Harper zitierte Monica Gabrielle, die ihren Mann Richard in den Zwillingstürmen verloren hatte:

> Ich tue dies für meinen Mann. [...] Ich will Rechenschaft. Ich brauche Antworten. [...] Um Bundesgeld zu erhalten, müssen die Empfänger auf ihr Recht verzichten, Beteiligte an den schlimmsten Terroranschlägen in der Geschichte der USA zu verklagen. [...] Hier geht es um einen Massenmord. Ich möchte wissen, wer verantwortlich war. Niemand wurde gefeuert. Niemand wurde herabgesetzt. Die gleichen Leute, die uns heute bewachen, waren dabei an jenem Tag.[473]

10.2 Ausbeutung der Ohnmacht

Sechsundneunzig Familien von 9/11-Opfern weigerten sich, Anträge an den Entschädigungsfonds zu stellen.[474] Sie wollten wissen, wer verantwortlich für 9/11 war und warum niemand wegen Fahrlässigkeit oder schlimmer degradiert wurde. Vor Gericht hatten sie es mit Richter Alvin K. Hellerstein zu tun, der alles tat, um ihren Vorstoß zur Aufklärung der Umstände des 9/11 zu vereiteln. Seine Strategie war von Anfang an, diese Familien dazu zu bewegen, den Gerichtsweg aufzugeben und sich mit einer Pauschalzahlung abzufinden. Er berief sich auf das Recht der Regierung und der Fluglinien, Informationen zu verheimlichen und legte dieses Recht extensiv zugunsten der Beschuldigten aus.[475]

Normalerweise wird in einem Zivilprozess zuerst die Haftung (Verantwortung) einer Partei festgestellt und erst danach Kosten und Entschädigungsbeträge bestimmt. Richter Hellerstein entschied sich dafür, diese tradierte Regel umzukehren in der Hoffnung, dass die Kläger einen außergerichtlichen Vergleich akzeptieren würden, sobald sie ahnen, wie viel Geld sie am Ende nach einem ordentlichen Gerichtsverfahren erwarten könnten.[476]

Hellerstein erklärte schamlos, dass ein großzügigeres finanzielles Angebot den Kläger überzeugen würde, seinen Wunsch nach der Wahrheit zu vergessen: „Geld ist das universelle Schmiermittel", sagte er und erkannte allerdings, dass sein Kommentar „krass“ gewesen war. Er fügte jedoch hinzu: „Irgendwie müssen wir den 11. September 2001 hinter uns lassen, als Land und als Einzelne.“ Einige der Familien äußerten zwar ihr Unverständnis über diese Äußerungen des Vorsitzenden Richters, aber änderten damit nicht seinen Vorsatz.[477]

Richter Hellerstein ernannte Rechtsanwältin Sheila L. Birnbaum als „Vermittlerin“. Ihre Rolle war es, die außergerichtliche finanzielle Abwicklung zwischen den Fluggesellschaften und den Familien herbeizuführen. Sie schrieb, das eines der Hindernisse für eine solche Abwicklung wäre, das viele der Hinterbliebenen „nicht die

Gelegenheit hatten, die Geschichte ihres Verlustes zu erzählen und ihre Gefühle vor einem Vertreter des Gerichts auszudrücken", und sie hofften „von den Fluggesellschaften persönlich Beileidserklärungen gegenüber den Familien zu erhalten". Daher organisierte sie „Therapiesitzungen", in denen die Hinterbliebenen die Gelegenheit bekamen, einen ehrlichen Ausdruck des Beileids „von ihr und von Vertretern der Fluggesellschaften und Sicherheitsunternehmen" zu hören, „sowohl auf offizieller als auch auf persönlicher Ebene".[478] Die Familien erhielten damit eine Gelegenheit, „Dampf abzulassen", Tränen zu vergießen und waren dann bereit, über Geld zu diskutieren. Auf diese Weise hat ein US-Gericht die Hinterbliebenen von 9/11 manipuliert, um die Aufklärung des Massenmordes zu verhindern.

Die Regierung drängte den Richter, eine Befragung von fünf FBI-Mitarbeitern durch Anwälte der Fluggesellschaften zu untersagen, denn damit könnten „schwere Schäden für die nationale Sicherheit" verursacht werden. „Der beschriebene Schaden ist nicht hypothetisch und [kann] nicht leichtfertig abgetan werden", erläuterte Staatsanwalt Michael Garcia. Die Anwälte der Ankläger haben sich mit dieser Erklärung abgefunden. So soll z. B. Familienanwalt Donald Migliori die Entscheidung der Regierung verteidigt haben, indem er sagte, das Verfahren beschränke sich auf „eine und nur eine Sache – [nämlich] die Sicherheitspannen in drei der größten Flughäfen dieses Landes" am Morgen des 9/11.[479]

Die 92 Hinterbliebenen, die die angebotene Lösung akzeptierten, traten nun in ein Abkommen mit den Fluggesellschaften und Sicherheitsunternehmen ein und erhielten insgesamt rund $500 Millionen, im Durchschnitt mehr als $5 Millionen. Sie mussten allerdings eine Geheimhaltungsvereinbarung über ihre Abkommen unterschreiben.[480] Soweit mir bekannt ist, hat keine dieser Familien danach die offizielle Darstellung der Ereignisse von 9/11 in Frage gestellt. Der Stand im Jahre 2012: Nur eine Person, Ellen Mariani, Witwe von Louis Neil Mariani, versuchte weiter, ihren juristischen Kampf für die Aufklärung fortzusetzen.[481]

10.3 Auf Eitelkeit setzend

Die Auszahlung von hohen Entschädigungen war nicht die einzige Methode, um das Schweigen der Familien zu sichern. Einige ausgewählte Familien wurden von der US-Regierung als nationale Symbole systematisch vorgeführt.

Wenn Menschen gefeiert, geehrt und verwöhnt werden, sind sie naturgemäß ihren Wohltätern dankbar. Diesen psychologischen Grundsatz wandte die US-Regierung gegenüber bestimmten Familien von 9/11-Opfern mit großem Erfolg an.

Robert Weisberg (Schwiegervater von Lou Nacke, Flug UA93)

Dreizehn Tage nach 9/11 lud Präsident Bush die Familien der Opfer von Flug UA93 ins Weiße Haus ein. Er und seine Frau verbrachten einige Minuten alleine mit jeder Familie. Robert Weisberg, Lou Nackes Schwiegervater, sagte nach dem Treffen: „[Der Präsident] umarmte mich und schüttelte mir die Hände. Er war sehr gerührt." Mehr als 100 Mitarbeiter des Weißen Hauses reihten sich entlang des Ganges auf und bedankten sich bei den Familien für ihr Leben. Damit meinten sie, dass durch den mutmaßlichen Aufstand der Passagiere des Fluges UA93 gegen die Entführer, die mutigen und verstorbenen Passagiere den weiteren Flug bis nach Washington, D.C. verhindert hatten.[482] Ob dieser Aufstand der Passagiere tatsächlich stattfand oder bloß eine erfundene Legende war, sei dahingestellt.

Alice Hoaglan (Mutter von Mark Bingham, Flug UA93)

Mark Binghams Mutter, Alice Hoaglan, wurde mehrfach von führenden US-Medien interviewt. Was sie dem *San Francisco Examiner* am 10. Jahrestag des 9/11 sagte, veranschaulicht die Wirkung des Vorgehens der Regierung auf die 9/11-Familien:

> „Ich bin Amerika für die Erinnerung an die Opfer der Jungs an Bord des Fluges 93 so dankbar. Es bedeutet

sehr viel für mich, und ich bin so dankbar, dass Mark als Held und als Homosexueller, der Schulter an Schulter mit einer Handvoll anderer Leute - Heteros - gestanden ist und kämpfend gestorben ist, um Menschen am Boden zu retten". Sie betonte, wie das Verhalten ihres Sohnes sie veranlasste, sich „für den Leistungssport und Rugby für Schulkinder" einzusetzen und rief die Öffentlichkeit auf, sich an „den Mut und Geist der Einheit, der sich am September 11 entfaltete", zu erinnern.[483]

Lisa Beamer (Ehefrau von Todd Beamer, Flug UA93)

Lisa Beamer, gleichfalls ins Weiße Haus eingeladen, genoss eine „Standing Ovation" des Kongresses, nachdem George W. Bush ihren Mann in seiner Ansprache an die Nation erwähnte.[484] Zu einem späteren Zeitpunkt wurde Lisa Beamer fotografiert, als sie an der Seite eines F-16-Kampfjets ein Abziehbild der Aufrufes „Let's Roll" enthüllte. „Let's Roll" soll die Kampfansage gewesen sein, die ihr Mann im mutmaßlichen Aufstand gegen die „Flugentführer" innerhalb des Flugs UA93 gerufen haben soll.

Lisa Beamer schilderte ihre emotionale Betroffenheit wegen der großen Verehrung, die sie genoss, in ihrem Buch *Let's Roll*.[485] Es mag zwar verlockend sein, sich über Lisas Eitelkeit zu amüsieren, sie war aber viel eher ein Opfer von übergeordneten Kräften, die ihre menschliche Schwäche ausbeuteten, um einen nationalen Mythos zu errichten. Ihr Buch dokumentiert zielstrebige Bemühungen der Regierung, den Hinterbliebenen von Flug UA93 ein mitreißendes Gefühl der Zugehörigkeit zu einem nationalen Helden zu verleihen und sie als Symbole des US-Patriotismus und der Entschlossenheit im Kampf gegen dem Terror politisch auszuschlachten.

Deena Burnett (Ehefrau von Thomas Burnett, Flug UA93)

Deena Burnett schrieb auch ein Buch, in dem sie ihre Erregung über das Treffen mit dem Präsidenten und seiner Frau schilderte: „Ich schüttelte [Präsident Bush und seiner Frau] die Hand. Sie platzierten ihre jeweils freie Hand auf meine, und der Präsident küsste mich auf die Wange".[486] Später erhielt sie ein von Präsident Bush unterzeichnetes Zertifikat, das normalerweise nur Hinterbliebene von Soldaten erhalten, die im Einsatz ihr Leben verloren haben. In ihm stand, dass die Urkunde „von einer dankbaren Nation in Anerkennung der hingebungsvollen und selbstlosen Hingabe [von Thomas Burnett] am Dienst unseres Landes in den Streitkräften der Vereinigten Staaten" verliehen worden sei.[487] Thomas Burnett wurde am 26 Mai 2002 mit militärischen Ehren beigesetzt.[488] Starb Thomas Burnett in einer *militärischen* Operation am Morgen des 9/11? Nahm Flug UA93 teil an einer gescheiterten Militärübung?

11
War Osama bin Laden an 9/11 beteiligt?

Der Name Osama bin Laden wurde von Kommentatoren der Medien innerhalb von Minuten nach dem sogenannten zweiten Flugzeugabsturz als der Hauptverdächtige genannt. Nur wenige Journalisten merkten, dass Präsident George W. Bush, Vizepräsident Dick Cheney und Verteidigungsminister Donald Rumsfeld bin Laden nur unverbindlich – und ohne Nachdruck – als einen Verdächtigen erwähnten. Schon nach wenigen Wochen kam ihnen bin Ladens Name nicht mehr über ihre Lippen.

Laut *CNN* vom 21. September 2001 „bestritt Bin Laden irgendwelche Beziehungen zu den Anschlägen gehabt zu haben, und Sprecher der Taliban bestätigten immer wieder, dass bin Laden nicht in der Lage gewesen wäre, an den Anschlägen beteiligt zu sein".[489]

Die Urdu-sprachige Zeitung *Ummat* (Karachi, Pakistan) vom 28. September 2001 veröffentlichte ein Interview mit Osama bin Laden, das in einer von FBIS (eine Komponente der CIA) veröffentlichen Gesamtausgabe der Erklärungen und Interviews von bin Laden erschien. In diesem Interview wiederholte Osama bin Laden, er hätte mit den Anschlägen des 9/11 nichts zu tun. Das Interview ist im Anhang C ausgiebig zitiert, weil es sich erstaunlicherweise als sachlich, frei von theologischem Wortschwall und durch eine überraschende Klarheit über den US-Imperialismus auszeichnet.

Wenn der zitierte Text tatsächlich von Osama bin Laden stammt, müssten wir feststellen, dass er nicht nur mit Nachdruck seine Teilnahme an den Anschlägen vom 9/11 bestritt, sondern diese auch eindeutig auf der Basis islamischer Grundsätze verurteilte. Seine Einschätzung, dass 9/11 durch Feinde des Islams, u. a. Kreise in den USA, die einen neuen Feind brauchten, ausgeführt wurde, wurde erst viel später von westlichen Intellektuellen übernommen. Die oben zitierte Aussage steht im Widerspruch zur *fatwa* von 1998, die Osama bin Laden und anderen Persönlichkeiten zugeschrieben wird, in welcher Muslime aufgefordert werden, Amerikaner (und Juden) willkürlich umzubringen.[490]

Als Präsident George W. Bush an das amerikanische Volk am 7. Oktober 2001 die Initiierung der Bombenangriffe auf Afghanistan ankündigte, erwähnte er weder eine Beziehung des Landes, der Taliban oder Osama bin Ladens zu 9/11. Die nur ein Monat zurückliegenden Anschläge wurden mit keinem Wort in seiner Rede erwähnt.[491]

In einer Pressekonferenz am 13. März 2002, also sechs Monate nach dem 9/11, fragte ein Journalist den Präsidenten, warum er in seinen jüngsten Reden selten oder nie Osama bin Laden erwähne. Hier folgt seine Antwort:

> Tief in meinem Herzen weiß ich, dass der Mann auf der Flucht ist, wenn er überhaupt noch lebt. Wer weiß, ob er sich in irgendeiner Höhle versteckt oder nicht; wir haben von ihm schon lange nichts gehört. Und die Vorstellung sich auf eine einzige Person [im Krieg gegen den Terror - E.D.] zu fokussieren, zeigt mir, dass Leute nicht den Umfang der Aufgabe verstehen. Terrorismus ist größer als eine Person. Und er ist einfach -- er ist eine Person, die jetzt eine Randfigur geworden ist. [...] Also ich weiß nicht, wo er ist. Wissen Sie, Kelly, um ehrlich zu sein, verwende ich nicht viel Zeit auf ihn.[492]

Am 5. Juni 2006 kam es allerdings zu einem Durchbruch im Fall Osama bin Laden. Ein US-Journalist namens Ed Haas entdeckte, dass das FBI in seinem Steckbrief über Osama bin Laden (auf der

Webseite der Behörde immer noch ersichtlich) seine Beziehung zu 9/11 mit keinem Wort erwähnt. Haas rief daher beim FBI an und bat um eine Erklärung für diesen merkwürdigen Sachverhalt. Rex Tomb, Sprecher des FBI, antwortete ohne Umschweife: „Die Ereignisse von 9/11 sind nicht in dem Steckbrief von Osama bin Laden erwähnt, weil das FBI keine stichhaltigen Beweise über seine Beziehung zu den Anschlägen besitzt."[493] Man sollte sich diese Antwort auf der Zunge zergehen lassen. Normalerweise hätte diese Antwort für weltweite Schlagzeilen in den Medien sorgen müssen: „Osama bin Laden ist nicht wegen 9/11 beschuldigt!" Nicht in diesem Fall. Das Eingeständnis des FBI wurde von den Leitmedien unterschlagen. Seine Terroristenlegende wurde weiter von den Medien bis zu seiner mutmaßlichen Hinrichtung am 2. Mai 2011 aufrechterhalten.

Die Antwort des FBI auf die Anfrage von Ed Haas bedeutete erstens, dass die Behörde die zahlreichen Ton- und Videoaufzeichnungen von bin Ladens angeblichen Geständnissen nicht ernst nahm,[494] und zweitens, dass das FBI auch Befunde des Hamburger Oberlandesgerichtes als unerheblich betrachtete: Das OLG Hamburg hatte doch in seinem Urteil gegen Mounir el Motassadeq behauptet, Osama bin Laden hätte Mohammed Atta, Ziad Jarrah und Marwan Alshehhi für die Anschläge des 9/11 ausgewählt.[495]

Als das Gespenst von Osama bin Laden bald nach dem 9/11 verblasste, verlagerten die US- Behörden die Schuld für 9/11 auf Khaled Scheich Mohammed (auch als KSM bezeichnet). Er soll im Jahr 2003 in Pakistan festgenommen und eine Zeitlang in geheim gehaltenen Gefängnissen der CIA versteckt und gefoltert worden sein. Später wurde der Mann angeblich nach Guantánamo verfrachtet. Kein Journalist, Menschenrechtler oder ziviler Richter durfte seit seiner mutmaßlichen Festnahme mit ihm sprechen.[496] Die tatsächliche Identität des Häftlings steht somit nicht eindeutig fest. Er soll gestanden haben, die Anschläge des 9/11 geplant zu haben. Laut seinem vom Pentagon verbreiteten „Geständnis", soll er mehr als 30 Terroranschläge eigenhändig geplant haben, darunter einen Versuch, den Papst zu ermorden und die Plaza Bank im US-Staat Washington zu zerstören, die zur Zeit seiner Festnahme noch nicht existierte![497]

Laut Angaben des Senders *CNN* studierte der wahre KSM zwei Jahre an der North Carolina Agricultural and Technical State University in Greensboro und erwarb ein Ingenieurdiplom in Maschinenbau.[498] Der wahre KSM sollte daher ziemlich gut die englische Sprache beherrschen. Doch die Transkription seines mutmaßlichen Geständnisses zeugt von jemanden, der kaum einen richtigen Satz in English schreiben kann.[499] Wer hat eigentlich dieses Geständnis geschrieben?

Laut *Bolivar Commercial*, einer Lokalzeitung in der Nähe von Cleveland, soll KSM sein Geständnis vor einem Militärgremium im Jahr 2006 gemacht haben. Ein Mitglied des Gremiums, Marinekommandeur Alphonso Mortimer Doss, wurde später ermordet.[500] Wusste er zu viel?

Nach Angaben der CIA gelang es ihren Beamten nach 9/11, „mit ausländischen Geheimdiensten mehr als 2900 al-Qa'ida Geheimagenten und Mitarbeiter in über 90 Ländern festzunehmen."[501] Trotzdem wurde bis 2008 kein einziger „al Qa'ida Geheimagent" oder sonst ein Verdächtigter irgendwo als Beteiligter am Verbrechen von 9/11 verurteilt.

Osama bin Laden wurde nicht wegen 9/11 beschuldigt, geschweige denn angeklagt. Der wahre bzw. falsche KSM wurde vor kein Gericht wegen seiner mutmaßlichen Teilnahme an 9/11 gestellt. Trotz der Verhaftung und Internierung von tausenden Muslimen im so genannten Krieg gegen den Terror, wurde keiner von ihnen bis heute wegen der Anstiftung, Planung, Finanzierung, Leitung oder Ausführung des Massenmordes 9/11 zur Rechenschaft gezogen.

Teil I - Zusammenfassung

Leser, die es bis hier geschafft haben, sind möglicherweise von der Fülle der Fakten überwältigt. Es gilt nun, die wichtigsten Befunde zusammenzufassen.

Vorerst muss festgestellt werden, dass die offizielle Darstellung der Anschläge vom 11. September 2001 schon im Ansatz eine absurde Legende war, an die sich merkwürdigerweise immer noch Tausende von gut ausgebildeten Personen klammern. Eine Parodie dieser Legende – die auf der offiziellen Darstellung beruht – wurde anonym ins Internet gestellt. Im Folgenden eine leicht geänderte Fassung dieser Parodie:

> *Unter der Regie eines bärtigen Typen von einer Höhle in Afghanistan aus, haben 19 trinkfeste strenggläubige Moslems sich den erotischen Schoßtänzen von Stripperinnen hingegeben, bevor sie ihre Mission starteten, um Allah zu begegnen.*
>
> *Mit nichts als Teppichmessern bewaffnet, konnten sie das Kabinenpersonal, die Passagiere und die Piloten von vier Passagierflugzeugen überwältigen, ohne dass die Passagiere es bemerkten. Ihnen gelang es auch, die Flugzeuge unsichtbar zu machen: Das weltweit höchstentwickelte Flugabwehrsystem konnte sie nicht orten.*
>
> *Trotz der im Auto am Flughafen von Boston vergessenen Anleitung „WIE FLIEGE ICH EIN PASSAGIERFLUGZEUG“, gelang es ihnen, in Nullkommanix die Steuerung der Flugzeuge zu beherrschen. Die Terroristen flogen zielgenau in zwei Türme, wodurch DREI komplett einstürzten.*
>
> *Die Welt schaute zu, wie stahlbewerte Gebäude unter der eigenen Last in nahezu Freifallgeschwindigkeit symmet-*

risch einstürzten, denn die Gesetze der Physik wurden für diesen und nur für diesen Tag aufgehoben.

Trotz der niederträchtigen Gerissenheit und hervorragenden Planung verrieten die Terroristen ihre Identität, indem sie explosionssichere Pässe benutzten, die während Stahl und Beton pulverisiert wurden, unbeschadet zu Boden fielen, wo sie – schnell zu entdecken – auf einem Schutthaufen lagen.

Indes in Washington

Hani Hanjour, der zuvor bei der Flugprüfung mit einer einmotorigen Cessna durchgefallen war, war von den Erfolgen des Tages so hingerissen, dass er plötzlich unglaubliche Fähigkeiten zur Steuerung eines großen Verkehrsflugzeugs entwickelte. Anstatt gerade runter in das große Dach des Pentagon zu stürzen, nahm er sich vor, ein wenig mit seinen Flugkünsten anzugeben. Er vollzog eine unfassbare steile 270 Grad Abwärtsspirale, um dann knapp über der Erde die niedrige Fassade des Pentagon zu treffen, ohne die gepflegte Rasenfläche zu ruinieren und mit einer Geschwindigkeit, die so hoch war, dass sie nicht per Video aufgezeichnet werden konnte.

Am Himmel über Pennsylvania

Nach dem heroischem Versuch, die Kontrolle über „Flug 93" zu bekommen, stürzt das Flugzeug auf einem Feld in Pennsylvania ab, ohne eine Spur der Turbinen, des Flugzeugrumpfs oder der Insassen zu hinterlassen, außer eines typischen muslimischen Terroristen-Stirnbands in … roter Farbe.

In diesem Teil des Buches wurde nicht nur die Legende der 19 islamistischen Flugzeugentführer entkräftet, sondern gezeigt, dass auch andere Informationen über 9/11 unwahr sind, darunter die Legende, dass vier Passagierflugzeuge abgestürzt sind und dass Flugzeuge gekapert wurden. Dargestellt wurden die Weigerung der US-Regierung, die Umstände des Massenmordes aufzuklären, ihre Bemühungen, Hinterbliebene durch Bestechung zum Schweigen zu bringen und ihre Duldung der Zerstörung von belastenden Beweismitteln.

Diese Feststellungen erzeugen bei manchen Personen zuerst eine heftige Reaktion der Empörung gegenüber der Dreistigkeit dieser Botschaft. Wenn der Überbringer der Botschaft doch als rational argumentierende Person wahrgenommen wird, ändert sich die Empörung in Fassungslosigkeit. Kann es wirklich so sein, wie der Autor es darstellt oder hat er sich vielleicht geirrt? Auch wenn der verblüffte Leser widerwillig die dargelegten Fakten akzeptiert, kann es oft mehrere Monate dauern, bis er oder sie die ganze Tragweite dieser Feststellungen begreift.

Folgendes kann zumindest aus den bisherigen Darstellungen eindeutig festgehalten werden:

- Die Anschläge des 9/11 waren ein Massenmord und gleichzeitig eine massive Verletzung eines fundamentalen Menschenrechts, nämlich das Recht auf Leben.
- Die US-Behörden haben niemanden wegen der Anstiftung, Planung, Finanzierung, Leitung oder Ausführung des Massenmordes zur Rechenschaft gezogen.
- Die US-Behörden haben sich bemüht, die Aufklärung der Anschläge des 9/11 zu unterbinden.
- Die Familien der Hinterbliebenen wurden von der US-Regierung dazu gedrängt, ungewöhnlich hohe finanzielle Entschädigungen entgegenzunehmen.
- Wichtige kriminalistische Beweise, darunter die meisten Stahlbalken der Zwillingstürme und des WTC Nr. 7, wurden entsorgt, bevor sie untersucht werden konnten. Niemand ist dafür zur Rechenschaft gezogen worden.

- Die US-Behörden haben nicht nachgewiesen, dass Passagierflugzeuge am 11. September abgestürzt sind.
- Die US-Behörden haben nicht nachgewiesen, dass Islamisten die Anschläge des 9/11 ausgeführt hatten noch ausführen konnten.
- Mehr als 100 Feuerwehrleute und Nothelfer berichteten von Explosionen vor und während des Zusammenbruchs der Zwillingstürme in New York.
- Von mehr als 1.100 Personen, die sich im World Trade Center am Morgen des 9/11 befanden, wurde bis heute nicht die geringste Spur gefunden. Die US-Behörden haben keine Erklärung für dieses schillernde Phänomen gegeben.
- Die Anschläge des 9/11 wurden ausgeführt, während die US Luftwaffe Flugzeugentführungen simulierte.

Die Ereignisse des 9/11 wurden dem NATO-Rat am 2. Oktober 2001 als eine Kriegshandlung gegen die USA präsentiert. Die Mitglieder des Rates, Vertreter aller NATO-Staaten, akzeptierten einstimmig die mündliche US-amerikanische Erklärung, ohne Beweise zu fordern und riefen zum ersten Mal in der Geschichte den Bündnisfall des NATO-Vertrags aus. Als die US-Regierung gegenüber dem UN-Sicherheitsrat ihren Angriff gegen Afghanistan schriftlich ankündigte, legte sie keine Beweise für irgendeine Beziehung zwischen Afghanistan und den Anschlägen des 9/11 vor. Der Sicherheitsrat seinerseits unterließ es, Beweise einer solchen Beziehung zu fordern. In einem vertraulichen – später aber veröffentlichten – Vermerk des US-amerikanischen Außenministeriums an alle US-Botschaften vom 1. Oktober 2001 wurden diese ausdrücklich angewiesen, dass die USA sich nicht verpflichtet sahen, Beweise für die Rechtfertigung ihres Angriffskrieges zu veröffentlichen. Die Tatsache alleine, dass die Behörden der USA bis heute keine Beweise für ihre Anschuldigungen zu 9/11 lieferten, lässt kaum eine andere Schlussfolgerung als eine vollständige Entkräftung der offiziellen Legende über diese Ereignisse zu, und fördert daher den dringenden Verdacht, dass die Anschläge im Auftrag der US-Regierung begangen worden sind.

Die Behauptung, dass 9/11 eine staatliche Operation gewesen war, soll fortan nicht als bloße Vermutung oder unverbindlicher Verdacht stehenbleiben, sondern als eine praktische Annahme, die bis zum Beweis des Gegenteils, und als Grundlage für weitere Erklärungen, Untersuchungen, Forderungen und Maßnahmen gelten soll. Als politische Befehlshaber der Operation kommen in erster Linie Vizepräsident Dick Cheney und Verteidigungsminister Donald Rumsfeld in Betracht, wobei es fraglich ist, ob Präsident George W. Bush in die Verschwörung eingeweiht wurde. Für die operativen Aspekte der Anschläge, darunter ihre Vorbereitung, Ausführung und Vertuschung, stehen in erster Linie das US-amerikanische Verteidigungsministerium (Pentagon), die CIA und das FBI unter Verdacht.

Dass führende Mitglieder der US-Regierung Täuschungs- und Mordoperationen gegen ihre eigene Bevölkerung in Betracht ziehen, lässt sich durch den Plan der Operation Northwoods bestätigen. Operation Northwoods war ein US-amerikanischer Geheimplan, der 1962 vom Generalstab des Verteidigungsministeriums verfasst und am 13. März 1962 Präsident John F. Kennedy vorgelegt wurde. Dieser Plan sah vor, die verdeckte Kriegsführung der USA gegenüber Kuba weiter auszubauen. Durch inszenierte Terroranschläge gegen den zivilen Luft- und Schifffahrtsverkehr innerhalb der USA, für die man im Nachhinein Fidel Castro verantwortlich machen wollte, sollte ein Vorwand zur Invasion Kubas geschaffen werden. Operation Northwoods wurde nicht umgesetzt, weil Präsident Kennedy seine Zustimmung verweigerte. Unterzeichnet war der Plan von allen Mitgliedern der Vereinigten Stabschefs, Lyman L. Lemnitzer, dem Vorsitzenden und späteren Oberkommandeur der NATO in Europa, sowie von Brigadegeneral William H. Craig. Nach über dreißigjähriger Geheimhaltung kam der Geheimplan 1997/98 durch den Freedom of Information Act an die Öffentlichkeit.

TEIL II

MODERNER TERRORISMUS – FIKTION UND REALITÄT

12 Drei Haupttypen des Terrorismus

Ursprünglich bezeichnete der Begriff „Terror" Maßnahmen des Staates gegen seine eigene Bevölkerung. Der Begriff entstand in Bezug auf das „régime de la terreur" in Frankreich nach der Revolution von 1789. Heute wird der Begriff anders verstanden. Aus heutiger Sicht kann man zwischen drei Haupttypen des Terrorismus unterscheiden:

- Offener Staatsterrorismus,
- Authentischer Terrorismus,
- Verdeckter Staatsterrorismus.

12.1 Offener Staatsterrorismus

Die Unterdrückung der eigenen Bevölkerung, wie z. B. im Dritten Reich, kann als *offener* Staatsterrorismus bezeichnet werden. Eine ganze Palette von Institutionen des Reiches und der NSDAP wurden damit beauftragt, die Bevölkerung einzuschüchtern und jegliche Opposition mit massiver Brutalität zu vernichten.

Angriffskriege sind potenzierter Staatsterrorismus. Der Abwurf der Atombombe auf Hiroshima war ebenso ein terroristischer Akt wie die Einäscherung Dresdens. Instanzen, die Angriffskriege anzetteln, müssen daher als terroristische Vereinigungen bezeichnet werden.

Erwähnt werden soll, dass die Bundesregierung bislang keine präzise Definition von „Terrorismus“ vorgelegt hat. Es gibt auch keinen internationalen Konsens über diesen Begriff. Eine der Haupthürden ist der Widerstand der Staaten gegen die Erweiterung des Begriffs auf Staatsterrorismus, z. B. auf Kriegshandlungen, die die Elemente des Straftatbestands Terrorismus beinhalten (Angriffe auf Zivilisten zur Erreichung von politischen Zwecke). Laut Bundesregierung hängt es davon ab, wer Zivilisten für politische Zwecke tötet, ob die Tat als Terrorismus bezeichnet und bestraft wird: Politische Morde im Auftrag des Staates sind aus der Sicht des Staates kein Terrorismus sondern notwendige Maßnahmen zum Wohl des Volkes.[502]

12.2 Authentischer Terrorismus

Im Unterschied zur militärischen Gewalt werden terroristische Anschläge nicht begangen, um ein Territorium zu erobern oder ein Staatsgebilde zu zerstören. Ihr Zweck besteht darin, eine Botschaft zu senden oder einer Einstellung Nachdruck zu verleihen. Terrorismus wird daher weitgehend von Experten als eine psychologische Operation verstanden, deren Zweck es ist, durch eine Gräueltat die öffentliche Aufmerksamkeit auf einen bestimmten Sachverhalt zu lenken. Dies gilt für alle Arten des Terrorismus.

Authentischer Terrorismus offenbart sich durch drei entscheidende Merkmale:

(1) Die Gewalttat wird durch konkrete und plausible (oder sinnvolle oder realistische) politische Forderungen begleitet, die entweder von den Tätern oder ihrer Organisation explizit geäußert oder von früheren politischen Forderungen der selben Organisation abgeleitet werden.

(2) Die Gewalttat wird von einer real-existierenden Organisation beansprucht, die ein bekanntes politisches Programm verfolgt, von zugänglichen Personen geführt wird und sich um eine politische Anerkennung bemüht.

(3) Die Gewalttat wird von einem politischen, zivilgesellschaftlichen Kampf begleitet. Authentische Terroristen werden daher oft von ihrem gesellschaftlichen Umfeld als Freiheitskämpfer, Helden oder Märtyrer verehrt bzw. respektiert.

Klassische Beispiele von authentischem Terrorismus sind Anschläge, die palästinensische Gruppen in Israel ausführen, um ihrer Forderung nach Abzug der israelischen Besatzungstruppen Nachdruck zu verleihen. Obwohl diese Anschläge sogar von vielen Palästinensern verurteilt werden, genießen die politischen Forderungen der Palästinenser seitens der Weltgemeinschaft weitgehende Unterstützung. Die Authentizität einer terroristischen Handlung hängt nicht von der Legitimität der Ziele ab, um welche die Täter sich bemühen.

Wenn eine terroristische Operation die drei angeführten Merkmale nicht aufzeigt, entsteht ein Anfangsverdacht, dass sie im Auftrag eines Staates begangen wurde, um sie einem Gegner anzulasten.

12.3 Verdeckter Staatsterrorismus

Verdeckter Staatsterrorismus (auch als "Terror unter falscher Flagge" bekannt) bezieht sich auf Anschläge, die als authentisch erscheinen sollen, aber die von Streitkräften, Geheimdiensten oder Polizeikräften eines Staates (oder mehreren Staaten) insgeheim inszeniert werden, um sie mutmaßlichen Gegnern zuzuordnen. Der Zweck solcher Operationen ist Abscheu gegen die Beschuldigten und ihre mutmaßlichen Auftraggeber zu erzeugen, um damit spezifische politische Maßnahmen zu legitimieren (Angriffskrieg, Beschränkung der Menschenrechte, Einschränkung der Freiheit usw.). Verdeckter Staatsterrorismus ist der Praxis der psychologischen Kriegsführung zuzuordnen. Oberleutnant Steven Collins, Leiter der SHAPE-Abteilung für Operationsführung (NATO), deutet auf solche Methoden in einem Beitrag auf der Webseite der NATO hin:

> In dem Maße wie die NATO ihre militärische Struktur umgestaltet und neue Aufgaben übernimmt, die über die

> traditionellen Bereiche hinausgehen, werden [...] Fähigkeiten für [psychologische] Operationen des Bündnisses immer wichtiger werden. „Perception Management“ umfasst alle Maßnahmen, die zur Beeinflussung der Ansichten und Überlegungen der Öffentlichkeit anderer Staaten eingesetzt werden, und bestehen aus „Public Diplomacy“, Operationen im Rahmen der Psychologischen Verteidigung (PSV), öffentlicher Information, Täuschungsmaßnahmen und verdeckten Operationen.[503]

Das *Phänomen* des verdeckten Staatsterrorismus ist zumindest seit 1990 von europäischen Staaten implizit eingeräumt worden. In seinem Beschluss vom 22. November 1990 hat das Europäische Parlament darauf hingewiesen, „dass militärische Geheimdienste (oder von den Diensten nicht kontrollierte Geheimdienstzweige) in bestimmten Mitgliedsländern mit schwerwiegenden Terrorakten und Verbrechen in Verbindung gebracht werden, wie in mehreren gerichtlichen Ermittlungen erwiesen werden konnte“, und protestierte „entschieden dagegen, dass sich bestimmte amerikanische Militärkreise des SHAPE und der NATO das Recht angemaßt haben, in Europa eine geheime Infrastruktur zur Übermittlung von Nachrichten und Durchführung von Aktionen zu schaffen“. Das Europäische Parlament forderte u. a. „die Mitgliedstaaten auf, die erforderlichen Maßnahmen zu ergreifen, gegebenenfalls im Rahmen eines parlamentarischen Untersuchungsausschusses, um eine komplette Bestandsaufnahme der auf diesem Gebiet tätigen Organisationen zu erstellen, gleichzeitig ihre Verbindung zu den jeweiligen Geheimdiensten und zu den terroristischen Aktionsgruppen und/oder ihre Affinität mit anderen illegalen Praktiken zu überprüfen“.[504] Der Beschluss des Europäischen Parlaments war eine Folgeaktion zu den explosiven Enthüllungen, die Italiens Ministerpräsident Giulio Andreotti über diese geheimen Tätigkeiten im italienischen Parlament am 3. August 1990 machte (*Operation Gladio*).[505] Die zahlreichen Terroranschläge, darunter der verheerende Bombenanschlag auf dem Bahnhof von Bologna im Jahre

1980 (85 Tote), wurden Kommunisten angelastet, um damit die Regierungsbeteiligung der Kommunistischen Partei Italiens zu verhindern. Verdeckter Staatsterrorismus gehört zu den Herrschaftswerkzeugen, über welche die Machthaber nicht gerne sprechen. Sämtliche deutsche Regierungen seit 1990 haben sich geweigert, die Bestände ihrer Archive über diese Praktiken zu öffnen. Die Parteien des Bundestags haben daran kein Interesse gezeigt.

Wer glaubt, Fälle des eingeräumten Staatsterrorismus beschränkten sich nur auf *Operation Gladio*, sollte eines Besseren belehrt werden. Blogger „washington" stellte auf seiner Blogseite am 1. Februar 2015 eine Liste von 41 verdeckten staatlichen Terroraktionen vor.[506] Die große Mehrzahl solcher Aktionen sind selbstverständlich von den Täterstaaten nicht zugegeben worden.

Verdeckter Staatsterrorismus erscheint in allerlei Formen. Bei Typus A handelt es sich um Anschläge, die von polizeilichen oder militärischen Spezialkräften im eigenen Land ausgeführt werden. Die Anschläge des 11. September 2001 sind ein Musterbeispiel dieses Typus. Bei Typus B handelt es sich um Anschläge, die von manipulierten „Terroristen" – häufig vorbestraften Kriminellen – als Gegenleistung für versprochene Vergünstigungen (z. B. reduzierte Strafen) ausgeführt werden. Ihnen wird von staatlicher Seite geholfen, die Tat auszuführen. Eine Variante davon ist die Programmierung der Täter (mit Hilfe von Drogen und/oder Hypnose) zur Ausführung der Tat. Während oder nach der Tat werden sie dann üblicherweise liquidiert. Die Anschläge in Paris vom November 2015 (Bataclan) und in Nizza (2016) scheinen diesem Typus zu entsprechen. Beim dritten Typus handelt es sich um Anschläge, die von einem Geheimdienst in einem fremden Land ausgeführt werden, z. B. um die Beziehungen zwischen Drittstaaten zu schädigen. Die israelische Geheimoperation Susannah in Ägypten im Jahre 1954 (auch als Lawon-Affäre bekannt) gehört diesem Typus an.[507] In der Praxis trifft man häufig auf Mischformen und Varianten dieser Idealtypen, die keinem der genannten Typen ganz genau entsprechen.

Der verdeckte Staatsterrorismus beruht auf der Hegelschen dialektischen Herrschaftsmethode. Sie besteht aus drei Phasen: Herrscher verursachen ein *Problem,* um eine *Reaktion* hervorzurufen, zu der sie dann eine *Lösung* anbieten.[508] Das Ziel dieses verschlagenen Prozesses ist, die erwünschte Lösung (Maßnahme) zu legitimieren. Diese Herrschaftsmethode beruht ihrerseits auf der Tatsache, dass zufriedene Menschen sich am schwersten manipulieren und beherrschen lassen. Politiker können zufriedene Menschen für Kriege am besten durch die Erzeugung von Angst bewegen. Damit werden die Menschen veranlasst, sich hinter den Staat, die Nation oder die Partei, zu stellen und gegebenenfalls sogar ihr Leben zu opfern. Wirtschaftskonzerne tun dasselbe durch die Erzeugung von Unzufriedenheit der Menschen mit dem, was sie besitzen und tun. Die Verschlechterung des Bahnverkehrs (Herstellung eines Problems) erzeugt allgemeine Unzufriedenheit und das Verlangen nach einer Lösung (Reaktion), das durch den Verkauf von Pkws erfüllt werden kann (Lösung). Ähnliches geschieht in anderen Bereichen wie z. B. des Konsums, wobei dieser Prozess am leichtesten zu bewerkstelligen ist, wo große Konzerne den Markt dominieren und daher in der Lage sind, unbemerkt eine komplexe und hinterhältige Manipulation der Öffentlichkeit auszuführen.

Die wichtigste Voraussetzung für den Einsatz der Hegelschen Dialektik als Machtinstrument ist die überwältige Macht der Manipulatoren im Verhältnis zu ihren Opfern.

Die Gestaltung und Durchführung von Terrorschauspielen, die gelegentlich Menschenopfer verlangen, aber öfter mit dem Freiheitsentzug einiger Ganoven auskommen, ist ohne Zweifel ein fester Bestand der demokratischen Herrschaft, ein Werkzeug zur Einstimmung der Bevölkerung auf eine tatkräftige Außenpolitik und eine Innenpolitik, die mit Argumenten der „nationalen Sicherheit“ begründet werden.

12.4 Kriterien zur Unterscheidung zwischen authentischen und verdeckten Staats terrorismus

Folgende zehn Kriterien – in Frageform – gestatten eine vorläufige, grobe, Einschätzung, ob ein Ereignis, das von Medien *als Terrorismus* bezeichnet wird, authentisch oder staatlich erzeugt wurde. Diesen Kriterien folgen ergänzende Kommentare.

Tabelle 1: Kriterien zur Unterscheidung zwischen authentischen und verdeckten Staatsterrorismus

(Bitte umkreise die entsprechenden Zahlen)	ja - vielleicht - nein
1. Gab es eine glaubwürdige Bekennermeldung zur Tat? Wurden plausible Forderungen gestellt?	0 - 5 - 10
2(a). Sind die mutmaßlichen Täter tot? oder 2(b). Wenn die mutmaßlichen Täter vor ein Gericht gestellt wurden, erfüllte das Verfahren menschenrechtliche Standards und bestanden die Beschuldigten auf der Legitimität ihrer Angriffe?	10 - 5 - 0 oder 0 - 5 - 10
3. Gibt es einen begründeten Verdacht, dass die Behörden belastende Beweise platziert, gefälscht oder produziert hatten?	10 - 5 - 0
4. Wurden die mutmaßlichen Täter von ihrem gesellschaftlichen Umfeld nachweislich als Helden oder Märtyrer gefeiert?	0 - 5 - 10
5. Haben die Behörden die mutmaßlichen Täter schon vor den Anschlägen gekannt?	10 - 5 - 0
6. Wurde eine öffentliche, gründliche und sachliche Untersuchung der Anschläge angekündigt bzw. durchgeführt?	0 - 5 - 10
7. Gibt es Indizien zur Verdunkelung (Verschleierung) der Fakten? (Täuschung der öffentlichen Meinung, Unterdrückung von Beweise, Verbot von Zeugenaussagen, widersprüchliche Zeitangaben, usw.)	10 - 5 - 0

8. Gibt es Indizien für ein Vorherwissen der Behörden bzw. zur Verschmelzung der Anschläge mit einer Sicherheitsübung?	**10 - 5 - 0**
9: Zogen die Behörden des betroffenen Staates einen absehbaren politischen Nutzen von den terroristischen Anschlägen? (*cui bono*)	**10 - 5 - 0**
10. Gibt es zusätzliche, einschlägige Indizien für eine staatlich inszenierte Operation?	**10 - 5 - 0**
Summiere die umkreisten Zahlen:	

Bei der Summe 30-50 war eine staatliche Terroroperation denkbar.

Bei 51-70 war eine staatliche Terroroperation wahrscheinlich.

Bei 71-90 war eine staatliche Terroroperation sehr wahrscheinlich.

Bei 91-100 kann man von einer staatlichen Operation ausgehen, es sei denn, dass das Gegenteil eindeutig nachgewiesen wurde.

Kommentare zu einzelnen Fragen

Zu (1) Eine *glaubwürdige Bekennermeldung* wird hier als jene bezeichnet, deren mutmaßlicher Autor befragt werden kann, um die Meldung zu bestätigen. Eine *plausible Forderung* wird hier als jene bezeichnet, die – auch wenn umstritten – weder den gesunden Menschenverstand noch moralische Grundsätze verletzt.

Warum spielt das Fehlen einer erkennbaren Forderung eine so große Rolle bei der Einordnung einer Terroroperation? Der Grund liegt darin, dass Terrorismus, wie jede Handlung, einen Zweck erfüllen muss. Der Zweck von echten terroristischen Anschlägen ist es, den Gegner zu bestimmten Handlungen oder Auslassungen zu zwingen. Bei echten Anschlägen brauchen die Anstifter nicht immer ihre Forderungen erneut zu äußern. Die angegriffene Bevölkerung weiß aus der Vergangenheit, was gefordert wird. Israelis wissen bis zum letzten Mann, dass die Palästinenser für ein Ende der Besatzung kämpfen. Das fordern die seit fast 50 Jahren. Die Briten wussten ganz genau, dass die IRA Terroranschläge ausübt, um die britische Herrschaft in Nordirland zu beseitigen. In Spanien bezweifelt niemand, dass ETA für die Autonomie des Baskenlands kämpft. Wenn eine Bombe aber ohne Bekennermeldung und Forderung irgendwo explodiert, sterben Menschen, wird die Tat von der Bevölkerung wie eine Naturkatastrophe rezipiert. Bombenleger können damit nichts erreichen, außer vorübergehende Empörung zu erzeugen, die aber ins Leere läuft. Bei verdeckten Staatsoperationen, wird ein Absender durch gefälschte Bekennermeldungen vorgetäuscht. Bei solchen Operationen sind üblicherweise die Forderungen – wenn sie überhaupt erwähnt werden – entweder absurd, verschwommen oder unbeständig. Wo ein Terroranschlag nicht durch eine legitime oder zumindest beständige Forderung und eine nachprüfbare Bekennermeldung begleitet wird, handelt es sich wahrscheinlich um eine Operation unter falscher Flagge.

Bekennervideos des mutmaßlichen Täters werden oft von Behörden und Medien als Beleg der Echtheit des Anschlags vorgelegt. Alle Elemente eines Bekennervideos können aber heute synthetisch im Studio hergestellt werden, darunter das Gesicht, Bewegungen des Körpers, der Glieder, der Lippen, der Augen, Gegenstände, gesprochene Texte, Umgebung. Der durchschnittliche Zuschauer kann solche Fälschungen nur schwer erkennen. Die heutige Technologie der Bild- und Tonmanipulation ist Meilen entfernt von den Bin Laden Videos der 1990er Jahren, die jedes Kind als gefälscht erkennen konnte. Damit ist nicht bewiesen, dass jedes Bekennervideo gefälscht ist. Es bedeutet aber, dass mit Fälschungen gerechnet werden muss, insbesondere wenn die Herkunft des Videos nicht feststellbar ist. Und das ist bereits die Regel. Die Scheu der Journalisten die Herkunft von Bekennervideos zu verraten, spricht Bände.

Zu (2a) Damit diese Frage bejaht werden kann, muss zuerst festgestellt werden, dass die mutmaßlichen Täter noch am Leben sind.

Gerhard Wisnewski beschreibt treffend die „Nützlichkeit" von toten Attentätern:

> Tote sind bekanntlich die besten Beschuldigten, da es in diesem Fall weder einen Anwalt oder gerichtliche Beweise noch einen Schuldspruch braucht. Wie bei den vielen früheren 'Amokläufen', bei denen die Täter regelmäßig Selbstbord begingen, findet die Verurteilung durch Polizei und Medien statt – und zwar außergerichtlich. So lässt sich einem Verdächtigen die Schuld an Attentaten anlasten.[509]

In den meisten bzw. allen Fällen des Todes eines mutmaßlichen Attentäters bleiben die Umstände des Todes ungeklärt. Nehmen wir zum Beispiel Mohammed Atta, einen der mutmaßlichen Todespiloten des 11. September 2001. Für seine Teilnahme an den Anschlägen gibt es nicht den geringsten Beweis (siehe Kapitel 4), aber seit Mai 2000 ist er verschwunden. Wurde er ermordet? Wo, wann, von wem? In anderen Fällen (Boston-Marathon, Charlie-Hebdo, Kopenhagen, Toulouse, Bataclan, Brüssel, München, Ansbach, Nizza, Würzburg) wird der Öffentlichkeit erzählt, der oder die mutmaßlichen Attentäter hätten sich selbst umgebracht oder wären während einer „Schießerei" mit der Polizei gestorben. Verlässliche Zeugen der Todesumstände gibt es nicht, und die Behörden bemühen sich nicht, die Todesumstände zu klären. In Indien werden polizeiliche Hinrichtungen von Verdächtigen ironisch als „Begegnungen" ("Encounters") bezeichnet.[510] Wenn Behörden einen Anschlag tatsächlich aufklären wollten, würden sie sich bemühen, den Verdächtigen lebendig zu fassen und vor Gericht zu stellen.

Einige Bemerkungen zu Selbstmordattentaten

Wenn man von einem Selbstmordattentat hört oder liest, stellt man sich sofort einen Menschen vor, der sich aus Überzeugung umbringt. Daher empfinden wir solche Attentate als „authentisch", aber gleichzeitig als unheimlich und abgründig in ihrer Radikalität. Merkwürdigerweise können wir uns mit der Vorstellung dieses extremen Verhalten abfinden, nicht aber mit der Vorstellung, dass Sicherheitsdienste möglicherweise solche Ereignisse inszenieren.

Selbstmordattentate sind aber relativ leicht zu inszenieren.[511] Ein bekanntes Beispiel aus dem Irak: Der „Attentäter" wird damit beauftragt, mit einem Wagen nach X zu fahren. Am Zielort wird die von ihm nicht bemerkte Ladung ferngezündet. Er stirbt. Die Medien berichten von einem Selbstmordattentat. Zweites Beispiel: Man versteckt bei einer großen Menschenansammlung einen Sprengkörper, der ferngezündet wird. Ein drittes Beispiel beschreibt Paul Joseph Watson in einer fiktiven, aber durchaus plausiblen Darstellung der Londoner Anschläge von 2005.[512] Wenn keine Zeugen dabei sind, kann die Polizei eine Person erschießen und sie dann durch eine Bombe zerfetzen lassen, um einen Selbstmord vorzutäuschen. Kreative Geister können sich noch weitere Szenarien ausdenken.

Da der Anschein eines Selbstmordattentats die höchste Stufe der Authentizität darstellt, ist die Inszenierung von solchen Attentaten für die Erzeugung des Schreckens vor „islamistischem Terror" die effektivste Propagandamethode.[513] Ob ein Selbstmordattentat *authentisch* war, kann nur durch eine gründliche und von der Polizei unabhängige Ermittlung der Todesumstände festgestellt werden. Solche unabhängigen Ermittlungen werden selten bzw. nie unternommen.

Zu (2b) Damit diese Frage bejaht werden kann, muss festgestellt werden, dass es sich um ein offenes Gerichtsverfahren handelt, das Menschenrechtsnormen einhält; die Beschuldigten eine Gelegenheit erhalten, sich zu ihren Taten zu äußern; die Beschuldigten die Legitimität ihrer Angriffe bekräftigt haben. Echte Terroristen bestreiten selten (oder nie) ihre Tat sondern versuchen sie zu erklären.

Zur Bewertung von solchen Äußerungen sollten folgenden Fragen geklärt werden:

Gibt es Gründe zu der Annahme, dass die Verdächtigen zu ihrer Aussage erpresst wurden?

Haben sie ihre Erklärungen als Gegenleistung für eine reduzierte Strafe abgegeben?

Wurde ein Wortprotokoll ihrer Aussagen veröffentlicht?

Wurde die schriftliche Urteilsbegründung veröffentlicht?

Zu (3) Damit diese Frage bejaht werden kann, müssen nachweisliche und eindeutige Indizien vorliegen, dass belastende Beweise erfunden, fabriziert oder an Orten platziert wurden, an denen sich der mutmaßliche Täter befunden hat.

Zu (4) Damit diese Frage bejaht werden kann, muss festgestellt werden, dass die mutmaßlichen Täter als Helden oder Märtyrer von ihrem *gesellschaftlichen Umfeld* gefeiert worden sind. Von Zeit zur Zeit wird in den Medien behauptet, anonyme Blogger hätten die Täter eines Anschlages auf Internetforen zelebriert. Da die Urheberschaft solcher Meldungen nicht nachprüfbar ist, können sie nicht als Beweise für die Ehrung gelten.

Zu (5) Damit diese Frage bejaht werden kann, muss festgestellt werden, dass staatliche Behörden die mutmaßlichen Täter schon vor den Anschlägen gekannt haben. In solchen Fällen entsteht der Verdacht, dass die Behörden die Anschlägen bewusst duldeten, förderten oder dass die überwachten Personen als Sündenböcke ausgewählt wurden, um sie der Öffentlichkeit als die Täter zu präsentieren.

Allerdings muss Folgendes berücksichtigt werden: Eine übliche Methode zur Befestigung der Terroristenlegende ist die nachträgliche Verbreitung der Legende, dass der Polizei oder den Geheimdiensten die angeblichen Täter schon längere Zeit bekannt waren, aber dass sie leider die Vorbereitung der Anschläge nicht frühzeitig erkannt hatten. Solche Selbstbezichtigungen, üblicherweise als „Enthüllungen“ präsentiert, stammen selbstverständlich aus denselben Kreisen, die angeblich schlampig agierten. Ihr Wahrheitsgehalt kann selten nachgewiesen werden.

Ein gutes Beispiel für diese Methode ist eine verblüffend erscheinende Meldung in der französischen Tageszeitung *Le Monde* vom 6. Januar 2016. Ihr zufolge soll ein „Dschihadist" Ermittlern der französischen Staatssicherheit (DGSI) drei Monate vor den Pariser Anschlägen auf das Konzert im Bataclan erzählt haben, er hätte bei seiner Ausreise aus Syrien den Auftrag erhalten, einen Anschlag in Paris auszuführen. Er soll den Ermittlern gesagt haben, er wäre beauftragt worden, ein „leichtes Angriffsziel zu wählen, wie z. B. eine Konzertveranstaltung, auf der sich viele Menschen befinden".[514] Diese für die Ermittler eigentlich peinliche Meldung in *Le Monde* konnte nur aus ihren eigenen Kreisen stammen. Sie beinhaltete zwei Botschaften: (a) die Sicherheitsbehörden seien Trottel; und (b) die Anschläge wären im Auftrag des Islamischen Staats begangen worden. Mit der ersten Botschaft können sie gut leben.

Die Verbreitung von solchen Nachrichten hat zwei Vorteile: Zum einen erhärten sie in subtiler Weise die Legende der Täterschaft, zum anderen erzeugen sie den Eindruck, dass die „Dienste" mehr Ausbildung und Ressourcen benötigen, um ihre Arbeit noch besser erledigen zu können. In den seltenen Fällen, in denen eine Untersuchung über mutmaßliche Fehlleistungen der „Dienste" stattfindet, wird üblicherweise niemand zur Rechenschaft gezogen: Die Fehlleistungen werden ungenügender Zusammenarbeit der verschiedenen Dienste, Personalmangel oder Missverständnissen aller Art zugeschrieben, für die niemand eigentlich verantwortlich ist. Die Inszenierung solcher Scheinuntersuchungen gehört zur allgemeinen Praxis bei der Vertuschung von staatlichen Verbrechen.[515]

Zu (6) Damit diese Frage bejaht werden kann, muss zuerst festgestellt werden, dass

- die Ergebnisse der Ermittlung bzw. der Untersuchung in einem Bericht vorliegen;
- der Bericht der Öffentlichkeit zugänglich ist;
- die Ermittlung bzw. Untersuchung die Kriterien der Unvor-

eingenommenheit, der Unabhängigkeit von Ermittlern, der Gründlichkeit und der Öffentlichkeit (oder Transparenz) erfüllt haben. Diese Kriterien werden regelmäßig vom Europäischen Gerichtshof für Menschenrechte zur Bewertung von staatlichen Ermittlungen angewendet.[516]

Wenn eine Ermittlung diese vier Kriterien nicht erfüllt, liegt die Vermutung nahe, dass der Staat sich davor scheut, die Straftat aufzuklären. Keine mir bekannte Gesellschaft ermächtigt die Polizei, die Schuld eines Verdächtigen zu bestimmen. Nur Strafgerichte sind befugt, einen Schuldspruch auszusprechen. Und das nur nach einem ordnungsgemäßen Verfahren, in dem die Rechte des Verdächtigen auf angemessene Verteidigung gewährleistet sind. Wer der Polizei zutraut, die Schuld eines Verdächtigen festzustellen, stellt damit die Grundlagen der Justiz in einem Rechtsstaat in Frage.

Falls Verdächtige eines mutmaßlichen Terroranschlages gestorben sind, sei es, weil sie sich mutmaßlich in die Luft gesprengt haben, oder von der Polizei erschossen wurden, findet kein Gerichtsverfahren statt. In diesem Fall wird die Schuld von der Polizei „festgestellt", ohne das irgendeine unabhängige Instanz, bzw. Verteidiger des Beschuldigten oder Vertreter der Öffentlichkeit, die Beweise überprüfen kann. Die Öffentlichkeit kann sich auf solche Feststellungen nicht verlassen. Der Staat muss in solchen Fällen seinen Aufklärungswillen nachweisen, auch ohne von der Öffentlichkeit oder von den Angehörigen der Opfern dazu gedrängt zu werden. Falls staatliche Behörden sich nicht bemühen, einen Terroranschlag gründlich, transparent und durch eine unabhängige Instanz aufzuklären, entsteht ein dringender Verdacht über eine Verwicklung von staatlichen Strukturen im jeweiligen Ereignis.

Zu (7) Wo die fünf wichtigsten Fragen der Kriminalistik und des guten Journalismus Was, Wer,[517] Wo, Wann und Wie dürftig beantwortet werden, sich in Widersprüchen verwickeln oder sie wahrheitswidrig beantwortet werden[518] entsteht der Verdacht der *Verschleierung*. Damit diese Frage bejaht werden kann, müssen nachweisliche Indizien vorliegen, dass die Behörden versucht haben, Fakten über Täter, Opfer, Tatablauf, usw. zu verschleiern, u.a. durch die Unterdrückung von audiovisuellen Beweisen, Dokumenten, Zeugenaussagen, Zeit- oder Ortsangaben, die Zahl von Tätern oder Opfern; oder durch die Veröffentlichung von täuschenden oder widersprüchlichen Meldungen. Dabei ist zu berücksichtigen, dass legitime Geheimhaltung nicht als Verschleierung gilt.

Der Verschleierung dienen auch Maßnahmen, mit denen man Zeugen und Angehörige der Opfer dazu bringen möchte, sich mit der offiziellen Darstellung der Ereignisse abzufinden und keine Medieninterviews zu geben. Dies geschieht z.B. durch das Angebot ungewöhnlich hoher Entschädigungen oder durch Einschüchterung. Gelegenheit zur „Beruhigung" der Hinterbliebenen bietet sich auch im Rahmen einer „psychologischen Betreuung." All diese Methoden wurden nach 9/11 erfolgreich eingesetzt.

Zu (8) Damit diese Frage bejaht werden kann, müssen nachweisliche Indizien vorliegen, dass die Behörden von einem bevorstehenden Anschlag wussten. Zwingende Indizien dafür sind die Durchführung von polizeilichen oder militärischen Sicherheitsübungen kurz vor oder während der Anschläge. Solche Übungen fanden statt während der Anschläge des 11. September 2001 in den USA (siehe Kapitel 5), während der Londoner Bombenanschläge vom 7. Juli 2005, kurz vor den Terroranschlägen am 22. Juli 2011 in Oslo und Utöya (Norwegen), am Tag der Pariser Anschläge vom 13. November 2015 und vor den Anschlägen in München in Juli 2016.[519]

Zu (9) Damit diese Frage bejaht werden kann, muss festgestellt werden, dass zumindest der angegriffene Staat aus den Anschlägen Nutzen gezogen hat und dass die Planer der Anschläge mit diesem Nutzen rechnen konnten. Man darf davon ausgehen, dass je aufwendiger die Planung und Durchführung einer terroristischen Handlung ist, desto wahrscheinlicher ist es, dass die Planer die absehbaren Folgen der Operation abgewogen hatten.

Zu (10) Falls zusätzliche Indizien mit einem erheblichen Beweiswert über eine staatliche Vertuschung oder Teilnahme an den Anschlägen vorhanden sind, kann auch diese Frage bejaht werden. Ein Beispiel dafür wäre eine unerklärbare Schnelligkeit, mit welcher Ermittler die Täter bzw. ihre Terrorführer identifizieren oder den genauen Ablauf der Anschläge feststellten.

12.5 Bewertung von 12 Terroranschlägen in den USA und Europa

Die Bewertung soll zwei Zwecke erfüllen: *Erstens* wurde damit eine Methode veranschaulicht, die auch Laien mit relativ geringem Aufwand anwenden können, um herauszufinden, ob bestimmte Anschläge möglicherweise staatlich produziert wurden. *Zweitens* wird hier mithilfe dieser Bewertungsmethode belegt, dass viele großen Terroranschläge der letzten Jahre, die von Regierungen Islamisten zugeschrieben worden waren, wahrscheinlich oder sehr wahrscheinlich im Auftrag der betroffenen Staaten begangen wurden. Die Bewertungen selbst befinden sich in den Anhängen G01 bis G12.

1. Bei den meisten hier angeführten Anschlägen wurden die mutmaßlichen Täter von der Polizei getötet oder starben unter ungeklärten Umständen. Damit wurde der Staat vom Nachweis ihrer Schuld befreit. Polizeibehörden besitzen bekanntlich eine ganze Palette von Nicht-Tödlichen Waffen (NLW), um Personen kampfunfähig zu machen, ohne sie zu töten: Rauchbomben, Taser, Gummigeschosse, Reizstoffe, Schockgranaten und mehr. In keinem der hier angeführten Fälle wurde vom Einsatz solcher Waffen gegen die noch lebenden Verdächtigen berichtet.

2. In keinem der angeführten Fälle wurde eine unabhängige, öffentliche Untersuchung der Tatumstände unternommen.

3. In keinem der angeführten Fälle gab es eine glaubhafte, beglaubigte Bekennermeldung der Täter bzw. ihren Auftraggeber.

Tabelle 2: Bewertung von 12 Terroranschläge auf Grund der Einordnungskriterien

Anschlag	Anzahl Tote **	1	2	3	4	5	6	7	8	9	10	Summe	Verdeckter Staats-terrorismus?
11. September 2001	~ 3000	10	10	10	10	10	10	10	10	10	10	100	Davon kann man ausgehen
Madrid 2004	192	10	10	10	10	10	5	0	0	0	10	75	Sehr wahr-scheinlich
London 2005	52	10	10	10	10	10	5	5	10	5	10	85	Sehr wahrscheinlich
Oslo 2011	77	0	0	0	10	0	5	0	10	0	0	25	Unwahr-scheinlich
Montauban/ Toulouse 2012	7	10	10	0	10	10	10	10	0	5	10	75	Sehr wahrscheinlich
Boston 2013	5	10	10	10	10	10	10	10	5	10	10	95	Davon kann man ausgehen
Paris Januar 2015	15	10	10	5	10	10	10	5	0	10	10	80	Sehr wahrscheinlich
Kopenhagen 2015	3	10	10	0	5	10	10	0	0	5	5	55	Wahrscheinlich
Paris November 2015	130	10	10	10	10	10	0	0	10	10	5	80	Sehr wahrscheinlich
Nizza 2016	86	10	10	5	10	5	10	10	10	10	10	90	Sehr wahrscheinlich
Würzburg 2016	0	10	10	10	10	0	10	5	10	10	10	85	Sehr wahrscheinlich
München 2016 *	9	10	10	0	10	5	10	10	10	10	10	85	Sehr wahrscheinlich

(*) Die Ereignisse in München werden hier – auf Grund der ersten Nachrichten und des aufwändigen Polizeieinsatzes – als ein Terroranschlag betrachtet.

(**) Die Zahl beinhaltet nicht die mutmaßlichen, verstorbenen, Täter.

4. Mit zwei Ausnahmen, (Oslo/Utöya und München), wurden alle angeführten Anschläge von westlichen Regierungen und Medien mit dem Islam in Verbindung gebracht, obwohl die Anschläge in keiner Weise den Interessen und Wünschen der muslimischen Völker entsprachen, noch mit dem Islam vereinbar waren.[520] Dass in den meisten Fällen (auch in München) der oder die Täter „allahu akbar“ rief(en), deutet viel mehr auf einen Versuch hin, einen *islamistischen* Angriff vorzutäuschen. Die Anschläge förderten geostrategische Ziele der westlichen Mächte und dienten Regierungen als Vorwand zum Abbau des Rechtsstaates und zur Militarisierung der Gesellschaft.

Für eine Anklage gegen Unbekannt reichen die in diesem Buch erarbeiteten Bewertungen nicht aus. Sie sind jedoch dazu geeignet, öffentliche und unabhängige Untersuchungen dieser Ereignisse zu fordern und klare politische Schlüsse zu ziehen.

13 Die Fiktion der terroristischen Bedrohung

„Internationaler Terrorismus ist eine der ernsthaftesten Bedrohungen des Friedens und der Sicherheit". *(Resolutionen des UN Sicherheitsrats No. 731 (1992), 1269 (1999), 1377 (2001), 1456 (2003), 1535 (2004), 1566 (2004), 1617 (2005), 1735 (2006), 1787 (2007), 1822 (2008), 1904 (2009) , 1963 (2010), 2083 (2012), 2129 (2013), 2133 (2014), 2195 (2014), 2249 (2015), 3319 (2016))*

13.1 Das behaupten die Regierungen:

- Für den französische Präsidenten François Hollande stehe Europa „vor einer terroristischen Bedrohung von einem nie da gewesenen Ausmaß.[521]"

- Der britische Premier David Cameron behauptet, Großbritannien stehe vor „der größten und tiefsten" Bedrohung des Terrors in seiner Geschichte.[522]

- Der ehemalige Bundeskanzler Gerhard Schröder verglich die Gefahr des internationalen Terrorismus mit jener von Massenvernichtungswaffen, die „unsere Sicherheit, auch die Sicherheit Deutschlands, in neuartiger Weise" bedrohen.[523]

- Guido Westerwelle, ehemaliger Bundesminister des Auswärtigen, behauptete, dass eine „umfassende Bekämpfung des internationalen Terrorismus [...] weiterhin eine der zentralen Herausforderungen für die internationale Staatengemeinschaft" bleibe.[524]

- Außenminister Frank-Walter Steinmeier sieht „neben der Proliferation von Massenvernichtungsmitteln [den] global agierenden Terrorismus [als] die ernsteste Bedrohung unserer Sicherheit".[525]

- Innenminister Thomas De Maizière gibt sich immer noch als treuer Anhänger der offiziellen Legende über 9/11: „Am 11. September sahen wir zunächst eine kriminelle, terroristische Bande, die den Namen des Islam missbrauchte. Das war die erste Phase. In der zweiten erlebten wir schon fast einen Kampf der Kulturen. Zehn Jahre danach haben wir ein aufgeklärteres Bild: Die islamische Welt ist viel differenzierter, als wir das in den ersten beiden Phasen wahrgenommen haben. Der Terrorismus bleibt zwar eine dauerhafte Herausforderung für die Welt. [...] Nein, Afghanistan war kein Irrtum."(2011).[526]

- Das Bundesministerium des Inneren meint: „Für die Sicherheit der Bundesrepublik Deutschland und der westlichen Staatengemeinschaft ist und wird auf absehbare Zeit der islamistisch motivierte internationale Terrorismus die virulenteste Bedrohung und eine der größten Herausforderungen für die Sicherheitsbehörden bleiben."[527]

Bundeskanzlerin Angela Merkel und ihre Kabinettsmitglieder Sigmar Gabriel, Ursula von der Leyen, Heiko Maas, Andrea Nahles und Alexander Dobrindt haben sich ihrerseits über die vermeintliche terroristische Bedrohung viel zurückhaltender geäußert. Aus US-amerikanischer (und israelischer) Sicht muss diese Zurückhaltung mit Sorge betrachtet werden, denn wer nicht dem Krieg gegen den Terrorismus eine hohe internationale Priorität beimisst, verrät den imperialistischen Konsens. Werden diese Kreise in Zukunft ihre dschihadistischen Söldner auch in Deutschland aktivieren, um die deutsche Regierung wachzurütteln?

13.2 Keine öffentliche Statistik über das Ausmaß des weltweiten Terrorismus

Wer versucht, Zahlen über Terroropfer in den zahlreichen Berichten von Bundesbehörden, der EU oder der UN zu finden, wird vergeblich suchen. Solche Zahlen sind in keinem Bericht enthalten.

Auf meine schriftliche Anfrage beim Counter Terrorism Committee (CTC) des Sicherheitsrats der UN wurde mir erklärt, dass der Ausschuss keine Statistik über das Ausmaß des internationalen Terrorismus besitzt! Der internationale Terrorismus gefährde zwar den Weltfrieden, behauptet der Sicherheitsrat, aber das könne er leider nicht belegen. Wenn man die folgenden Zahlen zur Kenntnis nimmt, so ist die Antwort des Sicherheitsrats verständlich.

13.3 Das Ausmaß des weltweiten Terrorismus in Opferzahlen

Unter dem Begriff Terrorismus sind weder einfache Mordtaten noch Angriffe auf militärische oder polizeiliche Ziele inbegriffen, sondern ausschließlich politisch-, ideologisch- oder religiös-motivierte Gewalttaten gegen Zivilisten, die als Mittel zur Erreichung von politischen Ziele eingesetzt werden.

Die folgenden Zahlen wurden der GTD (Global Terrorism Database), University of Maryland, entnommen. Es handelt sich um die weltweite Zahl der in terroristischen Anschlägen verstorbenen Personen:

2006	2007	2008	2009	2010	2011	2012	2013	2014	2015
20.487	22.719	15.765	15.708	15.310	13.186	12.533	11.098	32.727	28.328

Tabelle 3: Todesopfer des weltweiten Terrorismus 2006-2015

Zunächst soll festgestellt werden, dass die große Mehrzahl von Terroropfern in Beziehung zu Kriegen stehen, Umständen also, die größtenteils auf Interventionen der NATO-Staaten zurückzuführen sind. Die hohe Zahl von Terroropfern im Jahre 2014 beruht zum großen Teil auf Anschlägen in sechs Ländern: Irak (9.929), Nigeria (7.512), Afghanistan (4.505), Pakistan (1.757), Syrien (1.698) und Indien (426). Von den 32.727 Todesopfern des Terrorismus im Jahre 2014 sollen mehr als 6.200 die mutmaßlichen Täter gewesen sein. Vor den Interventionen der NATO-Staaten in Irak, Afghanistan und Syrien mussten sich die Bewohner dieser Länder nicht vor Terroranschlägen fürchten. Das Problem des Terrorismus in Pakistan, Indien und Nigeria hat andere Gründe, die mit der Unterdrückung von Minderheiten und mit dem Kampf um Rohstoffe zusammenhängen. Aber in allen diesen Ländern stellt Terrorismus vorerst ein *inneres* politisches Problem dar, auch wenn fremde Staaten da mitmischen. Weniger als 0,6 Prozent aller Terroranschläge seit 1989 wurden in Ländern verübt, in denen es keine bewaffnenden Konflikte gab und in denen die Bevölkerung selbst nicht vom Staat unterdrückt wurde, sprich in Europa und Nord-Amerika.

In der gesamten „westlichen Welt“ (Nord-Amerika, Europa, Australien und Neuseeland) starben aufgrund von Terrorismus im Jahre 2014 ganze 37 Personen, weniger als die Anzahl jener, die von einem Blitz erschlagen wurden.[528]

13.4 Vergleich zu anderen Todesursachen

> *Die Gefahr von seinen Angehörigen ermordet zu werden, ist etwa 100-mal größer als in einem Terroranschlag zu sterben.* (Offizielle Statistik).

Zur Erinnerung: Jährlich sterben weltweit durchschnittlich 18.000 Menschen bei Terroranschlägen. Etwa ein Fünftel der Todesopfer sind mutmaßliche Täter. Es folgt ein Vergleich mit einigen anderen Todesursachen:

- Im Jahre 2015 starben weltweit 5,9 Million Kinder im Alter unter 5-Jahren. Mehr als die Hälfte dieser Todesfälle hätten durch Zugang zu einfachen und erschwinglichen Ressourcen verhindert oder behandelt werden können.[529]

- Jeden Tag sterben 830 Frauen weltweit an vermeidbaren Ursachen im Zusammenhang mit Schwangerschaft und Geburt, jährlich etwa 303.000.[530]

- Laut der Weltgesundheitsorganisation (WHO) sterben jährlich zwischen 236.000 und 635.000 Menschen, darunter mehrheitlich Kinder, infolge von Malaria, insbesondere in Afrika.[531]

- Allein in Brasilien werden jährlich 58.000 Menschen ermordet.[532] In den USA sind es zwischen 14.000 und 16.000,[533] davon werden etwa ein Viertel von Angehörigen der Opfer ermordet.[534]

- In den 1990er Jahren starben schätzungsweise eine halbe Million Kinder in Irak als Folge der vom Sicherheitsrat der UNO verhängten Wirtschaftssanktionen.[535]

- Als Folge des von den USA geführten Angriffskriegs gegen Irak im Jahr 2003, starben, je nach Einschätzungen, zwischen 151.000 und eine halbe Million Menschen, mehrheitlich Zivilisten.[536]

- Sogar Schlangen sind gefährlicher als Terroristen. Laut der internationalen Gesellschaft für Toxikologie sterben zwischen 20.000 und 94.000 Menschen jährlich an den Folgen von Schlangenbissen.

Menschliches Leid und chronische Ungerechtigkeit sind bekanntlich Ursachen für langwierige und blutige Konflikte und stellen daher eine viel größere Bedrohung für den Weltfrieden als Terrorismus dar. Diese Fakten scheinen aber den UN-Sicherheitsrat wenig zu interessieren, dessen Mitglieder für ihre Regierungen durch dem sogenannten Kampf gegen Terrorismus politischen Nutzen ziehen.

13.5 Das Ausmaß des Terrorismus in Europa in Opferzahlen

- In 22 europäischen Ländern starb zwischen 2001 und 2015 niemand wegen Terrorismus.
- In neun weiteren Ländern starben in dieser Periode von 15 Jahren eine bis neun Personen bei Terroranschlägen.
- Durchschnittlich sterben jährlich in Europa (außer Russland) in Folge von Terroranschlägen 39 Personen. Diese Zahlen beinhalten sowohl authentische als auch verdeckte staatliche Terroranschläge. Die Wahrscheinlichkeit eines Europäers, bei einem Terroranschlag zu sterben, ist demnach kleiner als 1:10.000.000.

In Deutschland starb bis heute niemand wegen „islamistischen Terrorismus". Im Jahre 2011 wurden zwei US-Soldaten am Frankfurter Flughafen von einem jungen Kosovaren erschossen. Eine Mordtat, ohne Zweifel. Aber ein gezielter Anschlag auf Soldaten erfüllt nicht die Kriterien des Terrorismus.

Laut Kriminalstatistik werden in der Bundesrepublik jährlich 600-700 Mordtaten begangen. Schätzungsweise ein Viertel der Morde werden von Angehörigen der Opfer verübt. Die Wahrscheinlichkeit von einem Familienmitglied ermordet zu werden, ist daher mehr als hundertfach größer als von Terroristen. Dieses Verhältnis ist ähnlich in anderen westlichen Staaten*. Soll nun, aus Kosten/Nutzen-Erwägungen die Bundesregierung die Bekämpfung des Terrorismus durch die Bekämpfung der Familie ersetzen? Das wäre immerhin die logische Folge des absurden Vorhabens, einer Fiktion den Kampf zu erklären (siehe folgende Tabelle).

---

* Im Jahr 2014 z.B. hatten in Deutschland 29,1% der Opfer von Mord und Totschlag eine persönliche oder verwandschaftliche Beziehung zum Tatverdächtigen. *(Quelle: BMI – Polizeikriminalstatistik Abschnitt 6)*

Tabelle 4: Anzahl der Todesopfer des Terrorismus in Europa 2001-2015

Land/Jahr	2001	2002	2003	2004	2005	2006	2007	2008	2009	2010	2011	2012	2013	2014	2015	Insgesamt
Albanien	0	0	0	0	0	0	0	0	0	0	0	0	0	1	0	1
Belgien	0	0	0	0	0	0	0	0	0	0	0	1	0	4	0	5
Bosnien-Herz.	0	0	0	0	0	0	0	3	0	0	0	0	0	0	3	6
Bulgarien	0	0	0	0	0	0	0	0	0	0	0	0	0	0	0	0
Dänemark	0	0	0	0	0	0	0	0	0	0	0	0	0	0	2	2
Deutschland	0	0	0	0	0	0	0	0	0	0	0	0	0	0	0	0
Estland	0	0	0	0	0	0	0	0	0	0	0	0	0	0	0	0
Finnland	0	0	0	0	0	0	0	0	0	0	0	0	0	0	0	0
Frankreich	2	6	2	1	0	0	0	0	0	1	0	0	0	0	147	159
Griechenland	0	0	1	0	0	0	0	0	0	1	0	0	0	0	0	2
Großbritannien	9	4	1	0	56	0	0	0	0	0	0	0	0	0	0	70
Irland	0	0	0	0	0	0	0	0	0	0	0	0	0	0	0	0
Island	0	0	0	0	0	0	0	0	0	0	0	0	0	0	0	0

Land/Jahr	2001	2002	2003	2004	2005	2006	2007	2008	2009	2010	2011	2012	2013	2014	2015	Insgesamt
Italien	0	0	0	2	0	0	0	0	0	0	0	0	0	0	0	2
Kroatien	0	0	0	0	0	0	0	0	0	0	0	0	0	0	0	0
Lettland	0	0	0	0	0	0	0	0	0	0	0	0	0	0	0	0
Litauen	0	0	0	0	0	0	0	0	0	0	0	0	0	0	0	0
Luxemburg	0	0	0	0	0	0	0	0	0	0	0	0	0	0	0	0
Malta	0	0	0	0	0	0	0	0	0	0	0	0	0	0	0	0
Mazedonien	0	0	0	0	0	0	0	0	0	0	0	0	0	0	0	5
Moldawien	0	0	0	0	0	0	0	0	0	0	0	0	0	0	2	2
Montenegro	0	0	0	0	0	0	0	0	0	0	0	0	0	0	0	0
Niederlanden	0	0	0	0	0	0	0	0	0	0	0	0	0	0	0	0
Norwegen	0	0	0	0	0	0	0	0	0	0	77	0	0	0	0	77
Österreich	0	0	0	0	0	0	0	0	0	0	0	0	0	0	0	0
Polen	0	0	0	0	0	0	0	0	0	0	0	0	0	0	0	0

Land/Jahr	2001	2002	2003	2004	2005	2006	2007	2008	2009	2010	2011	2012	2013	2014	2015	Insgesamt
Portugal	0	0	0	0	0	0	0	0	0	0	0	0	0	0	0	0
Rumänien	0	0	0	0	0	0	0	0	0	0	0	0	0	0	0	0
Schweden	0	0	0	0	0	0	0	0	0	1	0	0	0	0	0	1
Schweiz	0	0	0	0	0	0	0	0	0	0	0	0	0	0	0	0
Serbien	0	0	0	0	0	0	0	0	0	0	0	1	0	0	0	1
Slowakei	0	0	0	0	0	0	0	0	0	0	0	0	0	0	0	0
Slowenien	0	0	0	0	0	0	0	0	0	0	0	0	0	0	0	0
Spanien	14	5	3	194	0	0	2	2	3	3	0	0	0	0	0	226
Tschechien	0	0	0	0	0	0	0	0	0	0	0	0	0	0	0	0
Ukraine	0	0	0	0	0	0	0	0	0	0	0	Bürgerkrieg				
Ungarn	0	0	0	0	0	0	0	0	0	0	0	0	0	0	0	0
Weißrussland	0	0	0	197	0	0	0	0	0	0	13	0	0	0	0	13
Insgesamt	25	15	7	197	56	4	2	6	3	3	90	7	0	5	152	572

1- Quelle: Global Terrorism Database, University of Maryland (USA), (https://www.start.umd.edu/gtd/).
2- Nicht inbegriffen sind (a) gezielte Mordtaten; (b) Anschläge im Rahmen von Bürgerkriegen/Aufständen (Ukraine, Russland).
3. In dieser Tabelle wird nicht zwischen authentischem und verdeckten Staatsterrorismus unterschieden.

13.6 Ausgaben zur Bekämpfung der terroristischen Fiktion

Auf die Vereinigten Staaten entfallen 70 Prozent der gesamten weltweiten Ausgaben für die Bewahrung der inneren Sicherheit. Schätzungsweise wurden von 2001 bis 2014 für die innere Sicherheit der Vereinigten Staaten $1,1 Billion ($1.100 Milliarden) ausgegeben, im Durchschnitt $73 Milliarden pro Jahr. Obwohl nicht die gesamte Summe für die „Bekämpfung des Terrorismus" aufgewendet worden ist, wird ein wichtiger Bestandteil des Haushalts der meisten westlichen Geheimdienste durch die Bekämpfung des Terrorismus begründet: Vierundvierzig Prozent der Ausgaben der inländischen Sicherheitsbehörden der USA. Im Vereinigten Königreich sollen 81 Prozent des Haushalts des MI5 der „Bekämpfung des Terrorismus" gewidmet sein. Das MI5 soll alleine im Jahre 2014 für Nordirland-bezogene Anti-Terror-Aktivitäten mehr als $2,28 Milliarden ausgegeben haben.[537]

Die direkten Ausgaben „zur Verhinderung des Terrorismus" sind zumindest in den USA viel größer als die wirtschaftlichen Verluste, die durch Terrorismus verursacht werden. Im Jahr 2014 z. B. verwendeten die Vereinigten Staaten $115 pro Einwohner für die innere Sicherheit, während die wirtschaftlichen Verluste durch den Terrorismus nur 61 Cent pro Kopf betrugen. Als Gegenbeispiel spendeten die USA $281 pro Einwohner für Polizeidienste zur Bekämpfung von gewöhnlichen Tötungsdelikten und Gewalttaten, obwohl die durchschnittlichen Verluste durch diese Taten $988 pro Kopf betrugen.[538]

Einige Abgeordnete der FDP stellten folgende Kleine Anfrage im Bundestag im Jahre 2006:

> Sind die mit dem Gesetz [zur Finanzierung der Terrorbekämpfung] eingeplanten Steuermehreinnahmen von 1,5 Mrd. Euro (2002), 1,625 Mrd. Euro (2003),

> 2,06 Mrd. Euro (2004) und 2,125 Mrd. Euro (2005) erzielt worden?[539]

Darauf antwortete die Bundesregierung:

> Die finanziellen Auswirkungen des Gesetzes zur Finanzierung der Terrorbekämpfung können ex post nicht aus dem Kassenaufkommen hergeleitet werden. Die Vielzahl an Einflussfaktoren, die auf das kassenmäßige Steueraufkommen wirken, wie z. B. die dreistufige Tabaksteuererhöhung ab dem Jahr 2004 macht es unmöglich, die Effekte der einzelnen gesetzlichen Maßnahmen zu separieren.[540]

Auch auf die Frage über die Verwendung der finanziellen Mittel wollte die Bundesregierung keine Informationen liefern.

Da die terroristische Gefahr eigentlich eine Fiktion ist, ergibt sich, dass die riesigen Ausgaben zur Bekämpfung dieser Fiktion für andere Zwecke verwendet werden. Darunter sind nicht nur Maßnahmen zur Überwachung der Bevölkerung, sondern vermutlich auch die Herstellung und Aufrechterhaltung der Terrorangst in der Bevölkerung. Die Herstellung von verdeckten Operationen und gerichtsreifen Terrorverschwörungen und die nachträgliche Vertuschung dieser Machenschaften, verlangen erhebliche finanzielle Ressourcen.

Die Pflege der Terrorfiktion durch Politik und Medien bestimmt erfolgreich die öffentliche Meinung. Das lässt sich an Meinungsumfragen nachweisen. Laut einer Umfrage der R+V Versicherung vom Juli 2016 rückte die Angst vor Terrorismus nach 25 Jahren das erste Mal wieder auf Platz eins der Langzeitstudie. Von je 100 Befragten haben 73 „große Angst“ vor Terrorismus. Im Vergleich dazu befürchteten 57 im Alter ein Pflegefall zu werden, 38 eigene Arbeitslosigkeit und 21 das Zerbrechen der Partnerschaft.[541]

13.7 Warum sind authentische Terroranschläge im Westen eine Rarität?

Um ein Attentat zu begehen, braucht der Möchtegern-Terrorist keine Bombenanleitung, keinen Briefwechsel mit Osama bin Laden und keinen Komplizen. Er kann mit einem Küchenmesser in einem beliebigen Supermarkt seines Wohnviertels unbekannte Menschen umbringen, „allahu akbar" rufen und warten, bis er verhaftet oder erschossen wird. Die Gründe, warum solche Taten nicht häufig begangen werden, haben nichts mit der Wachsamkeit der Polizei zu tun, sondern basieren auf Binsenwahrheiten:

(a) Um einen Terroranschlag auszuführen, müssen Täter ihre Freiheit oder sogar ihr Leben aufs Spiel setzen. Nur Menschen, die ihre eigene Zukunft oder Lebenslust bereits aufgegeben haben, sind zu solchen Verzweiflungstaten bereit. Geisteskranke Menschen, die nicht mehr leben wollen, sind selten in der Lage, eigenständig komplexe Anschläge über Monate zu planen und zu organisieren. Geistig gesunde Menschen hingegen, deren elementare Existenz gesichert ist, haben keinen Grund, ihre eigene Freiheit oder Leben aufs Spiel zu setzen. Auch wenn sie politisch über bestimmte Sachverhalte empört sind, bevorzugen geistig gesunde Menschen, ihre Wut im Rahmen eines persönlich erträglichen Risikos zu äußern.

(b) Mit Terroranschlägen erreicht der Täter nichts. Er schadet nicht nur sich selbst, sondern auch der Sache, für welche er zu kämpfen glaubt. Terroranschläge stärken nur das existierende Herrschaftssystem.

(c) Experten, die das Phänomen von Selbstmordattentaten erforschen, weisen darauf hin, dass Selbstmordattentäter von einem unterstützenden sozialen Umfeld bis zum Tag des Anschlages umgeben sind. Ihr tödliches Vorhaben wird in diesem Umfeld als heldenhaft angesehen.[542] Solche Umstände sind z. B. in Palästina vorhanden, nicht aber in westlichen Gesellschaften.

Mit Terroranschlägen kann kein Land erobert, keine Armee besiegt, keine Wirtschaft geschwächt, keine Gesellschaft zerstört und kein Mensch für eine Religion angeworben werden. Terrorismus stellte nie eine Bedrohung der nationalen Sicherheit eines Staates, geschweige denn des Weltfriedens dar. Die Behauptungen des UN-Sicherheitsrats und seiner Epigonen über die Terrorbedrohung sind schlichtweg absurd und verlogen.

13.8 Die Terrorfiktion als Mittel zu anderen Zwecken

Wie aus der Diskrepanz zwischen dem riesigen Aufwand zur Bekämpfung der fiktiven Bedrohung und den realen Zahlen der Terroropfer erkennbar ist, scheint die sogenannte Terrorismusbekämpfung bloß ein Vorwand für die Verfolgung anderer Ziele zu sein wie z. B.: Der Abbau der demokratischen Ordnung, die massive Überwachung und Manipulation der Menschen, die Militarisierung der Gesellschaft und globale Raubzüge, das heißt, eine allmähliche Einführung einer neuen Art des Faschismus. Operationen, wie 9/11 und die anderen Anschläge, die hier bewertet werden, dienen zur Aufrechterhaltung dieser Fiktion.

14

Die Pflege der Terrorfiktion

Rohmaterialien der Massenmedien und der Geisteswissenschaften sind Daten. Die große Mehrheit der Daten über die Hintergründe von terroristischen Ereignissen oder Verschwörungen stammen aus Geheimdienst- und Ermittlungskreisen.

Die erfolgreichste Methode zur Pflege der Fiktion von einer terroristischen Bedrohung des Abendlandes ist die staatliche Produktion von tödlichen Anschlägen. Bilder des Todes rufen Emotionen hervor. Diese Methode der psychologischen Kriegsführung wurde am 11. September 2001 mit großen Erfolg eingesetzt (siehe Kapitel 16). Man kann auch davon ausgehen, dass die Anschläge in Europa seit 2001 ähnliche Zwecke erfüllt haben (siehe Kapitel 19). Der Journalist und Autor Christoph Hörstel bezeichnet die Pflege der Terrorfiktion als „Terror Management."

Der größte Nachteil von verdeckten staatlichen Anschlägen liegt in ihrem Aufwand. Die Verheimlichung und Verschleierung der Umstände erstreckt sich über Jahrzehnte. Das lässt sich in der verbissenen Geheimhaltung über die Machenschaften der Gladio-Netzwerke über Jahrzehnte hinweg beobachten. Überlebende Geheimnisträger müssen gut bezahlt werden, damit sie bis zu ihrem Tode schweigen. Die sehr teure, aber erfolgreiche „Bestechung" der Opfer des 9/11 bestätigt dieses Bedürfnis (siehe Kapitel 10).

Es gibt aber preiswertere Methoden zur Mythenpflege. Ihr gemeinsamer Nenner ist die Produktion von gerichtsreifen Terrorverdächtigen. Damit sind Vorgänge gemeint, die in sogenannten Terrorverfahren münden, die ihrerseits Rohstoff für die publizistische

Pflege des Mythos liefern, ohne dabei Blut zu vergießen. Die wichtigsten dieser Methoden werden nun beschrieben.

14.1 Induzierte Terrorverschwörungen

Mit dem Begriff *induzierte Terrorverschwörung* ist folgender Vorgang gemeint: V-Männer der Geheimdienste oder der Polizei infiltrieren muslimische Gemeinden und suchen sich beeinflussbare, frustrierte bzw. erpressbare Versager, die sie allmählich radikalisieren und zur Vorbereitung eines Anschlags ködern. Dieser Rekrutierungsprozess endet am häufigsten mit der Verhaftung dieser manipulierten Menschen, bevor sie etwas anrichten können. Ihre Verhaftung und die Strafverfahren liefern den Medien Material, um die Terrorfiktion zu pflegen. Typische Schlagzeilen lauten: „Das größte Terrorattentat in der Geschichte des Landes wurde von der Polizei verhindert". Die dafür angeworbenen V-Leute haben nicht die „Mentalität des Buchhalters eines Gesangvereins", soll der Chef des baden-württembergisches Verfassungsschutzes Helmut Rannacher gesagt haben.[543] Rolf Gössner beschreibt, wie solche V-Leute angeworben werden:

> Es entspricht [...] den Gepflogenheiten aller Geheimdienste, persönliche, soziale und psychische Schwächen sowie finanzielle Nöte von V-Mann-Kandidaten mehr oder weniger schamlos auszunutzen. Dabei können nicht nur Arbeitslosigkeit und Überschuldung zum Ziel führen; auch laufende Ermittlungsverfahren, Untersuchungshaft oder Verurteilungen wegen begangener Straftaten können überaus hilfreich sein, um die Betroffenen gefügig zu machen und zu einer Mitarbeit zu drängen – von der sie sich womöglich Vorteile für ihr Gerichtsverfahren oder ihre Haftsituation versprechen. [...] Verfassungsschützer werben gerne junge Menschen an, wahrscheinlich weil diese noch leichter eingeschüchtert und ‚geformt' werden können; zudem erwei-

sen sich Jugendliche oft als dankbare Opfer, weil sie sich als ‚Agenten' endlich mal für voll genommen fühlen.[544]

Aus den angeführten Gründen sind V-Leute bei dem Ergebnis – die Herstellung von gerichtsreifen Terrorverdächtigen – hoch motiviert.

In den USA wird die Herstellung induzierter Terrorverschwörungen bereits im industriellen Ausmaß von einer Partnerbehörde des BKA betrieben. Das Produktionsverfahren ist im Buch *The Terror Factory: Inside the FBI's Manufactured War on Terrorism*, beschrieben.[545] Der Autor, Trevor Aaronson, beschreibt darin nicht weniger als 150 Fälle der polizeilichen Produktion von gerichtsreifen Terrorverdächtigen. Das deutsche Bundeskriminalamt bezeichnet seine Zusammenarbeit mit der Leitung der US-amerikanischen Terrorfabrik als „eng und vertrauensvoll".[546]

14.2 Internet-Dschihad „Made in USA"?

Al-Qaida und der Islamische Staat, bzw. abgezweigten Organisationen, sollen – laut Medienberichten – professionelle Propagandafilme und Magazine produzieren, die zum Heiligen Krieg aufrufen. So soll z. B. der Islamische Staat die Glanzzeitschrift *Dabiq* in Englisch und *Dar al Islam* in Französisch produzieren und eine Nachrichtenagentur namens *Amaq* (oder Amak) betreiben. Jeder kann diese Zeitschriften (in PDF-Format) von den Webseiten der US-amerikanischen Vertreibern herunterladen und damit sich einen Eintrag in der Datenbank des Bundesverfassungsschutzes erwerben. Beide Zeitschriften sind von einer hochgradigen grafischen Qualität gekennzeichnet, die auf ein Studium der Designer bei den besten Werbeagenturen hindeutet. Al-Qaida soll ihrerseits ein Medienhaus namens *as-Sahab*, den „Terroristenverlag" *GIMF* leiten und die Zeitschrift *Inspire* herausgeben.

Zwei Aspekte bilden den gemeinsamen Nenner dieser Medienprodukte: Erstens ist der Standort der Produzenten nicht bekannt:

Sie betreiben keine Webseiten und können nicht kontaktiert werden, obwohl die herrschenden Medien ihre Produkte als waschecht zitieren[547]; zweitens befinden sich die Büros der Vertreiber dieser Produkte zufälligerweise nicht weit vom Hauptquartier der CIA in den USA entfernt. *SITE Intelligence Group* - von der Israelin Rita Katz gegründet und geleitet – verbreitet hauptsächlich dschihadistische Reden, Bekennermeldungen und Videos; *ClarionProject* – von dem Israeli Raphael Shore, gegründet – verbreitet die Zeitschrift *Dabiq*; Die Firma *Jihadology* – von Aaron Y. Zelin geleitet – verbreitet die Zeitschrift *Dar al Islam* und *Inspire*. Wer die Spur zu diesen Medienprodukten sucht, stößt immer wieder auf diese Firmen, die anscheinend Exklusivrechte zum Vertrieb der Medienprodukte von Al Qaeda und des Islamischen Staats besitzen. Da diese US-Firmen die Echtheit der von ihnen vertriebenen Produkte garantieren müssen, ist davon auszugehen, dass sie enge Kontakte zu ihren Lieferanten pflegen. Wer hinter dem Namen Al Qaeda und des Islamischen Staats steckt, steht auf einem anderen Blatt.

Übrigens gelang es einem V-Mann des deutschen Bundesverfassungsschutzes, Irfan Peci,[548] der einst die deutsche Sektion des GIMF ("Globale Islamische Medienfront") leitete, junge Menschen zu ködern, dschihadistische Videos im Internet zu verbreiten. Die Videos riefen Muslime zum bewaffneten „Heiligen Krieg“ auf oder zeigten Gräueltaten. Parallel dazu versuchte SITE-Mitbegründer Joshua Devon, der Ehemann von Rita Katz – unter falscher Identität – die jungen Möchtegern-Dschihadisten in Deutschland zu radikalisieren. Devon stellte ihnen einen Server frei zu Verfügung.[549] Das FBI, das BKA und der BND wussten von der Verschwörung.[550] Laut ZDF-Mitarbeiter Elmar Theveßen soll der BND die dubiose SITE sogar beauftragt haben, diese logistische Unterstützung zu leisten.[551] ZDF-Mitarbeiter Elmar Theveßens erklärte in einer Reportage des ZDF im Jahre 2015, dass auch sein Arbeitgeber Kunde von SITE sei. Als er in die USA reiste und SITE aufsuchte, fand er zunächst nur eine Briefkastenfirma unter der angegebenen Adresse.[552] Wer hinter diesen Firmen steckt, bleibt im Dunkeln. Sind es jene Kreise, die es schafften, die Zwillingstürme in New York mitsamt ihrem Mobiliar und 1.100 Menschenkörper einst in feinen Staub zu verwandeln?

Dass die dschihadistischen Medienprodukte sich großer Beliebtheit bei herrschenden Leitmedien erfreuen, ergibt sich aus ihre Bereitschaft für diese kostenlos zu werben. So wurde zum Beispiel die neueste Ausgabe von *Dabiq* zwischen dem 28. Juli und 5. August 2016 in folgenden Leitmeiden zitiert (die Liste mag nicht vollständig sein): Asharq Alawsat, Bild Zeitung, Boa Informação, Canberra Times, Corriere della Sera, Courrier International, Cyprus Mail, Daily Star Online, Diario De Yucatan, DNA India, El Espectador, El Nacional, Express Online, Folha De Spaulo, Fox News, Ha'aretz, Het Laatste Nieuws, Hindustan Times, Il Giorno, Il Resto del Carlino, Irish Mirror, Jornal de Estado, Jornal de Piracicaba, La Nazione, La Rioja, La Stampa, Le Figaro, Mail Online, Nederlands Dagblad, NRC Handelsblad, Reformatorisch Dagblad, Reuters USA, SDA, Sur, Tages-Anzeiger, Thai News Service, The Guardian, The Independent, The, Vancouver Sun, Valeurs actuelles, Voice of America, Zeit Online.

Auf meine Anfrage erklärte mir Christoph Reuter, Journalist beim *Spiegel*, sinngemäß, dass es für Verlautbarungen des Islamischen Staates keine exklusive Quelle gebe, sondern diese würde von verschiedenen Instanzen, wie z.B. von Amaq, der "offiziellen" Nachrichtenseite des Islamischen Staates, aufgegriffen. Amaq betreibt übrigens keine Webseite, besitzt keine Email-Adresse und ist über Telefon nicht erreichbar. Herr Reuter erklärte auch, dass deutsche Journalisten sich aus Gründen der Arbeitsteilung auf ungenannte arabische Kollegen verließen, die das Internet ausspähten und die medialen Produktionen des IS *irgendwo* fänden, bevor diese wieder rasch verschwänden. Seine Antwort bestätigt, dass sich deutsche Medien in ihrer Berichterstattung über den IS trotz der Undurchsichtigkeit des Informationsflusses auf solche Quellen verlassen.

14.3 Hassprediger und Anwerber

Die Rolle und Funktion von Hasspredigern und Anwerbern ist es, „Dschihadisten“ zu produzieren, die entweder am militärischen Dschihad teilnehmen oder in „dschihadistischen“ Lagern zeitweilig eine Ausbildung erhalten. Hassprediger arbeiten in der Öffentlichkeit und suchen sogar mediale Aufmerksamkeit. Anwerber hingegen arbeiten diskret innerhalb islamistischer Gruppen.

Diese Methoden der Anwerbung zum Dschihad hat Geschichte. Sie fing in den 1980er Jahren an, als die CIA mit der Hilfe Saudi Arabiens und anderer arabischer Staaten ein weltweites Netz von Anwerbern aufbauten – wie z. B. Makhtab al-Khidimat (MAK) – das Freiwillige zum Kampf in Afghanistan anwarb. In den USA alleine wurden 30 Zentren zur Anwerbung von Kämpfern gegründet und hohe Summen deponiert.[553] Ein Teil der Angeworbenen erhielt bereits in den USA eine militärische Ausbildung unter der Aufsicht des FBI.[554] Über den Aufbau dieser Fremdenlegion ist bereits viel geschrieben worden.[555] Die Mitglieder dieser Fremdenlegion, auch als „Arab-Afghanen“ bezeichnet, stellten nach dem Abzug der Sowjetischen Streitkräfte aus Afghanistan ein Reservoir von Kämpfern dar, die in Bosnien[556], Kosovo[557], Tschetschenien[558] und Algerien von westlichen Geheimdiensten eingesetzt wurden. Einige von diesen Kämpfern wurden später in Guantánamo inhaftiert, als V-Leute für weitere Anwerbungen eingesetzt oder für „schmutzige Aktionen“ geopfert.

Die Geschichte des Deutsch-Syriers Muhammad Haidar Zammar illustriert am besten diese geheimdienstlichen Vorgänge: Nach seiner Kampferfahrung in Afghanistan und Bosnien kehrte er nach Deutschland zurück, beteiligte sich an der “Radikalisierung” der Gruppe um Mohammed Atta in Hamburg und soll Mitglieder dieser Gruppe für eine kurzzeitige Ausbildung in Afghanistan angeworben haben. Er war den deutschen Ermittlern gut bekannt bzw. arbeitete in ihrem Auftrag.[559] Nach den Anschlägen des 9/11 wurde ihm „gestattet“, von Deutschland nach Marokko auszureisen.

Er wurde in Marokko von der CIA mit Hilfe der marokkanischen Geheimdienste festgenommen und nach Syrien verschleppt, wo er mutmaßlich gefoltert wurde. Die deutschen Behörden bestritten, von diesen Machenschaften etwas gewusst zu haben, zeigten aber auch kein Interesse, ihn nach Deutschland zurückzubringen. Stattdessen besuchten deutsche Ermittler ihn in Syrien, um ihn zu vernehmen. Die Protokolle dieser Vernehmungen bleiben bis heute eine Verschlusssache.[560] Das Dossier Zammar war politisch so brisant, dass es das Bundeskanzleramt beschäftigte. Frank-Walter Steinmeier war mit dem Fall Zammar intensiv befasst. Interessierte können Zammars Geschichte teilweise in einem Bericht des BND-Untersuchungsausschusses des Bundestags nachlesen.[561]

Seit 2001 gibt es einige bekannte Fälle von Hasspredigern und Anwerbern, die mutmaßlich im Auftrag oder zumindest mit der Duldung der Geheimdienste arbeiten.

Hassprediger und V-Mann Yahia Youssif (Sauerland-Gruppe, Kapitel 15) suchte nicht die Öffentlichkeit, da er auch Mitarbeiter des baden-württembergischen Verfassungsschutzes war. Er verließ Deutschland, um seinem Arbeitgeber keine Probleme zu bereiten. Ein anderer geduldeter Hassprediger, der mutmaßlich mitgeholfen hatte, die „Hamburger Zelle“ um Mohammed Atta zu “radikalisieren”, war der Marokkaner Mohammed Fisasi (oder Fazazi).[562] Auch er verließ die Bundesrepublik, wurde aber in seiner Heimat aus anderen Gründen verhaftet, kam allerdings im Jahr 2011 wieder auf freien Fuß.[563] Die mutmaßlichen Hassprediger Yassin Oussaifi,[564] Sven Lau[565] und Pierre Vogel[566] stehen im Verdacht, im Auftrag des Verfassungsschutzes zu arbeiten bzw. gearbeitet zu haben. Sie sollen junge Menschen zur Teilnahme an Kämpfen des Islamischen Staates in Syrien angeworben haben, was sie bestreiten. Auch in Großbritannien haben sich über Jahre hinweg Hassprediger getummelt, wie z.B. Abu Hamza al-Masri,[567] Abu Qatada,[568] Sheikh Omar Bakri Mohammed[569] und Ajem Chodary, alle im Schutz der Geheimdienste. Sie wurden weitgehend von den Medien durch Interviews honoriert.[570] Ajem Chodary, der einst zur Ermordung des Papsts aufrief,[571] pflegte anscheinend gute Beziehungen zu US-amerikanischen Medien, denn die US-amerikanische Zeitung *USA Today* bot Chodary schon am Tag der Pariser Anschläge gegen Charlie-Hebdo an, seine Meinung dazu zu publizieren. Sein Beitrag erschien am nächsten Tag. Er rechtfertigte die Anschläge im Namen des Islam![572]

Hassprediger spielen eine doppelte Rolle in der Mythenpflege: (a) Sie züchten regelmäßig gerichtsreife „Terrorverdächtige"; und (b) stellen für die Medien, durch ihre zweideutigen Aussagen, die ideale Erscheinung des hinterlistigen, verschwörerischen Islamisten zur Schau. Durch inszenierte Aktionen in der Öffentlichkeit und ständig publizierten Ermittlungsverfahren erhalten die Salafisten Sven Lau, Pierre Vogel und Bernhard Falk – die gerne als Extremisten von Leitmedien bezeichnet werden – eine ständige und freie Werbung, von der sogar Spitzenkünstler, weltberühmte Wissenschaftler, Menschenrechtler oder Friedensaktivisten nur träumen können. Leitmedien kündigen sogar Vorlesungen von Pierre Vogel an![573] In einem einzigen Jahr – zwischen 1. Januar 2015 und 1. Januar 2016 – wurden Pierre Vogel 532 Mal, Sven Lau 390 mal und Bernhard Falk 60 Mal in deutschen Medien erwähnt, während der deutsche Nobelpreisträger Stefan Hell (Chemie, 2014) 70 Mal und der Menschenrechtler Rolf Gössner 14 Mal erwähnt wurden (Quelle: Datenbank Nexis). Diese Statistik deutet auf eine offiziellen Strategie hin, diese führenden Provokateure als „Gefährder" der Öffentlichkeit aufzuwerten und damit für sie im Ergebnis und im Gewand einer legitimen Berichterstattung zu werben.

14.4 Ausbildungslager

In Wasiristan, d.h. in den Grenzgebieten zwischen Pakistan und Afghanistan, sollen Ausbildungslager der Al-Qaida und der sogenannten Islamischen Jihad Union (IJU) betrieben werden. Über den Tagesablauf in diesen Ausbildungsstätten gibt es mittlerweile zahlreiche Berichte von Rückkehrern.[574] Im Gegensatz dazu ist sehr wenig über die Finanzierung, Leitung und Logistik dieser Einrichtungen in der Öffentlichkeit bekannt. Diese Lager sind aber nicht von der Außenwelt abgeschottet: Sie brauchen Nahrungsmittel, Elektrizität bzw. Treibstoff, Waffen, Medikamente, und sie müssen mit der Außenwelt kommunizieren. Die Standorte dieser Lager sind weitgehend bekannt.[575] Trainingslager für „Gotteskämpfer" werden sogar in den USA und Kanada[576] sowie in Großbritannien[577] und Australien[578] betrieben. Ihr Betrieb könnte daher leicht unterbunden werden, wird aber nicht. Denn durch den Aufenthalt in solchen Lagern erhalten die Besucher ihre „Terroristenbescheinigung", die ihnen ein medienwirksames Gerichtsverfahren und ein gemütliches Gefängnisdasein garantiert. Damit kann der „Krieg gegen den Terror" weiter legitimiert werden. Die Reisehändler – Anwerber bzw. Schleuser – bleiben in der Regel unbehelligt.

Fazit

Mein Freund Yavuz Özoguz, Betreiber des Muslim-Forum, brachte das Vorhergehende gut auf dem Punkt, als er zu diesem Sachverhalt schrieb:

> Wo findet man [...] Menschen, die zumindest halbwegs glaubwürdig als ‚Islamisten' durchgehen? Da man sie weder in den Moscheen noch unter praktizierenden Muslimen finden konnte, musste man unter denjenigen suchen, die zu den Versagern der Gesellschaft gehören, unter den Kriminellen, unter den Drogensüchtigen, den Alkoholikern, kurz unter denjenigen, zu denen Geheimdienste den besten Zugang haben und Muslime kaum eine Chance, sie aufzuhalten, weil sie keinen Kontakt zu ihnen haben. Jene konnte man dann ‚missionieren' und als ‚islamistische Terroristen' einsetzen. Wer den Terror beenden will, muss die Hin-

termänner ergreifen. Und so lange den Fahndern die wahren Motive der verbrecherischen Hintermänner nicht bekannt sind, so lange werden sie im Dunklen herumstochern.[579]

15 Die deutsche Justiz und die Fiktion der Terrorbedrohung

Hier geht es uns um die Frage, wie die deutsche Justiz mit den Mythen des 11. September 2001 und des islamistischen Terrorismus umgegangen ist. Versucht die Justiz, die Wahrheit herauszufinden und gerechte Urteile in Terrorverfahren auszusprechen oder prägen Staatsräson bzw. Vorurteile der Richter die Urteile?

Zunächst sollen hier die zwei Hauptziele eines Strafverfahrens erläutert werden. Diese wurden von N. Gerd Wenner in seiner Schrift „Die Aufklärungspflicht § 244 Abs. 2 [der Strafprozessordnung] StPO" zusammengefasst:

> Ziel jeglichen Urteils ist Wahrheit und Gerechtigkeit. [...] Voraussetzung für ein gerechtes Urteil ist die richtige Feststellung des Sachverhaltes; jede auf einem falschen Sachverhalt fußende Schlussfolgerung muss zwangsläufig zu einem fehlerhaften Ergebnis führen.
>
> § 244 Abs. 2 StPO gebietet die Erforschung der Wahrheit. Die Vorschrift schreibt nicht eine bestimmte Handlung vor, sondern legt ein Ziel fest. Solange man noch nicht dort angelangt ist, gebietet die Vorschrift weitere darauf hingerichtete Tätigkeit.
>
> Insbesondere aus § 160 Abs. 2 StPO folgt die Pflicht [auch] des Staatsanwaltes zur Erforschung der Wahrheit. Er ist demnach verpflichtet, alle belastenden und

> entlastenden Umstände zu ermitteln. Diese Pflicht trifft die Staatsanwaltschaft auch für die Hauptverhandlung. Sie hat damit die gleiche objektive Verpflichtung zur Erforschung der materiellen Wahrheit wie das Gericht.[580]

Als Musterbeispiel für die Verletzung dieser Ziele soll zunächst der Fall Mounir el Motassadeq erläutert werden, da (a) das schriftliche Urteil zugänglich ist; (b) eine umfangreiche mediale Berichterstattung die Prozesse gegen ihn begleitete; und (c) es sich um ein Verfahren von internationaler Brisanz handelte, deren Ausgang erhebliche Staatsinteressen betrafen.

15.1 Mounir el Motassadeq: Opfer der deutschen Justiz

Es geht hier um Mounir el Motassadeq, marokkanischer Student in Hamburg, der vom Hanseatischen Oberlandesgericht zu einer 15-jährigen Freiheitsstrafe verurteilt worden ist. Er soll, laut Anklage, seinen Freunden, darunter Mohammed Atta, Marwan Alshehhi und Ziad Jarrah, Beihilfe bei der Ausführung der Anschläge des 11. September 2001 geleistet haben.

Für den vorliegenden Zweck ist eine detaillierte Darstellung der eher komplizierten Verfahrensgeschichte nicht notwendig. Ich werde mich daher auf das Urteil aus dem Jahre 2005 konzentrieren, das sinngemäß dem Urteil des Jahres 2007 entspricht.

Mounir el Motassadeq wurde wegen zwei Straftatbeständen angeklagt und später verurteilt: (a) Beihilfe zu vielfachen Mord (9/11) und (b) Mitgliedschaft in einer terroristischen Vereinigung [um Mohammed Atta]. Ich werde mich in erster Linie mit dem ersten Anklagepunkt, *Beihilfe zu vielfachen Mord*, befassen.

Beihilfe zu einer Straftat ist ein eigenständiger Straftatbestand (§27 StGB). Zum Straftatbestand „Beihilfe" erklärte der Bundesgerichtshof (BGH) in seinem Urteil vom 16. November 2006:

> Nach § 27 Abs. 1 StGB macht sich als Gehilfe strafbar, wer vorsätzlich einem anderen zu *dessen* vorsätzlich begangener rechtswidriger Tat Hilfe leistet. Nach ständiger Rechtsprechung [...] ist als Hilfeleistung in diesem Sinne grundsätzlich jede Handlung anzusehen, die die Herbeiführung des Taterfolges *durch den Haupttäter* objektiv fördert oder erleichtert.[581]

Wie aus dem Straftatbestand „Beihilfe" zu entnehmen ist, muss ein Gericht drei Elemente des Straftatbestands nachweisen, um die Beihilfe zu einer Straftat nachzuweisen: (a) Dass der Angeklagte zum Begehen einer rechtswidrigen Tat irgendeine Hilfe geleistet hat; (b) dass durch die Beihilfe die Herbeiführung des Taterfolges *durch den Haupttäter* objektiv gefördert oder erleichtert wurde; und (c) dass die Beihilfe mit dem Vorsatz geleistet wurde, die Straftat zu fördern oder zu erleichtern. Nur wenn diese drei Elemente nachgewiesen sind, kann der Straftatbestand der Beihilfe festgestellt werden.

Eine persönliche Bemerkung scheint mir hier angebracht. Mein erster Eindruck von der deutschen Strafjustiz entstand im Jahre 2003, einige Jahre bevor ich aus Island nach Deutschland umzog. Ich las über das Verfahren gegen Mounir el Motassadeq und über die haarsträubenden Äußerungen des Richters Albrecht Mentz. Er soll gesagt haben, der Angeklagte, Mounir El M., hätte die „wesentlichen Einzelheiten der [9/11] Verschwörung [seiner Freunde] gekannt und gebilligt. Damit nahm Mounir el Motassadeq den Tod von Tausenden Menschen in Kauf".[582] Diese Aussage hat mich aufgewühlt, denn ich wusste schon damals – bevor ich Mounir kennenlernte[583] – dass er unschuldig war, da ich bereits über das Fehlen von Beweisen über die Teilnahme seiner Freunde an den Anschläge vom 9/11 wusste. Ich schrieb daher an Richter Albrecht Mentz, wies ihn auf die fehlenden Beweise hin und forderte ihn auf, sein Fehlverhalten durch Rücktritt zu sühnen.[584]

Richter Mentz und seine Kollegen unterließen Element (b) des Straftatbestands nachzuweisen, nämlich die Teilnahme der Freunde des Angeklagten an der Haupttat. Das Desinteresse des Gerichts für die Aufklärung der Haupttat offenbarte sich auch im schriftlichen Urteil: Von den 368 Seiten des Urteils werden gerade 4 (vier) Seiten der Haupttat 9/11 gewidmet. Aber auch diese vier Seiten bestehen hauptsächlich aus unbewiesenen Behauptungen eines US-amerikanischen Polizeibeamten, der im Gericht eine mündliche Aussage machte. Da die Beweislage so dünn war, versuchte Richter Mentz, dem Angeklagten eine antisemitische Gesinnung anzudichten, was für einen Schuldbefund der Beihilfe belanglos, aber zur Verschleierung der gerichtlichen Unterlassungen sehr erfolgreich war. Die antisemitische Unterstellung war wie ein „gefundenes Fressen" für die deutschen[585] und US-amerikanischen Medien.[586]

Weil die Feststellung einer Beziehung zwischen dem Gehilfen und den Haupttätern eine unabdingbare Voraussetzung zur Feststellung des Straftatbestands „Beihilfe" ist, war die Unterlassung dieser Feststellung eine eindeutige *Rechtsbeugung*. Die jeweiligen Strafverteidiger des Angeklagten, darunter Gerhard Strate, Ladislav Anisic und Udo Jakob haben ihrerseits nicht auf diese Verletzung des Strafrechts hingewiesen oder die Beweise zur Haupttat gefordert. Sie verrieten damit ihren Mandanten. Auch der BGH hat diese Rechtsbeugung übersehen bzw. schweigend gebilligt.[587] Hier ging es aber um viel mehr als um die Bestrafung eines unschuldigen Menschen und seiner Familie, sondern auch um eine Verhöhnung der Opfer des Massenmordes vom 11. September, die ein Anrecht auf Wahrheit und Gerechtigkeit haben. Durch ihr Urteil haben die Hamburger Richter auch zu den völkerrechtswidrigen Einsätzen der Bundeswehr beigetragen: Mitglieder des Bundestages verwiesen auf das Urteil des OLG Hamburg, um den illegalen Einsatz der Bundeswehr in Afghanistan zu rechtfertigen. Journalisten bezogen sich auf das Urteil, um Mohammed Atta und seine Freunde als Kriminelle zu diffamieren.

Mounir el Motassadeq beteuerte während des gesamten Verfahrens seine Unschuld. Er bestritt, von irgendwelchen kriminellen Plänen seiner Freunde gewusst oder etwas geahnt zu haben. Kein Wunder, denn seine Freunde hatten nichts mit dem 9/11 zu tun (siehe Kapitel 4).

Der BGH lehnte im Jahre 2014 Mounirs Antrag auf vorzeitige Haftentlassung mit einer Begründung ab, die einen stutzig zurücklässt: „Die Aussetzung der Vollstreckung des Strafrests zur Bewährung kann derzeit unter Berücksichtigung des Sicherheitsinteresses der Allgemeinheit nicht verantwortet werden [...] Angesichts der außergewöhnlichen Schwere des in seinen Dimensionen in der neueren Geschichte einmaligen Terroraktes, in dessen Vorbereitung der Verurteilte sich hat verstricken lassen, lässt das Sicherheitsinteresse der Allgemeinheit derzeit eine bedingte Haftentlassung des Verurteilten daher nicht zu."[588] Die Richter des BGH – Jörg Peter Becker, Jürgen Schäfer und Margret Spaniol – haben mit diesem Urteil den Ruf ihres Amtes und ihre richterliche Pflicht schwer verletzt und sollten daher von ihrem Ämt zurücktreten oder ggf. entfernt werden.

15.2 Andere terrorbezogene Gerichtsurteile 2003-2015

Der Präsident des Bundeskriminalamts, Holger Münch, erklärte im Jahre 2015, dass die Behörden seit dem Jahr 2000 angeblich zwölf terroristische Anschläge verhindert hätten.[589] Davon fanden einige Ereignisse überhaupt nicht statt. Es waren entweder fingierte Ereignisse oder reine Vermutungen.[590] Oft berichten die Medien von Razzien und Festnahmen, die durch einen mutmaßlichen Verdacht des Terrorismus begründet werden, aber sich kurz darauf als falscher Alarm herausstellen. Ob solche Aktionen von der Polizei für Propagandazwecke inszeniert sind, sei vorerst dahingestellt. Die Schlagzeilen über solche Polizeiaktionen sind jedenfalls dazu geeignet, den Eindruck zu erwecken, islamistischer Terrorismus wäre eine reale Gefahr für die deutsche Gesellschaft.

Seit dem Jahr 2003 bis Ende 2015 wurden rund 100 Personen in Deutschland *in Bezug* auf islamistischen Terrorismus gerichtlich verurteilt. Keiner dieser Angeklagten wurde wegen eines begangenen Terroranschlags verurteilt (die Erschießung zweier US-amerikanischen Soldaten am Flughafen Frankfurt am Main im Januar 2015 gilt streng genommen nicht als Terrorismus).

Etwa zwei Drittel der rund 100 Angeklagten wurden wegen mutmaßlicher Unterstützung bzw. Teilnahme an Kämpfen in Syrien, Irak oder Afghanistan verurteilt. Ihnen wurde weder die Vorbereitung eines Anschlags in Deutschland noch im Ausland unterstellt. Aus der Sicht der Angeklagten war ihr Verhalten ein Beitrag zu einem völkerrechtlich legitimen Befreiungskampf. Sie wären von keinem internationalen Strafgericht verurteilt worden, da sie das internationale humanitäre Recht nicht nachweislich verletzt hatten.

Von den restlichen 37 Angeklagten, sollen 13 von ihnen mutmaßlich Videos im Internet veröffentlicht und junge Leute damit zum Kampf gegen die Feinde des Islams aufgerufen haben. Sie taten im Kleinen, was die Großen und Guten viel besser können, und zwar für Kriege und Militarismus Stimmung zu machen. Einige von ihnen wurden von Irfan Peci, einem V-Mann, und Josh Devon, einem Mitarbeiter des SITE Intelligence Group in Washington, mit dem Wissen des BND, dazu gedrängt bzw. geködert.[591]

In völligem Missverhältnis zu den häufigen Schlagzeilen über die Terrorbedrohung wurden in Deutschland zwischen 2003 und 2015 wegen mutmaßlicher *Vorbereitung* bzw. *Versuchs* einer terroristischen Tat nicht mehr als 20 Personen verurteilt. Von ihren gerügten Taten ist niemand zu Schaden gekommen. Keiner von ihnen besaß die technische Fertigkeit und die konspirative Erfahrung, um einen erfolgreichen Anschlag auszuführen. Die meisten von ihnen standen vor ihrer Festnahme unter polizeilicher Überwachung. Ihre Wohnungen wurden verwanzt, ihre Telefone abgehört und ihre Computer durchforstet. Ob sie von polizeilichen bzw. geheimdienstlichen Stellen gefördert oder geführt worden sind, wollten die Gerichte nicht wissen.

Haben deutsche Gerichte bestätigt, dass islamistischer Terror eine echte, reale Bedrohung für die Öffentlichkeit darstellt? Eine Erkundung der folgenden Terrorverfahren sollte uns der Antwort näher bringen.

15.2.1 Betrüger von Lebensversicherungen

Ibrahim Khalil wurde am 23. Januar 2005, die Brüder Yasser und Ismail Abu Shaweesh im Herbst 2005 festgenommen. Am 1. Dezember 2005 wurden sie wegen Mitgliedschaft in Al-Qaida und weiteren Straftaten angeklagt. Am 9. Mai 2006 begann die Hauptverhandlung vor dem Staatsschutzsenat des Oberlandesgerichts Düsseldorf.

- Schon vor Beginn ihres Strafverfahrens, verbreitete die Staatsanwaltschaft in den Medien unbewiesene Anschuldigungen, die den Angeklagten in den Augen der Öffentlichkeit bereits den Prozess machten. Der Hauptangeklagte, Ibrahim, soll vor seinen Freunden gegenüber geprahlt haben, 48 Gramm angereichertes Uran in Luxemburg besorgt und es in seiner Wohnung aufbewahrt haben. Ein Gramm davon genüge, um Mainz zu zerstören, soll er seinen Freunden gesagt haben.[592] Er hätte sich auf Anweisung von Osama bin Laden nach Deutschland abgesetzt.[593] Auch hätte er den Medizinstudenten Yasser Abu Shaweesh für ein Selbstmordattentat in Irak angeworben. Von alledem war keine Rede mehr, als das Urteil verkündet wurde.
- Das Verfahren gegen die Angeklagten fand vor dem Staatsschutzsenat des Oberlandesgerichts Düsseldorf statt. Die Staatsanwalt behauptete, dass Ibrahim Khalil einen Treue-

schwur auf Osama bin Laden geleistet habe.[594] Er hätte dies selbst eingeräumt.

- Das Gericht nahm den Angeklagten die Geschichte ab, dass ihr geplanter Versicherungsbetrug in der Größenordnung von mehr als vier Millionen Euro nicht zur eigenen Bereicherung bestimmt war, sondern um *Geld für Al-Qaida zu beschaffen.*[595]

- In der mündlichen Urteilsbegründung hieß es: „Als Hauptbeweismittel stand dem Senat das Ergebnis der Wohnraumüberwachung zur Verfügung. Vom 24. August 2004 bis 22. Januar 2005, also nahezu fünf Monate, wurden die in der Mainzer Wohnung des Angeklagten [Ibrahim Khalil] geführten Gespräche über weite Strecken abgehört und – soweit bedeutsam – auch aufgezeichnet. [...] Die schriftlichen Übersetzungen allein der für das Verfahren bedeutsamen Gespräche füllen eine Vielzahl von Aktenordnern".[596] Weder die Tonaufzeichnungen noch die schriftlichen Übersetzungen wurden in der Hauptverhandlung als Beweismittel vorgelegt. Diese Beweise blieben und bleiben unter Verschluss.

- Am 5. Dezember 2007 verurteilte der Senat unter dem Vorsitzenden Richter Ottmar Breidling Ibrahim Khalil zu sieben Jahren Haft, Yasser Abu Shaweesh zu sechs Jahren und Ismael Abu Shaweesh zu drei Jahren und sechs Monaten. Die schriftliche Urteilsbegründung blieb der Öffentlichkeit vorenthalten. Über Aussagen, Erklärungen oder Vorbehalte der Verurteilten ist nichts bekannt.

Laut *Agence France Presse* soll das Gericht festgestellt haben, dass Ibrahim Khalil versucht hätte, Material für die Herstellung einer "Nuklearwaffe" zu erhalten *(Quelle: Richard Heister, German court jails Qaeda backers, Agence France Presse, 5.12.2007)*. Die Nachrichtenagentur erwähnt nicht, dass sich der Vorwurf des Versuches, Nuklearmaterial zu besorgen, nicht einmal in der Anklageschrift befindet *(Quelle:*

Stock Jürgen, Die Al-Qaida-Basis am Rhein, Rheinische Post Düsseldorf, 10.5.2006). Das Gericht soll auch *festgestellt* haben, dass sein älterer Bruder Abu Shaweesh Mitglied der Al Qaeda gewesen war. Der Richter Ottmar Breidling unterstrich, dass er die derzeitige Regelung zur Wohnraumüberwachung zu lasch findet *(Quelle: Pascal Beucker, Der große Lauschangriff des Richters, taz, 6.12.2007).* Er konnte aber bei der Auswertung einer fünfmonatigen Abhöraktion der Beschuldigten nicht einen einzigen Hinweis finden, dass sie beabsichtigten, das Geld aus dem Betrug der Lebensversicherungen an die Al Qaida weiterzuleiten *(Quelle: Jochen Thielmann, Die 'vierte Gewalt' als Kontrollinstanz der Justiz? Archiv der HRRS, Onlinezeitschrift für Höchstrichterliche Rechtsprechung zum Strafrecht, März 2012, #2910).*

15.2.2 Prostituierter und Passfälscher als Freiheitskämpfer für den Islam - die „Al-Tawhid"-Gruppe

Über die sogenannte Al-Tawhid-Gruppe weiß man nicht viel mehr, als das, was die Leitmedien berichtet haben. Die *Süddeutsche Zeitung* z. B. behauptete, dass die Gruppe Al-Tawhid mit Anschlägen in Deutschland bekannt werden wollte wie das Terrornetzwerk Al-Qaida von Osama bin Laden, und dass sie Terrorakte in Düsseldorf und Berlin gegen Juden „als Vergeltung für die israelische Politik in Palästina" verüben wollte.[597] Die erste Anklage der Generalbundesanwaltschaft gegen ein mutmaßliches Mitglied von „Al-Tawhid" erfolgte am 16. Mai 2003.[598] Es folgten im September Anklagen gegen vier weitere Verdächtige.[599] Folgende Personen wurden als Mitglieder dieser Gruppe angeklagt: Shadi Mohammed Mustafa Abdallah (26), Mohammed Abu Dhess (39), Ismail Abdallah Sbaitan Shalabi (30), Djamel Moustfa (30) und Aschraf Mohammad Al Dagma (34).

In den Augen des Richters Ottmar Breidling bezog die Gruppe ihre Motivation aus „einem abgrundtiefen Hass auf Juden, Israelis und letztlich auf alle Ungläubigen". Nur der „Wachsamkeit" der

Ermittler sei es zu verdanken, dass es nicht zu „Anschlägen der hiesigen Al-Tawhid-Zelle gekommen ist".[600] Die „Zelle" war übrigens schon 1997 ins Visier der Fahnder geraten.[601]

Der einzige belastende Gegenstand, den die Ermittler finden konnten, war eine russische Pistole, zusammen mit zwölf Schuss Munition. Sie lag original verpackt unter dem Tresen des Restaurants *Sahara* in Essen.[602] Von wo sie kam und wer sie dahin gebracht hatte, wurde nicht geklärt.

Verteidigerkollege Klaus Hindelang zweifelte an der Unbefangenheit des Vorsitzenden Richters Ottmar Breidling. Nach dem 9/11-Schock stehe der Senat unter „immensem politischen Druck", meinte der Jurist. Es komme nur darauf an, im Kampf gegen den Terror Erfolge zu präsentieren, so Arno Heissmeyer, FOCUS-Korrespondent.[603]

Shadi Mohammed Mustafa Abdallah

Im Mittelpunkt der Prozesse stand die Aussage des vorbestraften Shadi Abdallah gegen seine vier „Freunde".

Im Prozess vor dem Staatsschutzsenat des OLG Düsseldorf trat Shadi Abdallah als Kronzeuge auf und behauptete, mit Mitgliedern der deutschen „Al-Tawhid-Zelle" Anschläge auf jüdische Einrichtungen in Berlin und Düsseldorf vorbereitet zu haben. Auch Anschläge mit Autobomben seien erwogen worden, soll er gesagt haben.[604] Allerdings seien die Anschlagspläne zunächst aber noch unpräzise gewesen: „Unklar war, ob eine Autobombe oder Handgranaten das Ziel zerstören sollten. Darüber hinaus hätte die Gruppe noch auf die Ankunft mehrerer Iraner gewartet. Auch hätte zur Durchführung des Projekts bislang die Zustimmung der Drahtzieher in Afghanistan gefehlt".[605]

Abdallah *erzählte* dem Gericht u. a. dass er in Afghanistan an Lehrgängen zur Herstellung verschiedener tödlicher Gifte teilgenommen hatte. Der Einsatz dieser Gifte sollte „über Getränke und Lebensmittel erfolgen", sagte er.[606] Auch Logistik-Seminare zur Planung und Durchführung von Terroranschlägen habe er „mit hundertprozentigem Erfolg“ absolviert. Er sagte, er wäre im Jahr 2000 in Afghanistan in der Herstellung und im Gebrauch von Sprengstoff unterrichtet worden. Er behauptete außerdem, er hätte nur wegen seiner Größe, 1,90 Meter, zwei Wochen lang als ein Leibwächter von Osama bin Laden gedient.

Vor seiner „Laufbahn“ als idealistischer Kämpfer für den Islam war Abdallah deutschen Behörden eher im Drogen- und Prostitutionsmilieu aufgefallen.[607] *Der Spiegel* schrieb über ihn: „Er war Islamist und hat doch getrunken, sogar richtig viel: 20 Bier habe er kippen können, ohne aus dem Ruder zu laufen. [...] Er hat auch geraucht, 40 Zigaretten am Tag, und Haschisch noch dazu.[...] Shadi Abdallah, 28 Jahre alt, 1,90 Meter groß, 89 Kilogramm schwer, vollbärtig, ist ein Mann wie ein Bär, aber er benimmt sich oft wie ein Teenager. Und er hat nie etwas wirklich gut gemacht in seinem Leben. Als Schüler war der Jordanier schon lausig. Als Auszubildender brach er zwei Lehren ab. Als Leibwächter des Terrorführers Osama bin Laden quittierte er nach zwei Wochen den Dienst. Und als Terrorist steckte er 25.000 Euro seiner Komplizen in die eigene Tasche, statt gefälschte Pässe zu kaufen“.[608]

Der Spiegel enthüllte, dass Abdallah schon einmal 1998 als Kronzeuge in einem anderen, nicht identifizierten Verfahren aufgetreten sei.[609] Seit er zehn oder zwölf Jahre alt war, soll Abdallah erzählt haben, dass ihn ein Freund seines Onkels mit weiteren Männern immer wieder sexuell missbraucht habe. Und sein Vater soll ein Trinker und Schläger gewesen sein. Er floh aus Jordanien nach Deutschland im Jahr 1995 und erhielt 1996 eine Duldung als Asylant. Er lebte danach von Sozialhilfe und schnorrte im Lebensmittelladen einer Krefelder Moschee. 1999 nahm Abdallah die Einladung einer nicht identifizierten Person zu einer Pilgerreise nach Mekka an.[610] Dort soll er „das Vertrauen eines Schwiegersohns von bin Laden“ gewonnen und Ramzi Binalshibh getroffen haben, d. h. „den mutmaßlichen Chefplaner der Anschläge vom 11. September 2001”, wie es heißt.[611] Danach soll er mit einer Empfehlung des Schwiegersohns des Top-Terroristen nach Afghanistan gereist sein. Er sagte, dass er nach seiner Rückkehr nach Deutschland im Jahr 2001 sich prostituiert habe,[612] zog aber diese Aussage später zurück.[613] Eine Kellnerin in einem Schwulenlokal sagte jedoch vor Gericht, dass er mehrmals in der Woche spätabends das Lokal aufsuchte, und dass Abdallah in der Regel acht Gläser Bier trank, ohne betrunken zu wirken.[614] Laut der Tageszeitung *Die Welt* saß Shadi Abdallah bei seiner Festnahme „nachts betrunken auf einer Kiste Bier an einer Krefelder Bushaltestelle. Der regelmäßige Kiffer hatte seinen Terrorkollegen 25.000 Euro geklaut und wusste nicht mehr recht weiter".[615]

Abdallah bot dem deutschen Staat an, als Kronzeuge in allen prominenten Gerichtsverfahren gegen seine „Freunde", aber auch in anderen Verfahren auszusagen, um seine eigene Strafe zu reduzieren. Er behauptete z. B. in den Strafverfahren gegen Mounir el-Motassadeq und Abdelghani Mzoudi, dass er sie in afghanischen Terrorlagern gesehen habe.[616]

In Februar 2004 begann der Prozess gegen Abdallahs vier Komplizen. Ihre Anwälte kritisierten den Senat als voreingenommen und befangen. Der bereits verurteilte Abdallah sei zudem unglaubwürdig. Er habe versucht, sich durch sein Geständnis zu Lasten der Angeklagten eine mildere Strafe zu verschaffen. Zudem habe er nachweislich einen Hirnschaden erlitten und eine Drogenkarriere hinter sich.[617] Die vier Angeklagten wurden trotzdem zu Gefängnisstrafen zwischen sechs und acht Jahren verurteilt. Sie hatten keine Gewalttat begangen. Ihnen wurde nur unterstellt, eine solche *beabsichtigt* zu haben. Diese Absicht wurde aus den Aussagen des Kronzeugen abgeleitet.[618]

Die zwischen 32 und 41 Jahre alten Angeklagten bestritten vor Gericht solche Anschlagspläne, soweit sie sich in der Hauptverhandlung überhaupt zu den Vorwürfen äußerten. Eine deutsche Al-Tawhid-Zelle habe gar nicht existiert, betonten die Verteidiger der Beschuldigten.[619] Abu Dhess Verteidiger, Sebastian Siepmann, verdächtigte den bisexuellen Kronzeugen Abdallah, auch „während der Zeugenaussage unter Drogeneinfluss“ gestanden zu haben. „Es ist schon spannend, an wie vielen Punkten er beim Lügen erwischt wird”, behauptete Anwalt Jürgen Schüttler, der einen der Düsseldorfer Angeklagten verteidigte.[620] Bei den Verteidigern der Angeklagten galt Shadi Abdallah als Lügner mit „ausgeprägtem Selbstdarstellungstrieb”, der aus seinen Aussagen lediglich Vorteile gezogen habe.[621]

Der Berichterstatter der *Welt am Sonntag* bezeichnete die Gruppe als „eine Bande von Stümpern“.[622] Die Bande soll monatelang *versucht* haben, irgendwas Explosives in die Finger zu bekommen. Das einzige Schießfähige, was Ermittler als Beweis für das terroristische Vorhaben der Gruppe vorlegen konnten, war die bereits erwähnte Pistole.

Selbst die Bezeichnung der Anschlagsorte schien nachträglich improvisiert worden zu sein: „Der bisexuelle Abdallah wollte die Düsseldorfer Disko *Oberbayern* oder die Schwulenbar *Le Clou* attackieren. Im *Oberbayern* würden Juden verkehren, meinte Abdallah, und das *Le Clou* habe eine jüdische Wirtin. Allerdings verwechselte der Terrorist im *Le Clou* einen Davidsstern mit einem Sheriff-Stern, den er bei seiner Suche nach homosexuellen Kontakten am Gürtel der Wirtin sah“.[623] Den Anschlag auf diese Schwulenbar soll der Säufer angeblich für die Befreiung Palästinas geplant haben! Die Gelehrten des Staatsschutzsenats nahmen ihm das ab.

Mohammed Abu Dhess

Mohammed Abu Dhess, einer der Angeklagten, war nicht gerade ein Mustermuslim: „Er lebte von Passfälschungen und Schleusergeschäften und kassierte Sozialhilfe,“ räumte Staatsanwältin Ricarda Peters ein.[624]

Bis zuletzt bestritt Abu Dhess seine Schuld, in einem terroristischen Vorhaben verwickelt zu sein. Laut *RP-Online* soll Abu Dhess gesagt haben: „Ich bin tief eingedrungen in die Verliese meines Gedächtnisses und habe nichts gefunden, was mit Terrorismus zu tun hatte." Er gestand seine Abneigung gegen „das israelische System," habe aber keinen Hass auf die jüdische Religion. „Wir sind Muslime und glauben an die Rechte der anderen Menschen", fügte er hinzu. Er erklärte, die angeblichen Anschlagsziele in Berlin und Düsseldorf seien von dem Kronzeugen erfunden worden. Dem Senat und der Bundesanwaltschaft warf er vor, bei dem Verfahren von Anfang an gewusst zu haben, „worauf sie hinauswollten". Mögliche Entlastungszeugen seien auch entsprechend behandelt worden, sagte Abu Dhess und fügte hinzu: „Ich habe das Vertrauen in die Gerechtigkeit dieses Gerichts verloren."[625] Warum er das Vertrauen in das Gericht verlor, interessierte anscheinend keinen Journalisten.

In Mai 2010 kam Abu Dhess auf freien Fuß, musste aber in einem bestimmten „Hotel" im Kölner Stadtteil Nippes wohnen. Den Stadtteil darf er nur mit vorheriger Erlaubnis des Amtes für Öffentliche Ordnung verlassen. Er darf nicht das Internet nutzen. Wer ihm Geld oder sonstige materielle Zuwendungen zukommen lässt, ohne zuvor die Erlaubnis der betreffenden Behörde einzuholen, macht sich eines Verbrechens strafbar. Das „Amt für Soziales und Senioren" der Stadt Köln gewährt Abu Dhess monatlich 165 Euro als Warengutschein, sowie 41 Euro als Bargeldleistung.[626]

Ismail Abdallah Sbaitan Shalabi

Über sein Leben und seine Rolle in der Gruppe ist sehr wenig bekannt, auch nicht über seine Aussagen im Gericht. Es ist nicht bekannt, wofür genau er verurteilt wurde. Das schriftliche Urteil gegen ihn gilt als Verschlusssache. Es wurde nur gemeldet, dass er zu einer 6-jährigen Haftstrafe verurteilt wurde.

Djamel Moustfa

Über sein Leben und seine Rolle in der Gruppe ist sehr wenig bekannt, auch nicht über seine Aussagen vor Gericht. Der gebürtige Algerier soll der Gruppe geholfen haben, Pässe zu fälschen und Waffen zu besorgen. Einzelheiten über diese Tätigkeit bleiben im

Dunkeln. Das schriftliche Urteil gegen ihn gilt als Verschlusssache. Bekannt wurde nur, dass er zu einer 5-jährigen Haftstrafe verurteilt worden ist.

Aschraf Mohammad Al Dagma

Über sein Leben und seine Rolle in der Gruppe ist ebenfalls sehr wenig bekannt. Er soll in Palästina geboren sein. Laut *Spiegel* soll er im Jahre 1995 wegen Drogenhandels eine Haftstrafe verbüßt haben.[627] Die US-amerikanische Zeitung *USA Today* war die einzige von mir gefundene Quelle über seine Aussage vor Gericht. Er soll gesagt haben: „Ich habe nie Angriffe gegen jüdische, israelische oder sonst irgendwelche Ziele in Deutschland geplant."[628] *FOCUS* meldete, dass die Düsseldorfer Staatsanwaltschaft gegen seine Verteidiger ermittelte.[629] Die Anwältin Astrid Radermacher und ihr Kollege Jürgen Schüttler sollen im Verdacht der versuchten Anstiftung zur uneidlichen Falschaussage stehen, so FOCUS. Die Anwälte wiesen den Vorwurf zurück. Über diese Ermittlung wurde nicht mehr berichtet. Al Dagma erhielt eine Freiheitsstrafe von sieben Jahren und sechs Monaten. Das schriftliche Urteil gegen ihn gilt als Verschlusssache.

Fazit

Was die Planung eines Terroranschlags betrifft, hatte die Gruppe nichts Konkretes unternommen. Sie besaß keine Waffen außer möglicherweise einer Pistole. Die Gruppe stellte keine unmittelbare Gefahr für die Öffentlichkeit dar. Waren hier wieder die verwirrten, inkompetenten Möchtegern-Terroristen am Werk oder war dies eine kriminelle Bande, die sich mit Islamismus tarnte? War Shadi Abdallah schon im Vorfeld in die Gruppe eingeschleust worden, um sie im Auftrag anderer zur Vorbereitung eines Anschlags zu ködern? Wer mietete die Wohnungen für ihn? Was wussten die Behörden über die Mitglieder dieser Gruppe und seit wann? Handelte jemand in dieser Gruppe als V-Mann der Geheimdienste?

15.2.3 Die „Sauerland-Gruppe"

Am 4. September 2007 überfiel die Antiterroreinheit GSG-9 ein Ferienhaus in Oberschledorn (Sauerland) und verhaftete drei junge Männer, die von den Behörden verdächtigt wurden, einen Terroranschlag zu planen.[630] Es waren Fritz Gelowicz, Daniel Schneider und Adem Yilmaz. Ein vierter mutmaßlicher Komplize, Attila Selek, wurde in Konya (Türkei) im November 2007 verhaftet[631] und später nach Deutschland überführt.[632] Alle vier wurden angeklagt und zu langen Haftstrafen verurteilt. Diese Gruppe erhielt bald die Bezeichnung „Die Sauerland-Gruppe“.

Schon vor der Jahreswende 2006/7 sind mehrere Dutzend – laut einigen Quellen sogar mehr als einhundert – „Experten“ der CIA nach Deutschland eingereist, um die vier jungen Männer zu observieren. Darunter sollen nahkampferprobte Ex-Soldaten der Elitetruppe Navy Seals gewesen sein. Sie sollen in Neuss (Nordrhein-Westfalen) untergebracht worden sein, wo schon seit Jahren eine Kommandozentrale für ein geheimes Spionageprogramm von CIA, BND und Verfassungsschutz, „Projekt 6”, betrieben wurde.[633] Über die Anwesenheit der CIA-Teams seien nur das Bundesamt für Verfassungsschutz und das Bundesinnenministerium unterrichtet gewesen. Deutsche Behörden wollten diese Meldungen nicht kommentieren. Der Neusser Bürgermeister Herbert Napp (CDU) sagte nur, er hätte davon „nicht den Hauch einer Ahnung“.[634]

Presseberichten zufolge hatte die Sauerland-Gruppe über eine Zeitspanne von acht Monaten 720 kg. 35-prozentiges Wasserstoffperoxid in zwölf 60-Liter-Behältern gekauft und die Behälter, zwei Stück auf einmal, in einem Mietwagen vom Händler in Hannover nach Freudenstadt in Baden-Württemberg transportiert.[635] Diese wurden in einer gemieteten Garage gelagert.[636] Am 31. August 2007 mieteten sie ein Ferienhaus in Oberschledorn, um dort ihre Bomben zu basteln. Die bärtigen jungen Männer konnten keinen besseren Ort finden als ein verschlafenes Dorf, um aufzufallen.[637] Kurz nach der Verhaftung behaupteten die Behörden, dass die Gruppe ihre Bomben in Kneipen, Restaurants, Diskotheken und Flughäfen detonieren lassen wollten,[638] u. a. in Stuttgart, München, Köln, Frankfurt, Dortmund, Düsseldorf und in Ramstein, wo die USA eine riesige Militärbasis unterhalten.[639] Statt die Gruppe auf Grund des dringenden Verdachts schon früher zu verhaften, hatte die Polizei, laut eigenen Angaben, die Garage in Freudenstadt heimlich besucht und das Wasserstoffperoxid mit einer harmlosen Lösung von nur drei Prozent ersetzt.[640]

Die Gruppe war monatelang von Hunderten Ermittlern aus mehreren deutschen und amerikanischen Diensten vor ihrer Verhaftung rund um die Uhr überwacht worden.[641] Die Telefongespräche der einzelnen Mitglieder wurden abgehört und ihre Wohnungen und Autos wurden verwanzt.[642] Die Überwachungsmaßnahmen der Gruppe sollen von der US-amerikanischen NSA initiiert worden sein.[643] US-Beamte sollen auch „subtilen Druck" auf ihre deutschen Kollegen ausgeübt haben, um die Gruppe als sehr gefährlich einzustufen. Michael Chertoff, damaliger Chef des US-Heimatschutzministeriums besuchte zu diesem Zweck den damaligen Innenminister Wolfgang Schäuble in seiner Residenz in Gengenbach.[644] Auch Präsident Bush soll Kanzlerin Angela Merkel beim G-8-Treffen seine Sorge über die Sauerland-Gruppe zum Ausdruck gebracht haben.[645]

Die verzögerte Festnahme war verordnet, um den Fall politisch so gut wie möglich auszuschlachten. Nur nachdem die Möchtegern-Terroristen ihre Bombenbrühe zu kochen begannen, konnte Generalbundesanwalt Monika Harms die Verhaftungen als einen Erfolg bei der Vereitelung „eine[r] der bislang aus unserer Sicht schwerwiegendsten terroristischen Anschlagsplanungen in diesem Land" bezeichnen.[646] Die Medien sprachen vom „gefährlichsten Terroranschlag in der deutschen Geschichte," der nur dank der Polizei, der Geheimdienste und der US-amerikanischen Freunde verhindert wurde.[647]

Nachdem die Beschuldigten im Gerichtsverfahren lange schwiegen, beschlossen sie plötzlich, einer nach dem anderen, „ihre Motive zu erklären" und ihr Vorhaben zu „beichten".[648] Gelowicz bestritt die Motivation, „einfach Ungläubige töten zu wollen". Er habe auch keinen Hass auf die westliche Kultur empfunden. „Kernproblem [sei] die Palästina-Frage" und die „Amerikaner als Schutzmacht Israels" gewesen, soll er dem Gericht gesagt haben.[649] Von seinem Interesse für die Rechte der Palästinenser hat niemand zuvor etwas bemerkt.

Die vier Angeklagten wurden zu Haftstrafen zwischen fünf und zwölf Jahren verurteilt.[650] Ein nicht identifiziertes Mitglied der Gruppe, der ihnen Sprengzünder geliefert haben soll, wurde zu einer 5-jährigen Haftstrafe verurteilt, aber schon im Jahr 2012 freigelassen.[651] Attila Selek und Daniel Martin Schneider sind ebenfalls wieder auf freiem Fuss.[652] Noch Fragen?

Wer sämtliche Berichte über die Sauerland-Gruppe gelesen hat, kann nicht so seelenruhig zur Tagesordnung übergehen, denn sogar etablierte Medien äußerten Zweifel über die offizielle Darstellung der Fakten.[653] Waren weitere Komplizen im Spiel? Waren die vier Angeklagten wirklich fanatische Islamisten? Welche Rolle spielten die Geheimdienste hinter den Kulissen? Und ganz besonders: Warum agierten die Angeklagten so arglos, sogar nachdem sie sich ihrer Überwachung bewusst waren?

Auffällig und provokant

- Am 31. Dezember 2006 – also nach der Einreise der CIA-Einsatzkräfte nach Deutschland – fuhren Fritz Gelowitz, Attila Selek, Ayhan T. und Dana Boluri[654] nach Hanau-Lamboy, wo das 18. US Corps Support Battalion stationiert ist.[655] Sie wurden von deutschen Agenten seit ihrer Abreise aus Frankfurt beschattet.[656] Im Observationsprotokoll, aus dem *Der Spiegel* zitiert, heißt es: Die Verdächtigen „umfahren mehrfach, dabei unter anderem auch im Schritttempo, das dortige Gelände der

US-Armee. Dabei schauen sie aufmerksam in das Innere der Liegenschaften. Sie interessieren sich insbesondere für die Zu- und Abfahrtsmöglichkeiten".[657] Sie sollen auch zur Identitätskontrolle von der Polizei angehalten worden sein.

- Laut der *taz* und anderer Medien soll Attila Selek etwa am 5. Januar 2007 seinen Wagen an einer roten Ampel plötzlich verlassen haben und die Reifen des Polizeiwagens, der ihm folgte, aufgeschlitzt haben.[658] Laut der *Süddeutschen Zeitung* war es Gelowicz, der so agierte: Einmal, das berichtete Gelowicz in seiner Aussage, seien ihnen die Leute vom Staatsschutz derart dicht mit ihren Autos auf die Pelle gerückt (sic), dass sie einem der staatlichen Verfolger den Reifen zerstochen hätten.[659]
- Am 6. Januar 2007 wurden die Wohnungen von Attila Selek, von Fritz Gelowicz und dessen Vater durchsucht.[660] Und im April 2007 durchsuchten Ermittler wieder Gelowicz' Wohnung.[661] Im Mai 2007 berichtete das Magazin *FOCUS* ausführlich über diese Durchsuchungen. Nur die Namen der Verschwörer wurden nicht genannt.[662] Die Gruppe ließ sich aber nicht von solchen Enthüllungen abhalten.
- Im Mai 2007 – so *Der Spiegel* – soll ein Beobachtungsteam bemerkt haben, wie Adem Yilmaz und seine Freunde eine Schlägerei vor einer Disco in Darmstadt beginnen wollten. Als ihr Versuch scheiterte, liefen sie davon und begannen, die Reifen von amerikanischen Fahrzeugen aufzuschlitzen, bis eine Polizeieinheit eingriff.[663] Von einer Festnahme ist nichts bekannt.
- In der Annahme, dass die Verschwörer nicht *FOCUS* gelesen hatten, musste Gelowicz' Beharrlichkeit noch einmal getestet werden: Im Juli 2007 soll der Journalist Rainer Nübel von der Zeitschrift *STERN* ihn besucht haben.[664] War Gelowicz deutschen Medien schon als „Möchtegern-Terrorist" bekannt?
- Am Tag vor ihrer Verhaftung geriet die Gruppe in eine Verkehrskontrolle, bei der ihre Papiere geprüft wurden. Als der

Polizist ihre Namen im Computer fand, soll er laut den Angeklagten gemurmelt haben: „Das BKA ist nochmal dran“ und ließ sie weiterfahren.[665] Fand der Polizist einen Vermerk, demnach die Männer nicht belästigt werden sollten?

Die Mitglieder der Gruppe wussten, dass sie überwacht wurden.[666] Dass sie sich nicht vor einer Festnahme fürchteten, und dass die Polizei sie auch nicht verhaftete, deutet auf ein gutes Zusammenspiel hin.

Die offenkundige Unbekümmertheit der Verschwörer veranlasste die *New York Times* zu folgendem Kommentar: „Es ist schwer sich vorzustellen, wie Herr Gelowicz, nach so viel Aufmerksamkeit durch die Polizei, immer noch denken konnte, erfolgreich zu werden.“[667] Die *Frankfurter Allgemeine Zeitung (FAZ)* fragte ihrerseits „Waren die angeblichen Terroristen rücksichtslos, dumm oder haben sie weiterhin ihre Handlung trotz der Überwachung fortgesetzt, um von anderen Aktivitäten abzulenken?”[668] Auch die *Bild-Zeitung* fragte, warum die angeblichen Terroristen – die sich ihrer Überwachung bewusst waren – ihre Verschwörung fortsetzten.[669] Das waren gute Fragen, für die aber die Journalisten keine Antworten geben konnten oder wollten.

Die V-Leute im Umfeld der Sauerland-Gruppe

Nachträglich kann mit Sicherheit über zumindest drei V-Leute im Umfeld der vier Mitglieder der Sauerland-Gruppe berichtet werden.

Yahia Youssif

Ab 2003 soll ein charismatischer Hassprediger in Neu-Ulm namens Dr. Yehia Youssif die Mitglieder der Gruppe für den „Heiligen Krieg“ radikalisiert haben.[670] Er soll nicht nur „der Hirnwäscher für etliche Angehörige der Sauerland-Gruppe”, sondern auch für deren Dunstkreis „von vierzig, fünfzig jungen Leuten“ gewesen sein, von denen viele „inzwischen in Terrorcamps im afghanisch-pakistanischen

Grenzgebiet“ landeten.[671] Dr. Youssif trug aber auch einen zweiten Hut. Zumindest zwischen 1995 und 2002 arbeitete er als V-Mann für den baden-württembergischen Verfassungsschutz.[672] Nach Angaben Ewalds T. Riehtmüller, bis 2006 im Wirtschaftsrat der CDU, vertrat Dr. Yousif sogar das Amt auf einer internationalen Tagung in London.[673] Es wäre peinlich gewesen, wenn Dr. Yousif im Verfahren gegen die Sauerland-Gruppe hätte einräumen müssen, dass er für den Verfassungsschutz Mitglieder der Gruppe zum Dschihad verführte. Glücklicherweise für die deutschen Behörden zog Dr. Yousif vor dem Prozess von Deutschland nach Saudi Arabien.[674]

Mevlüt Kar

Bereits 2004 soll der Bundesnachrichtendienst (BND) über die Geheimdiensttätigkeit des deutsch-türkischen Mevlüt Kar informiert gewesen sein.[675] Laut Gerhard Piper war es Yehia Youssif zu verdanken, dass Mevlüt Kar sich der türkischen Gruppierung Beyyiat El-Imam (deutsch: Imam-Einheit) anschloss, die ihrerseits in Verbindung zur Al-Qaida stand.[676] Kar war gleichzeitig Mitarbeiter des türkischen Geheimdienstes (MIT) und der CIA.[677] Er lieferte Fritz Gelowicz, der zurück nach Deutschland zog, Sprengzünder, die überwiegend defekt waren.

Eric Breininger

Einer der V-Männer wohnte sechs Wochen lang mit Daniel Schneider zusammen und leitete „unter anderem“ Details über dessen Tagesablauf von seinem Laptop an die Behörden weiter. Er habe „wertvolle Informationen zu Schneider und seinen Kontaktpersonen“ geliefert, heißt es in einem Vermerk der Ermittler.[678] Dieser V-Mann war Eric Breininger, der vor der Verhaftung der Gruppe aus Deutschland ausreiste. Er erschien danach in dschihadistischen Propagandavideos, die deutsche Medien genüsslich vorstellten.[679] Am 30. April 2010 soll Breininger, laut Berichten einer nicht näher identifizierten Kampforganisation in Waziristan ums Leben gekommen sein. Ob er überhaupt starb und wenn ja, wie und wo, ist nicht bekannt. Deutsche Medien berichteten aber ausführlich über seinen mutmaßlichen Tod. Dass Breininger als ein V-Mann der Geheimdienste agierte, wurde zwar nicht öffentlich eingeräumt, aber die CIA zeigte sich ungewöhnlich besorgt über die Recherchen des NDR-Journalisten Stefan Buchen. Er soll gesagt haben, dass der Fall Breininger ihn „nachdenklich gemacht“ hätte und er wäre zu dem Ergebnis gekommen, dass sich „Propaganda eines Islamisten und Propaganda der Dienste seltsam ergänzt" hätten. Die CIA soll daraufhin versucht haben, sich mit Hilfe ihrer deutschen Partnerdienste über Buchen intensiv zu erkundigen. Kam Buchen etwas zu nahe an Informationen über die wahre Rolle Breiningers?[680] Die CIA jedenfalls wusste genau, in welchem Gebäude in Pakistan deutsche Rekruten Breiningers lebten, um sie mit einer Drohne „auszuschalten“.[681]

Weitere V-Leute

Die Verteidiger von Adem Yilmaz und Attila Selek erklärten in einer Pressemitteilung, dass V-Leute der Nachrichtendienste in einer Weise an die Gruppe herangeführt wurden, dass diese teilweise zu eigentlichen Akteuren geworden seien. So sei ein V-Mann die „treibende Kraft“ bei der bereits erwähnten Ausspähfahrt der Gruppe an Silvester 2006 in Hanau gewesen.[682] Rechtsanwalt Manfred Gnijdic, Strafverteidiger von Fritz Gelowicz, sagte in einem Interview in der Wochenzeitung *Freitag*, dass die „Kontakte von Geheimdiensten zu Gelowicz und seinen drei Mitstreitern [...] eine sehr hohe Dichte“ hatten, ohne dies näher zu erläutern.[683]

Es war für die deutsche Justiz sehr praktisch, dass die V-Leute, die sich um die Sauerland-Gruppe tummelten, aus Deutschland rechtzeitig wegzogen und damit für eine Zeugenaussage nicht mehr zur Verfügung standen.

Die Arglosigkeit der Gruppe und ihr dilettantisches Vorgehen legt nahe, dass die Terrorverwalter bzw. ihre Terrorführer von ihnen nicht die Ausübung eines tatsächlichen Terroranschlags erwarteten, sondern sie zu ihren Handlungen beauftragten oder köderten, um eine nützliche Terrorlegende aufzubauen. Dieser Verdacht beruht u. a. auf dem Ersatz des Wasserstoffperoxids und die Zustellung von defekten Sprengzündern.

Der politische Nutzen

Mit der Enthüllung der mutmaßlichen Verschwörung sollten Medien gefüttert werden, um die Fiktion der Terrorbedrohung weiter zu pflegen. Politiker bekamen wieder einen Anlass, um die polizeilichen Befugnisse zu erweitern und den Rechtsstaat auszuhöhlen. Der Fall der Sauerland-Gruppe gab außerdem einen weiteren Anstoß für eine noch engere Zusammenarbeit zwischen deutschen und US-amerikanischen Sicherheitsdiensten.

Laut Paul Schreyer verlief die Einführung neuer Gesetze in Deutschland zügig:

> Noch in der Woche der Festnahmen von Gelowicz und Co. im September 2007 berief Wolfgang Schäuble eine Sondersitzung der Innenminister ein. Er hatte konkrete Forderungen: man brauche nun endlich die Online-Durchsuchung und außerdem müsse bereits der Aufenthalt in Terrorausbildungslagern Straftatbestand werden. Nur wenige Tage später einigten sich die Innenminister auf eine Verschärfung der Antiterrorgesetze. Mission accomplished.[684]

Die Rolle der Justiz

Schon drei Tage nach ihrer Festnahme unterstellte Ministerialrat August Henning Fritz Gelowitz, der noch als unschuldig galt, „eine enorme kriminelle Energie". Er wäre „mit Hass gefüllt".[685] Die Sauerland-Gruppe war von der ersten Minute an in der Öffentlichkeit vorverurteilt. Damit gaben die Behörden dem Gericht die Marschrichtung vor.

Das Gericht versuchte weder die Wahrheit über den Tatverlauf festzustellen, noch Recht zu sprechen, sondern ein politisch gewünschtes Urteil zu konstruieren. Um diese Konstruktion glaubhaft zu machen, ignorierte das Gericht wichtige Zeugen und Tatbestände, schenkte den Aussagen der Angeklagten volles Vertrauen und unterließ es, unbewiesene Sachverhalte zu prüfen:

Die Rolle der V-Leute im Umfeld der Angeklagten und die Rolle der CIA wurde vom Gericht völlig ausgeklammert;

- Das Gericht verließ sich gänzlich auf die Auslassungen der Angeklagten über ihre persönliche Entwicklung, Radikalisierung und mutmaßlichen Aufenthalt in Saudi-Arabien, der Türkei, Syrien, Iran und Pakistan;
- Das Gericht verließ sich auf die einseitigen Bewertungen des IJU, einer mutmaßlichen „Terrororganisation", der sich drei der Angeklagten angeblich angeschlossen hatten;
- Verheimlicht wurden die Namen der Beisitzenden Richter; die Urteilsbegründung; die Aussagen der Angeklagten, die einen „tiefen Einblick in die Terrorszene" ermöglichten;[686] die Aufzeichnungen ihrer Telefonate; und die Namen der Schleuser, die sie durch den Iran nach Waziristan brachten;
- Obwohl die Angeklagten in Waziristan konspiratives Verhalten gelernt haben sollen, verhielten sie sich während der Vorbereitung ihrer mutmaßlichen Anschläge in Deutschland so auffällig und provokativ, dass sie mehrmals von der Polizei gestoppt wurden. Hatten sie ihre Ausbildung vergessen, oder gab es andere Gründe für ihr argloses Verhalten? Das Gericht konnte keine plausible Erklärung dafür bieten;
- Die Angeklagten äußerten allerlei Gründe für ihre terroris-

tischen Pläne: Man wollte viele „Ungläubige" töten; es sollen hauptsächlich Amerikaner sein; dann sollte eine Autobombe am Düsseldorf Flughafen detonieren; mittels eines Anschlags sollte Deutschland gedrängt werden, seine Truppen aus Afghanistan zurückzuziehen; auch eine Solidaritätsaktion mit den Palästinensern sollte es geben. Das Gericht versuchte nicht zu klären, wieso die Möchtegern-Terroristen nicht einmal wüssten, wozu sie agierten;

- Das Gericht klärte nicht, von wem die Angeklagten eine Garage gemietet hatten und wem das Fahrzeug gehörte, von dem sie das Autokennzeichen gestohlen hatten. Sie wurden übrigens nicht wegen dieses Diebstahls angeklagt;
- Merkwürdig war die Art, in welcher Gelowicz sich zur Frage der Geheimdienste ausdrückte. Er sagte u. a. vor Gericht: „Ich habe die Tat nicht gemacht, weil ein Geheimdienst es wollte." Es sei auch niemand „vom Geheimdienst ferngesteuert" worden;[687]
- Gelowicz soll nach seiner Aussage den Vorsitzenden Richter gefragt haben, ob er „was ausgelassen" habe.[688] Hatte er seine Aussage mit der Staatsanwaltschaft und dem Richter in Voraus abgestimmt?

Obwohl folgende Zeilen von der Journalistin Claudia Wangerin nicht spezifisch zum Fall der Sauerland-Gruppe geschrieben worden sind, treffen sie haargenau auch diese Geschichte zu:

> Mehr denn je stellt sich jetzt die Frage, wie viele Politiker die Geheimdienste fürchten müssen – und wie groß der 'tiefe Staat' ist, das kriminell-faschistoide Netzwerk im Sicherheitsapparat, das sich in der ausgehöhlten bürgerlichen Demokratie breitmacht hat wie ein Krebsgeschwür. [...] Die Arbeitsplätze bei den Geheimdiensten sind sicher – notfalls erfinden sie Anschläge, die sie verhindert haben.[689]

15.2.4 Die „Düsseldorfer Zelle"

Am 13. November 2014 fällte die Vorsitzende Richterin Barbara Havliza des Staatsschutzsenats des Oberlandesgerichts Düsseldorf Urteile über vier Angeklagte, die mutmaßlich im Auftrag der Al-Qaida eine Zelle in Deutschland zur Begehung von Terroranschlägen aufbauen sollten. Die Angeklagten wurden zu Freiheitsstrafen zwischen viereinhalb und neun Jahren verurteilt.[690] Ihre Namen sind: Abdeladim El-K, Halil S., Jamil S. und Amid C. Ihre vollen Namen wurden nicht bekanntgegeben.

Aus Medienberichten geht hervor, dass in einer der Wohnungen, die Halil S. für Abdeladim El-K gemietet haben soll, Wanzen installiert wurden, seine Telefone abgehört und E-Mails abgefangen wurden.[691] Er wurde rund um die Uhr überwacht.[692] Die Gruppe soll versucht haben, aus Grillanzündern die Chemikalie Hexamin für Sprengstoff in einer Badewanne zu gewinnen,[693] dennoch ohne Erfolg, weil sie falsche Grillanzünder verwendeten, aus denen sie lediglich Wachs heraus kochen konnten.[694] Halil, seinerseits, soll sich in Zusammenarbeit mit einer Betrügerbande illegal Daten von Ebay-Kunden besorgt und mit falschen Identitäten etwa Spiegelreflex-Kameras im Wert von 25.000 Euro gegen Vorkasse angeboten haben. So sollen 5.200 Euro ergaunert worden sein, für den Dschihad, versteht sich.[695] Obwohl mit großem Personalaufwand an dem Fall gearbeitet wurde (die Rede ist von „Hunderten Ermittlern") ist über die Rolle der zwei anderen Mitglieder der Gruppe wenig bekannt.[696]

Laut der Tageszeitung *Die Welt* sollen die USA wichtige Hinweise zum Fall geliefert haben. Die USA entsandten auch drei FBI-Mitarbeiter als Zeugen. Über ihre Vernehmungen wurde nicht berichtet. Im Versteck Osama bin Ladens in Pakistan soll eine US-Eliteeinheit ein Schreiben von Abdeladim El-K. an bin Laden gefunden haben: „O Scheich, wir halten unser Versprechen, entweder Sieg oder Märtyrertum", heißt es darin.[697] Solche Glücksfunde sind seit den Anschlägen des 9/11 üblich (siehe Kapitel 8).

Obwohl Abdeladim und seine angeworbenen Helfer monatelang überwacht worden sind, wurden aus seinen aufgezeichneten Gesprächen nur Fetzen an vertraute Journalisten durchgereicht. So konnte *Die Welt* z. B. erklären, Abdeladim wolle Menschen „schlachten".[698] Bei den Ermittlungen stützte sich die Bundesanwaltschaft unter anderem auf abgehörte Telefongespräche in Autos und in Wohnungen. „Der Verteidigung wurden die Datenträger nicht zur Verfügung gestellt", kritisierten die Anwälte von Amid C. Dadurch würden womöglich entlastende Aussagen vorenthalten und das Fragerecht behindert.[699] Die Generalbundesanwaltschaft gewährte den Verteidigern zwar das Recht, die Audiodateien anzuhören, aber nur im Bundeskriminalamt in Berlin. Außerdem habe ein Angeklagter selbst kein Recht auf Akteneinsicht, sondern nur der Anwalt.[700]

Der Öffentlichkeit, in deren Namen Strafurteile verkündet werden, sind weder Protokolle noch die Audiodaten zugänglich. Die Urteilsbegründung wurde auch nicht veröffentlicht.

Der Spiegel berichtete über ein „ehemaliges" Mitglied der Leibgarde von Osama Bin Laden, das mittlerweile mit Frau und Kindern in Bochum lebt. Er wird Sami A. genannt. Der Verfassungsschutzpräsident des Landes Nordrhein-Westfalen, Burkhard Freier, bezeichnete den Mann als „einen gefährlichen Prediger". Das Bundeskriminalamt soll „umfangreiche staatsschutzrelevante Erkenntnisse" über ihn haben: „Wir kennen den", sagte ein Sprecher von Innenminister Ralf Jäger (SPD) der *WAZ*. Sami A. soll junge Muslime für den Heiligen Krieg rekrutieren.[701] Zugleich stufen die nordrhein-westfälischen Sicherheitsbehörden Sami A. als „religiöse Autorität", ein, der bei vielen jungen Muslimen ein hohes Ansehen genieße.[702] Dennoch wurde er weder angeklagt noch aus Deutschland ausgewiesen. Sami A. gilt als mitverantwortlich für die *Radikalisierung* von zwei Mitgliedern der sogenannten Düsseldorfer Zelle, das berichteten die Zeitungen der *WAZ*-Gruppe und beriefen sich auf Dokumente der Bundesanwaltschaft, die den Blättern vorlagen.[703] Der Sprecher der Bundesanwaltschaft betonte seinerseits, Sami A. sei nicht für die

Rekrutierung der Düsseldorfer Zelle verantwortlich. Spielte Sami A. vielleicht eine ähnliche Rolle als V-Mann des Verfassungsschutzes wie seinerzeit Yahia Youssif beim Aufbau der Sauerland-Gruppe? Es steht immerhin fest, dass trotz Samis A. angeblicher Gefährlichkeit er weiter auf freiem Fuß bleibt und junge Leute „betreut".

In einer Untersuchung des berüchtigten Terrorparagraphen 129b belegt Helmut Lorscheid auf *Telepolis* nicht nur die dubiose Legalität dieses Paragraphen, sondern schildert auch die Bemühungen der Gerichte, ihre so genannten Terrorverfahren ohne Öffentlichkeit zu führen. Er führt als Musterbeispiel dafür die Außenstelle des OLG Düsseldorf an: „Weit von der City entfernt steht mitten auf einem Feld ein Stahlkasten, der mit hohem Zaun und Stacheldraht umringt ist. Das Ganze erinnert eher an ein Munitionsdepot oder ein Gefängnis."[704] In diesem Bunker finden die Terrorverfahren des OLG Düsseldorf statt.

Weiter berichtet Helmut Lorscheid über die Öffentlichkeitsscheu des Gerichts:

> Um den Gerichtssaal betreten zu können, muss zunächst eine Klingel betätigt werden, daraufhin wird die Tür der äußeren Umzäunung geöffnet. Es folgt eine weitere Tür, drinnen muss der Besucher sein Mobiltelefon und den Ausweis abgeben. Die Ausweispapiere werden fotokopiert, die Kopie dem Richter vorgelegt und angeblich später vernichtet. [...] Eine Kontaktaufnahme zwischen Journalisten und Prozessbeteiligten ist nicht möglich. Die Glaswand behindert die Akustik ganz erheblich, damit ist die Öffentlichkeit in diesen Verfahren nicht gewährleistet. Auch das dort eingesetzte Justizpersonal unternimmt alles, um Besucher abzuschrecken. Auf meine Kritik am Kopieren des Personal- und Presseausweises ließ mich einer der Justizwachmeister wissen, wenn mir das nicht gefiele,

könnte ich ja zu Hause bleiben. Auch andere Prozessbesucher wurden mit dem Hinweis begrüßt, man lege auf ihre Anwesenheit keinen besonderen Wert.[705]

15.2.5 Fazit

Aus der Sicht der etwa 20 Angeklagten, die zwischen 2003 und 2015 in Deutschland wegen mutmaßlicher Vorbereitung oder Versuche von Terroranschlägen verurteilt worden sind, scheiterten alle ihre Bemühungen. In einigen Fällen gelang es ihnen nicht, funktionstüchtige Bomben herzustellen.[706] In den anderen Fällen wurden ihre Vorbereitungen schon vor der Herstellung von Bomben von der Polizei behindert. Alle Gruppen wurden lange vor ihrer Festnahme von Geheimdiensten intensiv überwacht. Einige dieser angeblich fanatisierten Islamisten waren wegen Drogenhandels, Gaunerei, Passfälschung oder Gewalttaten vorbestraft. Ihr konspiratives Verhalten und technisches Vermögen zeigten sich als höchst amateurhaft. Wer waren ihre wahren Terrorführer? Wie viele V-Leute tummelten sich um sie herum? Diesen Fragen wollten die Gerichte nicht nachgehen. Die Richter begründeten ihre Urteile weitgehend auf Darstellungen der Angeklagten, auf weltfremden Behauptungen eines vorbestraften Kronzeugen und auf geheim gehaltene Aufzeichnungen von E-Mails und Telefongesprächen der Angeklagten, die verschiedene Dienste gesammelt haben. Der Verdacht besteht, dass zumindest einige der Angeklagten von V-Leuten der Dienste zur Vorbereitung von Straftaten geködert worden sind. Die V-Leute und ihre Vorgesetzten sorgten dafür, dass die Straftat nicht in einen tatsächlichen Anschlag münden würde.

Bereits die preußische „Criminalordnung" vom 11. Dezember 1805 bestimmte im Paragraphen 300: „Das Geständnis des Angeschuldigten macht die Aufnahme des Beweises in der Regel nicht überflüssig; der Richter ist vielmehr verbunden, die Wahrheit [...] möglichst zu erforschen." Und im Paragraphen 370 hieß es: _„Das Geständnis eines Beschuldigten hat nur alsdann volle Beweiskraft, wenn es [...] mit anderen erwiesenen Umständen nicht im Widerspruch steht."[707]

Das Verhalten der Gerichte zeigt, dass ihnen weder die Wahrheit noch die Gerechtigkeit am Herzen lagen, sondern eher die juristische Konstruktion eines politisch gewünschten und revisionssicheren Urteils: Das bestätigt auch Rechtsanwalt Jochen Thielmann, der als Strafverteidiger vor dem Oberlandesgericht Stuttgart und in Düsseldorf im Terrorverfahren gegen Ibrahim Khalil und die Brüder Abu Shaweesh teilnahm *(Quelle: Jochen Thielmann, Anmerkungen aus Verteidigersicht zum FDLR-Verfahren vor dem Oberlandesgericht Stuttgart, dem ersten deutschen VStGB-Verfahren, Confront (Task Force Strafrecht GbR), März 2017, #2911).*

Das erklärt wiederum ihre Bemühungen so weit wie möglich, unter Ausschluss der Öffentlichkeit zu agieren. Damit trugen sie zur Aufrechterhaltung der Terrorfiktion in der Öffentlichkeit bei, die ihrerseits zur Beeinträchtigung der bürgerlichen Freiheiten und zur Militarisierung der Gesellschaft von der Politik weiter instrumentalisiert wird.

TEIL III

HANDHABUNG DER 9/11-LEGENDE UND DER TERRORFIKTION

16 Die deutsche Medien und die Terrorfiktion

Ein besonderes Merkmal der Anschläge vom 9/11 war die gewaltige und spektakuläre mediale Berichterstattung über die Ereignisse. Diese überstieg in ihrer Wirkung alles schon Dagewesene in Sachen Meinungsbeeinflussung. Innerhalb von 24 Stunden wussten Milliarden von Menschen weltweit über die Ereignisse Bescheid und wurden sofort mit Erklärungen überhäuft. Diese in ihrem Ausmaß einmalige psychologische Operation veranlasste Medienwissenschaftler zu zahlreichen Studien über Umfang, Natur und Wirkung dieses Vorgangs. Allerdings gingen die meisten Autoren davon aus, dass Osama bin Laden und seine Leute mit dieser Berichterstattung gerechnet und die Anschläge in Erwartung dieser Berichterstattung inszeniert hatten.[708]

Auch gesellschaftskritische Studien gingen davon aus, dass islamistische Terroristen die Anschläge für den Medienkonsum inszeniert hatten und dass die Medienanstalten aus kommerziellen Gründen eigentlich dazu gezwungen waren, den Terroristen ein unentgeltliches Forum zu bieten, was von Experten als Symbiose verstanden wird.[709]

16.1 Umfang der Berichterstattung über 9/11

In Deutschland waren laut einer Repräsentativstudie der TU Illmenau zu Informationsverarbeitung, Medienwahl und Anschlusskommunikation am 11. September fast 70 Prozent der bundesdeutschen Bevölkerung ab 16 Jahren *innerhalb einer Stunde* über die Anschläge in den USA informiert gewesen.[710]

Schon am 13. September 2001 sah sich Jörn Lauterbach (*Die Welt*) veranlasst, den „medialen Umgang mit dem Terror" besonders zu thematisieren.[711] Er beschrieb „Rekordauflagen bei den Zeitungen" und dass die Fernsehsender in Deutschland ihr Programm komplett umgeworfen hatten. In seinem Beitrag lieferte der Autor schon zwei Tage nach dem 9/11 detaillierte Angaben über das Ausmaß der Berichterstattung in deutschen privaten und öffentlich-rechtlichen Medien. Laut Media-Control (GFK-TV-Quick), die Lauterbach zitierte, lag die Gesamtzahl der Zuschauer von Top-TV-Sendungen am 11. September 2001 allein in Deutschland bei fast 63 Millionen.

In Frankreich reagierte *France Soir* schon am Dienstagabend (11. September 2001) mit einer 16-seitigen Sonderausgabe. Am Mittwoch und Donnerstag kam das Blatt mit einer Auflage von 280.000 statt 170.000 auf den Markt. Die Zeitung *Libération* widmete am 13. September 32 Seiten den Terroranschlägen und verkaufte über 500.000 Exemplare, dreimal so viel als sonst. Das galt auch für *Le Monde*, *Le Figaro*, *Le Parisien* oder *Les Echos*, die alle mit Sonderbeilagen von über 20 Seiten aufwarteten.[712] Ähnliche Reaktionen wurden aus Großbritannien, Spanien und anderen europäischen Ländern gemeldet. Diese und ähnliche Befunde bestätigten die Macht der Leitmedien (und Nachrichtenagenturen), weltweit Informationen und Ideen wirksam zu verbreiten und damit auch die Ansichten von Milliarden von Menschen zu beeinflussen.

Laut Meinungsumfragen in den USA sollen praktisch sämtliche Bewohner der USA die ersten Nachrichten über die Ereignisse des 9/11 entweder im Fernsehen oder im Rundfunk verfolgt haben.[713] Die Bedrohung durch Milzbrand in Oktober 2001 sorgte zusätzlich dafür, dass noch sechs Wochen nach den Anschlägen des 9/11 mehr als 90 Prozent der Bevölkerung der USA Nachrichten über Terrorismus eifrig verfolgten.[714]

16.2 Intensität der Berichterstattung

Ein wichtiger Bestandteil der Berichterstattung war die fast weltweite Übertragung von schockierenden Bildern aus New York und Washington beinah *in Echtzeit*. Es muss allerdings ergänzt werden, dass die Straftat selbst nicht sichtbar war: Die Handlungen innerhalb der angeblich entführten Flugzeuge konnte niemand sehen. Diese sollten von Medienkonsumenten durch gezielte Andeutungen der Journalisten nur erahnt werden.

Eine andere Besonderheit der Berichterstattung war die Schnelligkeit, mit welcher die Fernsehsender außerhalb der USA ihre Programme änderten und Tage lang über die Ereignisse in den USA berichteten.

Fünf Stunden nach den Anschlägen, um 21:45 (deutsche Zeit), bezeichnete ZDF-Moderator Wolf von Lojewski im *Heute Journal* schon die Anschläge als eine „Kriegserklärung“ gegen die USA, eine Bezeichnung, die nicht mal Präsident Bush an diesem Tag ausgesprochen hatte. Dabei besaß von Lojewski nicht den geringsten Grund für eine solche Schlussfolgerung, sei es, dass ihm dieser Satz von „ganz oben“ diktiert wurde.

Nikolaus Brender, damaliger Chefredakteur des *ZDF*, kommentierte nur einige Stunden nach den Anschlägen:

> Der Eindruck dieses furchtbaren Tages wird uns niemals verlassen. Jeden von uns persönlich nicht und nicht die internationale Politik. Dieser Tag wird lange, lange Schatten werfen. Er wird die Welt verändern. Die Vision der einen gemeinsamen Welt ist heute zerstört worden. Mit den beiden Türmen des WTC fielen in wenigen Augenblicken die Zeichen einer freien Welt in sich zusammen. Und mit den Rauchwolken aus dem Pentagon stürzte das Symbol militärische Sicherheit. Misstrauen wird die Politik der nächsten Jahre begleiten. Misstrauen und Unsicherheit. Wir sitzen tief in den Regierungs-

> zentralen, in den Häusern, Hochhäusern, aber auch in den Wartehallen der Flughäfen. Der Feind ist unsichtbar. Er missbraucht die Errungenschaften, durch die die freie Welt zusammenwachsen wollte: Verkehrsflugzeuge, Busse, PKW und Züge, Internet. Er traf das Herz Amerikas. Während der Kubakrise hielt die Welt den Atem an. Heute blieb ihr keine Zeit dazu.[715]

Brenders Einschätzung der zukünftigen Weltpolitik war, so kurz nach den Anschlägen, erstaunlich vorausblickend. Er erklärte jedoch nicht in seiner Aussage, wer wem misstrauen würde, wieso der Feind „unsichtbar" werde und warum man nun keine Zeit hätte, den Atem anzuhalten. Wusste er mehr über strategische Pläne, als er öffentlich sagen durfte?

16.3 Gleichschaltung der Berichterstattung

Autorin Marie-Luise Bernreuther beschreibt den „massiven Konformitätsdruck", den US-Kritiker der offiziellen Politik damals zu spüren bekamen und zitierte den Fall Susan Sontag, eine bekannte US-amerikanische Autorin, die sich im *New Yorker* die Frage erlaubte, „ob die Arroganz der Vereinigten Staaten gegenüber dem Rest der Welt Terrorismus nicht geradezu herausfordern würde". Darauf stellte sie das Polit-Magazin *New Republic* auf eine Stufe mit Osama bin Laden, und die *New York Post* empfahl, sie zu „vierteilen".[716] Die Autorin zitierte eine Entscheidung des Hauses Springer vom 13. September 2001, wonach MitarbeiterInnen der Springer-Presse (*Bild*, *Welt*, *Berliner Morgenpost*, *Hamburger Abendblatt*) sich zusätzlich zu den schon geltenden Leitlinien des Hauses darüber hinaus auch noch „das transatlantische Bündnis und die Solidarität [...] mit den Vereinigten Staaten" unterstützen müssten. Das Ergebnis: Die *Bild-Zeitung* veröffentlichte folgende Schlagzeile unter Mohammed Attas Passbild „Terror-Bestie, wir wünschen Dir ewige Hölle!" verziert mit einer wehenden amerikanischen Flagge.[717] Es erübrigt sich hier, die Unschuldsvermutung zu zitieren.

Die Gleichschaltung der Berichterstattung begann bereits einige Stunden nach den Anschlägen. Schon waren die zentralen Stationen des Ablaufs in Stein gemeißelt, der Hauptverdächtige war identifiziert. Widersprechende Nachrichten, die noch in den ersten Stunden unzensiert an die Öffentlichkeit gerieten, verschwanden zügig aus der Berichterstattung, so z. B. die Meldung von *ZDF* und *N24* über eine Autobombe, die in der Nähe des Außenministeriums in Washington explodierte, aber nur Sachschaden verursachte. Von dieser Autobombe wurde nichts mehr berichtet. Die Behörden der USA behaupteten, es wäre eine Falschmeldung gewesen. Wie es zu einer so präzisen Falschmeldung gekommen ist, wollte anscheinend niemand wissen. Auch von Explosionen am World Trade Center, von denen die ersten Zeugen im *ZDF* berichteten, war nicht mehr die Rede. Medienbeobachter in den USA haben zahlreiche Beispiele von solchen Geschichtssanierungen dokumentiert. Die offizielle Legende durfte auf keinem Fall durch widersprüchliche Fakten infrage gestellt werden.

Dic gcwaltigc Propaganda hat sich durch dic radikalcn Ergcbnisse bewiesen: Laut Klaus-Peter Schöppner, Direktor des Emnid-Instituts in Bielefeld, waren gegen Ende September 2001

> 66 Prozent [der Befragten] dafür, die Bundeswehr mit in die Terrorbekämpfung im Inland einzubeziehen und entsprechend das Grundgesetz zu ändern. 68 Prozent unterstützen entsprechend die Aufstockung des Wehretats um die geplanten 1,5 Milliarden. Für eine Lockerung des Bankgeheimnisses treten 58 Prozent ein. 75 Prozent sind für weitere Einschränkungen des Datenschutzes. Für eine Ausweitung der Befugnisse des Verfassungsschutzes - bis hin zum Begehen von Straftaten bei Anti-Terror-Einsätzen - plädieren sogar 84 Prozent, nur elf Prozent sind dagegen.[718]

16.4 Verletzungen des Pressekodex und des Strafrechts

Zahlreiche Journalisten in Deutschland unterstellen bis heute Mohammed El Amir Atta, der in Hamburg-Harburg studierte, die Teilnahme am Massenmord des 11. September 2001 in den USA.

Diese Unterstellung ist nicht gerechtfertigt, weil Mohammed Atta von keiner unabhängigen Instanz, geschweige denn von einem Gericht, für schuldig erklärt worden ist. Die US-Behörden konnten nicht einmal seine Anwesenheit beim Abflug des von ihm angeblich entführten Flugzeuges nachweisen. Dies gilt gleichermaßen für Attas Freunde Marwan Alshehhi und Ziad Jarrah. Sie als „Todespiloten", „Terroristen" oder „Massenmörder" öffentlich zu bezeichnen, verletzt daher in gröbster Weise Ziffer 2, 3, 9 und 13 des deutschen Pressekodex sowie §186 des Strafgesetzbuches, in dem der Straftatbestand der üblen Nachrede geregelt ist. Ich habe mehr als 130 deutsche Journalisten identifiziert, die sich zu solchen Verletzungen verleiten ließen. Ihre Namen befinden sich im Anhang B.

Ich habe diesen Journalisten am 5. September 2016 folgenden Brief zugestellt, in dem ich ihnen die Gelegenheit gegeben habe, entweder ihre Beschuldigungen zurückzuziehen oder sie zu belegen:

> *Sehr geehrte(r) Frau/Herr X,*
>
> *ich möchte Ihnen hiermit mitteilen, dass ich in einer bevorstehenden Veröffentlichung beabsichtige, Ihnen zur Last zu legen, am [...] in der Zeitung/Zeitschrift [...] einen unschuldigen Muslim, Mohammed Atta, dessen Beteiligung am Massenmord vom 11. September 2001 beschuldigt zu haben, ohne dafür irgendwelche Beweise vorzulegen oder auf solche Beweise hinzuweisen:*
>
> "....... Zitat des Journalisten......"
>
> *Damit haben Sie die Öffentlichkeit vorsätzlich oder fahr-*

lässig getäuscht. Ich betrachte Ihr Verhalten als unvereinbar mit den Grundregeln des Pressekodex und mit §186 StGB (Üble Nachrede).

Bevor ich Ihnen öffentlich etwas vorwerfe, biete ich Ihnen aus Höflichkeits- und Fairnessgründen die Gelegenheit, zu meinen Vorwürfen Stellung zu beziehen, falls Sie Ihre frühere(n) Beschuldigung(en) zurückziehen, korrigieren oder belegen wollen. Ich empfehle Ihnen allerdings zuerst mein Buch „Hijacking America's Mind on 9/11" zu lesen. Vielleicht könnte die Lektüre Ihnen spätere Peinlichkeiten ersparen.

In Erwartung Ihrer Rückmeldung verbleibe ich
mit freundlichen Grüßen,   Elias Davidsson

Von diesen mehr als 130 Journalisten erhielt ich genau eine einzige Antwort. Wegen des öffentlichen Interesses an der Geisteshaltung von Journalisten veröffentliche ich als Beispiel diese Antwort:

Sehr geehrter Herr Davidsson,

Sie beziehen sich auf einen Text von mir, den ich im Jahr 2011 geschrieben habe, ihn aber so heute wieder schreiben würde. Mohammed Atta gilt nach allen Erkenntnissen, Autovermietungsunterlagen, Videoaufzeichnungen, Hotelbelegen als Täter und Drahtzieher des 11. September. Wenn Sie dies anzweifeln, ist das Ihr gutes Recht. Es gibt auch eine erhebliche Anzahl von Menschen, die bezweifeln, dass die Mondlandung stattgefunden hat oder Adolf Hitler sich umgebracht hat. Bis zum Beweis des Gegenteils gehe ich davon aus, dass alle diese Ereignisse der Wahrheit entsprechen.

Herzliche Grüße   Sonja Zekri,

Süddeutsche Zeitung GmbH,
Feuilleton, Ressortleitung   12. September 2016

Es muss erwähnt werden, dass zahlreiche Zeitungsbeiträge mit solchen verleumderischen Aussagen entweder nicht namentlich gekennzeichnet sind und trotzdem in dieser Form kommentarlos von Nachrichtenagenturen weiterverbreitet werden, wobei die Verfasser der Meldungen bei den Agenturen sich auch nicht identifizieren lassen. Die gesamte Berichterstattung stellt daher eine konzentrierte Kampagne zur Verbreitung von US-amerikanischen Beschuldigungen dar, deren Urheber sich nicht identifizieren wollen.

Folgende Beispiele stehen stellvertretend für das schamhafte Verhalten der deutschen Medien gegenüber der Menschenwürde von Mohammed Atta und seinen Freunden.

Am 23. November 2001 strahlte die *ARD* zum ersten Mal den Film "Die Todespiloten“ aus, der als Dokufilm angekündigt wurde. Im Mittelpunkt standen „die Lebensläufe von Marwan Alshehhi und Mohammed Atta sowie der ihres Mittäters Ziad Jarrah”, so die Ankündigung des Senders.[719]

Der Film erhielt im April 2002 den „Grimme”-Preis. Die Jury erklärte zum Film: „Mit Hilfe eines weit gespannten Netzes von Mitarbeitern und kooperierenden Medien trägt der öffentlich-rechtliche Sender aus aller Welt Mosaiksteinchen zusammen, die den Weg der Terroristen markieren. Der Beitrag, für den acht Autoren und drei Redakteure genannt werden, vereint journalistische Tugenden der Recherche und der zurückhaltenden Stellungnahme“.[720]

Als der Film ein Jahr später wieder angekündigt war, wurde er so vorgestellt:

> Die Todespiloten von New York und Washington - jetzt weiß man, wer sie wirklich waren. Als junge Menschen in ihrer Heimat brav, gebildet, aus gutem Hause und höflich. In Deutschland Hochschul-Stipendiaten, beliebt, anerkannt, unauffällig. Bis dahin mustergültige Biografien - oder meisterhafte Tarnung. Ein NDR-Reporter-Team verfolgte ihre Spuren. Die jungen Män-

> ner um Mohammed Atta hatten ihren teuflischen Plan schon in Deutschland gefasst. In den USA machten sie sich kaltblütig und zielstrebig an dessen Vorbereitung und Ausführung.[721]

Die Produzenten des Films scheuten sich nicht, diese zwei unschuldigen Menschen als Todespiloten darzustellen. Die Jury des „Grimme"-Preises sah diese Verleumdung als untadelig an.

16.5 Die Methoden der medialen Täuschung

Es ist bekannt, dass Journalisten aus wirtschaftlichen Gründen heute unter größerem Druck arbeiten müssen als jemals zuvor. Das mag zum Teil ihre Leichtfertigkeit erklären, mit der sie Agenturmeldungen aus den USA über die angebliche Teilnahme der Hamburger Studenten bei 9/11 unkritisch weiter verbreiten. Es bleibt aber ein Rätsel, warum sich praktisch alle Journalisten so schwer mit der Aufklärung des 9/11 und anderer Terroranschläge tun. Ist hier die berühmte Leugnung im Spiel? Das Nicht-wissen-wollen? Angst, Fragen zu stellen? Die Wut mancher deutscher Journalisten und Redakteure gegen aufklärerische Versuche seitens unabhängiger Autoren ist merkwürdig. Denn wenn Buchautoren – die im Gegensatz zu den Leitmedien kein Millionenpublikum erreichen können – Unfug schreiben, sollte doch der freie Wettbewerb der Ideen sie schnell aus dem Markt ausscheiden. Warum ziehen Zeitschriften, wie *Der Spiegel*, gegen Autoren, die kaum jemand kennt, so massiv zu Felde?

Ist der Verdacht berechtigt, dass deutsche Medien mit Absicht die Öffentlichkeit über 9/11 täuschen wollen? Folgende Methoden der Berichterstattung deuten darauf hin: Das Vorenthalten von brisanten Informationen, die Verbreitung von falschen Informationen und die Bekämpfung der Aufklärung. Wegen der Fülle der Beweise über diese Methoden werden hier nur einige Beispiele erwähnt.

16.5.1 Das Vorenthalten von brisanten Informationen

Mit dem „Vorenthalten von brisanten Informationen" sind Informationen gemeint, deren Veröffentlichung die Einstellung der Öffentlichkeit zu einem bestimmten Sachverhalt *erheblich ändern könnte.*

Das Vorenthalten von brisanten Informationen gleicht *im Ergebnis* einer *weißen Lüge*, das heißt eines höflichen *Flunkerns*. Ein bekanntes Beispiel der weißen Lüge ist der Ehemann, der im Bett mit seiner Freundin in einem Hotelzimmer liegt und seiner Ehefrau am Telefon erzählt, er erhole sich nach einem anstrengenden Arbeitstag. Streng genommen, lügt er nicht. Im Ergebnis unterscheidet sich seine Aussage nicht von einer tatsächlichen Lüge. Lügen durch Unterlassung sind aber weit, weit schlimmer als direkte Lügen, weil diese zumindest widerlegt und Gegenstand einer öffentlichen Debatte werden können.

Der Verdacht liegt nahe, dass der größte Teil der medialen Täuschung über 9/11 oder andere Themen durch das Vorenthalten von Informationen stattfindet, nicht durch die absichtliche Verbreitung von falschen Informationen. So haben deutsche Medien zum Beispiel der Öffentlichkeit Folgendes unterschlagen,

- dass die US-Behörden keine Beweise über die Teilnahme von Islamisten an den Anschlägen vom 11. September 2001 vorgelegt haben;
- dass die US-Behörden weder eine Untersuchung der Flugzeugabstürze des 9/11 wünschten noch die Identifizierung der Wracks unternahmen;
- dass das FBI eingeräumt hatte, keine Beweise über eine Beziehung zwischen Osama bin Laden und 9/11 zu besitzen;
- dass die deutschen Behörden von den USA keine Beweise für ihre Behauptungen zu 9/11 einforderten;

- dass Präsident Bush und Vizepräsident Cheney sich gegen die Errichtung eines parlamentarischen Untersuchungsausschusses zu 9/11 wehrten;
- dass die US-Regierung die Angehörigen der Opfer vom 11. September 2001 durch ungewöhnlich großzügige Entschädigungszahlungen zum Schweigen verleiteten;
- dass die US-Luftwaffe am 11. September 2001 simulierte Flugzeugentführungen im selben Luftraum ausführte, in dem auch die Anschläge passierten.

Die Veröffentlichung dieser Informationen, geschweige denn ihre Hervorhebung in den Medien, hätte ohne Zweifel die Einstellung der deutschen Bevölkerung zur Politik der USA und zur Außenpolitik Deutschlands beeinflusst. Das durfte aber nicht sein.

Die Vorenthaltung von Informationen im Fall des 9/11 ist nicht neu. Dies ereignete sich auch beim Thema Gladio.

Die Existenz der so genannten Geheimarmeen der NATO wurde 45 Jahren von westlichen Regierungen verschwiegen. Vorerst schwieg die NATO über die Enthüllungen. Einen Monat später erklärte Jean Marcotta, Sprecher der NATO, dass das Bündnis nichts mit Gladio und den geheimen Armeen zu tun hatte. Am folgenden Tag, 6. November 1990, zog ein NATO-Sprecher die Leugnung zurück.[722]

Andreottis erste Enthüllungen fanden am 3. August 1990 statt und wurden in Oktober noch ergänzt. Er betonte, dass Einheiten der Geheimarmeen in beinah allen NATO-Ländern existierten, darunter auch in Deutschland. Der Europarat rief einstimmig seine Mitgliedstaaten und die NATO zur Aufklärung der Verschwörungen auf.[723] Man hätte daraufhin eine Welle der Empörung und Schlagzeilen in allen deutschen Medien erwartet. Fehlanzeige.

Bis zum Jahresende 1990 erschienen, nach meinen Recherchen, nur sechs Beiträge in deutschen Medien über diese Enthüllungen.[724]

Eine Datenbanksuche (Nexis) zu Stichwörtern Gladio und NATO in europäischen Medien zwischen 1990 und 2000, ergab 164 Beiträge, davon nur sieben (7) in bundesdeutschen Zeitungen. Diese erwähnten Gladio nur beiläufig.

Warum verhielt sich die deutsche Presse so zurückhaltend über die Geheimarmeen der NATO und die mutmaßliche Verwicklung des Bündnisses in Terroranschläge? Waren es dieselben Gründe wie bei der Berichterstattung über 9/11?

16.5.2 Verbreitung von falschen Informationen

Hier werden einige der falschen bzw. ungeprüften Informationen in Bezug auf 9/11 aufgelistet, die in deutschen Medien publiziert wurden und immer wieder erscheinen:

- Die angebliche Teilnahme von Mohammed Atta, Marwan Alshehhi und Ziad Jarrah (die sogenannte Hamburger-Zelle) bei den Anschlägen;
- Der angebliche Absturz von Passagierflugzeugen auf die Zwillingstürme, auf das Pentagon und auf einem Feld in Pennsylvania;
- Die angeblichen Entführungen von Passagierflugzeugen;
- Die angebliche Todesabsicht der sogenannten Attentäter;
- Die angeblichen Geständnisse Osama bin Ladens;
- Das angebliche Geständnis des Gefangenen Khalid Sheikh Mohammed.

16.5.3 Eine Hetzkampagne gegen die Aufklärung der Anschläge

Drei deutsche Medien, *Der Spiegel*, *Focus* und die *Süddeutsche Zeitung*, haben sich besonders als Vorreiter im Krieg gegen die Aufklärung des 9/11 hervorgetan. Die Techniken der Gegen-Aufklärung wurden von einem Blogger namens David Martin ganz genau beschrieben.[725]

Hans Leyendecker, Ressortleiter bei der *Süddeutschen Zeitung*, veröffentlichte in seiner Zeitung im Jahre 2003 einen ganzseitigen Essay, in dem er Aufklärer des 9/11 folgendermaßen zu verhöhnen versuchte:

> Neunzehn Attentäter! Vier entführte Flugzeuge! Macht 23 – die Geheimzahl der Illuminaten! Und die Addition der Daten 11.9.2001, was ergibt denn die? Auch 23! Bingo! Bibber! Haben wir da nicht einwandfrei den Salat? Steckt nicht also recht eigentlich der alte Geheimbund hinter den Anschlägen auf New York und Washington? [...] Unablässig werfen Paranoiker, Apokalyptiker (sic) und andere Verschwörungs-Junkies in aller Welt Nebelkerzen und jammern anschließend, dass sie durch Nebelschwaden tapern müssen. Sie stellen allerletzte Fragen und legen Wert darauf, dass sie selbst keine Antwort geben müssen. Die Beweislast sollen die anderen tragen. [...] Die Spruchweisheit, der zufolge es keine dummen Fragen, sondern nur dumme Antworten gibt, erweist sich nach Lektüre dieser Bücher als barer Unsinn. Die Frage in sich, sie ist nicht mehr, was sie war, sie pervertierte über den Umweg der kritischen Nachfrage im allgemeinen Mediensalat und unter Beihilfe gewissenloser Verleger zur totalen Verschwörung. [...] Stimmt es, dass Elvis noch lebt? [...] Man wird doch noch mal fragen dürfen? Nein, bitte nicht!"[726]

Eckart Spoo meldete im folgenden Jahr, dass Leyendecker

> es auch für richtig [hielt], im Radio Berlin-Brandenburg (RBB) über 'Verschwörungstheoretiker', 'Verrückte', 'völliger Quatsch', 'völlig durchgeknallt', 'Psychopathen' zu geifern, ohne jegliches Argument, als wären diese Bücher [von Bröckers und Hauß] kein einziges sachliches Wort wert, sondern als verdienten sie nur eins: permanente Verfluchung in größtmöglicher Lautstärke, damit niemand es mehr wage, sich mit dem Gottseibeiuns, dem Zweifelsteufel, einzulassen. Diese Schimpfkanonaden blieben nicht wirkungslos. 'Verschwörungstheoretiker' wurde zum Schimpfwort, das jeden trifft, der noch Fragen stellt und von Medien, Gerichten, Parlamenten, Regierungen gründliche Aufklärung des Verbrechens fordert.[727]

Matthias Gebauer, ein Journalist beim *Spiegel*, griff in einem Beitrag seinerseits Rechtsanwalt Michael Rosenthal, Verteidiger von Abdelghani Mzoudi, (der vom Hamburger OLG wegen Beihilfe für Mohammed Atta beschuldigt wurde), an: „Die Verteidigung, so sagte [Rosenthal], will in der Beweisaufnahme endlich Belege dafür sehen, die die Täterschaft der Hamburger Zelle um Mohammed Atta, Marwan Alshehhi und Ziad Jarrah beweisen. Ohne diese können seinem Mandanten unmöglich die Mitgliedschaft in der Gruppe, seine Mittäterschaft oder gar die Beihilfe zu dem spektakulären Terror-Plot nachgewiesen werden. [...] Einer der Bundesanwälte sagte, er hoffe bei der Verteidigung noch auf Besinnung. 'Ich hoffe nicht, sie zweifeln wirklich an der Täterschaft von Atta und Co.', sagte der Jurist, ‚wenn doch, sitzen wir hier nicht mehr in einem Boot'."[728] Abgesehen von der seltsamen Vorstellung des Bundesanwalts, er und die Verteidigung säßen im „einem Boot", verfehlte diese subtile Bedrohung, die durch Medienberichte potenziert wurde, ihre Wirkung nicht: Anwalt Rosenthal erwähnte nie mehr seinen begründeten Verdacht, sondern betonte in einem Interview mit der Wochenzeitung *Freitag*: „An der Täterschaft Attas gibt es für mich keinen Zweifel mehr."[729]

Den Autoren Bröckers, Hauß und Wisnewski, die ausgezeichnete Bücher über 9/11 veröffentlichten, warf *Der Spiegel* „Spökenkiekerei“ vor, nannte sie „Phantasten“ und „Verschwörungstheoretiker“ und klagte: „So gerät der schwerste Terroranschlag der Geschichte in den Dunstkreis jener Mythen, in denen Elvis lebt, John F. Kennedy einem Komplott von Mafia und Geheimdiensten zum Opfer fiel, die Mondlandung in der Wüste Nevada gestellt und Diana vom britischen Geheimdienst ermordet wurde.“[730]

Um die ganz wenigen seriösen Aufklärer des 9/11 zu diskreditieren, luden Philip Kusch, Christoph Mestmacher-Steiner und Volker Steinhoff zu ihrer *Panorama*-Sendung am 21.8.2003 den berüchtigten Neo-Nazi Horst Mahler ein und ließen ihn behaupten „gewisse Kreise der Juden“ hätten „diese Show [9/11] inszeniert“. Der Sinn seines Auftrittes, so Eckart Spoo, „lag im Zusammenschnitt dieser Sendung. Panorama ließ nämlich auch [Mathias] Bröckers, [Andreas] von Bülow und [Gerhard] Wisnewski auf einige kurze Fragen antworten und verwendete dann Ausschnitte aus den Antworten. Ebenso wie Mahler wurden alle drei dem Publikum als 'Verschwörungstheoretiker' annonciert – als hätten sie irgendwas mit Mahler zu tun. Pure Diffamierung. Ein schäbiger Versuch, sie mit Mahlers Braun zu beschmutzen und ihnen so die Gesellschaftsfähigkeit zu entziehen.“[731]

Auch Sandra Maischberger spielte in der Diffamierungskampagne gegen die 9/11-Aufklärer eine unrühmliche Rolle. In der *ARD*-Sendung Menschen *bei Maischberger* am 9. September 2003 sprach sie mit Andreas von Bülow und versuchte ihn ständig, in die Ecke von Psychopathen und Spinnern zu manövrieren, ihn in einem Atemzug mit Horst Mahler zu zitieren und ihn mit Gerüchten von anonymen Personen gegen ihn – der hätte 'nen Verfolgungswahn und dgl. – zu konfrontieren.[732]

Ein anderer rabiater Gegner der Aufklärung ist Elmar Theveßen, Leiter der Hauptredaktion Aktuelles des *ZDF* und Autor eines Buches über 9/11 ("Nine Eleven: Der Tag, der die Welt veränderte"), das 2012 – elf Jahre nach den Anschlägen erschienen ist. Er bezeichnet die Befunde oder Thesen der 9/11-Aufklärer als „Blödsinn" oder als „wilde Theorien". Den Aufklärern unterstellt er eine totalitäre Gesinnung. Sie sollen, laut ihm, „anderen Ansichten von vornherein die Existenzberechtigung absprechen". Daher werden diese zu „Feinden von Meinungsvielfalt und demokratischen Prinzipien". Anstatt die besten Argumente der 9/11-Aufklärer in seinem Buch zu widerlegen und sich mit den besten kritischen Forschern auseinanderzusetzen, zieht er es vor, Argumente zu widerlegen, die kein ernsthafter 9/11-Forscher je behauptet hatte. Die Methode, bekannt als Strohmann-Argument, besteht darin, die tatsächliche Position des Gegners und seine Argumente zu ignorieren, stattdessen gegen einen fiktiven, dämlichen Gegner – den „Strohmann" – zu argumentieren und die Debatte so zu gewinnen. Theveßens Buch ist im Grunde ein Betrug der Öffentlichkeit und ein Verrat an der journalistischen Ethik.[733]

Man soll nicht glauben, diese Hetzkampagne gegen die Aufklärung von 9/11 beschränke sich auf die hier genannten Personen und Schriften. Eine Datenbanksuche der Kombination „Verschwörungstheoretiker" UND „9/11" in der Zeitspanne vom 1. Januar 2010 bis 31. Dezember 2015 ergab 289 Treffer.

In ihrer Rezension des Buches „Fakten, Fälschungen und die unterdrückten Beweise des 11. September" von Mathias Bröckers und Andreas Hauß, kritisierte Karin Beindorff im Deutschlandfunk mit Recht die Hetzkampagne gegen diese Autoren und sagte u.a.:

> Beim hiesigen Publikum stößt [die] amtliche Verschwörungstheorie [über 9/11] allerdings zunehmend auf Unglauben: 68 Prozent der Deutschen glauben nach einer Umfrage, über die wahren Details der Anschläge [des 9/11] nicht vollständig unterrichtet zu sein, 19 Prozent immerhin meinen, dass die US-Regierung selbst hinter den Attentaten stecke. Das aber scheint

die etablierten Medien nicht etwa zu selbstkritischer Reflexion zu ermuntern und die Frage nach dem offensichtlichen Verlust ihrer Glaubwürdigkeit aufzuwerfen, sondern führt zu wutschäumenden Ausfällen gegen eine Handvoll Rechercheure, die zu anderen Ergebnissen gelangen, als die von der US-Regierung und ihren Spindoctors gestreuten. Bröckers, Hauß und andere Skeptiker gelten der Mehrheit der Kollegen deshalb als Verrückte, paranoide Amerika-Hasser und Antisemiten obendrein. [...] Die lautstärksten und ausfälligsten Kritiker dieser Schlussfolgerung [der Autoren] sind nun ausgerechnet die, die sich besonders gerne etwas auf ihre investigative Arbeit zugutehalten, allen voran der Spiegel, das einst so kritische Fernsehmagazin Panorama und der Enthüllungsguru Hans Leyendecker von der Süddeutschen. [...] Es scheint, als fühle man sich nun in diesen Redaktionsstuben von Bröckers, Hauß und Co. auf den Schlips getreten, weil bei der Missachtung journalistischer Grundregeln ertappt.[734]

16.5.4 Die symbiotische Beziehung zwischen Terror und Medien

Die Produkte der Medien sind Botschaften, die als Nachrichten, Interviews, Analysen, Beschreibungen, Kommentare und Werbung verpackt und vertrieben werden. Berichterstattung wird oft, aber irrtümlich, als *Reaktion* auf äußerliche Impulse oder als Spiegel der Realität beschrieben. In der Tat bestimmen Redakteure jeder Medienanstalt, was veröffentlicht wird und wie das veröffentliche Material präsentiert werden soll. Die Produkte eines bestimmten Medienhauses sind keine Abbildungen der Realität, auch wenn tatsächliche Ereignisse zur Herstellung des Endproduktes herangezogen werden, sondern bestenfalls gefilterte und manipulierte Fetzen der Realität. Das Vorenthalten von großen Teilen der Realität ist zwar unvermeidbar, da die Informationsmenge jeden Leser überwältigen würde, aber die Wahl, was veröffentlicht und was der Öffentlichkeit vorenthalten werden soll, ist nicht der Willkür überlassen.

Da Medienhäuser selbst entscheiden, ob und wie sie über Sachverhalte berichten, stellt sich die Frage, was wäre, wenn Medien über bestimmte Ereignisse nicht berichten würden, z.B. über großangelegte Terroranschläge? Angenommen, Redakteure hätten gemeinsam die Entscheidung getroffen, nicht über die Anschläge des 9/11 zu berichten, welche Folgen hätte diese Entscheidung gehabt? Zuerst hätten sie damit die propagandistischen Ziele der Terrorplaner getilgt. Aber auch die Angriffskriege gegen Afghanistan und Irak und die Massenüberwachung der Bevölkerung wären für die entsprechenden Regierungen schwer durchsetzbar gewesen.

Wenn Terrorplaner erwarten, dass die Medien über ihre Untaten ausgiebig berichten, warum lassen sich Redakteure von ihnen manipulieren? Oder ist vielleicht die Frage falsch gestellt? Ist es überhaupt nachvollziehbar, dass Redakteure der mächtigsten Medienhäuser der Welt den Terroristen die Entscheidung über ihre Berichterstattung überlassen? Wenn das *nicht* nachvollziehbar ist, stellt sich die Frage, warum die Medien so eifrig einen Osama bin Laden zum Hauptfeind der USA erkoren; jedem Verbrecher, der „allah akbar" ruft, freie Werbung bieten; Hasspredigern eine Bühne gewähren; und für dubiose dschihadistische Medienprodukte werben.

Dass die herrschenden Medien so ausgiebig und sogar hysterisch über Terroranschläge berichten – und damit mutmaßlichen Terroristen freie Werbung schenken – hat weder mit dem Nachrichtenwert der Berichte noch mit dem Ausmaß der beschworenen Gefahr für die Bevölkerung etwas zu tun (siehe Kapitel 13). Es gibt andere Gründe für die aufgeblähte Berichterstattung über Terroranschläge. Die Grundidee dafür wurde im Kapitel 1 dieses Buches erklärt. Mehr darüber im Kapitel 19.

17 Die deutsche Politik und die Terrorfiktion

Die gesamte politische Klasse Deutschlands, vertreten durch die Mitglieder des Deutschen Bundestages, verurteilte einstimmig die Anschläge des 9/11. Das war selbstverständlich und sollte niemanden überraschen. Dass sie auch einstimmig die Falschen als Täter bis heute bezeichnen, diese Erkenntnis ist hingegen noch nicht zum Volk durchgedrungen. Das soll hiermit korrigiert werden. Warum sie sich so verhalten, bedarf einer gesonderten psychologischen Untersuchung. Handelt es sich hier um eine kollektive Leugnung von politisch peinlichen Tatsachen? Vorerst sollen hier die Wörter und Taten der politischen Klasse in Bezug auf 9/11 und Terrorismus vorgestellt werden. Die Leser werden damit das Verhalten ihrer politischen Vertreter mit der Realität vergleichen können, die im Kapitel 13 beschrieben worden ist.

17.1 Wörter

17.1.1 Herbst 2001

Schon am Tag der Anschläge, am 11. September 2001, bevor irgendwelche verlässlichen Informationen zugänglich waren, hat Otto Schily, damals Minister des Inneren, eine „Besondere Aufbauorganisation USA“ (BAO-USA) ins Leben gerufen, die schnell annähernd 600 Mitarbeiterinnen und Mitarbeiter umfasste und „eine der größten Ermittlungseinheiten darstellte, die das Bundeskriminalamt je zusammengestellt hat".[735] Diese überraschend schnelle und beispiellose Maßnahme deutet darauf hin, dass sie schon vor dem 11. September 2001 mit US-amerikanischen Instanzen besprochen worden ist. Übrigens: Schily pflegte eine enge Beziehung zu John Ashcroft, der für den PATRIOT Act verantwortlich zeichnete.[736] Schilys sogenannte „Otto-Kataloge" sind diesem antidemokratischen Gesetzeswerk der Bush-Regierung nachempfunden.

Am Morgen des 12. September 2001 um 9:00 Uhr trat der Deutsche Bundestag zu einer Sondersitzung wegen der Anschläge des vorigen Tages zusammen, als wäre Deutschland angegriffen worden. Alle Sprecher bekundeten ihren Unmut über die Anschläge und drückten ihre Solidarität mit den Opfern und mit dem amerikanischen Volk aus.[737]

Kanzler Gerhard Schröder erklärte gegenüber dem Bundestag bei dieser Gelegenheit, er habe dem US-Präsidenten sofort die *uneingeschränkte* Solidarität Deutschlands zugesichert.[738]

In den darauffolgenden Wochen erklärten viele Mitglieder des Bundestages ihre Zustimmung zur offiziellen Darstellung des 9/11. Kein Mitglied des Bundestages hinterfragte diese Darstellung oder bat um Beweise für die Behauptung, die Anschläge wären von Islamisten begangen worden oder dass Afghanistan etwas mit den Anschlägen zu tun hatte. Die Beschuldigungen der US-Regierung, deren führende Mitglieder von ihren imperialistischen Plänen keinen Hehl machten, wurden ohne Vorbehalte akzeptiert. Als Konsens der politischen Klasse in Deutschland gelten seitdem folgende Glaubenssätze:

- Die Anschläge des 9/11 sollen von Islamisten unter der Federführung von Osama bin Laden begangen worden sein.
- Einige der Attentäter des 9/11 sollen in Deutschland unbehelligt gelebt und studiert haben.

- Der internationale bzw. islamistische Terrorismus stelle eine erhebliche und anhaltende Bedrohung für den Weltfrieden und für die Sicherheit der Bevölkerung in Deutschland dar.

Innerhalb weniger Wochen strebte die CDU eine „umfassende Reform der inneren und äußeren Sicherheit“ Deutschlands an.[739] Parteichefin Angela Merkel und Parteivize Volker Rühe stellten Leitsätze für eine „aktive“ Sicherheits- und Außenpolitik vor. Darin sollte die CDU auf ihre bisherige Forderung nach einem eigenen deutschen Sitz im UN-Sicherheitsrat verzichten. Außerdem sollte Deutschland die Zusammenarbeit mit den USA stärken, die nach Angaben von Frau Merkel in einer neuen „atlantischen Charta“ formuliert werden sollte. Frau Merkel und Herr Rühe empfahlen auch, dass die Bundeswehr künftig auch im Inland eingesetzt werden dürfe, um „Terroristen auszuschalten“. Daher müsse auch die Verfassung geändert werden. Laut CDU sollten verdeckte Ermittler auch die Erlaubnis erhalten, „milieubedingte“ Straftaten zu begehen.[740]

Otto Schily erinnerte in seiner Eröffnungsrede auf der Herbsttagung des BKA 2001 an eine vergessene Aussage des ehemaligen Präsidenten des Bundesverfassungsschutzes, Dr. Peter Frisch. Dr. Frisch soll bereits Anfang 1997 in einem Zeitungsinterview erklärt haben, „dass die größte Bedrohung des kommenden *Jahrhunderts*, sprich des Jahrhunderts, in dem wir heute leben, der islamistische Terrorismus ist“.[741] War Dr. Frisch ein Hellseher oder ein Eingeweihter, der vom Aufbau des neuen transatlantischen Feindbildes informiert war?

17.1.2 Von 2002 bis heute

Die Behauptungen über die vermeintlich islamistisch motivierten Anschläge des 9/11 und über eine vermeintliche Terrorzelle in Hamburg beschränkten sich nicht auf scheinbar impulsive Reaktionen unmittelbar nach den Geschehnissen. Trotz der veröffentlichten Widersprüche, Ungereimtheiten und Unwahrheiten in Bezug auf die offizielle Darstellung des 9/11 werden solche Behauptungen bis zum heutigen Tag im Bundestag ohne Widerspruch wiederholt. Noch im Jahre 2013 behaupteten Wolfgang Wieland, Sicherheitspolitiker der Grünen und Wolfgang Bosbach (CDU) im Bundestag, dass die Attentäter des 9/11 in Deutschland gelebt hätten![742]

Deutsche Politiker, wie Politiker anderer Länder, nutzten die offizielle (und unwahre) Darstellung des 9/11 für die unterschiedlichsten Zwecke. Die zweite absurde Behauptung, nämlich dass der internationale bzw. islamistische Terrorismus eine ernsthafte Bedrohung für den Frieden und die Sicherheit darstelle, potenzierte noch die erste. Zahlreiche Politiker beriefen sich in beiden Fällen auf Beschlüsse des Sicherheitsrats der Vereinigten Nationen zu diesem Sachverhalt, also auf eine undemokratische Instanz, die ihre Beschlüsse nicht auf empirische Fakten, sondern auf gemeinsame politische Interessen gründet.

Da ein Teil der deutschen Bevölkerung nicht mehr an die offizielle Legende des 9/11 glaubt, berufen Politiker sich gerne auf jüngere Terroranschläge als Beweis für die anhaltende Terrorgefahr, darunter die Anschläge in Madrid (2004), London (2005) und Paris (2015). Wie bereits im II. Teil des Buches dargestellt, kann man davon ausgehen, dass die meisten Großanschläge der letzten Jahre in Europa von Staaten produziert wurden. Wer die Anschläge des 9/11 als Staatsoperation einmal verstanden hat, nimmt nicht die öffentlichen Behauptungen über andere Anschläge als bare Münze.

Am 1. Juni 2011 brachten einige Mitglieder der Bundesfraktion Die Linke erstmals den Mut im Bundestag auf, folgende Anfrage zu stellen und damit Zweifel an der offiziellen Legende anzudeuten:

> Liegen der Bundesregierung Beweise für eine Beteiligung Osama bin Ladens an Anstiftung, Vorbereitung, Planung oder Durchführung der Anschläge vom 11. September 2001 in New York und Washington vor? (a) Wenn ja, um welche Beweise handelt es sich im Ein-

> zelnen? Wenn ja, warum wurde Osama bin Laden nach Kenntnis der Bundesregierung für diese Anschläge bislang weder angeklagt noch verurteilt? Wenn nein, wie erklärt die Bundesregierung dann Dr. Angela Merkels Behauptung, Osama bin Laden habe als „Kopf des Terrornetzwerks" am 11. September 2001 gehandelt?[743]

Darauf antwortete die Bundesregierung ausweichend:

> In der Resolution 1390 des VN-Sicherheitsrates vom 16. Januar 2002 werden Osama bin Laden und das al-Qaida-Netzwerk namentlich im **Zusammenhang** mit den Anschlägen in New York und Washington am 11. September 2001 genannt. [...] Die Bundesregierung sieht in den Verweisen des VN-Sicherheitsrates auf Osama bin Laden im Zusammenhang mit Terroranschlägen, darunter den Anschlägen vom 11. September 2001, eine hinreichende Grundlage für ihre Bewertung der Rolle Osama bin Ladens im internationalen Terrorismus.[744]

Dabei war diese Antwort nicht nur ausweichend, sondern beinhaltete keinen Hinweis auf eine frühere Meldung der Bundesregierung zum selben Sachverhalt. Es handelt sich hier um die Meldung der Bundesregierung vom 5. Oktober 2001, in der sie sich nicht auf Beschlüsse des Sicherheitsrats bezog, sondern erklärte sich davon überzeugt, dass die „Beweise, die die amerikanische Regierung *vorgelegt hat,* auf die Urheberschaft des Netzwerks von Osama bin Laden verweisen". Vorgelegt? Wo? Da diese „jedoch vertraulich" seien, wären sie auch nicht veröffentlicht. In der jetzigen Antwort der Bundesregierung wurde nicht erwähnt, dass die Behörden der USA jemals Beweise über die Urheberschaft des Netzwerkes von Osama bin Laden an den Attentaten des 9/11 vorgelegt hatten. Merkwürdigerweise kann die Meldung der Bundesregierung vom Jahre 2001 im Internet nicht mehr gefunden werden. Der einzige Hinweis auf diese Meldung ist ein Beitrag in der *Berliner Zeitung* vom 6. Oktober 2001, der den hier zitierten Text bestätigt.[745] Mit dieser Antwort gaben sich die Mitglieder des Bundestags bisweilen zufrieden.

Die Erklärung des Generalsekretärs der NATO, Lord Robertson, vom 26. September 2001, soll hier ergänzend erwähnt werden. An diesem Tag trafen sich die Verteidigungsminister der NATO-Staaten in Brüssel, um die Reaktion der Allianz auf 9/11 zu diskutieren. Auf einer Pressekonferenz am selben Tag wurde Lord Robertson gefragt, ob Paul Wolfowitz, stellvertretender US-Verteidigungsminister, „irgendwelche Beweise über die Identität der Anstifter des 9/11" zur Sitzung mitgebracht hätte. Lord Robertson zeigte sich offenbar von dieser direkten Frage überrascht und nach einigem Zögern sagte er: „Es ist für einen Verbündeten nicht notwendig, den Nachweis zu erbringen, dass er angegriffen wurde, dass er vom Ausland angegriffen wurde. Es genügt, dass der Verbündete es deutlich macht, dass der Angriff aus dem Ausland kam [...] Aber lassen Sie mich es absolut klar stellen, dass, äh, die Beweislast (sic) zunehmend in eine Richtung weist und es ist keine überraschende Richtung."[746]

Am 6. Oktober 2001 berichtete *Die Welt*, dass deutsche Ermittler über eigene Belege für eine Beteiligung des mutmaßlichen Terroristen Osama Bin Laden an den Anschlägen des 9/11 verfügen. Auf Grund dieser und der von den USA vorgelegten Erkenntnisse stehe für die Bundesregierung die Verwicklung Bin Ladens in die Terrorattentate außer Zweifel.[747] Von diesen Belege ist bis heute nichts bekannt.

Noch im Jahr 2011 behauptete Innenminister Friedrich: „Der 11. September 2001 ist ein Tag, mit dem der Westen sich bewusst wurde, dass er die intellektuelle Auseinandersetzung gegen die Feinde der Freiheit aufnehmen musste." Wer aus diesen Zeilen herauslesen will, dass Friedrich damit die wahren Feinde der Freiheit meinte, soll eines besseren belehrt werden, denn einige Zeilen weiter betont er, dass auch Deutschland „im Focus islamistischer Attentäter" stehe.[748] Er konnte allerdings keine besseren Belege dafür liefern, als auf ein Dutzend Trottel hinzuweisen, die über die Zeitspanne von zehn Jahren es nicht fertigbrachten, einen Anschlag in Deutschland zu organisieren (Kofferbomber, Sauerland- Gruppe und die Düsseldorfer Zelle, Siehe Kapitel 15). Das hinderte ihn nicht „angesichts der weiterhin anhaltenden Terrorbedrohung in Europa und auch Deutschland [...], die seit zehn Jahren gültigen Antiterrorgesetze zunächst für weitere vier Jahre gelten zu lassen".[749]

Im Jahr 2015 wiederholten Mitglieder der Linken eine ähnliche Anfrage an die Bundesregierung:

> Welche Beweise und Hinweise basierend auf welchen Quellen lagen der Bundesregierung und der NATO nach dem 11. September 2001 dafür vor, dass der Ursprung der Angriffe auf die Twin Towers in New York in Afghanistan zu finden seien? Sind diese Beweise und Hinweise nachträglich überprüft worden? Wenn ja, von wem und mit welchem Ergebnis?[750]

Die Bundesregierung wich wieder einer direkten Antwort aus, aber dieses Mal begründete sie ihre Antwort anders als in den Jahren 2001 und 2011.[751] Ich werde diese Antwort im Folgenden mit eigenen Kommentaren durchsetzen:

> Bundesregierung: Am 12. September 2001 hat der Nordatlantikrat eine Erklärung zur Anwendbarkeit von Artikel 5 des NATO-Vertrags verabschiedet. Diese besagt, dass der Bündnisfall in Kraft tritt, sobald der Beweis erbracht wird, dass die Anschläge vom 11. September 2001 aus dem Ausland gesteuert wurden.

Erstens verfälschte die Bundesregierung die Erklärung des NATO-Rats, denn im Original wird nicht das Wort „sobald" sondern „falls" verwendet (Originale Fassung: „If it is determined that this attack was directed from abroad against the United States, it shall be regarded as an action covered by Article 5 of the Washington Treaty").

> Bundesregierung: Diesen Beweis erbrachte der Koordinator für Terrorismusbekämpfung im Außenminis-

> terium der Vereinigten Staaten von Amerika, Francis Taylor, in der Sitzung des Nordatlantikrats vom 2. Oktober 2001.

Zweitens war die Behauptung der Bundesregierung irreführend, denn der genannte Francis Taylor erteilte nur eine *verbale* Erklärung an den Nordatlantikrat, die keinesfalls als Beweis gelten konnte, und er hinterließ keine Dokumente.[752] Auch dem Sicherheitsrat lieferten die USA keine Beweise für eine Beziehung zwischen Afghanistan und 9/11.[753]

> Bundesregierung: So hat Osama Bin Laden sich in mehreren Botschaften zu den Anschlägen vom 11. September 2001 bekannt. Der damalige Sprecher „Al-Qaidas", Suleiman Abu Gaith, kündigte im Oktober 2001 weitere Anschläge mit dem Einsatz von Flugzeugen an.

Drittens berief sich die Bundesregierung auf dubiose Botschaften, die weder von ihr noch von den US-amerikanischen Behörden beglaubigt wurden[754] und selbst vom FBI nicht als Beweise akzeptiert worden sind.[755]

Und nun kam das implizite Geständnis der Bundesregierung – 14 Jahre nach den Anschlägen und drei Jahren nach der mutmaßlichen Ermordung von Osama bin Laden – dass die Beweislage der Bundesregierung so dünn ist wie des Kaisers neue Kleider. Es versteht sich, dass hauchdünne Kleider nicht das Tageslicht vertragen, wie die Bundesregierung im Folgenden einräumte:

> Bundesregierung: Die darüber hinausgehende Beantwortung von Teilen der Frage 3 kann aus Gründen des Staatswohls nicht offen erfolgen. Arbeitsmethoden und Vorgehensweisen der Nachrichtendienste des Bundes sind im Hinblick auf die künftige Erfüllung des gesetzlichen Auftrags aus § 1 Absatz 2 des Gesetzes

> über den Bundesnachrichtendienst (BNDG) besonders schutzwürdig. Ebenso schutzbedürftig sind Einzelheiten zu der nachrichtendienstlichen Erkenntnislage. Eine Veröffentlichung selbst auszugweise von Einzelheiten der betreffenden Erkenntnisse würde zu einer wesentlichen Schwächung der dem Bundesnachrichtendienst zur Verfügung stehenden Möglichkeiten zur Informationsgewinnung führen. Dies würde für die Auftragserfüllung des Bundesnachrichtendienstes erhebliche Nachteile zur Folge haben und kann damit die Interessen und die Sicherheit der Bundesrepublik Deutschland beeinträchtigen. Deshalb sind die entsprechenden Informationen als Verschlusssache gemäß der VS mit dem VS-Grad „VS-Vertraulich" eingestuft. Sie sind in der Geheimschutzstelle des Deutschen Bundestages zur Einsichtnahme hinterlegt und können dort nach Maßgabe der Geheimschutzordnung eingesehen werden.[756]

Bei der Arbeit des Bundestags fällt auch auf, dass keiner der Abgeordneten sich zum Thema des verdeckten Staatsterrorismus (siehe Kapitel 12) geäußert hat, nicht einmal nach den Enthüllungen über die Gladio-Netzwerke in 1990. Versuche einiger Abgeordneten, durch kleine Anfragen etwas über die Gladio-Netzwerke zu erfahren, blieben eher bescheiden und wenig durchschlagend. Trotz der Fülle der Informationen über die terroristischen Anschläge der Gladio-Netzwerke in Italien und Belgien äußerte kein Mitglied des Bundestages bis heute Zweifel an den behördlichen Darstellungen der Anschläge in Madrid, London, Kopenhagen, Paris[757], Toulouse, Brüssel und Nizza als ob die Mitgliedstaaten der transatlantischer Allianz der Methode des verdeckten Terrorismus abgeschworen hätten.

17.1.3 Üble Nachrede

> Wer in Beziehung auf einen anderen eine Tatsache behauptet oder verbreitet, welche denselben verächtlich zu machen oder in der öffentlichen Meinung herabzuwürdigen geeignet ist, wird, wenn nicht diese Tatsache erweislich wahr ist, mit Freiheitsstrafe bis zu einem Jahr oder mit Geldstrafe und, wenn die Tat öffentlich oder durch Verbreiten von Schriften (§ 11 Abs. 3) begangen ist, mit Freiheitsstrafe bis zu zwei Jahren oder mit Geldstrafe bestraft. (§ 186 StGB).

Einige der Äußerungen, die deutsche Politiker in Bezug auf die angebliche Terrorbedrohung gemacht haben, überschritten die Schwelle des Bekömmlichen. Sie bezichtigten drei Personen des Massenmordes, Mohammed Atta, Marwan Alshehhi und Ziad Jarrah, die von keinem Gericht oder unabhängiger Instanz schuldig gesprochen wurden.

Erwin Teufel (CDU/CSU) bezeichnete Mohammed Atta vor dem Bundesrat am 19. Oktober 2001 als „Attentäter".[758] Heiner Bartling (SPD) behauptete in derselben Sitzung, dass Studenten aus Deutschland als Selbstmordattentäter an den Anschlägen des 9/11 beteiligt waren.[759] Dr. Andreas Birkmann (CDU/CSU) behauptete, dass einer der Attentäter des 9/11 „unauffällig fast zehn Jahre unter uns gelebt und die Verbrechen hier vorbereitet und geplant, bevor er sie in die Tat umsetzte".[760] In einer späteren Sitzung des Bundesrats (30. November) behauptete er, dass ein Marokkaner, der in Hamburg festgenommen worden war, mehrjährige Kontakte zu „Selbstmordattentätern" hatte [Mohammed Atta, Marwan Alshehhi und Ziad Jarrah].[761] Friedrich Merz, Vorsitzender der CDU/CSU-Bundestagsfraktion behauptete am 8. November 2001, dass „einige der Terroristen auch in unserem Land gelebt haben [und] dass sie in wesentlichen Teilen von Deutschland aus die Anschläge vorbereitet haben".[762] Erwin Marschewski (CDU/CSU) behauptete im Bundestag am 15. November 2001, „dass die Täter vom 11. September Offenheit und Rechtsstaatlichkeit unserer freien Gesellschaft zum Aufbau einer Infrastruktur des Terrorismus missbraucht" haben.[763]

Kein Mitglied des Bundestages rügte diese unverschämte Bezichtigung von unschuldigen Personen oder verlangte die Aufhebung der parlamentarischen Immunität dieser Abgeordneten, damit man sie wegen übler Nachrede anklagen könnte.

Nach diesem Überblick sollte kein Zweifel mehr daran bestehen, dass die gesamte politische Klasse Deutschlands an den Fakten über 9/11 nicht interessiert ist und weiter die Fiktion der Terrorgefahr pflegt. Diese Schlussfolgerung trifft alle im Bundestag vertretenen Parteien.

17.2 Taten

Für die Bundesregierung und ihre Unterstützer waren die Anschläge des 9/11 in erster Linie ein Anlass für den weiteren Aufbau der Polizei, der Geheimdienste und der Bundeswehr.

Schon am 19. September 2001 rief Innenminister Otto Schily zu einem vieljährigen Kampf gegen den Terrorismus, zu einem innigen Vertrauen in die Polizei, zur Verschärfung der sogenannten Anti-Terror-Gesetze, zur gründlicheren Überprüfung von Sicherheitspersonal beim Luftverkehr, zur Revision des Zuwanderungsgesetzes und zu polizeilichen Kontrollen von muslimischen Vereinen auf.

Die Oppositionsparteien, die auch die gängigen Glaubenssätze über 9/11 teilen, hinterfragten nicht die Notwendigkeit der Terrorismusbekämpfung, sondern beschränkten sich auf die Bevorzugung von rein strafrechtlichen Mitteln zur Bekämpfung der Fiktion.

Auf der Basis der Fiktion wurden seit 2001 zahlreiche Maßnahmen verabschiedet, die die Freiheit beschränkten und Kriege förderten. Sie werden im Kapitel 19 beschrieben.

18 Deutsche Wissenschaftler und die Terrorfiktion

Wie reagierten deutsche Akademiker in ihren wissenschaftlichen Schriften auf die Ereignisse des 9/11?

Im Unterschied zur Tätigkeit von Journalisten und Strafermittlern befassen sich Wissenschaftler eher mit der Analyse und Erklärung von Phänomenen, Prozessen, Ideen und Strukturen oder sie versuchen, Theorien (Hypothesen) aufzustellen oder zu überprüfen. Sie müssen sich für ihre Arbeit auf eine solide empirische Grundlage stützen. Das ist auch mehrheitlich der Fall. Die Terrorismusforschung und insbesondere die Diskussion der Ereignisse des 9/11 bilden hier allerdings eine erklärungsbedürftige Ausnahme.

Zahlreiche Akademiker in den Geisteswissenschaften fühlten sich kurz nach 9/11 dazu veranlasst, die schrecklichen Ereignisse zu verstehen und einzuordnen. Daher entstanden insbesondere im Jahre 2002 eine Fülle von Texten, aus denen ich, mehr oder weniger willkürlich, ungefähr 100 Stichproben als Untersuchungsgegenstand ausgewählt habe (siehe Anhang A). Es handelt sich um Texte von deutschsprachigen Akademikern (alle Autoren sind promoviert und viele von ihnen haben/hatten eine Professur inne), von denen man daher eine wissenschaftliche Gründlichkeit bei der Erarbeitung ihrer Texte erwarten darf. Die Beiträge befinden sich in Monographien, Anthologien, wissenschaftlichen Zeitschriften und auf der Webseite der Bundeszentrale für politische Bildung.

18.1 Diverse Perspektiven der Wissenschaftler

Die Schwerpunkte der herangezogenen Arbeiten unterschieden sich erheblich. Ich konnte vier Hauptschwerpunkte in der Literatur erkennen: (1) Terrorismus und Islam; (2) Sicherheitspolitische Aspekte des neuen Terrorismus; (3) Völkerrechtliche Herausforderungen des neuen Terrorismus sowie (4) Die Berichterstattung über 9/11.

Alle Autoren gingen ausnahmslos von der offiziellen Legende des 9/11 aus. Einige der Autoren taten es zwar beiläufig, aber alle Autoren der drei ersten Schwerpunkte basierten ihre Thesen bzw. theoretischen Ausführungen auf dieser Annahme. Einige maßten sich die Beschreibung des Tatablaufs des 9/11 an, als ob sie dabei gewesen waren, ohne aber Quellen zu zitieren.

Dass Autoren ihre theoretischen Ausführungen auf der offiziellen Legende von 9/11 *aufbauten*, kann sehr einfach demonstriert werden: Wenn sie davon ausgegangen wären, dass die Anschläge des 9/11 im Auftrag der US-Regierung begangen worden wären, würde der größte Teil ihrer theoretischen Ausführungen (in diesen Schriften) ihren Sinn verlieren: Der Schwerpunkt Islam würde verschwinden. Statt sich zu fragen, wie Deutschland sich gegen das Phantom der terroristischen Bedrohung schützen kann, hätten sie sich eher mit der Frage befassen sollen, wie Deutschland seine Sicherheit gegenüber dem Täterstaat USA verteidigen sollte. Statt sich mit der Frage zu befassen, ob das Völkerrecht durch geduldete Verletzungen sich geändert hat oder sich ändern sollte, hätten sie sich gefragt, wie man es durchsetzen kann, um die US-amerikanischen Kriegsverbrecher und Täter des 9/11 zur Rechenschaft zu ziehen.

Bei Autoren, die sich mit der *Berichterstattung* über 9/11 auseinandersetzten, könnte der geschriebene Text allerdings mit nur leichten Änderungen oder Ergänzungen auch auf eine Täterschaft der US-Regierung zutreffen. Ihre Ausführungen über die gewaltige und erfolgreiche Terrorpropaganda der herrschenden Medien sind einleuchtend und belegen die zentrale Rolle der Medien bei der Einimpfung der offiziellen Legende in das Bewusstsein der Menschen. Sie gingen allerdings davon aus, dass die angeblichen islamistischen Täter die zeitliche Abfolge der einzelnen Angriffe bestimmen konnten, die für die Propagandaoperation *entscheidend war.*

Es ist offensichtlich, dass die „islamistischen Terroristen" nicht damit rechnen konnten, durch alle Sicherheitskontrollen in den Flughäfen unbehelligt durchzukommen, dass die „Todesflüge" pünktlich abfliegen würden und dass die US-Luftwaffe sie nicht abfangen würde. Wenn die Autoren diese voraussichtlichen Hindernisse mit einbezogen hätten, hätten sie nicht die Planung der medialen Berichterstattung den „Terroristen", sondern den Akteuren zugeschrieben, die den Tatablauf der Anschläge vollständig kontrollieren konnten, z. B. die Abflugzeiten zu bestimmen und die Sicherheit der mutmaßlichen Todesflüge zu gewährleisten. Diese Kontrolleure saßen nicht in einer Höhle in Afghanistan.

Navid Kermani, hat es beinahe auf den Punkt gebracht, als er schrieb: „Fast folgerichtig ist es da, dass die Attentate als ein Medienereignis für ein Milliardenpublikum inszeniert worden sind, einschließlich der zehnminütigen Pause, innerhalb derer die Kameras aufgestellt werden konnten. So etwas haben sich nicht afghanische Stammeskrieger ausgedacht, sondern Menschen, die in eben jener Gegenwart stehen, die sie bekämpfen".[764] Zu diesem verblüffenden Schluss gelangt, verzichtete Dr. Kermani jedoch auf die wichtigste Frage: Wer war in der Lage, den Ablauf der Horrorshow gegen plausible Pannen und voraussichtliche Abwehrmaßnahmen zu sichern, damit die Welt gründlich erschüttert wird?

18.2 Zusammengefasste Befunde

1. Sämtliche herangezogenen Autoren gingen in ihren Schriften von der Annahme aus, dass die Anschläge des 9/11 von fanatischen Islamisten bzw. im Auftrag von Osama bin Laden oder Al-Qaida ausgeführt wurden.

2. Keiner der Autoren präsentierte in seinen herangezogenen Schriften irgendwelche Beweise für ihre Annahme, auch an den Stellen nicht, an denen der Autor seine sonstigen Ausführungen mit zahlreichen Quellenangaben versah.

3. Keiner der Autoren stellte in seinen herangezogenen Schriften die offizielle Darstellung der Anschläge des 9/11 in Zweifel. Drei von etwa vierzig angeschriebenen Autoren haben auf meine Anfrage hin angedeutet, dass sie von der offiziellen Darstellung über 9/11 nicht mehr vollständig überzeugt seien.

4. Zahlreiche Autoren behaupteten in den herangezogenen Schriften, dass internationaler bzw. islamistischer Terrorismus eine ernste Bedrohung für den Weltfrieden oder für die westliche Zivilisation geworden sei. Einige der Autoren gingen darüber hinaus und unterstellten dem „neuen Terrorismus", dass er auf die „Infrastruktur der freien Welt" abziele und über die modernsten Waffen- und Kommunikationssysteme verfüge. Beweise für diese Behauptungen lieferten sie jedoch nicht.

5. Am 7. Januar 2016 schrieb ich folgenden Brief an Prof. Dr. Martin H.W. Möllers, einen der zwei Herausgeber des Jahresbuches der öffentlichen Sicherheit:

> *Als Autor der Studie „Hijacking America's Mind on 9/11" (Algora Publishers, New York, 2013) und Menschenrechtler möchte ich gerne wissen, ob Sie auch Beiträge akzeptieren, die die offiziellen Erklärungen über 9/11 und andere terroristische Anschläge infrage stellen. Typischerweise werden solche Skeptiker als „Verschwörungstheoretiker" abgetan. Bevor ich Ihnen ein Manuskript zukommen lasse, möchte ich wissen, ob Sie auch solche Standpunkte akzeptieren.*
>
> *Mit freundlichen Grüßen*

Ich erhielt innerhalb weniger Stunden eine freundliche aber unbegründete Absage von Professor Dr. Möllers, man möchte lieber auf einen Beitrag von mir verzichten. Das war zu erwarten. Mir ist keine wissenschaftliche Zeitschrift in Deutschland bekannt, die eine Infragestellung der offiziellen Legende des 9/11 zulässt.

18.3 Fazit

Man kann mit Sicherheit davon ausgehen, dass die große Mehrheit der untersuchten Autoren gut ausgebildet sind/waren, und eine solide akademische Karriere hinter sich haben oder hatten, als sie ihre Texte verfassten. Daher kann man auch davon ausgehen, dass sie eine der elementarsten Regeln der wissenschaftlichen Methode kannten: Zuerst die Fakten und dann die Theorie!

Wenn man die Befunde des ersten Teils dieses Buches zur Kenntnis nimmt, so stellt sich die Frage, weshalb 100 Autoren, die zur oberen intellektuellen Schicht in Deutschland gehören, ihre wissenschaftliche Sorgfalt vernachlässigten und eine absurde Legende[765] als Grundlage für ihre theoretischen Erwägungen heranzogen haben. Wir haben es hier mit einem einzigartigen kollektiven Versagen zu tun, das nach einer Erklärung verlangt. Zunächst kann man dieses Versagen der immensen Propaganda über 9/11 zuschreiben. Es mögen aber auch andere Gründe für das Versagen dazu beigetragen haben, dessen Identifizierung nützlich wäre.[766] Es ist für unsere Zivilisation wichtig zu wissen, wie es dazu kommen konnte, dass beinahe die gesamte intellektuelle Elite des Landes in dieser Sache versagt hat und sich noch immer an eine absurde und verlogene Legende klammert.

TEIL IV

DIE GESELLSCHAFTLICHE HERAUSFORDERUNG

19 Kriege und Unterdrückung im Namen einer Legende und einer Fiktion

Strategische Planung orientiert sich an einem langfristigen Ziel. Steht hinter den Terroranschlägen, die in der westlichen Welt seit 20 Jahren verübt werden, eine Strategie, sprich die zielgerichtete Gewaltandrohung und Gewaltausübung zu politischen Zwecken?

Westliche Regierungen ordnen die Terrorwelle der letzten Jahre islamistischen Organisationen zu, deren angebliches Endziel die Errichtung eines weltweiten Kalifats ist und deren Strategie darin bestehen soll, die „Ungläubigen" durch Terror zu demoralisieren und sie damit zum Islam zu bekehren.

Merkwürdigerweise spricht keiner der führenden Strategen und Politiker des Westens von einer eigentlichen *Strategie* des terroristischen Feindes, obwohl ihre politischen, militärischen und propagandistischen Maßnahmen eigentlich von einer Strategie des vermeintlichen Gegners ausgehen. Das vermeintliche *Ziel* der vermeintlichen islamistischen Terrororganisationen (die Errichtung eines Weltkalifats) kann selbstverständlich nicht durch die gelegentliche Tötung von einigen Tausend „Ungläubigen" erreicht werden, noch dürften solche Tötungen die „Ungläubigen" nicht gerade vom Islam begeistern. Von einer eigentlichen *Strategie* kann bei den ihnen unterstellten Terroranschlägen kaum gesprochen werden.

Darüber hinaus sind nicht-staatliche Organisationen gleich wie fanatisch motiviert, nicht in der Lage die wirtschaftliche, militärische und ideologische Hegemonie der westlichen Industriestaaten zu erschüttern, denn sie verfügen nicht über die erforderlichen menschlichen, finanziellen, technologischen und militärischen Ressourcen. Sie vertreiben nicht mal ihre eigenen Medienprodukte, sondern überlassen US-amerikanischen Einrichtungen wie SITE Intelligence Center, IntelCenter, ClarionProject und Jihadology diese Aufgabe.

Sämtliche Anschläge, die von westlichen Regierungen „Islamisten" zugeordnet wurden, sind von muslimischen Geistlichen, Gemeinden, Organisationen und Staaten verurteilt und als unvereinbar mit dem Islam bezeichnet worden. Sie erkennen damit implizit an, dass die Anschläge dem Ruf des Islams und den Interessen der Muslime schaden. Es widerspricht dem gesunden Menschenverstand, dass eine Organisation wiederholt Aktionen zu ihrem eigenen Nachteil unternehmen würde.

Die These einer islamistischen Strategie hinter den jüngsten Anschlägen beruht daher weder auf prüfbaren empirischen Befunden noch auf dem gesunden Menschenverstand.

Eine nähere Betrachtung der Anschläge zeugt andererseits von erheblichen gemeinsamen Merkmalen, die nicht dem Zufall zugeordnet werden können:

1. Bei der überwiegenden Zahl von Anschlägen sterben die mutmaßlichen Täter. Dass die Polizei ausnahmsweise eine schwer bewaffnete Person nicht lebendig fassen kann, ist verständlich. Dass dies beinah die Regel bei „islamistischen Terroranschlägen" ist, deutet auf eine systematische und bewusste Politik hin. Durch den Tod des mutmaßlichen Täters wird eine gerichtliche Aufklärung der Tat vermieden. Die Polizei bleibt damit die einzige offizielle Quelle der „Wahrheit" über die Anschläge. Und sie ist nicht verpflichtet, ihre Beweise zu veröffentlichen.

2. In keinem der zitierten Fälle wurden Augenzeugen zum Tod der vermeintlichen Terroristen der Öffentlichkeit vorgestellt. Diese Geheimhaltung deutet darauf hin, dass sie hingerichtet wurden.

3. Keine der Anschläge wurde durch eine öffentliche, unabhängige, Kommission untersucht, auch wenn Angehörige der Opfer und Teile der Bevölkerung eine solche Untersuchung gefordert hatten.

4. Keiner der mutmaßlichen Täter wurde von seiner Familie oder von seinem Freundeskreis als Held gefeiert.

5. Keiner der mutmaßlichen Täter begleitete seine Tat mit einer klaren und verständlichen Forderung (dies steht im krassen Gegensatz zu Anschlägen von Palästinensern in Israel, deren Forderung – der Abzug der israelischen Besatzung – jeder Israeli kennt).

6. Keiner der mutmaßlichen Täter hatte sich bekanntlich vor der Tat für die Sache eingesetzt, die ihn angeblich zur tödlichen Tat gedrängt haben soll.

7. Sämtliche Anschläge haben den Interessen der Muslime weltweit erheblichen Schaden zugefügt.

Ohne eine gemeinsame Steuerung bzw. Koordination der Anschläge käme es nur schwerlich zu diesen gemeinsamen Merkmalen. Diese wiederum setzt eine einheitliche Strategie voraus, deren Notwendigkeit schon im ersten Kapitel besprochen wurde. Resümierend kann kein Zweifel bestehen, dass hinter den Terroranschlägen, die islamistischen Organisationen zugeschrieben werden, eine Strategie steckt, die von den höchsten Ebenen der transatlantischen Allianz unterstützt und verfolgt wird. Sie handeln dabei, um die langfristigen Interessen der Hochfinanz und der Wirtschaft zu gewährleisten.

Dieselbe Klasse von Milliardären, deren Anwälte und Politdiener heute das TTIP-Abkommen durchzuboxen versuchen und Griechenlands Aktiva begehren, ist jene, die auch die Früchte des staatlichen Terrorismus genießt. Die Milliardäre organisieren nicht selbst Terroranschläge und die dazugehörende Vertuschung, sondern überlassen solche Aufgaben den Politikern, Anwälten, Journalisten, Geheimdienstlern, professionellen Killern und nützlichen Idioten.

19.1 Außerstaatliche Maßnahmen

Die USA, das Zentrum dieser Superreichen, bezeichnen die ganze Welt als ihr Einsatzgebiet. Sie führen ihre weltweiten Einsätze aus sechs Kommandozentralen:

CENTCOM, zuständiges Regionalkommando für den Nahen Osten, Ägypten und Zentral-Asien. Das Hauptquartier des CENTCOM befindet sich auf dem Luftstützpunkt McDill, in der Nähe von Tampa (Florida).

NORTHCOM, zuständiges Regionalkommando für Nordamerika; es befindet sich auf dem Luftwaffenstützpunkt Peterson in Colorado Springs (Colorado).

SOUTHCOM, zuständiges Regionalkommando für Lateinamerika befindet sich in Miami, Florida.

PACOM, zuständiges Regionalkommando aller US-Truppen im pazifischen Raum und dem Indischen Ozean. Das Hauptquartier von PACOM befindet sich auf der Insel O'ahu (Hawaii).

EUCOM, zuständiges Regionalkommando für alle militärischen Planungen der USA in Europa, Russland (!), Kaukasus und der Türkei. Bis zur Gründung von AFRICOM in 2008 war EUCOM auch für Einsätze in Afrika zuständig. Das Hauptquartier von EUCOM befindet sich in Stuttgart.

AFRICOM, seit Oktober 2008 das zuständige Regionalkommando für den afrikanischen Kontinent (exklusive Ägypten), mit Hauptsitz in Stuttgart. Das Air and Space Operations Center in Ramstein (Rheinland-Pfalz) ist außerdem die Steuerungszentrale des US-Luftkriegs in Afrika, aus welcher Drohnen gesteuert werden, um Menschen in Afrika hinzurichten.[767]

19.1.1 Strategisches Ziel Nr. 1: Afrika

Seit 2001 streben die USA die strategische Kontrolle über den afrikanischen Kontinent an. Diese wirtschaftlich motivierte Strategie wird mit der Bekämpfung des Terrorismus begründet und von der Regionalkommandozentrale AFRICOM in Stuttgart geführt. Interessanterweise tauchten gerade „islamistische Terrorbanden“ in afrikanischen Ländern auf, als die USA sich für Afrika zu interessieren begannen.[768] Über die Finanzierung und Logistik dieser Banden wird wenig berichtet.

Der Journalist und NATO-Gegner Rick Rozoff bietet einen interessanten Einblick in die Entstehung und Rolle der Kommandozentrale AFRICOM. Er erwähnt auch, dass die NATO im Jahre 2010 sich den militärischen Maßnahmen AFRICOM in Somalia angeschlossen hat.[769]

Obwohl AFRICOM erst im Jahr 2008 formal gegründet wurde, begann Amerikas Vorstoß in Richtung Afrika schon im Jahr 2001. Im Jahr 2005 schrieb Ann Scott Tyson in der *Washington Post*:

> Das US-Militär bereitet sich auf einen langfristigen Vorstoß in Afrika vor [...] Das Pentagon plant Tausende von afrikanischen Truppen für ausgedehnte Wüsten- und Grenzoperationen zu trainieren und die Militärs verschiedener Länder mit sicherer Satellitenkommunikation zu verbinden. Die Initiative, mit einem empfohlenen Etat von $500 Millionen über sieben Jahre, soll sich auf folgende Ländern erstrecken: Algerien, Tschad, Mali, Mauretanien, Niger, Senegal, Nigeria, Marokko und Tunesien - und hoffentlich auch Libyen, falls die Beziehungen sich mit diesem Land verbessern. Laut hochrangigen Militäroffizieren und Beamten des Außenministeriums (*State Department*) ist der Vorstoß in Afrika von entscheidender Bedeutung, um eine Infiltration durch internationale Terrorgruppen zu verhindern[.] Eine neue

> Phase im Krieg gegen den Terrorismus vorausahnend, plant das Pentagon, Afrikaner im Kampf gegen militante Gruppen zu mobilisieren, aber US-Truppen, die bereits von Operationen im Irak und in Afghanistan überbelastet sind, nur in Einzelfällen in Afrika einsetzen.[770]

Über die Operationen von AFRICOM in Afrika haben in den letzten zehn Jahren die Journalisten John Whitlock (Washington Post) und Nick Turse umfassend berichtet. Turse berichtet, dass Militäreinrichtungen der USA sich bereits in 49 afrikanischen Ländern befinden. AFRICOM widerspricht nicht dieser Zahl, behauptet aber, dass diese zum größten Teil sehr kleine und nicht permanente Einrichtungen sind. Laut AFRICOM betreiben die USA nur eine einzige große Militäreinrichtung in Afrika, nämlich in Dschibouti am Roten Meer.

Auf der folgenden Karte werden alle afrikanischen Staaten angeführt, in denen sich laut Nick Turse US-amerikanische Militäreinrichtungen befinden.

Hochrangige Offiziere der USA räumen ein, dass das amerikanische Vorhaben in Afrika ganz diskret durchgeführt werden muss, um keinen Widerstand der afrikanischen Bevölkerung hervorzurufen. Daher sei so wenig über Einzelheiten bekannt. Afrikanische Regierungen werden ihrerseits gedrängt, sich dem Willen der USA zu fügen und sich dem „Kampf gegen den Terrorismus“ anzuschließen.[771]

Über die wirtschaftlichen Vorteile des militärischen Vorstoßes in Afrika weist Otfried Nassauer, Leiter des Berliner Informationszentrum für Transatlantischer Sicherheit (BITS), hin:

> Afrika gerät immer deutlicher in den Blick der Sicherheits- und Militärpolitik. Nicht nur das Horn von Afrika, das schon länger als Gegenküste des Mittleren Ostens und der Arabischen Halbinsel Beachtung findet, sondern der ganze Kontinent. [...] gewinnt Afrika angesichts der Destabilisierung des Nahen und Mittle-

> ren Ostens als Rohstoff- und vor allem Energielieferant erheblich an Bedeutung. Substanzielle Ölvorkommen im Golf von Guinea, im Süden des Sudan und vor der nordwestafrikanischen Küste wecken massive Begehrlichkeiten.[...] Da diese Ressourcen aus potenziell instabilen Staaten wie Nigeria oder Angola kommen, sei eine präventive militärische Absicherung der Ressourcen und der Investitionen für deren Ausbeutung geboten[...] Dass nicht allein die USA eine Verbindung zwischen Rohstoffabsicherung und Eingriffsmöglichkeiten in Afrika sehen, zeigt das Beispiel Finnland. Finnland gehört zu den politisch treibenden Kräften, wenn es um Europas Handlungsoptionen in Afrika geht. Finnland bezieht aus dem Kongo Tantal – der Weltmarktführer Nokia braucht es für seine Handys.[772]

Inzwischen gibt es ausführliche Berichte über militärische Einrichtungen der USA in Algerien[773], Burkina Faso[774], Zentralafrikanische Republik[775], Tschad[776], Dschibuti[777], Äthiopien[778], Gabun[779], Ghana[780], Senegal[781], Kenia[782], Kamerun[783], Mauretanien[784], Niger[785], Nigeria[786], die Seychellen[787], Somalia[788] und Uganda.[789] Nick Turse liefert auch einige Zahlen. So sollen die USA im Jahr 2014, 674 Militäreinsätze auf dem Kontinent durchgeführt haben, was eine Steigerung von rund 300 Prozent seit der Errichtung von AFRICOM in 2008 bedeutet. US-Spezialkommandos sollen in 23 afrikanischen Ländern Tag und Nacht im Einsatz sein. Die größte Militäreinrichtung der USA in Afrika, in Dschibuti, soll seit 2002 um das Siebenfache angewachsen sein und mit einem Budget von $1,2 Milliarden ausgestattet werden.[790]

Die Befunde sind eindeutig: Es handelt sich hier nicht um punktuelle Eingriffe, sondern um ein nachhaltiges, strategisches Unternehmen der USA. Die USA wollen die ehemaligen Kolonialmächte Frankreich und Großbritannien, sowie den großzügigen Gast, China, vom afrikanischen Kontinent verdrängen.

Frankreich allerdings besteht auf seiner Teilnahme am afrikanischen Reichtum. Schon im Jahre 2012 intervenierte Frankreich in Mali unter dem Namen „Operation Serval", angeblich um das dschihadistische Eindringen aus dem Norden des Landes in die malische Hauptstadt zu verhindern. Präsident François Hollande versprach den Franzosen schnelle Erfolge in Mali und in der Zentralafrikanischen Republik sowie einen langfristigen Kampf gegen den Terrorismus in der Sahelzone.[791]

Der wirksamste ideologische Hebel zur Begründung des Eindringens in Afrika ist die Legende der terroristischen Gefahr, die von dem Kontinent ausgehen soll. Für die Glaubwürdigkeit dieser Legende sind verbale Warnungen unzureichend. Blut muss fließen, so dass auch afrikanische Politiker erschrecken und die westlichen Mächte um Hilfe bitten. Aufgrund dieser Erwägung stellt sich die Frage, wer führt und finanziert die so genannten Terrorgruppen, die sich in afrikanischen Ländern für Chaos sorgen. Der britische Autor Jeremy Keenan, Experte des Sahels und der Tuareg, liefert Indizien dafür, dass westliche Geheimdienste auch dabei mitspielen.[792] Die Enthüllungen der Autoren Mohammed Samraoui[793], Lounis Aggoun und Jean-Baptiste Rivoire[794] über die Zusammenarbeit zwischen den algerischen und französischen Geheimdiensten zur Förderung des „islamistischen Terrorismus“ erhärten diesen Verdacht.

19.1.2 Strategisches Ziel Nr. 2: Afghanistan

Am 7. Oktober 2001, d.h. vier Wochen nach den Anschlägen des 9/11, fingen die USA an, das ärmste Land des Welt – Afghanistan – zu bombardieren. Der Spiegel bezeichnete den Angriffskrieg als eine „Vergeltung“ der USA für die Anschläge.[795] Offiziell waren die US-Behörden jedoch etwas zurückhaltender in ihrer Begründung. Im offiziellen Schreiben der USA an den UN-Sicherheitsrat vom 7. Oktober 2001 werden die Anschläge des 9/11 nur indirekt als Begründung der militärischen Angriffe der USA angeführt.[796] Der Brief beinhaltet weder Beweise für eine Beziehung zwischen Afghanistan und 9/11 noch den Namen von Osama bin Laden als Ziel des Einsatzes. Hingegen erklärten die USA in dem Schreiben, dass sie sich das Recht vorbehielten, gegebenenfalls andere Organisationen als Al-Qaida und andere Staaten als Afghanistan anzugreifen. Ähnliche Andeutungen befinden sich in der Ansprache des damaligen Präsidenten George W. Bush an die Nation, die er am selben Tag hielt.[797] Auch er erwähnte nicht Osama bin Laden als Begründung für den Krieg.

Zahlreiche Beobachter haben sich gefragt, welchen Nutzen die USA aus ihrem Angriff auf Afghanistan ziehen konnten oder hatten oder was sie mit ihrem Krieg bewirken wollten. Folgende Ziele für den Krieg gegen Afghanistan wurden von verschiedenen Seiten den USA unterstellt: Den Wunsch nach einem permanenten strategischen Stützpunkt in Zentralasien; die Verwirklichung einer Pipeline zur Förderung von Gas aus Zentralasien bis zum indischen Ozean; Zugang zu gigantischen Reserven von seltenen Mineralien und die Wiederbelebung der Opiumproduktion.

Es kann aber auch sein, dass ein ganz anderer Grund für den Krieg gegen Afghanistan vorrangig war. Nachdem die CIA über Jahre Osama bin Laden zu Amerikas Hauptfeind aufgebaut hatten[798], das FBI ihn wegen früherer Terroranschläge gegen die USA beschuldigten und die Legende von den 9/11-Luftpiraten, die in Afghanistan bei Osama bin Laden trainiert hatten, bereits vorlag[799], konnten die USA nichts anders tun als Afghanistan angreifen. Dass hier ein bestimmter Sachzwang bestand, offenbarte sich als Präsident George W. Bush und Verteidigungsminister Donald Rumsfeld schon am 12. September 2001 verzweifelt nach Beweisen suchten, um die Anschläge des vorherigen Tages dem Irak zuzuschreiben.[800] Im Irak, soll Rumsfeld gesagt haben, gäbe es viel wertvollere Zerstörungsziele als in Afghanistan.[801] Sie mussten sich aber an den vorgegebenen Plan halten und die Länder in der richtigen Reihenfolge angreifen.

Laut der Vereinbarung der USA mit den afghanischen Behörden aus dem Jahr 2014 sollen die USA bis zum Jahr 2024 neun

Stützpunkte in Afghanistan behalten dürfen, nämlich in Bagram, Jalalabad, Kandahar, Kabul, Mazar-i-Sharif, Herat, Helmand, Gardez und Shinland. Die USA sind auch bis dahin „berechtigt", rund 350.000 afghanische Sicherheitskräfte auszubilden und Drohnenangriffe aus Afghanistan zu führen.[802] In 2024 sollte dann das amerikanische Engagement in Afghanistan endgültig zu Ende sein.

Wie dem auch sei, den Preis der Legende des 9/11 und die Fiktion des internationalen Terrorismus bezahlten zwischen 2001 und 2011 mindestens 14.500 und schätzungsweise bis zu 116.000 Zivilisten in Afghanistan mit ihren Leben.[803]

19.1.3 Strategisches Ziel Nr. 3: Irak

Was den Krieg der USA und Großbritannien gegen Irak im Jahr 2003 betrifft, so ist in Europa die Vorstellung weit verbreitet, dass die USA den Krieg nur auf Grund einer Lüge – die Legende von den Massenvernichtungswaffen – vom Zaun gebrochen haben. Das ist jedoch eine Lüge zu wenig, denn in den USA glaubten 45 Prozent der Befragten, dass Saddam Hussein persönlich etwas mit den Anschlägen des 9/11 zu tun hatte.[804] Diese Legende wurde in subtiler Weise kolportiert, um die Bevölkerung auf den Krieg einzustimmen.[805] Eine Untersuchung im Auftrag des Repräsentantenhauses der USA identifizierte nicht weniger als 237 irreführende Aussagen von Präsident Bush, Vizepräsident Cheney, Verteidigungsminister Rumsfeld, Außenminister Powell und der nationalen Sicherheitsberaterin Rice über die vermeintliche Bedrohung durch den Irak, davon 61 Mal über eine Beziehung zwischen Irak und Al-Qaida.[806] Darüber hinaus wurde der Krieg gegen Irak offiziell als Teil des „Globalen Krieges gegen den Terrorismus" bezeichnet.[807]

Im Verhältnis zum Krieg in Afghanistan waren und sind die Folgen in Irak sehr viel gravierender. Nach Schätzungen sind bis zu einer halben Million Menschen durch unmittelbare und mittelbare Folgen des US-Krieges in Irak seit 2003 gestorben[808] und vier bis fünf Millionen Menschen mussten ihre angestammten Orte verlassen.[809] Es soll hier auch an die verheerenden Wirtschaftssanktionen erinnert werden, die der UN-Sicherheitsrat gegen die irakische Bevölkerung im Jahr 1990 verhängte: Eine halbe Million Kinder sind in Folge der Sanktionen gestorben.[810]

Der Verlierer des Krieges gegen Irak ist die irakische Bevölkerung. Wer sind aber die Nutznießer? Laut einer weitverbreiteten Meinung sind es die großen Ölkonzerne.[811] In seinem Buch *The Road to Iraq: The Making of a Neoconservative War*, widerspricht Autor Muhammad Idrees Ahmad allerdings dieser These.[812] Er will nachgewiesen haben, dass die Anstifter des Krieges in Tel Aviv saßen und durch ihre „Statthalter" in Washington operierten. Wer auch immer von der Zerstörung des Iraks profitierte – eine Frage, die hier nicht weiter besprochen wird –, steht jedoch fest, dass die USA das Land auf Grund von zwei Lügen angegriffen haben: Die Lüge über die nicht-existierenden Massenvernichtungswaffen und die Lüge über eine Beziehung zwischen Irak und 9/11 bzw. Al-Qaida.

19.1.4 Strategisches Ziel Nr. 4: Golfstaaten

Der so genannte Krieg gegen den Terrorismus hat zu einer Entfaltung der US amerikanischen Militärpräsenz im Persischen Golf geführt, nachdem die USA sich aus dem Irak im Jahr 2011 zurückgezogen haben. In Bahrein befindet sich eine riesige Einrichtung der US-Marine (NSA Bahrain) mit 8.500 Militärangehörigen und ziviler Angestellter des US-Verteidigungsministeriums.[813] Die Emirate (UAE) sind ein verlässlicher, strategischer Partner der USA im globalen Krieg gegen den Terror, so der ehemalige Präsident George W. Bush: Dubai bediene mehr US-amerikanische Kriegsschiffe als irgendein anderes Land.[814] Die wichtigsten US-amerikanischen Militärstützpunkte in der Region sind zum jetzigen Zeitpunkt: al-Udeid in Qatar, Ali al-Salem in Kuwait und Dhafra in den Emiraten.[815] Al-Udeid gilt als der strategisch wichtigster Stützpunkt der USA in der Region mit etwa 9.000 Militärangehörigen und zivilen Angestellten. An diesem Ort befindet sich die Kommandozentrale der Luftwaffe für alle Militäroperationen der USA in Vorderen Orient und Afghanistan.[816]

Westliche Staaten bezichtigen von Zeit zur Zeit Qatar, Kuwait und die Emirate, die Finanzierung des Islamischen Staats, Al-Qaida und anderer extremistischer Gruppen durch ihre Bürger zu dulden. Der ehemalige Vizepräsident der USA, Dick Cheney, sagte während einer Fernsehsendung, Qatar könne es sich leisten, die radikaleren Elemente der Dschihadisten zu unterstützen, weil die USA auf „diesen großen Stützpunkt" in Qatar angewiesen seien. Auch Kuwait soll von den USA kritisiert worden sein, weil seine Bürger „extremistische Gruppen" unterstützen.[817] Als Christiane Amanpour (*CNN*) am 25. September 2014 im Fernsehen den Emir von Qatar, Tamim bin Hamad al Thani, mit der Mutmaßung konfrontierte, Qatar dulde die Finanzierung von Al-Qaida und des Islamischen Staates, behauptete er, Qatar finanziere keine Extremisten und Terroristen. Wer aber als Terrorist gelte, darüber scheiden sich die Geister, sagte er.[818] Das Spielchen scheint aber nur für die Öffentlichkeit bestimmt: Westliche Politiker täuschen Ärger über die Finanzierung der Terroristen vor, unternehmen aber nichts, um den Geldfluss zu stoppen. Im Gegenteil: Dem Islamischen Staat wird Zugang zum internationalen Banksystem gewährt (siehe die Ausführungen über SWIFT weiter unten).[819]

19.1.5 Strategisches Ziel Nr. 5: Korruption des Völkerrechts

Die USA haben seit 9/11 mit Hinweis auf die angebliche Bedrohung durch den internationalem Terrorismus versucht, das Völkerrecht zu ihren Gunsten zu verändern. Hier einige Beispiele:

(a) Präsident Bush bezeichnete die Anschläge des 9/11 innerhalb von 24 Stunden als einen kriegerischen Angriff gegen die USA.[820] Das war keine impulsive oder rhetorische Überspitzung. Hinter dieser verblüffenden Behauptung (weder marschierte die mexikanische Armee in die USA ein noch warfen iranische Flugzeuge Bomben auf New York und Washington) verbarg sich eine kalkulierte völkerrechtliche Überlegung. Die Gleichsetzung von Terroranschlag und Angriffskrieg ermöglichte es den USA, sich als „angegriffenen Staat" im Sinn des Artikels 51 der UN-Charta darzustellen und damit das Recht auf einen Gegenangriff zu beanspruchen. Darüber hinaus konnte der Präsident auf dieser Grundlage eigenhändig den nationalen Notstand ausrufen.[821] Den USA ist es auch gelungen, diese Gleichsetzung im UN-Sicherheitsrat durchzusetzen. Resolution 1368 des Sicherheitsrats vom 12. September 2001 zitierte, ohne jegliche Begründung, das Selbstverteidigungsrecht in Bezug auf die Anschläge des vorherigen Tages, obwohl dem Rat keine Belege bekannt waren, dass die Anschläge eine internationale Dimension hatten. Präsident François Hollande konnte sich im November 2015 auf diesen US amerikanischen Präzedenzfall berufen, als er nach den Pariser Anschlägen (Bataclan u.a.) von einem kriegerischen Angriff auf Frankreich sprach[822] und den Ausnahmezustand verhängte.[823]

(b) Im traditionellen Völkerrecht gilt das zwischenstaatliche Gewaltverbot als eine zwingende Grundnorm der internationalen Ordnung. Staaten dürfen nur unter zwei Bedingungen Gewalt gegen andere Staaten anwenden: Als Verteidigung gegen einen Angreifer und nach einer ausdrücklichen Bewilligung durch den UN-Sicherheitsrat. Staaten dürfen allerdings nur in Extremfällen ihr Recht auf Selbstverteidigung in Anspruch nehmen.[824] Rechtsberater der US-Regierung wollten aber die Anschläge des 9/11 für die strategischen Interessen der USA ausschlachten. Sie legitimierten daher den Angriffskrieg gegen Afghanistan als vorbeugende Selbstverteidigung, denn die USA sollen angeblich weiterhin von der nichtexistierenden Armee, Marine und Luftwaffe der Taliban-Regierung in Afghanistan bedroht sein.[825] Ganz abgesehen vom Fehlen jeglicher Beweise, dass Afghanistan etwas mit 9/11 zu tun hatte, ist der Grundsatz der vorbeugenden Selbstverteidigung höchst umstritten. Dieses Recht können nur mächtige Staaten für sich in Anspruch nehmen.

(c) Menschenrechte sind durch internationale Abkommen über politische, zivile, wirtschaftliche, soziale und kulturelle Rechte weltweit anerkannt (obwohl sie auch oft verletzt werden). Diese gelten in Friedenszeiten. Bei bewaffneten Konflikten gilt bekanntlich das humanitäre Völkerrecht. Rechtsfreie Räume soll es daher nicht geben. Die US-Regierung wollte aber die Ereignisse des 9/11 dazu benutzen, um rechtsfreie Räume für „verdächtigte Terroristen" herzustellen. Der berüchtigtste Ort dafür war und ist Guantánamo. Da den Menschen, die von der US-Exekutive als „verdächtige Terroristen" oder „illegale Kämpfer" bezeichnet werden, der Status von Rechtssubjekten abgesprochen wurde, konnten sie willkürlich behandelt, von Land zu Land verfrachtet, gefoltert und nach Belieben getötet werden. US Präsident Obama soll Folter verboten haben, ersetzte aber Folter durch Hinrichtungen von unschuldigen Menschen weltweit. Diese Menschen werden mit bewaffneten Drohnen ermordet.[826] Das barbarische System von rechtsfreien Räumen und rechtlosen Menschen ist glücklicherweise (noch) keine neue völkerrechtliche Norm geworden.

19.1.6 Strategisches Ziel Nr. 6: Bespitzelung des internationalen Geldflusses

Die im Jahr 1973 gegründete, in Belgien ansässige Organisation SWIFT (Society for Worldwide Interbank Financial Telecommunication), ist eine Genossenschaft im Besitz von Banken. Ihre Aufgabe ist es, Transaktionen zwischen 10.500 Banken, Brokerhäusern, Börsen und anderen Finanzinstituten in etwa 210 Ländern weiterzuleiten. Im Jahr 2010 bearbeitete SWIFT täglich etwa 10 Millionen Finanztransaktionen. Durch SWIFT wird ein großer Teil des Welthandels und des internationalen Finanzstroms abgewickelt.

Die US-Regierung soll unmittelbar nach den Anschlägen des 9/11 über CIA, FBI, das Finanzministerium und die US-Notenbank an die SWIFT-Führung herangetreten sein, den Zugang zu sämtlichen Finanztransaktionen des SWIFT zur Ausspähung von Terroristen zu erhalten.[827] SWIFT folgte dieser Aufforderung freiwillig. Das 25-köpfige SWIFT-Direktorium sowie der im Jahre 2004 gegründete Überwachungsausschuss, zu dem Vertreter der Notenbanken der G-10 Staaten gehören[828], sollen von dem geheimen Abkommen informiert worden sein.[829] Die Abermillionen von Kunden von SWIFT in der ganzen Welt, die sich auf die Vertraulichkeit ihrer Überweisungen verlassen haben, wurden nicht informiert.

Das geheime Abkommen wurde am 23. Juni 2006 von der *New York Times* und der *Los Angeles Times* aufgedeckt.[830] Daniel Neun fasste damals die Reaktion der Regierungen auf diese Nachricht zusammen:

> Als letzte Woche durch investigative US-Zeitungen und Journalisten bekannt wurde, dass das weltweite Nadelöhr SWIFT [...] ihre gesamte Datenbank über jedwede planetare Bewegung von Kapital den US-Geheimdiensten zur Verfügung stellte, geschah erstmals das Übliche – Nichts.

> Die US-Regierung stand zu ihrem Verhalten, erklärte aber, dass alles völlig legal sei und überhaupt, ginge es schließlich um den Terrorismus. „Wenn die Terroristen alle Mittel anwenden, dann müssen wir eben auch alle Mittel anwenden", so der [...] zurückgetretene US-Finanzminister John Snow auffällig nervös bei einer hastig anberaumten Pressekonferenz.
>
> Bei den Banken – Schweigen. Bei den sonstigen Regierungen – wir haben nichts gewusst.[831]

Das europäische Parlament äußerte in einem Beschluss vom 5. Juli 2006 seine „tiefe Besorgnis" über die Tatsache, „dass ein Klima der sinkenden Achtung vor der Privatsphäre und vor dem Datenschutz entsteht" und „bedauerte", dass das Parlament „während der Verhandlungen und der Dreiseitengespräche der anderen Institutionen, insbesondere der Europäischen Zentralbank, nicht von der Existenz der SWIFT-Transfers in Kenntnis gesetzt wurde". Das Europarlament forderte von der Europäischen Kommission eine umfassende Erklärung „inwieweit sie von der geheimen Vereinbarung zwischen SWIFT und den US-Behörden Kenntnis hatten".[832] Vergeblich. Das EU-Parlament besaß keinerlei Befugnisse, die Vereinbarung zwischen SWIFT und den USA aufzuheben. Die nicht gewählte Kommission besaß zwar diese Befugnis, wollte aber die Vereinbarung nicht aufheben, sondern beließ es dabei, SWIFT zu mahnen, „ihren rechtlichen Verpflichtungen nach nationalem und Europarecht nach[zu]kommen" und begrüßte, dass „einige Aufsichtsbehörden die Finanzinstitute bereits dazu drängen, unverzüglich eine Lösung zu suchen".[833]

Nach den Enthüllungen der *New York Times* erteilten die US-Behörden der Beraterfirma Booz Allen Hamilton die Aufgabe, die gesetzeskonforme Abwicklung des Abkommens zwischen SWIFT und den USA zu überprüfen. Booz Allen Hamilton ist einer der wichtigsten Vertragspartner des militärisch-elektronischen Komplexes der USA und berät in dieser Funktion auch die NSA.[834] In der Geschäftsführung dieser Firma saßen damals neben Ex-CIA-Chef James Woolsey, der ehemalige NSA-Direktor Mike McConnell sowie Dov Zakheim, den Donald Rumsfeld im Jahr 2001 ins Verteidigungsministerium berufen hatte. Dass die US-Regierung den Fuchs zur Überwachung des Hühnerstalls beauftragt hatte, erregte nicht die Gemüter in Brüssel.

Im Jahr 2010 – vier Jahre nach den Enthüllungen – legalisierte die Europäische Union endlich das SWIFT-Abkommen mit den USA durch strengere Auflagen.[835] Nun sollte zuerst die europäische Polizeizentrale EUROPOL Datenanträge der USA auf ihrer Vereinbarung mit dem in Europa geltenden Datenschutzbestimmungen bewerten, bevor SWIFT die Daten an die USA liefern dürfe.[836] Ob ein Terrorfahnder den anderen auf die Einhaltung der Rechte von Bürgerinnen und Bürgern kontrollieren kann oder soll, sei dahingestellt. Es scheint, dass hier die EU und die USA wieder ihre Bevölkerungen gemeinsam täuschten, denn drei Jahre später gab es neue Enthüllungen zu diesem Thema, diesmal von Edward Snowden, der früher bei Booz Allen Hamilton gearbeitet hatte. Er belegte, dass auch die NSA die Daten von SWIFT anzapft.[837] Das ging sogar den Liberalen im Europarlament zu weit. Vizechefin des Straßburger Innenausschusses, Sophie in't Veld, erklärte empört: „Die Amerikaner brechen offensichtlich in die Systeme ein. Wir werden an der Nase herumgeführt und unkontrolliert ausspioniert. Jetzt müssen wir das Swift-Abkommen zumindest aussetzen, wenn nicht beenden".[838]

Während einige Politiker immer noch behaupten, dass das Abkommen der EU mit den USA über SWIFT zur Bekämpfung des Terrorismus diene, sorgte die *Tagesschau* am 3. März 2016 für eine neue Überraschung. Laut Recherchen des *ARD-Magazins Kontraste* soll der Islamische Staat freien Zugang zu dem weltweiten Bankensystem durch SWIFT haben:

> Konkret geht es um die Filiale der „Commercial Bank of Syria“ in der syrischen Islamistenhochburg Rakka. Laut SWIFT [...], gilt der Status der Filiale in Rakka als „connected“. Inwieweit der IS die Filiale für Transaktionen genau nutzt und missbraucht, darüber liegen bisher keine Erkenntnisse vor. Die „Commercial Bank of Syria“ steht auf der Sanktionsliste der Vereinten Nationen. Dies schließt jedoch nicht aus, dass die Bank weiter Bankgeschäfte für Dritte durchführt, soweit diese selbst nicht mit Sanktionen belegt sind. Auch Ralph Brinkhaus, stellvertretender Vorsitzender der Unions-Bundestagsfraktion und Sprecher des Fraktionsvorstandes für Finanzfragen, bestätigte gegenüber Kontraste die Recherchen. „Es ist uns immer klar gewesen, dass Banken im IS-Gebiet am internationalen Zahlungsverkehrssystem hängen“.[839]

Welche politische Folgen die Bespitzelung des Welthandels durch die USA unter Beihilfe der Europäischen Union hatten oder haben werden, lässt sich noch nicht abschließend feststellen. Folgende Tatsachen könnten jedenfalls Verschwörungsfans interessieren: Gerade in der Periode, in welcher die USA einen Zugang zu sämtlichen Daten von SWIFT hatte – zwischen dem Herbst 2001 und 2006 –, wurden verheerende Terroranschläge in Europa und Nordafrika begangen (Dscherba, Casablanca, Madrid, London, Istanbul). Nach den Enthüllungen der *New York Times* kam es fünf Jahre lang zu keinen Anschlägen in Europa. Diese fingen erst nach der Unterzeichnung des Abkommens zwischen der EU und den USA im Jahr 2010 an. Es ist auch bemerkenswert, dass die Wende der russischen Außenpolitik – die sich in der historischen Rede Vladimir Putins auf der Münchner Sicherheitskonferenz zu Fragen der Sicherheitspolitik im Januar 2007 manifestierte[840] und westliche Teilnehmer schockierte,[841] ausgerechnet sechs Monate nach den Enthüllungen der *New York Times* stattfand.

19.1.7 Strategisches Ziel Nr. 7: Bespitzelung der internationalen Telekommunikationen

Vor dem 11. September 2001 war bereits die Bespitzelung der internationalen Kommunikationen durch die US-amerikanischen Geheimdienste in vollem Gange.[842] Die Anschläge des 9/11 wurden vom Weißen Haus zum Anlass genommen, diese Bespitzelungen noch massiv auszuweiten.[843] Am 23. Dezember 2005 enthüllte die *New York Times*, dass die NSA nach dem 9/11 ermächtigt wurde, auch US-Bürger zu bespitzeln.[844] Das war aber nur ein Teil der Wahrheit. Es dauerte bis zum Jahr 2013, dank Edward Snowdens Enthüllungen, dass die Öffentlichkeit über das globale Ausmaß der NSA-Bespitzelung der gesamten Telekommunikation erfuhr.

Es soll hier betont werden, dass die weltweite Bespitzelung durch die NSA mit der Fiktion der Terrorgefahr begründet wurde. In der Folge eines FOIA-Antrages,[845] erhielt Jason Smathers aus Somerville (Massachusetts)[846] von der NSA eine Liste mit zehn Argumenten („Talking Points"), die Mitarbeiter der Behörde bei Anhörungen verwenden sollten, um ihre Schnüffelei zu begründen. Alle zehn Argumente beziehen sich auf eine angebliche Terrorgefahr.[847]

Obwohl die Bespitzelung der deutschen Bevölkerung durch die NSA, inklusive Bundeskanzlerin Angela Merkel, offenkundig wurde, haben die Bundesbehörden nicht ihre vertraulichen Beziehungen mit den Geheimdiensten der USA und mit dem FBI aufgekündigt. Im Gegenteil: Die Kooperation mit „wichtigen Partnerdiensten" – wie es im Fachjargon heißt – müsste nach Ansicht der Bundesregierung weiter ausgebaut werden. Dem Verfassungsschutz und dem BND soll es ermöglicht werden, etwa durch die EU, in Nato-Mitgliedsstaaten wie den USA oder aus Israel „gemeinsame Dateien mit sachlich *begrenztem* Anwendungsbereich, klar *definiertem* Zweck, *eindeutigen* Teilnahme- und Zugriffsberechtigungen sowie *rechtsstaatlichen* Voraussetzungen für Dateneingabe und -zugriff" zu führen.[848] Unter befreundeten Diensten werden allerdings Begriffe wie „begrenzt", „definiert", „eindeutig“ und „rechtsstaatlich“ je nach politischem Bedarf höchst dehnbar ausgelegt. Der BND begründet seine Forderungen nach zusätzlichen finanziellen Mitteln in Millionenhöhe, wie gewöhnlich immer mit der „anhaltenden terroristischen Bedrohung, gerade auch mit ihrer aktuellen Sogwirkung auf deutsche Islamisten.“ Der BND offenbart damit seine Motivation für die Pflege der Terrorangst in Deutschland.[849]

19.2 Innerstaatlichen Maßnahmen

Für den Kapitalismus stellen die demokratische Idee und die Grundsätze der Menschenrechte erhebliche Fesseln und sogar eine potentielle Bedrohung dar. Jede Person, die die demokratische Idee verinnerlicht hat, wird früher oder später zur Erkenntnis gelangen, dass auch Konzernleiter, Chefredakteure und Bankmanager demokratisch legitimiert werden sollten. Auch die etablierte Norm von leistungsunabhängigen Menschenrechten ist dem Kapitalismus ein Dorn im Auge. Aus diesen Gründen streben die „Manager“ der kapitalistischen Ordnung die Verwässerung der Menschenrechte an. Eine durch Terrorismus verängstigte Bevölkerung kann leichter für den Aufbau eines Polizeistaates gewonnen werden, wohlgemerkt nur solange, bis sie das Endziel der Reise nicht wahrnimmt.

Die Gesetze zur so genannten Terrorismusbekämpfung, die die europäischen Parlamente bis heute verabschiedeten, haben mit der Bekämpfung des Terrorismus – oder genauer gesagt mit dessen Fiktion – nichts zu tun. Zu diesem Schluss gelangten schon in Dezember 2001 deutsche Menschenrechtler, wie der Jurist und Datenschützer Thilo Weichert,[850] Till Müller-Heidelberg[851], damaliger Bundesvorsitzender der Humanistischen Union, und der Jurist und Publizist Rolf Gössner.[852] Sie hinterfragten jedoch nicht die Legende des 9/11 und die Behauptung der Staatengemeinschaft, dass internationaler Terrorismus eine reale Bedrohung für den Frieden und die Sicherheit darstelle.

In den USA dienten die Anschläge des 9/11 und die nachfolgende, inszenierte, Milzbrandhysterie[853] als Hebel für die Aufhebung von Verfassungsrechten.[854] Diese Eingriffe wurden in den folgenden Jahren weiter ausgedehnt. Gleichzeitig wurden die Befugnisse der Polizei und der Geheimdienste in den USA erweitert und ihre Haushalte großzügig aufgestockt.[855] Die USA sind mittlerweile zu einem faschistoiden Sicherheitsstaat geworden, der nur noch äußerlich einer Demokratie ähnelt. Durch die Begründung der „terroristischen Gefahr" darf heute der Präsident der USA jede Person, darunter auch US-Bürger weltweit auf bloßen Verdacht hin ermorden lassen. Die USA erkennen übrigens nicht die Einklagbarkeit der Menschenrechte an.

Im Vergleich zu den USA und sogar zu Großbritannien funktioniert in Deutschland der Rechtsstaat immer noch. Das Bundesverfassungsgericht und das Bundesverwaltungsgericht haben bisher einige Anti-Terror-Gesetze bzw. Bestimmungen als verfassungswidrig erklärt und damit das Leben des Rechtsstaates verlängert.[856] Diese Treue an die Rechtsstaatlichkeit irritiert offenbar Innenminister Thomas De Maizière. Er sagte dem Spiegel am 22. April 2016, es sei nicht die Aufgabe des Gerichts „ständig dem Gesetzgeber in Sachen Sicherheit in den Arm zu fallen".[857] Er meinte, man müsse die Grundrechte der Bürger gegen die „Internationalisierung von Gefahren", sprich die „schrecklichen Anschläge von Paris, Istanbul und Brüssel" relativieren. Außer De Maizière gibt es in Deutschland genügend Persönlichkeiten des öffentlichen Leben, die jede Gelegenheit nutzen – besonders nach Terroranschlägen – den Abbau des Rechtsstaates voranzutreiben. Und ich vermute, dass sie dafür Rückendeckung aus den höchsten Etagen der Politik erhalten.

19.2.1 Politisierung des Strafrechts

Schon am 24. September 2001 erweiterte der Bundestag das deutsche Strafgesetz durch die Hinzufügung des Paragraphen §129b des Strafgesetzbuches (StGB). Als Begründung für die Gesetzesänderung in *Deutschland* wurden die „jüngsten terroristischen Anschläge in den *Vereinigten Staaten*" angeführt. Der Straftatbestand solle sich nun auch „auf im Ausland tätige kriminelle oder terroristische Vereinigungen [erstrecken], um den internationalen Terrorismus effektiv zu bekämpfen".[858] Damit wurden deutsche Gerichte mit der unmöglichen Aufgabe betraut, den völkerrechtlichen Status von Organisationen weltweit zu bestimmen. Auf Grund dieses Paragraphen im StGB wurde z. B. eine in Deutschland tätige Vereinigung verboten, weil sie für ein Waisenheim der libanesischen Partei Hizbollah Geld sammelte.[859] Mit §129b StGB wurden deutsche Gerichte gezwungen, sich auf politisch opportunistische Bestimmungen über die Natur von ausländischen Organisationen für ihre Urteile zu verlassen. Vereinigungen, die einst als „terroristisch" bezeichnet wurden, sind später legitime Regierungspartner geworden, wenn sie an die Macht gekommen sind, wie z. B. der African National Congress in Südafrika und die UÇK im Kosovo. Rechtsanwalt Alexander Kienzle bringt es auf den Punkt: „Der Paragraph 129b ist verfassungswidrig, da Grundlage einer Verfolgung eine Ermächtigung durch das Bundesministerium des Justiz ist, die die Gerichte entmündigt."[860] Die Politisierung des Rechts durch §129b StGB blieb nicht ohne Folgen: Der Paragraph wurde mehrfach benutzt, um in Deutschland lebende Personen als Unterstützer des Terrorismus zu verurteilen, darunter Sympathisanten der kurdischen Arbeiterpartei PKK.

Jüngstes Beispiel für die Politisierung des Strafrechts ist ein Prozess vor dem Oberlandesgericht München gegen zehn türkische „Revolutionäre". Die Beschuldigten sind Aktivisten der „Konföderation der Arbeiter aus der Türkei in Europa" (ATIK). Sie werden nach Paragraph 129b Strafgesetzbuch angeklagt, obgleich ihnen keine konkrete Straftat zur Last gelegt wird. Zu diesem und ähnlichen Verfahren erklärte ihr Rechtsanwalt Roland Meister gegenüber der Tageszeitung *junge Welt*:

> In Paragraph 129b wird das juristische Vorgehen gegen einzelne Gruppierungen mit den Interessen der Bundesregierung vermengt. Die Strafverfolgung hängt von einer politischen Entscheidung der Bundesregierung ab, konkret einer Ermächtigung des Bundesministeriums der Justiz. Die Regierung hat diese ausdrücklich erteilt. Ihr ist dabei nicht unbekannt, dass mit der TKP/ML und der PKK [und ATIK] Kräfte kriminalisiert werden, die an führender Stelle im Kampf gegen den faschistisch-islamistischen „Islamischen Staat" stehen. Die deutsche Regierung unterstützt mit diesen Ermächtigungen das reaktionäre Erdogan-Regime. Zugleich wird die Gewaltenteilung durch die Ermächtigung der Bundesregierung zu einer Farce. [...] Die Angeklagten sitzen jetzt seit mehr als 14 Monaten in Untersuchungshaft. Vier der Angeklagten wurden von anderen europäischen Ländern an Deutschland ausgeliefert. Die Verteidigung wird eingeschränkt. So können wir mit unseren Mandanten nur durch eine Trennscheibe reden. Auch der Briefwechsel wird kontrolliert, und es dauert Wochen, bis uns Briefe unseres Mandanten erreichen.[861]

19.2.2 Das erste Gesetzpaket zur „Bekämpfung des Terrorismus"

Am 12. Oktober 2001, nur fünf Tage nach Beginn des Angriffskrieges gegen Afghanistan, legte die Bundesregierung im Bundestag ihren Antrag zu einem Gesetz zur Bekämpfung des internationalen Terrorismus vor.[862] Offizieller Anlass für diesen Gesetzentwurf war die Legende des 9/11. Mit den Anschlägen des 9/11 soll „die terroristische Bedrohung weltweit eine neue Dimension erreicht" haben, so der Entwurf. Von wem diese „terroristische Bedrohung" stammte, wurde im Gesetzentwurf nicht erwähnt. Über die Notwendigkeit und Dringlichkeit dieses Gesetzes konnte die Bundesregierung sich keine bessere Begründung ausdenken als: „Niemand kann ausschließen, dass nicht auch Deutschland das Ziel solcher terroristischer Attacken wird." Daher sei „eine enge Kooperation aller zivilisierten Staaten und ihrer Sicherheitsbehörden notwendiger denn je".[863] Zu den „zivilisierten Staaten" gehört der Staat, der einst Nuklearwaffen gegen Zivilisten einsetzte, und der unter Verdacht steht, am 11. September 2001 mit unbekannten Waffen 3.000 Menschen ermordet zu haben (siehe Kapitel 2 und 6).

Der Bundestag beschloss am 9. Januar 2002 mit Zustimmung des Bundesrates das Gesetz zur Bekämpfung des internationalen Terrorismus (Terrorismusbekämpfungsgesetz, kurz TBG).[864] Wie bereits erwähnt, wurde das Gesetz durch die mutmaßliche Bedrohung des internationalen Terrorismus und ganz besonders die Legende des 9/11 begründet.

Merkwürdigerweise wurde die im Gesetz enthaltende Erweiterung der Befugnisse des BfS[865] und des MAD[866] nicht durch diese Bedrohung begründet, sondern um Bestrebungen zu bekämpfen, „die gegen den Gedanken der Völkerverständigung, insbesondere gegen das friedliche Zusammenleben der Völker gerichtet sind". Mir sind keine Bemühungen dieser Ämter bekannt, solche Bestrebungen in der Bundesrepublik zu bekämpfen, wie z.B. die Bombardierung Serbiens durch die NATO, Waffenverkäufe an Saudi-Arabien, Militäreinsätze in Afghanistan und Mali und die Verbreitung von verlogenen Anschuldigungen gegen unschuldige Muslime, obwohl ein solches Verhalten offenbar und in gröbster Weise gegen das friedliche Zusammenleben der Völker gerichtet ist.

Aufhebung der Trennung zwischen Polizei und Nachrichtendiensten

Das TBG hob die strikte Trennung zwischen den Geheimdiensten und der Polizei auf. Der Grund für diese bis dahin geltende Trennung war nicht akademischer Natur: Die Geheimpolizei war ein zentrales und furchtbares Instrument des Dritten Reiches. Seit Kriegsende war deshalb nicht ohne Grund in Deutschland nur die Polizei für die Gefahrenabwehr und die Strafverfolgung zuständig. Das Bundesamt und die Landesbehörden für den Verfassungsschutz durften niemanden festnehmen, verhaften, Wohnungen durchsuchen oder Dinge beschlagnahmen. Die Anschläge des 9/11 dienten der Bundesregierung als Vorwand, um diese Trennung zu durchlöchern. Durch das TBG wurde ein umfassender Informationsaustausch zwischen Polizeibehörden und Geheimdiensten ermöglicht. Den Befürwortern eines Polizeistaates genügte dies jedoch immer noch nicht.

Im Zuge der Pariser Anschläge (Bataclan) plädierte Rainer Wendt, Bundesvorsitzender der Deutschen Polizeigewerkschaft, im Tagesspiegel vom 4. Dezember 2015 für eine noch engere Zusammenarbeit zwischen Polizei und Nachrichtendiensten.[867] Die Trennung zwischen Polizei und Nachrichtendiensten sei „aus historischen Gründen in Deutschland wichtig und notwendig" gewesen – schrieb er – sie „muss angesichts neuer, bisher nicht dagewesener Gefahren möglicherweise auf den Prüfstand".[868] Wenn Amtsträgern die Argumente ausgehen, versuchen sie, wie Wolfgang Schäuble, den Aufbau eines Polizeistaates mit apokalyptischen Bedrohungsszenarien zu rechtfertigen.[869]

Um die Zusammenarbeit zwischen Polizei und Geheimdiensten zu fördern, wurde ein „Gemeinsames Terrorabwehrzentrums" (GTAZ) 2004 ins Leben gerufen, dem 40 Behörden angeschlossen sind. Das Zentrum soll inzwischen „eine Verfestigung, ein Ausmaß und eine Bedeutung erlangt" haben, die laut einer Kommission des Justizministeriums, „ein eigenes Gesetz notwendig macht".[870] Da die Terrorbedrohung eine Fiktion ist, ist anzunehmen, dass die MitarbeiterInnen dieses Zentrums etwas anderes tun, als Deutschland vor einer Fiktion zu schützen.

Auskunftspflicht der Banken

Nach der im Jahr 2001 geltenden Rechtslage durften Kreditinstitute, Finanzdienstleistungsinstitute und Finanzunternehmen dem Verfassungsschutz Informationen über verdächtige Konten und Geldbewegungen übermitteln. Sie waren also dazu nicht verpflichtet. Um sie dazu zu verpflichten, behauptete die Bundesregierung, dass die Anschläge des 9/11 teilweise in Deutschland vorbereitet und finanziert wurden.[871] Mit dem TBG wurde die Übermittlung dieser Informationen nun zur Pflicht.[872]

Im Jahr 2011 wurde bei der Verlängerung der Antiterrorgesetze entschieden, bei der „Einholung von Auskünften bei Unternehmen der Finanzbranche künftig [...] die Möglichkeit ergänzt werden, auch eine Abfrage von Kontostammdaten vorzunehmen".[873]

Auskunftspflicht der Fluggesellschaften

Nach der im Jahr 2001 geltenden Rechtslage bestand keine Auskunftspflicht der Luftverkehrsunternehmen gegenüber dem Verfassungsschutz. Da die Bekämpfung des Terrorismus die frühzeitige und umfassende Erstellung von „Bewegungsbildern" der verdächtigten Terroristen voraussetzt, war diese „Informationslücke" nun durch das TBG geschlossen.[874]

Im Jahr 2011 wurden die Antiterrorgesetze „zunächst für weitere vier Jahre" verlängert. Das Innenministerium hatte entschieden, zwei „Effizienzsteigerungen vorzunehmen: Künftig soll bei Einholung von Auskünften von Luftfahrtunternehmen, die ja bisher alle einzeln und gesondert angefragt wurden, die Möglichkeit einer Abfragebefugnis bei zentralen Buchungssystemen zusätzlich als Ergänzung eingeräumt werden."[875]

Auskunftspflicht der Ausländerbehörden

Bis zur Verabschiedung des TBG mussten Behörden des Bundes, des Bundesamtes für Verfassungsschutz oder die Verfassungsschutzämter der Länder „lediglich über solche Tatsachen von sich aus unterrichten, die sicherheitsgefährdende oder geheimdienstliche Tätigkeiten für eine fremde Macht oder Bestrebungen im Geltungsbereich dieses Gesetzes erkennen lassen". Nun wurde diese Auskunftspflicht erweitert:

> Zum Schutz insbesondere vor ausländerextremistischen bzw. - terroristischen Bedrohungen stellt der Entwurf sicher, dass die Verfassungsschutzbehörden stets unterrichtet werden, wenn sich bei Behörden, bei denen Asylanträge oder Anträge auf Erteilung oder Verlängerung von Aufenthaltstiteln gestellt werden, tatsächliche Anhaltspunkte dafür ergeben, dass die Übermittlung der Daten für die Erfüllung der Aufgaben der Verfassungsschutzbehörden erforderlich ist. Gibt zum Beispiel ein Asylbewerber bei seiner Anhörung beim Bundesamt für die Anerkennung ausländischer Flüchtlinge an, dass er einer islamistischen, gewaltbereiten Organisation angehöre und deshalb in seiner Heimat verfolgt werde, muss das Bundesamt verpflichtet sein, diese Information an die Verfassungsschutzbehörden weiter zu leiten, auch wenn keine Tatsachen vorliegen, die gewalttätige Bestrebungen des Asylbewerbers in Deutschland [...] erkennen lassen.[876]

Auskunftspflicht von Telekommunikationsunternehmen

Mit dem TBG durfte der Verfassungsschutz von Telekommunikationsdiensten und Telediensten Auskünfte über Telekommunikations-Verbindungsdaten und Teledienstnutzungsdaten einholen. Die Auskunft kann auch in Bezug auf zukünftige Telekommunikation und zukünftige Nutzung von Telediensten verlangt werden.

Folgende Daten dürfen eingeholt werden: (a) Berechtigungskennungen, Kartennummern, Standortkennung sowie Rufnummer oder Kennung des anrufenden und angerufenen Anschlusses oder der Endeinrichtung, (b) Beginn und Ende der Verbindung nach Datum und Uhrzeit, (c) Angaben über die Art der vom Kunden in Anspruch genommenen Telekommunikations- und Teledienstleistungen und (d) Endpunkte festgeschalteter Verbindungen, ihr Beginn und ihr Ende nach Datum und Uhrzeit.[877]

Bewertung des TBG

In 2015 wurden im Auftrag der Bundesregierung die so genannten Terrorismusbekämpfungsgesetze (TBG) auf ihre Geeignetheit, Erforderlichkeit, Angemessenheit und Wirksamkeit für die Nachrichtendienste (BfS, MAD und BND) untersucht.[878] Da die Nachrichtendienste nicht befugt sind, Strafverfahren einzuleiten, ließ sich die Wirksamkeit der Gesetze nur schwer anhand von „Erfolgskriterien“ (z. B. Zahl der eingeleiteten Strafverfahren oder Verurteilungen) messen. Zusammenfassend fanden die Autoren des Berichts die Gesetze "sowohl geeignet als auch erforderlich“. Die Nachrichtendienste hatten ihre neuen Befugnisse, insbesondere das Auskunftsrecht, mit großer Zurückhaltung genutzt. So sollen im Erhebungszeitraum von Auskunftsersuchen der Dienste an Banken lediglich 128 Personen betroffen gewesen sein. IMSI-Catcher wurden nur 14 Mal vom BfV gegen 15 „Hauptbetroffene“ eingesetzt. Die Gesamtzahl der Personen, die von diesen Gesetzen betroffen waren, soll kaum höher als 100 gewesen sein. Viele dieser Fälle wurden später strafrechtlich ermittelt und verfolgt. Einige dieser Fälle wurden bereits in Kapitel 14 beschrieben. Wenn diese Zahlen stimmen, so hat die Umsetzung dieser Gesetze weder zur Verhinderung einer Fiktion noch für den Abbau des Rechtsstaats beigetragen. Die sehr sparsame Verwendung der Anti-Terror-Befugnisse zeigt aber, dass die neuen Befugnisse nicht zur Bekämpfung des Terrorismus, sondern für andere Zwecke verabschiedet wurden.

19.2.3 Die Anti-Terror-Datei

Am 1. März 2007 wurde eine bundesweite Anti-Terror-Datei (ATD) installiert. Die Anti-Terror-Datei soll „erstmals seit der Nazizeit wieder Erkenntnisse von Polizei und Geheimdiensten verein[en]", schrieb die *Süddeutsche Zeitung*.[879] Sie „ermöglicht allen in den Zentren vereinigten Organen – insgesamt 38 Staatsorgane – den Zugriff auf die gespeicherten Datensätze".[880] Nach dem Wortlaut des Gesetzes sind Informationen zu speichern über

> Personen, die rechtswidrig Gewalt als Mittel zur Durchsetzung international ausgerichteter politischer oder religiöser Belange anwenden oder eine solche Gewaltanwendung unterstützen, vorbereiten, befürworten oder durch ihre Tätigkeit vorsätzlich hervorrufen.[881]

Zugriff auf die Anti-Terror-Datei haben das Bundeskriminalamt (BKA), der Verfassungsschutz (BfS), der Militärische Abschirmdienst (MAD), der Bundesnachrichtendienst (BND), das Zollkriminalamt, die Landesämter für Verfassungsschutz (LfS) und die Landeskriminalämter (LKA). Diese Behörden stellen ihrerseits Dateien bereit, die in das ATD einfließen. Insgesamt werden allein von Polizei, Bundespolizei und Zoll nach einer Erklärung der Bundesregierung 334 Datenbankdateien und 511 Protokolldateien in die Anti-Terror-Datei eingespeist. In dieser Zahl der zusammengeführten Dateien sind nicht die vertraulichen Dateien der verschiedenen Verfassungsschutzbehörden, des Bundesnachrichtendienstes und des Militärischen Abschirmdienstes enthalten. In der ATD stehen nicht nur Informationen über verdächtige Personen, sondern auch über Firmen, Vereinigungen und Stiftungen mit „Verbindungen zum islamistischen Milieu".[882]

19.2.4 Vorratsdaten der Telekommunikation

Unter *Vorratsdatenspeicherung* versteht man die Speicherung personenbezogener Daten durch oder im Auftrag des Staates, ohne dass die Daten verwendet werden. Sie werden nur für den Fall gespeichert, dass sie irgendwann nützlich werden könnten.

Im Jahr 2007 wies die Bundesregierung im Vorfeld eines Gesetzes zur Neuregelung der Telekommunikationsüberwachung auf die mutmaßliche Gefahr des Terrorismus hin, um damit die Speicherung aller Telefongespräche der Bundesbürger zu begründen: „Die Kenntnis des Kommunikationsverhaltens der Zielpersonen [ist] von unverzichtbarem [...] Nutzen für die Aufklärung komplexer Organisationsstrukturen etwa von kriminellen oder terroristischen Vereinigungen“.[883]

Der stellvertretende Vorsitzende der Gewerkschaft der Polizei (GdP), Jörg Radek, forderte „angesichts“ der Terroranschläge in Paris in November 2015 bessere Möglichkeiten zur Vorratsdatenspeicherung. „Das eng gefasste Gesetz zur Vorratsdatenspeicherung muss überdacht werden“, sagte Radek der Rheinischen Post. „Es ist deprimierend, wie regelmäßig die unsinnige Debatte über den sogenannten Überwachungsstaat wieder auflebt, sobald das Entsetzen über den Terror dem Alltag gewichen ist”, sagte er.[884]

19.2.5 Vorratsdatenspeicherung über Fluggäste

Am 14. April 2016 stimmte das Europäische Parlament der Fluggastdaten-Speicherung zu. Luftfahrtgesellschaften müssen künftig ihre Fluggastdaten den EU-Ländern überlassen. Die Richtlinie sieht vor, dass personenbezogene Daten von Flugpassagieren sechs Monate lang gespeichert werden dürfen.[885] Unter dem Eindruck, bzw. dank der Anschläge in Paris, bröckelte die Front der Gegner dieser Maßnahme im Europäischen Parlament.[886]

Die Behörden in den 28 EU-Staaten können pro Flug und Passagier etwa 60 anfallende Einzeldaten speichern, rastern und verarbeiten.[887] Alleine auf deutschen Flughäfen werden jedes Jahr 216 Millionen Passagiere abgefertigt. Durch diese neue Vorratsdatenspeicherung entsteht eine gigantische Datenmenge, die nicht nur eine Erfassung der Mobilität ermöglicht, sondern über die Essensauswahl auch Rückschlüsse auf andere sensible Details wie die Religionszugehörigkeit zulässt.[888] Betroffen sind Verbindungen von der EU in einen Drittstaat – egal ob es sich um einen Flug in die Schweiz, die Türkei, Ägypten oder Indonesien handelt. Mit den USA wurde bereits ein gesondertes Abkommen über die Speicherung von Fluggastdaten abgeschlossen.[889]

Zugriff auf diese Daten haben die Geheimdienste der Mitgliedstaaten. Außerdem dürfen die Europäische Polizeibehörde (Europol) in Den Haag und andere europäische Ermittler auf die Daten zugreifen. Das System wird so aufgebaut, dass Fahnder mit Hilfe von Suchbegriffen das System scannen können und Treffer ausgeworfen werden – also eine moderne Form der Rasterfahndung.[890]

19.2.6 Überwachung der Privatsphäre

Der Bundesgerichtshof lehnte im Jahr 2007 einen Antrag ab, mit dem die Staatsanwaltschaft die verdeckte Durchsuchung eines Computers (sog. Online-Durchsuchung) beantragte. Zirka einen Monat später hatte der Landtag von Nordrhein-Westfalen die Novellierung des dortigen Verfassungsschutzgesetzes verabschiedet, wonach heimliche Online-Durchsuchungen unter gewissen Umständen trotzdem zulässig sind.[891] Der BGH kippte das nordrhein-westfälische Gesetz im Jahr 2008 und gab für alle folgenden Fälle strenge Auflagen für zukünftige gesetzliche Regelungen zu diesem sensiblen Thema vor. Innenminister Wolfgang Schäuble und BKA-Präsident Jörg Ziercke begrüßten das Urteil des BGH als Billigung von verdeckten Online-Durchsuchungen zur Abwehr schwerer Gefahren „unter engen Voraussetzungen“. Ziercke hatte zuvor für die Online-Durchsuchung geworben. Er bezeichnete das Urteil als eine „wichtige Weichenstellung für die Strafverfolgungsbehörden für eine effektive *Bekämpfung des internationalen Terrorismus* und der Organisierten Kriminalität im digitalen Zeitalter".[892] Schäuble ließ jedoch nicht locker. Im Jahr 2010 wurde berichtet, dass er noch versuche, die Befugnisse der Polizei zur Online-Durchsuchung zu erweitern. Unter anderem soll das BKA für eine begrenzte Zeit auch ohne richterliche Genehmigung Online-Durchsuchungen vornehmen dürfen. Schäubles Bemühungen sollen auf heftigen Widerstand gestoßen sein.[893] Ein blutiger Anschlag in Deutschland würde jedoch sein Anliegen vorantreiben.

Laut den *Stuttgarter Nachrichten* vom 11. April 2016 soll das BKA drei Jahre lang für mehrere Millionen Euro an einer neuen Version des sogenannten Staatstrojaners gebastelt haben. Dieser soll aber nur mit dem Betriebssystem Windows 7 funktionieren.[894] Ob diese Nachricht der Wahrheit entspricht oder zur Beruhigung der Besitzer anderer Betriebssysteme bestimmt war, sei dahingestellt. Fest steht, dass die Polizeibehörden auf ihren Befugnissen bestehen, private Rechner heimlich auszuspähen.[895] Ob ihnen das vollständig gelingen wird, ist eine andere Frage. Eine weitere Frage ist, ob man einer Polizei vertrauen kann, die sich anmaßt, jeden Bürger zu bespitzeln. Da der Besitzer des Rechners vom Trojaner nichts merkt, kann er auch nicht herausfinden, ob die Bespitzelung rechtmäßig gewesen ist, und er ist nicht in der Lage, Klage zu erheben.

Zur diesem Ziel gehört auch die Förderung der Sicherheitsindustrie, die von der Europäischen Kommission großzügig und diskret vorangetrieben wird.[896]

19.2.7 Vorverlagerung der Strafbarkeit

Das bürgerliche Strafrecht beruht auf der Ermittlung und Verfolgung von begangenen Straftaten. Mit der Vorverlagerung der Strafbarkeit versucht der Staat, potentiellen bzw. hypothetischen Straftaten vorzubeugen. Das mag theoretisch eine gute Idee sein und zeigt eine gewisse Ähnlichkeit mit der gesundheitlichen Prophylaxe, der sich eine Person allerdings freiwillig unterzieht. Die Vorverlagerung der Strafbarkeit bedarf der ständigen Überwachung des Bürgers, um Straftaten zu verhindern. Aber auch in diesem Fall wäre es für die Überwacher schwer, zwischen konkreten Absichten und harmlosem Geschwätz und Spielereien zu unterscheiden. Denn praktisch jede menschliche Äußerung und Handlung kann, wenn jemand daran interessiert ist, als Indiz einer konspirativen oder gefährlichen Absicht interpretiert werden. Der Islamist, der plötzlich ohne Bart auftaucht ist genauso suspekt, wie der Atheist, der sich einen „islamistischen“ Bart wachsen lässt. Der politische Aktivist, der am Telefon nie über Politik spricht, macht sich gerade deswegen der Konspiration verdächtig. Ein Verdächtiger ist für den Ermittler bereits ein Feind. Mit den Begriffen „gewaltbereite Islamisten“ und „Terrorverdächtige“ werden Personen eine kriminelle Gesinnung unterstellt, obwohl sie keine Straftat begangen haben. Damit wird einer der Grundsätze des zivilisierten Rechts, und zwar die Unschuldsvermutung auf den Kopf gestellt. Die Umkehr der Unschuldsvermutung ist ein typisches Merkmal eines Unrechtsstaates, in welchem die Behörden alle Bürger prophylaktisch als potentielle Straftäter behandeln.

Die Vorverlagerung der Strafbarkeit findet man in Gesetzen, die seit dem 9/11 verabschiedet wurden, so z.B. in der Bestrafung von Aufhalten in sogenannten „Terrorlagern”[897] oder die bloße Absicht einer Person, mit „terroristischen Organisationen“ in Syrien oder Irak zu kämpfen.[898] Mit diesen Gesetzen werden keine konkreten Straftaten geahndet, sondern nur die vermutete Absicht der Person oder ihre Gelegenheit, eine Straftat in der Zukunft zu begehen. Die Methode der Vorverlagerung kennt im Grunde keine Grenzen, denn schon der misslungene Versuch der Vorbereitung einer Vorbereitung zu einer Straftat kann, nach der heutigen Rechtsprechung bestraft werden, wie es im Fall der so genannten Düsseldorfer Zelle tatsächlich geschehen ist (siehe Kapitel 15).

Schon heute werden nicht nur „gewaltbereite Islamisten“ als verdächtige Kategorien von Bürgern bezeichnet, sondern auch

„Gefährder", „Extremisten" und „Verschwörungstheoretiker". Den Staatspropagandisten werden voraussichtlich noch weitere Kategorien von „Verdächtigen" einfallen. Solche Kategorien dienen noch nicht als Rechtsbegriffe, könnten es aber werden, wie das Beispiel der Verdrehung aller Rechtsbegriffe durch die NSDAP gezeigt hat.[899] Die Begriffe werden zunächst von Medien propagiert, um die Bürger daran zu gewöhnen, und von Geheimdiensten benutzt, um die Personendaten der „Verdächtigen" in der Anti-Terror-Datei zu speichern. Damit wird die Überwachung und Ermittlung dieser Personenkreise erleichtert.

19.2.8 Militarisierung der Polizei

Die Fiktion der Terrorbedrohung bleibt der bevorzugte publizistische Hebel, um die Militarisierung der Polizei voranzutreiben. Am 16. Dezember 2015 berichtete die *Süddeutsche Zeitung*, dass Innenminister Thomas de Maizière eine „neue Spezialtruppe" der Bundespolizei vorgestellt hatte: „Die bislang 50 Beamten der Beweissicherungs- und Festnahmeeinheiten (BFEs) sollen eine Ergänzung und Verbesserung der klassischen deutschen Anti-Terror-Einheit GSG 9 sein". Laut de Maizière „haben [wir] es mit neuen Tätertypen zu tun, [die] hochaggressiv, schwer bewaffnet und gut trainiert" sind. Damit wies er auf die mutmaßlichen Täter der Pariser Anschläge von November 2015 hin. Man darf wohl vermuten, dass die Pläne für die Aufstellung der neuen Spezialtruppe im Innenministerium längst auf einen günstigen Anlass warteten. Die neu geschaffene Truppe mit „fünf [...] jeweils 50 Beamten" soll Ergänzung und Verbesserung sein und der klassischen deutschen Anti-Terror-Einheit GSG 9 in Fällen wie in Paris den Rücken freihalten, so die Zeitung.[900]

Am 22. April 2016 berichtete die *Frankfurter Allgemeine Zeitung* (FAZ) über eine Anti-Terror-Übung der hessischen Polizei, bei der die neue und martialisch wirkende Schutzausrüstung vorgeführt wurde. Die Bevölkerung soll sich an die Erscheinung einer militarisierten Polizei frühzeitig gewöhnen. Hessen soll zunächst 850 dieser Schutzpakete für zwei Millionen Euro anschaffen. Zusätzlich soll die hessische Polizei noch mit einer neuen Maschinenpistole ausgestattet werden. Über die Übung selbst schreibt die FAZ: „Übungsmunition knallt, Pyrotechnik raucht, Einsatzbefehle werden gebrüllt und Verletzte geborgen - nach wenigen Minuten ist alles vorbei."[901]

Am 25. April 2016 beschrieb Andrej Hunko, Abgeordneter des Deutschen Bundestags für die Partei Die Linke in der Tageszeitung *junge Welt* eine „bürgerkriegsähnliche" Übung in Weeze (Nordrhein-Westfalen). An der Übung nahmen rund 600 Polizisten und Militärangehörige teil. Der Zweck der Übung war, laut Hunko, „die Handhabung von Protesten und Demonstrationen [...] Die gemeinsamen Trainings sind also eine Militarisierung der Polizei." In diesem Fall wurde die Übung merkwürdigerweise nicht durch die „Terrorbedrohung" begründet. Hunko bekam allerdings keine Genehmigung, die Übung zu observieren.[902]

Soldaten und Spezialkräfte (KSK) werden dafür trainiert, Befehle im Kadavergehorsam auszuüben. Sie werden zusätzlich gegen den jeweiligen „Feind" geimpft, um ihren Kampfeifer zu erhöhen. Dass die Dämonisierung Andersdenkender funktioniert, kam in einer Antwort zum Ausdruck, die KSK-Hauptmann Daniel Kaufholdan dem Oberstleutnant der Bundeswehr d. D. Jürgen Rose von der Soldatenorganisation 'Darmstädter Signal', schickte: "Ich beurteile Sie als Feind im Inneren und werde mein Handeln danach ausrichten, diesen Feind im Schwerpunkt zu zerschlagen."[903]

19.2.9 Sicherheitsprüfung von Mitarbeitern

Laut dem Baden-Württembergischen Datenschutzamt wurden im Vorfeld der Fußballweltmeisterschaft im Jahre 2006 rund 250.000 Personen sicherheitsgeprüft, um potentiellen Terroristen aufzuspüren:

> Im Rahmen eines umfassenden Sicherheitskonzepts, für das auch die Bundesregierung gegenüber der FIFA gewisse Garantien abgab, wurde frühzeitig beschlossen, Personen, die an den Spieltagen in einer bestimmten Funktion Zutritt zu den Stadien und anderen, vom Veranstalter festgelegten Orten erhalten sollten, im Rahmen eines Akkreditierungsverfahrens einer sog. Zuverlässigkeitsüberprüfung zu unterziehen, um Sicherheitsrisiken auszuschließen. Zu dem davon betroffenen Personenkreis gehörten u. a. Fußballspieler, Mannschaftsbetreuer, Trainer, Funktionäre, Vertreter der Sponsoren, Journalisten und andere Mitarbeiter der Medien, Servicepersonal aller Sparten (z. B. Beschäftigte in der Gastronomie oder Reinigungskräfte), die Mitarbeiter von Hilfsorganisationen, Sanitäts- und Rettungsdiensten, freiwillige Helfer („volunteers"), das Sicherheitspersonal, das von den jeweiligen Stadionbetreibern für die Objektsicherung und Personenkontrollen vorgesehen war, sowie (zunächst) auch die zum Einsatz kommenden Polizeibeamten, die später ausgeklammert wurden und Zutrittsberechtigungen ohne Namen und ohne individuelle Überprüfung erhielten. Das mit den Innenministerien von Bund und Ländern abgestimmte Sicherheitskonzept sah vor, die Daten dieser Personen, deren Zahl zunächst auf bis zu 250.000 geschätzt wurde, mit den bei den Sicherheitsbehörden (Polizeidienststellen, Verfassungsschutzbehörden und Bundesnachrichtendienst) vorhandenen Erkenntnissen abzugleichen.[904]

In seinem Buch *Menschenrechte in Zeiten des Terrors* (S. 83), beschrieb Rolf Gössner diesen größten Sicherheitscheck in der Geschichte der Bundesrepublik als „Bestandteil einer überzogenen Antiterrorübung [...] die staatlicherseits veranstaltet worden ist", also ein Experiment in der Kontrolle von Menschenmassen. Tatsächlich ist schwer zu erklären, warum Journalisten, Ärzte, Polizisten und Sportler als verdächtige Terroristen behandelt wurden.

Im Januar 2015 sorgte der Daimler-Konzern für Schlagzeilen. Der Konzern erklärte seine Absicht, alle drei Monate die Namen, Anschriften und Geburtsdaten seiner rund 280.000 Mitarbeiter mit den Daten der Sanktionslisten der Europäischen Union und der USA „zur Terrorismusbekämpfung" abzugleichen. Die Regelung soll auch für Personen gelten, die sich um einen neuen Job bei Daimler bewerben.[905]

Janko Tietz (*Der Spiegel*) brachte es auf den Punkt: „Daimlers Aktion wird viel auslösen, nur keinen Terror verhindern. Die Überwachungsparanoia wird bewirken, dass sich die Daimler-Mitarbeiter anpassen, sich weniger trauen und nur noch nach Vorgaben funktionieren. Und sie wird die Folge haben, dass Mitarbeitern subkutan das Gefühl gegeben wird: Wir wissen Bescheid über dich."[906]

19.2.10 Einsatz der Bundeswehr im Inneren

Wohin die Fiktion der Terrorbedrohung und ihrer angeblichen Bekämpfung hinführt, kann man aus folgenden Entwicklungen entnehmen.

Die Bundesregierung erwägt eine Grundgesetzänderung mit dem Ziel, die Bundeswehr im Inland einsetzen zu dürfen - „unter anderem bei Terrorgefahr oder Bedrohung der Sicherheit".[907] Dafür plädiert auch der berühmt-berüchtigte Wolfgang Schäuble.[908] Rainer Wendt, Vorsitzender der Deutschen Polizeigewerkschaft, spricht sich eher für die Aufstockung der Polizei zur Terrorabwehr aus, plädiert aber dafür, dass die Bundeswehr Aufgaben in Bezug auf Flüchtlinge übernimmt, um die Polizei zu entlasten.[909] Der Vorsitzende der „DPolG-Bundespolizeigewerkschaft", Ernst Walter, argumentierte seinerseits, dass „polizeiliche Reserven im Bund und in den Ländern gebildet werden [sollten], um auch in Deutschland auf solche Terroranschläge [wie in Paris] angemessen reagieren zu können, ohne – wie jetzt in Frankreich – auch das Militär für polizeiliche Maßnahmen im Innern einsetzen zu müssen."[910]

Rupert Scholz, ehemaliger Verteidigungsminister, sagte in einem Interview, er habe in seiner Zeit als Bundestagsabgeordneter in den 1990er Jahren gemeinsam mit dem damaligen Innenminister Wolfgang Schäuble für eine Verfassungsänderung geworben, um den Einsatz der Bundeswehr im Inneren zu ermöglichen:

> Ich denke, dass das auch dringend notwendig ist. Wenn es um Terrorabwehr geht, ist die Polizei bei vielen potenziellen Gefahrenlagen überfordert. [...] Aus diesem Grund wird das Militär beispielsweise in Frankreich bei der Bekämpfung des Terrors eingesetzt. Aus meiner Sicht müssen wir bei wachsender Terrorgefahr eine solche Möglichkeit auch in Deutschland schaffen. [...] Das könnte etwa so geschehen, dass in Artikel 35 des Grundgesetzes neben der Katastrophenhilfe auch die Formel steht: „Gefahr für die innere Sicherheit durch Terror."[911]

Im Jahre 2006 forderte Herr Scholz die atomare Bewaffnung der Bundeswehr, um „auf eine nukleare Bedrohung durch einen Terrorstaat angemessen, im Notfall also sogar mit eigenen Atomwaffen, reagieren (zu) können". Laut *WSWS* steht Scholz mit seiner Forderung nach einer Militarisierung der Innenpolitik keineswegs alleine da: „Sie wird von vielen Unions- und SPD-Politikern unterstützt und auch die Grünen und die Linke distanzieren sich davon nur halbherzig mit Formulierungen, die jederzeit eine Zustimmung ermöglichen.[...] Seit Jahrzehnten nutzen die herrschenden Eliten jede sich bietende Gelegenheit, um die legalen Hindernisse, die Militäreinsätzen gegen die eigene Bevölkerung im Wege stehen, zu beseitigen". *WSWS* erinnerte daran, dass die Bundeswehr bereits in der Vergangenheit zur Amtshilfe für die Polizei eingesetzt wurde, wie z.B. gegen Demonstranten beim G8-Gipfel 2007 in Heiligendamm.[912]

Einen Vorgeschmack für den städtischen Einsatz der Bundeswehr zur „Terroristenbekämpfung" konnte man der Nachricht entnehmen, dass deutsche Soldaten in Israel im Oktober 2015 im Stadt- und Nahkampf trainierten.[913] Deutsche Soldaten hatten seit der Vernichtung des Warschauer Ghettos wenig Erfahrung in der Bekämpfung der zivilen Bevölkerung. Die israelische Armee dagegen bereits seit mehr als fünfzig Jahren.[914] In einem Reisebericht des deutschen Heeres wurde der Trainingsort in der israelischen Wüste lapidar als „einzigartige Infrastruktur" beschrieben,[915] nicht aber, dass es sich um eine speziell errichtete „arabische Geisterstadt" handelt (siehe Abbildung).[916] Über den Nutzen eines solchen Trainings für die Bundeswehr wurde geflissentlich geschwiegen.

In einer Umfrage des Meinungsforschungsinstituts YouGov Ende 2015 befürwortete eine große Mehrheit der Deutschen den Bundeswehreinsatz im Inland im Fall eines Terroranschlags. Nur sieben Prozent lehnten den Einsatz der Bundeswehr im Inneren grundsätzlich ab.[917] Diese Zahlen bestätigen die Wirksamkeit der Terrorfiktion. Folgende Abbildung begleitete den Zeitungsbericht über die Meinungsumfrage.

Am 1. September 2016 wurde davon berichtet, dass die Bundeswehr und die Polizei im Februar 2017 gemeinsam für Großeinsätze im Inneren für den Fall eines größeren Terrorangriffs im Inland üben sollen. Die jüngsten Anschläge dienen vorzüglich zur Berechtigung dieses Ziels. Ulla Jelpke, innenpolitische Sprecherin der Linksfraktion im Deutschen Bundestag äußerte die begründete Vermutung, „dass nicht die Abwehr von Terroranschlägen, sondern die Niederschlagung sozialer Protestbewegungen in der Zukunft die wahre Intention hinter den immer neuen Vorstößen zum Einsatz des Militärs im Inland ist."[918]

19.2.11 Unterdrückung von politischen Aktivisten im Namen der Terrorbekämpfung

Zahlreiche Regierungen benutzen bereits die Legende des 9/11 zur Legitimierung ihrer eigenen Anti-Terror-Gesetze und missbrauchen diese hauptsächlich, um politische Aktivisten zu verfolgen. Unter diesen Ländern befinden sich vorrangig „unsere Alliierten“ Großbritannien, Frankreich und die Türkei, zahlreiche afrikanische Länder (Äthiopien, Nigeria, Swasiland, Kenia, Tschad, Ägypten, Tunesien, Niger, Kamerun), Jordanien, Pakistan, Chile, Brasilien, Indonesien und Saudi Arabien, um nur einige zu nennen.

19.2.12 Denunziationspflicht

Schüler, Studenten oder Gefängnisinsassen, die sich verdächtig benehmen oder scheinbar anfällig für radikale Indoktrinierung sind, müssen nun gemeldet werden. Vorträge an Universitäten müssen frühzeitig angemeldet und auf mögliche islamistische Inhalte geprüft werden. Inspektoren der Regierung sollen begutachten, ob öffentliche Einrichtungen diesen neuen Verpflichtungen nachkommen.[919] Dies betrifft (noch) nicht Schüler und Studenten in Deutschland, sondern (nur) in Großbritannien. Die Frage scheint berechtigt, ob die Pflicht zur Denunziation auch in deutschen Schulen und Universitäten nach einem Terroranschlag eingeführt wird.

19.3 Fazit

In ihrem anregenden Buch *Angriffe auf die Freiheit*, rufen die Autoren Ilija Trojanow und Juli Zeh zur Besinnung auf:

> Während in den Schulen immer noch die Idee vom alten Rechtsstaat gelehrt wird, findet draußen der große Umbau statt. Dieser Vorgang umgibt sich mit einer

> Aura der Unvermeidlichkeit. [...] Es sei doch lächerlich zu glauben, die paar Veränderungen der letzten Jahren gefährdeten schon die Demokratie! Manchmal wird sogar behauptet, jene Stimmen, die vor der Überwachungsgesellschaft warnen, seien von der typischen deutschen Krankheit der Staatsverächtung gezeichnet – was die letzten fünf Jahrhunderte deutscher Untertanengeschichte auf den Kopf stellt. [...] Weil sich die Freiheit eben nicht mit einem Paukenschlag verabschiedet, krankt jedes gut funktionierende System daran, dass sich seine wohlmeinenden Anhänger in (falscher) Sicherheit wiegen.[920]

Da die meisten Terroranschläge der letzten Jahren innerhalb der NATO-Mitgliedstaaten sehr wahrscheinlich von staatlichen Instanzen oder in ihrem Auftrag begangen wurden – siehe Kapitel 13 und die Bewertungen der 12 Anschläge – und da NATO-Staaten und EU-Staaten offensichtlich nicht nur eine gemeinsame globale „anti-Terror"-Strategie verfolgen, sondern auch ähnliche anti-demokratischen Maßnahmen im Inneren ergreifen, ist wahrscheinlich, dass über die Begehung von Terroranschlägen innerhalb der NATO-Staaten in einem zentralen Gremium entschieden wird. Ob sich dieses Zentralgremium zur Förderung des verdeckten Staatsterrorismus wie im Kalten Krieg bei einer NATO-Stelle oder in den USA befindet, spielt hier nur eine untergeordnete Rolle. Man kann davon ausgehen, dass dieses Gremium von den USA geleitet wird und den Interessen der herrschenden westlichen Eliten dient.

20 Diagnose und Therapie

In einer modernen Gesellschaft sichern vier gesellschaftliche Gruppen die Stabilität der herrschenden Gesellschaftsordnung, heutzutage handelt es sich um die Herrschaft des Finanzkapitals. Bei diesen vier Gruppen handelt es sich um die Politik, die Medien, die Justiz und die akademische Elite. Ihre stabilisierende Funktion können diese Gruppen nur dann erfüllen, wenn sie ein Mindestmaß an Vertrauen in der breiten Bevölkerung geniessen. Wo dieses Vertrauen bröckelt bzw. verschwindet, können sie nicht mehr ihre Rolle als Systemstabilisatoren effektiv erfüllen. Diese Funktion wird dann anderen Verwaltungsbehörden übertragen, insbesondere der Polizei und anderen Einrichtungen des Staates. Mit der offensichtlichen Unterdrückung der Bevölkerung kann aber die Stabilität der Gesellschaft auf Dauer nicht gewährleistet werden.

Auf Grund des in diesem Buch vorgelegten Materials, steht fest, dass die vier besprochenen Gruppen die Bevölkerung seit 2001 systematisch belogen und getäuscht haben. Darüber hinaus beteiligten sie sich außerdem an einer ständigen Vertuschung von kriminellen Machenschaften ihres Staates gegen die eigene Bevölkerung und gegen dem Weltfrieden.

Es gibt Menschen, die diese gesellschaftliche Pathologie begrüssen, da sie angeblich den Weg zur Umwälzung der kapitalistischen Gesellschaftsordnung ebnen soll. Ich bin nicht davon überzeugt, dass eine gerechte und auf Nachhaltigkeit ausgerichtete Gesellschaftsordnung auf einem pathologischen Fundament errichtet werden kann. Primäres politisches Anliegen sollte es daher sein, die politische Funktionalität dieser vier Gruppen wieder herzustellen. Dies kann aber nur gelingen, wenn Mitglieder dieser Gruppen bereit sind, ihre professionellen Pflichten zu erfüllen und ihre ethischen Prinzipien wieder in den gesellschaftlichen Diskurs einzubringen, d.h. sich von den Lügen, Vertuschung und Täuschungen krimineller Machenschaften gegenüber den Bürgern zu distanzieren und die Interessen dieser Menschen zu vertreten.

Die hier erwähnten Gruppen bilden für jede Gesellschaft das politische Rückgrat. Sie wegen ihrer Dysfunktionalität aus der Gesellschaft auszuschließen, ist weder machbar noch sinnvoll. Man muss darauf bestehen, dass alle Herrschaftsstrukturen wenigsten die Normen der bürgerlichen Demokratie einhalten, damit die zivilisierten Elemente der kapitalistischen Gesellschaft, deren Erbe die post-kapitalistische Gesellschaft antreten muss, so wenig wie möglich zerstört werden. Es ist daher auch im Interesse der breiten Bevölkerung, die stabilisierende Funktion dieser Gruppen wiederherzustellen. Im nächsten Abschnitt empfehle ich einige “therapeutische” Maßnahmen, die dazu beitragen könnten.

20.1 Forderungen im politischen Umfeld

20.1.1 Errichtung einer unabhängigen, internationalen Wahrheitskommission zur Aufklärung des 9/11

Die Angehörigen der Opfer haben das Recht, die Umstände zu erfahren, unter denen ihre Geliebten starben. Leider können sie dieses Recht nicht gerichtlich durchsetzen. Einige von ihnen, die nicht durch die großzügigen Entschädigungen mundtot gemacht wurden, fordern weiterhin die Aufklärung des Verbrechens. Die Angehörigen der Flugzeugpassagiere vom 11. September 2001 wissen nicht, wo ihre Angehörigen starben und wer sie ermordet hat. Die Angehörigen der mehr als 1.100 pulverisierten Opfer vom World Trade

Center wissen nicht, wie so etwas möglich sein konnte. Schon aus bloßer Solidarität mit den Angehörigen dieses Massenmordes sollen wir ihre Bemühungen zur Aufklärung unterstützen.

Die Anschläge des 9/11 waren ein Verbrechen gegen die Menschlichkeit, an deren Aufklärung alle Staaten ein völkerrechtliches Interesse besitzen. Opfer eines Verbrechen gegen die Menschlichkeit haben einen Anrecht auf die Wahrheit.[921] Die US-amerikanischen Behörden haben es unterlassen, eine unabhängige, gründliche und transparente Untersuchung des 9/11 durchzuführen. Sie haben niemanden zur Rechenschaft wegen des Verbrechens gezogen.

Wenn die Vermutung begründet ist, dass Massenmörder in der Welt frei herumlaufen oder sogar über erhebliche politische Macht verfügen, besteht aus sicherheitspolitischen Gründen die Notwendigkeit, diese vermeintliche Gefahr abzuwenden. Das Mindestmaß an Sicherheitsvorkehrungen wäre im Fall des 9/11 eine unabhängige internationale Kommission zu fordern, die die Ereignisse des 11. September 2001 untersuchen würde und imstande wäre, die tatsächlichen Massenmörder und ihre Hintermänner zu identifizieren. Aus sicherheitspolitischer Sicht ist alles, was unter diesem Mindeststandard liegt, völlig verantwortungslos.

Es ist unbestritten, dass es den Terrorverwaltern gelungen ist, die halbe Welt innerhalb von 24 Stunden davon zu überzeugen, dass Osama bin Laden und seine 19 jungen Gefolgsmänner die USA ausgetrickst hatten und das Zentrum der US-amerikanischen Streitkräfte (Pentagon) anzugreifen vermochten. Die erfolgreiche weltweite Verbreitung dieser absurden Legende ist einmalig in der Geschichte der Menschheit. Die Wirksamkeit dieser Propagandaoperation ist möglicherweise noch erschreckender als die eigentliche Mordtat. Hier haben die Machthaber das Ausmaß ihrer propagandistischen Fähigkeiten für kurze Zeit offengelegt.

Die Aufklärung von 9/11 bietet eine bevorzugte Gelegenheit, um die Mechanismen der heutigen Propaganda und die undemokratischen Strukturen der Massenmedien und des internationalen Nachrichtenflusses offenzulegen. Die Aufklärung dient auch zur Wiederherstellung der wissenschaftlichen Integrität innerhalb der akademischen Welt.

Es ist ein Irrtum zu glauben, dass 9/11 "Schnee von gestern" sei, oder dass die Aufklärung der Ereignisse von heutigen Problemen ablenken würde. Auf der Legende des 9/11 beruht nämlich der Mythos des islamistischen Terrorismus und auf diesem Mythos beruhen sämtliche anti-demokratischen und kriegerischen Maßnahmen. Wer nicht die Wahrheit wissen will, wird auch die Aufklärung der Ereignisse nicht wollen. Wenn ganze Zünfte der Gesellschaft in ihrem beruflichen Leben die Wahrheit nicht wissen wollen, kann man von einer gesellschaftlichen Pathologie sprechen.

20.1.2 Aufhebung der Abkommen zwischen Europa und den USA zur Aushändigung von personenbezogenen Informationen über finanzielle Transaktionen, Reisen und Kommunikation

Diese Forderung wurde bereits im europäischen Parlament gestellt. Es gibt kein Grund, den USA personenbezogene Information aus Deutschland zu liefern, außer auf traditioneller juristischer Ebene wie zwischen allen Staaten üblich.

20.1.3 Größere Transparenz bei der Machtausübung durch die Stärkung der bürgerlichen Rechte auf Information (Informationsfreiheit)

In einer funktionierenden Demokratie geht die Macht vom Volke aus. Politiker und Staatsbeamte sind Diener bzw. Angestellte des Volkes und müssen dem Volk Rechenschaft ablegen. Bürger sollen daher, von eng definierten Ausnahmen abgesehen, berechtigt sein, alles über die Tätigkeit ihrer Staatsdiener und Angestellten zu wissen. Heute gilt in der Praxis die Regel, dass alles, von einigen Ausnahmen abgesehen, Verschlusssache der Behörden bleibt.

Laut einer Einschätzung der britischen Organisation Statewatch aus dem Jahr 2008, bedienen sich sehr wenige Personen in Deutschland der Möglichkeiten, die ihnen das Informationsfreiheitsgesetz bietet. In einem ersten internationalen Vergleich wurden jährlich in den USA 500 Anträge pro 100.000 Einwohner auf Grund des Informationsfreiheitsgesetzes gestellt, gefolgt von Bulgarien mit 163 Anträgen, Rumänien mit 84, Irland mit 80, Großbritannien mit 58 und Deutschland mit 1,5 Anträgen pro 100.000 Einwohnern. Dass diese geringe Inanspruchnahme des Rechtes mit einer politischen Apathie der Deutschen zusammenhängt, ist unwahrscheinlich, denn die Beteiligung an Wahlen und an politischen Debatten ist in Deutschland viel reger als in den USA. Möglicherweise hängt diese geringe Inanspruchnahme damit zusammen, dass (a) das Gesetz weitgehend unbekannt ist; und (b) Anträge sehr oft mit allerlei Vorwänden abgelehnt werden. Bekanntlich ist auch die deutsche Bürokratie aufgrund ihrer Tradition sehr verschwiegen und betrachtet Information als ihren ureigensten Besitz. Hier hat nicht zuletzt die Bundeszentrale für politische Bildung versagt. Vor allem bei Medien, Parteien und Gewerkschaften besteht noch viel Nachholbedarf.

20.1.4 Entfernung aus dem Amt

Der Glauben an die absurde Legende des 9/11 und an die Fiktion einer Bedrohung Deutschlands durch islamistischen Terrorismus ist irrational. Wenn hohe Amtsträger ihre Entscheidungen auf Grund eines irrationalen Glaubens treffen, sind sie für die Öffentlichkeit untauglich, weil sie den Bezug zur Realität nicht mehr besitzen und daher politisch unberechenbar geworden sind. Sie sollten deshalb zur Rechenschaft gezogen werden.

20.2 Forderungen zum medialen Umfeld

20.2.1 Volle Transparenz über die Struktur und die Informationspolitik der herrschenden Medien

Wie Massenmedien finanziert werden, spielt bei der Bewertung der von ihnen verbreiteten Informationen eine wichtige Rolle, denn die Interessen, die hinter einem Medienhaus stehen, bestimmen mehr oder weniger die redaktionelle Politik. Wirksame Transparenz informiert über das Gewicht der Werbeeinnahmen zur Finanzierung des Mediums, über Personen, die das jeweilige Medium besitzen, sowie über die Art und Weise, wie Inhalte erzeugt und in ihrer Qualität gesichert werden. Transparenz soll der manipulativen Tendenz der Medien entgegenwirken: Wenn man die Interessenlage eines Informationssenders kennt, ist man besser in der Lage, seine Informationen einzuordnen.

20.2.2 Errichtung des Amtes eines Ombudsmanns für Medienbenutzer

Wie in diesem Buch aufgezeigt und weitgehend in der Öffentlichkeit auch so empfunden, verbreiten die herrschenden Medien allzu oft ungenaue, verzerrte, nicht belegte oder sogar falsche Nachrichten. Dagegen können Medienbenutzer kaum vorgehen, auch wenn höchstrichterlich verkündet wurde, dass Journalisten in ihren Berichten nicht bewusst Tatsachen unterschlagen dürfen, wenn das den dargestellten Sachverhalt verfälscht.[922] Der Mechanismus der Leserbriefe, Anträge an Rundfunkräte oder Beschwerden an den Presserat sind nicht (mehr) wirksam. Eine Instanz, die von den Medien völlig unabhängig ist und die Interessen der Medienbenutzer vertritt, ist daher dringend vonnöten.

20.2.3 Verteidigung der Würde von Mohammed Atta und seiner Freunde gegen mediale Diffamierung

Da es keine Beweise gibt, dass Mohammed Atta und seine Freunde irgendetwas mit dem 9/11 zu tun hatten, gelten sie als unschuldig. Sie als Todespiloten, Terroristen oder Massenmörder zu bezeichnen stellt eine grobe Verletzung des Pressekodex dar sowie eine strafbare Tat (üble Nachrede, § 186 StGB). Es gehört zur bürgerlichen Pflicht in einer zivilisierten Gesellschaft, unschuldige Menschen gegen mediale Diffamierung zu verteidigen. Eine Liste von diffamierenden Journalisten befindet sich im Anhang B. Sie sollen ermuntert werden, ihre Anschuldigungen zurückzunehmen und eine Entschuldigung zu veröffentlichen.

20.2.4 Gesetzlicher Schutz für Journalisten, die sich auf den Journalistenkodex berufen

Journalisten stehen aufgrund des Rechtes des Verlegers, die politische Richtung der ihm gehörenden Medien zu bestimmen, unter erheblichem Druck, die politisch gewünschte Linie ihres Medienhauses zu vertreten. Gegen diesen sogenannten Tendenzschutz wird von Journalisten immer wieder die sogenannte innere Pressefreiheit gefordert. Die Gewerkschaft ver.di fordert die Abschaffung des Tendenzschutzes. Keinesfalls darf dieser dazu führen, dass Journalisten, die sich weigern, unwahre, verzerrte, nicht belegte oder verleumderische Informationen zu veröffentlichen, dafür bestraft werden. Besäßen Journalisten in derartigen Fällen einen Rechtsschutz, würde die Medienlandschaft ihre gesellschaftliche Aufgabe weitaus besser erfüllen.

20.2.5 Pflichtidentifizierung der Autoren und Quellen aller Beiträge

Bei den meisten materiellen Waren braucht der Konsument nicht die Identität des Arbeiters zu kennen, der die Ware produziert. Nicht so bei der Veröffentlichung von Informationen in Medien. Zur Bewertung der Glaubhaftigkeit einer Information muss der Endverbraucher in der Lage sein, ihre Herkunft zu kennen. Nur durch die Identifizierung des letzten Gliedes des Informationsflusses – also des Autors der veröffentlichen Information – kann der Medienbenutzer zur Quelle der Information gelangen.

20.2.6 Gesetzliche Regelung zur Gewährleistung des genauen Datums und Uhrzeit der Veröffentlichung eines Beitrages im Internet

Im heutigen Zeitalter, in dem die meisten Massenmedien auch oder nur im Internet erscheinen, spielt die Angabe des Datum und Uhrzeit eine immer größere Rolle. Das Wissen über die genaue Zeit der Veröffentlichung einer Nachricht kann unter Umständen eine brisante Rolle bei der Bewertung von Ereignissen spielen, wie zum Beispiel bei dem Versuch, die Zeitabfolge der Ereignisse zu verstehen oder zu rekonstruieren. Die Fälschung von solchen Zeitangaben kann verheerende Folgen haben, wenn diese zur Vertuschung von Straftaten dienen. Daher bietet sich eine gesetzliche Regelung an, die es ermöglicht, die Entstehung und eventuelle Änderungen eines Beitrages zeitlich ganz genau zu verfolgen (wie es bei Wikipedia die Regel ist).

20.3 Forderungen im Bereich der Strafjustiz

Die Misere der deutschen Justiz ist von zahlreichen Juristen beschrieben. Dr. Klaus Malek, Rechtsanwalt in Freiburg, rügte in seinem Eröffnungsvortrag zum 35. Strafverteidigertag 2011 den „Abschied von der Wahrheitssuche" in der deutschen Justiz.[923] Autoren Jürgen Roth, Rainer Nübel und Rainer Fromm stellen ihrerseits fest:

> Der Justizapparat selbst kann nicht allein seine tiefe Strukturkrise überwinden, um damit Vertrauen in der Gesellschaft zurückzugewinnen. Die kritischen Bürger selbst sind aufgefordert, genauer hinzuschauen und sich

zu wehren. Sie müssen massiven Druck auf die jeweiligen zuständigen politischen Entscheidungsträger ausüben. Größere Transparenz und Selbstkritik innerhalb der Justiz ist zudem eine wesentliche Voraussetzung für eine Veränderung. Es gibt sie ja, die kritischen Richter, Staatsanwälte und Polizeibeamten. Ihnen muss der Rücken gestärkt werden im Kampf gegen rückgratlose und selbstherrlich agierende Dienstvorgesetzte.[924]

20.3.1 Zur Sicherung der Wahrheitsfindung in Strafverfahren sollen Vernehmungen von Angeklagten und Zeugen in Bild und Ton aufgezeichnet werden

Vernehmungen der Angeklagten und Zeugen im Ermittlungsverfahren sollen vollständig auf Bild- und Tonträgern aufgezeichnet werden, wenn abzusehen ist, dass in dem gerichtlichen Verfahren die Mitwirkung eines Verteidigers notwendig sein wird. Dies gilt für Vernehmungen durch Staatsanwaltschaft und Polizei ebenso wie für richterliche Vernehmungen. Diese Forderungen wurden bereits in der Form einer ausführlich begründeten Petition an den Europäischen Gerichtshof für Menschenrechte, das Europäische Parlament und die deutsche Justiz von 453 Persönlichkeiten unterzeichnet, darunter Akademiker, Rechtsanwälte und Menschenrechtler.[925] Auch die Bundesrechtsanwaltskammer (BRAK) hat sich dafür eindeutig in ihrem Entwurf eines Gesetzes zur Verbesserung der Wahrheitsfindung in Strafverfahren im Jahr 2010 eingesetzt.[926]

20.3.2 Generelle Aufzeichnungspflicht in Strafprozessen

Die Tatsache ist weitgehend verkannt: Ausgerechnet in Landgerichten und Schwurgerichtskammern, die die schwersten Verbrechen behandeln, wird kein *Wortprokoll* geführt.[927] Rolf Bossi, ein berühmter Strafverteidiger, beschreibt die Folgen:

> Infolge des Fehlens eines *Wortprotokolls* kann später überhaupt nicht mehr nachvollzogen werden, *was* der betreffende Angeklagte, oder Zeuge oder die Gerichtsparteien in der Hauptverhandlung erklärt haben. Die Ergebnisse der Beweisaufnahme, darunter die Aussagen in der Hauptverhandlung, sind einzig und allein in der späteren Urteilsbegründung zu finden [die in der Regel nicht veröffentlicht wird - Anm. E.D.], oft nach mehreren Monaten. Die wird zumeist vom Vorsitzenden Richter verfasst. Er entscheidet also letztendlich, wie welche Aussagen wiedergegeben werden oder welche eventuell ganz under dem Tisch fallen. Resultat: Mögliche Fehlinterpretationen, Verdrehungen, Verzerrungen oder gar bewusste Verfälschungen lassen sich später kaum noch feststellen, geschweige denn korrigieren.[928]

Gerichtliche Hauptverhandlungen in Strafsachen vor Landgerichten und Oberlandesgerichten sollen daher vollständig in Bild und Ton aufgezeichnet werden. Sie sollen nachträglich in der Regel im Internet der Öffentlichkeit zugänglich gemacht werden, d.h. wenn keine erhebliche und begründete Persönlichkeitsrechte geltend gemacht wurden.

Das Prinzip, wonach Verfahren vor Gerichten öffentlich sind, gehört zu den wichtigsten Errungenschaften des liberalen Rechtsstaats. Die dadurch gewährleistete Transparenz ist zentral für das Vertrauen in eine unabhängige und faire Justiz. Bei Strafprozessen geht es um die Verfolgung von Straftaten seitens der Öffentlichkeit gegen den Angeklagten. Das Gericht vertritt dabei das Interesse der breiten Öffentlichkeit. Das Gericht verkündet seine Urteile „im Namen des Volkes". Jedes Fehlurteil wird daher auch in unserem Namen verkündet. Die Öffentlichkeit hat ein unmittelbares Interesse und das Recht, die Arbeit des Gerichtes zu observieren.[929] Die Öffentlichkeit eines Gerichtsverfahren ist nicht genügend gewährleistet, wenn nur jene Personen die Hauptverhandlung verfolgen können, die dafür die Zeit und das Geld haben, Wochen oder Monate im Gerichtssaal zu verbringen und nicht hörbehindert sind. Die aufgezeichnete Hauptverhandlung von Strafprozessen soll daher in der Regel, zumindest nach der mündlichen Urteilsverkündung, im Internet zugänglich gemacht werden, sofern nicht der Angeklagte oder die Zeugen gegen die Veröffentlichung von spezifischen Daten berechtigte Persönlichkeitsrechte geltend machen können. Dies gilt ganz besonders in politisch brisanten Strafverfahren, in denen ein Verdacht der staatlichen Vertuschung nie ausgeschlossen werden kann. Eine Minderheit im Bundesverfassungsgericht unterstützt bereits dieses Anliegen.[930] Es folgen hier Auszüge aus der abweichenden Meinung der drei RichterInnen:

> Die Veränderung der Kommunikationsmöglichkeiten und -gewohnheiten hat die Wichtigkeit der medienvermittelten Wahrnehmung auch für die Beobachtung und Kontrolle von Gerichtsverhandlungen verstärkt. In der Folge kommt der Saalöffentlichkeit nicht mehr die gleiche Bedeutung für die Sicherung der Funktionsfähigkeit der Rechtsordnung zu wie früher. War die über die Saalöffentlichkeit ermöglichte Zeitungsöffentlichkeit im Kaiserreich und lange danach identisch mit Medienöffentlichkeit, so gilt dies heute nicht mehr, da andere Medien die Funktion der Zeitungsberichterstattung teilweise übernommen haben. Wird den besonders wichtigen audiovisuellen Medien der Zugang nur beschränkt eröffnet, so dass sie nur unter Ausschluss der für sie typischen Darstellungsformen berichten können, besteht Medienöffentlichkeit funktional betrachtet nur noch begrenzt. [...] [D]ie Medienöffentlichkeit [wird] bei verschiedenen Verfahren im Ausland zugelassen, ohne dass dies dort als Beeinträchtigung der Funktionsfähigkeit des Verfahrens oder schutzbedürftiger Persönlichkeitsinteressen verbucht wird.

20.3.3 Veröffentlichung richterlicher Begründungen von Urteilen „im Namen des Volkes"

Da Urteile in Strafprozessen „im Namen des Volkes“ verkündet werden, ist „das Volk” auch berechtigt, die Begründung des Urteils zu kennen, um sich zu vergewissern, dass es ein gerechtes Urteil gewesen war. Das Vertrauen in die Justiz kann nicht gewährleistet werden, wenn Richter sich weigern, ihre Urteilsbegründung offenzulegen. Die Offenlegung der Urteilsbegründung darf nur verweigert werden, wenn das Gericht berechtigte Ablehnungsgründe (z.B. Persönlichkeitsschutz, Geheimschutz etc.) anführt und die Möglichkeit besteht, die ablehnende Entscheidung durch Rechtsmittel anzufechten. Es ist in einer Demokratie nicht hinzunehmen, dass Richter nach eigenem Ermessen entscheiden dürfen, an wen und unter welchen Bedingungen sie ihre Urteilsbegründungen übermitteln, eine Praxis, die der Jurist Reinhard Walker ausführlich beschreibt.[931] Es ist verständlich, dass Entscheidungsträger, darunter Richter, nicht besonders geneigt sind, sich der öffentlichen Kritik auszusetzen. Als Amtsträger im Namen der Öffentlichkeit müssen sie sich aber mit diesem Umstand abfinden und sollten auch dafür dankbar sein, denn Kritik kann nur die Qualität und die Ausgewogenheit ihrer Urteile verbessern. Das Bundesverwaltungsgericht hat sich zu dieser Sache schon sehr umfänglich und vor vielen Jahren geäußert.[932] Darüber berichtet Rechtsanwalt Stefan Scherer ausführlich in einer Besprechung des Falles Kachelmann.[933]

20.3.4 Der Straftatbestand Rechtsbeugung soll wirksam gemacht werden

Richter sind keine Götter: „Ein Richter, der vorsätzlich ein geltendes Gesetz nicht anwendet, weil er ein anderes Ergebnis für gerechter, für politisch opportuner oder aus anderen Gründen für zweckmäßiger hält, erfüllt den Tatbestand der Rechtsbeugung“.[934]

Rechtsbeugung ist gemäß §339 StGB eine Straftat und liegt dem Gesetz nach vor, wenn „ein Richter, ein anderer Amtsträger oder ein Schiedsrichter, [...] sich bei der Leitung oder Entscheidung einer Rechtssache zugunsten oder zum Nachteil einer Partei einer Beugung des Rechts schuldig macht".

Wer das Recht beugt, soll angeklagt werden können. Um nach dem Zweiten Weltkrieg Nazi-Richter zu schonen, wurde §339 StGB so konstruiert, dass Anklagen wegen Rechtsbeugung kaum möglich sind.[935] Daher konnte der Vorsitzende Richter Carsten Beckmann, der den unschuldigen Mounir el Motassadeq durch eindeutige Rechtsbeugung zu eine 15-jährigen Haftstrafe verurteilte, nicht angeklagt werden (siehe Kapitel 15). Auf diese wunderbare Selbstbedienung der Richterzunft haben zahlreiche Juristen erfolglos hingewiesen.[936] Diese Selbstbedienung von Amtsträgern sollte endlich aufgehoben werden. Sie sollen, wie jedermann, wegen Amtsmissbrauchs zur Rechnung gezogen werden können.

20.3.5 Die Kronzeugenregelung sollte abgeschafft werden

Worum geht es bei der Kronzeugenregelung? Ein Täter bzw. eine Täterin wird mit einer geringeren Strafe oder sogar mit Straffreiheit für eine begangene Straftat belohnt, wenn er bzw. sie Aufklärungs- oder Präventionshilfe im Hinblick auf zukünftige Straftaten vorwiegend abgeschotteter Strukturen leistet. Dabei liegen noch nicht einmal empirische Erkenntnisse vor, ob diese Regelung zur Aufklärung von Straftaten überhaupt benötigt wird. Hinzu kommt, dass Kronzeugen häufig dazu neigen, falsche Angaben zu machen, um einer Verurteilung zu einer langjährigen Haftstrafe zu entgehen. Sie sind aufgrund dessen häufig unglaubwürdig und ihre Aussagen sind daher untaugliche Beweismittel.[937] Die im Kapitel 15 angeführten Beispiele über einen vorbestraften Kronzeugen belegen die Problematik dieser Regelung.

20.3.6 Weg mit Paragraphen 129a und 129b des Strafgesetzbuches

Mit dem Paragraphen §129a wurde 1976 ein Organisationsverbrechen eingeführt. Es musste nun keine konkrete Straftat mehr nachgewiesen werden, sondern die bloße Mitgliedschaft in einer Organisation, die für bestimmte Straftaten verantwortlich gemacht wurde, reichte aus. Darüber wurde über das Merkmal des Werbens noch in den 1980er Jahren teilweise das bloße Sprühen eines fünfzackigen Sterns nach §129a bestraft. Um den Straftatbestand herum wurde ein ganzes strafprozessuales Sonderrecht geschaffen, das aus der Erweiterung der Ermittlungsbefugnisse und der Einschränkung der Rechte der Verteidiger besteht.

Der §129a entwickelte sich dadurch zu einem Ermittlungsparagraphen. Es reichte aus, einen Verdacht nach dieser Vorschrift gegen eine Person oder eine Gruppe zu konstruieren, und prompt durften Telefone abgehört, Wohnungen durchsucht und Material beschlagnahmt werden. In den wenigsten Fällen wurde danach ein Gerichtsverfahren eröffnet, in noch wenigeren Fällen kam es zu Verurteilungen. Der Verdacht hatte sich eben nicht erhärtet.

[...] Eine Verfolgung nach [§129b] setzt immer eine Qualifikation einer bestimmten Gruppe als terroristisch voraus. Dies ist schon im Inland problematisch. Bei einer ausländischen Gruppe ist es erst recht willkürlich. Schon immer haben Machthaber Oppositionsgruppen aller Art als terroristisch bezeichnet, um sie zu delegitimieren. Wie soll die Abgrenzung zu Befreiungsbewegungen getroffen werden? Was passiert, wenn eine Oppositionsgruppe die Macht in einem Staat übernimmt und von der Staatengemeinschaft als neue Regierung anerkannt wird? Schon der ehemalige Generalbundesanwalt Kurt Rebmann hat diese Prüfung 1986 als „unlösbare Aufgabe" bezeichnet. In der Praxis könnte eine solche Vorschrift vor allem dazu führen, Solidaritätsarbeit mit ausländischen Oppositionsgruppen zu kriminalisieren. Hinzu kommen ausländerrechtliche Sanktionen gegen Flüchtlinge, die für eine „falsche" Gruppe politisch aktiv sind. Außerdem wird das ganze Arsenal der Ermittlungsbefugnisse des alten §129a aktiviert.[938]

20.3.7 Einführung eines amtlichen und öffentlichen Verfahrens zur Feststellung der Todesursache im Fall einer Straftat

Selbständige amtliche Verfahren zur Feststellung der Todesursache nach einem unnatürlichem Tod, darunter auch im Fall einer Straftat, werden in Großbritannien, Australien und im übrigen angloamerikanischen Bereich durch einen Coroner durchgeführt. Diese Verfahren – *Inquest* genannt – gebieten den Hinterbliebenen, und der Öffentlichkeit die genaue Umstände des Todes aufzuklären, was in Deutschland immer noch als Verschlusssache gilt. Ein solches amtliche Verfahren verhindert zwar nicht völlig aber reduziert die Verdunkelungsgefahr der staatlichen Behörden, besonders in politisch brisanten Fällen.

*****

Man darf nicht erwarten, dass Leitmedien dieses Buch sachlich zitieren oder besprechen werden. Eher werden sie das Buch ignorieren, oder sich auf Nebensächlichkeiten konzentrieren. Das hat bis heute gut funktioniert. Eine moderne Elite, die seriöse intellektuelle Bestrebungen und Gesellschaftskritik bekämpft, braucht nicht polizeiliche Mittel einzusetzen um intellektuelle Produkte aus dem Markt der Ideen auszuschließen. Das Schweigekartell der Medien ist wirksam genug. Der freidenkende Autor kann sich dieser gesellschaftlicher Verbannung nur durch eine selbstauferlegten Unterdrückung seines Gewissens entziehen. Den psychopathologischen Preis dafür bezahlt er und die ganze Gesellschaft. Durch die Hervorhebung der Vernunft habe ich versucht, diesen pathologischen Teufelskreis zu brechen.

ANHANG A

Schriften von Akademikern, die auf die Anschläge des 9/11 hinweisen

Angenendt, Arnold (Prof. emer.), "Selbstopfer", in: Hubertus Lutterbach und Jürgen Manemann (Hg), *Religion und Terror* (Aschendorff, 2002), S. 58-62.

Auchter, Thomas (Dipl.-Psych.), Angst, Hass und Gewalt. Psychoanalytische Überlegungen zu den Ursachen und Folgen des Terrors, in: Auchter, Thomas; Büttner, Christian; Schultz-Venrath, Ulrich; Wirth, Hans-Jürgen (Ed.), *Der 11. September. Psychoanalytische, psychosoziale und psychohistorische Analysen von Terror und Trauma* (Psychosozial-Verlag, 2003), S. 134-163.

* Avineri, Shlomo (Prof. Dr.), Fehlgeschlagene Modernisierung als Sicherheitsproblem, in Werner Weidenfeld, *Herausforderung Terrorismus* (GWV Fachverlage, 2004), S. 55-68.

* Ballhorn, Egbert (Dr.), Der Turmbau zu Babel und das World Trade Center", in: Hubertus Lutterbach und Jürgen Manemann (Hg), *Religion und Terror* (Aschendorff, 2002), S. 18-26.

* Bangert, Michael (Dr.), Da ließ sich der Herr das Böse reuen, das er seinem Volk angedroht hatte, in: Hubertus Lutterbach und Jürgen Manemann (Hg), *Religion und Terror* (Aschendorff, 2002), S. 178-184.

Beck, Ulrich (Prof. emer. Dr.), *Das Schweigen der Wörter: Über Terror und Krieg* (Suhrkamp, 2002).

Berger, Klaus (Prof. Dr.), An die, die mir die Augen schließen. Gestern wurde das Testament des Attentäters Atta entdeckt, in;

Hubertus Lutterbach und Jürgen Manemann (Hg), *Religion und Terror* (Aschendorff, 2002), S. 49-51.

* Bernreuther, Marie-Luise (Dr.), *Made in USA – Realitätskonstruktionen nach dem 11. September* (Peter Lang, 2004).

Bolz, Norbert (Prof. Dr.), Deutschlandsradio, 12.9.2001.

Braml, Josef (Dr.), Checks and Imbalances – Machtverschiebungen im institutionellen Gefüge der USA, in: Jäger (Hrsg.), *Die Welt nach 9/11: Auswirkungen des Terrorismus auf Staatenwelt und Gesellschaft,* Zeitschrift für Außen- und Sicherheitspolitik, Sonderheft 2, 2011.

* Brocke, Edna (Dr.), Von pazifistischen Kollateralschäden, in: Hubertus Lutterbach und Jürgen Manemann (Hg), *Religion und Terror* (Aschendorff, 2002), S. 119-127.

* Brosda, Carsten (Dr.), Sprachlos im Angesicht des Bildes, in: Schicha, Christian und Carsten Brosda, *Medien und Terrorismus: Reaktionen auf den 11. September 2001*,„ikö-Publikationen, herausgegeben vom Institut für Informations- und Kommunikationsökologie e.V. , Band 4, 2002, S. 53-74.

* Bruha, Thomas (Prof. Dr.), Neuer Internationaler Terrorismus: Völkerrecht im Wandel?, in: Hans-Joachim Koch (Hrsg.), *Terrorismus - Rechtsfragen der äußeren und inneren Sicherheit* (Nomos, 2002), S. 51-82.

* Daudenstädt, Michael (Dr.), Die transatlantische Differenz im Kampf gegen den Terrorismus (Friedrich-Ebert-Stiftung, 2002).

* Daufenbach, Claus (Dr.), Ground Zero & Vietnam: Wahrnehmung, Trauma und kollektive Erinnerung, in: Sabine, Sielke, *Der 11. September 2001: Fragen, Folgen, Hintergründe* (Peter Lang, 2002), S. 223-238.

* Debatin, Bernhard (Prof. Dr.), Semiotik des Terrors: Luftschiffbruch mit Zuschauern, in: Schicha, Christian und Carsten

Brosda, *Medien und Terrorismus: Reaktionen auf den 11. September 2001*„ikö-Publikationen, herausgegeben vom Institut für Informations- und Kommunikationsökologie e.V., Band 4, 2002, S. 25-38.

* Ernst, Gerd (Pfarrer), "Wie wird man mit Terroristen fertig?", i: Hubertus Lutterbach und Jürgen Manemann (Hg), *Religion und Terror* (Aschendorff, 2002), S. 169-171.

Farschid, Olaf (Dr.) und Ekkerhard Rudolph (Dr.), Zeitgenössische Akteure der Muslimbruderschaft. Eine extremismustheoretische Analyse des legalistischen Islamismus, in: Armin Pfahl-Traughber (Hrsg.), Jahrbuch für Extremismus- und Terrorismusforschung 2008, S. 403-463.

Fiedler, Heinz (Prof. Dr.), Der Nahe Osten und der politische Islam, in: Schicha, Christian und Carsten Brosda, *Medien und Terrorismus: Reaktionen auf den 11. September 2001*„ikö-Publikationen, herausgegeben vom Institut für Informations- und Kommunikationsökologie e.V., Band 4, 2002, S. 156-167.

* Freudenberg, Dirk (Dr.), *Theorie des Irregulären* (VS Verlag für Sozialwissenschaften, 2008).

Frowein, Jochen (Prof. Dr.), Der Terrorismus als Herausforderung für das Völkerrecht, Abhandlungen des Max-Planck-Instituts für ausländisches öffentliches Recht und Völkerrecht, 2002.

Fürtig, Henner (Prof. Dr.), Historisch gewachsene Symbiose: Das Haus Saud und die Wahhabiyya, Aus Politik und Zeitgeschichte (APuZ), 10. November 2014.

* Gireaud, Fabrice (Dr.), Rezension des Buches "Reflexiber Terrorismus" von Prof. Thomas Kron, Portal für Politikwissenschaft, 2015.

Graulich, Kurt und Dieter Simon (Hrsg.), *Terrorismus und Rechtsstaatlichkeit* (Oldenbourg Akademieverlag, 2007) Vorwort.

* Greiner, Bernd (Prof. Dr.), *9/11 – Der Tag, die Angst, die Folgen* (Verlag C. H. Beck, 2011).

Grobe-Hagel, Karl (Dr.), *Krieg gegen Terror? Al-Qaeda, Afghanistan und der 'Kreuzzug' der USA* (ISP-Köln, 2002).

Gruen, Arno (Dr.), *Der Kampf um die Demokratie* (Klett-Cotta, 2002).

* Gusy, Christoph (Prof. Dr.), Die Vernetzung innerer und äußerer Sicherheitsinstitutionen in der Bundesrepublik Deutschland, in: Werner Weidenfeld, *Herausforderung Terrorismus* (GWV Fachverlage, 2004), S. 197-221.

* Hacke, Christian (Prof. Dr.), Der Terrorangriff vom 11. September 2001 und seine Folgen für die amerikanische Außenpolitik, in: Sabine, Sielke, *Der 11. September 2001: Fragen, Folgen, Hintergründe* (Peter Lang, 2002), S. 11-29.

* Haller, Michael (Prof. Dr.), Der Journalismus im Medien-Theater, in: Schicha, Christian und Carsten Brosda, *Medien und Terrorismus: Reaktionen auf den 11. September 2001*,„ikö-Publikationen, herausgegeben vom Institut für Informations- und Kommunikationsökologie e.V. , Band 4, 2002, S. 46-52.

Heine, Peter (Dr.) *Terror in Allahs Namen* (Bundeszentrale für politische Bildung, 2004).

Hermann, Rainer (Dr.), Das Terrornetzwerk al-Qa'ida: Vom nahöstlichen zum internationalen Terrorismus, in: Möller, Reinhard (Hrsg.), *Islamismus und terroristische Gewalt* (Ergon, 2004).

* Hirschmann, Kai (Dr.) (Hrsg.), *Die Weltweite Gefahr: Terrorismus als internationale Herausforderung* (BWV, 2002).

* Hutter, Reinhard (Prof. Dr.), Wie lassen sich offene und hoch technologisierte Gesellschaften schützen? Das Beispiel *Cyber-Terror*, in: Werner Weidenfeld, *Herausforderung Terrorismus* (GWV Fachverlage, 2004), S. 173-196.

* Ickstadt, Heinz (Prof. Dr.)), Bilder des Terrors und der Terror der Bilder in den Romanen Don DeLillos, in: Sabine, Sielke, *Der*

11. September 2001: Fragen, Folgen, Hintergründe (Peter Lang, 2002), S. 97-110.

* Jäger, Thomas (Prof. Dr.) (Hrsg.), *Die Welt nach 9/11: Auswirkungen des Terrorismus auf Staatenwelt und Gesellschaft,* Zeitschrift für Außen- und Sicherheitspolitik, Sonderheft 2, 2011.

* Janus, Ludwig (Dr. med.), Psychohistorische Überlegungen zum 11. September in New York, in: Ottmüller, Uta; Kurth, Winfried (Ed.), *Trauma, gesellschaftliche Unbewusstheit und Friedenskompetenz* (Mattes, 2003), S. 33-52.

* Jaschke, Hans-Jochen (Dr.), Gottes heiligen Namen aufrichten!, in: Hubertus Lutterbach und Jürgen Manemann (Hg), *Religion und Terror* (Aschendorff, 2002), S. 27-29.

* Kamp, Karl-Heinz (Dr.), Der Erfolg im Kampf gegen den Terror – Sechs Thesen, in: Kai Hirschmann, *Die Weltweite Gefahr: Terrorismus als internationale Herausforderung* (BWV, 2002), S. 417-432.

Kaschner, Holger (Dr.), *Neues Risiko Terrorismus – Entgrenzung, Umgangsmöglichkeiten, Alternativen* (VS Verlag für Sozialwissenschaft, 2008).

* Kermani, Navid (Dr.), Die Gärten der Märtyrer", in: Hubertus Lutterbach und Jürgen Manemann (Hg), *Religion und Terror* (Aschendorff, 2002), S. 63-75.

* Kippenberg Hans G. (Prof. Dr.), *Terror im Dienste Gottes: Die 'Geistliche Anleitung' der Attentäter des 11. September 2001* (Campus Verlag, 2004).

* Klimke, Daniela (Prof. emer. Dr.), Dramaturgie eines Anschlags, in Schicha, Christian und Carsten Brosda, *Medien und Terrorismus: Reaktionen auf den 11. September 2001*,„ikö-Publikationen, herausgegeben vom Institut für Informations- und Kommunikationsökologie e.V. , Band 4, 2002, S. 39-45.

* Knelangen, Wilhelm (Dr.), Die Europäische Union: eine 'starke Macht' im Kampf gegen den Terrorismus?, in: Peter Nitschke (Hrsg.), *Globaler Terrorismus und Europa: Stellungnahmen zur Internationalisierung des Terrors* (VS Verlag für Sozialwissenschaften, 2008).

* Kotzur, Markus (Prof. Dr.), Krieg gegen den Terrorismus – politische Rhetorik oder neue Konturen des Kriegsbegriffs im Völkerrecht (Archiv des Völkerrechts, 2002), S. 454-479.

* Krajewski, Markus (Prof. Dr.), Selbstverteidigung gegen bewaffnete Angriffe nicht-staatlicher Organisationen – Der 11. September 2001 und seine Folgen (Archiv des Völkerrechts, 2002), S. 183-214.

* Kron, Thomas (Prof. Dr.), *Reflexiver Terrorismus*, Velbrück, 2015.

* Küenzlen, Gottfried (Prof. Dr.), Nach dem 11. September: Fundamentalismus - Phantom oder Phänomen?, in: Hubertus Lutterbach und Jürgen Manemann (Hg), *Religion und Terror* (Aschendorff, 2002), S. 78-93.

* Küng, Hans (Prof. emer, Dr.), Kein Krieg der Zivilisationen. Was wird aus dem interreligiösen Dialog und dem Projekt Weltethos?, in: Hubertus Lutterbach und Jürgen Manemann (Hg), *Religion und Terror* (Aschendorff, 2002), S. 5-14.

* Künzel, Matthias (Dr.), Von Hitler zu bin Laden", Webseite der Bundeszentrale für politische Bildung, 19.12.2007.

* Lutterbach, Hubertus (Prof. Dr.) und Jürgen Manemann (Prof. Dr.) (Hg.), *Religion und Terror* (Aschendorff, 2002).

* Manemann, Jürgen (Prof. Dr.), Aktiver Nihilismus. Bemerkungen zur Terrorrationalität, in: Lutterbach, Hubertus (Prof. Dr.) und Jürgen Manemann (Prof. Dr.) (Hg.), *Religion und Terror* (Aschendorff, 2002), S. 112-118.

* Marauhn, Thilo (Prof. Dr.), Konfliktfolgenbewältigung in Afghanistan zwischen Utopie und Pragmatismus (Archiv des Völkerrechts, 2002), S. 480-511.

* Massarat, Mohssen (Prof. emer. Dr.), Aus Politik und Zeitgeschichte, Webseite der Bundeszentrale für politische Bildung, 2001.

Matiss, Claudia (Dr.), *Terrorismusbekämpfung und menschenrechtlicher Eigentumsschutz, Dissertation* (JWV, Jenaer Wissenschaftliche Verlagsgesellschaft, 2009).

Meiers, Franz-Josef (Prof. Dr.) (Hrsg.), *Die Auswirkungen des 11. September 2001 auf die transatlantischen Beziehungen* (Zentrum für Europäische Integrationsforschung, 2003).

Meiser, Christian (Dr.) and Christian Von Buttlar (Dr.), *Militärische Terrorismusbekämpfung unter dem Regime der UN Charta* (Nomos, 2005).

Mennemeier, Stefan (Dr.), *Selbstmordattentäter - über die Dynamik induzierter Persönlichkeitsdissoziation, Psychotraumatologie* (Online-Zeitschrift), 2001, 2 (4), Nr. 23.

Metz, Johann Baptist (Prof. emer. Dr.), Ein Haus gegen den Tod, in: Hubertus Lutterbach und Jürgen Manemann (Hg), *Religion und Terror* (Aschendorff, 2002), S. 2-4.

Moltmann, Jürgen (Prof. emer. Dr.), Weltordnung – Die Sehnsucht nach dem Ende der Welt, in: Hubertus Lutterbach und Jürgen Manemann (Hg), *Religion und Terror* (Aschendorff, 2002), S. 210-218.

Monar, Jörg (Prof. Dr. Dr.), Die EU und die Herausforderung des internationalen Terrorismus, Handlungsgrundlagen, Fortschritte und Defizite, in: Werner Weidenfeld, *Herausforderung Terrorismus* (GWV Fachverlage, 2004), S. 136-172 .

Müller, Harald (Dr.), Supermacht in der Sackgasse? Die Weltordnung nach dem 11. September, (Bundeszentrale für politische Bildung, 2003).

Münkler, Herfried (Prof. Dr.), *Die neuen Kriege* (Bundeszentrale für politische Bildung, 2002).

Neumann, Peter (Prof. Dr.), *Die Welt*, 23.8.2006.

Neuneck, Götz (Prof. Dr.), Terrorismus und Massenvernichtungswaffen: Eine neue Symbiose?, in: Kai Hirschmann, *Die Weltweite Gefahr: Terrorismus als internationale Herausforderung* (BWV, 2002), S. 169-224.

Niewiadomski, Jozef (Prof. Dr.), Die Religion und der Terror, Ein Interview, in: Hubertus Lutterbach und Jürgen Manemann (Hg), *Religion und Terror* (Aschendorff, 2002), S. 46-48.

Pfahl-Traughber, Armin (Prof. Dr.), Antisemitismus im Islamismus", Webseite der Bundeszentrale für politische Bildung, 5.7.2011.

Praetorius, Ina (Dr.), Türme und Herren, in: Hubertus Lutterbach und Jürgen Manemann (Hg), *Religion und Terror* (Aschendorff, 2002), S. 205-206.

Ramminger, Michael (Dr.), Unbedingte Solidarität und die Ästhetik des Schreckens, in: Hubertus Lutterbach und Jürgen Manemann (Hg), *Religion und Terror* (Aschendorff, 2002), S. 185-193.

Ronen, Yehudit (Prof. Dr.), Der Nexus zwischen Terrorismus und islamischer Immigration: Europas radikale Importe, in: Peter Nitschke (Hg.), *Globaler Terrorismus und Europa: Stellungnahmen zur Internationalisierung des Terrors* (VS Verlag für Sozialwissenschaften, 2008).

Röser, Johannes (Dr.), Das Heilige und die Gewalt, in: Hubertus Lutterbach und Jürgen Manemann (Hg), *Religion und Terro*r (Aschendorff, 2002), S. 154-168.

Rudolph, Ekkerhard (Dr.) und Farschid, Olaf (Dr.), Zeitgenössische Akteure der Muslimbruderschaft. Eine extremismustheoretische Analyse des legalistischen Islamismus, in: Armin Pfahl-Traughber (Hrsg.), Jahrbuch für Extremismus- und Terrorismusforschung 2008 (Hochschule d. Bundes f. öffentl. Verwalt., 2008), S. 403-463.

Safferling, Christoph J.M. (Dr. iur), Terror and Law - Is the German Legal System able to deal with Terrorism? – The Bundesgerichtshof (Federal Court of Justice) decision in the case against El Motassadeq, *German Law Journal*, Vol. 5, Nr. 5, S. 515-524)

Sauer, Frank (Dr.), Nuklearterrorismus: Akute Bedrohung oder politisches Schreckgespenst?, HSFK-Report 2, 2007.

Sauter, Gerhard (Prof. emer.), 'A City upon a Hill'? Die religiöse Dimension des amerikanischen Selbstverständnisses und seine gegenwärtige Krise, in: Sabine, Sielke, *Der 11. September 2001: Fragen, Folgen, Hintergründe* (Peter Lang, 2002), S. 69-80.

Schicha, Christian (Prof. Dr.) und Carsten Brosda (Dr.), *Medien und Terrorismus: Reaktionen auf den 11. September 2001*,„ikö-Publikationen, herausgegeben vom Institut für Informations- und Kommunikationsökologie e.V., Band 4, 2002.

Schmidbauer, Wolfgang (Dr.), Psychologie des Terrors. Warum junge Männer zu Attentätern werden (Gütersloher Verlagshaus Mohn, 2009).

Schneckener, Ulrich (Prof. Dr.), Transnationaler Terrorismus, in: Gehl, Günter (Hrsg.), *Terrorismus - Krieg des 21. Jahrhunderts?* (Bertuch Verlag, 2006).

Schneider, Hans Joachim (Prof. Dr.), *Organisierte Hasskriminalität. Eine neue Form des internationalen Terrorismus, Kriminalistik*, 2004, 58 (4), 220-231.

Scholz, Michael F. (Dr.), *Staatliches Selbstverteidigungsrecht gegen terroristische Gewalt - Dissertation* (Duncker & Humblot, Berlin, 2006).

Schultz-Venrath, Ulrich (Prof. Dr.), u.a., *Der 11. September. Psychoanalytische, psychosoziale und psychohistorische Analysen von Terror und Trauma* (Psychosozial-Verlag, 2003).

Seidensticker, Tilman (Prof. Dr.), *Terror im Dienste Gottes: Die 'Geistliche Anleitung' der Attentäter des 11. September 2001* (Campus Verlag, 2004).

Sielke, Sabine (Prof. Dr.), (Hg.), *Der 11. September 2001: Fragen, Folgen, Hintergründe* (Peter Lang,2002).

Simon, Dieter und Kurt Graulich (Hrsg.), *Terrorismus und Rechtsstaatlichkeit* (Oldenbourg Akademieverlag, 2007) Vorwort.

Steinberg, Guido (Dr.), "Taliban", *German Jihad - On the Internationalization of Islamist Terrorism,* (Columbia University Press, 2013).

Taken, Jens (Dr.), *Radikalisierung und Deradikalisierung im transnationalen islamistischen Terrorismus,* Dissertation (Westfälische Wilhelms-Universität, 2013).

Thränert, Oliver (Dr.), Biologische und chemische Kampfstoffe in der Händen von Terroristen: Gefahren und Schutzmöglichkeiten", in: Kai Hirschmann, *Die Weltweite Gefahr: Terrorismus als internationale Herausforderung* (BWV, 2002), S.. 389-416.

Tomuschat, Christian (Prof. Dr. Dr.), Der 11. September und seine rechtlichen Konsequenzen, Institut für Rechstpolitik an der Universität Trier, 15. November 2001.

Trusheim, Volker (Referent), Selbstmordattentäter, Webseite der Bundeszentrale für politische Bildung, 27.8.2007.

Van Elsbergen, Gisbert (Prof. Dr.), Die Terroranschläge vom 11. September 2001 und 7. Juli 2005 im Spiegel der Presse, in: Peter Nitschke (Hrsg.), *Globaler Terrorismus und Europa: Stellungnahmen zur Internationalisierung des T*errors (VS Verlag für Sozialwissenschaften, 2008).

Von Danwitz, Thomas (Prof. Dr. Dr.), *Rechtsfragen terroristischer Angriffe auf Kernkraftwerke*, (Richard Boorberg Verlag, 2002).

Wagner, Markus (Prof. Dr.), Die wirtschaftlichen Maßnahmen des Sicherheitsrates nach dem 11. September 2001 im völkerrechtlichen Kontext - Von Wirtschaftssanktionen zur Wirtschaftsgesetzgebung?, Abhandlungen des Max-Planck-Instituts für ausländisches öffentliches Recht und Völkerrecht, 2003.

Waldmann, Peter (Prof. Dr.), Terrorismus als weltweites Phänomen: Eine Einführung", in: Kai Hirschmann, *Die Weltweite Gefahr: Terrorismus als internationale Herausforderung* (BWV, 2002), S. 11-26.

Weber, Sebastian (Dr.), *Europäische Terrorismusbekämpfung* (Duncker & Humblot, 2008).

Wedler, Hans (Prof. Dr.), (Ed.) und Wolfersdorf, Manfred (Prof. Dr.), (Ed.), *Terroristen-Suizide und Amok* (Roderer, 2002).

Weidenfeld, Werner (Prof. Dr.), *Herausforderung Terrorismus*, Verlag für Sozialwissenschaften (GWV Fachverlage, 2004).

Werthebach, Eckart (Dr.), Idealtypische Organisation innerer und äußerer Sicherheit, in: Werner Weidenfeld, *Herausforderung Terrorismus* (GWV Fachverlage, 2004), S. 222-246.

Werthes, Sascha (Dr.), Richard Kim und Christoph Conrad (Prof. Dr.), Die Terrorkrise als Medienereignis?, in: Schicha, Christian und Carsten Brosda, *Medien und Terrorismus: Reaktionen auf den 11. September 2001*,„ikö-Publikationen, herausgegeben vom Institut für Informations- und Kommunikationsökologie e.V., Band 4, 2002, S. 80-93.

Wichmann, Peter (Dr.), Die Transformation der Al-Qaida zu einer globalen Bewegung und die strategische Bedeutung ihrer drei konzentrischen Kreise, in: Jäger, Thomas (Hg.), *Die Welt nach 9/11: Auswirkungen des Terrorismus auf Staatenwelt und Gesellschaft*, Zeitschrift für Außen- und Sicherheitspolitik, Sonderheft 2, 2011.

Wild, Stefan (Prof. emer.), Der 11. September 2001, der Afghanistankrieg und die Muslime, in: Sabine, Sielke, *Der 11. September 2001: Fragen, Folgen, Hintergründe* (Peter Lang, 2002), S. 31-42.

Winter, Heinz-Dieter (Dr.), Islamismus: Vom Umgang des Westens mit einem weltpolitischen Problem, in: Möller, Reinhard (Hg.), *Islamismus und terroristische Gewalt*, 2004.

Wirth, Hans-Jürgen (Prof. Dr.), u.a., *Der 11. September. Psychoanalytische, psychosoziale und psychohistorische Analysen von Terror und Trauma* (Psychosozial-Verlag, 2003).

Wolfersdorf, Manfred (Prof. Dr.), (Ed.), *Wedler, Hans (Ed.), Terroristen-Suizide und Amok* (Roderer, 2002).

Am 14. Februar 2016 schickte ich folgenden Brief an 38 Autoren (sie sind mit einem Stern (*) gekennzeichnet):

Sehr geehrter Herr Prof. / Dr. [...]

Ich beziehe mich auf Ihren Schriftsatz [...], der im Jahre [...] veröffentlicht wurde.

In diesem Schriftsatz gingen sie davon aus, dass die Anschläge des 11. September 2001 von fanatischen Islamisten begangen wurden. Sie gingen auch davon aus, u.a. in Bezug auf diese Anschläge, dass islamistischer bzw. internationaler Terrorismus eine ernsthafte Bedrohung für den Frieden und die Sicherheit geworden sind, auch für Deutschland.

Ich stelle fest, dass Sie diese Annahmen in keiner Weise durch nachweisbare Belege bzw. Quellenangaben bekräftigten.

Als Menschenrechtler, Friedensaktivist und Autor des Buches "Hijacking America's Mind on 9/11" (Algora Publishers, New York, 2013), das sich umfassend mit der Frage der Beweisführung zu den Anschlägen des 11. September 2001 befasst, kam ich nach jahrelanger Recherche zu dem Ergebnis, dass die US-amerikanischen Behörden ihre Pflicht zur sorgfältigen Aufklärung des Massenmordes vom 9/11 nicht erfüllten: Sie haben bis heute nicht den geringsten Beweis dafür vorgelegt, dass Islamisten diese Anschläge begangen haben. Auch andere Behauptungen der offiziellen Darlegung der Anschläge wurden nicht nachgewiesen, z. B. die Behauptung, dass vier Passagierflugzeuge abgestürzt seien. Die US-Behörden haben bis heute niemanden wegen der Anstiftung, Planung, Finanzierung und Leitung der Anschläge oder der Teilnahme an diesen angeklagt und verurteilt. Die USA haben damit ihre menschenrechtlichen Verpflichtungen gegenüber den Opfern und ihren Familien nicht erfüllt und ihre völ-

kerrechtswidrigen Angriffskriege auf der Grundlage nicht nachgewiesener Behauptungen geführt.

Ich arbeite gegenwärtig an einem weiteren Buch über 9/11. In diesem Buch bespreche ich u.a. die Rezeption der Anschläge innerhalb der deutschen Gesellschaft, darunter wie deutsche Akademiker diesen Sachverhalt verarbeiteten. Bevor ich Sie in meinem Buch aufgrund Ihrer bereits erwähnten Schrift zitiere, möchte ich wissen, ob Sie Ihre damaligen Einschätzungen zu den Anschlägen des 9/11 revidiert haben bzw. sie heute anders formulieren würden. Der Grund für meine Anfrage ist, dass zahlreiche Experten ihre Auffassung zu 9/11 und zur mutmaßlichen Bedrohung durch Terrorismus aufgrund von neuen Erkenntnissen revidiert haben und jetzt erkennen, dass ihre ursprünglichen Annahmen unbegründet waren.

Ich wäre Ihnen daher für Ihre Rückmeldung sehr dankbar. Falls Sie es ausdrücklich wünschen, werde ich selbstverständlich die Vertraulichkeit Ihrer Rückmeldung respektieren.

Mit freundlichen Grüßen,

Elias Davidsson

Eine Antwort erhielt ich nur von fünf Autoren. Davon haben zwei ihre ursprüngliche Einstellung zu 9/11 leicht revidiert. Mir ist kein deutscher Professor bekannt, der öffentlich die offizielle Legende des 9/11 und die Fiktion der Terrorbedrohung hinterfragt.

ANHANG B

Fahrlässige Journalisten

Folgende Journalisten haben drei unschuldige Menschen, Mohammed Atta, Marwan Alshehhi und/oder Ziad Jarrah, ohne jeglichen Beweis der Teilnahme am Massenmord vom 11. September 2001 beschuldigt und als „Todespiloten", „Terrorpiloten" oder „Attentäter" bezeichnet. Damit verstießen diese Journalisten gegen ihre Berufsethik: die die Achtung vor der Wahrheit (Ziffer 1 des Pressekodex), die Pflicht der sorgfältigen Recherche (Ziffer 2) und die Unschuldsvermutung (Ziffer 13) umfasst. Sie haben möglicherweise damit auch die Straftat der üblen Nachrede (§186 StGB) begangen.

Von Journalisten darf die Öffentlichkeit erwarten, dass sie von einseitigen behördlichen Beschuldigungen gegen Einzelpersonen, Gruppen oder Fremdstaaten mit angemessenem Vorbehalt berichten, zumindest solange bis ein Schuldspruch von einem anerkannten Gericht gefällt und sie rechtskräftig verurteilt worden sind. Bis heute wurde niemand wegen der Planung, Finanzierung, Leitung oder Ausführung des Massenmordes vom 9/11 strafrechtlich für schuldig erklärt.

Die US-amerikanischen Behörden haben bis heute keinen Beweis für ihre Behauptungen über die Beteiligung von Mohammed Atta, Marwan Alsehhi und Ziad Jarrah am Massenmord des 11. September vorgelegt. Ihre Namen sind auf keiner beglaubigten Passagierliste zu finden; keine Person hat sie in die Flugzeuge einsteigen gesehen; es gibt kein Dokument, das ihre Anwesenheit in den Flugzeugen belegt; und es gibt keinen Beweis, dass diese Personen am Absturzort irgendwelcher Flugzeuge gestorben sind.

Mit ihren unbewiesenen Behauptungen, haben folgende Journalisten zur Teilnahme Deutschlands in einem Angriffskrieg (gegen Afghanistan) beigetragen. Es sei hier daran erinnert, dass ein Angriffskrieg (Aggression) ein internationales Verbrechen darstellt. Auch wenn die Förderung eines Angriffskrieges durch die Verbreitung von falschen Informationen noch nicht strafbar ist, kann ein solches Verhalten nicht stillschweigend hingenommen werden.

Hier werden nur die Namen der betreffenden Journalisten und ihre Medienhäuser angeführt. Ihre gerügten Aussagen befinden sich auf der Webseite www.aldeilis.net/fake/journalisten.pdf.

Um mit den vorliegenden Zeilen umzugehen, haben verantwortliche Journalisten drei Optionen:

- Sie könnten sich bereit erklären ihre zitierten Äußerungen in einer öffentlichen Debatte mit mir zu belegen;
- Sie könnten ihre Fahrlässigkeit zugeben und sich von ihren gerügten Äußerungen öffentlich distanzieren;
- Sie könnten gerichtlich gegen mich vorgehen, um zu belegen, dass ich falsche Tatsachenbehauptungen über sie verbreite.

ARD: Stefan Buchen, Anja Reschke, Andrej Reisin.

Augsburger Allgemeine: Bernhard Junginger, Niko Steeb, Roland Ströbele, Lea Thies, Daniel Wirsching.

Badische Zeitung: Rüdiger Bäßler, Frank Herrmann, Jochen Paulus, Franz Schmider.

Berliner Kurier: Wiebke Bromberg, Olaf Wunder.

Berliner Morgenpost: Jörn Lauterbach.

Berliner Zeitung: Olivia Schoeller.

Bild Zeitung: Thomas Knoop, Hagen Meyer, Thilo Mischke, Henning Scheffen, Jörg Völkerling.

Deutsche Welle: Rachel Gessat, Thomas Kohlmann, Arne Lichtenberg, Hartmut Lüning.

Deutschlandradio (Deutschlandfunk): Martin Ebel, Christiane Habermalz, Peter Leusch, Gregor Sander.

FOCUS: Hubert Gude, Arno Heissmeyer, Josef Hufelschulte, Herbert Reinke-Nobbe, Göran Schattauer, Axel Splicker.

Frankfurter Allgemeine Zeitung: Peter Carstens, Philip Eppelsheim, Timo Frasch, Jürgen Kaube, Peter Kloeppel, Dirk Laabs, Reinhard Müller, Frank Pergande, Nina Rehfeld, Matthias Rüb, Rüdiger Soldt.

Frankfurter Rundschau: Markus Brauck, Sebastian Bronst, Omid Nouripour.

General Anzeiger: Wolfgang Kaes, Frank Vallender.

Hamburger Abendblatt: Sascha Balasko, Martina Berliner, Denis Fengler, Volker ter Haseborg, Kristina Johrde, Ralf Nehmzow.

Hannoversche Allgemeine: Matthias Koch, Daniel Alexander Schacht, Heinrich Thies.

Mitteldeutsche Zeitung: Steffen Könau, Michael Reis.

NDR: Joachim Hagen, Marc-Oliver Rehrmann.

Rheinische Post: Frank Herrmann.

Der Spiegel: Manfred Ertel, Julia Arnalia Heyer, Hans Hoyng, Marc Hujer, Sven Röbel, Holger Stark, Daniel Steinvorth, Christoph Sydow, Gerald Traufetter, Sven von Becker, Rafaela von Bredow, Thomas von Darnstädt, Mathieu von Rohr.

Stern: Marc Drewello, Manuella Pfohl, Uli Rauss.

Stuttgarter Zeitung: Holger Gayer, Stefan Geiger, Frank Herrmann, Ralf Wiegand.

Süddeutsche Zeitung: Peter Burghardt, Matthias Drobinski, Hans Leyendecker, Benedikt Peters, Robert Probst, Annette Ramelsberger, Kai-Hinrich Renner, Stefan Ulrich, Andreas Unger,, Ralf Wiegand, Marie Zahout, Sonja Zerki.

Tagesspiegel: Malte Lehming, Katrin Schulze, Lars Töme.

Thüringer Allgemeine: Kai Mudra.

Die Welt: Denis Fengler, Florian Hanauer, Sven Felix Kellerhoff, Sophie Koch, Günther Lachmann, Sascha Lehnartz, Souad Mekhennet, Sophie Müllmann, Michael Stürmer.

Die Zeit (und Zeit Online): Josef Joffe, Kai Biermann, Dagmar Dehmer, Barbara Junge, Yassin Musharbash, Jan Schulz-Ojala, Florian Klenk, Hauke Friederichs.

ZDF: Alexander Berkel, Marc Brasse, Florian Huber, Bernd Mütter.

ANHANG C

Auszüge aus einem Interview mit Osama bin Laden in der urdusprachige Zeitung Ummat (Karachi, Pakistan) vom 28. September 2001

[...] Ich bin dankbar, dass die Mediengruppe Ummat mir die Möglichkeit bot, meinen Standpunkt zu den Menschen zu vermitteln, vor allem den tapferen und [wahren Muslimen] in Pakistan, die sich verweigerten, der Lüge des Dämons Glauben zu schenken.

Ich habe bereits gesagt, dass ich in die Anschläge vom 11. September in den Vereinigten Staaten nicht involviert war. Als Muslim versuche ich mein Bestes, eine Lüge zu vermeiden. Weder hatte ich irgendwelche Vorkenntnisse von diesen Angriffen, noch halte ich das Töten von unschuldigen Frauen, Kindern und anderen Menschen als eine schätzenswerte Tat. Der Islam verbietet strengstens, unschuldige Frauen, Kinder und andere Menschen zu schädigen. Ein solches Verhalten ist immer (sic) im Verlauf eines Kampfes verboten.

[...] Die meisten der Nationen, die ihre Freiheit bewahren, sind der Religion verpflichtet und sind Feinde der USA, oder werden von den USA als Feinde betrachtet. Oder es sind Länder, die nicht von den USA versklavt werden wollen, wie z. B. China, Iran, Libyen, Kuba, Syrien und Russland.

Jene, die die Anschläge vom 11. September begangen hatten, sind keine Freunde des amerikanischen Volkes. Ich habe schon gesagt, dass wir gegen das amerikanische System sind, nicht gegen die amerikanische Bevölkerung, d. h. die Opfer dieser Anschläge. [...] Die USA sollten versuchen, die Täter dieser Angriffe bei sich selbst aufzuspüren: Leute, die ein Teil des US-Systems sind, aber gegen das System arbeiten. Oder solche, die für ein anderes System arbeiten: Personen, die das vorliegende Jahrhundert zu einem Jahrhundert eines Konflikts zwischen Islam und Christentum machen wollen, damit ihre eigene Zivilisation, Nation, Land oder Ideologie überleben kann. Das können viele sein, von Russland bis Israel und von Indien bis Serbien. In den USA selbst gibt es Dutzende von gut organisierten und gut ausgestatteten Gruppen, die in der Lage sind, großflächige Zerstörung zu verursachen. Dann sollte man nicht die amerikanischen Juden vergessen, die von Präsident Bush seit den Wahlen in Florida verärgert sind und sich an ihm rächen wollen. Dann gibt es Geheimdienste in den USA, die jedes Jahr Milliarden von Dollars vom Kongress und der Regierung brauchen. Diese [Finanzierungsfrage] war kein großes Problem, bis die Sowjetunion [verschwand]. Danach war der Haushalt dieser Agenturen gefährdet. Sie brauchten einen Feind.

Sie begannen also zuerst mit ihrer Propaganda gegen Osama und die Taliban, und dann ist das Ereignis [9/11-E.D.] geschehen. [...]

Ich werde Ihnen ein Beispiel geben: Drogenschmuggler aus der ganzen Welt stehen in Beziehung mit den US-Geheimdiensten. Diese Dienste wollen nicht den Anbau und den Handel von Narkotika beseitigen. [...] Die Leute vom US Drug Enforcement Department (Drogenbekämpfungsbehörde) ermutigen den Drogenhandel, damit sie ihre Leistung zur Schau stellen können und [zusätzliche] Millionen erhalten. General Noriega [ehemaliger Präsident von Panama - E.D.] wurde von der CIA zu einem Drogenbaron aufgebaut und als er nicht mehr von Nutzen war, wurde er zum Sündenbock gemacht. Entsprechend können weder Präsident Bush noch andere US-Präsidenten Israel wegen ihrer Verletzungen der Menschenrechte oder ihrer Verbrechen zur Verantwortung ziehen. Was ist das? Soll das nicht bedeuten, dass es eine Regierung innerhalb der Regierung in den USA gibt? Die geheime Regierung muss befragt werden, wer die Anschläge [des 9/11] begangen hat.

* * * * *

Quelle: *Compilation of Usama bin Ladin Statements, 1994 - January 2004, The Foreign Broadcast Information Service (FBIS) of the CIA, January 2004, =763. Das Interview wurde ursprünglich vom BBC Monitoring Service am 29. September 2001 ins Englische übersetzt und veröffentlicht*

ANHANG D

Briefwechsel mit Intendant Dr Willi Steul, Deutschlandradio, 13. November 2014

Sehr geehrter Dr. Steul,

Ich möchte mich für Ihren Brief vom 7. November 2014 herzlich bedanken. Es ist sehr selten und erfreulich, dass man von einem Intendanten eines renommierten Medienhauses eine Entschuldigung erhält. Wie Sie sicherlich wissen, haben die großen Medien viel Vertrauen in der Bevölkerung in den letzten Jahren verloren, und nicht nur in Deutschland. Diese unerfreuliche Entwicklung hat u.a. damit zu tun, dass Medien aus politischen Gründen zu Unwahrheiten greifen.

Als Beispiel dafür erlaube ich mir, Sie darauf hinzuweisen, dass Deutschlandradio Hr. Mohamed Atta, der in Hamburg studierte, ohne jeglichen Beweis als Terrorist oder Massenmörder bezeichnet hat. Dies fand an folgenden Daten statt: 14.9.2001, 10.5.2002, 20.12.2004, 02.02.2005, 25.02.2005, 19.03.2005, 17.07.2005, 03.05.2006, 02.08.2006, 10.09.2006, 24.09.2006, 10.10.2006, 08.01.2007, 23.04.2007, 17.03.2008, 07.04.2008, 08.08.2008, 15.09.2008, 08.12.2008, 24.08.2009, 24.10.2009, 25.02.2010, 30.10.2010, 18.02.2011, 21.03.2011, 05.09.2011, 12.09.2011, 14.10.2012, 03.02.2013, 23.07.2013, 02.12.2013, 12.07.2014.

Diese systematische und wiederholte Anschuldigung verletzt den deutschen Pressekodex und bewirkt eine Täuschung der Öffentlichkeit. Es gibt nämlich keinen Beweis, dass Hr. Mohamed El Amir Atta, der in Hamburg studierte, in einer terroristischen oder Mordoperation beteiligt war. Meine Befunde – Ergebnis einer Forschung von zehn Jahren – sind akribisch im Buch "Hijacking America's Mind in 9/11" (Algora Publishers, New York, 2013) dargestellt. Diese Befunde, die zuerst in einem Einzelbeitrag erschienen sind, wurden von zahlreichen Persönlichkeiten begutachtet (siehe Anlage).

Ich füge hiermit einen Aufruf an Medien bei, der von renommierten Personen unterzeichnet wurde. Diese Personen fordern die Medien auf

- *keine Bezichtigung Mohamed Attas und seiner Freunde als Verursacher der Anschläge des 11. September 2001 künftig im eigenen Verantwortungsbereich mehr zuzulassen;*
- *über das Faktum zu berichten, dass die Behörden der USA bis heute keine stichhaltigen Beweise für die Teilnahme von Mohamed Atta und seinen Freunden an diesen Anschlägen vorgelegt haben und*
- *Bedauern und Entschuldigung gegenüber den Angehörigen der Familien von Mohamed Atta und seinen Freunden für den Schmerz zum Ausdruck zu bringen, der ihnen durch rücksichtslose Berichterstattung zugefügt wurde.*

Ich wäre für eine sachliche Rückmeldung sehr dankbar und erwarte, dass Deutschlandradio hiermit die Schmähung von Mohamed Atta und seiner Freunde einstellt.

Mit freundlichen Grüßen,

Elias Davidsson

Dr. Steul beantwortete am 22. Dezember 2014 mit den vier folgenden Aussagen:

1. „Die US-amerikanischen Behörden haben in Zuge ihrer Ermittlungen festgestellt, dass Mohammed Atta zu den Attentätern des 11. September 2001 gehörte“

2. „Viele Gründe sprechen dafür, dass diese Ermittlungsergebnisse korrekt sind.“

3. „Plausibel sind sie aus meiner Sicht allemal.“

4. „Es gibt für mich keinen Grund, an der Richtigkeit dieser Ermittlungen zu zweifeln.“

Dr. Steul zitierte keine Quellen für seine Behauptungen. Er ignorierte die von mir gelieferten Informationen. Er beharrte damit auf dem Recht seiner Behörde, Mohammed Atta weiter zu diffamieren. Sein Verhalten stellt eine grobe Verletzung des Pressekodex und des Strafrechts (üble Nachrede) dar, täuscht die Öffentlichkeit über die Ereignisse des 9/11, schont die wahren Massenmörder und bietet eine mediale Legitimation für kriegerische und anti-demokratische Maßnahmen der Bundesregierung. Solche Personen gefährden die Öffentlichkeit und sollten von ihren Ämtern entfernt werden.

ANHANG E

Erklärung gegen Volksverhetzung

A

Die Studie mit dem Titel "Es gibt keine Beweise dafür, dass Muslime am 11. September 2001 Flugzeuge entführten" von Elias Davidsson, kommt zu der Schlußfolgerung, dass die US-amerikanischen Behörden bis heute keinen Beweis für ihre Behauptungen über die Beteiligung von Arabern bzw. Muslimen am Massenmord des 11. September vorgelegt haben. Die Namen der 19 angeschuldigten Araber sind auf keinen beglaubigten Passagierlisten zu finden; keine Person hat sie in die Flugzeuge einsteigen gesehen; es gibt kein Dokument, das ihre Anwesenheit in den Flugzeugen belegt; und es gibt keinen Beweis, dass diese Personen am Absturzort der Flugzeuge gestorben sind.

Ich habe diese Studie zur Kenntnis genommen und mich davon überzeugt, daß die Schlussfolgerung der Studie nachvollziehbar ist: Die Behörden der USA haben tatsächlich bis heute keine Beweise für eine Beteiligung von Arabern, bzw. Muslimen, an den Anschlägen des 11. September 2001 vorgelegt.

B

Laut Art. 11 Abs. 1 der Allgemeinen Erklärung der Menschenrechte der Vereinten Nationen von 1948, gilt "jeder Mensch, der einer strafbaren Handlung beschuldigt wird [...] solange als unschuldig [...], bis seine Schuld in einem öffentlichen Verfahren, in dem alle für seine Verteidigung nötigen Voraussetzungen gewährleistet waren, gemäß dem Gesetz nachgewiesen ist." Dieses rechtsstaatliche Prinzip der Unschuldvermutung findet sich auch in Art. 6 Abs. 2 der Europäischen Menschenrechtskonvention (EMRK).

Ein ordentliches Verfahren, oder eine unabhängige Untersuchung, wodurch die angebliche Teilnahme von Mohamed Atta und seiner Freunde an den Anschlägen des 11. September 2001 erwiesen worden wäre, hat es nie gegeben. Diese Personen als Massenmörder zu bezeichnen stellt daher gemäß § 186 StGB eine "üble Nachrede" dar.

Ein solches Vergehen verletzt auch in mehrfacher Hinsicht den deutschen Pressekodex (Ziffer 1: Wahrhaftigkeit und Achtung der Menschenwürde; Ziffer 2: Sorgfalt; Ziffer 3: Richtigstellung; Ziffer 9: Schutz der Ehre; Ziffer 10: Schmähung der Religion; Ziffer 13: Unschuldvermutung; und Ziffer 16: Rügenveröffentlichung)

C

Aus den vorstehend angeführten Gründen, fordere ich die Medien auf

- Keine Bezichtigung Mohamed Attas und seiner Freunde als Verursacher der Anschläge des 11. September 2001 künftig im eigenen Verantwortungsbereich mehr zuzulassen;
- über das Faktum zu berichten, dass die Behörden der USA bis heute keine stichhaltigen Beweise für die Teilnahme von Mohamed Atta und seinen Freunden an diesen Anschlägen vorgelegt haben und
- Bedauern und Entschuldigung gegenüber den Angehörigen der Familien von Mohamed Atta und seinen Freunden für den Schmerz zum Ausdruck zu bringen, der ihnen durch rücksichtslose Berichterstattung zugefügt wurde.

Einige UnterzeichnerInnen

Zainol Abideen, Präsident der Muslim Bloggers Alliance, Malaysia

Rob Balsamo, Berufspilot, USA

Dr. Kevin Barrett, Arabic-Islamic Studies. USA.

Dr. med. Eric Beeth, Brüssel, Belgien

Prof. Suzanne Borho, Daegu katholische Universität, Süd-Korea

Prof. James R. Carr, University of Nevada, Reno, U.S.A.

Dr. David Chandler, Physiklehrer, Strathmore, Calif., USA

Dennis P. Cimino, Berufspilot, USA

Prof. John B. Cobb, Jr. Claremont School of Theology, USA

Anthony Deegan, ehemaliger Direktor für Research Engineering, NASA Dryden Flight Research Center, Encinitas, California, USA

Prof. Kee Dewdney, Mathematiker, London, Ontario, Canada

Bernd Juergen Dröge, psychologischer Berater, Münster, Deutschland

Dr. med. Carlucci Enzo, Neuchâtel, Schweiz

Anneliese Fikentscher, Arbeiterfotografie, Köln, Deutschland

Dr. Freddy Gardiol, Honorary Professor (ret.), Swiss Federal Institute of Technology (EPFL), Lausanne, Schweiz.

Prof. David Ray Griffin, Claremont School of Theology, USA

Dr. David L Griscom, Research Physicist (ret.), Naval Research Laboratory, Washington, D.C. USA

Jean-Luc Guilmot, Bio-Engineer, MBA, Lüttich, Belgien

Prof. Anthony J. Hall, University of Lethbridge, Canada

Mohd Azmi Abdul Hamid, Generalsekretär, Malaysian Muslim NGOs Consultative Council (MAPIM), Jelapang, Perak, Malaysia

Prof. Dr. Niels Harrit, Dept. of Chemistry, Kopenhagener Universität, Dänemark

Klaus Hartmann, Vorsitzender, Freidenkerverband, Deutschland

Andreas Hauss, Historiker, Deutschland

Sander Hicks, Medienforscher und Journalist, USA

T. Mark Hightower, Ingenieur, San Jose, CA, USA

Ingar Holst, Department of Semantics, The Ahlefeldt-Holst Center, USA

Prof. Steven Jones, USA

Dr. med. Ed Kendrik, USA

Dr. Pétur Knútsson (ret.), University of Iceland, Reykjavik, Iceland

Frank Legge, Logical Systems Consulting, Australien

Prof. Dr. David MacGregor, Canada

Dr. Graeme MacQueen, (ret.), McMaster University, Canada

Feroze Mithiborwala, Autor und Aktivist für Frieden; Präsident: Awami Bharat, Mumbai, India

Rowland Morgan, Autor, Großbritannien

Dr. Michael Morrissey, Kassel, Deutschland

Andreas Neumann, Arbeiterfotografie, Köln, Deutschland

Fatima Özoguz, Author and Translator, Deutschland

Dr. Yavuz Özuguz, Herausgeber der Encyclopaedia of Islam, eslam.de und Autor, Deutschland

Jeff Prager, Gründer and ehemaliger Verleger, Senior Magazine, Minneapolis, USA

Prof. Morgan Reynolds, USA

Christopher Roney Sr., ehemaliger US Air Force Captain and decorated War Veteran, Urbana, Ill., USA

Dr. Erik A. Röyrvik, Research Fellow, Norway

Kevin Ryan, former Site Manager for Underwriters Laboratories, USA

Dr. med. Pascal Sacré, Brüssel, Belgien

Prof. Peter Dale Scott, Professor Emeritus of English, University of California, Berkeley

John Spritzler, Sc.D., Autor, USA

Jón Karl Stefánsson, Geschäftsführer, Tromsö, Norway

Dr. med. Tom Tvedten, Little Rock, AR, USA

Dr. med. Jens Wagner, Stade, Deutschland

Dr. med. Gabriele Weber, Freiburg, Deutschland

Prof. Dr. emerit. Theodor Weißenborn, Autor, Deutschland

Prof. William B. Willers, University of Wisconsin-Oshkosh, USA

Gerhard Wisnewski, Journalist, Autor, Deutschland.

ANHANG F

Programmierung des Verhaltens durch Hypnose

MKULTRA war ein umfangreiches geheimes Forschungsprogramm der CIA über Möglichkeiten der Bewusstseinskontrolle. Es lief von 1953 bis in die 1970er Jahre im Kontext des Kalten Krieges. Das Programm umfasste unter anderem tausende von Versuchen an Menschen, bei denen ahnungslose Testpersonen, oft willkürlich unter Krankenhauspatienten und Gefängnisinsassen ausgewählt, ohne ihr Wissen unter hochpotente halluzinogene Drogen wie LSD und Mescalin gesetzt wurden.

MKULTRA umfasste nach Aussage des damaligen CIA-Direktors Admiral Stansfield Turner im Jahr 1977 vor einem Untersuchungsausschuss des US-Senats insgesamt 149 Unterprojekte – wovon „mindestens 14 sicher Menschenversuche waren", weitere 6 Projekte beschäftigten sich mit Versuchen an unwissenden Menschen sowie 19 Projekte eventuell mit Menschenversuchen. Erforscht wurden unter anderem die Wirkungen von Drogen (vor allem LSD und Mescalin), Giften, Chemikalien, Hypnose, Psychotherapie, Elektroschocks, Gas, Krankheitserregern, Erntesabotage, künstlicher Gehirnerschütterung und Operationen. Die Experimente liefen an 44 Universitäten, 12 Krankenhäusern, 3 Gefängnissen und 15 nicht näher bezeichneten „Forschungseinrichtungen".

Mitte der 1970er Jahre beschäftigten sich mehrere Untersuchungskommissionen des US-Kongresses mit der Aufarbeitung des Programms. Die Aufklärung wurde durch die illegale systematische Vernichtung fast aller CIA-internen Akten zu MKULTRA auf Weisung von CIA-Direktor Richard Helms im Jahr 1973 stark erschwert. Ein Teil der erhaltenen Dokumente wurde mittlerweile der

Öffentlichkeit zugänglich gemacht. Sie befinden sich auf der Webseite Black Vault (http://www.theblackvault.com/documentarchive/cia-mkultra-collection/)

Einige Beispiele aus erhaltenen Dokumenten:

1. Experimente mit Amnesia (Dokument 0000190690 von 9.2.1954)

Dieser Test, der zweimal zuvor durchgeführt wurde, (mit verschiedenen Subjekte) ergab sehr interessante Resultate: (1) hochsuggestible Personen wie [X] und [Y] könnten wahrscheinlich unter lautstarken und verwirrenden Umständen sich auf langen Strecken bewegen und in einem hypnotischen Zustand bleiben. (2) Alle drei Versuchspersonen gingen ganz normal an der Wache vorbei, aus der Tür heraus und in das Auto, obwohl sie unter voller Hypnose standen. (3) Diese Resultate zeigen, dass Personen unter Hypnose beeinträchtigt und erpresst werden könnten. (4) Auch wenn dies in jeder Hinsicht nur ein Test gewesen war und die Versuchspersonen Vertrauen in [Z] den Autor hatten, könnten Vertraulichkeiten und Interessen von Versuchsleitern aufgebaut werden, die nicht die besten Absichten hegten.

2. 00000190691 Hypnotische Experimentierung: Amnesie mit Gewehr und Schuss, 10.2.1954

Fräulein [X] wurde dann angewiesen (nachdem sie zuvor ihre Angst vor Feuerwaffen jedweder Art ausgedrückt hatte), dass sie jede zu ihrer Verfügung stehende Methode anwenden würde, um Fräulein [Y], die jetzt in einem tiefen hypnotischen Schlaf ist, zu wecken, und wenn ihr das nicht gelingt, eine in ihrer Nähe liegende Pistole nehmen würde und mit dieser auf Fräulein [Y] schiessen. Sie wurde auch angewiesen, dass ihre Wut so groß sein würde, dass sie nicht zögern würde, [Y] zu „töten“ [...], weil es ihr nicht gelang, [Y] zu wecken. Fräulein [X] führte diese Anweisungen zum letzten Buchstabe aus, einschließlich des “Todesschusses” auf [Y] (mit der leeren Luftpistole) und fiel dann sofort in einen tiefen hypnotischen Schlaf. Nach entsprechenden Erläuterungen wurden beide aus ihrem hypnotischen Schlaf geweckt. Sie äußerten eine vollständige Amnesie für den gesamte Ablauf. Fräulein [X], nun im Wachzustand, wurde erneut die Waffe überreicht, aber sie weigerte sich, sie anzunehmen. Sie verneinte hartnäckig, dass sich der vorhergehende Ablauf so abgespielt hätte.

3. 0000190695. 7.4.1954. Es scheint, dass sie [X] wie auch [Y] gute Fortschritte machen, um Versuchspersonen für tiefe hypnotische Arbeit zu werden.

Der Autor weist darauf hin, dass dieser Vorgang [den er beschrieb] eindeutig zeigt, dass eine Person unter tiefer Hypnose in einer sehr kompromittierende Position gebracht werden konnte und wahrscheinlich, ohne es zu ahnen, fotografiert werden konnte. Es zeigt auch, dass eine Person unter Hypnose etwas tun könnte, was sie normalerweise sonst nie tun würde.

4. 0000190713, Hypnose und verdeckte Operationen, 5.5.1955

Wer kann hypnotisiert werden? Kinder und Jugendliche von 7 oder 8 bis 18 sind in der Regel gute Zielpersonen. Der Geistesgestörte, der Dumme, der Brillante und der unberechenbare Neurotiker werden in der Regel als schlechte Zielpersonen betrachtet.

Vorprüfung der Suggestibilität [zur Rekrutierung von Agenten]

Verkappte Vorprüfungen der Suggestibilität – die Zielperson darf nicht ahnen, dass sie getestet wird – scheinen durchführbar zu sein. Sie sollen bei der Auswahl einer gut hypnotisierbaren Zielperson unverzichtbar sein.

Was auch immer das Verfahren der Induktion zur Hypnose, die Bedingungen und die mündliche Anweisungen auch sein mögen (das Wort "Hypnose" braucht natürlich niemals erwähnt zu werden), so müssen sie in einer Art und Weise der Zielperson vorgelegt werden, dass sie ihr als akzeptabel und logisch erscheinen.

Kann eine Zielperson gegen ihren Willen hypnotisiert werden? Die Antwort ist „Nein“, wenn keine Drogen verwendet werden und wenn die Zielperson versteht, was mit ihr gemacht wird. Wenn die Frage aber wie folgt formuliert wird: „Kann eine Zielperson ohne ihr Wissen hypnotisiert werden?“ scheint die Antwort „Ja“ zu sein, allerdings nur wenn die Umstände günstig sind: Die Induktion zur Hypnose soll verkappt und die Zielperson muss für Hypnose geeignet sein.

Würde eine hypnotisierte Zielperson irgendetwas tun, dass ihre moralischen Werte verletzen würde? Kann eine Person unter tiefer Hypnose dazu bewegt werden, um einen Sicherheitseid zu brechen oder Mord und Diebstahl zu begehen? Die meisten modernen Experten sind der Auffassung, dass eine hypnotisierte Zielperson jede Anweisung durchführen würde, die sie im Rahmen ihrer moralischen Werte rationalisieren kann.

ANHANG G01

Bewertung der Anschläge des 11. September 2001 in den USA

Eine ausführliche Analyse der Anschläge des 11. September 2001 befindet sich im ersten Teil des vorliegenden Buches.

#1 (Bekennermeldung): Die angeblichen Geständnisse von Osama bin Laden, er hätte die Anschläge angestiftet oder angeordnet, wurden von den US Behörden nicht ernst genommen (Siehe Kapitel 11). Die mutmaßlichen Täter stellten keine Forderungen. Ein Gefangener in Guantánamo, der sich Khaled Sheikh Mohammed nennt, soll gegenüber der CIA behauptet haben, er hätte die Anschläge des 9/11 organisiert. Er wurde weder angeklagt noch einem Richter vorgeführt. → 10 Punkte.

#2 (Tod des oder der Täter): Laut der offiziellen Darstellung starben alle 19 Attentäter beim Absturz ihrer Flugzeuge (siehe Kapitel 4). Der Beweis dafür musste mit strafprozessual zulässigen, lückenlosen, nachvollziehbaren und logischen Argumenten erbracht werden, die keinen vernünftigen Zweifel daran lassen, dass diese 19 Personen in den sogenannten Todesflüge saßen, dass ihre Flugzeuge abstürzten und dass sie unter diesen Umständen starben. Diese Beweise wurden nicht vorgelegt. → 10 Punkte.

#3 (Platzierung oder Manipulation von Beweisen): Ein ganzes Sammelsurium von belastenden Gegenständen und Dokumenten wurde schon am Tag der Anschläge unter seltsamen Umständen von der Polizei gefunden (siehe Kapitel 8). → 10 Punkte.

#4 (Verehrung des oder der Täter): Niemand im gesellschaftlichen Umfeld der mutmaßlichen Täter hat sie als Helden oder Märtyrer zelebriert. → 10 Punkte.

#5 (Altbekannter der Polizei): Laut Medienberichten sollen Nachrichtendienste die sogenannte Hamburger Zelle um Mohammed Atta seit mindestens zwei Jahren vor 9/11 überwacht haben.[939] Laut der Geheimoperation Able Danger in den USA stand ein gewisser Mohammed Atta seit mindestens einem Jahr vor dem 9/11 im Visier des Pentagons.[940] Außerdem wohnten zwei der mutmaßlichen Attentäter in Kalifornien bei einem V-Mann des FBI.[941] → 10 Punkte.

#6 (Öffentliche Untersuchung): Dem Weiße Haus gelang es über einen Zeitraum eines Jahres hinweg, eine öffentliche Untersuchung der Anschläge zu verhindern. Als der Präsident der USA sie zähneknirschend genehmigte, versuchte er die Untersuchung zu sabotieren. Die Untersuchung erfüllte keineswegs die Kriterien der Angemessenheit (siehe Kapitel 9). → 10 Punkte.

#7 (Verschleierung, Unterdrückung von Fakten): Die US Behörden boten den Angehörigen der Opfer außerordentlich großzügige Entschädigungen unter der Bedingung an, dass sie keine Gerichtsverfahren wegen 9/11 in der Zukunft einleiten würden (siehe Kapitel 10). Einige Angehörige wurden vom FBI gewarnt, nicht mit Außenstehenden über Aufnahmen aus dem Cockpit zu sprechen, die sie hinter verschlossenen Türen zugespielt bekamen.[942] Einige Zeugen, die zu viel wussten, darunter Barry Jennings, Kenneth Johannemann, Christopher Landis, Paul Smith, Salvatore Princiotta, David Graham und John P. O'Neill starben unter ungeklärten Umständen. → 10 Punkte.

#8 (Vorherwissen): Am Morgen des 9/11 führte die US amerikanische Luftwaffe simulierte Flugzeugentführungen durch. Diese Übungen verwirrten die Fluglotsen und erleichterten die Ausführung der Anschläge (siehe Kapitel 5). → 10 Punkte.

#9 (cui bono): Als unmittelbare Folge der Anschläge verwandelte sich das weitverbreitete Misstrauen gegenüber Präsident George W. Bush innerhalb von zehn Tagen in eine beispiellose Popularität;

der Etat des Pentagons stieg von $303 Milliarden in 2000 auf $545 Milliarden in 2011 (die Kosten der Kriege in Afghanistan und Irak nicht inbegriffen)[943]; ein Vorwand wurde gefunden, um die geplanten Angriffskriege gegen Afghanistan und Irak in die Tat umzusetzen; die Geheimdienste und die Polizei bekamen weitgehende Befugnisse zur Überwachung der US-amerikanischen Bevölkerung durch den sogenannten PATRIOT Act;[944] die USA benutzten die Anschläge, um von anderen Staaten eine bedingungslose Solidarität zu erpressen.[945] → 10 Punkte.

#10 (Zusätzliche Indizien): Zahlreiche wichtige Indizien deuten nicht nur auf eine Vertuschung des Verbrechens hin, sondern auf eine behördliche Teilnahme an den Anschlägen, darunter die Zerstörung der drei Wolkenkratzer in New York (die Zwillingstürme und WTC No. 7); nachträgliche Manipulation der Passagierlisten; unterlassene Identifizierung der Flugzeugwracks; Vernichtung von kriminalistischen Beweismitteln, Verbreitung von falschen Schreckensmeldungen; und vieles mehr (siehe Teil I des Buches). → 10 Punkte.

Ergebnis: 100 Punkte. Man kann davon ausgehen, dass die Anschläge des 9/11 eine verdeckte Staatsoperation im Auftrag des US-amerikanischen Staates waren.

ANHANG G02

Bewertung der Anschläge in Madrid vom 11. März 2004

Am 11. März 2004 ereigneten sich zehn Bombenanschläge in Regionalzügen in der spanischen Hauptstadt Madrid. Nach Angaben des spanischen Innenministeriums kamen dabei 191 Menschen ums Leben, 2.051 wurden verletzt, 82 davon schwer. Drei Wochen später, am 3. April 2004, soll sich der mutmaßliche Rädelsführer Serhane Ben Abdelmajid bei einer Razzia in einem Vorort von Madrid in die Luft gesprengt haben. Dabei sollen auch sechs seiner Komplizen und ein Polizist gestorben und 15 Polizisten verletzt worden sein.

Die Explosionen in den Zügen ereigneten sich zwischen 7:39 Uhr und 7:42 Uhr Ortszeit. Zehn Sprengsätze explodierten in den vollbesetzten Zugabteilen. Drei weitere Bomben detonieren nicht. Sie wurden später kontrolliert gesprengt. Wie später bekannt wurde, befand sich zwischen den in einer Polizeistation eingelagerten Koffern und Taschen ein brauner Rucksack mit einem weiteren Sprengsatz, der vermutlich durch ein Mobiltelefon gezündet werden sollte. Die Anschläge ereigneten sich drei Tage vor den spanischen Parlamentswahlen 2004. Eine ausführliche Studie von Mathieu Miquel über die Madrider Anschläge befindet sich auf www.aldeilis.net/bpb/madrid.html.

#1 (Bekennermeldung): Laut Medien soll bei einer arabischen Zeitung in London ein Bekennerschreiben von Al-Qaida eingegangen sein, in dem Spanien als eines der wichtigsten Mitglieder der „Allianz im Krieg gegen den Islam" genannt wurde. Deshalb habe Al-Qaida nun mit der „Operation Todeszüge" in Madrid zugeschlagen, so berichtete *Der Spiegel* schon am Tag der Anschläge.[946] Einen Tag danach wurde ein Bekenner-Video zu den Bombenanschlägen in einer Mülltonne außerhalb Madrid gefunden.[947] Darin soll ein arabisch sprechender Mann im Namen von Al-Qaida die Verantwortung für die Attentate übernommen haben.[948] Nach Aussagen des spanischen Innenministers Angel Acebes sei das zweiminütige Video „in einem Papierkorb in der Nähe einer Moschee in Madrid entdeckt worden".[949] Diese Bekennermeldungen konnten nicht beglaubigt werden. Keine Forderungen wurden von den angeblichen Tätern gestellt. → 10 Punkte.

#2 (Tod des oder der Täter): Laut spanischen Medien starben die Täter durch einen kollektiven Suizid am 3. April 2004 in einer Wohnung in Leganés außerhalb Madrids. Alle anderen Angeklagten in den Madrider Gerichtsverfahren, die als Komplizen beschuldigt worden sind, bestritten ihre Schuld.[950] Keiner von ihnen benutzte die Öffentlichkeit des Verfahrens, um das Verbrechen zu legitimieren. Dreizehn der Beschuldigten begannen im Mai 2007 einen Hungerstreik zum Protest gegen ihrer Verhaftung. Die Hungerstreikenden behaupteten, dass die Anklagen erfunden worden seien und dass sie als politische Schachfiguren benutzt würden.[951] → 10 Punkte.

#3 (Platzierung oder Manipulation von Beweisen): In einem Rucksack, der angeblich in einem der Züge gefunden, aber nur später in der Polizeistation des Stadtteils Vallecas entdeckt wurde ("der Vallecas-Rucksack"), befand sich ein Handy mit einer SIM-Karte, die aus dem Geschäft des mutmaßlichen Mittäters Jamal Zougams stammen sollte. Er soll die Karte für die Fernzündung der Bomben präpariert haben, so die Anklage. Jedoch verhielt er sich nicht wie ein Verdächtiger, der auf seine Verhaftung wartete. Nach den Anschlägen ging er weiter seiner beruflichen Tätigkeit nach.[952] Zougam wurde dennoch beschuldigt, eine Bombe in einem Zug platziert zu haben, was er heftig bestritt.[953] Er beteuerte standhaft seine Unschuld. Das Gericht nahm ihm das jedoch nicht ab. Er wurde zu einer 40-jährigen Haftstrafe verurteilt.[954] Allerdings setzen sich immer mehr Menschen für seine Freilassung ein. Ein Dokumentarfilm mit dem Titel „Ein neuer Dreyfus" wurde im Jahr 2015 über ihm gedreht.[955]

In der Wohnung, in welcher die mutmaßlichen Täter sich angeblich in die Luft gesprengt hatten, wurde eine Videoaufzeichnung „entdeckt", die eine Bekennermeldung beinhaltete. In einem Renault Kangoo-PKW, der auf dem Parkplatz der Alacala U-Bahnstation gesichtet wurde, entdeckte die Polizei vorerst keine belastenden Gegenstände. Diese wurde erst später entdeckt, als sich der Wagen in Gewahrsam der Polizei befand: Nur dann erst wurde eine Audiokassette mit Lesungen aus dem Koran sowie Sprengstoff im Wagen gefunden. Die Eigenschaft der Beweisstücke und die Umstände ihrer Entdeckung deuten auf ihre Platzierung durch der Polizei hin. → 10 Punkte.

#4 (Verehrung des oder der Täter): Niemand im Umfeld der mutmaßlichen Täter hat bekanntlich seine Tat als ein Heldentum oder Märtyrertum zelebriert. → 10 Punkte.

#5 (Altbekannter der Polizei): Das Innenministerium Spaniens räumte ein, dass einige der „Gehilfen" V-Männer der Polizei waren.[956] Rafa Zouhier, ein Drogendealer aus Marokko, war Informant der Guardia Civil. Jamal Ahmidan, alias „El Chino", war ein anderer Drogendealer, der mit der Polizei zusammenarbeitete. Emilio Suarez Trashorras war seit 2001 auch ein V-Mann der Polizei. Er lieferte gestohlenen Sprengstoff aus einer Mine in Asturien an die mutmaßlichen Attentäter. Einige der angeblichen Täter und Gehilfen der Anschläge waren jahrelang den spanischen Sicherheitsdienste bekannt, darunter Said Chedadi, Mouhannad Almallah, Barakat Yarkas, Jamal Zougam, Serhane Abdelmajid Fakhet, Yusuf Galan, Said Berraj, Amer el-Azizi, Mohammed Haddad und andere. Laut Luís del Pino hatte die spanische Polizei seit Januar 2003 eine islamistische Gruppe überwacht, von denen mehrere später in Leganés sterben würden. Die Gruppe soll während 81 Tagen - zwischen Januar 2003 und Februar 2004 - überwacht worden sein. Die Überwachung soll plötzlich am 17. Februar 2004, also 24 Tage vor den Anschlägen, beendet worden sein.[957] → 10 Punkte.

#6 (Öffentliche Untersuchung): Eine parlamentarische Untersuchung fand statt. Ihr Bericht wurde veröffentlicht, der aber als politisch gefärbt und als unvollständig kritisiert worden ist.[958] → 5 Punkte.

#7 (Verschleierung, Unterdrückung von Fakten): Laut ABC News sollen die Angehörigen der Madrider Todesopfer für jeden bei den Anschlägen Verstorbenen 900.000 Euro als Entschädigung erhalten.[959] Über die Bedingungen der Auszahlung ist mir nichts bekannt. Auch nicht über Einschüchterungsversuche der Zeugen oder der Angehörigen.→ 0 Punkte.

#8 (Vorherwissen): Die NATO hat zwischen dem 4. und 10. März 2004 eine europaweite Anti-Terror-Übung unter dem Code-Namen CMX-04 durchgeführt.[960] Dennoch gibt es keine Hinweise, dass diese Übung im näheren Umfeld der Anschläge von Madrid stattgefunden hat.→ 0 Punkte.

#9 (cui bono): Die spanischen Behörden haben keinen sichtbaren Nutzen aus den Anschlägen gezogen.→ 0 Punkte.

#10 (Zusätzliche Indizien): Im „Vallecas Rucksack" befanden sich 640 Gramm Schrauben und Nägel, die zur Bombe gehören sollen. Laut den Obduktionsberichten wurde aber keines der Opfer durch Metallteile verletzt.[961] Auch die zwei Bomben, die aus irgendwelchen Gründen nicht detonierten und von der Polizei später gesprengt wurden, enthielten weder Schrauben noch Nägel. Dies deutet darauf hin, dass die Schrauben und Nägel absichtlich in Vallecas Rucksack platziert worden sind. Die übereilte Zerstörung der zerbombten Zugwagen, die als kriminalistische Beweisstücke galten – vier Tagen nach den Anschlägen –, zeugt von einer vorsätzlichen Vertuschung.[962] Die Motive der mutmaßlichen Täter blieben im Dunkeln, denn sie verhielten sich nicht wie fromme Muslime: Sie sollen Bordelle besucht, Alkohol getrunken und mit Drogen gehandelt haben.[963] → 10 Punkte.

Ergebnis: 75 Punkte. Die Madrider Anschläge vom 11. März 2004 waren sehr wahrscheinlich eine verdeckte Staatsoperation.

ANHANG G03

Bewertung der Anschläge von London des 7. Juli 2005

Am Morgen des 7. Juli 2005 kam es in London während des Berufsverkehrs innerhalb kürzester Zeit zu insgesamt vier Explosionen, davon drei in U-Bahn-Zügen und eine in einem Doppeldeckerbus. Dabei starben laut öffentlichen Meldungen 56 Menschen (inklusive die vier mutmaßlichen Selbstmordattentäter). Mehr als 700 Menschen wurden teilweise schwer verletzt. Die Anschläge werden in den britischen Medien unter der Abkürzung 7/7 genannt.

#1 (Bekennermeldung): Keine Organisation hat sich zu den Anschlägen in London bekannt. Zwar soll eine dubiose Gestalt namens Abu Hafs al-Masri Brigades eine Meldung ins Internet gestellt haben, in der sie die Verantwortung für die Anschläge übernommen hat. Niemand nahm dieses Geständnis ernst. Keine Forderungen wurden von den angeblichen Tätern gestellt. → 10 Punkte.

#2 (Tod des oder der Täter): Laut offizieller Darstellung sollen vier junge Muslime – Hasib Hussain, Shehzad Tanweer, Mohammed Sidique Khan und Germaine Lindsay – sich durch die Bombenanschläge umgebracht haben. → 10 Punkte.

#3 (Platzierung oder Manipulation von Beweisen): Laut den sogenannten Untersuchungen (siehe #6) sollen die mutmaßlichen Täter eine ganze Sammlung von persönlichen Dokumenten mit sich in den Tod gerissen haben. Diese wurden angeblich an den Orten der Explosionen gefunden und konnten sogar entziffert werden. Darunter befanden sich Kreditkarten, ein Reisepass, ein Führerschein, Versicherungspapiere und anderes mehr. Dabei wurde nicht nachgewiesen, dass die Besitzer der Dokumente am Tatort starben. Daher ergibt sich ein begründeter Verdacht, das die Dokumente am Tatort platziert worden sind. → 10 Punkte

#4 (Verehrung des oder der Täter): Niemand im Umfeld der mutmaßlichen Täter hat bekanntlich ihre Tat als Heldentum oder Märtyrertum zelebriert. → 10 Punkte.

#5 (Altbekannter der Polizei): Die britischen Behörden räumten ein, dass sie einen oder mehrere der angeblichen Täter schon jahrelang kannten. Ein Jahr nach den Anschlägen berichtete die Zeitung Sunday Times, dass das Fahrzeug von Mohammed Siddique Khan von der Polizei verwanzt wurde.[964] Khan war von der Polizei und dem Geheimdienst MI5 zehnmal vor den Anschlägen überwacht worden, aber er stellte nie eine ernsthafte Bedrohung dar, berichtete The Telegraph vier Jahre später[965] (Siehe aber auch den allgemeinen Kommentar zur Frage 5 über die Verbreitung solcher „Enthüllungen"). → 10 Punkte.

#6 (Öffentliche Untersuchung): Am 7. April 2005 – drei Monate vor den Anschlägen – verabschiedete das britische Parlament das „Inquiries Act".[966] Das Gesetz hob das Recht des Parlaments auf, öffentliche Untersuchungen einzuleiten. Künftig dürften nur Minister der Regierung eine öffentliche Untersuchung genehmigen. Das neue Gesetz trat am 7. Juni 2005 in Kraft, genau einen Monat vor den Anschlägen, und konnte damit zur Verhinderung einer öffentlichen Untersuchung der Anschläge herangezogen werden. Amnesty International und andere kritisierten heftig diese gesetzliche Änderung und riefen sogar zum Boykott von Untersuchungen auf, die durch die Exekutive eingeleitet werden.[967]

Viel später – am 11. Oktober 2010 – wurde eine amtliche Untersuchung ("Inquests") initiiert, die teilweise einer öffentlichen Untersuchung ähnelte: Die Anhörungen waren dem Publikum zugänglich, und ein Wortprotokoll der Anhörungen wurde veröffentlicht.[968] Trotzdem erfüllten die Inquests nicht die Kriterien der Gründlichkeit und der Unparteilichkeit, die für eine angemessene Untersuchung nötig sind.[969] Die britische Organisation J7: The July 7th Truth Campaign hat sich seitdem für eine unabhängige öffentliche Untersuchung der Anschläge eingesetzt.[970] Eine ausführliche Abhandlung über die Londoner Anschläge befindet sich auf www.aldeilis.net/bpb/london.html. → 5 Punkte.

#7 (Verschleierung, Unterdrückung von Fakten): Über Bestechung von Zeugen oder Familienmitgliedern ist nichts bekannt. Folgende Maßnahmen der Polizei und der Sicherheitsdienste wirken wie Einschüchterungsversuche gegenüber den Familien der mutmaßlichen Täter.

Die ehemalige Ehefrau von Mohammed Sidique Khan, Hasina Patel, und zwei Mitglieder ihrer Familie, wurden am 9. Mai 2007 – zwei Jahre nach den Anschlägen – mit großem Polizeiaufwand und Medienklamauk verhaftet und der Öffentlichkeit als Terrorverdächtige präsentiert. Ihre Wohnungen wurden minutiös durchsucht.[971] Sie wurden eine ganze Woche in Isolationshaft gehalten. Imran Motala, einer der Verhafteten, erzählte nach seine Freilassung, dass die Ermittler ihn wegen der Teilnahme an den Anschlägen beschuldigten. Er erfuhr, dass er über ein Jahr lang überwacht worden war und dass die Polizei auch seine Arbeitgeber befragt hatten.[972] Die Verhafteten wurden dann ohne Anklage auf freien Fuß gesetzt.[973] Da für die angeblichen Verdachtsmomente der Polizei kein dringender Tatverdacht bestand, erscheinen die Verhaftungen, die Isolationshaft, die Hausdurchsuchungen und die Verhöre, Einschüchterungsmaßnahmen gewesen zu sein. Seitdem bezweifeln die Angehörigen nicht mehr die Teilnahme der mutmaßlichen Täter und setzen sich nicht, wie man erwarten könnte, für eine unabhängige Untersuchung der Anschläge ein.[974]

Auch die Ehefrau von Germaine Lindsay, Samantha Lewthwaite, hatte ursprünglich die Teilnahme ihres Ehemanns an den Anschlägen bezweifelt. Nachdem sie von der Polizei in Schutzhaft genommen wurde,[975] machte sie einen Rückzieher und erklärte, dass sie sich nicht hätte vorstellen können, dass ihr Ehemann solche Taten begehen würde.[976] Sie verschwand danach und wurde sieben Jahre später durch die Berichterstattung der Medien wieder zum Leben erweckt. Die Mutter von drei Kindern soll nun in Ostafrika unter falschem Namen Terroranschläge organisiert haben.[977] → 5 Punkte.

#8 (Vorherwissen): Am Morgen des 7. Juli 2005 führte die englische Firma Visor Consultants eine Terrorübung genau zum gleichen Zeitpunkt durch, an dem die Anschläge stattfanden.[978] Das Szenario der Übung glich merkwürdigerweise dem Ablauf der Anschläge.

Peter Power, Leiter der Firma Visor Consultants, erklärte gegenüber dem Sender BBC 5 am späten Nachmittag des 7. Juli, dass er sich diesen Zufall kaum erklären könne. Er sagte u.a.:

> Um halb zehn heute Morgen führten wir eine Übung für ein Londoner Unternehmen von mehr als tausend Mitarbeitern durch, basierend auf gleichzeitigen Bombenexplosionen genau in den Bahnhöfen, in denen es heute Morgen passiert ist. Die Haare stehen mir deshalb noch zu Berge. [...] Innerhalb von fünf Minuten trafen wir die Entscheidung, dass es sich um echte Anschläge handelte und daher aktivierten wir das richtige Krisenmanagementverfahren, um von „langsamem Tempo" auf „schnelleres Tempo" umzuschalten und so weiter.[979]

Mr. Power wiederholte seine Äußerungen auf BBC TV:

> Wir führten heute eine Übung für ein Unternehmen durch [...] und wir saßen alle unten in der City - 1.000 Personen sind an der ganzen Organisation beteiligt - inklusive des Krisenstabes. Und das Merkwürdigste war, dass die Übung auf einem Szenario von gleichzeitigen Angriffen auf die U-Bahn und einen Fernbahnhof basierte. Wir mussten plötzlich die Übung von der Fiktion auf Realität umschalten.[980]

Als der Interviewer nachhakte und fragte: „Führten Sie heute tatsächlich eine Übung durch, die praktisch dasselbe Szenario [der Anschläge] in Betracht zog?" erklärte Peter Power:

> Fast genau. Ich war heute Morgen bis 2.00 Uhr aktiv, weil das unsere Aufgabe ist, die Aufgabe meiner eigenen Firma, Visor Consultants. Wir sind darauf spezialisiert, Menschen zu helfen, ihr Krisenmanagement zu entwickeln, wie sie von der langsamen Zeit des Reflektierens auf schnellere Zeit des Tuns umschalten können. Und wir wählten ohne Unterstützung ein Szenario eines Terroranschlags, weil die Firma sich in der Nähe eines von jüdischen Geschäftsleuten bewohnten Gebäudes in der City befindet, und es gibt mehr amerikanische Banken in der City, als in der ganzen Stadt New York - eine logische Sache es dort zu tun.[981]

Auffallend sprach Power von gleichzeitigen Sprengungen in seinem Szenario. Auch Efraim Halevy, der ehemalige Leiter des israelischen Mossad, wies am Tag der Anschläge in der Jerusalem Post auf mehrere „gleichzeitige" Explosionen in London hin.[982] Wie wussten sie, dass diese Explosionen „gleichzeitig" stattfanden? Diese Tatsache wurde erst zwei Tagen später von der britische Polizei eingeräumt.

Später am Abend des 7. Juli erklärte Peter Power in einem Interview auf ITV News, er habe das Übungsszenario zusammen mit den ungenannten Kunden gewählt. Drei Tage später erklärte er dem kanadischen Sender CBC:

> Es ist ein gespenstischer Zufall. Unser Szenario war sehr ähnlich – es war nicht vollkommen identisch, aber es basierte auf Bomben, die zu der Zeit an genau den gleichen Orten hochgingen, all solches Zeug. [...] [Es] war auch nicht vollkommen außerhalb des Rahmens, auf dieses Szenario zu kommen, so ungewöhnlich es auch gewesen sein mag, die Übung beenden und in die Wirklichkeit übergehen zu müssen; und es funktionierte sehr gut, obwohl es einige Sekunden gab, in denen die Leute nicht wussten, ob es real war oder nicht.[983]

Die britischen Behörden versuchten nicht zu klären, wie es zu diesem „gespenstischen Zufall“ gekommen ist noch was die Übenden nach dem Übergang „zur Wirklichkeit“ machten. → 10 Punkte

#9 (cui bono): Außenpolitisch scheinen die Londoner Anschläge wenig geändert zu haben. Innenpolitisch gaben die Anschläge Anlass für die Verabschiedung strengerer Gesetze und umfangreichere Befugnisse für Polizei und Sicherheitsdienste. → 5 Punkte.

#10 (Zusätzliche Indizien): Die Bürgerbewegung J7 wies auf zahlreiche falsche Angaben und Widersprüche in den offiziellen Berichten über die Anschläge hin. Auch Autor Tom Secker, der sich mit den Anschlägen lange und intensiv befasste, zeigt durch einige Beispiele, dass die offizielle Darstellung nicht stimmig war.[984] Mehrere Quellen berichteten unabhängig voneinander von nichtgeklärten Hinrichtungen beim Canary Wharf kurz nach den Anschlägen.[985] Wurden die angeblichen Täter dort „entsorgt“? → 10 Punkte.

Ergebnis: 85 Punkte. Die Londoner Anschläge vom 7. Juli 2005 waren sehr wahrscheinlich eine verdeckte Staatsoperation.

ANHANG G04

Bewertung der Anschläge in Oslo und Utöya 2011

Bei den tödlichen Ereignisse in Oslo und Utöya in Norwegen am 22. Juli 2011 handelte es sich um zwei zusammenhängende Anschläge des Norwegers Anders Behring Breivik gegen norwegische Regierungsangestellte in Oslo und gegen Jugendliche in einem Feriencamp auf der norwegischen Insel Utöya, denen 77 Menschen zum Opfer gefallen sind. Breivik wurde am frühen Abend des 22. Juli auf Utöya als Tatverdächtiger festgenommen. Er gestand die Taten am nächsten Tag. Vor der Tat hatte er ein über 1500 Seiten umfassendes Pamphlet verschickt, in dem er versuchte, seinen Anschlag zu rechtfertigen.

#1 (Bekennermeldung): Der Täter, Anders Behring Breivik, hat sich zu den Anschlägen bekannt.[986] In seinem Manifest stellte er Forderungen gegen die vermeintliche Islamisierung des Abendlandes auf.[987] → 0 Punkte.

#2 (Tod des oder der Täter): Der Täter überlebte die Anschläge. Er räumte seine Tat ein und bestand auf ihrer Legitimität.[988] Sein Gerichtsverfahren wird weitgehend als fair bezeichnet. Anhaltspunkte für eine Gegenposition habe ich nicht entdeckt. → 0 Punkte.

#3 (Platzierung oder Manipulation von Beweisen): Unerheblich. → 0 Punkte.

#4 (Verehrung des oder der Täter): Niemand im Umfeld des mutmaßlichen Täters hat bekanntlich seine Tat als Heldentum oder Märtyrertum zelebriert. → 10 Punkte.

#5 (Altbekannter der Polizei): Es gibt keine verlässlichen Informationen zur Frage, ob die Behörden den Täter vor den Anschlägen schon kannten. → 0 Punkte.

#6 (Öffentliche Untersuchung): Das norwegische Parlament ordnete eine überparteiliche Untersuchung der Anschläge an. Das Ergebnis der Untersuchung wurde als Gjörv Rapport am 13. August 2012 veröffentlicht.[989] Im Gegensatz zur umfassenden Kritik an der Arbeitsweise und den Ergebnissen der 9/11-Kommission gab es am Gjörv Rapport keine nennenswerte Kritik. Dennoch muss hier erwähnt werden, dass der Bericht weder eine Zeitleiste zu den Ereignissen noch die Namen der befragten Zeugen beinhaltet. Die Kommission wurde auch von den geltenden Regeln des Informationsfreiheitgesetzes befreit.[990] → 5 Punkte.

#7 (Verschleierung, Unterdrückung von Fakten): Über mutmaßliche Versuche der Behörden Augenzeugen bzw. Angehörigen zum Schweigen zu veranlassen, ist nichts bekannt.→ 0 Punkte.

#8 (Vorherwissen): Nur wenige Stunden vor dem Massaker auf der Insel Utöya, um 15:00 Uhr, endete eine Anti-Terror-Übung der Polizei, die fast einem identischen Szenario folgte wie die tatsächlichen Anschläge. Alle Polizeibeamte, die an der Befreiung der Insel teilnahmen, waren vorher auch an der Übung beteiligt. Die Explosion im Regierungsviertel in Oslo fand genau 26 Minuten später statt, nachdem die Übung beendet wurde.[991] → 10 Punkte.

#9 (cui bono): Die norwegischen Behörden haben keinen erkennbaren Nutzen aus den Anschlägen gezogen. → 0 Punkte.

#10 (Zusätzliche Indizien): Einige Zeugen, darunter Marius Röset und Aleksander Stavdal, behaupteten, zwei Schützen wären auf der Insel Utöya tätig gewesen.[992] Stavdal wurde am selben Tag von der Polizei verhaftet, weil er ein Messer bei sich trug.[993] War dies ein Versuch, ihn einzuschüchtern? Laut der öffentlichen Darstellung war Breivik Einzeltäter. → 0 Punkte.

Ergebnis: 25 Punkte. Die Anschläge müssen als authentisch bezeichnet werden. Es bestehen allerdings einige Fragen, deren Beantwortung diese Schlussfolgerungen ändern könnten: (a) Ist es richtig, wie einige Zeugen berichteten, dass es zwei Schützen auf der Insel

Utöya gab? (b) Warum dauerte es für die Polizei so lange, auf Notrufe zu reagieren? (c) Stand der Täter im Visier der norwegischen bzw. der US-amerikanischen Geheimdienste? (d) Hatte der Täter Gehilfen oder Unterstützer innerhalb rechtsradikaler Kreise in Norwegen? (e) Gab es eine kausale Beziehung zwischen den Übungen und den Anschlägen?

ANHANG G05

Bewertung der Anschläge in Montauban und Toulouse vom März 2012

Bei einer Anschlagserie in Midi-Pyrénées im März 2012 kamen sieben Menschen ums Leben. Die Anschläge erfolgten in den Städten Toulouse (11. und 19. März) und Montauban (15. März) in der Region Midi-Pyrénées im Süden Frankreichs. Die beiden ersten Anschläge vom 11. März und 15. März waren gegen Soldaten gerichtet und hatten drei Todesopfer und einen Schwerverletzten zur Folge. Beim dritten Anschlag vom 19. März wurden vier Menschen vor einer jüdischen Schule getötet, drei der Opfer waren Kinder. Der mutmaßliche Täter, Mohammed Merah, ein 23-jähriger muslimischer Franzose algerischer Herkunft, soll alle drei Anschläge als Einzeltäter begangen haben. Er wurde von der Polizei erschossen. Autor Hicham Hamza erwähnt 72 Ungereimtheiten und stellt kritische Fragen zum Fall Merah.[994]

#1 (Bekennermeldung): Eine nachträgliche Bekennermeldung von AQIM (Al Qaida im Maghreb) wurde mit Skepsis betrachtet[995] und konnte nicht beglaubigt werden. Keine Forderungen wurden gestellt. → 10 Punkte.

#2 (Tod des oder der Täter): Der mutmaßliche Täter wurde getötet. → 10 Punkte.

#3 (Platzierung oder Manipulation von Beweisen): Keine hinterlassenen Beweisstücke wurden gefunden. → 0 Punkte

#4 (Verehrung des oder der Täter): Niemand im Umfeld des mutmaßlichen Täters hat bekanntlich seine Tat als Heldentum oder Märtyrertum gefeiert. → 10 Punkte.

#5 (Altbekannter der Polizei): Der mutmaßliche Täter saß in den Jahren 2007 und 2009 zweimal im Gefängnis, aufgrund von 19 Gewalttaten und kleineren Straftaten.[996] Laut Yves Bonnet, ehemaliger Chef des Geheimdienstes (DST), war Merah dem Geheimdienst nicht nur bekannt, sondern wurde auch von einer Vertrauensperson des Dienstes geführt.[997] → 10 Punkte.

#6 (Öffentliche Untersuchung): Keine öffentliche Ermittlung der Ereignisse fand statt.[998] → 10 Punkte.

#7 (Verschleierung, Unterdrückung von Fakten): Polizeiliche Zeugen, die es nicht schafften, den Verdächtigen lebendig zu fassen und Beamte der Geheimdienste, die sein Gefahrenpotenzial verkannten, wurden diskret und auf besonderen Wunsch des Innenministers Claude Guéant mit der Auszeichnung der Légion d'Honneur geehrt.[999] → 10 Punkte.

#8 (Vorherwissen): Über eine Anti-Terror-Übung kurz vor oder während der Anschläge ist nichts bekannt.→ 0 Punkte.

#9 (cui bono): Die Anschläge wurden vom Innenminister Manuel Valls, der kurz nach den Anschlägen Claude Guéaut ablöste, zum Anlass genommen, einen Gesetzentwurf zur Terrorbekämpfung auf der Kabinettssitzung vorzulegen. Präsident Hollande unterstützte diesen Vorschlag und äußerte seinen Wunsch, dass das Gesetz noch vor Jahresende verabschiedet werden sollte.[1000] → 5 Punkte.

#10 (Zusätzliche Indizien): Viele Fragen über die Reisen des mutmaßlichen Täters Merah, darunter nach Pakistan, Afghanistan, Syrien, Jordanien und Israel, blieben unbeantwortet. Wie konnte der junge Mann, der im Visier der französischen Behörden gestanden hat, nach Israel einreisen? Von wem erhielt dieser junge Mann das Geld für diese Reisen? Wie konnte dieser Partylöwe ein Salafist sein? Wieso brauchten französische Elitekommandos 32 Stunden, um diesen 23 Jahre alten Jungen zu überwältigen, ohne ihn lebendig zu fassen? → 10 Punkte.

Ergebnis: 75 Punkte. Die Anschläge in Montauban und Toulouse waren sehr wahrscheinlich eine verdeckte Staatsoperation.

Obwohl die französischen Behörden keinen unmittelbaren, sichtbaren Nutzen aus den Anschlägen gezogen haben, können die Anschläge nachträglich als der Anfang einer langen Reihe von kleineren und größeren Anschlägen in Frankreich betrachtet werden, die jedes Mal von „islamistischen" Bekannten der Polizei, die einen kriminellen bzw. geistesgestörten Hintergrund hatten, begangen wurden (La Défense [Paris], 23.5.2013; Tours, 20.12.14; Dijon, 21.12.2014; Nantes, 22.12.2014). Diese wurden im Jahre 2016 politisch weitgehend ausgeschlachtet (siehe Antwort zu Frage 9 über die Anschläge in Paris, November 2015).

Der Soziologe Jean-Claude Paye behauptet seinerseits in einer beachtenswerte Abhandlung, dass der Tod von Bin Laden und von Mohammed Merah nicht primär psychologische Operationen waren, sondern eher „brutale Machtdemonstrationen" des Staates. Das Hauptanliegen bestehe in der Fähigkeit der Macht, „ganz offen als Staatsterrorismus zu erscheinen, ohne Gegenreaktionen hervorzurufen. [...] Die Machthaber erteilen sich selbst die Befugnisse, Personen zu benennen, die als Terroristen ohne Gerichtsverfahren vernichtet werden."[1001]

ANHANG G06

Bewertung der Anschläge in Boston 2013 ("Boston Marathon Bombings")

Kurz nach Ende des Bostoner Stadt-Marathons am 15. April 2013 explodierten gegen 14:50 Uhr im Abstand von 13 Sekunden zwei in Rucksäcken versteckte Sprengsätze auf der Zielgeraden. Durch die Explosionen wurden drei Menschen getötet und 264 weitere verletzt.

Drei Tage später, am Nachmittag des 18. April, stellte das FBI Bilder und Videos von zwei Tatverdächtigen vor, die später als die Brüder Dschochar (oder Dzhokhar, auch Spitzname Jahar) und Tamerlan Zamajew identifiziert wurden. Sie wurden nun gesucht. Dennoch war die Stadt Boston bereits fast die ganze Woche – von Montag, 15. April bis Freitagabend, 19. April – mehr oder weniger durch polizeiliche Absperrungen lahmgelegt.[1002] Eine Stunde nach Mitternacht, um 1:00 morgens des 19. April, soll einer der Gesuchten, Tamerlan Zarnajew, von der Polizei erschossen worden sein. Sein jüngere Bruder Jahar (19 Jahre alt), soll entkommen und um 19:30 Uhr in einem Boot, in dem er sich versteckt hielt, gefunden worden sein.

Zur Erleichterung ihrer Suche nach dem jungen Jahar „empfahlen" die Behörden am 19. August um 8:00 Uhr morgens sämtlichen Bewohnern der Millionenstadt, ihre Wohnungen nicht zu verlassen und ihre Türen zu verschließen, denn die Polizei fahnde nach einem „sehr gefährlichen" 19-jährigen Verdächtigen. Der Gouverneur von Massachusetts, Deval Patrick, verordnete auch die Stilllegung des gesamten öffentlichen Verkehrs in der Stadt.[1003] Auch der Zugverkehr von und nach Boston wurde eingestellt. Alle Schulen wurden geschlossen.[1004] Laut der israelischen Tageszeitung *Ha'aretz*, „besetzten" die US-Armee und andere Sicherheitskräfte die Stadt. Der Korrespondent beschrieb es wie folgt: „Hubschreiber, gepanzerte Fahrzeuge, Soldaten in voller Kampfausrüstung und Kommandos versiegelten Straßen und unternahmen Haus-zu-Haus-Durchsuchungen."[1005]

Laut einer Befragung von MassINC begrüßten 91 Prozent der Befragten die öffentlichen Maßnahmen, verhielten sich den Anweisungen gemäß und blieben zu Hause. Fast die Hälfte der Befragten äußerte ihre Besorgnis, dass der Staat nicht genügend tue, um die Terrorgefahr zu beseitigen.[1006] Nach der Verhaftung des verwundeten 19-jährigen Jahar verbreitete sich eine Masseneuphorie: Menschen jubelten, tanzten auf den Straßen, wehten mit amerikanischen Fahnen, und Präsident Obama lobte die Polizei.[1007] Dieses öffentliche Feiern erinnerte an die makaberen Feierlichkeiten nach der mutmaßlichen Ermordung von Osama bin Laden am 2. Mai 2011.[1008] Die folgende Abbildung der Feierlichkeiten in Boston veröffentlichte Der Spiegel am Tag darauf.[1009]

#1 (Bekennermeldung): Keine Organisation bekannte sich zu den Anschlägen. Keine Forderungen wurden gestellt. → 10 Punkte.

#2 (Tod des oder der Täter): Einer der angeblichen Täter, Tamerlan Zamajew, wurde von der Polizei am 19. April um 1:00 morgens erschossen. Sein jüngerer Bruder Jahar wurde von der Polizei am Abend des 19. April in einem Boot gefunden, in dem er sich versteckt hatte. In den ersten Berichten der Nachrichtenagentur Associated Press wurde behauptet, er hätte auf die Polizei geschossen. Diese Berichte stellten sich später als unwahr heraus. Jahar wurde später vor Gericht gestellt und wegen seiner mutmaßlichen Teilnahme an den Anschlägen zum Tode verurteilt.[1010] Wie fair war das Gerichtsverfahren?

- Das Gerichtsverfahren war öffentlich und erschien äußerlich fair zu sein. Als Jahar zum ersten Mal im Gericht erschien, beteuerte er seine Unschuld.[1011]
- Jahar bekam keine Gelegenheit, sich zu seinen Taten im Gerichtsverfahren zu äußern.

- Am Ende des Verfahrens verlas Jahar einen vorgefertigten Text, in dem er seine mutmaßliche Tat bereute und die Angehörigen der Opfer und die Überlebenden um Verzeihung bat.[1012] Während des gesamten Prozesses wurde er nie zu seinen Motiven und zu den Geschehnissen befragt.
- Ein „Freund" von Jahar, Stephen Silva, der wegen illegalen Waffenbesitzes und Heroinhandels angeklagt wurde, belastete Jahar im Gericht und erhielt dafür eine Strafminderung.[1013]

Jahars Pflichtverteidigerin, Judy Clarke, erklärte im Vorfeld des Verfahrens, dass ihr Mandant die Straftat gestehe. Er bestätigte nicht ihre Erklärung.[1014] Sie unterließ es, entlastende Fragen zu stellen, entlastende Zeugen einzuladen und nicht belegte Beschuldigungen der Staatsanwalt zurückzuweisen. Sie unterliess es, auch unglaubwürdige Zeugen im Kreuzverhör zu vernehmen.

Es ist schwer herauszufinden, auf welcher sachlichen Basis Jahar für schuldig befunden worden ist. Laut Craig McKee, der dieser Frage besonders intensiv nachging, wogen gegen ihn hauptsächlich die Aussagen von zwei Personen, die aber nicht am Ort der Anschläge gewesen waren.[1015] → 10 Punkte.

#3 (Platzierung oder Manipulation von Beweisen): Jahar soll vor seiner Festnahme an der Innenwand des Bootes, in dem er sich verschanzt hatte, ein umfassendes religiös-geprägtes „Bekennerschreiben" gekritzelt haben.[1016] Es gibt vier Gründe zur Annahme, dass diese Botschaft von der Polizei nachträglich fabriziert wurde, um ihn zu belasten:

- Die Innenflächen von Booten sind typischerweise aus Kunststoff, Holz oder Plastik. Mit einem Kugelschreiber ist es daher nicht möglich, eine lesbare Schrift zu hinterlassen. Der Spiegel soll aber gewusst haben, wie das „Bekennerschreiben" zustande kam: Jahar trug nämlich einen Filzstift bei sich.[1017] Dieser imaginäre Filzstift tauchte nie auf.

- Für Jahars Religiosität gibt es keinen Beleg. Er „twitterte“ sehr oft. Seine Twitter-Botschaften – die im Internet kursieren – waren weder von Religiosität noch durch Extremismus, sondern im Gegenteil von Menschenfreundlichkeit und Lebenslust geprägt.[1018]
- Von dem im Boot gekritzelten „Geständnis“ wurde erst am 16. Mai 2013 berichtet, nachdem sich das Boot einen ganzen Monat im Besitz der Polizei befand.[1019] Die Veröffentlichung einer Abbildung des Gekritzels musste noch ein Jahr warten.[1020] Da die Urheberschaft des Gekritzels fraglich erschien, wurde das „Bekennerschreiben“ nicht als Geständnis des Beschuldigten im Gerichtsverfahren zugelassen.
- Jahar wurde weder gebeten, seine Urheberschaft des Textes zu bestätigen, noch bemühten sich Richter, Staatsanwälte und Verteidiger festzustellen, wer dieses „Geständnis“ produziert hatte.

Bis zum Beweis des Gegenteils deuten diese Indizien eindeutig auf eine polizeiliche Herstellung des belastenden Textes hin. → 10 Punkte.

#4 (Verehrung des oder der Täter): Niemand im Umfeld des mutmaßlichen Täters hat bekanntlich seine Tat als Heldentum oder Märtyrertum bezeichnet. → 10 Punkte.

#5 (Altbekannter der Polizei): Das FBI erklärte, Tamerlan Zamajew wäre im Jahre 2011 auf Bitten Russlands vernommen worden. Sein Name soll in einer Datenbank zur Bekämpfung des Terrorismus (TIDE) gespeichert worden sein.[1021] Seine Mutter erklärte dem Sender *Russia Today* gegenüber, dass das FBI ihr mehrmals erzählt hätte, ihre Söhne würden als Extremisten überbewacht. Sie behauptete, dass das FBI ihren Söhne eine Falle gestellt habe.[1022] → 10 Punkte.

#6 (Öffentliche Untersuchung): Keine öffentliche Untersuchung der Ereignisse fand statt. → 10 Punkte.

#7 (Verschleierung, Unterdrückung von Fakten): Es scheint, dass eine einfache Einschüchterung von Zeugen, Familienmitgliedern und Freunden der Beschuldigten den Behörden nicht genügte. Radikalere Mittel mussten eingesetzt werden, um sie zum Schweigen zu zwingen. Einige dieser Personen wurden wegen erfundener oder bewusst aufgeblähter Delikte angeklagt und mit jahrelangen Haftstrafen oder mit der Abschiebung aus den USA bedroht. Andere starben unter mysteriösen Umständen. Unter ersteren befanden sich Khairullozhon Matanov, ein Freund der Tsarnaev-Brüder,[1023] und die Kommilitonen Azamat Tazhayakow, Dias Kadyrbejew und Robel Phillipos.[1024]

Unter letzteren, den „Entsorgten", befinden sich Ibragim (sic) Todashev, ein Freund der Beschuldigten. Nachdem er zum siebten Mal von einem FBI-Team in seiner Wohnung am 19. April 2013 vernommen wurde, tötete ihn einer der nicht identifizierten Beamten.[1025] Tatiana Gruzdeva, Todashevs 20-jährige Freundin, wurde am 11. Oktober 2013 nach Russland abgeschoben, nachdem sie in einem Interview die Drangsalierung ihres Freundes seitens des FBI beschrieb.[1026] Zwei Agenten des FBI, die Jahar am Abend des 19. April in seinem Versteck entdeckten und verhafteten, starben ihrerseits unter ungeklärten Umständen, als sie aus einem Hubschrauber bei einer mutmaßlichen Übung ins Meer gefallen sind.[1027] → 10 Punkte.

#8 (Vorherwissen): Einige dokumentierte Befunde deuten darauf hin, dass eine scheinbare Anti-Terror-Übung kurz nach den Bombenexplosionen inszeniert wurde. Folgende Abbildung deutet unmissverständlich auf eine Inszenierung hin. Sie soll einen schwerverletzten Mann zeigen, der kurz zuvor bei der Explosion beide Beine verloren hat.

Ärzte, die diese Abbildung studierten, bezweifeln, dass der Mann Minuten zuvor durch eine Explosion schwerverletzt worden ist: Rollstühle werden nie zum Transport von schwerverletzten Personen benutzt; und wenn jemand viel Blut verloren hat, wie die hier abgebildete Person, wird er immer liegend auf einer Trage transportiert, sonst ist sein Leben gefährdet. Der Mann auf der Abbildung scheint aber einen relativ munteren Eindruck zu machen.

Der Mann wurde in den Medien als Jeff Baumann vorgestellt. Über sein Leben und Herkunft ist wenig bekannt. Es bestehen Zweifel über die wahre Identität des Mannes. War er schon vorher amputiert und spielte am 15. April 2013 die Rolle eines Darstellers? Die Frage ist nicht abwegig, denn in den USA[1028] und Großbritannien[1029] finden mittlerweile amputierte Männer und Frauen ein reges Betätigungsfeld als Darsteller in militärischen Kampfübungen. Sie werden mit synthetischem Blut und Wunden „geschminkt" und sollen durch ihre furchterregende Erscheinung Kampfsoldaten für ihre weltweiten Kampfeinsätze abstumpfen.[1030]

Über eine großangelegte Anti-Terror-Übung während der Anschläge gibt es keine Beweise. Jedoch hatte die Bostoner Polizei schon lange vor den Anschlägen eine Anti-Terror-Übung vorbereitet, diese aber wegen der Anschläge abgesagt.[1031] Diese Übung sollte – merkwürdigerweise – auf einem „erschreckend" ähnlichen Szenario basieren wie die tatsächlichen Anschläge des 15. April. Dieser Zufall deutet – wie im Fall der Londoner Anschläge – auf eine rätselhafte Beziehung zwischen den Vorbereitungen der Anti-Terror-Übung und den tatsächlichen Anschlägen hin. → 5 Punkte.

#9 (cui bono): Die Verhängung einer de facto Ausgangssperre über eine Millionenstadt stellte eine völlig unverhältnismäßige Maßnahme zum Zweck der Fahndung eines Verdächtigen dar. Sie bot hingegen eine einmalige Gelegenheit, um herauszufinden, wie gefügig die Bevölkerung der Stadt sich verhalten würde, wenn sie bloß gebeten werde, zuhause zu bleiben. Für die Planer eines zukünftigen Polizeistaates soll eine solche Probe sehr nützlich gewesen sein, denn sie bestätigte die Leichtigkeit, mit welcher eine Bevölkerung gezähmt und kontrolliert werden kann. Die Anschläge boten auch der Polizei in anderen US-Großstädten und in Großbritannien die Gelegenheit, durch verschärfte und sichtbare Sicherheitsmaßnahmen, die Bevölkerung an ihre Anwesenheit zu gewöhnen.[1032]

Autor Timothy C. Trepanier reagierte mit Schwermut auf dieses Massenexperiment:

> Und wie die gehorsamen, traumatisierten Roboter, die sie sind, fügten sich die Gutbürger der Stadt Boston dem Schutz ihrer kampfausgerüsteten Oberherren dankbar. Sie nahmen fraglos hin, in ihren eigenen Häusern wie Schafe eingepfercht zu werden. Haben Sie sich jemals gefragt, warum unzählige Menschen wie betäubt sich bereitwillig vor die Gaskammern [der Konzentrationslager] hinstellten, ohne einen Funken von Widerstand, ohne sich auch nur zu wehren?
>
> Das ist warum.
>
> Das ist, was wir geworden sind.
>
> Ein Volk von Sklaven.
>
> Blind, stumm, taub und von Angst gelähmt.[1033]

→ 10 Punkte.

#10 (Zusätzliche Indizien): Jahars Freunde und Familienangehörige beschrieben ihn als einen liebenswürdigen und friedlichen jungen Menschen. Seine Twitter-Meldungen belegen diesen Eindruck. Es gab nicht die geringsten Anzeichen von Extremismus, geschweige denn, dass er einen Massenmord geplant hätte, durch den er sein Leben aufs Spiel setzen würde. Tausende von jungen Menschen setzen sich für seine Freilassung ein, da sie von seiner Unschuld überzeugt sind.[1034]

Jahar wurden Isolationsmaßnahmen (Special Administrative Measures, oder SAM) auferlegt, die seine Möglichkeit mit seiner Familie oder seinen Anwälten zu kommunizieren, erheblich einschränkten.[1035] Als Grund für diese Maßnahmen gab der Richter an, Jahar könnte aus dem Gefängnis durch seine Telefonate oder Briefe zu weiteren Anschläge aufrufen bzw. andere Personen für Anschläge gewinnen.[1036] Als Beispiel für die Gefährdung der Sicherheit der

USA, die von ihm ausgehen könnte, wurde ein Telefonat mit seiner Mutter in Russland zitiert, die es aufgezeichnet und von dieser Aufzeichnung Auszüge an die Medien weitergeleitet hatte. Damit soll sie für ihn um Sympathie geworben haben.[1037] Viel wahrscheinlicher für die verhängten einschränkenden Maßnahmen war jedoch die begründete Befürchtung der Behörden, belastende Informationen über die Polizei könnten an die Öffentlichkeit gelangen. → 10 Punkte.

Ergebnis: 95 Punkte. Man kann davon auszugehen, dass die Bostoner Anschläge vom 15. April 2013 eine verdeckte Staatsoperation gewesen sind, es sei denn, dass das Gegenteil kann nachgewiesen werden.

ANHANG G07

Bewertung der Anschläge in Paris vom Januar 2015 (Charlie Hebdo)

Der Anschlag auf die französische Satirezeitschrift Charlie Hebdo ereignete sich am 7. Januar 2015. Zwei vermummte Täter drangen in die Redaktionsräume der Zeitschrift ein, töteten elf Personen, verletzten mehrere Anwesende und sollen auf ihrer Flucht einen weiteren Polizisten erschossen haben. Am 9. Januar wurden zwei Personen, die sich in Dammartin-en-Goële verschanzt haben, von Sicherheitskräfte erschossen. Sie wurden von der Polizei als die Täter des Anschlags auf Charlie Hebdo bezeichnet.

Am 8. Januar wurde im Süden von Paris eine Polizistin von einem weiteren schwer bewaffneten Täter erschossen. Dieser soll am Tag darauf den Supermarkt Hyper Cacher für koschere (jüdische) Waren im Pariser Osten überfallen haben, in dem er angeblich vier Menschen tötete und weitere als Geiseln nahm. Der Täter soll sich telefonisch zum Islamischen Staat bekannt und erklärt haben, sein Vorgehen stünde im Zusammenhang mit dem Anschlag auf Charlie Hebdo. Er wurde bei der Erstürmung des Supermarktes durch Sicherheitskräfte erschossen.

Obwohl die Sicherheitslage in Paris am 7. Januar noch ungeklärt war, riefen zahlreiche Organisationen, darunter LICRA (Internationale Liga gegen Rassismus und Antisemitismus), innerhalb von Stunden zu sofortigen Solidaritätskundgebungen in Paris und in anderen Städten auf.[1038] Laut Medienberichten beteiligten sich an diesen Kundgebungen zehntausenden von Personen, viele mit vorgedruckten Schildern „Ich bin Charlie" und mit vorgefassten Parolen über Pressefreiheit. Das schien alles ungewöhnlich schnell organisiert gewesen zu sein. Am nächsten Tag wurde in allen französischen Schulen eine Schweigeminute für die Opfer abgehalten. Eine dreitägige Staatstrauer wurde ebenfalls verkündet.

Infolge der Anschläge gab es große Solidaritätskundgebungen auch in anderen Ländern. In Berlin, Madrid, London, Brüssel und vielen europäischen Großstädten solidarisierten sich am 11. Januar 2015 zehntausende Menschen mit den Opfern der Anschläge. Spitzenpolitiker aus aller Welt kamen nach Paris, um ihre Solidarität mit den Opfern und mit der französischen Regierung im Kampf gegen den Terrorismus zur Schau zu stellen. „Paris ist heute die Hauptstadt der Welt", sagte Frankreichs Präsident François Hollande bei einem Ministertreffen vor dem Gedenkmarsch.[1039] In seinem Buch über die Pariser Anschläge, bezeichnete Journalist und Autor Gerhard Wisnewski diese Veranstaltung als den "Gründungsakt eines totalitären Europa".[1040]

#1 (Bekennermeldung): Laut eines 11-minütigen Videos, das aus dem Nichts auftauchte, soll *Al-Qaida in Jemen* sich zur „Finanzierung" der Pariser Anschläge bekannt haben.[1041] Die Bekennermeldung konnte nicht beglaubigt werden. → 10 Punkte.

#2 (Tod des oder der Täter): Die drei mutmaßlichen Täter, Chérif Kouachi, Saïd Kouachi und Amedy Coulibaly, wurden von Sicherheitskräften getötet. → 10 Punkte.

#3 (Platzierung oder Manipulation von Beweisen): Einer der angeblichen Täter soll seinen Personalausweis in einem Fluchtwagen „vergessen" haben.[1042] Ein Schelm, wer dabei eine polizeiliche Platzierung vermutet. → 5 Punkte.

#4 (Verehrung des oder der Täter): Von einem Zelebrieren der Charlie Hebdo-Täter als Märtyrer oder Helden ist nichts bekannt. → 10 Punkte.

#5 (Altbekannter der Polizei): Alle drei mutmaßlichen Täter waren seit längerem den Polizeibehörden bekannt.[1043] Amedy Coulibaly soll mehrfach verurteilt und Jahre im Gefängnis verbracht haben, unter anderem wegen Diebstahl, Raubüberfällen, Hehlerei und Drogenhandel.[1044] Chérif Kouachi wurde schon im Jahre 2008 in der Weltpresse als Dschihadist bezeichnet.[1045] Bereits einen Tag nach den Anschlägen auf Charlie Hebdo wurden die Gebrüder Kouachi als die Täter bezeichnet und ihre Vergangenheit in den Medien detailliert ausgebreitet.[1046] → 10 Punkte.

#6 (Öffentliche Untersuchung): Keine öffentliche oder unabhängige Untersuchung der Attentate wurde angekündigt, noch von der politischen Klasse Frankreichs gewünscht. Dagegen wurde ein Jahr später im französischen Parlament vorgeschlagen, die bisher verhängten Antiterrormaßnahmen zu überprüfen.[1047] → 10 Punkte.

#7 (Verschleierung, Unterdrückung von Fakten): Über Bestechung oder Erpressung zur Wahrung des Schweigens ist nichts bekannt. Ein Ermittler des Attentats, Helric Fredou, soll aber in der Nacht nach dem Attentat auf Charlie Hebdo Selbstmord begangen haben.[1048] Selbstmord? Seine Familie glaubt nicht daran und weist auf Ungereimtheiten hin.[1049] Französische Medien verschwiegen größtenteils die Affäre. → 5 Punkte.

#8 (Vorherwissen): Über eine Antiterrorübung zum Zeitpunkt der Anschläge ist nichts bekannt.→ 0 Punkte.

#9 (cui bono): Falls sie aus religiösen Motiven handelten, was unwahrscheinlich ist, konnten die mutmaßlichen Täter keinen weltlichen Nutzen aus den Anschlägen ziehen. Für die Sache der islamischen Welt waren die Anschläge eine Katastrophe. Wenn sie tatsächlich die Morde begangen haben, so agierten sie aller Voraussicht nach im Auftrag Dritter, die ihnen Schutz versprochen hatten. Auf der anderen Seite zogen staatliche Behörden vielfältigen und teilweise absehbaren Nutzen aus den Anschlägen:

- Die Anschläge auf eine kulturellen Ikone - Charlie Hebdo – auch wenn diese in den letzten Jahren verblasste, musste mehrere Generationen von linksgerichteten Franzosen zutiefst erschüttern. Sie spielten gleichzeitig rechtsgerichteten Kräften, die antiislamisch eingestellt sind, in die Hände. Kurz gesagt, sie waren bestens geeignet, die französische Nation von links bis rechts unter der Führung der Regierung zu einen.

- Die Anschläge boten dem französischen Präsidenten die Gelegenheit, sich als „starker Mann“ zu profilieren. Die Teilnahme von 50 Staatschefs aus der ganzen Welt an seiner Seite bei der Kundgebung in Paris half ihm dabei. Laut Umfragen schoss die Popularität des unbeliebtesten Präsidenten Frankreichs daraufhin in der Höhe.[1050]
- Die Anschläge boten der französischen Regierung die Gelegenheit, eine ganze Reihe von Maßnahmen zu treffen, die wegen des Widerstands im Parlament oder in der Zivilgesellschaft vorher nicht durchsetzbar waren. Darunter befanden sich erhebliche Zuwendungen an die Polizei, das Militär und die Geheimdienste, verschärfte Gesetze zur Kontrolle der Privatsphäre der Bürger, erweiterte Befugnisse der Exekutive und anderes mehr.[1051]

Die Anschläge boten anderen europäische Regierungen einen neuen Anlass, um ihre eigenen sogenannten Anti-Terror-Maßnahmen zu verschärfen.[1052] → 10 Punkte.

#10 (Zusätzliche Indizien): Aus den Videoaufnahmen vom Tatort konnten einige Merkwürdigkeiten entnommen worden, die auf eine polizeiliche Komplizenschaft hindeuten, darunter die Einstellung des Verkehrs in der Nähe des Tatorts während des Anschlags auf Charlie Hebdo; die Unbekümmertheit der mutmaßlichen Täter nach dem Anschlag; der Versuch der vermummten Täter, durch „Allah akbar"-Rufe, den Anschein zu erwecken, sie wären Muslime. Es wurde ebenso als seltsam betrachtet, dass die Täter scheinbar genau wussten, wann sie fast die komplette Redaktion von Charlie Hebdo antreffen würden, um zielbewusst bestimmte Personen in der Redaktion zu erschießen. Die Schnelligkeit, mit welcher die vermummten Täter „identifiziert“ wurden und ihr Lebenslauf veröffentlicht wurde, war ebenfalls verblüffend.

Zu der öffentlichen Kundgebung in Paris wurde bereits aufgerufen, während die mutmaßlichen Täter sich mit schweren Waffen noch unbehelligt in der Stadt herumtrieben und ein Gemetzel bei einer öffentlichen Kundgebung hätten anrichten können. Die Polizei konnte den Organisatoren daher eine Kundgebung nur genehmigen, wenn sie selbst die volle Kontrolle über die Bewegungen der mutmaßlichen Täter hatte, sprich: die Täter wären im Auftrag der Polizei unterwegs gewesen. → 10 Punkte

Ergebnis: 80 Punkte. Die Pariser Anschläge in Januar 2015 waren sehr wahrscheinlich eine verdeckte Staatsoperation. Allerdings ist nicht ausgeschlossen, dass die mutmaßlichen Täter oder zumindest Coulibaly eine bestimmte Rolle in der staatlich geplanten Operation gespielt hatten, aber dann „entsorgt" worden sind.

ANHANG G08

Bewertung der Anschläge in Kopenhagen vom Februar 2015

Am 14. und 15. Februar 2015 kam es zu zwei tödlichen Anschlägen in Kopenhagen. Am Nachmittag des 14. Februars wurde außerhalb des Kulturzentrums Krudttønden im Kopenhagener Stadtteil Østerbro der dänische Dokumentarfilmer Finn Nørgaard und drei Polizeibeamte verletzt. Im Kulturzentrum selbst fand eine Diskussionsveranstaltung über die Legitimität der sogenannten Mohammed-Karikaturen mit der Beteiligung ihres Zeichners, Lars Vilks, statt.

Im Verlauf der folgenden Nacht wurde außerhalb der Kopenhagener Synagoge ein jüdischer Wachmann namens Dan Uzan und zwei Polizeibeamte um 1:07 Uhr nachts erschossen. Uzan starb später an seinen Verletzungen. Alle drei hielten während einer Bar-Mitzwa-Feier Wache. Den drei Wachmännern gelang es nicht, den Angreifer zu überwältigen.[1053]

Einige Stunden später, um 5:30 Uhr morgens, „taucht" ein in Dänemark geborener Omar Abdel Hamid El-Hussein vor einer Wohnung im Stadtteil Nørrebro auf und wird von Einsatzkräften regelrecht hingerichtet.[1054] Die dänischen Behörden bezeichneten ihn binnen Stunden als „den Täter" beider Anschläge.[1055]

Laut der Künstlerin Agnieszka Kolek, die an der Veranstaltung teilnahm, wurde das Kulturzentrum von 10 bis 15 Sicherheitskräften, darunter Polizeibeamten in Zivil und Leibwächtern des Zeichners bewacht. Teilnehmer mussten eine Sicherheitskontrolle passieren. Sie sagte, „der Täter" hätte versucht, sich durch Schüsse in der Lobby Zugang zum Veranstaltungsraum zu verschaffen, was ihm nicht gelang.[1056] Sie behauptete, er hätte „Allah akbar" gerufen. Zeuge Dennis Myhoff-Brink erklärte degenüber BBC, er hätte „etwa 20 oder 30 Schüsse" gehört und Personen hätten „auf Arabisch" geschrien. Er gab an, dass auch auf der Straße geschossen worden ist. Daher wagte er sich nicht hinaus.[1057]

Es gab verblüffende Ähnlichkeiten zu dem Anschlag auf Charlie Hebdo: In beiden Fällen griffen vermummte Täter Mitarbeiter von Medien an, die den Islam durch Satire verunglimpft hatten. In beiden Fällen kaperten die Täter ein Fluchtauto. Beide Anschläge beinhalteten auch ein jüdisches Element: In Paris einen jüdischen Supermarkt und in Kopenhagen eine Synagoge.

#1 (Bekennermeldung): Keine Organisation hat sich zur Tat bekannt. Keine Forderungen wurden gestellt. → 10 Punkte.

#2 (Tod des oder der Täter): Der mutmaßliche Einzeltäter wurde von der Polizei erschossen und konnte deshalb nicht vor Gericht gestellt werden. Vier arabische Personen wurden in Kopenhagen nach den Ereignissen verhaftet und wegen Beihilfe zu den Anschlägen angeklagt. Sie wurden allerdings nicht wegen ihrer Teilnahme an den Anschlägen beschuldigt, und sie bestreiten ihre Schuld.[1058] → 10 Punkte.

#3 (Platzierung oder Manipulation von Beweisen): Über fabrizierte oder platzierte Beweise ist nichts bekannt. → 0 Punkte.

#4 (Verehrung des oder der Täter): Laut einigen dänischen Zeitungen sollen einige Freunde des mutmaßlichen Einzeltäters seine Tat als berechtigt bezeichnet, sie aber nicht zelebriert haben. Diese Meldungen konnten nicht verifiziert werden.→ 5 Punkte.

#5 (Altbekannter der Polizei): Der mutmaßliche Einzeltäter wurde 15 Monate vor den Anschlägen wegen einer brutalen Messerattacke gegen einen ihm unbekannten Studenten verhaftet. Er wurde zu einer Haftstrafe verurteilt, aber zwei Wochen vor den Anschlägen auf freien Fuß gesetzt.[1059] Die Geheimdienste räumten ein, sie hätten den Täter „in ihrem Visier" gehabt.[1060] → 10 Punkte.

#6 (Öffentliche Untersuchung): Eine öffentliche Untersuchung der Anschläge bzw. der mutmaßlichen Fehlleistungen der Polizei oder der Geheimdienste (PET) wurde nicht durchgeführt. → 10 Punkte.

#7 (Verschleierung, Unterdrückung von Fakten): Über öffentliche Bestechungen, Vergünstigungen oder Erpressungen zur Bewahrung des Schweigens ist nichts bekannt.→ 0 Punkte.

#8 (Vorherwissen): Über eine polizeiliche oder militärische Übung kurz vor oder während der Anschläge ist nichts bekannt.→ 0 Punkte.

#9 (cui bono): Die dänische Regierung kündigte einige Tage nach den Anschlägen eine millionenschwere Aufstockung ($150 Millionen) für die Polizei und die Geheimdienste an.[1061] Diese Aufstockung soll bereits geplant gewesen sein und konnte nun im Zuge der Anschläge durchgesetzt werden.

Der israelische Ministerpräsident Benyamin Netanyahu nutzte seinerseits die Anschläge, um Juden in Europa aufzufordern, nach Israel zu emigrieren.[1062] Das kann nicht als Beleg für eine israelische Teilnahme an den Kopenhagener Anschlägen gewertet werden, zeigt aber, dass die israelischen Behörden ein Motiv für solche Verbrechen hatten. → 5 Punkte.

#10 (Zusätzliche Indizien): Der Täter soll zuerst durch die Fenster auf die versammelten Menschen 20 bis 30 Schüsse abgegeben haben.[1063] Es scheint, dass die einzige Person, die der Täter außerhalb des Kulturzentrums antraf, der Dokufilmer gewesen ist, der später tot aufgefunden wurde. Ein nicht belegter Schusswechsel soll sich zwischen dem Täter und den Polizeibeamten ereignet haben, die aus dem Saal schossen, wobei drei Beamte leicht verletzt wurden.[1064] Der Täter soll vom Tatort nach dieser Schießerei außerhalb des Saales verschwunden sein und einen Fluchtwagen unter dem wachsamen Auge einer Sicherheitskamera gekapert haben. Die Aufzeichnung ermöglichte es der Polizei, nach ihm zu fahnden.[1065] → 5 Punkte.

Ergebnis: 55 Punkte. Die Anschläge in Kopenhagen waren wahrscheinlich eine verdeckte Staatsoperation.

ANHANG G09

Bewertung der Anschläge in Paris vom November 2015 (Bataclan u.a.)

Am 13. November 2015 wurden in Paris koordinierte Attentate an fünf verschiedenen Orten im 10. und 11. Pariser Arrondissement sowie an drei Orten in der Vorstadt Saint-Denis begangen. Nach Angaben der französischen Regierung wurden 130 Menschen getötet und 352 verletzt, davon 97 schwer.

Die Angriffsserie soll sich gegen die Zuschauer eines Fußballspiels im Stade de France, gegen die Besucher eines Rockkonzerts im Bataclan-Theater sowie gegen die Gäste zahlreicher Bars, Cafés und Restaurants gerichtet haben. Es handelte sich um mehrere Schusswaffenattentate, ein Massaker mit Geiselnahme sowie sechs Explosionen.

Es sollen acht mutmaßliche Täter der Anschlägen gestorben sein. Sechs von ihnen wurden als Bilal Hadfi (Stade de France), Brahim Abdeslam und Chakib Akrouh (Kaffeeterrassen), Omar Ismaël Mostefaï, Samy Amimour und Foued Mohammed-Aggad (Bataclan), bezeichnet. Zwei andere, die auch beim Stade de France sich angeblich in der Luft zersprengt hatten, sind noch nicht identifiziert. Der mutmaßliche Planer der Anschläge, Abdelhamid Abaaoud, wurde wenige Tage später bei einer Razzia im Pariser Vorort Saint-Denis erschossen.

#1 (Bekennermeldung): Der Islamische Staat soll, laut der amerikanisch-israelischen Firma SITE Intelligence Group, sich zu den Anschläge bekannt haben.[1066] Die Echtheit der von SITE gemeldete Bekennermeldung konnte nicht verifiziert werden. Keine Forderungen wurden von den Tätern gestellt. → 10 Punkte.

#2 (Tod des oder der Täter): Alle mutmaßlichen Attentäter starben, allerdings unter ungeklärten Umständen. Es ist nicht bekannt, wie die Identität der Attentäter festgestellt wurde. → 10 Punkte.

#3 (Platzierung oder Manipulation von Beweisen): Ein Handy soll in einem Mülleimer in der Nähe des Bataclan gefunden worden sein. Auf diesem Handy soll sich ein detaillierter Plan des Theaters und folgende SMS-Meldung befunden haben: „wir sind abgefahren, wir fangen an".[1067] Es gehört anscheinend zum modus operandi von islamistischen Terroristen, belastenden Beweise in Mülleimer zu werfen, damit sie schnell gefunden werden können. Ähnliches geschah in Madrid und bei 9/11. Zwei Tage nach den Anschlägen wurde ein schwarzer Wagen vom Typ Seat Leon im Pariser Vorort Montreuil gefunden. Im Wagen sollen Ermittler drei AK-47 Kalaschnikow Sturmgewehre gefunden haben, die die Täter hinterließen.[1068] Auch ein Reisepass eines der mutmaßlichen Attentäter wurde am Tatort (Stade de France)[1069] gefunden, wie es bei „islamistischen Terroristen" beinahe zur Regel geworden zu sein scheint. → 10 Punkte.

#4 (Verehrung des oder der Täter): Laut der bereits erwähnten SITE Intelligence Group sollen Unterstützer des Islamischen Staates die Anschläge auf Internet-Foren zelebriert haben.[1070] Die Echtheit dieser Information erscheint fragwürdig und kann nicht überprüft werden. → 10 Punkte.

#5 (Altbekannter der Polizei): Zumindest drei der Attentäter waren den Sicherheitsbehörden seit längerem bekannt. Der mutmaßliche Organisator der Anschläge, Abdelhamid Abaaoud, hatte eine lange Karriere eines Kleinkriminellen hinter sich (Diebstahl, Körperverletzung), trank Alkohol und nahm Drogen. Er kam nach seiner letzten Verurteilung wegen Körperverletzung 2011 für längere Zeit ins Gefängnis.[1071] Der 29-jährige Franzose Ismaël Omar Mostefaï, einer der mutmaßlichen Täter, war von der französischen Justiz achtmal wegen kleinerer Delikte verurteilt worden. Seit 2010 war er wegen seiner angeblichen Radikalisierung geheimdienstlich erfasst und somit den Sicherheitsbehörden bekannt.[1072] Salah Abdeslam und sein Bruder Brahim, der angeblich als Täter bei den Anschlägen gestorben ist, waren vorbestraft und von belgischen Ermittlern vernommen worden.[1073] Zeugen, die an Abdeslams Wohnort in Molenbeek befragt wurden, beschrieben den 26-jährigen als einen Typen, „der sich keinen Deut um Religion scherte, der mit Drogen handelte und mit seinen Kumpeln durch die Kneipen zog".[1074] Samy Amimour soll den französischen Behörden seit dem 19. Oktober 2012 bekannt gewesen sein, da er angeblich beabsichtigte, in den Jemen auszureisen. 2013 soll er sich nach Syrien abgesetzt haben und zumindest bis Dezember 2014 dort geblieben sein. Über seine Rückkehr nach Europa ist nichts bekannt.[1075] Auch Bilal Hadfi soll nach Syrien gereist sein. Auch über seine Rückkehr nach Europa ist nichts bekannt.[1076] → 10 Punkte.

#6 (Öffentliche Untersuchung): Ein parlamentarischer Untersuchungsausschuss wurde gegründet. Er begann seine Arbeit aber erst in Februar 2016.[1077] → 0 Punkte.

#7 (Verschleierung, Unterdrückung von Fakten): Über öffentliche Bestechungen, Vergünstigungen oder Erpressungen zur Bewahrung des Schweigens ist nichts bekannt.→ 0 Punkte.

#8 (Vorherwissen): Nur einige Stunden vor den Anschlägen trafen sich acht Teams des medizinischen Notfalldienstes S.A.M.U., um eine Reaktion auf gleichzeitige Terroranschläge in verschiedenen Orten zu üben.[1078] Pierre Carli, Chefarzt bei S.A.M.U. in Paris, äußerte seine Überraschung über diesen Zufall: „Es ist schwer zu glauben, aber wir haben eine Art Generalprobe am Freitagmorgen abgehalten."[1079] → 10 Punkte.

#9 (cui bono): Nach den Attentaten verhängte die Regierung Valls den Ausnahmezustand in ganz Frankreich.[1080] Präsident François Hollande sprach von einem kriegerischen Akt und kündigte einen entschiedenen Kampf gegen den Terror an.[1081] Am 17. November 2015 beantragte Frankreich als erstes Land in der Geschichte der Europäischen Union den Beistand der anderen EU-Staaten im Rahmen der Regelungen der Gemeinsamen Sicherheits- und Verteidigungspolitik (Art. 42 Abs. 7 des EU-Vertrags).[1082] Die europäischen Staaten sicherten ihre Solidarität zu. Die Rekrutierungsstellen des französischen Militärs registrierten nach den Anschlägen auf Charlie Hebdo eine deutliche Zunahme der Bewerberzahlen. Während sich 2014 an Werktagen 100 bis 150 Jugendliche für den Militärdienst bewarben, waren es Anfang 2015 bis zu 400 täglich. Nach den Attentaten im November melden sich bis zu 1.500 Freiwillige täglich.[1083] In ganz Europa reagierten Regierungen auf die Anschläge mit besonderen Sicherheitsvorkehrungen, um die Terrorgefahr deutlich zu veranschaulichen.[1084] → 10 Punkte.

#10 (Zusätzliche Indizien): Laut offiziellen Berichten sollen sich sechs von acht mutmaßlichen Täter der Anschläge in die Luft gesprengt haben. Wenn dies tatsächlich der Fall gewesen ist, würde dies auf eine tiefe religiöse Motivation hinweisen. Aber die Behauptung ist aus folgenden Gründen nicht glaubhaft:

- Die mutmaßlichen Täter waren nicht für religiösen Fanatismus, sondern als Kleinkriminelle bekannt, die mit Drogen handelten und ihre Zeit in Kneipen verbrachten.
- Nichts ist über eine Obduktion ihrer Leichen bekannt. Es wurde nicht berichtet, wo, wann und wie ihre Leichen identifiziert wurden.
- Es wurde nicht nachgewiesen, dass unbeteiligte Dritte durch Sprengungen gestorben sind.
- Die Behörden erklärten nicht, wer die Frau gewesen war, die von Augenzeugen mit den Tätern gesichtet wurde.[1085]
- Die Behörden erklärten nicht, warum die Polizei fast drei Stunden wartete, um gegen die Täter vorzugehen.[1086]
- Die Behörden erklärten nicht, wie die Verhandlungen der Polizei mit den Tätern abgelaufen und warum sie gescheitert sind.[1087]

- Die Behörden entkräfteten nicht die Mutmaßung des Kommandoleiters, dass die Täter unter Einfluss von Drogen standen.[1088]
- Es gibt keine eindeutigen Aussagen von Augenzeugen über den Suizid der mutmaßlichen Täter. Es ist sogar erstaunlich, dass zwei der mutmaßlichen Täter, die mehr als zwei Stunden zwölf Geiseln in einem Raum im Bataclan in ihrer Gewalt hatten und keinen von ihnen angriffen, nach dem Eintreffen der Polizei aus dem Raum verschwanden, ohne sich in die Luft zu sprengen.[1089] → 10 Punkte.

Ergebnis: 80 Punkte. Die Pariser Anschläge vom 13. November 2015 waren sehr wahrscheinlich eine verdeckte Staatsoperation.

ANHANG G10

Bewertung der Anschläge in Nizza, 14. Juli 2016

Vorbemerkung: Die Befunde in diesem Abschnitt basieren teilweise auf der hervorragenden Vorarbeit von Richard K. Breuer und woodybox.

Die offizielle Darstellung der Ereignisse von Nizza: Am Abend des 14. Juli 2016 befanden sich im Rahmen der Feierlichkeiten zum französischen Nationalfeiertag etwa 30.000 Menschen auf der Strandpromenade von Nizza, um von dort aus ein Feuerwerk zu beobachten. Gegen 22:45 Uhr fuhr ein Attentäter mit einem großen weißen Lkw auf die für den Verkehr gesperrte Strandpromenade und versuchte auf einer Strecke von etwa zwei Kilometern, so viele Menschen wie möglich zu überfahren. Er soll in der Nähe des Hotels Negresco mehrfach auf drei Polizisten geschossen haben. Nach etwa 300 Meter blieb der Lkw stehen. Die Polizei soll den Fahrer durch Schüsse tödlich getroffen haben. Er wurde *auf dem Beifahrersitz* tot aufgefunden.[1090] Im Lkw wurden unter anderem eine Pistole des Kalibers 7,65 mm, Patronenhülsen und unbenutzte Patronen, mehrere Gewehr-Attrappen sowie eine nicht funktionsfähige Granate gefunden, ebenso ein eingeschaltetes Mobiltelefon sowie sein Führerschein und seine Kreditkarte. Bei dem Anschlag wurden 85 Menschen aus 21 Nationen getötet und mehr als 300 weitere zum Teil schwer verletzt. Der Täter wurde als Mohamed Salmene Lahouaiej Bouhlel identifiziert. Nach Angaben der ermittelnden Behörden war er als Kleinkrimineller polizeilich bekannt und wenige Monate vor dem Attentat wegen einer gewalttätigen Auseinandersetzung zu einer 6-monatigen Bewährungsstrafe verurteilt worden. Lahouaiej Bouhlels Vater berichtete, dass sein nichtreligiöser Sohn früher wegen psychischer Probleme ärztlich behandelt worden sei. Seit 2005 lebte er in Frankreich und besaß eine gültige Aufenthaltserlaubnis.

#1 (Bekennermeldung): Der Täter hinterließ kein Bekennerschreiben und stellte keine Forderungen. Keine authentische Organisation bekannte sich zu der Tat. Der Vizedirektor der Redaktion von *Paris Match*, Régis Le Sommier, „twitterte" um Mitternacht, dass der „Islamische Staat" sich zum Anschlag in Nizza bekannt habe. David Thomson erwiderte innerhalb von 30 Minuten auf Twitter, dass der IS sich „zur Zeit" noch nicht zur Tat bekannt habe. Le Sommier betonte um 01:25 Uhr nachts, dass ihm die Bekennermeldung als sehr „offiziell" erschien, sonst hätte er darüber nicht berichtet.[1091] Ob es sich hier um ein politisches Spiel gehandelt hat, um die Glaubwürdigkeit von David Thomson als eines kompetenten Begutachters von IS-Meldungen zu erhärten, sei dahingestellt. Einen Tag später meldete sich wieder David Thomson mit einem „wahren" Bekennerschreiben des Islamischen Staates. Die dem Islamischen Staat „nahestehende Agentur Amaaq", die sich ihrerseits auf eine „Sicherheitsquelle" berief, beschrieb Mohamed Bouhlel als „ein Soldat des Islamischen Staates."[1092] Wie üblich, konnte Rita Katz, Leiterin von SITE Intelligence Center bei Washington – die anscheinend gute Kontakte zum Islamischen Staat pflegt – sofort von der jubelnden Reaktion der Dschihadisten zu den Anschlägen in Nizza berichten:

Von der dubiose Rolle von SITE und der fiktiven Gestalt von Amaaq (oder Amaq oder Amak) war bereits im Kapitel 14 Abschnitt 2 die Rede. → 10 Punkte.

#2 (Tod des oder der Täter): Der Lastwagenfahrer wurde von der Polizei erschossen. Damit wurde der französische Staat von der Pflicht befreit, die Tatumstände und die Motive des Täters in einem Gerichtsverfahren festzustellen. Keine Abbildung des Lastwagenfahrers während der Fahrt oder nach seiner Tötung wurde veröffentlicht. → 10 Punkte.

#3 (Platzierung oder Manipulation von Beweisen):

(a) Anfänglich berichtete Christian Estrosi, Präsident der Region Provence-Alpes-Côte d'Azur und ehemaliger Bürgermeister von

Nizza (von dem noch häufiger die Rede sein wird), dass im Lastwagen „schwere Waffen“[1093] bzw. „ziemlich mächtige und betriebsbereite Waffen“ gefunden wurden.[1094] Später berichtete die Polizei, dass sie im Lastwagen nur „eine funktionsunfähige Granate und Feuerwaffen-Attrappen“ gefunden hatte.[1095] Laut *Die Zeit* fanden die Beamten in dem Lastwagen „eine automatische Pistole vom Kaliber 7.65, ein Magazin mit 75 Patronen und eine weitere automatische Pistole, dazu zwei Sturmgewehre und eine Handgranate, [...] ein Handy, einen Führerschein und eine Bankkarte.“ Laut *NZZ* wurde im Lastwagen auch ein Pass gefunden.[1096] Es gab keine Erklärung für dieses merkwürdigen Sammelsurium von bizarren Beweisen. Islamistische Terroristen hinterlassen angeblich oft Personalausweise am Tatort, um den „Ungläubigen“ die Ermittlungsarbeit zu erleichtern (9/11, London, Charlie-Hebdo und Bataclan lassen grüßen).

(b) Laut *Daily Mail* soll die Familie von Mohammed Bouhlel in Tunesien von ihm unerwartet eine Überweisung von ungefähr 100.000 € vor den Anschlägen erhalten haben. Das Geld soll von einem Freund persönlich überbracht worden sein. Sein Bruder Jabeur erklärte am 17. Juli, dass die Nachricht der *Daily Mail* erfunden sei. Er fügte hinzu, dass sein Bruder zwei Stunden vor den Anschläge telefoniert hätte und erzählte, dass er an den Feierlichkeiten zum 14. Juli teilnehme.[1097]

(c) Als Beweise für Bouhlels mutmaßliche Planung der Anschläge erklärten die Ermittler, dass auf seinem Handy Fotos von den Feierlichkeiten zum 14. Juli des vorigen Jahres in Nizza gefunden worden seien. Staatsanwalt François Molins berichtete seinerseits, dass am 25. Mai 2015 Bouhlel ein Foto von einem Beitrag über die Droge Captagon auf seinem Handy gespeichert hatte. Diese Droge würde oft von Dschihadisten in Syrien und Irak benutzt, erklärte er.[1098] Die Polizei soll auch auf seinem Computer Bilder von Leichen, von Osama bin Laden, Mokhtar Belmokhtar, von einer Fahne des Islamischen Staates, eine Titelseite der Zeitschrift Charlie Hebdo und Links zu dschihadistischen Webseiten gefunden haben.[1099]

Er soll sich acht Tage vor den Anschlägen einen Bart habe wachsen lassen.[1100] Hatte ihn jemand beauftragt, als Islamist bei seiner Tat in Erscheinung zu treten, oder waren diese Geschichten erlogen?

Es sei daran erinnert, dass Bouhlel keine Moscheen besuchte, den Ramadan nicht einhielt, Drogen einnahm, Schweinefleisch aß und ein wildes Sexleben mit beiden Geschlechtern betrieb.[1101] So liegt es nahe, dass zumindest ein Teil der gefundenen Gegenstände von der Polizei platziert oder die Geschichte der gefundenen Gegenstände erfunden wurde, um eine Legende des „Islamisten" Bouhlel zu konstruieren, da sonst seine mutmaßliche Tat nicht nachvollziehbar und politisch unbrauchbar gewesen wäre. Bei der Durchsuchung seiner Wohnung war nur die Polizei anwesend.[1102] → 5 Punkte.

#4 (Verehrung des oder der Täter): Die Straftat wurde weder von seiner Familie, Freunden oder seiner Umgebung begrüßt. Laut *Le Parisien* soll ein nicht identifizierter „Islamist" mit einem langen Bart und mit einem Turban bedeckt erklärt haben: „Wir freuen uns auf den Anschlag in Nizza." Dieses Bekennervideo wurde von der berüchtigten US-amerikanischen Firma SITE Intelligence Center „beglaubigt" und verbreitet.[1103] → 10 Punkte.

#5 (Altbekannter der Polizei): Der Polizei war Bouhlel seit langem bekannt. Es wurde schon fünfmal zwischen 2010 und 2016 gegen ihn wegen banaler Straftaten – wie Diebstahl, Drogendelikten, Gewalttaten und Nötigung – ermittelt.[1104] Die Behörden betonten, dass er nicht als Islamist bekannt war.[1105] → 5 Punkte.

#6 (Öffentliche Untersuchung): Eric Ciotti, Abgeordneter des Department Alpes-Maritimes[1106] und die Partei der Republikaner (Les Républicains)[1107] fordern eine parlamentarische Untersuchung, die sich allerdings nur auf mutmaßliche Sicherheitspannen konzentrieren soll. Keine französische Partei oder Vereinigung hat bisher eine *vollständige* und *transparente* Aufklärung der Ereignisse gefordert. → 10 Punkte.

#7 (Verschleierung, Unterdrückung von Fakten):

(a) Sandra Bertin, Leiterin des Zentrums der städtischen Überwachung (Centre de supervision urbain) in Nizza, beklagte sich öffentlich, dass das französische Ministerium des Inneren sie unter Druck gesetzt hätte, einen Bericht über das Polizeiaufgebot in Nizza am 14. Juli zu fälschen und Aufnahmen aus 140 Sicherheitskameras vom Abend des 14. Juli zu löschen, die die Bewegungen des tödlichen Lastwagens zeigten.[1108] Ob hier eine ehrliche und mutige Polizistin gegen die Verdunkelung agierte, wie sie von manchen Medien vorgestellt wurde, sei dahingestellt, da sie auch sonst nicht sehr präzise mit den Fakten umging. Sie sagte z.B. in einem Interview, dass der Lkw mit 90 km/h auf der Promenade gerast wäre,[1109] ohne zu erwähnen, dass er zumindest teilweise mit weniger als 30 km/h gefahren sei. Damit versuchte sie den falschen Eindruck zu erwecken, dass niemand dem Lkw wegen dessen großer Geschwindigkeit entweichen hätte können. Auch sonst trug sie nur wenig zur Aufklärung des Tathergangs bei.

(b) Die offizielle Darstellung verschweigt, dass eine Anzahl der Opfer von der in Panik geratenen Menschenmenge zertrampelt worden sind. Zu diesem Sachverhalt haben sich mehrere Zeugen geäußert.[1110] Ein TV-Sprecher auf *Europe Nr. 1* erklärte den Zuschauern: "Wir werden [später] erfahren, wer die indirekten Opfer waren, d.h. die Kinder, die wahrscheinlich [...] die Hände ihrer Eltern losließen und leider von der Menschenmenge zertrampelt wurden. Sie erhielten eine andere Art von Verletzungen."[1111] Über die Zahl der durch die in Panik geratene Menge Verletzten und ihren Schicksalen haben sich die Behörden mit keinem Wort geäußert.

(c) Die offizielle Darstellung verschweigt auch die Zahl und die Identität der Personen, die von Schüssen getroffen wurden. Nach Angaben von Christian Estrosi haben ihm Polizeibeamte mitgeteilt, dass aus dem Lastwagen auf die Menschenmenge geschossen wurde.[1112] Ein Zeuge namens Andy McArdy berichtete auf *LBC Radio* in Großbritannien, dass die meisten von denen, die vor seine Augen starben „durch Maschinengewehrfeuer getötet“ wurden. Vom Lastwagen aus, sagte er, wurde entlang der Promenade „den ganzen Weg“ auf Meeres Seite des Fahrzeugs geschossen: „Die Menschen fielen um wie Bowling-Kegel.“[1113] Joëlle Nouvel (60), eine ehemalige Diplomatin äußerte gegenüber der *New York Times*, dass der Fahrer auf die Polizei und auf die Menschenmenge schoss.[1114] Valéry Hache, ein Fotograf von Agence France Presse, berichtete: „Hunderte von Menschen liefen in alle Richtungen. Einige schrien. Andere weinten. ‚Terroristen! Das sind Terroristen! Sie schießen!‘“[1115] Ein junger Arzt des Hôpital Pasteur, der sich nur als Grégoire vorstellten wollte, erzählte, er hätte auch Patienten mit Schussverletzungen behandelt.[1116] Die *Augsburger Allgemeine* berichtete ihrerseits, dass „Passanten [...] durch Schüsse verletzt worden“ sind und dass „[i]m Lastwagen [...] nach ersten Angaben ein Waffenarsenal gefunden“ wurde.[1117]

Ursprünglich berichtete Christian Estrosi, dass *schwere*, *betriebsbereite* Waffen im Lastwagen gefunden worden sind, was die These der Erschießung erhärtet. Diese Nachricht verschwand aber kurz danach und wurde durch eine neue Version ersetzt, nämlich dass ein ganzes Sammelsurium *unbrauchbarer* Waffen im Lastwagen gefunden wurde. Die neue Version wurde von Medien in Windeseile verbreitet, um den Verdacht zu zerstreuen, dass auf die Menschenmenge geschossen wurde.

(d) Der Lkw soll laut *20 minutes* mehrere Stunden vor den Anschlägen in einer engen Seitenstraße in der Nähe der Promenade geparkt haben.[1118] Laut *Daily Express* soll Bouhlel neun Stunden im geparkten Lkw *auf der Promenade* gewartet haben.[1119] Laut Informationen des Staatsanwalts François Molins stieg der Fahrer um 21:32 Uhr in seinen Lastwagen im Bezirk Auriol (“quartier Auriol”) ein,[1120] wo der Lkw geparkt war.[1121] Laut der Regionalzeitung Nice-Matin befindet sich der Bezirk Auriol im östlichen Teil von Nizza.[1122] Auf Anfrage hat mir die Touristenbehörde der Stadt Nizza am 16. September 2016 mitgeteilt, „das Quartier Auriol existiere nicht“! Der

Begriff „quartier Auriol" wird im Internet merkwürdigerweise nur in Beziehung zu dem Ereignis des 14. Juli erwähnt. Es ist erstaunlich, dass niemand die genaue Parkstelle des Lkw herauszufinden versuchte. Ich habe an die Journalistin Aurore Malval bei *Nice-Matin* am 18. September 2016 geschrieben und gefragt, wo sich eigentlich der Bezirk Auriol befinde. Eine Antwort erhielt ich nicht.

Da der Fahrer angeblich seinen Lkw gemäß Videoaufzeichnungen um 21:32 Uhr „im Bezirk Auriol" bestieg und bis 22:30 Uhr aus Sicherheitsvideos verschwunden war, drängt sich die Frage auf, wo sich der Lkw in der Zwischenzeit befand. Warum scheuen sich die Behörden, diesen einfachen Tatbestand zu erklären?[1123]

(e) Erstaunlich und unerklärbar sind die erheblichen Widersprüche über die Zeit des Anschlages. *Nice-Matin*,[1124] *Die Welt*,[1125] und *L'Est Républicain* (Regionalzeitung Nancy),[1126] meldeten, dass der weiße Lastwagen kurz nach 22:30 Uhr auf dem abgeriegelten Teil der Promenade auftauchte und innerhalb von drei Minuten in eine Menschenmenge raste. Auch auf Twitter erschienen die ersten Zeugenmeldungen über den Angriff kurz nach 22:30 Uhr.[1127] Laut einer Chronologie, die die Wochenzeitung *L'Obs* (früher *Le Nouvel Observateur*) am 26. Juli zusammenstellte, soll der Lastwagen in die Promenade genau um 22:32:33 Uhr eingedrungen und um 22:35:47 Uhr zum Halt gezwungen worden sein.[1128] Der ganze Ablauf – mit 85 Toten und mehr als 300 Verletzten – soll also genau 3 Minuten und 14 Sekunden gedauert haben. Laut Ministerialrat Anthony Borré „vergingen [nur] 45 Sekunden zwischen der Zeit, als der mutmaßliche Täter in die verbotene Zone [mit dem Lastwagen] eindrang und bis er erschossen wurde."[1129] Die SWR-Reporterin Janine Konopka meldete in der Tagesschau aus Nizza, dass der Lastwagen seine Todesfahrt ziemlich genau um 22:25 Uhr beendet hätte, also 10 Minuten früher als von anderen Quellen gemeldet.[1130] Sie wurde, übrigens von Le Figaro-TV interviewt, als wäre sie eine zufällige Passantin und behauptete, dass der Lkw ihr erschien, als rase er mit 200 km/h.[1131] Dass weder ihr Name noch ihr journalistischer

Hintergrund erwähnt wurde, ist erstaunlich. Ich bat Frau Konopka schriftlich, ihre Zeitangabe (22:25 Uhr) zu bestätigen und bot ihr an, mich mit ihr zu treffen, bekam aber keine Antwort.[1132]

Einige Medien gaben an, der Angriff hätte sich um 22:45 Uhr geeignet, so z.B. *Le Monde*,[1133] *Le Parisien*,[1134] der Sender *Europe Nr. 1* [1135] und gelegentlich der deutsche Journalist Richard Gutjahr.

Eine ganz andere Zeit meldete am Morgen des 15. Juli um 05:40 Uhr auf *ARD* Richard Gutjahr, der das einzig glaubhafte Video des fahrenden Lastwagens gedreht hatte. Er sagte, er hätte das Fahrzeug „kurz nach 23:00 Uhr" gefilmt.[1136] In einer späteren Sendung am selben Tag präzisierte er: „Es war genau 23 Uhr und 7 Minuten. Das Feuerwerk war gerade zur Ende gegangen." Die Zeitangabe „gegen 23 Uhr" wurde von zahlreichen Medien angegeben, u.a. vom *BBC*,[1137] *Ouest-France*[1138] und *Le Figaro*.[1139] Die Redaktion der Süddeutschen Zeitung ihrerseits veröffentlichte folgende Anmerkung: „In einer früheren Version hieß es, dass Richard Gutjahrs Video in Nizza um kurz nach 23 Uhr gefilmt wurde. Richtig ist: Das Video wurde kurz nach 22:30 Uhr gedreht. Der Artikel wurde entsprechend aktualisiert."[1140] Richard Gutjahr selbst hat diese Korrektur nicht bestätigt.

Merkwürdigerweise gibt es keine offizielle Chronologie über den Ablauf der Ereignisse in Nizza. Die französischen Behörden haben bis heute nicht die genaue Zeit des Anschlages feststellen wollen. Die hier angeführten Widersprüche können kaum einem Irrtum zugeschrieben werden, denn eine genaue Bestimmung der Tatzeit – bis auf die Sekunde genau – hätte von Behörden und Journalisten sehr leicht festgestellt werden können.[1141] Soweit bekannt ist, haben weder Richard Gutjahr noch Janine Konopka ihre ursprünglichen und widersprüchlichen Zeitangaben zurückgezogen. Haben sich hier vielleicht zwei unterschiedliche Ereignisse abgespielt, deren Vertuschung politisch gewollt ist?

(f) Wenn Menschen bei Terroranschlägen sterben, darf man davon ausgehen, dass die Angehörigen die genauen Umstände des Todes ihrer Geliebten wissen wollen. Wenn der Staat aber die Wahrheit über die Ereignisse vertuschen will, stellt der natürliche Wunsch der Angehörigen nach der Wahrheit ein Problem dar. Dieser Wunsch wird üblicherweise durch Bestechung reduziert bzw. unterdrückt. Die „Großzügigkeit“ der US-amerikanischen Behörden gegenüber den Angehörigen der Opfer von 9/11 und die Beförderung von führenden Militärs, die die Sicherheit der USA am 11. September 2001 *nicht* verteidigten, zeigt, wie eine Regierung die Schweigsamkeit von Terroropfern kauft (siehe Kapitel 10). Aus den Reihen der US-amerikanischen Angehörigen hat es kaum jemand gewagt, die öffentliche Darstellung des 9/11 in Frage zu stellen.

Hat sich etwas Ähnliches in Bezug auf Nizza ereignet? Das scheint der Fall gewesen zu sein. Schon am Morgen des 15. Juli, noch bevor die Ermittlung begonnen hatten, lobte Frankreichs President François Hollande die französischen Sicherheitskräfte – die einen tödlichen Lkw auf der Promenade durchließen – weil sie „alle erforderlichen Maßnahmen zum Schutz der Feuerwerkschau trafen.“[1142] Mit verlockenden Entschädigungssummen wird das Schweigen der Angehörigen der Opfern erkauft. Zahlungen sollen zweistellige Millionensummen („des dizaines de millions d'euros“) erreichen, sagte in Mai 2016 Guillaume Clerc vom FGTI („Fonds de garantie des victimes des actes de terrorisme“), damals in Bezug auf die Terroranschläge bei Charlie-Hebdo und Bataclan.[1143] Das Verfahren zur Bestimmung der Auszahlung ist weder einheitlich noch transparent. Jeder Antrag wird individuell bearbeitet und entschieden. Die endgültige Summe ist oft das Resultat einer intensiven Verhandlung, in der Anwälte involviert sind.[1144] Damit besitzt der Staat wirksame Mittel, um das Schweigen jener zu gewährleisten, die potentiell die öffentliche Darstellung der Ereignisse in Frage stellen könnten. Da das Verfahren einige Jahre dauern kann, ist es im Interesse der Angehörigen, keine Fragen zu stellen und keine Aufklärung zu fordern. → 10 Punkte.

#8 (Vorherwissen): Wie bereits erwähnt, hatte Richard Gutjahr die einzige, veröffentlichte und glaubhafte Videoaufnahme des fahrenden Lastwagens gedreht. Diese wurde weltweit in Fernsehsendungen gezeigt und befindet sich auf zahlreichen Webseiten und auf Youtube. Er selbst wurde mehrmals von Leitmedien über seine Erlebnisse in Nizza interviewt. Verblüffend ist, dass es gerade einen Journalisten (Richard Gutjahr), der zufällig in Nizza Urlaub machte, gelungen war, den Lastwagen beim Vorbeifahren zu filmen. Hier ist seine eigene Erklärung dafür:

> Ich stand auf dem Balkon meines Hotelzimmers. Das Feuerwerk zum Nationalfeiertag war gerade vorüber. Plötzlich rollte ein weißer Lkw vorbei. Das passte nicht ins Bild, denn die Straßen waren für alle Fahrzeuge gesperrt. Der Lastwagen fuhr sehr langsam, einige Leute haben gebrüllt. Es wirkte eigenartig, deshalb habe ich angefangen, mit meinem Handy zu filmen. Ein Motorradfahrer fuhr an den Lkw heran und versuchte vergeblich, während der Fahrt die Fahrertür zu öffnen. Das war wie in einem Kinofilm. An der Kreuzung haben Polizisten das Feuer eröffnet, dann hat der Fahrer Gas gegeben und die ersten Menschen überfahren. Ob wegen der Schüsse oder ob er es genauso geplant hat, kann ich nicht beurteilen. Das wäre Spekulation.[1145]

Er sagte auch: „Den ganzen Donnerstag [14. Juli] über fuhren hier Fahrzeuge von Polizei, Feuerwehr und Militär durch die Straßen. Es war ein Riesenspektakel. Daraus ist am späten Abend schrecklicher Ernst geworden.“[1146] Waren Polizei, Feuerwehr und Militär auf ein Ereignis vorbereitet?

Ob Richard Gutjahr etwas ahnte, sei dahingestellt. Es ist aber bemerkenswert, dass er immer im richtigen Moment am richtigen Ort auftaucht. Er flog Ende Januar 2011, ohne Auftrag einer Zeitungsredaktion von seinem zweiten Wohnort Tel Aviv nach Kairo,[1147] um über den CIA-finanzierten Aufstand am Tahrir-Platz zu berichten.[1148] Er war auch bei den Anschlägen in München am 22. Juli 2016 an Ort und Stelle. Auch seine Tochter Thamina Stoll hatte Glück. Ihr gelang es, die fliehenden Menschen aus dem OEZ während des Münchner Anschlages zu filmen und ihre Aufzeichnung an die Weltmedien zu verkaufen.[1149]

War es auch ein Zufall, dass mindestens 18 Journalisten in Nizza Urlaub machten, die meisten von ihnen am Tatort während des Anschlages sich befanden und über den Anschlag berichten konnten? Es waren: Adrian Brijbassi (kanadischer Journalist);[1150] David Coady (*ABC-Australia*, *NPR*);[1151] Susanne Freitag (ZDF);[1152] Joakim Frøsig-Andersen (dänischer Journalist);[1153] Richard Gutjahr (deutscher Journalist);[1154] Robert Holloway (*Agence France Presse*);[1155] ein weiterer, nicht identifizierter Korrespondent von *Agence France Presse*;[1156] Anna Kessler (*Bild Zeitung*);[1157] Janine Konopka (*SWR*);[1158] Michaël Lefèbvre (*RTL*);[1159] Fatima Manji (*Channel 4 News*);[1160] Alain Marschall (*BMF-TV*);[1161] Marie-Estelle Pech (*Le Figaro*);[1162] Yohan Roblin (*LCI / TF1*);[1163] Karin Senz (*SWR*);[1164] Ben Terry (ohne Angabe);[1165] Maryam Violet (iranische Journalistin).[1166] Damien Allemand (Nice Matin).[1166b] Was trieb sie alle nach Nizza gerade an diesem Tag? Wann haben sie sich entschieden, nach Nizza zu fahren? Wurden sie von ihren Redaktionen dahin geschickt? Ihr Schweigen darüber ist beunruhigend.

Die angeführten Zufälle deuten auf eine Erwartung eines Ereignisses seitens der Polizei und der Medien hin. → 10 Punkte.

#9 (cui bono): Frankreichs Staatspräsident François Hollande behauptete innerhalb von vier Stunden, als noch keine Indizien einer Verschwörung vorlagen, dass die "terroristische Eigenschaft der Ereignisse nicht bestritten werden kann."[1167] Der Staatsanwalt Molins sagte seinerseits, dass die Aktion "ganz genau den ständigen Aufrufen der islamistischen Organisationen zur Ermordung [der Ungläubigen] entspricht."[1168] Diese Äußerungen zeigen, wie die Politik die Richtung der Ermittlung bestimmte.

Kurz nach der Tat fällten die französischen Behörden radikale Entscheidungen. So wurde der Notstand in Frankreich sofort um drei Monate verlängert.[1169] Es dauerten keine fünf Stunden seit dem Angriff, da erklärte François Hollande bereits:

> Nach Paris im Januar 2015 und Saint-Denis im November letzten Jahres hat es nun Nizza getroffen. Ganz Frankreich ist vom islamistischen Terror bedroht. [...] Daher habe ich auf Vorschlag des Premierministers und gemeinsam mit den betroffenen Ministern – Verteidigung und Inneres – beschlossen, die Operation Sentinelle, im Rahmen derer 10.000 Soldaten zusätzlich zu den Gendarmerie- und Polizeikräften im Einsatz sind, weiter auf hohem Niveau zu halten. [...] Ich habe ferner beschlossen, zur Entlastung der Polizei- und Gendarmerie auf die zur Verstärkung sofort verfügbare Truppenreserve zurückzugreifen, das heißt auf all diejenigen, die bereits als Soldat gedient haben oder bei der Gendarmerie tätig gewesen sind. [...] [W]ir werden unser Vorgehen in Syrien und Irak noch verstärken.[1170]

Noch bevor Hollande seine Rede an die Nation hielt, meldete sich Jean-Marie Le Pen, Gründer des Front National, zu Wort: „Über Krieg zu sprechen ist nicht genug, wir müssen jetzt alle Mittel des Krieges einsetzen. Die französische Nation ist in ihrer Existenz durch den islamistischen Terrorismus bedroht."[1171] Dabei waren zumindest die Hälfte der Opfer in Nizza keine Franzosen und ein Drittel von ihnen waren Muslime.[1172]

François Fillon, ehemaliger Premier Frankreichs sprach von einer „neuer Art eines Weltkrieges", in welchem der „Totalitarismus des Islamischen Staates" mit allen Mitteln bekämpft werden müsste.[1173] Ähnlich äußerte sich der Präsident der Republikaner Partei, Nicolas Sarkozy.[1174]

In nicht so schrillen Töne wie Le Pen, aber inhaltlich noch ominöser, warnte der französische Premier Manuel Valls, dass die Nation noch lange mit einer ständigen Bedrohung des Terrorismus leben müsse: „Terrorismus wird Teil unseres täglichen Lebens für eine lange Zeit bleiben“, versprach er.[1175] Damit sollte die Bevölkerung auf die „Terrorgefahr“ eingestimmt werden und den Abbau der Freiheiten leichter verdauen.

Eine ganz andere Erklärung bot der US-amerikanische Publizist Paul Craig Roberts: Die Urheber der Anschläge in Paris und Nizza seien die USA und ihre Verbündeten innerhalb Frankreichs, die sich über die Unabhängigkeitsbestrebungen der Regierung Hollande gegenüber den USA Sorgen machen.[1176] Es wäre nicht das erste Mal, dass die USA Unabhängigkeitsbestrebungen einer fremden Regierung durch verdeckte und mörderische Operationen zu vereiteln versuchen.[1177] Daher scheint Roberts Erklärung insoweit plausibel. James Comey, Direktor des FBI, warnte seinerseits bei einer Anhörung vor dem Heimatschutz-Ausschuss des Repräsentantenhauses am Tag der Anschläge von Nizza, dass sich die Söldner des Islamisches Staates für den voraussichtlichen Zusammenbruch ihres Kalifats in Irak und in Syrien auf die Errichtung einer „Diaspora“ des Terrors, hauptsächlich in Europa, vorbereiten.[1178] Da islamistische Söldnertruppen seit mehr als 30 Jahren eine wichtige, aber verdeckte Rolle in der Außenpolitik der USA spielen (Afghanistan, Irak, Tschetschenien, Bosnien, Kosovo), stellt sich die Frage, ob die USA nun europäische Länder durch den Einsatz ihrer islamistischen Söldner destabilisieren wollen.

Da der Sicherheitsrat internationalen Terrorismus als „eine der ernsthaftesten Bedrohungen des Friedens und der Sicherheit“ definierte (siehe Kapitel 13) und die Bekämpfung dieser Fiktion zu einem seiner Hauptziele erkoren hat, gaben die Ereignisse in Nizza dem Rat eine erneute Gelegenheit, diese verlogene Legende aufzuwärmen. Am 15. Juli hielt der UN-Sicherheitsrat zu Beginn seiner Sitzung eine Schweigeminute im Andenken der *84 Opfer* von Nizza ab. Bei dem Treffen ging es eigentlich um die Lage im Irak.[1179] Für die *mehr als eine Million* Opfer der Wirtschaftssanktionen und Kriege im Irak – die von der Terrormacht USA ausgingen – fand der Rat bis heute keine Zeit für eine Schweigeminute. → 10 Punkte.

#10 (Zusätzliche Indizien):

(a) Einige Augenzeugen sprachen von zwei bzw. mehreren Tätern. Um 23:50 Uhr meldete *Le Figaro*, dass laut einem ihrer Journalisten es bereits 40 Tote in Nizza gäbe, dass ein Verdächtiger erschossen wurde, und dass *die Schützen* auf der Flucht seien. *Le Dauphiné* meldete um 02:38 Uhr nachts, dass Zeugen im Sender *BFM-TV* von zwei oder drei Schützen berichteten, die auf die Menschenmenge zielten.[1180] Baï Parchoev aus Russland sagte, er verstehe nicht, warum man von nur einem Terroristen spricht: „Es waren zwei! Der eine fuhr den Lastwagen, der andere, auf dem Beifahrersitz, schoss."[1181] Eine Anwohnerin „versicherte" dem Internet-Nachrichtensender *20 Minutes*, dass sie und ihre Kinder am Abend des 14. Juli zwei Männer „beim Lastwagen" gesehen haben. Einer von ihnen hätte den Lastwagen geparkt und sich mit einem Fahrrad entfernt. Der zweite soll dann das Steuer des Lastwagens übernommen haben, *als die Feuerwerkschau in Nizza losging*. Die Frau soll von der Polizei vernommen worden sein.[1182]

Im Internet kursiert ein Video, auf welchem man sehen kann, wie jemand an der hinteren Seite des Lastwagens auf dem Boden liegt, von Polizeibeamten geschlagen und dann wegtransportiert wird.[1183] War dieser Mann einer der Täter?

Die Behörden verwerfen reflexartig, was sie als unbewiesene Gerüchte auf Sozialen Netzwerken bezeichnen. Das mag unter Umständen stimmen.[1184] Staatsanwalt François Molins erklärte auf seiner Pressekonferenz am 15. Juli ganz entschieden, dass nur ein Mann in dem 19-Tonnener geortet wurde.[1185] Das genügt allerdings nicht, um die Indizien von mehreren Tätern zu entkräften.

(b) Über den Einsatz von Rettungsfachpersonal berichteten die Medien sehr einsilbig. Mir ist es z.B. nicht gelungen herauszufinden, *wann* die Krankenwagen am Tatort ankamen. Vincent-Xavier Morvan, Journalist bei *Le Figaro*, meldete am 15. Juli um 08:52 Uhr morgens aus Nizza, dass die Leichen immer noch auf der Promenade lägen. Die Angehörigen der Todesopfer hätten aber noch keinen Zugang zu den Leichen.[1186] Richard K. Breuer erklärte in einer hervorragenden Analyse der Anschläge, wie sich eine Katastrophenbewältigung nach einem „Massenfall" abspielt.[1187] Darüber schrieb er u.a.

> Bei einem Massenanfall werden genau festgelegte Alarmierung- und Einsatzpläne für die Einsatzkräfte abgerufen. Es bildet sich eine Einsatzleitung, die die Koordination übernimmt und notwendige Ressourcen zuteilt.[1188]

Tatsächlich wurde ein Massenanfall in Nizza in März 2016 mit Erfolg geübt.[1189] Wären die Anschläge in Nizza, so wie sie offiziell dargestellt werden, abgelaufen, müsste die Katastrophenbewältigung nach einem vorgeschriebenen und geübten Szenario ausgeführt worden sein. Davon war weit und breit nichts zu merken.

Bei einem Massenanfall, so Richard K. Breuer, muss

> [i]n der Regel [...] der Arzt innerhalb von wenigen Minuten zu einer Diagnose kommen und den Verletzten in die Kategorie *Rot* (akute Bedrohung/Sofortmaßnahme), *Gelb* (schwer verletzt/aufgeschobene Behandlung), *Grün* (leicht verletzt/spätere ambulante Behandlung) und *Blau* (ohne Überlebenschance/abwartende bzw. betreuende Behandlungsdringlichkeit) einteilen. Damit diese Einteilung nicht im Chaos untergeht [...], werden *Verletztenanhängekarten* ausgefüllt und an den unteren Extremitäten der Verletzten befestigt. [...] Ein Terroranschlag unterscheidet sich für die Notfall- und Katastrophenmedizin nicht von einem Zug-, Flugzeug- oder Schiffsunglück.[1190]

Niemand hat darüber berichtet, dass solche Anhängekarten bei Verletzten und Leichen gesichtet wurden. Auf den Abbildungen der bedeckten Leichen kann man auch keine solche Karten sehen.

Zeugen berichteten, dass Verletzte und Leichen in Hotellobbys gebracht wurden. Janine Konopka sagte auf *SWR*, dass sie und ihre Mutter in einem Restaurant sich verschanzten und dass "die ganzen Verletzten, Schwerverletzten plus Tote alle dort untergebracht wurden." Ein Mitarbeiter soll ihr gesagt haben, das Restaurant gliche einer Leichenhalle. Die Diskothek *High Club* wurde schnell zu einem Feldlazarett umfunktioniert. Laut Eve, einer Bardame im *High Club*, wollte die Feuerwehr "das *High* als Spital errichten." Sie sagte, sie hätte mitgeholfen, medizinisches Material und Bahren aus dem Lastwagen der Feuerwehr zu entladen. Das erste Stockwerk soll den Toten und das Erdgeschoss den Verletzten zuordnet worden sein.[1191] Laut *BFM-TV* sollen die Betten sogar durch Vorhänge separiert worden sein.[1192] Man dürfte wohl damit rechnen, dass die Aufstellung eines solchen Feldlazaretts einige Zeit beansprucht hatte. Die Feuerwehr kannte allerdings die Räumlichkeiten des Lokals, da die Feuerwehrleute drei Tage zuvor, am 11. Juli, ihre Jahresfeier darin abhielten.[1193] Zufall? Dem entgegen berichtete eine andere Quelle, dass die Leichen der Opfer von der Promenade erst am nächsten Morgen entfernt worden sind.[1194]

Breuer stellte darauf berechtigte Fragen:

> [W]er hat [die Schwerverletzte zum ‚Feldlazarett' gebracht? Mit welchen Hilfsmitteln? Unter Aufsicht eines Notfallarztes? Und wer hat die Patientenströme koordiniert, die Daten der Verletzten aufgenommen? Und was ist mit jenen, bei denen die Notfallmediziner den Verdacht auf eine Wirbelsäulenverletzung hatten? Dann hätte es sechs Helfer (!) und spezielle Hilfsmittel wie Schaufeltrage und Vakuummatratze gebraucht. Ich erwähne es nur deshalb, damit Sie verstehen, dass Laien Verletzte nicht einfach irgendwohin schleppen können.[1195]

Weil es sich hier um ein Verbrechen handelte, so Breuer weiter,

> müsste die Polizei den Schadensort in Arbeitssektoren

> einteilen, die Opfer dokumentieren, fotografieren, forensisch untersuchen und evtl. Leichenteile registrieren und mittels Nummern zuordnen. Ist das zeitnah geschehen? Nope. Man hat nur gleich mal Tischtücher über die (vermeintlich) Toten geworfen. Ist der Tatort gesichert worden? Nope. Die Fotos zeigen Laien, die untätig herumstehen oder telefonieren oder fotografieren oder filmen oder auf Zuruf durchs Bild laufen.[1196] Und die Polizei steht daneben.[1197]

In der Regel muss ein Arzt den Tod einer Person feststellen. Ausnahmsweise darf Rettungsfachpersonal den Tod dann bestimmen, wenn bei den Opfern eindeutige Todesmerkmale gesichtet wurden, u.a. kräftige Totenflecken, Fäulnis, Totenstarre und mit dem Leben gänzlich unvereinbare Verletzungen (z.B. Enthauptung, Durchtrennung der Wirbelsäule im Halsbereich, vollständige Durchtrennung des Körpers, weitgehende Zerstörung des Gehirns).[1198] Wann und von wem wurde der Tod der mehr als 80 Opfer bestimmt? Welche Versuche der Wiederbelebung wurden an Ort und Stelle vorgenommen und von wem? Es ist merkwürdig, dass weder die Öffentlichkeit noch die Angehörigen der Opfer über diese aufwändigen Handlungen informiert wurden. Schon bevor Ärzte ankamen, wurden Leichen mit weißen Tüchern bedeckt.[1199] So soll z.B. Loïc Meccati, schon um 22:53 Uhr, also gerade 20 Minuten nach dem Angriff, mehr als sieben mit weißen Betttüchern bedeckte Leichen gesichtet haben.[1200] Wer maßte es sich an, Opfer ohne Genehmigung zu bedecken, bevor sie von einem Arzt für tot erklärt wurden?

Ein Zeuge namens Julien Chauvel (35) sagte dem Sender *20-Minutes* am 15. Juli etwas ganz Seltsames: „Ich sah einen zerdrückten Kopf, zerquetsche Torsos. Aber das ganze schien mir unecht. Ich hatte den Eindruck, es handele sich um Marionetten ("mannequins, des poupées désarticulées."), wie Spezialeffekte in einem Film. Es gab fast kein Blut." Die Toten und die Verletzten seien alle bewegungslos gewesen. "Ich habe den Blick einer Person gesehen, die noch am Leben und mit weit offenen Augen erschien, aber sich nicht bewegte", sagte er.[1201] Er war übrigens nicht der Einzige, der von „Marionetten“ sprach und die Szene mit einem Film verglich. Wie soll man diese Beschreibung verstehen?

Christian Estrosi erklärte um 01:10 Uhr, dass *Strandpächter* zuerst am Ort der Tat eintrafen. Sie sollen die Verletzten mit Wasser versorgt und *Servietten* hingelegt haben, „wo keine Hoffnung mehr bestand.“[1202] Hat jemand die Strandpächter ermächtigt, den Tod von Menschen festzustellen und sie dann zu bedecken? Oder waren es keine echte Strandpächter?

(c) Die übereilten Meldungen über die Zahl der Toten ist auch verblüffend, denn es dauert normalerweise einige Zeit, bis der Tod von dutzenden Personen von zuständigen Fachkräften festgestellt werden kann. Wiederbelebungsversuche benötigen Zeit. Christian Estrosi twitterte schon um 23:25 Uhr, also höchstens 50 Minuten nach dem Anschlag: „Werte Bürger von Nizza, der Fahrer eines LKWs hat allem Anschein nach *Dutzende Tote* verursacht. Bleiben Sie vorerst zu Hause.“ Um 23:54, erklärte Sebastian Humbert, stellvertretender Präfekt des Department Alpes-Maritime im Sender *BFM-TV*, man befürchte ungefähr 30 Tote und 100 Verletzte.[1203] Vierzehn Minuten später, um 00:08 Uhr, sprach die Staatsanwaltschaft von Nizza von zirka 60 Toten, „fast alle“ in Beziehung zum rasenden Lastwagen stehend,[1204] wobei unterstellt wurde, dass einige aus „anderen“ Gründen gestorben seien. Es handelte sich hier entweder um eine verblüffend schnelle *Feststellung des Todes* von 60 Personen, *ihrer Todesursachen* und die *Weiterleitung der Befunde* an die Staatsanwaltschaft – alles innerhalb einer Stunde – oder die vorsätzliche Verbreitung von unwahren Tatsachen. Um 03:12 wurde schon von 80 Toten berichtet.[1205]

(d) Der Chirurg Prof. Nicolas Venissac erzählte einem Journalisten von *Le Monde,* er staune über die „außergewöhnlich“ niedrige Zahl von Verletzten im Vergleich zur Anzahl der Toten.[1206] Ähnlich äußerte sich Patrice, ehemaliger Polizeibeamter und Augenzeuge. Laut *Libération* befand sich Patrice am Tatort kurz nach 23:00 Uhr. Er sagte gegenüber der Zeitung: “es gab mehr Leichen als Verletzte.“[1207] Trotz der großen Zahl von Anwesenden, davon Tausende Besitzer von Smartphones, gibt es nur sehr wenig Abbildungen von Verletzten, dagegen viele Abbildungen von *bedeckten* Leichen. Die *Süddeutsche Zeitung* erklärte diese Umstände folgendermaßen: „Von den Opfern gibt es nur wenige Bilder. Ein Grund dafür dürfte sein, dass fast alle Augenzeugen den Tatort rasch verlassen haben. Die Polizei - die wegen des Feuerwerks bereits am Ort war - sperrte das gesamte Gebiet schnell ab.“[1208]

Die Äußerungen von Prof. Venissac und Patrice stehen im Widerspruch zu den offiziellen Zahlen der Verletzten, die sich allmählich – und aus unerklärlichen Gründen –vervierfachte: Um 00:25 Uhr (15. Juli) erklärte Sebastian Humbert, Präfekt des Department Alpes-Maritime, man befürchte etwa 100 Verletzte. Um 17:45 Uhr sprach Staatsanwalt François Molins in einer Pressekonferenz von 202 Verletzten, von denen 52 auf der Intensivstation und 25 von diesen sich im künstlichen Koma befänden. Am 5. August 2016 meldete *Le Monde* die Zahlen von 85 Toten und 434 Verletzten.[1209] Für die vierfache Steigerung der Anzahl der Verletzten gab es keine Erklärung.

(e) Es ist erstaunlich, dass die Medien vom Tod von vielen der Opfer nicht von ihren Familien, sondern von politischen Behörden, Universitätssekretariaten oder religiösen Persönlichkeiten erfuhren. Zum Beispiel „bestätigte“ eine nicht näher identifizierte Hochschule in Tallinn in Estland den Tod ihres Studenten Rickard Kruusberg. Kazakhstans Konsul Bolat Otegen „bestätigte“ den Tod von Lyubov Panchenko (59) und seiner Tochter Marina Panchenko (33). Die Gemeindeverwaltung von Agno im Tessin „bestätigte“ den Tod von Linda Casanova Siccardi (54). Der Geistliche Jan Antol, der kleinen polnischen Gemeinde Krzyszkowice, „bestätigte“ den Tod von Magdalena und Marzena Chrzanowska (21 und 20). Die Universität MacEwan in Edmondton, Kanada, „bestätigte“ den Tod ihres

Studenten Mykhalo (Misha) Bazalevskyy (22). Der Präsident der Universität von Berkeley, Nicholas Dirks, bestätigte den Tod des Students Nicolas Leslie (20), der seit dem Abend des 14. Juli als „vermisst" galt. Der Erzpriester der Domkirche von Nizza, Andrey Eliseev, „bestätigte" den Tod von Igor Chelechko (47). Edith Blondel, stellvertretende Bürgermeisterin der französischen Gemeinde Puget-sur-Argens, „bestätigte", dass André (17) und sein Onkel Bruno Villani, vermisst seien. Gérard Didelot, Bürgermeister von Herserange „bestätigte" den Tod von François Locatelli (82), Christiane Locatelli (78), Michaël Pellegrini (28), Véronique Lyon (55), Gisèle Lyon (68) und Germain Lyon (63). Georges Civet, der Bürgermeister von Beaucroissant (Isère) erklärte, dass Adib Boushifa (51) in Nizza in seinem Rollstuhl gestorben sei und dass seine Frau Céline als vermisst gelte. Und so weiter. Die hier angeführten Daten stellen den Stand der Ermittlung vom 27. Juli dar.[1210] Laut dem Sender Europe-Nr.-1 vom 27. Juli, der sich auf das Außenministerium von Tunesiens beruft, galten am 27. Juli noch fünf tunesische Staatsbürger, die sich am Abend des 14. Juli in Nizza befanden, als vermisst.[1211]

(f) Beobachter haben ihre Erstaunen darüber geäußert, dass auf Abbildungen des Lastwagens keine Zeichen von Blut, Körperteilen oder Kleidungsfetzen zu sehen sind. Der Ort ist fast Menschenleer. Wo sind die Passanten? Sanitärer? die Polizei? Die folgende Abbildung wurde von der Tageszeitung *Nice-Matin* um 23:21 Uhr auf Twitter gepostet, also kurz nach dem Anschlag:

(g) Laut offizieller Darstellung sollen zwei Männer versucht haben, den Lastwagen zu stoppen. Sie sollen während der Fahrt des Lastwagens auf das Trittbrett auf der Fahrerseite gelangt sein, hätten mit dem Fahrer gesprochen und verwickelten ihn in Handgreiflichkeiten, bis er sie mit einer Pistole bedrohte. Für diesen selbstlosen Versuch den Lastwagen anzuhalten, wurden die Männer offiziell gelobt und geehrt.[1212] Es gibt aber gute Gründe, um ihre Erzählungen in Frage zu stellen.[1213]

(h) *New York Times*[1214] und *Le Monde*[1215] berichteten, dass auf der Höhe des Hotels Negresco der Fahrer des Lastwagens auf drei Polizeibeamten Schüsse abgab. Auch der Abgeordnete Eric Ciotti bestätigte diese Schilderung.[1216] Mehrere Zeugen erklärten, dass der Fahrer Zick-Zack gefahren sei, um gezielt Menschen zu überfahren. Es ist schwer nachvollziehbar, dass der Fahrer den Lastwagen mit 90 km/h Zick-Zack fahren und gleichzeitig auf bestimmten Personen (Polizisten) schießen konnte. Wie konnte er überhaupt zwischen Polizisten und anderen Passanten unterscheiden oder gab es keine Passanten entlang seiner Strecke? Oder wurde vielleicht aus anderen Richtungen geschossen?

(i) In einem Interview mit dem *Handelsblatt* am 15. Juli sagte Richard Gutjahr, er befand sich "zum Zeitpunkt des Anschlags [...] direkt an der Anschlagstelle und habe [vom Balkon seines Hotelzimmers] gefilmt, wie der Lkw auf die Menschenmenge zufährt." Die Entfernung zwischen Hotel Westminster, in dem er wohnte und die Stelle, an der der Lastwagen anhielt, beträgt laut Google-Maps etwa 150 Meter. Die Videoaufzeichnung von Gutjahr zeigt, dass der Lastwagen nicht schneller als 20 km/h fuhr, als er vor seinem Balkon erschien. Gutjahr machte die folgende merkwürdige Aussage:

> Dann kam der Motorradfahrer, der versuchte, das Fahrzeug aufzuhalten. Da fuhr der Lkw noch Schrittgeschwindigkeit oder höchstens 30 km/h. Der Motorradfahrer fuhr sehr schnell und versuchte, während der Fahrt ins Fahrerhaus einzudringen, stürzte aber und wurde dabei überrollt, wie auch im Video zu sehen ist. Dann reagierten zwei Polizisten, die daneben standen [und] eröffneten das Feuer, mit sehr gezielten Schüssen auf die Fahrerkabine des Lkw. *Danach begann* der Zick-Zack-Kurs des Fahrers, bis er an der nächsten Straßenecke zum Stehen kam. *Erst nach den Schüssen* der beiden Polizisten begann das Blutbad. Dann waren

> wieder Schüsse zu hören, 15 bis 20 Sekunden lang, in schneller Abfolge.[1217]

Seine Beschreibung des Tatablaufs ist weder mit seiner Videoaufzeichnung noch mit Schilderungen anderer Zeugen vereinbar. Aus dem Video kann nicht erkannt werden, dass der Lastwagen auf seinem letzten Abschnitt Zick-Zack fuhr. Es ist auch seltsam, dass die Menschenmenge nicht den Lastwagen bemerkte, obwohl schon Schüsse aus der Seite des heranfahrenden Lastwagen gefallen waren.

(j) Ein Augenzeuge namens Cyprien erzählte: "Wir haben versucht, zusammen mit dem Fahrer [des Lastwagens] zu sprechen, damit er anhalte. Er erschien nervös. [...] Ich hatte sogar Zeit, das Gesicht des Fahrers zu beobachten. Er trug einen Bart und schien sich zu amüsieren."[1218] Wenn der Fahrer tatsächlich amüsiert aussah, deutet es darauf hin, dass er unter Drogeneinfluss handelte. Ein anderer Augenzeuge namens Romain erzählte der Tageszeitung Libération dagegen, dass er den Fahrer auch gesichtet habe, aber er wäre „rasiert, auf den Backen sowie auf dem Kopf" gewesen. Bart? Glatze? Erfundene Geschichten?

(k) Mehrere Augenzeugen berichteten, dass Passanten "wie Kegel" umgefallen oder "durch die Luft geflogen" sind. Diese Beschreibung ist so seltsam, dass ich nach ähnlichen Zeugenaussagen von vergangenen Ereignisse weltweit gesucht habe. Ich fand nur zwei ähnliche Beschreibungen, merkwürdigerweise beide aus Las Vegas, einmal aus dem Jahr 2007[1219] und die zweite von 2015.[1220] Beide Fälle eigneten sich praktisch an derselben Stelle in der Stadt, vor dem Hotel-Casino Paris Las Vegas. Am 20. Dezember 2015 gegen Abend soll eine junge Frau namens Lakeisha Holloway in eine Menschenmenge mit ihrem Pkw gerast sein, eine Frau getötet und 37 Passanten verletzt haben. Augenzeugin Rabia Qureshi aus Wisconsin erklärte gegenüber dem Sender *NBC KSNV*, dass „menschliche Körper wie Bowling-Kegel [aussahen.] Man würde glauben, dass es eine Show war, weil wir in Vegas uns befinden. Aber dann sah ich einige Leute in die Luft fliegen." Aber es gab weitere Ähnlichkeiten zum Ereignis in Nizza: (1) Die Polizei in Las Vegas sagte, dass die Fahrerin zwei oder drei Mal auf den Gehweg schwenkte; (2) Unter Berufung auf einen Zeugen, berichtete *8 News NOW,* dass "einige Männer versucht haben, das Auto zu stoppen"[1221] in dem sie auf die Fenster schlugen;[1222] (3) Die Ermittler konnten sich ursprünglich nicht entscheiden, ob sie das Ereignis als eine Mordtat oder einen Terrorakt bezeichnen sollten; (4) Die Motive der mutmaßlichen Täterin blieben im Dunkeln; (5) Sogar der Tatort weist Ähnlichkeiten zur Nizzaer Promenade auf (siehe Abbildung). Wer dazu noch die Stelle der Tat als Anspielung auf Frankreich (Hotel-Casino Paris) verstehen will, darf es meinetwegen tun.

Es wird aber noch interessanter. Lakeisha Holloway, die Fahrerin in Las Vegas, erhielt im Jahre 2012 eine behördliche Auszeichnung als Vorbild für High-School-Studenten, die aus der Drogenszene ausbrechen. Auf Ersuchen der Organisation Judicial Watch kam ans Tageslicht, dass Holloway einen guten Posten im öffentlichen Dienst und mehrere Gehaltserhöhungen in kurzer Zeit erhielt.[1223] Sie wurde offensichtlich von einer höheren Stelle befördert. Im Jahr 2012 erreichte ihr Grundgehalt $26.284. Aber in Mai 2012 gab sie ihren guten Job aus unerklärlichen Gründen auf. In den Akten, die Judicial Watch erhielt, ist der Kündigungsgrund als Verschlusssache geschwärzt. Ihre Spuren verloren sich bis zum Ereignis in Dezember 2015. Sie stellte sich nach dem Ereignis freiwillig den Behörden, wurde verhaftet, angeklagt und einem Richter vorgeführt. Er lehnte allerdings eine Gerichtsverhandlung ab und verordnete ihre Unterbringung in einer psychiatrischen Anstalt. Damit konnten die Behörden die Aufklärung der Ereignisse verhindern. War das Ereignis in Las Vegas vom Dezember 2015 möglicherweise ein Testlauf für Nizza? → 10 Punkte.

Ergebnis: 90 Punkte. Die Anschläge von Nizza vom 14. Juli 2016 waren sehr wahrscheinlich eine verdeckte Staatsoperation.

ANHANG G11

Bewertung der Anschläge bei Würzburg, 18. Juli 2016

Die offizielle Darstellung: Ein 17-jähriger afghanischer Asylant namens Riaz Khan Ahmadzai (hiernach Riaz), der bei einer deutschen Pflegefamilie in Gaukönigshofen wohnte, soll in einem Regionalzug auf der Strecke nach Würzburg am Abend des 18. Juli 2016 mit einem Messer und eine Axt vier ihm unbekannte Touristen aus Hong Kong angegriffen und schwerverletzt haben. Nachdem der Zug angehalten war, floh er aus dem Zug, spazierte durch Heidingsfeld, ein Stadtbezirk von Würzburg, verletzte auf seiner Flucht Richtung Mainauen noch eine Passantin mit seiner Axt und wurde von einem Spezialeinsatzkommando verfolgt und erschossen. Der Islamische Staat bekannte sich kurz danach in einer Meldung und durch Vorlage eines Videos zu der Tat und bezeichnete den Täter als „ihren Mann."

#1 (Bekennermeldung): Obwohl keine eigentliche Bekennermeldung seitens des IS erstellt wurde, „tauchte" ein Video irgendwo auf, auf dem der mutmaßlicher Täter sich zum „Islamischen Staat" bekennt und seine Absicht erklärt, einen Anschlag in Deutschland zu begehen. Über die *Herkunft* dieses Videos schrieben deutsche Medien folgendes: „Die dem IS nahestehende Plattform Amaq veröffentlichte ein Video"[1224] „Das Video wurde durch das IS-Sprachrohr Amak am Nachmittag verbreitet."[1225] „Das IS-Sprachrohr Amak hat im Internet ein Video verbreitet."[1226] „Der IS hatte am Nachmittag über das Internet ein Video veröffentlicht"[1227] "Der sogenannte Islamische Staat veröffentlichte am Dienstag ein Video in sozialen Netzwerken."[1228] „Verbreitet wurde das Video von der sogenannten Nachrichtenagentur Amaq."[1229] "Allerdings tauchte am Nachmittag ein Bekennervideo auf, das der IS-Propagandakanal Amaq auf YouTube verbreitete."[1230] Euronews behauptete sogar, dass das Video sich auf der "Webseite" von Amak befand, die allerdings nicht existiert! (Youtube: "Wohl dosierter und kalkulierter Horror").

In keiner der Meldungen wird mitgeteilt wo genau, wann und vom wem das Video gefunden wurde. Da weder der "Islamische Staat" noch "Amaq" eine Telefonnummer, Email-adresse oder Webseite besitzen, kann die Herkunft des Videos offensichtlich nicht eindeutig festgestellt werden. Eine belgische Zeitung meldete, dass die Informationen über das Video "von David Thomson und die Gruppe SITE [Intelligence Center]" stammen[1231] und die Süddeutsche Zeitung formulierte sie folgend: "Dann ist auch ein Video aufgetaucht, deren Urheber die Terrormiliz sein soll. Davon gehen mehrere Analysten aus, die die Kommunikationskanäle des IS beobachten und als seriös gelten, etwa die Site Intelligence Group."[1232] Auch ZDF soll SITE als Quelle erwähnt haben.[1233] Über die enge Beziehung der US-amerikanischen Firma SITE zu Al Qaida und IS wurde bereits ausführlich berichtet (sie Kapitel 14.2)

Die Medien gaben sich zufrieden mit Aussagen von Politikern, die die "Echtheit"[1234] und "Authentizität"[1235] des Videos bestätigten. Was sie mit "Echtheit" und „Authentizität“ meinten, wurde nicht erklärt. Das Video ist insofern echt und authentisch, als darin tatsächlich ein junger Mann einen Text in Pashtu vorliest und von Anschlägen in Deutschland spricht. Das besagt noch lange nicht – ganz abgesehen von der Möglichkeit ihrer synthetischen Produktion durch Software – dass hier reiner Wein eingeschenkt wurde.

Nach meiner Kenntnis hat niemand die Identität des Mannes auf dem Video *öffentlich* in Frage gestellt. Deshalb ist verwunderlich, dass ein Sprecher des bayrischen Innenministers darauf beharrte, dass der Mann auf dem Video tatsächlich "der Täter von Würzburg" sei.[1236] Die Klärung der Identität des Attentäters stützte sich nach Angaben des Innenministeriums auf *Gesichtsvergleiche* des Bundeskriminalamts.[1237] Soll man diese Äußerungen so verstehen, dass es Zweifel an der Identität des Mannes auf dem Video gab, die *Gesichtsvergleiche* bedurften? Und wenn niemand Zweifel an die Identität des Mannes auf dem Video äußerte, warum wurde von einem besonderen Gesichtsvergleich des BKA überhaupt in den Medien berichtet? Die Frage der Identität ist damit noch nicht geklärt, wie wir noch sehen werden.

Einige Medien berichteten, dass das Video mit einem Handy aufgenommen wurde.[1238] Laut (ungenannten) Zeugen soll die Aufnahme in Würzburg stattgefunden haben.[1239] Wie sie es feststellten, bleibt ein Rätsel, denn die öffentlich zugängliche Fassung des Videos ermöglicht nicht die Ortung der Aufnahme.

Dem Video kann man wohl entnehmen, dass der Mann einen Text vorliest (das Video befindet sich unter „Bekennermeldung Würzburg“ auf Youtube). War bei der Aufnahme eine andere Person tätig? Die Bewegungen des Handys deuten darauf hin, oder hatte der Sprecher das Handy mit der linken Hand gehalten?

Wurde das Video mit der Technologie der Körperanimation, Gesichtsanimation und Lippensynchronisation produziert? Das ist schwer zu sagen, aber diese Technologie ist längst vorhanden. Dass dieser Verdacht begründet ist, ergibt sich aus glaubwürdigen Berichten über die Herstellung von gefälschten Videos seitens der CIA, so wie die Verbreitung eines offensichtlich gefälschten Videos, das angeblich Mohammed Atta und Ziad Jarrah – zwei der mutmaßlichen Attentäter des 9/11 – beim Vorlesen eines Testaments zeigen soll (siehe näher Anhang E über diese Technologie).

Im Video erklärt der Sprecher seine Absicht “euch in eurem eigenen Haus ab[zu]schlachten” und “eure Schädel mit Äxten [zu] brechen”. Mit „euch“ soll er „die Deutschen“ gemeint haben. Sein Vorhaben erklärt er folgendermaßen:

> Die Zeiten sind vorbei, in denen ihr in unsere Länder gekommen seid, unsere Frauen und Kinder getö-

> tet habt und euch keine Fragen gestellt wurden. Die ungläubigen Regierungen saßen einfach da und taten nichts. Sie hatten nicht ein bisschen Ehre im Leib, dass sie sich nicht gegen euch ausgesprochen haben.[1240]

Soll der Sprecher damit versucht haben seine Absicht zu rechtfertigen, nicht etwa Vertreter des "ungläubigen Staates" – Politiker, Polizisten, Soldaten – sondern unbeteiligten Bürger anzugreifen? Auch wenn diese Absichtserklärung unlogisch erscheint, wie kann ein Angriff auf chinesische Touristen mit dieser Videobotschaft vereinbart werden? Hier stimmt etwas nicht.

Der 'Islamische Staat" soll über seine sogenannte Nachrichtenagentur Amaq eine weitere Meldung mit folgenden Inhalt verbreitet haben: „Der mit Hieb- und Stichwaffen angreifende Täter in Deutschland ist einer der Kämpfer des Islamischen Staates. Er hat diese Operation als Antwort auf unsere Aufrufe ausgeführt, die Länder der Koalition anzugreifen, die den IS in Syrien und im Irak bekämpft."[1241] Auch hier wurde nichts zur Herkunft der Meldung angegeben. Waren auch hier David Thomson und SITE Intelligence Center die Lieferanten der Meldung? → 10 Punkte

#2 (Tod des oder der Täter): Der mutmaßlicher Täter wurde von der Polizei erschossen. Damit wurde der wichtigste Beweis vernichtet. → 10 Punkte

#3 (Platzierung oder Manipulation von Beweisen): Dem *Spiegel* zufolge soll der mutmaßliche Täter vom Würzburger Zug versucht haben seine Spuren zu vernichten. Sowohl die Sim-Karte als auch der Speicher seines Handys sollen beschädigt gewesen sein.[1242] Er soll diese mit der Axt zertrümmert haben.[1243] Er soll aber eine handgemalte IS Fahne in seinem Zimmer aufbewahrt haben.[1244] Das ist nichts Neues: Islamistische Terroristen hinterlassen immer belastende Gegenstände zuhause oder am Ort der Tat um die Arbeit ihrer feindlichen Ermittler zu erleichtern. Der unversehrte Terroristenpass aus den Trümmern des World Trade Center lässt grüssen. → 10 Punkte

#4 (Verehrung des oder der Täter): Der Attentäter wurde weder von seinen Freunden noch von bekannten muslimischen Gruppen, Organisationen oder Staaten als Märtyrer oder Held gefeiert. → 10 Punkte.

#5 (Altbekannter der Polizei): So weit aus offiziellen Verlautbarungen zu entnehmen, war der mutmaßlicher Attentäter von deutschen Behörden weder als Krimineller oder als Islamist bekannt. → 0 Punkte.

#6 (Öffentliche Untersuchung): Es wurde keine sachliche, gründliche und transparente Untersuchung der Anschläge und der Todesumstände des mutmaßlichen Täters unternommen oder angekündigt. Auch die Resultate seiner Obduktion sind nicht veröffentlicht worden. → 10 Punkte.

#7 (Verschleierung, Unterdrückung von Fakten): Von Drohungen bzw. Bestechungen von Zeugen oder Angehörigen der Opfer ist derzeit nichts bekannt. Dennoch besteht ein begründeter Verdacht, dass die Polizei Augenzeugen der Tat und Bekannten von Riaz „empfohlen" haben zu schweigen, bzw. sie von Medien abgeschottet haben. → 5 Punkte.

#8 (Vorherwissen): Von einer Anti-Terror-Übung vor oder während den Anschlägen ist nichts bekannt. Der Augsburger Allgemeine berichtete jedoch, dass ein Spezialeinsatzkommando (SEK) "durch einen Drogeneinsatz zufällig in der Nähe" gewesen war.[1245] Zufall? Auch ein Hubschrauberkommando war im Einsatz.[1246] Laut einer anderen Quelle hatten mehrere Hubschrauber mitgeholfen "den Mann zu suchen".[1247] Laut einer Anwohnerin kamen Polizei und Rettungskräfte „sehr, sehr schnell". Zufall? Sie sagte dass sie möglicherweise nur eine oder zwei Minuten gewartet hatte.[1248] SEK-Beamte sind für Terrorismusbekämpfung, Geiselbefreiung und Zugriffe ausgebildet und zuständig. Auch für Drogeneinsätze? Ausnahmsweise? → 10 Punkte.

#9 (cui bono): Die Anschläge in Würzburg und Ansbach gaben Politikern Anlass, wieder anti-demokratische Maßnahmen zu beantragen. Klaus Bouillon (CDU), Chef der Innenministerkonferenz der Länder, sagte u.a.: „Es wäre unverantwortlich, bei einer echten Terrorlage auf die technischen und personellen Fähigkeiten der Bundeswehr zu verzichten."[1249] Bayerns Ministerpräsident Seehofer kündigte eine „signifikante Aufstockung" der Polizei an.[1250] Bayerns Innenminister Herrmann kündigte so genannte ballistische Helme für jeden Streifenwagen und eine stärkere Schutzausrüstung für Spezialeinheiten an.[1251] Bayerns Justizminister Winfried Bausback forderte elektronische Fußfesseln für extremistische Gefährder und den Ausbau der umstrittenen Vorratsdatenspeicherung.[1252] Bundesinnenminister Thomas De Maizière kündigte an, die Polizeipräsenz an Bahnhöfen und Flughäfen „sichtbar" zu verstärken.[1253] Auch der Ruf der NSA in Deutschland wurde verbessert: Die NSA soll deutschen Behörden geholfen haben, mutmaßlichen "Chats" zwischen Riaz und "Hintermänner" in Saudi Arabien in verschlüsselten Foren gefunden und geknackt zu haben.[1254] Schelm wer vermutet, dass die NSA diese "Chats" selbst produziert hat.

Eine beängstigte Bevölkerung ist leicht anfällig für staatliche Manipulation und Kontrolle. Laut einer Umfrage des Meinungsforschungsinstituts Emnid, fühlten sich 56 Prozent der Deutschen nach die jüngsten Anschlägen nicht sicher. Vor einem Jahr waren es 54 Prozent, vor zwei Jahren 48 Prozent. Für den Einsatz der Bundeswehr im Inneren gäbe es laut Umfrage bereits eine Mehrheit. Einen Ausbau der Videoüberwachung befürworten 54 Prozent. 55 Prozent sind der Meinung, dass die Politik nicht genug für die Sicherheit der Bürger tue. Die Bundesregierung zog demnach einen großen Nutzen von den Anschlägen, da es ihr nun leichter fällt, anti-demokratische Maßnahmen durchzusetzen.[1255] → 10 Punkte.

#10 (Zusätzliche Indizien): Einige ungeklärte Sachverhalte deuten darauf hin, dass die Behörden nicht die ganze Wahrheit über die Anschläge erzählen wollen:

A- Die Umstände unter welchen der mutmaßliche Attentäter erschossen wurde, bleiben ungeklärt. Die SEK Beamten, die ihn erschossen, sind für solche Fälle ganz besonders ausgebildet. SEKs haben gegenüber der Streifenpolizei eine erweiterte Ausrüstung, u.a. eine schwere Schutzweste, eine Sturmhaube und einen ballistischen Helm.[1256] So sieht ein ausgerüstetes Mitglied der SEK aus:

Es ist schwer zu glauben, dass diese erfahrenen und ausgerüsteten Kommandos nicht in der Lage waren, den Mann – der selbst keine Schußwaffen trug – ohne Todesschüsse zu entwaffnen. Wenn es dem Täter gelang diese Elitekommandos aus seinem Versteck in einem Gebüsch zu überraschen – wie es uns erzählt wird – muss etwas mit ihrer Ausbildung, oder mit der Geschichte ihrer tödlichen Begegnung, nicht ganz stimmen.

B- Die Leiche des mutmaßlichen Täters wurde erst am 9. August 2016 freigegeben.[1257] Dauerte die Obduktion mehr als drei Wochen, oder musste die Leiche noch „bearbeitet" werden? Seine Familie in Afghanistan soll die Überführung des Leichnams bei der deutschen Botschaft in Kabul beantragt haben.[1258] Ein Sprecher des Auswärtigen Amts in Berlin wollte *mit Hinweis auf den Datenschutz* nicht bestätigen, dass ein solcher Antrag bei der Botschaft gestellt wurde.[1259] Die Behörden in Würzburg sollen ihrerseits schon auf eine *anonyme* Bestattung des Täters hinarbeiten.[1260] Gehörte die Leiche einer anderen Person?

C- Ungeklärt bleibt der genaue Tatablauf im Zug: Was machte der Attentäter bevor er seine Waffen aus seinem Rucksack herausnahm? Wer sah den eigentlichen Angriff? Haben sich die angegriffene Personen gewährt? Laut *Spiegel* „haben sich 14 weitere Betroffene im Zug aufgehalten."[1261] Was haben sie gesehen? Hat keiner von ihnen versucht etwas zu unternehmen, um den Täter zu entwaffnen? Warum haben sie sich nicht geäußert?

D- Eine Zeugin betonte, dass der mutmaßliche Täter es bei seiner Flucht nicht eilig hatte. Er soll „gegangen, nicht gerannt" sein.[1262] Ist das mit dem Verhalten eines Mörders, der der Polizei entkommen will, vereinbar?

E- Die Mitarbeiterin des Asylbewerberheimes in Ochsenfurt, wo der mutmaßliche Täter noch bis zwei Wochen vor den Anschlägen untergebracht gewesen war, soll sich zufällig im Zug befunden haben und rief die Polizei. Auf den aufgezeichneten Notruf soll man dreimal schreien hören „Allahu Akbar".[1263] Haben andere Zugpassagiere diesen Ruf gehört? War sie „zufällig" im Zug?

F- Menschen, die den Täter kannten, zeugten von "einem ruhigen und ausgeglichenen Menschen." An Feiertagen habe er die Moschee besucht, sonst eher unregelmäßig. Riaz schien weder radikal noch fanatisiert.[1264] Simone Barrientos, Flüchtlingsbeauftragte bei der AWO Ochsenfurt, erzählte in der Tagesschau bei ARD Brennpunkt: "Er war sympathisch, er war freundlich, er war entspannt. Ja, nichts was irgendwie stutzig gemacht hätte. Ich bin ganz ratlos, ich bin ganz traurig [...] darüber, dass der Junge tot ist. Weil ich mich natürlich frage - und ich finde, die Frage muss gestellt werden dürfen - ob man ihn nicht hätte anders stoppen können. Weil man ja auch nicht mehr fragen kann was passiert ist." Seine Pflegemutter bezeichnete ihn als „nett und zuvorkommend." Der 17-Jährige war integriert im Ort, er spielte im Sportverein und soll eine Lehrstelle in Aussicht gehabt haben.[1265] Wie die Nachrichtenagentur *dpa* berichtete, soll er in einer Bäckerei gearbeitet haben.

G- Ein geistig gesunder Mensch kann nicht ohne weiteres einen anderen Menschen kaltblütig und ohne Anlass töten. Um diese eingeborene Hemmung zu überwinden, müssen Armeerekruten lange und systematisch verroht werden bis sie auf Befehl bereit sind, einen wehrlosen Menschen mit einem Messer umzubringen. Dass Riaz irgendwann und irgendwo zum kaltblütigen Töten trainiert wurde, ist nicht bekannt. Dass er geistig krank war ist nicht bekannt. Dass er chinesische Touristen nicht mochte ist nicht bekannt. Etwas stimmt hier nicht.

H- Zwei Tage vor der Tat sollen "Veränderungen an seinem Verhalten festgestellt worden" sein.[1266] Um welche Veränderungen ging es überhaupt und wer hat diese Veränderungen festgestellt? Was wird hier angedeutet?

I- Riaz soll zwei Tage vor den Anschlägen viel telefoniert haben, nachdem er vom Tod eines Freundes in Afghanistan erfahren haben soll. „Diese Nachricht hat wohl nachhaltig Eindruck auf ihn gemacht“, sagte Lothar Köhler vom bayerischen LKA.[1267] Bisher sei nicht bekannt, mit wem er telefoniert habe. Wie erfuhr das Landeskriminalamt über den Inhalt einer Nachricht, die Riaz erhielt und wie konnten die Beamten die Wirkung dieser Nachricht auf ihn feststellen?

J- Ursprünglich hatte eine Zeugin von zwei Tätern gesprochen.[1268] Wer war sie und was veranlasste sie zu dieser Aussage? Warum wurde diese Spur nicht geklärt? Ein ungenannter Polizeisprecher erklärte, als melde er eine Richtlinie: „Wir gehen von einem Einzeltäter aus."[1269] Basta. Damit war die Hypothese der zwei Täter aus der Welt und sollte nicht weiter verfolgt werden.[1270] Es gibt aber einige Indizien, die für die Hypothese zweier Akteure sprechen. Laut Medienberichten soll eine Zeugin von einem Gerücht über zwei Täter gehört haben. Dies wurde von den Behörden schnell als falsch abgetan. Aber war es nur ein belangloses Gerücht? Jeder, der sich mit den Anschlägen des 9/11 und mit den Londoner Bombenanschlägen des 7. Juli 2005 befasst hat, weiß dass hinter „Gerüchten“ gelegentlich wichtige Indizien verborgen sein können, die die Behörden ignorieren wollen.

Folgende Indizien sprechen für die Hypothese von zwei Akteuren bei den Würzburger Anschlägen, wovon einer der tatsächliche Killer gewesen war und der andere (Riaz) als Sündenbock umgebracht wurde. Diese Hypothese mag seltsam erscheinen, weil sie eine perfide Operation voraussetzt, die nicht ohne die Mitwirkung von deutschen Behörden durchführbar gewesen wäre. Ich schicke voraus, dass ich hier ausschließlich eine Hypothese aufstelle und bin daher für besseren Hypothesen offen.

(i) Zuerst fällt auf, dass die Behörden nicht dem „Gerücht" von zwei Tätern auf den Grund gegangen sind. Die Quelle und der Grund dieses „Gerüchts" bleibt ungeklärt.

(ii) Ein wichtiger Grund für die Aufstellung der Hypothese von zwei Akteuren ist das psychologische Profil von Riaz. Nichts an seinem Profil deutet auf eine gewalttätige, extremistische oder pathologische Neigung hin. Dass eine Person mit seinem Profil ihm unbekannte chinesische Touristen in einem Zug mit einer Axt zu töten versuchen würde, ist so abwegig, dass man diese Theorie zuerst bei Seite schieben, und die Hypothese eines zweiten Täters gründlich untersuchen sollte.

(iii) Das Ringen um die Staatsangehörigkeit des mutmaßlichen Täters ist mir unverständlich. Wenn es um einen Einzeltäter gegangen wäre, hätte es niemanden besonders interessiert, ob der Täter aus einem Grenzgebiet in Afghanistan zu Pakistan oder von der anderen Seite der Grenze stammte. Dagegen wäre ein solches Ringen verständlich, wenn ursprünglich von zwei Personen ausgegangen worden wäre – einer aus Afghanistan und der andere aus Pakistan – aber nachträglich wurde diese These durch die These des Einzeltäters „von oben" verordnet: nur jene Fakten sollten fortan herangezogen werden, die diese These erhärten. Für die Methode der politischen Faktenherstellung gibt es reichlich Beispiele.[1271]

(iv) Die Ermittlungsbehörden in Bayern empfanden offenbar ein Bedürfnis, die Identität zwischen dem Videosprecher und dem jungen Riaz zu betonen. Diese Betonung wäre überflüssig gewesen, wenn niemand Zweifel an dieser Identität geäußert hätte. Haben Riazes Freunde, seine Pflegefamilie oder Augenzeugen des Anschlags möglicherweise solche Zweifel geäußert? Das wissen wir nicht, weil ihnen anscheinend verboten wurde, mit Medien zu sprechen. Merkwürdig erscheint auch die Tatsache, dass beinahe alle deutschen Medien eine Abbildung von Riaz im Gewand des Videosprechers verbreiteten (siehe folgende Abbildung). Auf dem Video spricht der junge Mann mit ernster Miene, schwingt ein Messer hin und her, und droht in Pashtu der deutschen Bevölkerung mit dem Tod. Es gibt allerdings andere Fotos von Riaz, welche die deutschen Medien, von wenigen Ausnahmen abgesehen, der Öffentlichkeit vorenthielten. Diese zeigen einen fröhlichen jungen Mann. Folgende Fotos von Riaz fand ich auf der Webseite der Daily Mail in Großbritannien! Der nette junge Mann sieht zwar dem etwas älter aussehenden Videosprecher ähnlich, aber eine Ähnlichkeit zum Täter *und* zu Riaz kann leicht durch Morphing-Software hergestellt werden, wenn jemand an einer Täuschung interessiert war. Fest steht, dass deutsche Medien absichtlich den Verdacht erwecken wollten, dass sogar liebe junge Muslime in ihrem Herzen mörderische Pläne gegen ihre Wohltäter hegen. Diese Absicht ergibt sich aus der Auswahl der Bilder.

(v) Kein Augenzeuge hat bekanntlich den Angriff im Zug geschildert, obwohl laut Medien mindestens 14 Personen dabei waren. Sind ihre Aussagen unterdrückt worden, weil sie möglicherweise jemand anderen als Riaz bei der Tat gesehen hatten bzw. Zweifel an die Identität des Täters äußerten? Oder wurden diese Augenzeugen einfach erfunden? Die Unterdrückung von Augenzeugenberichten unmittelbar nach einem Ereignis stellt schon allein ein Alarmsignal dar. Spätere Erinnerungen von Augenzeugen sind bekanntlich von neuen Impulsen, Berichten und gesichteten Bildern beeinflusst und verlieren daher ihre Beweiskraft.[1272] Es sind gerade die ersten, unzensierten Augenzeugenberichte über die Anschläge des 9/11, in London,

Mumbai oder Paris, die es ermöglichten, die Kennzeichen einer behördlichen Teilnahme zu entdecken. → 10 Punkte

Ergebnis: Insgesamt 85 Punkte. Die Ereignisse bei Würzbung waren sehr wahrscheinlich eine verdeckte Staatsoperation.

ANHANG G12

Bewertung der Anschläge in München, 22. Juli 2016

Bei einem Amoklauf in München tötete ein 18-jähriger Schüler namens Ali David Sonboly am 22. Juli 2016 am Olympia-Einkaufszentrum (OEZ) im Stadtbezirk Moosach neun Menschen; vier weiteren brachte er Schussverletzungen bei. Mindestens 32 Personen verletzten sich auf der Flucht oder bei Paniken, die in der Münchner Innenstadt ausbrachen. Die Polizei war mit einem Großaufgebot im Einsatz. Gut zweieinhalb Stunden nach Beginn des Amoklaufs stellte eine Polizeistreife den Täter in der Nähe des Einkaufszentrums, woraufhin dieser sich erschoss.

Die Schießerei begann um 17:50 Uhr im Schnellrestaurant McDonald's gegenüber dem OEZ. Fünf Personen wurden im Restaurant tödlich getroffen, woraufhin der Schütze das Restaurant verließ und auf Passanten in der Hanauer Straße schoss; zwei von ihnen wurden tödlich getroffen. Anschließend lief er ein Stück in südliche Richtung und erschoss vor einer Saturn-Filiale einen weiteren Menschen. Er überquerte die Hanauer Straße und betrat das OEZ, in dem er im Erdgeschoss eine weitere Person tötete. Daraufhin begab er sich in das Parkhaus nördlich des OEZ. Gegen 18:15 Uhr erschien er auf dem obersten Deck des Parkhauses. Dort lief er hin und her, wurde von einem Anwohner vom Balkon eines angrenzenden Hochhauses beschimpft und in eine Diskussion verwickelt, die auf einem Handy aufgezeichnet wurde. Polizisten einer Zivilstreife sahen den Schützen auf dem Parkhaus und gaben einen Schuss auf ihn ab, verfehlten ihn und verloren ihn aus den Augen.

Der Täter wurde in der Henckystraße gegen 20:30 Uhr von einer Funkstreife der Verkehrspolizei wieder entdeckt. Als die beiden Polizisten ihn stellten, zog er seine Waffe und tötete sich mit einem

Kopfschuss. Um 02:00 Uhr nachts wurde seine Identität als Einzeltäter von der Polizei verkündet. Der ursprüngliche Verdacht auf einen Terroranschlag wurde von der Polizei endgültig verworfen.

Der Täter soll sich nach Angaben von Ermittlern mit dem Thema Amoklauf intensiv befasst haben. Außerdem beging er seine Tat genau am 5. Jahrestag des Amoklaufs von Anders Behring Breivik in Norwegen.

Soweit die offizielle Darstellung der Ereignisse.

#1 (Bekennermeldung): Eine Bekennermeldung gab es keine. → 10 Punkte

#2 (Tod des oder der Täter): Der mutmaßliche Täter starb und konnte daher nicht befragt werden. Seine Todesumstände wurden nicht geklärt. Die Resultate der Obduktion seiner Leiche wurden nicht veröffentlicht. Niemand hat bezeugt, ihn bei Erschießungen gesehen zu haben. Kein Sicherheitsvideo zeigt ihn bei der Tat. Die zwei laienhaften Videos von diesem Abend, die den Schützen zeigen, und im Internet kursieren, sind nicht scharf genug, um ihn zu identifizieren.

Laut Landeskriminalamt hatte eine Streife der Münchner Polizei nördlich des Olympia-Einkaufszentrums "Kontakt" zum mutmaßlichen Täter gegen 20:30 Uhr. Als Reaktion auf die Ansprache der Beamten "zog er unvermittelt seine Schusswaffe, hielt sie sich an den Kopf und erschoss sich."[1273] Die *Bild Zeitung* wusste es noch besser. Der Schütze soll dem Beamten gesagt haben: "Erschießt mich doch!" Dann sollen die Polizisten sich zurückgezogen haben, und er richtete sich selbst.[1274] Auf *SpiegelOnline* lautet die Geschichte etwas anders: "Auf der Flucht traf er in der Nähe des Parkhauses auf eine Zivilstreife. Der Polizist schoss auf den Flüchtigen, traf allerdings nicht, wie die Obduktion ergeben hat. Die Leiche des jungen Mannes wurde etwa einen Kilometer vom Einkaufszentrum entfernt gefunden."[1275] Um 22:39 Uhr berichtete die *Süddeutsche Zeitung* vom "Fund" einer "männlichen Leiche im näheren Umfeld des

Münchner Olympia-Einkaufszentrums." Die Polizei prüfe nun, "ob es sich um einen Täter handeln könnte."[1276] Genau zur selben Zeit meldete der Stern, dass ein Toter „mit Kopfschuss an der Isar gefunden" wurde. Um 23:15 Uhr berichtete der Stern, die Polizei vermute, es handele sich um den Täter: „dessen roter Rucksack deute darauf hin, dass es sich um den Mann handelt, der vor dem Olympia-Einkaufszentrum das Feuer eröffnete. Den Fundort der Leiche habe die Polizei weiträumig abgesperrt." Seltsam, dass nur jetzt seine Leiche "gefunden" wurde. Um 23:28 Uhr berichtete *Die Zeit* auf ihren Blog, dass der Fundort der Leiche des mutmaßlichen Täters weiträumig abgesperrt worden sei,[1277] sprich die Leiche des Mannes, der sich vor den Augen eines Polizisten um 20:30 Uhr selbst hingerichtet hatte.

Auf der Pressekonferenz der Polizei, die um 03:00 Uhr morgens endete, wurde bestätigt, dass die Leiche des Täters "bereits um 20:30 Uhr tot in einer Seitenstraße beim Einkaufszentrum gefunden" wurde. → 10 Punkte.

#3 (Platzierung oder Manipulation von Beweisen): Platzierte oder gefälschte Beweise gibt es nicht. Beamte der GSG 9 fanden in seinem Zimmer ein Exemplar des Buches „Amok im Kopf – warum Schüler töten", und neben dem Fachbuch, mehrere Zeitungsartikel zum selben Thema.[1278] Ihm wurde auch unterstellt, einen Facebook-Account gehackt zu haben, um junge Menschen zu McDonald's am OEZ zu locken. Er soll ihnen versprochen haben, er werde „etwas ausgeben – es darf aber nicht zu teuer sein."[1279] Ob er etwas mit dieser Meldung zu tun hatte, wurde nicht nachgewiesen. Es erschien auch keiner seiner Freunde bei McDonald's. → 0 Punkte.

#4 (Verehrung des oder der Täter): Niemand hat bekanntlich den mutmaßlichen Täter als Held oder Märtyrer gefeiert → 10 Punkte.

#5 (Altbekannter der Polizei): Ali David Sonboly war der Polizei weder als Extremist noch als Straftäter bekannt. Das Landeskriminalamt Bayern bestätigte allerdings ein *Verfahren* aus dem Jahr 2012: Ali David sei von drei Mitschülern gehänselt worden. „Diese drei damaligen Beschuldigten befinden sich aber nicht unter den Opfern", so das LKA.[1280] → 5 Punkte.

#6 (Öffentliche Untersuchung): Eine öffentliche Untersuchung der Ereignisse wurde weder durchgeführt noch angekündigt. Die Ermittlungen finden unter Ausschluss der Öffentlichkeit statt, obwohl zahlreiche Fragen über das Verhalten der Polizei unbeantwortet bleiben und die Familien der Opfer berechtigt sind, die Umstände zu erfahren, unter welchen ihre Geliebten starben. → 10 Punkte.

#7 (Verschleierung, Unterdrückung von Fakten):

(a) Drei Täter

Die Polizei meldete im Laufe des ganzen Abends des 22. Juli, dass drei Täter mit Langwaffen im OEZ gesichtet wurden, sich auf der Flucht befänden und gesucht werden.

Dass die Polizei Zeugenaussagen über die drei Täter ernst nahm, ergibt sich durch ihren massiven Einsatz und durch die radikalen Maßnahmen, die die ganze Bevölkerung der Stadt betrafen.

Laut Landeskriminalamt waren über 2.300 Einsatzkräfte am Abend des 22. Juli wegen der Ereignisse im Einsatz. Darunter befanden sich alle verfügbaren Kräfte des Polizeipräsidiums München, Spezialeinheiten aus Bayern, Baden-Württemberg und Hessen sowie die GSG 9 der Bundespolizei und 42 Beamte der Spezialeinheit Cobra aus Österreich. Weitere Kräfte der Bundespolizei, die Bayerische Bereitschaftspolizei inklusiv der Hubschrauberstaffel, das LKA und die Präsidien Oberbayern Nord und Süd waren im Einsatz eingebunden.[1281] Nach Informationen aus Sicherheitskreisen waren in München auch Spezialkräfte der neuen BFE+ im Einsatz.[1282] Diese schwer bewaffnete Einheit der Bundespolizei wurde im Dezember 2015 nach den Terroranschlägen von Paris gegründet. Die BFE+, kurz für „Beweissicherungs- und Festnahmeeinheit plus" soll Spezialeinheiten wie die GSG 9 und die Spezialeinsatzkommandos (SEK) unter anderem bei Anti-Terror-Einsätzen unterstützen.

Schon um 18:33 Uhr berichtete *web.de*, dass Polizei und Feuerwehr mit einem Großaufgebot angerückt waren. Meldungen auf Twitter zufolge war das Gebiet schon großräumig abgeriegelt. Um 18:54 Uhr berichtete *web.de*, dass "35 Feuerwehrautos und mindestens ebenso viele Rettungswagen im Einsatz" seien.[1283]

Auch Tschechien verstärkte die Polizeistreifen im Grenzgebiet zu Deutschland. „Vor allem für den Fall, dass einer der Täter versuchen sollte, aus Deutschland zu fliehen", sagte Innenminister Milan Chovanec dem tschechischen Fernsehen *CT*. Wegen des Großeinsatzes im Münchner Stadtgebiet hat die Polizei alle Autofahrer aufgerufen, von den Autobahnen in Richtung der Landeshauptstadt abzufahren.[1284]

Schon um 18:39 Uhr berichtete die *Süddeutsche Zeitung*:[1285] Der U-Bahn-Verkehr ist unterbrochen.[1286] Die Münchner Verkehrsgesellschaft (MVG) teilte um 19:15 Uhr mit, dass der gesamte U-Bahn-Verkehr in München eingestellt wurde.[1287] Die Polizei forderte die Bürger am Freitagabend zunächst auf, zuhause zu bleiben.[1288]

Der Journalist und Autor Peter Orzechowski, ein Münchner, stellte am 24. Juli folgende Fragen:

> Wenn es sich nur um einen einzelnen Amokschützen handelte, warum wurde dann auch der Hauptbahnhof evakuiert? Warum wurden der Bahn- sowie der öffentliche Nahverkehr eingestellt? Warum wurden die Taxis angehalten, keine Personen mehr zu befördern? Warum kontrollierte die Polizei mit schwer bewaffneten Einsatzkräften auch Autobahnzufahrten? Warum kreisten über der gesamten Stadt mehrere Stunden lang Hubschrauber? Wenn sich alles nur vor dem Olympia-Einkaufszentrum in Moosach abgespielt hätte, warum kam es dann am Stachus zu panikartigen Szenen? Warum flüchteten die Menschen plötzlich aus der Fußgängerzone? Warum wurde die Polizei auch zum Flughafen München beordert? Wenn das alles nur Gerüchte gewesen wären, war-

um riegelten dann Polizisten am Odeonsplatz im Zentrum der Stadt die Straßen in die Innenstadt ab?[1289]

In ihrer Pressekonferenz, die um 03:38 nachts endete, erklärte die Polizei die Geschichte der drei Schützen folgendermaßen: "Wegen zahlreicher Zeugenaussagen musste die Polizei offenbar zunächst von drei Tätern ausgehen. Es gebe jetzt aber keine Erkenntnisse über weitere beteiligte Personen."[1290] Was die Polizei mit den Worten "momentan", "weitere" und "beteiligte" meinte, blieb unklar. Wer die drei Schützen waren und warum über den ganzen Abend hinweg von ihrer Teilnahme ausgegangen wurde, hat die Polizei nicht erklärt. Die Polizei wollte offenbar nicht ihre ursprünglichen Meldungen über drei Schützen zurückziehen. Sie überließ es den Medien, die Aufgabe die Geschichte der drei Schützen als einen Irrtum zu erklären.

(b) Schüsse an mehreren Orten in der Stadt

Die Fernsehsender *BR* und *N-TV* berichteten, dass es auch auf dem belebten Karlsplatz (Stachus) im Stadtzentrum Schüsse gegeben habe. Der Stachus liegt sieben Kilometer vom OEZ entfernt.[1291] Menschen flüchteten aus der Innenstadt, überall marschierten schwerbewaffnete Polizisten auf, auch in Zivil. Auch in den Keller des Restaurants „Il Sogno" flüchteten etwa 20 bis 30 Menschen. Schreiend liefen gegen 19 Uhr Gäste in die Küche der McDonald's-Filiale am Stachus. Die Fußgängerzone, auch der Marienplatz in der Innenstadt waren schnell wie leer gefegt. Der Chefredakteur der *Münchner Abendzeitung*, Michael Schilling, berichtete auf Twitter um 22:56 Uhr von drei Schüssen, die vor dem Redaktionsgebäude 20 Minuten vorher gehört worden seien und die auch von mehreren Anwohnern verbürgt worden seien. Die Polizei sei "soeben eingetroffen."[1292] Lukas Schauer meldete auf Twitter um 23:49 Uhr: "Werden von #Polizei evakuiert. SEK in der @Abendzeitung, Schüsse waren im Innenhof zu hören. Irre..."[1293] Auf Twitter kursieren um 20:02 Meldungen über Schüsse am Isartor.[1294] Laut Huffington Post um 19:41 Uhr, hatten bereits mehrere Medien berichtet, dass es in der Nähe des U-Bahnhofs am Marienplatz eine weitere Schießerei gegeben habe.[1295] Auch im Münchner

Mathäser Kino brach gegen 19.30 Uhr Panik aus. Nachdem Schreie und Klirren zu hören waren, flüchteten viele Mitarbeiter und Kinogäste in Putz- und Lagerräume. Menschen waren zuvor schreiend vom Stachus in das Kino gelaufen. Auf Wunsch der Polizei durfte bis 21:15 Uhr niemand das Kino verlassen. Viele Erwachsene weinten, mehrere Jugendliche hyperventilierten.[1296] Es war die Polizei, die die Panik und Terrorhysterie produzierte und Verletzungen verursachte.

Dazu schreibt Peter Orzechowski:

> Ich habe mich umgehört. Ich habe das Glück, Freunde zu haben, deren Büros im Zentrum von München liegen. Ich habe ihre mit den Handys gefilmten Videos gesehen. Was ich gesehen habe, waren Menschen, die in wilder Panik vom Marienplatz in nördlicher Richtung, also auf den Odeonsplatz, zuliefen, und andere, die sich hinter Mauervorsprüngen verschanzten. Würden sie das tun, nachdem sie von *Facebook* »emotionalisiert« wurden? Wer die Angst und Panik in den Gesichtern dieser Menschen sah, weiß, dass kein *Facebook* dieser Welt dieses Entsetzen auslösen kann.[1297]

Die Polizei beklagte zahlreiche Fehlalarme im Münchner Stadtgebiet, vor allem durch falsche Notrufe, die auch durch Halbwissen, welches in sozialen Netzwerken geteilt wurde, hervorgerufen wurde.[1298] Polizeisprecher Marcus da Gloria Martin sprach von nicht weniger als sechsundsechzig (66!) „Phantomstandorte[n]“ im Stadtgebiet. Die *Süddeutsche Zeitung* versuchte sich mit einer eigenen Erklärung für die Panik: “Menschen hatten in der allgemeinen Aufregung unter anderem bewaffnete Zivilpolizisten als Verdächtige wahrgenommen.”[1299]

Laut Polizeiangaben sollen sich zahlreiche Personen in der Innenstadt wegen der Panik zum Teil schwer verletzt haben.

Christophe Moreau, 44, aus der Provinz Berry in Frankreich und seine Ehefrau Anna waren am 22. Juli in der bayerischen Landeshauptstadt zu Besuch. Die französische Tageszeitung Le Berry

Républicain sprach eine Woche später mit dem Ehepaar *(Quelle: Emmanuel Letreulle, "Un Berruyer était aux premières loges lors de la fusillade de Munich, où neuf personnes ont péri", Le Berry Républicain, 29. Juli 2016, #2913)*

"Wir gingen in der Innenstadt einkaufen", erinnert sich Christophe. "In einem Kaufhaus kündigt plötzlich die Tonanlage die Schließung an. Aber es war erst 19 Uhr 30. Wir gingen zu einem Ausgang und sahen, wie die Sicherheitskräfte die Ausgänge verbarrikadierten. Niemand versteht etwas. Wir gehen auf einen anderen Ausgang zu, und es ist niemand mehr auf der Straße. Mitten im Stadtzentrum, nur wenige Schritte vom Marienplatz, dem Einkaufs- und Touristenzentrum Münchens, zu einer Stunde, in der es normalerweise sehr voll ist! Fußgängerzonen, Café-Terrassen, Geschäfte, eine Wüste!" Anna: "Es sah aus wie eine Geisterstadt oder wie ein Filmset, das gerade nach den Dreharbeiten evakuiert worden war."

Das Ehepaar versucht, Informationen von einem Polizisten zu bekommen. "Plötzlich wird die Straße buchstäblich von etwa 50 Menschen überrannt, die auf die Straße rennen und in mehreren Sprachen schreien. Wir haben uns nicht überlegt, sondern in Panik nachgegeben, und wir sind auch davongelaufen. " Das Ehepaar folgt den Menschen in ein Geschäft. Man leitet alle Menschen nach oben. Dort warten alle, weit weg von den Fenstern, und sitzen auf dem Boden." Man konnte nicht erfahren, was draußen in der Nähe vor sich ging", fährt Christophe fort. Immer dieses Schweigen, es war unwirklich. Und dann baten uns Polizisten von der Straße aus, alle Fenster zu schließen und auf dem Boden zu bleiben. Als sie befragt wurden, sagten sie uns: Es ist eine Schießerei, es wird auf die Fenster geschossen!" Um 21.00 Uhr versuchen sie, das Geschäft zu verlassen. "Wir wollten gerade hinausgehen, als wir vier laute, deutlich voneinander getrennte Sprengungen hörten. Und dann nichts mehr, immer dieses bleierne Schweigen, das am Ende vielleicht noch beängstigender ist." Als sie sich endlich nach draußen wagen, erleben sie eine erstaunliche Show. "Überall standen Straßenbahnen an der Haltestelle, leer, noch in Betrieb. Verlassene Busse, die überall geparkt sind. Leere Autos. Wir haben die 300 Meter bis zu unserem Auto zurückgelegt, indem wir uns überall umgesehen haben. Keine Menschenseele." Auf dem Weg zum Haus ihres Gastgebers wurden sie Zeuge des Einsatzes von Dutzenden von Polizisten. "Spezialkräfte, Schocktruppen, mit sehr beeindruckender schwerer Bewaffnung. Und überall standen eilends verlassene Fahrzeuge auf dem Bürgersteig, mitten auf Plätzen und Kreuzungen. Und nirgendwo ein einziger Zivilist."

(c) Anzahl der Toten

Am Abend der Tat, gegen 19:05, berichtete aus München ein Korrespondent des *ZDF*, von "vielleicht" einem Toten "oder aber auch zehn."[1300] Wie er auf die Zahl "zehn" kam, blieb unerklärt. War die Zahl schon vorbestimmt?

Merkwürdig war ebenfalls, wie schnell *CNN* von Toten berichtete. Den ersten Medienbericht über die Schießerei in München, den ich entdecken konnte, wurde von N-TV am 18:29 Uhr gesendet. *N-TV* ist ein deutscher Ableger von *CNN*. *CNN* berichtete von den Münchner Ereignissen bereits um 18:29 Uhr (17:29 GMT). In diesem Bericht wurde erklärt, dass *mehrere Personen* gestorben und andere verletzt worden seien.[1301] Diese Nachricht ist mehr als merkwürdig, weil zu diesem Zeitpunkt noch niemand den Tod irgendeines Opfers eindeutig feststellen konnte. Laut *BR* (*Bayerischer Rundfunk*), zitiert von der *Tagesschau* um 20:46 Uhr, kamen bei den Schüssen im OEZ sechs Menschen ums Leben.[1302] Diese Zahl wurde von der Polizei um 21:31 Uhr "bestätigt." Schon vorher, genau um 18:22 Uhr, erhielt Johannes Müller, Wirt des Lokals „Alter Hof", eine SMS: „Schießerei am OEZ in der Innenstadt, kann nicht das Haus verlassen, drei Täter auf der Flucht, fünf Tote." Wer konnte schon zu diesem frühen Zeitpunkt den Tod von fünf Menschen feststellen? Von wem erhielt er diese Meldung? Darüber sprach er nicht.

Die Schwankungen über die Zahl der Toten endeten um 02:00

Uhr, als die endgültige Zahl von der Polizei festgesetzt wurde: 10 Tote, darunter ein Täter.

(d) Anzahl der Verletzten

Während die Zahl der von Schüssen Getroffenen sich nach 02:00 Uhr nachts konstant bei 14 Personen (10 Tote – inklusiv der mutmaßlicher Amokläufer – und 4 Schwerverletzte) hielt, schwankte die Zahl der Verletzten auf seltsame Weise:

In der *Tagesschau* am 22. Juli um 23:41 Uhr wurde von 20 Verletzten berichtet. Vier Stunden später, um 03:21 Uhr, berichtete die *Tagesschau*, dass "drei Schwerverletzte und 13 Leichtverletzte [...] noch in Krankenhäusern behandelt" werden, insgesamt 16 Verletzte.[1303] Daraus müsste man schließen, dass vier Verletzten bereits das Krankenhaus verlassen hatten. Am 23. Juli um 11:59 Uhr meldete die *Tagesschau* plötzlich – und berief sich auf eine Pressekonferenz der Polizei – dass es derzeit 27 Verletzte gäbe, darunter 10 Schwerverletzte.[1304] Von wo kamen die elf zusätzliche Verletzten? Am Tag darauf, 24. Juli, stieg die Zahl der Verletzten wieder an. Das Landeskriminalamt berichtete von 35 Verletzten, darunter 10 Schwerverletzte,[1305] Keine der Meldungen erklärte in welcher Beziehung die Verletzungen zu dem Amoklauf standen. Auch die Polizei schwieg sich darüber aus. Erlitten mehr als 14 Personen Schusswunden? Wo und wie erlitten die Personen ihre Verletzungen?

(e) Gezielte Hinrichtung?

Von den 9 Todesopfern hatten sieben einen Migrationshintergrund, sie stammten vom Balkan und aus der Türkei. Acht der Toten waren Jugendliche zwischen 14 bis 20 Jahren:

> Hussein Daitzik (17) aus Griechenland: Dijamant Zabergja (20), Armela Segashi (14) und Sabina Sulaj (14) aus Kosovo; Sevda (oder Savda) Dag (45), Can Leyla (14) und Selcuk Kilic (15) aus der Türkei; Giuliano Kollman (19); und Roberto Rafael (15) aus Ungarn.

Die geografische Herkunft der Opfer und die Tatsache, dass der Schütze mutmaßlich nur eine Person im OEZ tötete, deutet darauf, dass die Opfer gezielt getötet worden sind. Eine Zeugin namens Lauretta sagte gegenüber *CNN*, dass der Schütze bei McDonald's gezielt auf Kinder geschossen hätte, doch nicht auf jedes Kind. Sie erzählte, dass ihr achtjähriger Sohn auf der Toilette gewesen war und sah, wie der Täter seine Waffe durchgeladen habe. Er schoss aber nicht auf das Kind, sondern ging aus der Toilette und schoss auf eine Gruppe von sechs Teenagern, die zusammen um einen Tisch saßen.[1306] Nur einer von ihnen, Benet A. (13 Jahre) soll schwerverletzt überlebt haben.[1307] Interessant dabei ist, dass sich die gesamte Presse besonders bemühte, den Verdacht einer gezielten Operation zu tilgen und den Eindruck einer wilden Schießerei zu erwecken.[1308] Hat niemand der Opfer versucht, sich zu wehren oder zu fliehen? Wieso wird so wenig über die eigentliche Tat berichtet?

Laut TZ vom 29. Oktober 2016 gibt es im ersten Stock von McDonald's eine Überwachungskamera: „Hat sie festgehalten, wie Ali David S. aus der Toilette tritt und feuert? Weder Herbert Linder noch das LKA, das die Ermittlungen führt, wollen sich heute dazu äußern."

(f) Keine Augenzeugen?

Wie soll man erklären dass von den Hunderten Besuchern im OEZ kaum jemand den Schützen gesehen haben will? Viele erzählten in Interviews, dass sie Schüsse gehört haben, aber nur sehr wenige berichteten, sie hätten einen Schützen gesehen. Auch die Verletzten haben sich nicht geäußert. Keiner von ihnen beschrieb den oder die Schützen. Rund 100 Menschen waren nach Angaben der Polizei Augenzeugen des Anschlags. Sie wurden von einem Kriseninterventionsteam "betreut", sagte ein Polizeisprecher in der ARD.[1309] Hatten auch sie nichts gesehen? Wurde ihnen "freundlich empfohlen" zu schweigen?

Merkwürdig war in diesem Zusammenhang die Aussage von Lothar Ellenrieder, Rettungsdienstleister des Roten Kreuzes in

Augsburg, gegenüber der *Augsburger Allgemeine*: Er behauptete seine Kollegen in München hätten zwei Stunden lang vor dem Olympia-Einkaufszentrum warten müssen. Sie durften nicht hinein, konnten den Opfern nicht helfen. Dann, so Ellenrieder, erschoss sich der Täter selbst, und die Arbeit der Rettungskräfte begann.

Ein Obsthändler, der einen Stand im oder vor dem Olympia-Einkaufszentrum hatte, sagte im Deutschlandfunk: "Es fehlt einfach eine saubere Aufklärung, wissen Sie, so mit Bildern, mit Videos, der Mann schießt. Es gibt hier hunderte Kameras, also wir werden bestimmt von fünf Kameras jetzt hier erfasst, aber diese Kameras haben nichts gezeigt von dieser Tat. Wir sind hier mitten im Einkaufszentrum, die Geschäfte haben Kameras." (*Quelle: Susanne Lettenbauer, "Zweifel an der offiziellen Tatversion", Deutschlandfunk,1.8.2016, =2362)*

(g) Verhaftung von drei Männern

Die britische Zeitung *The Sun* berichtete, dass drei junge Männer am Abend des 22. Juli in München verhaftet worden sind und lieferte sogar Abbildungen der Verhaftungen (siehe unten). Diese Information wurde weitgehend von deutschen Medien verschwiegen. Wer waren diese Männer und warum wurden sie verhaftet?

Es besteht nicht der geringste Zweifel, dass die Polizei, andere Behörden und die Leitmedien eine gigantische Vertuschungsaktion unternahmen, um die wahren Umstände der Münchner Ereignisse zu kaschieren. → 10 Punkte.

#8 (Vorherwissen)

Die *Abendzeitung* berichtete am Morgen des 22. Juli, dass "am Himmel über München regelrechte Hubschrauber-Schwärme" sich tummeln: "acht, neun, zehn Fluggeräte, die teilweise in V-Formation über die Stadt knattern." Die Erklärung: Die Berufspiloten und Flugtechniker für Hubschrauber der Bundespolizei "absolvieren einen Lehrgang zum Fliegen im hochalpinen Gelände, kreisen dafür vor allem über Prien, Übersee und Ruhpolding und auch im Mangfalltal über Bad Aibling – und starten dafür auch von der Jägerstraße aus in die Alpenregion."[1310] Am Abend des 22. Juli kreisten mehrere dieser Hubschrauber über München mit Scharfschützen am Bord.[1311] Zufall?

Am selben Tag um 16:00 Uhr wurde in einer *ZDF*-Nachrichtensendung mitgeteilt, dass nach dem neuen ZDF-Politbarometer, 77 Prozent der Befragten die Befürchtung äußerten, "dass es in der nächster Zeit Anschläge in Deutschland geben wird." Im selben Programm wurde von Ermittlungen zu den Anschlägen in Nizza, und zum fünften Jahrestag des Amoklaufs in Norwegen ausführlich über den Täter Anders Breivik berichtet und kommentiert.[1312] Mit diesen drei Geschichten wurde die Öffentlichkeit auf die Doppellegende des Abends (Terroranschlag und Amoklauf) eingestimmt. Zufall?

Ein Unbekannter kam auf die Idee, mit seinem Handy eine Videoaufnahme zu machen, gerade als ein Schütze vor dem McDonald's sich hinstellte, um zu schießen. Bevor der Schütze zu schießen begann, zoomte der Filmemacher auf ihn, als ob er schon die Szene erwartete. Der Filmemacher unterbrach seine Aufnahme in einem kritischen Moment und stellte das Video spätestens um 19:34 ins Internet,[1313] wo es von den Weltmedien innerhalb kürzester Zeit übernommen wurde. Das Video befindet sich auch in verlangsamten Versionen auf Youtube. Auf dam Video scheint keiner der angeschossenen Person getroffen zu sein. War auch diese Aufnahme ein Zufall? → 10 Punkte

#9 (cui bono): Für die politische Klasse in Deutschland waren die Ereignisse in München ein gefundenes Fressen. Sie versuchten diese bis zum letzten Tropfen auszuschlachten:

Bundesinnenminister Thomas de Maizière sprach sich dafür aus, die Einsatzkonzepte der Polizei noch einmal unter die Lupe zu nehmen. „Das wird sicher jetzt noch einmal überprüft werden müssen", sagte er am Samstagabend in der *ARD*. Bayerns Innenminister Joachim Herrmann (CSU) forderte in der „Welt am Sonntag", dass „wir in extremen Situationen“ wie Terroranschlägen „auch in Deutschland auf die Bundeswehr zugreifen können“. Baden-Württembergs Innenminister Thomas Strobl (CDU) sprach sich für den Fall eines Terroranschlags in Deutschland erneut für einen Einsatz der Bundeswehr aus.[1314]

Wie nach dem Boston-Marathon wurde auch in München ein sozial-polizeiliches Experiment durchgeführt. Es ging darum herauszufinden, inwieweit die Bevölkerung den Aufrufen der Behörden ohne Zwang Folge leisten würden: Zuhause zu bleiben, bestimmte Orte zu meiden, keine Bilder und Informationen ins Internet zu stellen, die Autobahn zu verlassen, usw. Die Herrschaft über das Volk soll künftig durch freiwillige Entmündigung und ohne Massenverhaftungen und Massenerschießungen gewährleistet werden. Im Folgenden wird diese Konditionierung von der Münchner *Abendzeitung* bildlich veranschaulicht:

Schon vor den Ereignissen in Würzburg, Ansbach und München war für die Klausur des bayerischen Kabinetts ein umfangreiches *Sicherheitspaket* vorbereitet worden, mit “mehr Stellen und verbesserter Ausrüstung für Polizei, mehr Personal bei den Staatsanwaltschaften und Gerichten [und] einem Ausbau der Videoüberwachung von öffentlichen Plätzen und Straßen”, meldete die *Frankfurter Allgemeine Zeitung*. Es soll jetzt „signifikant“ erweitert werden, sagte Bayerns Ministerpräsident Horst Seehofer.[1315] Für Conrad Schuler, Vorsitzender des Instituts für sozialökologische Wirtschaftsforschung in München, besteht kein Zweifel: Es gehe darum „die Bevölkerung so weichzuklopfen, dass sie weiteren Demokratieabbau und organisierten Fremdenhass hinnimmt oder sogar selbst entfacht.“[1316]

Im Interview mit den Zeitungen der Funke Mediengruppe zeigte sich Thomas de Maizière “besorgt” über den »Beschleunigungseffekt für Gerüchte und Falschmeldungen«, der von sozialen Medien in der Amoknacht ausgegangen sei. »So etwas beeinträchtigt am Ende auch die Effektivität der polizeilichen Arbeit und bindet Kräfte, die an anderer Stelle gebraucht würden.«[1317] Die logische Antwort auf seiner

Besorgnis wäre es, dem Staat größere Befugnisse zu gewähren, die Sozialnetzwerke zu überwachen, oder eine Zensur einzuführen. Der vermutliche Grund für die Besorgnis des Innenminister ist nicht die vermeintliche Verbreitung von "Gerüchten und Falschmeldungen", sondern im Gegenteil, die Verbreitung von Erkenntnissen, die der Staat und die Leitmedien zu verheimlichen versuchen.

Der bayerische Innenminister Joachim Hermann fordert, bei der Ausrüstung der Polizei die terroristische Bedrohung stärker zu berücksichtigen. Jeder Streifenbeamte müsse einen guten Schutz dabei haben, darunter eine Schutzweste und einen ballistischen Helm. Nötig seien auch genügend gepanzerte Fahrzeuge.[1318]

Nach den Gewalttaten der letzten Tage haben sich die Innenminister von Bund und Ländern darauf verständigt, die Polizeipräsenz bei ausgewählten Veranstaltungen zu erhöhen.[1319] Nach dem Amoklauf von München kommt aus der SPD der Ruf nach einer massiven Aufstockung der Polizei. Der SPD-Innenexperte Burkhard Lischka sagte gegenüber der *Welt*, die Bundesregierung habe zwar mit dem jüngsten Bundeshaushalt fast 5000 zusätzliche Stellen geschaffen. Das reiche aber nicht: „Ich fordere weitere 3000."[1320] → 10 Punkte.

#10 (Zusätzliche Indizien): Ursprünglich sprach die Münchner Polizei von einem Amoklauf, dann von einer "akuten Terrorlage"[1321] und dann wieder von einem Amoklauf. Was war der Grund für diesen Schwankungen in der Einschätzung der Ereignisse?

Für den französischen Präsident Hollande handelte es sich in München ohne Zweifel um ein Terroranschlag.[1322] Auch Präsident Obama erklärte umgehend, dass die USA sich mit Deutschland solidarisierten und bot seine Unterstützung an,[1323] als ginge auch er von einem großen Terroranschlag aus. Über dieses hin und her der Polizei zwischen Amoklauf und Terroranschlag kann man sich nur wundern.

Dass die Ereignisse als ein Terroranschlag eingestuft wurden, beruht u.a. auf der Aussage von Lauretta aus dem McDonald's. Sie erzählte dem Sender *CNN*, der Schütze im McDonald's habe "allahu akbar" gerufen. Der mutmaßliche Amokläufer war aber kein Islamist und wurde von der Polizei sogar als Verehrer des rechtsradikalen Andres Breivik präsentiert. Der muslimische Ruf war offensichtlich ein Versuch der Planer, die Ereignisse als eine islamistische Terroraktion zu präsentieren. → 10 Punkte.

Ergebnis: Insgesamt 85 Punkte. Die Ereignisse in München waren sehr wahrscheinlich eine verdeckte Staatsoperation.

Anmerkungen

Zugang zu Originalquellen: Hinter Quellennachweisen befindet sich in der Regel eine Zahl mit einem vorangestellten Zeichen (# oder =). Internetzugang zu diesen Quellen: Für Zahlen mit einem vorangestelltem '#': www.aldeilis.net/fake/nnn.pdf · Für Zahlen mit einem vorangestelltem '=': www.aldeilis.net/terror/nnn.pdf (Beispiel: Zugang zum Beitrag von Charles Krauthammer, Anmerkung Nr. 6: aldeilis.net/terror/621.pdf)

Einleitung

1· Habib Souaïdia, *Schmutziger Krieg in Algerien*, Chronos Verlag, 2001, S. 14.

Teil I

2· Die Webseite des Vereins „September 11th Families Association" berichtet von 2.977 Opfern, während Victims Webseite von 2.902 Opfern aus den USA und 45 von außerhalb der USA berichtete.

3· Der Begriff „Flugkörper" ist vorzuziehen, weil die Identität des gefilmten Gegenstandes von den zuständigen US-amerikanischen Behörden nicht festgestellt wurde.

4· Terrorist attacks against the United States, Congressional Record Senate, 12.9.2001, #787.

5· A. M. Gray, Defense policy for the 1990s, *Marine Corps Gazette*, 74, no. 5 (1990): 19, zit. in: Ismael Hossein-Zadeh, Manufacturing External Threats to Ensure War Profits, *State of Nature*, 4 (Summer 2006), =620.

6· Charles Krauthammer, The Unipolar Moment, *Foreign Affairs*, 70:1 (1991), S. 23, =621.

7· Ebd.

8· Thomas L. Friedman, A Manifesto for the Fast World, *The New York Times*, 28.3.1999, #2072.

9· Gregory F. Treverton, The defense debate, *Foreign Affairs*, 69:1 (1989/90) 183, =624 (Hervorh. E.D.).

10· T. Sorenson, Rethinking national security, *Foreign Affairs*, 69: 3 (1990) 1.

11· John Lewis Gaddis, Toward the post-Cold War world, *Foreign Affairs*, 70:2 (1991 Spring), =623.

12· Ted Galen Carpenter, *A Search for Enemies: America's Alliances after the Cold War* (Cato Institute, 1992) S. 2f

13· Ebd. S. 11 (Hervorh. E.D.)

14· Ebd. S. 9.

15· Ebd. S. 163.

16· Elaine Sciolino, C.I.A. Casting About for New Missions, *The New York Times*, 4.2.1992, #2076.

17· Andrew J. Bacevich, Strategic studies: in from the cold, *SAIS Review*, 13:2 (1993, Summer/Fall), =633, S. 12.

18· Phil Williams, Paul Hammond, Michael Brenner, Atlantis lost, Paradise regained? The US and Western Europe after the Cold War, *International Affairs*, Vol. 69, No. 1 January 1993, =631.

19· Robert W. Tucker, 1989 and all that, *Foreign Affairs*, 69:4 (1990 Fall), S. 93, =622.

20· Interview by Harry Kreisler with Professor John Lewis Gaddis at the Institute of International Studies in Berkeley, Origins of the Cold War, 8.5.1989, #2073.

21· PNAC – Statement of Principles, 3.6.1997, =1934

22· Gary Schmitt, American Primacy and the Defense Spending Crisis, *Joint Forces Quarterly* (Spring 1998), =642.

23- Robert Kagan & William Kristol, The Present Danger, *The National Interest* (Spring 2000), =645.

24- Ebd.

25- Ebd.

26- Zbigniew K. Brzezinski, *The Grand Chessboard: American Primacy and Its Geostrategic Imperatives* (Basic Books, 1998) S. 35 f.

27- Ebd. S. 211.

28- Ashton B. Carter, .John M. Deutsch & Philipp D. Zelikow, Catastrophic Terrorism: Elements of a National Policy, Report of Visions of Governance for the Twenty-First Century, Harvard University, 1998, =601.

29- Rebuilding America's Defenses: Strategy, Forces and Resources For a New Century, A report of the Project for a New American Century, September 2000, #1789, S. 51.

30- Report of the Commission to Assess United States National Security Space Management and Organization, 11.1.2001, S. 15.

31- Zbigniew Brzezinski, *Die einzige Weltmacht* (Fischer Taschenbuch Verlag, 1999) 4. Auflage.

32- Ebd. S. 45.

33- Lee H. Hamilton, Talking points on combating terrorism, 2.10.2001, =615

34- Anne-Marie Slaughter, Reflections on the 9/11 Decade, *RUSI Journal*, August 2011, =548.

35- Radar Data Impact Speed Study, American Airlines Flight 11, NTSB, 7.2.2002, p. 2, #868.

36- Staff Report of the 9/11 Commission, 26.8.2004, p. 24, #867.

37- Ebd. S. 34, #867.

38- Ursprünglich wurde berichtet der Absturz hätte sich um 10:06 geeignet. Die Änderung auf 10:03 Uhr bleibt unerklärt.

39- Ebd. S. 46, #867.

40- Schlußbericht der 9/11 Untersuchungskommission, S. 31.

41- George Nelson, 911 - Aircraft Parts As A Clue To Their Identity: The Precautionary Principle, Rense.com, 23.4.2005, =861.

42- The investigative process at NTSB, NTSB, Webseite besucht am 11.5.2014, #869.

43- Aidan Monaghan, FBI Refuses to Confirm Identity of 9/11 Planes, *RINF News*, 2.12.2007, #1082.

44- Ebd. #1082.

45- Aidan Monaghan, FBI Counsel: No records available revealing ID process of recovered 9/11 plane wreckage, 911blogger.com, 17.3.2008, =1041.

46- World Trade Center Building Performance Study, WTC 1 and WTC 2, FEMA (2002), S. 2-19, #873.

47- Ebd. S. 2-32, #873.

48- Schlußbericht der 9/11 Untersuchungskommission, Fußnote 76 zu Kapitel 1, S. 456.

49- List of unrecovered flight recorders, Wikipedia (Webseite besucht am 11.5.2014).

50- Die Bilder wurden nicht in Echtzeit, sondern mit einer Verzögerung von etwa 14-18 Sekunden ausgesendet. Diese Verzögerung soll eine Manipulation der Bilder im Studio ermöglicht haben.

51- September 11 Television Archive (https://archive.org/details/sept_11_tv_archive), Webseite besucht am 3.10.2015.

52- 757-200/300 Airplane Characteristics for Airports, Doc. D6-58327, Boeing Corporation, May 2011, S. 9, #874.

53- Moussaoui Prosecution Trial Exhibit No. P200030.

54- Stipulations for Part II of the Penalty Phase, United States of America v. Zacarias Moussaoui, Criminal No. 01-455-

A, Government Exhibit ST00004, United States District Court for the Eastern District of Virginia, Alexandria Division (ohne Datum), p. 10, #1134.

55· Daniel Davis, Statement to Patriots for 9/11 Truth, 23.3.2007, =1960.

56· "85 videos", Flight77.info, #875.

57· Ted Twietmeyer, Controversy Surrounding the Pentagon 911 Surveillance Camera Video Footage, Global Research, 22.5.2006, #876.

58· Steven Welch, When Did the Pentagon Get Attacked Exactly?, StevenWarRan, 7.2.2007, #1101.

59· Elias Davidsson, *Hijacking America's Mind on 9/11: Counterfeiting Evidence* (Algora Publishers, New York, 2013) S. 76-78, 81-82; auch Shoestring (pseudonym), Shanksville, Pennsylvania, on 9/11: The Mysterious Plan Crash Site Without a Plane, 19.2. 2013, #878.

60· Tom Gibb, Newsmaker: Coroner's quiet unflappability helps him take charge of Somerset tragedy, *Post-Gazette*, 15.10.2001, #1105.

61· Robb Frederick, The day that changed America, *Tribune-Review*, 11.9.2002, =914; On Hallowed Ground, *The Age* (Australia), 9.9.2002, =093; Wes Allison, Small town shoulders a nation's grief, *St. Petersburg Times*, 10.9.2003, #1106; Michael Cowden, Memories of Flight 93 crash still fresh at 5-year anniversary, *Post-Gazette*, 3.9.2006, #766.

62· September 11, 2001 Revisited, The Center for Informed America, Newsletter 86, 4.11.2006, #1108.

63· FBI finished with Pennsylvania crash site probe, *CNN*, 24.9.2001, #753.

64· Tom Gibb, FBI ends site work, says no bomb used, *Post-Gazette*, 25.9.2001, #238.

65· Kerstin Decker, Da ist was im Busch, *Tagesspiegel*, 11.9.2007, #534a.

66· Elias Davidsson, Anm. 59, S. 113f.

67· George J. Tenet, Final Draft 9-11 Testimony for the DCI, Joint Inquiry Hearing to the U.S. Senate Select Committee on Intelligence, 18.6.2002, =1935 (Hervorh. E.D.).

68· Robert S. Mueller, III, Commonwealth Club of California, San Francisco, 19.4.2002, #951. (Hervorh. E.D.).

69· Statement for the Record by FBI Director Robert S. Mueller III, Joint Intelligence Committee Inquiry (JICI), 26.9.2002, #119.

70· Testimony of Robert S. Mueller, III, Direct, FBI, before the Senate and House Select Committees on Intelligence, 17.10.2002, #1793.

71· Careful sequence of mundane dealings sows a day of bloody terror for hijackers, *The Wall Street Journal*, 16.10.2001, #091.

72· Abschlussbericht der 9/11-Kommission, S. 224.

73· Stephen J. Hedges & Jeff Zeleny, Hijacker eluded security net, *Chicago Tribune*, 16.9.2001, #434.

74· Amy Goldstein, Hijackers led core group, *The Washington Post*, 30.9.2001, #607.

75· FBI Working draft chronology of events for hijackers and associates (Timeline), Part B, #114b.

76· Careful sequence (...), Anm. 71, #091.

77· Alisa Ulferts, Requests for Florida license raised no flags, *St. Petersburg Times*, 14.12.2001, #444; auch Shawn Zeller, Calling the Cops, *Government Executive*, 16.3.2004, #1794.

78· Careful sequence (...), Anm. 71, #443.

79· Alisa Ulferts, Anm. 77, #444.

80· FBI Working draft (...), Anm. 75, Eintrag 1782, S. 131, #114b.

81· Noran Clay & Randy Ellis, Terrorist Ticketed Last April on I-40, *Daily Oklahoman*, 20.1.2002, #1795; Michael Isikoff, The Hijackers We Let Escape, *Newsweek*, 9.6.2002, #1796.

82· Working draft (...), Anm. 75, Eintrag 1861, S. 139, #114b.

83· Toby Eckert, New details emerge on S.D.-based hijackers, *San-Diego Union Tribune*, 2.9.2002, #1797.

84· Another hijacker was stopped for traffic violation, *CNN*, 9.1.2002, =1936.

85· Manuel Roig-Franzia & Patricia Davis, For Want of a Crystal Ball, *The Washington Post*, 9.1.2002, =1937.

86· September 11 hijacker questioned in January 2001, *CNN*, 1.8.2002, =1938

87· Erwogen Terror-Piloten einen Chemie-Anschlag? *Der Spiegel*, 24.9.2001, #2078

88· Paul Brinkley-Rogers, Alfonso Chardy & Sara Olkon, Hijacker inquired about using crop-duster, *The Miami Herald*, 24.9.2001, =1925

89· Zum Beispiel: Dana Canedy, Crop - Dusters Are Grounded on Fears of Toxic Attacks, *The New York Times*, 25.9.2001, =1608..

90· Transcript of Johnelle Bryant Interview with Brian Ross, *ABC News*, 6. June 2002, =290.

91· Hijacker applied for US plane loan, *The Guardian*, 7.6.2002, #1805.

92· Rick Weiss & Justin Blum, Suspect may have wanted to buy plane, *The Washington Post*, 25.9.2001, #952.

93· Ebd.

94· Abschlussbericht der 9/11-Kommission, S. 224.

95· FBI Document 302, Serial 9165. Cited in Timeline Pertaining to South Florida, FBI Miami, Doc. 265A-NY-280350-MM, Prepared October 11, 2001 (NARA documents of the 9/11 Commission, T7 B20 Timelines 9-11).

96· www.justiceformounir.org.

97· Aus dem Urteil gegen Mounir El Motassadeq, OLG Hamburg, 2005, u.a. S.,139, 161, 170, 202, 284 und mehr.

98· Ebd. S. 23.

99· Abschlussbericht der 9/11-Kommission, S. 164.

100· FBI FD-302 document Nr. 265D-NY-280350-MM, of 11.9.2001, #355; FBI FD-302 document Nr. 265D-NY-280350-MM, of 11.9.2001, #356; FBI FD-302 document Nr. 265D-NY-280350-MM, of 11.9. 2001, #357. The FBI documents do not carry an identifying number.

101· *NBC*, 12.9.2001, 6:42:15. Bewahrt auf „11 September Television Archive", URL: http://www.archive.org/details/nbc200109121841-1922, (abgerufen am 28.5.2016).

102· Ken Thomas, Feds investigating possible terrorist-attack links in Florida, *Seattle Times* (AP), 12.9.2001, #130.

103· Dana Canedy & David E. Sanger, Hijacking Trail Leads F.B.I. to Florida Flight School, *The New York Times*, 13.9.2001, #041.

104· Johanna McGeary and David van Biema, The New Breed of Terrorist, *Time Magazine*, 24.9.2001, #1798.

105· Thomas C. Tobin, Florida: terror's launching pad, *St. Petersburg Times*, 1.9.2002, #235.

106· Ken Thomas, Feds investigating possible terrorist-attack links in Florida, *The Seattle Times* (AP), 12.9.2001, #130.

107· Barry Klein, Wes Allison et al, FBI seizes records of students at flight school, *St. Petersburg Times*, 13.9. 2001, #025.

108· Dana Canedy et al, Anm. 103, #041.

109· Daniel de Vise, Curtis Morgan & Manny Garcia, On Terror's Trail: Five Florida Men Were Among The Suspects They Were Listed Aboard Planes in N.Y. Crashes, *The Miami Herald*, 13.9.2001, #1799.

110· Ken Thomas, Anm. 106, #130.

111· Dana Canedy et al, Anm. 103, #041; Liz Doup and Mitch Lipka, 12 massacre suspects were living next door, *Sun-Senti-*

nel News, 15.9.2001, #1801; Neil Mackay, The roots of the worst terrorist attack in history, *Sunday Herald* (Scotland), 16.9.2001, #1802; Johanna McGeary & David van Biema, The New Breed of Terrorist, *Time Magazine*, 24.9.2001, #1798.

112· Nicolaas van Rijn, Hijackers set down roots, blended in, then attacked, *The Toronto Star*, 15.9.2001, #081.

113· Joel Achenbach, You Never Imagine a Hijacker Next Door, *The Washington Post*, 16.9.2001, #373; Peter Finn, A Fanatic's Quiet Path to Terror, *The Washington Post*, 22.9.2001, #1803; Sydney P. Freedberg, The Trail of the Terrorists, *St. Petersburg Times*, 27.9.2001, #1804.

114· Carol J. Williams, John-Thor Dahlburg & H.G. Reza, Mainly, they just waited, *Los Angeles Times*, 27.9.2001, #104.

115· Peter Finn, Anm. 113, #1803.

116· Daniel Hopsicker, *Welcome to Terrorland: Mohammed Atta and the 911 Cover-Up in Florida* (MadCow Press, 2004), S. 99.

117· Barry Klein, Anm. 107, #025.

118· Dana Canedy et al, Anm. 103, #041.

119· FBI FD-302 document Nr. 265D-NY-280350-MM, of 11.9.2001, #355.

120· FBI FD-302 document Nr. 265D-NY-280350-MM, of 11.9.2001, #356.

121· FBI FD-302 document Nr. 265D-NY-280350-MM, of 11.9.2001, #357.

122· Shay Sullivan, Two Hijackers on Longboat? *The Longboat Observer*, 21.11.2001, #177.

123· Susan Taylor Martin, Of fact, fiction: Bush on 9/11, *St. Petersburg Times*, 4.7. 2004, #178.

124· Don Kirk, Filipinos Recall Hijack Suspects Leading a High Life, *The New York Times*, 5.10.2001, #176.

125· Ebd.

126· FBI Zeitleiste, Teil B, Einträge 2243 (S. 176), 2264 (S. 178), 2478 (S. 196) and 2497 (S. 198), #114b.

127· Thomas Frank, Tracing Trail Of Hijackers, *Newsday*, 23.9.2001, #1807.

128· FBI Zeitleiste, Teil C, Eintrag 3222, S. 272, #114c.

129· Jackelyn Barnard, 9/11 Hijacker Stayed at Jacksonville Hotel, *First Coast News*, 24.8.2004, #089.

130· Kevin Fagan, Agents of terror leave their mark on Sin City, *San Francisco Chronicle*, 4.10.2001, #504.

131· Abschlussbericht der 9/11-Kommission, S. 248.

132· Jody A. Benjamin, Suspects' actions don't add up, *Sun-Sentinel*, 16.9.2001, #1806.

133 Toby Harnden, Seedy secrets of hiackers who broke Muslim laws, *The Telegraph*, 6.10.2001, =1964.

134· Dorit Koch & Markus Klemm, Der 9/11-Terror kam aus Hamburg, *Sächsische Zeitung*, 30.8.2011, =1965.

135· FBI Zeitleiste, Teil C, Eintrag 2661, #114c.

136· FBI Miami Zeitleiste, S. 27, #237.

137· FBI Zeitleiste, Teil C, Eintrag 2975, #114c.

138· FBI Zeitleiste, Teil C, Eintrag 3347, #114c.

139· FBI Zeitleiste, Teil C, Eintrag 2887, #114c.

140· FBI FD-302 document No. 302-64615.

141· Meldung von FBI Counterterrorism an allen Zweigstellen des FBI vom 15. September 2001, S. 24, #452.

142· FBI Zeitleiste, Teil C, Eintrag 3437, #114c.

143· 9/11 Commission's documents. Team 4, Box 14. FBI Docs · Received Early April Folder · Hijacker Financial Transaction Spreadsheet · by hijacker, NARA, #2370; also Team 4 Box 15, Hijacker Acct Info. Folder, #2371.

144- FBI: Early probe results show 18 hijackers took part, *CNN*, 13.9.2001, #045.

145- Ebd.

146- FBI Press Release of 14.9.2001, #065.

147- Kelli Arena, *CNN*, 14.9.2001, 10:11 ET, #066.

148- FBI list of suspected hijackers, *CNN*, 14.9.2001, 2:00 PM, EDT, #067.

149- *Xymphora (Pseudonym)*, Analysis of the Mosear Caned mystery, 14.6.2005, #1062.

150- Mike Fish, Fla. flight schools may have trained hijackers, *CNN*, 14.9.2001, =2298.

151- Naftali Bendavid et al, Officials scour U.S. for clues, *Chicago Tribune*, 13.9.2001, #523.

152- Four Planes, Four Coordinated Teams, *The Washington Post*, 16.9.2001, #080.

153- Condon & Forsyth LLP, Letter to Mr. John Raidt, 9/11 Commission, 15.3.2004, on behalf of American Airlines, in response to 3.2.2004 requests, S.11, #318.

154- Partial Lists of Terror Victims, *CBS News*, 12.9.2001, #1808; At least two from isles killed in attacks, *The Honolulu Star Bulletin*, 12.9.2001, #046; American Airlines Partial Passenger Lists, *The Washington Post*, 13.9.2001, #815.

155- Gary T. Kubota, Maui man discovers son still alive, *Honolulu Star Bulletin*, 18.9.2001, #1063.

156- National Obituary Archive. Jude Larson, #580, Natalie Larson, #581.

157- Jude und Natalie Larson waren noch am 13. März 2013 auf der Liste des National Obituary Archive als verstorben aufgelistet (#1064). Am 17 Oktober 2015 war der Name von Jude nicht mehr auf der Liste, jedoch der Name von Natalie Larson blieb. (#1809).

158- Unbeglaubigten Passagierlisten (Computerausdrücke), #871.

159- Andres Viglucci & Manny Garcia, Hijack plotters used S. Florida as a cradle for conspiracy, *The Miami Herald*, 15.9.2001, #277; Nicolaas van Rijn, Hijackers set down roots, blended in, then attacked, *The Toronto Star*, 15.9.2001, #081; Elizabeth Neuffer, Hijack suspect live a life, or a lie, *Boston Globe*, 25.9. 2001, #902.

160- Brief im Besitz des Autors. Im Brief wurde auf folgende Webseite hingewiesen: http://www.vaed.uscourts.gov/notablecases/moussaoui/exhibits/prosecution/flights/P200054.html (abgerufen am 28.5.2016).

161- E-Mail-Kommunikation zwischen Karen Temmermann, American Airlines, und dem Autor vom 9.9.2004; Briefwechsel zwischen dem Autor und American Airlines über 9/11, November 2005, #926. In Februar 2012 beantragte der Autor vom FBI auf der Basis des Informationsfreiheitsgesetzes (FOIA), Dokument 302, Seriennr. 7134, der „Flugmanifeste der entführten Flüge“ beinhalten sollte. FBI verweigerte die Herausgabe des Dokuments.

162- Abschlussbericht der 9/11-Kommission, Kapitel 1, Fußnote 2, S. 451.

163- Ebd. Kapitel 1, S. 2.

164- Ebd. Kapitel 1, S. 3.

165- Ebd. Kapitel 1, S. 4.

166- Ebd. Fußnote 82, S. 457.

167- Staff Statement No. 3 to the 9/11 Commission, 7th Public Hearing, 26-27. January 2004, S. 9 f, #226.

168- Briefwechsel (...), Anm. 161, #926.

169- Ewing2001 (Pseudonym), Flight 11 – The Twin Flight, o.D., #854.

170- Gerard Holmgren, Evidence that Flights AA 11 and AA 77 Did Not Exist on September 11, 2001, 13.11.2003, #924.

171- Stuart Millar, Hijack terrorists caught on security camera, *The Guardian*, 21.9.2001, #1810.

172- FBI Dokument 302-23367 vom 12.9.2001 (Interview von Kenneth R. Anderson). 9/11 Commission Documents, Team7, Box17, NARA, # 948.

173- Nick Grimm, Commission report finalised as 9/11 airport video release, *ABC.net.au*, 22. 7.2004, #087.

174- Zum Beispiel URL: https://www.youtube.com/watch?v=uLEqjpHVPhM oder http://www.whatreallyhappened.com/hijackers_video.html.

175- Siehe zu dieser Frage auch: Kevin Ryan, An Insider's Look at the Dulles 9/11 Video, 911blogger, 30.5.2016 (URL: http://911blogger.com/news/2016-05-30/insider-s-look-dulles-911-video), =1962.

176- Abschlussbericht der 9/11-Kommission, S. 3.

177- Susan B. Trento & Joseph J. Trento, *Unsafe at any Altitude: Failed Terrorism Investigations, Scapegoating 9/11, and the Schocking Truth about Aviation Security Today* (Steerforth Press, October 2006), S. 37.

178- Damian Whitworth, Hijackers' bodies set Bush grisly ethical question, *The Times* (U.K.), 6.10.2001, #092.

179- Ebd. #092.

180- Dokument der 9/11-Kommission MFR 04020027 vom 13. Mai 2004 ("Briefing by DOJ and FBI to staff members of the 9/11 Commission"), #852.

181- Brian Dacks, Remains Of Nine Sept. 11 Hijackers Held, CBS, 17.8.2002, #072; Tom Gibb, FBI ends site work, says no bomb used, Post-Gazette News, 25.9.2001, #238.

182- Tom Gibb, Flight 93 remains yield no evidence, Post-Gazette News, 20.12.2001, #073.

183- Remains of 9/11 hijackers identified, BBC, 28.2.2003, #053.

184- Anon. „Sind die Entführer eindeutig identifiziert worden?“ *Der Spiegel*, 7.9.2006, #1811.

185- Niemand hat angedeutet, dass die 19 angeblichen Entführer möglicherweise ungesehen und ohne Fahrkarten in den Flugzeuge eingedrungen sind.

186- 9/11 Commission, Staff Report Nr. 17. 17.6.2004.

187- Alan Scott (NORAD), 9/11 Commission Hearing, 23.5.2003 (Hervorh. E.D.), #1129.

188- Ben Fenton, More planes have been targeted, *Daily Telegraph*, 20.9.2001 (Hervorh. E.D.) #563.

189- William B. Scott, Exercise Jump-Starts Response to Attacks, *Aviation Week & Space Technology*, 3.6.2002 (Hervorh. E.D.), #1053.

190- Eric Hehs, Conversation with Major General Larry Arnold, *One Magazine*, January 2002, #1052.

191- Robert A. Baker, Commander of 9/11 Air Defenses Retires, *Newhouse News Service*, 31.3.2005, #1049.

192- Ein Pilot kann von Fluglotsen über Funk gebeten werden, einen bestimmten Code zu „squawken“. Der Pilot wählt dann Code 0363 auf seinem Transponder. Damit kann der Fluglotse das Flugzeug auf seinem Radarschirm verfolgen.

193- Chilling Audio From 9/11 Hijack Played at Hearing, Paula Zahn Now, *CNN*, Transcript, 17.6.2004, #1048.

194- *Shoestring (Pseudonym)*, The Many False Hijackings of 9/11, 10.4.2011, #520.

195- Ebd.

196- Abschlussbericht der 9/11-Kommission, S. 20.

197- Ebd.

198- Ebd.

199- Michael Bronner, 9/11 Live: The NORAD Tapes, *Vanity Fair*, August 2006, #308.

200- Lynn Spencer, *Touching History, The Untold Story of the Drama That Unfolded in the Skies Over America on 9/11*, (Free Press, 2011), S. 26.

201- Major General Larry Arnold's Testimony, Public Hearing, 9/11 Commission, 23.5.2003, #1040.

202- Ebd.

203- Alan Levin, Marily Adams and Blake Morrison, Terror attacks brought drastic decision: Clear the skies, *USA Today*, 12.8.2002, #794.

204- Michael Bronner, Anm. 199, #308.

205- Ebd.

206- Michael C. Ruppert, *Crossing the Rubicon: The Decline of the American Empire at the End of the Age of Oil* (New Society Publishers, 2004).

207- Webster G. Tarpley, The 46 Drills, Operations, War Games, and Activities of 9/11, COTO Report, 27.8.2011, =1950.

208- Webster G. Tarpley, *9/11 Synthetic Terrorism Made in USA* (Progressive Press, 2006), S. 204-205.

209- Affidavit of Robin D. Hordon, in *April Gallop, plaintiff* v. *Dick Cheney and Donald Rumsfeld, defendants*, filed on 29 June 2009 in the United States District Court, Southern District of New York, #1954.

210- Ted Walter, Jenseits der Täuschung: Was die Wissenschaft über die Zerstörung der Gebäude 1,2 und 7 des World Trade Centers zu sagen hat, Architects & Engineers for 9/11 Truth, 2016, S. 8-12, =2176.

211- FOX News - Rick Leventhal interviews 9/11 WTC witness, Mark „Harley Guy" Walsh (URL: https://www.youtube.com/watch?v=07hJhmiWZSY - aufgerufen am 17.10.2015).

212- Brasscheck.tv (video, o.D. URL: https://www.youtube.com/watch?v=_e-3jE-bFy8); auch *dicktater*, Meet Jerome Hauer, 9/11 Suspect Awaiting Indictment," 911blogger.com, 26.2.2007, #1812.

213- AISC Task Force to Investigate World Trade Center Collapse, *Steel News*, 12.9.2001, #885.

214- Learning from 9/11 – Understanding the Collapse of the World Trade Center, Hearing before the Committee on Science, House of Representatives, 6.3.2002, #865.

215- Ebd. #865. Beachten Sie, dass die Formulierung „progressive collapses" die Schlussfolgerungen der Untersuchung vorherbestimmten.

216- Ebd. #865.

217- Ted Walter, Anm. 210, S. 15, =2176.

218- Ebd. S. 16, =2176.

219- Robert T. Stafford Disaster Relief and Emergency Assistance Act, as amended by Public Law 106-390", FEMA, 30.10.2000, #1813.

220- James Gerstenzang, Bush puts FEMA in charge of domestic terrorism response, *Los Angeles Times*, 9.5.2001, #863.

221- Joe Allbaugh Confirmed As FEMA Director, FEMA, 7.2.2001, =1940.

222- Ebd.

223- Michael Isikoff, Oklahoma City Bombing's Unanswered Questions in New Book, *The Daily Beast*, 18.4.2012, #887.

224- FEMA 403, World Trade Center Building Performance Study (2002), (URL: http://www.fema.gov/media-library/assets/documents/3544, aufgerufen am 30.5.2016).

225- Bill Manning, $elling out the investigation, *Fire Engineering Magazine*, 1.1.2002, #866.

226- Ebd.

227- Glenn Corbett addressing a Hearing before the Committee on Science, House of Representatives, 26.10.2005, #1815 (Hervorh. E.D.).

228- NIST NCSTART 1-6, September 2005, #1817, S. xxxvii (Hervorh. E.D.) „One of the four objectives of the investigation" was to „develop and evaluate failure hypotheses, resulting in the probable sequence of structural events leading to collapse for each WTC tower". (Hervorh. E.D.).

229· Questions and Answers about the Overall NIST WTC Investigation, NIST, 19.9.2011, #1816, (Question/Answer 14.).

230· About the NIST World Trade Center Investigation, NIST (aufgerufen am 17.10.2015), #1818.

231· Remarks by Dr. Hratch Semerjian, WTC Investigation Report Press Briefing, 23.6.2005. #610.

232· Sally Regenhard addressing a Hearing before the Committee on Science, House of Representatives, 26.10.2005, #1815.

233· How the World Trade Center fell, *BBC*, 13.9.2001, #890.

234· Ebd.

235· Thomas W. Eagar & Christopher Musso, Why Did the World Trade Center Collapse? Science, Engineering, and Speculation, *The Member Journal of the Minerals, Metals & Materials Society* (JOM) 53(12) (2001), S. 8-11, #1819.

236· Jeremiah MacSleyne, An Investigation of the Proper Hot Forging Temperatures for Various Steel Grades, Dept. of Met. & Mat. Engr., Colorado School of Mines, May 2001, #1820. Table II (a).

237· T. W. Eagar et al, Anm. 235, #1819.

238· FEMA 403, World Trade Center Building Performance Study (2002), Chapter 2, #1821, Section 2.2.1.2, S. 2-22.

239· Ebd. Section 2.4, S. 2-39, #1821.

240· Christopher Naum, One Meridian Plaza High Rise Fire: Twenty Years Ago, *The Company Officer* (Fire EMS), 23.2.2011, =1942.

241· Francie Grace, Towering Inferno in Caracas, *CBS News*, 18.10.2004, =1943.

242· Commuter chaos after Madrid blaze, BBC, 14.2.2005, =1944; Colin Balley, The Windsor Tower Fire, Madrid, One Stop Shop in Structural Fire Engineering (University of Manchester), o.D., =1945.

243· Andrew Jacobs, Fire Ravages Reknowed Building in Beijing, *The New York Times*, 9.2.2009, =1941.

244· Stephen W. Banovic & Timothy Foecke, Damage and Failure Modes of Structural Steel Components, NIST NCSTAR 1-3C, September 2005, #1823, section 6.21, S. 219-220.

245· Frank W. Gayle et al, Mechanical and Metallurgical Analysis of Structural Steel, NIST, NCSTAR 1-3, #1824, S. xxxviii.

246· The Sept. 11 Records (Oral Histories), *The New York Times*, URL: http://graphics8.nytimes.com/packages/html/nyregion/20050812_WTC_GRAPHIC/met_WTC_histories_full_01.html (aufgerufen am 17.10.2015). File No 9110369, Interview of Fire Patrolman Paul Curran, 18.12.2001, S.11 (Hervorh. E.D.).

247· Gerald M. Carbone, The Miracle of Ladder 6 and Josephine, *Providence Journal*, 11.9.2002, #478 (Hervorh. E.D.).

248· Oral Histories, Anm. 246, File No. 9110200, Interview with EMT Joseph Fortis, 9.11.2001, S. 7 (Hervorh. E.D.).

249· Oral Histories, Anm. 246, File No. 9110203, Interview with EMT Lonnie Penn, 9.11.2001, S. 3 (Hervorh. E.D.).

250· Oral Histories, Anm. 246, File No. 9110194, Interview with EMT Lieutnant Bradley Mann, 7.11.2001, S. 3 (Hervorh. E.D.).

251· John Bussey, Eye of the Storm: One Journey Through Desperation and Chaos, *The Wall Street Journal*, 12.9.2001, #1826.

252· Oral Histories, Anm. 246, File No. 9110001, Interview with Deputy Commissioner Thomas Fitzpatrick, 1.10.2001, S. 14-15.

253· Oral Histories, Anm. 246, File No. 9110253, Interview with Firefighter Richard Banaciski, 6.12.2001, S.3.

254· Ebd.

255· FEMA 403, Anm. 246, #1821, Chapter 2, Section 2.2.1.4, S. 2-25.

256· FEMA 403, World Trade Center Building Performance Study, Chapter 1, #1827, Section 1.3, S. 1-8.

257· Congressional Debates, 12.9.2001, S. S9306.

258· Ebd.

259· Ebd.

260· Oral Histories, Anm. 246.

261· Dennis Smith, Report from Ground Zero: The Story of the Rescue Efforts at the World Trade Center, *Viking Adult* (2002), S. 18.

262· Oral Histories, Anm. 246, File No. 9110098, Interview with Assistant Fire Commissioner James Drury, 16.10.2001, S. 7.

263· Oral Histories, Anm. 246, File No. 9110412, Interview with Firefighter James Curran, 30.12.2001, S. 11.

264· Oral Histories, Anm. 246, File No. 9110192, Interview with EMS Captain Karin Deshore, 7.11.2001, S. 15.

265· Oral Histories, Anm. 246, File No. 9110287, Interview with Firefighter Joseph Meola, 11.12.2001, S. 5.

266· Oral Histories, Anm. 246, File No. 9110166, Interview with Battalion Chief Brian Dixon, 25.10.2001, S. 15.

267· Oral Histories, Anm. 246, File No. 9110251, Interview with Firefighter Edward Cachia, 6.12.2001, S. 5.

268· Oral Histories, Anm. 246, File No 9110290, Interview with Firefighter Kenneth Rogers, 10.12.2001, S. 3.

269· Oral Histories, Anm. 246, File No. 9110035, Interview with Paramedic Daniel Rivera, 10.10.2001, S. 9.

270· Oral Histories, Anm. 246, File No. 9110184, Interview with EMT Gregg Brady, 1.11.2001, S. 7.

271· Oral Histories, Anm. 246, File No. 9110143, Interview with Fire Lieutenant Michael Cahill, 17.10.2001, S. 11.

272· Gerald M. Carbone, The miracle of Ladder 6 and Josephine, Providence Journal, 11.9.2002, #478.

273· Graeme McQueen, 118 Witnesses: The Firefighters' Testimony to Explosions in the Twin Towers, *Journal of 9/11 Studies*, August 2006, #1828.

274· Ted Walter, Anm. 210, S. 28, =2176.

275· Briefwechsel zwischen Elias Davidsson und Prof. Jonathan Barnett, Dezember 2006 bis Januar 2007, #1829.

276· Jennifer Lin, Recovery worker reflects on months spent at Ground Zero, *Knight Ridder/Tribune News Service*, 29.5.2002, #1830.

277· Keith Eaton, Structural Engineer, 3.9.2002, S. 6, zitiert bei Mark H. Gaffney, *The 9/11 Mystery Plane and the Vanishing of America* (Trine Day LLC, 2008), S. 132.

278· Ebd. S. 132-3.

279· Ebd. S. 133.

280· Guy Lounsbury, Serving on 'sacred ground', *National Guard*, December 2001, #471.

281· Stephen Rodrick, Rudy Tuesday, *New York Magazine*, 24.10.2007, #183.1.

282· Mark Gaffney, Anm. 277, S. 136.

283· Ebd.

284· Questions and Answers about the Overall NIST WTC Investigation, NIST, 19.9.2011, #1816.

285· Ebd.

286· Vgl. Videoaufzeichnungen des Zusammenbruchs/Pulverisierung des Südturms: *ABC News* (URL: https://www.youtube.com/watch?v=M6f9Jpfz1Vo, aufgerufen am 28.5.2016), The Camera Planet Archive (URL: https://www.youtube.com/watch?v=M6f9Jpfz1Vo, aufgerufen am 28.5.2016) und des Nordturms: Etienne Sauret (URL: https://www.youtube.com/watch?v=xGAofwkAOlo, aufgerufen am 28.5.2016).

287· Suchwörter: „WTC pulverisation" oder „WTC dustification".

288· Matt Nelson, 9/11 Debris: An Investigation of Ground Zero, 2015, =1948.

289- Governor Pataki on Ground Zero, *CNN* (URL: http://www.youtube.com/watch?v=MDuBi8KyOhw, aufgerufen am 28.5.2016).

290- Mushrooming Tops: The Twin Towers' Tops Mushroomed As They Fell, 911 Research (o.D.), #1832.

291- Damage to Buildings Near World Trade Center Towers Caused by Falling Debris and Air Pressure Wave, Not by Ground Shaking, *Earth Institute*, 16.11.2001, #1833.

292- Michiko Kakutani, Struggling to find words for a horror beyond words, *The New York Times*, 13.9.2001, #1834.

293- Michael Grunwald, Up Close at Ground Zero, Desolation and Dust, *The Washington Post*, 21.9.2001, =1946.

294- In: Dennis Smith, *Report from Ground Zero: The Story of the Rescue Efforts at the World Trade Center* (Viking/Penguin, 2002), S. 163

295- 9/11 Debris: Investigation of Ground Zero, Pt. 1 (URL: https://www.youtube.com/watch?v=QnnXTrw88P4, aufgerufen am 28.5.2016).

296- Thomas von Essen, *Strong of Heart: Life and Death in the Fire Department of New York* (Regan Books, 2002), S. 48-49.

297- Rebekah Darcy Mulhare, Dust Busting, *The Cooperator*, June 2002, #898.

298- Anthony DePalma, Tag Archives: Health effects arising from the September 11 attacks, EHS Safety News America (ProPublica), (o.D.), =1947.

299- Debunking the 9/11 Myths: Special Report - The World Trade Center, *Popular Mechanics*, March 2005, #899.

300- F. R. Greening, The Pulverization of Concrete in WTC 1 During the Collapse Events of 9-11, 5.11.2006, #1837.

301- Anemona Hartocollis, Connecting with lost loved ones, if only by the tips of fingers, *The New York Times*, 11.9.2011 #616.

302- Rick Hampson and Martha T. Moore, Closure from 9/11 elusive for many, *USA Today*, 4.9.2003, #615.

303- Ebd. #615.

304- Dan Barry, At morgue, ceaselessly sifting 911 traces, *The New York Times*, 14.7. 2002, #205.

305- Die Webseite der Vereinigung „Architects and Engineers for 9/11 Truth" ist http://www.ae911truth.org/.

306- WTC Building Performance Study - Chapter 5: WTC 7, FEMA, September 2002, =901.

307- Michael Fullerton, A Scientific Theory of the WTC 7 Collapse, *Foreign Policy Journal*, 14.2.2011, =900.

308- WTC Building Performance Study, Anm. 306, =901.

309- NIST Releases Final WTC 7 Investigation Report, NIST, 25.11. 2008, =902.

310- Eric Lipton, Fire, Not Explosives, Felled 3rd Tower on 9/11, Report Says, *The New York Times*, 22.8.2008.

311- Report: Fire, not bombs, leveled WTC 7 building, *USA Today*, 21.8.2008, =904.

312- Ebd.

313- Als Beispiel, Silent explosives, Germany S.U. G Group Co, Ltd. China, =782.

314- Ted Walter, Jenseits der Täuschung: Was die Wissenschaft über die Zerstörung der Gebäude 1,2 und 7 des World Trade Centers zu sagen hat, Architects & Enginee-rs for 9/11 Truth, 2016, S. 34, =2176.

315- WTC Building Performance Study, Anm. 1, S. 20.

316- R.G. Gann, Final Report on the Collapse of World Trade Center Building 7, NIST NCSTAR 1A, 20.11.2008, S. 18, =1926.

317- Ebd.

318- Ebd.

319- David Ray Griffin, Building What? How SCADs Can Be Hidden in Plain Sight, *Global Research*, 30.5.2010, #1968.

320· Ebd.

321· Final Report on the Collapse of WTC Building 7 · Draft for Public Comment, NIST NCSTAR 1A, August 2008, #1967.

322· Ebd.

323· Jeremy Baker, Eagle's Nest at Ground Zero, Serendipity, (o. D), =906.

324· It was only opened in 1999.

325· Rudy Giuliani testifying before the 9/11 Commission, Eleventh Public Hearing, 19.5.2004, =907.

326· Wayne Barrett & Dan Collins, *Grand Illusion: The Untold Story of Rudy Giuliani and 9/11* (HarperCollins Publishers, 2006), S. 30.

327· Ebd. S. 44.

328· Ebd. S. 46.

329· Ebd. S. 186.

330· Jeremy Baker, Anm. 323, =906.

331· Passing of Barry Jennings, The NYCHA Employee Bulletin, October 2008, #1839.

332· The scene at the Trade Towers, Associated Press, 11.9.2001, #1840.

333· Barry Jenkins interviews. URL: https://www.youtube.com/watch?v=OmeY2vJ6ZoA (aufgerufen am 28.5.2016).

334· Dennis P. McMahon, Barry Jennings Revisited, Architects and Engineers for 9/11 Truth, 31.5.2012, =973.

335· Ted Walter, Anm. 210, S. 35, =2176

336· David Ray Griffin, The 9/11 Interview with Michael Hess: Evidence that NIST Lied about When He and Barry Jennings Were Rescued, 911truth.org, 17.9.2008, #1842.

337· Das Interview befindet sich auf: https://www.youtube.com/watch?v=7oeDHC4OI8o (aufgerufen am 22.10.2015).

338· Mike Rudin, Caught up in a conspiracy theory, BBC, 21.10.2008, #1841.

339· Progress Report on the Federal Building and Fire Safety Investigation of the World Trade Center Disaster, NIST Special Publication 1000-5, Vol. 1, June 2004, S. xliii, at http://www.nist.gov/customcf/get_pdf.cfm?pub_id=860567.

340· Questions and Answers about the NIST WTC 7 Investigation, NIST, 19.9.2011, #1844.

341· ISRI Assists in Cleanup of Recyclable Metal at World Trade Center Site, *PRNewswire*, 4.10.2001, =767.

342· Bill Manning, $elling out the investigation, *Fire Engineering Magazine*, 1.1.2002, =866.

343· Learning from 9/11 · Understanding the Collapse of the World Trade Center, Hearing before the Committee on Science, House of Representatives, 6.3.2002, =936.

344· Ramon Gilsanz and Audrey Massa, „WTC Steel Data Collection", Appendix D to FEMA 403 Building Performance Study Report, =937.

345· Pentagon officials expect no more survivors, *PBS*, 12.9.2001, =939.

346· Interview with Robbie Turner, Temple Hills, Maryland, 3.12.2001, Library of Congress, 11.9.2001, Documentary Project Collection (audio recording), http://memory.loc.gov/ammem/collections/911_archive/index.html.

347· Interview with Roosevelt Roberts Jr., Waldorf, Maryland, 30.11.2001, Library of Congress, 11.9.2001, Documentary Project Collection (audio recording), http://memory.loc.gov/ammem/collections/911_archive/index.html.

348· Cassette Tape of 9/11 Controllers' Recollections Destroyed, *Aviation Today*, 17.5.2004, =941.

349· Ebd.

350· Ebd.

351· Ebd.

352· Thomas Frank, Air controllers' 9/11 tape withheld, destroyed, *The Baltimore Sun*, 7.5.2004, #940.

353- Anweisungen an die Attentäter: FBI fand Leitfaden für die Todesflüge, *Der Spiegel*, 28.9.2001, #1850.

354- FBI Document No. 302-46163, quoted in MFR04016228 of 10.2.2004, prepared by Quinn John Tamm, Jr. of the 9/11 Commission's staff, #365.

355- Michael Dorman, Unravelling 9-11 was in the bags, *Newsday*, 17.4.2006, #1849.

356- Application and Affidavit of Special Agent James L. Lechner, U.S. District Court, Portland, Maine, Case No. 01-46C, 12.9.2001, #942.

357- Quinn John Tamm, Jr. (Team 1A), Review of investigation conducted by the FBI of Atta' s suitcases at Boston, 9/11 Commission, 10.2.2004, MFR04016228, =1966.

358- Specimens received under FBI Laboratory number 010917003 HC EZ HL HO EA GQ, FBI, 21.9.2001, #944 (S. 79 in NARA 9/11 Commission's Folder Team5 Box6 Misc Info on Moussaoui and Hijackers).

359- Paul Sperry, Airline denied Atta paradise wedding suit, *WND*, 11.9.2002, #858.

360- Terry McDermott, *Perfect Soldiers: The 9/11 Hijackers: Who They Were, Why They Did It?* (Harpers & Collins Publ., 2005), S. 306.

361- Brian Whitaker, Chilling document hints at 'Armageddon', *The Guardian*, 1.10.2001, #077.

362- Ashcroft says more attacks may be planned, *CNN*, 18.9.2001, #990.

363- Susan Ginsburg (staff member of the Commission) at Public Hearing of the 9/11 Commission, 26.1.2004, #1854.

364- The September 11 Travel Operation, Chapter 2, 9/11 Commission, S. 40, note 109, #1851.

365- Anne Karpf, Uncle Sam's lucky finds, *The Guardian*, 19.3. 2002, #1852.

366- Profile of Nawaf Al-Hazmi, JICI, FBI, 19.4.2002, S. FBI 03201-03203, #1855.

367- 9/11 and terrorist travel, 9/11 Commission Staff Report, #947.

368- Abschlussbericht der 9/11-Kommission, Fußnote 76 für Kapitel 1.

369- William C. Rempel & Richard A. Serrano, Investigators Identify 50 Terrorists Tied to Plot, *Los Angeles Times*, 13.9.2001, #032.

370- Terrorist hunt, *ABC News*, 12.9.2001, #097.

371- Guy Gugliotta, Reconstructing the hijackers' last days, *The Washington Post*, 16.9.2001, #1856.

372- Robb Frederick, The day that changed Amereica, *Pittsburgh Tribune-Review*, 11.9.2002, #914.

373- Moussaoui trial exhibit PA00108, URL: http://www.vaed.uscourts.gov/notablecases/moussaoui/exhibits/prosecution/PA00108.html (abgerufen am 29.5.2016).

374- Moussaoui trial exhibit PA00110, URL: http://www.vaed.uscourts.gov/notablecases/moussaoui/exhibits/prosecution/PA00110.html (abgerufen am 29.5.2016).

375- Moussaoui trial exhibit PA00102, URL: http://www.vaed.uscourts.gov/notablecases/moussaoui/exhibits/prosecution/PA00102.html (abgerufen am 29.5.2016).

376- Moussaoui trial exhibit PA00105.08, URL: http://www.vaed.uscourts.gov/notablecases/moussaoui/exhibits/prosecution/PA00105-08.html (abgerufen am 29.5.2016).

377- Moussaoui trial exhibit GX-PA00109, URL: http://www.rcfp.org/moussaoui/ (abgerufen am 29.5.2016).

378- Knives found at the UA Flight 93 crash site, 9/11 Commission's documents, Team 7 Box 18, #565.

379· Comprehensive profile report concerning Ziad Samir Jarrah, Tampa IRS, 20.3.2002 (NARA's documents of the 9/11 Commission, Masterfiles Box 84, RFBI 03009470), S. 74, =1951.

380· New arrest warrants issued in terrorism probe, *CNN*, 17.9.2001, =1952.

381· Bob Woodward & Dan Balz, We will rally the world, *The Washington Post*, 28.1. 2002, #1956.

382· Press Briefing by Ari Fleischer, The White House, 12.9.2001, 4:05 p.m. EDT, #771.

383· Philip Shenon & David Johnston, F.B.I. Shifts Focus to Try to Avert Any More Attacks, *The New York Times*, 9.10.2001, #772.

384· Nicholas Wade, Clusters of Illness Suggest that Most Infections Came from Two Mailings, *The New York Times*, 2.11.2001, #773.

385· Amerithrax or Anthrax Investigation, FBI, o.D., =1929.

386· Photo Gallery, Amerithrax case, FBI, o.D., =1930.

387· James Gordon Meek, FBI was told to blame Anthrax scare on Al Qaeda by White House officials, *Daily News*, 2.8.2008, #1843.

388· Amerithrax (...), Anm. 5, =1929.

389· Jörg Blech und Rafaela von Bredow, Chemie- und Biowaffen: Die gefährlichste aller Bedrohungen, *Spiegel Online*, 27.9.2001, #1931.

390· Terrorverdacht: Milzbrand-Fälle haben keine natürliche Ursache, *Spiegel Online*, 9.10.2001, #1933.

391· Florida: Erste Verbindung zwischen Attentätern und Milzbrand-Anschlag, *Spiegel Online*, 15.10.2001, #1934.

392· Entdeckung in Afghanistan: Bin Ladens heimliche Anthrax-Anlage, *Spiegel Online*, 26.3.2002, #1935.

393· 9/11 Investigation (PENTTBOM), FBI, o.D., =1931.

394· Dan Eggen, FBI's 9/11 Team Still Hard at Work (on PENTTBOM), *The Washington Post*, 14.6.2004, #228.

395· Diese sind z.T. durch das US Nationalarchiv (NARA) im Jahre 2009 freigegeben worden.

396· The Right to the Truth. Office of the Special Rapporteur for Freedom of Expression, IACHR (aldeilis.net/truth/006.pdf).

397· *Chumbipuma Aguirre* et al. v *Peru* (Barrios Altos Case), Inter-American Court on Human Rights (IACtHR), Urteil vom 14.3.2001, Paragraph 48.

398· UN General Assembly Resolution 60/147, Basic Principles and Guidelines on the Right to a Remedy and Reparation for Victims of Gross Violations of International Human Rights Law and Serious Violations of International Humanitarian Law, 16 December 2005, Articles 18 and 22.

399· UN Human Rights Committee, General Comment No. 31. Nature of the General Legal Obligation Imposed on States Parties to the Covenant. UN Doc. CCPR/C/21/Rev.1/Add.13 (26 May 2004) para. 8.

400· Study on the right to the truth, Commission on Human Rights, 8.2.2006, UN Doc. E/CN.4/2006/91, #2092.

401· Elias Davidsson, The Right to the Truth about the Mass Killings of 11 September 2001, *Dissident Voice*, 2.8.2015.

402· Ebd.

403· Bush asks Daschle to limit Sept. 11 probes, *CNN*, 29.1.2002, #1936.

404· Ebd.

405· Jacob Heilbrunn, A Lack of Intelligence, *The New York Times*, 13.4.2008, #1937.

406· Bush opposes 9/11 Query Panel, *CBS News*, 23.5.2002, #1938.

407- Jim Dwyer, Investigating 9/11: An Unimaginable Calamity, Still Largely Unexamined, *The New York Times*, 11.9.2002, #1957.

408- Patrick Martin, One year after the terror attacks: still no official investigation into September 11, *World Socialist Web Site*, 12.9.2002, #920.

409- Patrick Martin, Still no official investigation into 9/11, *Global Research*, 12.9.2002, #1958.

410- Statement by President George W. Bush, The White House, 27.11.2002, #917.

411- Frequently Asked Questions About the 9-11 Commission, National Commission on Terrorist Attacks Upon the United States, #1941.

412- Dan Eggen, Bush asked to seize land for 9/11 memorial, *The Washington Post*, 28.12.2008. #715.

413- Joshua Micah Marshall, Kenneth Starr's $70 million bag of garbage, *Salon Magazine*, 13.3.2002, #1939.

414- Ralph Vartabedian & Peter Pae, Cost of Columbia Accident Inquiry Is Soaring, *Los Angeles Times*, 15.3.2003, #1940.

415- Richard W. Stevenson, President names Kissinger to lead 9/11 Commission, *The New York Times*, 28.11.2002, #1942.

416- The Kissinger Commission, *The New York Times*, 29.11.2002, #1944.

417- Kissinger resigns as head of 9/11 commission, *CNN*, 13.12.2002, #1943.

418- Evan Thomas, Tragicomic Tale of the 9/11 Report, *The New York Times*, 4.2.2008, #1945.

419- Conflicts of Interest Within the 9/11 Commission, Attachment 3. Supplement to ‚Investigate 9/11 Commission' Action Point, #1946.

420- Ebd.

421- Cited in Michael C. Ruppert, *Crossing the Rubicon: The Decline of the American Empire at the End of the Age of Oil* (New Society Publishers, 2004), S. 456-7.

422- Jacob Heilbrunn, Anm. 35, #1937.

423- Philip Shenon, *The Commission: What We Didn't Know About 9/11* (Little, Brown & Company, 2008), S. 83-85.

424- 9/11 Commission Report Outline from Spring 2003 Similar to Final Report, History Commons Groups, 7.8.2009, #1947.

425- Ebd.

426- Philip Shenon, Bush to Limit Testimony Before 9/11 Panel, *The New York Times*, 26.2.2004, =932.

427- Ebd.

428- Ebd.

429- Dana Milbank, Joint Appearance Stirs Speculation, *The Washington Post*, 25.4.2004, =933.

430- Elisabeth Bumiller & Philip Shenon, Bush-Cheney 9/11 Interview Won't Be Formally Recorded, *The New York Times*, 28.4.2004, =934.

431- 9/11 Commission Finishes Bush, Cheney Session, *NBC News*, 29.4.2004, =929.

432- Philip Shenon, 9/11 Commission Says U.S. Agencies Slow Its Inquiry, *The New York Times*, 8.7.2003, =931.

433- Flugnummer werden dazu benutzt, um eine bestimmte Flugverbindung (Flugroute) einer Fluggesellschaft zu identifizieren. Wegen des sogenannten Codesharing ist es möglich, dass einem Flug nicht nur eine, sondern mehrere Flugnummern zugeteilt werden. Ein einziges Flugzeug kann am selben Tag gleichzeitig oder nacheinander unter mehreren Flugnummern fliegen.

434- Dan Eggen, 9/11 Panel Suspected Deception by Pentagon, *The Washington Post*, 2 August 2006, =1950.

435- James Klatell, 9/11 Commissioners Expose Obstructions, *CBS News*, 5.8.2006, #1951.

436- Peter Tatchell, 9/11 - The Big Cover-up?, *The Guardian*, 12.9.2007, #1959.

437· Zitiert bei Gordon Duff, The 9/11 Commission Rejects own Report as Based on Government Lies, *Salem News*, 11.9.2009, #1948.

438· David Ray Griffin, *The 9/11 Commission Report: Omissions and Distortions* (Olive Branch Press, 2005).

439· Ebd, S. 277.

440· Ebd, S. 281.

441· Ebd, S. 291.

442· U.S. Code, Amendment to Chapter 11, Subtitle II, Title 49.

443· Jonathan D. Silver, Flight 93 black box under wraps, *Post-Gazette*, 4.11.2001, #1952.

444· Mary Schiavo, Statement to the National Commission on Terrorist Attacks Upon the United States, 23.5.2003, #216.

445· Matthew L. Wald, Government Releases Little Information on Sept. 11 Crashes, *The New York Times*, 23.2.2002, #1960.

446· Aidan Monaghan, 9/11 Aircraft ‚Black Box' Serial Numbers Mysteriously Absent, 911blogger, 26.2.2008, URL: http://911blogger.com/node/14081, #1955.

447· The Pentagon Building Performance Report, ASCE, January 2003, #781.

448· Ebd.

449· Ebd. S. i. #781.

450· Ebd. S. 2. #781.

451· Steve Hendrix, After 9/11, woman who was at Pentagon remains skeptical, *The Washington Post*, 9.9.2011, #1953.

452· "The Pentagon Building Performance Report, #781, S. 24.

453· Steve Hendrix, Anm. 70. #1953.

454· Ebd. S. 12. #1953.

455· Ebd. #1953.

456· Ebd. S. 14-15. #1953.

457· Title IV of [Act of Congress] HR 2926 To Preserve the Continued Viability of the United States Air Transportation System, 22.9.2001 (Victims Compensation Fund), #1857.

458· Ebd. Title IV, Section 405 (c) (3).

459· Joe Taglieri, 9-11 Lawsuits: Saudis, Airlines, Bush Face Litigation, From the Wilderness, 27.8.2002. URL: http://www.fromthewilderness.com/free/ww3/082702_lawsuits.html; auch Walter Gilberti, Bush administration moves to stifle discovery in 9/11 lawsuits, *World Socialist Web Site*, 2.8.2002, URL: http://www.wsws.org/articles/2002/aug2002/bush-a02.shtml.

460· Title IV, Section 408 (b) (3), Anm.1.

461· Frances Romero, Compensation Czar Kenneth Feinberg, *TIME Magazine*, 23.10.2009, #1858.

462· J.J. Goldberg, New, 'Pay Czar' Walks Familiar Path, *Forward* (New York), 3.7.2009; Allison Hoffman, Two states, no solution, *The Tablet*, 12.6.2012, #1859.

463· Brian Bernbaum, 9/11 Fund Chief Faults Payments, *CBS News*, 4.9.2003, =951.

464· Der Betrag der Entschädigung wegen eines Todesfalls im Einsatz variiert zwischen Staaten. Er lag am 11.9.2001 zwischen $100.000 und $120.000 pro Person.

465· September 11th Compensation Fund Regulations Announced, Department of Justice, 20.12.2001, =952.

466· 9/11 fund chief: Goal reached as deadline nears, *CNN*, 22.12.2003, =954.

467· Rebecca Levin, September 11 Victim Compensation Fund: A Model for Compensating Terrorism Victims? Kentlaw.edu, 2002, =953.

468· Kennth R. Feinberg, Final Report of the Special Master for the September 11th Victim Compensation Fund of 2001, Volume I, S. 79-80, =841.

469· Ebd. S. 82.

470· Ebd. S. 83.

471· In der Tat waren es 96 Familien.

472· Tim Harper, Families Sue U.S., Reject 9/11 'Bribe', *Toronto Star*, 23.12.2003, =956.

473· Ebd.

474· Susan Edelman, Final 9/11 holdout kin fight on for 'truth' trial, *New York Post*, 20.1.2010, =955.

475· Order Accepting Mediator's Report and Providing That it Be Filed, Alvin K. Hellerstein, 3.3.2009, =960.

476· Jury Can Hear Part Of Flight 93 Tape, *CBS News*, 11.2.2009, =958.

477· Susan Edelman, families fume at 'callous' judge, *New York Post*, 9.9. 2007, =783.

478· Order (...), Anm. 19, =960.

479· Gov't says FBI agents can't testify about 9/11, *Associated Press*, 19.6.2008. =997.

480· Ashby Jones, The 9/11 Victim Settlements: A Chat With Skadden's Sheila Birnbaum, *The Wall Street Journal*, 13.3.2009, =959.

481· Craig McKee, 9/11 Truth and the Families of 9/11 Victims. Supreme Court is the Last Hope for 9/11 widow Ellen Mariani, *Global Research*, 24.9.2012, #1860.

482· Angie Cannon, *US News and World Report*, 21.10. 2001 (phone calls and misc.), #743.

483· Alexis Terrazas & Alice Hoagland, 9/11 hero Mark Bingham's mother, honors his memory in Shanksville, *San Francisco Examiner*, 11.9.2011, =778.

484· George W. Bush, Address to the Nation, U.S. Congress, 20.9.2001, URL: http://www.presidentialrhetoric.com/speeches/09.20.01.html.

485· Lisa Beamer, *Let's Roll* (Tyndale House Publishers, 2002).

486· Deena Burnett, *Fighting Back* (Advantage Books, 2006), S. 153.

487· Susan Sward, The voice of the survivors: Flight 93, fight to hear tape transformed her life, *San Francisco Chronicle*, 21.4.2002, #302.

488· Deena Burnett, Anm. 30, S. 214.

489· White House warns Taliban: 'We will defeat you', *CNN*, September 21, 2001, =762.

490· Jihad Against Jews and Crusaders, World Islamic Front Statement, 23.2.1998, =879.

491· George W. Bush, Address to the Nation, October 7, 2001, #1059.

492· President Bush Holds Press Conference, The White House, 13.3.2002, =764.

493· Ed Haas, FBI says, it has no 'hard evidence connecting Bin Laden to 9/11, Information Clearing House, 18.6.2006, #853.

494· Tape 'proves Bin Laden's guilt', *BBC*, 14.12.2001, =880.

495· Rekrutierung Attas, Al Shehhis, Jarrahs und Binalshibhs für die Flugzeuganschläge in den USA, Hanseatisches Oberlandesgericht 4. Strafsenat 2 BJs 88/01 2 StE 4/02 ·5 IV ·1/04, Urteil vom 19. August 2005, III (5) (c).

496· Chaim Kupferberg, Khalid Sheikh Mohammed: The Official Legend of 9/11 is a Fabricated Setup, *Global Research*, 26.10.2003, =882.

497· Verbatim Transcript of Combatant Status Review Tribunal Hearing for ISN 10024 [KSM's „confession"], 10.3.2007 [Released by the Department of Defense], =883.

498· Susan Candiotti et al, Suspected 9/11 mastermind graduated from U.S. university, *CNN*, December 19, 2002, =884.

499· Ebd.

500· Police: Commander found dead in hotel was murdered, *Navy Times*, February 27, 2014, =975.

501- George J. Tenet, Direktor des CIA, Testimony Before the Senate Select Committee on Intelligence, 6.2.2002: Support to the War on Terrorism and Homeland Security.

Teil II

502- Siehe u. a. Unterschiedliche Grundauffassungen: Staatsterrorismus, *Wissenschaft & Frieden*, 2007-1, #2368.

503- Steven Collins, NATO Brief: Psychologische Operationen, Sommer 2003, #2163.

504- Beschluss des Europäischen Parlaments vom 22 November 1990. Quelle: Amtsblatt der Europäischen Gemeinschaften, Nr. C 324 vom 24. Dezember 1990, S. 201, #1838.

505- Daniele Ganser: NATO's *Secret Armies: Operation Gladio and Terrorism in Western Europe: An Approach to NATO's Secret Stay-Behind Armies* (Cass, London, 2005).

506- Updated List of ADMITTED False Flag Attacks, Washington Blog, 1.2.2015, #2091.

507- Die Lawon-Affäre, *Der Spiegel*, 18.1.1961, =1969; auch Dan Baron, 'Lavon Affair' still riles Israel, *Jewish Telegraph Agency*, 20.7.2004, =1970

508- Paul Joseph Watson, Counterfeit Foe - The Ultimate Hegelian Dialectic, Propaganda Matrix, undatiert, =2005

509- Gerhard Wisnewski, *Verheimlicht, vertuscht, vergessen* (Knaur, 2013) S. 85.

510- Siehe z. B. Krishnadas Rajagopal, 2002 and 2006, SC tells Gujarat panel, *The Indian Express*, 26.1.2012, =1932; NHRC stats show there were more fake encounters in Congress-ruled states than in Narendra Modi's Gujarat, *India Today*, 4.7.2013, =1933.

511- John Kaminski, Sick strategies for senseless slaughter: The cat is out of the bag now, *Global Research*, 27.5.2005, #2187.

512- Paul Joseph Watson, How the Government Staged the London Bombings in Ten Easy Steps, *Prison Planet*, 13.7.2005, #2189.

513- Eine anregende und kritische Analyse des Phänomens Selbstmordattentat erschien auf einer eher berüchtigten Webseite in 2005. Der Autor, dessen Gesinnung ich nicht teile, stellt jedoch wichtige Fragen zum Sachverhalt. Anonymus, The Myth of The Suicide Bomber, rense.com, 19.7.2005 (http://www.rense.com/general67/suicc.htm).

514- Soren Seelow, Est-ce que tu serais prêt à tirer dans la foule? *Le Monde*, 6.1.2016, #2180.

515- Solche Scheinuntersuchungen fanden statt in den USA nach den Anschlägen des 9/11, in Spanien nach den Madrider Anschlägen von 2004, in Großbritannien nach den Londoner Anschlägen von 2005 und in Indien nach den Anschlägen in Mumbai 2008.

516- Siehe u. a. Elias Davidsson, The Right to the Truth about the Mass Killings of 11 September 2001, *Dissident Voice*, 2.8.2015 (http://dissidentvoice.org/2015/08/the-right-to-the-truth-about-the-mass-killings-of-11-september-2001/).

517- Wo das Wer aus legitimen Gründen vorläufig verschwiegen wird, sollte zumindest die Frage Wie viele (Täter, Opfer) beantwortet werden.

518- Die sechste übliche Frage "Warum" soll als zweitrangig gelten, da sie keine Feststellungsfrage, sondern eine Interpretationsfrage darstellt.

519- Kira Mitrofanoff, Comment le Samu s'est préparé aux attentats simultanés de Paris, *Challenges*, 15.11.2015, #2147.

520- Muhammad Tahir-ul-Qadri, *Fatwa on Terrorism and Suicide Bombings*, Minhaj-ul-Quran International (UK), 2010, =2356.

521- Fight against terrorism - European cooperation - Communiqué issued by the Presidency of the Republic, Déclarations officielles de politique étrangère, 8.2.2016, #2162.

522- Tom Whitehead & Steven Swinford, Britain facing 'greatest terrorist threat' in history, *The Telegraph*, 29.8.2014, #2155.

523- Gerhard Schröder, Grundsätze der deutschen Sicherheitspolitik, Rede zur Eröffnung der Bundesakademie für Sicherheitspolitik in Berlin, 19.3.2004, #2159.

524- Bundestag, 23.11. 2011.

525- Frank-Walter Steinmeier, Russland, Europa und die Welt – Perspektiven der Zusammenarbeit in globalen Sicherheitsfragen, Rede bei der 42. Münchner 'Sicherheitskonferenz', 5.2.2005, #2160.

526- Peter Dausend & Jörg Lau, Afghanistan war kein Irrtum, *Die Zeit*, 8.9.2011, #2157.

527- Terrorismusbekämpfung, Bundesministerium des Inneren (o.D.), #2158.

528- In den USA alleine sterben jährlich, je nach Quelle, zwischen 30 und 100 Personen aufgrund eines Blitzschlages.

529- Children: Reducing Mortality, World Health Organization, Fact Sheet, January 2016.

530- Maternal Mortality, World Health Organization, Fact Sheet, November 2015.

531- Global Health Observatory (GHO) data: Malaria, World Health Organization, http://www.who.int/gho/malaria/en/.

532- Violent deaths in Brazil surge to peak of 58,000 amid Olympic safety fears, *The Guardian*, 9.10.2015, =1958

533- Crime in the United States 2014: Murder, FBI, https://www.fbi.gov/about-us/cjis/ucr/crime-in-the-u.s/2014/crime-in-the-u.s.-2014/offenses-known-to-law-enforcement/murder.

534- Laut FBI werden ca. ein Viertel aller Mordtaten in den USA von Familienmitgliedern begangen (in 2009 waren es z.B. 24,2%). Ähnliche Zahlen werden in Australien veröffentlicht. In Deutschland scheinen die Zahlen, laut BKA, noch höher zu liegen.

535- Barbara Crossette, Iraq Sanctions Kill Children, U.N. Reports", *The New York Times*, 1.12.1995, #2150.

536- Laut Iraq Body Count, soll die Zahl der in Irak getöteten seit der Invasion von 2003 um 242.000 Personen liegen, davon zwischen 158.613 und 177.287 Zivilisten (URL: https://www.iraqbodycount.org - Stand 30.5.2016). Laut einer von Amy Hagopian geleiteten wissenschaftlichen Studie sind zwischen 2003 und der Mitte des Jahres 2011 rund 500.000 Menschen in Irak an den unmittelbaren und mittelbaren Folgen der Invasion und der Besatzung gestorben. Siehe dafür u. a. Kerry Sheridan, Iraq Death Toll Reaches 500,000 Since Start Of U.S.-Led Invasion, New Study Says, *The Huffington Post*, 23.1.2014, =1956.

537- Global Terrorism Index 2015: Measuring and Understanding the Impact of Terrorism, Institute for Economics and Peace, S. 64, #2152.

538- Ebd.

539- Kleine Anfrage, Bundestag, Drucksache 16/1719.

540- Antwort der Bundesregierung, Bundestag, Drucksache 16/1836 vom 16.6.2006.

541- Felix Firme, Voller Furcht vor Extremisten, *Frankfurter Rundschau*, 13.7.2016.

542- Luis de la Corte Ibáñez, The Social Psychology of Suicide Terrorism", International Institute for Counter-Terrorism (Israel), 19.10.2014, #2151.

543- Zitiert in: Rolf Gössner, *Geheime Informanten* (Knaur Verlag, 2003) S. 159.

544- Ebd. S. 161f..

545- Trevor Aaronson, *The Terror Factory: Inside the FBI's Manufactured War on Terrorism* (Ig Publishing, 2013).

546- BKA: Zusammenarbeit mit FBI „eng und vertrauensvoll, 123recht.net, 15.10.2001, =1676; auch: BKA und FBI tauschen Datenbanken für Fingerabdrücke aus, winfuture, 27.5.2014, =1677.

547- Hier ein Beispiel: Raf Sanchez, Jihadists appear caught offguard by release of Steven Sotloff video, *The Telegraph* (UK), 2.9.2014, =1445.

548- Irfan P. muss hinter Gitter, *Onetz*, 5.3.2009, =1728.

549- Sonja Peteranderl, Irfan Peci inszeniert Drohvideos im Namen von Al-Qaida – doch dann ging er zum Verfassungsschutz, *Wired*, 13.7.2015, =1727.

550- Spitzel unterwanderten Islamistengruppe, *Nordbayern*, 8.12.2011, =1729.

551- Widersprüchliches beim ZDF oder: Terror mit Theveßen, *NachDenkSeiten*, 24.11.2015, =1975

552- Elmar Theveßens, Dschihadist und V-Mann zugleich, Frontal 21, *ZDF*, 13.10.2015, =1976

553- Peter Lance, *Triple Cross* (HarperCollins Publishers, 2006), S. 19.

554- Ebd. S. 50.

555- Siehe z. B. Teil I des Buches von Nafeez Mosaddeq Ahmed, *The War on Truth: 9/11, Disinformation, and the Anatomy of Terrorism* (Olive Branch Press, 2005) S. 1-154.

556- Arab veterans of Afghanistan war lead new Islamic Holy War, Federation of American Scientists (Compass), 28.10.1994, =1722.

557- Peter-Dale Scott, The US-Al Qaeda Alliance: Bosnia, Kosovo and Now Libya. Washington's On-Going Collusion with Terrorists, *The Asia-Pacific Journal*, Vol. 9, No. 1, 1.8.2011, =1723.

558- F. William Engdahl, What if Putin is Telling the Truth? *New Eastern Outlook*, 15.5.2015, =1724.

559- Matthias Gebauer, Terror-Ermittlungen: Attas Führungsoffizier in US-Haft? *Spiegel Online*, 12.6.2002, =1711.

560- BND-Untersuchungsausschuss: Steinmeier kontert Vorwürfe im Fall Zammar, *Spiegel Online*, 13.3.2008, =1710.

561- Beschlussempfehlung und Bericht des 1. Untersuchungsausschusses nach Artikel 44 des Grundgesetzes, Bundestag, 18.6.2009, Drucksache 16/13400, S. 216-266, 377-388, 677-736, 865-870, 924-935, =1712.

562- Terry McDermott, Moroccan Preacher Said to Have Met With 9/11 Plotters, *Los Angeles Times*, 6.7.2005, =1705; Dirk Laabs, Mohammed Fazazi: Der Lehrer des Terrors, *FAZ*, 7.2005, =1726.

563- Souad Mekhennet, Moroccan King Opens Door for Change, *The New York Times*, 27.4.2011, =1706.

564- Reinhard Bingener, Eine Frage, die niemand beantworten will, *FAZ*, 2.12.2015, =1708.

565- Auftritt eines Hasspredigers, *Süddeutsche Zeitung*, 18.12.2014, =1696.

566- Pierre Vogel steht auf IS-Abschussliste, *N-TV*, 14.4.2016, =1701; IS ruft in Video zu Mord an Salafist Pierre Vogel auf, *Der Westen* (*WAZ*), 16.4.2016, =170.

567- Abu Hamza Al-Masri, Jewish Virtual Library, 15.7.2001, =1716; Patrick E. Tyler and Don van Natta, Jr., Militants in Europe Openly Call for JIhad and the Rule of Islam, *The New York Times*, 26.4.2004, =1717.

568- Britain 'sheltering al-Qaeda leader', *BBC*, 8.7.2002, =1714; Daniel McGrory and Richard Ford, Al-Qaeda Cleric Exposed as an MI5 Double Agent, *The Times* (UK), 25.3.2004, =1713.

569- Mahad Abedin, Al-Muhajiroun in the UK: An interview with Sheikh Omar Bakri Mohammed, Spotlight on Terror, Vol. 2, Issue 5, 25.5.2005, =1715.

570- Christian Weisflog, Begegnung mit einem Hassprediger: Der britische Gehilfe des Kalifen, *NZZ*, 6.7.2015.

571- Steve Doughty & Nick McDermott, The Pope must die, says Muslim, *Mail Online*, 18.9.2006, =1690.

572· Ajem Choudary, People know the consequences: Opposing view, *USA Today*, 8.1.2015, =1687.

573· Frankfurter Rundschau, die taz, u.a, 12.6.2009

574· Zum Beispiel: Souad Mekhennet and Michael Moss, Europeans Get Terror Training Inside Pakistan, *The New York Times*, 10.9.2007, =1718.

575· US embassy cables: Pakistan home to 43 'terrorist camps' – Indian army chief, *The Guardian*, 10.12.2010, #1811; Lawyers for alleged 26/11 attackers challenge theory of training in Pakistan, *NDTV*, 12.11.2012, #1805; Lashkar terror camps' photos among evidence given to Pakistan court, *NDTV*, 9.12.2012, #1806; The path to terror in Canada, *The National Post* (Canada), (o.D.), #1812.

576· Doug Hagmann & Judi McLeod, Terrorists training in North America, *Canada Free Press*, 11.6.2007, =1720.

577· lab Cobain & Richard Norton-Taylor, Training camps for terrorists in UK parks, *The Guardian*, 14.8.2006, =1721.

578· Remote sites 'used for jihad training', *The Age* (Australia), 15.11.2005, =1719.

579· Yavuz Özogüz, Warum dürfen wir unser Land nicht an der echten Front gegen IS verteidigen? Muslim-Forum, 27.7.2016

580· N. Gerd Wenner, Die Aufklärungspflicht gem. § 244 Abs. 2 StPO, Studienverlag Dr. N. Brockmeyer, Bochum, 1982, S. 1.

581· BGH 3 StR 139/06 · Urteil vom 16. November 2006 (Hanseatisches OLG) (Hervorh. E.D.).

582· Mark Tamhane, Motassadeq gaoled for role in Sept 11th attacks, *ABC* (Australia), 20.2.2003, =1636.

583· Ich habe Mounir seit meinem Umzug nach Deutschland mehrmals im Gefängnis besucht und eine sehr liebe Person kennengelernt.

584· Brief von Elias Davidsson an Richter Albrecht Mentz. URL: http://aldeilis.net/english/letter-to-chief-judge-albrecht-mentz-hamburg-germany./.

585· Sie werden auf ihren Gräbern tanzen, *Hamburger Abendblatt*, 1.11.2002, =1638; Motassadeq soll von Anschlägen gewusst haben, *Spiegel Online*, 16.11.2004, =1639; und weitere Medien.

586· Desmond Butler, Threats and responses: German court; first conviction in 9/11 attacks, *The New York Times*, 20.2.2003, =1637.

587· Bundesgerichtshof, Urteil vom 16. November 2006 – 3 StR 139/06, =1634.

588· Beschluss: Sofortige Bechwerde des Verurteilten gegen die Ablehnung der Aussetzung der Vollstreckung des Strafrests zur Bewährung, Bundesgerichtshof, 10.4.2014, =1968.

589· BKA-Präsident: So viele Terroranschläge wurden in Deutschland seit 2000 vereitelt, *FOCUS*, 13.5.2015, #2380.

590· Beispiele: Benjamin Harder und Dietmar Henning, Geplanter Terroranschlag von Heidelberg entpuppt sich als Hirngespinst, *WSWS*, 18.10.2002, #2382; Matthias Gebauer, Schlag gegen sechs Verdächtige: Terrorpläne in Frankfurt · Islamisten wollten Flugzeug sprengen, *Spiegel Online*, 20.11.2006, #2381; Schwerer Verdacht, keine Beweise, *Der Tagesspiegel*, 7.4.2005, #2383.

591· Bob Roberts, GIMF Chef Ifran Peci: Der V-Mann und die Sting-Operation des SITE-Instituts, Machtelite, 1.6.2015, =1664; auch Sabine Schiffer, Widersprüchliches beim ZDF oder: Terror mit Theveßen, *NachDenkSeiten*, 24.11.2015, =1975

592· Gerhard Piper, Al-Qaida und ihr Umfeld in Deutschland: Who's Who?, BITS (Berlin), September 2008, #2062, S.68; und Mutmaßliche Bin-Laden-Anhänger kommen in Düsseldorf vor Gericht, *RP Online*, 8.5.2006, #2390.

593· Gericht verurteilt Al-Qaida-Terroristen, *FAZ*, 5.12.2007, #2389.

594- Ebd.

595- Ebd.

596- Gerhard Piper, Anm. 13, #2062, S. 68.

597- Terror um berühmt zu werden, *Süddeutsche Zeitung*, 19.5.2010, #2373.

598- Generalbundesanwalt erhebt erste Anklage gegen ein mutmaßliches 'Al-Tawhid' Mitglied, Der Generalbundesanwalt beim BGH, 16.5.2003, 18/2003, #2374.

599- Generalbundesanwalt erhebt weitere 'Al-Tawhid' Anklage, Der Generalbundesanwalt beim BGH, 11.9.2003, #2375.

600- Terrornetz reicht bis ins Ruhrgebiet, *Die Welt am Sonntag*, 30.10.2005, #2376.

601- Auch Bundeswehr im Visier, *N-TV*, 25.7.2003, =1651.

602- Terrornetz (...), Anm. 21, =2376.

603- Arno Heissmeyer, Vielzahl von Opfern, *FOCUS*, 24.10.2005, =1652.

604- Auch Bundeswehr (...), Anm. 22, =1651.

605- Terroristen hatten Ziele in Deutschland anvisiert, *stern*, 4.7.2003, =1650.

606- Ebd.

607- Al-Qaida-Zellen in NRW? *Die Welt*, 9.7.2003, =1649.

608- Dominik Cziesche & Georg Mascolo, Ein verlorener Junge, *Der Spiegel*, 27.12.2004, =1647.

609- Ebd.

610- Ebd.

611- Palästinenser erhält vier Jahre Haft für Terrorpläne in Deutschland, *Die Welt*, 27.11.2003, =1648.

612- Das Doppelleben des Kronzeugen, *Die Welt*, 10.10.2003, =1643.

613- Dominik Cziesche et al, Anm. 29, =1647.

614- Das Doppelleben (...), Anm. 33, =1643.

615- Terrornetz (...), Anm. 21, =2376.

616- Dominik Cziesche et al, Anm. 29, =1647.

617- Auftakt in gereiztem Ton, *N-TV*, 10.2.2004, =1646.

618- Langjährige Haftstrafen im Al-Tawhid-Prozeß verhängt, *Die Welt*, 26.10.2005, =1645.

619- Ebd.

620- Dominik Cziesche et al, Anm. 29, =1647.

621- Urteil bei Al-Tawhid-Prozess am Mittwoch erwartet, *RP Online*, 23.10.2005, =1640.

622- Terrornetz (...), Anm. 21, =2376.

623- Arno Heissmeyer, Anm. 24 =1652.

624- Urteil (...), Anm. 42, =1640.

625- Angeklagte bestreiten Terrorvorwürfe, *RP Online*, 18.10.2005, =1641.

626- Gerhard Piper, Haben Terroristen ein Menschenrecht auf Asyl? *Heise*, 16.7.2011, =1642.

627- Dominik Cziesche & Andreas Ulrich, Explosive Mischung", *Der Spiegel*, 25.10.2004, #2379.

628- Four men convicted of plotting to attack Jewish targets in Germany, *USA Today*, 26.10.2005, #2377.

629- Zeugen beeinflusst? *FOCUS*, 31.10.2005.

630- Peter Carstens, Wie'n zweiter 11. September, *Frankfurter Allgemeine Zeitung*, 11.10.2008, =016 .

631- Ebd.

632- Sauerland-Angeklagte planten 'Massenmord', *Der Spiegel*, 2.3.2010, =063.

633- Sven Heymanns, Projekt 6: Geheimes Spionageprogramm von CIA, BND und Verfassungsschutz, *WSWS*, 13.9.2013, =1631; auch: Geheimes Netzwerk der CIA in Neuss aufgedeckt, *Die Welt*, 8.9.2013, =1632.

634· Hatte die CIA eine Kommandozentrale in einer Sparkasse in Neuss? *WAZ*, 30.6.2013, =1621.

635· Peter Carstens, Anm. 51, =016.

636· Prozess Sauerland-Gruppe: Terroristen kaufen monatelang Wasserstoffperoxid, *Ruhr Nachrichten*, 12.5.2009, =009.

637· Anschläge auf Großstädte geplant, *stern*, 5.9.2008, =013.

638· Ebd.

639· Terror-Vorbereitungen mit Hartz IV bezahlt, *Welt Online*, 6.9.2008, =012.

640· Prozess (...), Anm. 57, =009.

641· Nicholas Kulish & Souad Mekhennet, In plot suspect, Germany sees familiar face, *The New York Times*, 7.9.2007, =024.

642· Christian Rath, Unter den Augen der Polizei, *taz*, 21.4.2009, =041.

643· Simone Kaiser, Marcel Rosenbach & Holger Stark, Operation Alberich, *Der Spiegel*, 10.9.2007, =091.

644· Ebd. =091; auch Peter Carstens, Anm. 51, =016.

645· Ebd. =091; auch Peter Carstens, Anm. 51, =016.

646· Zitiert in Walter van Rossum, Ein Käfig voller Enten? Recherchen zur Sauerlandzelle, *Deutschlandfunk*, 12.5.2009, =094.

647· Ebd.

648· Terror Suspects Will Make Full Confessions, *Spiegel Online*, 9.6.2009, =059.

649· Ein Deutscher und sein Weg zum heiligen Krieg, *Die Welt*, 10.8.2009, #2397.

650· Yassin Musharbash, Germany Ends Biggest Case Since RAF, *Der Spiegel*, 4.3.2010, =058.

651· Mitglied der Sauerland-Gruppe lebt in Freiburg – Gefahr für den Papst? *Badische Zeitung*, 12.7.2012, =060.

652· Holger Schmidt, Gefahr durch entlassene Terroristen? *SWR*, 18.9.2015, =1623.

653· Martin Knobbe, Welche Rolle spielten die Geheimdienste? *stern*, 4.3.2010, =1625.

654· Simone Kaiser et al, Anm. 64, =091; auch Nicholas Kulish et al, Anm. 62, =024.

655· Peter Carstens, Anm. 51, =016.

656· Holger Stark, Suspect in German Bomb Plot Tells His Story, part 2, *Spiegel Online*, 15.11.2007, =043

657· Der innerste Ring, *Der Spiegel*, 46/2007, =1610.

658· Christian Rath, Anm. 63, =041; auch Peter Carstens, Anm. 51, =016.

659· Hans Leyendecker, Mörderisch und höflich, *Süddeutsche Zeitung*, 17.5.2010, =1619.

660· Peter Carstens, Anm. 51, =016.

661· Peter Carstens, Schlag gegen Terror: Viele Fragen bleiben offen, *FAZ*, 6.9.2007, =093.

662· Islamisten drehten schon Abschiedsvideos, *FOCUS*, 12.5.2007, =042.

663· Simone Kaiser et al, Anm. 64, =091.

664· Walter van Rossum, Anm. 67, =094.

665· Irene Geuer & Paul-Elmar Jöris, Terror hausgemacht, *Deutschlandfunk*, 21.4.2009, =020.

666· Susanne Rost & Annika Joeres, Der Anführer der islamistischen Sauerland-Gruppe legt vor Gericht ein Geständnis ab, *Berliner Zeitung*, 11.8.2009, =1624.

667· Irene Geuer et al, Anm. 86, =020

668· Peter Carstens, Anm. 51, =016.

669· Nikolaus Blome, Die Merkwürdigkeiten im Fall der deutschen Terror-Bomber, *Bild*, 9.9.2007, =092.

670· Peter Carstens, Anm. 51, =016.

671· Ebd.

672· Eren Güvercin, Dubiose Machenschaften des Verfassungsschutzes sind nichts Neues, *Telepolis*, 17.11.2011, =017.

673- Sebastian Range, Konstrukteure des Terrors, *Hintergrund*, 27.1.2011, =095.

674- Paul Schreyer, Ferngelenkte Terroristen?, *Telepolis*, 13.3.2010, =053.

675- V-Mann unter Beschuldigten, *Frankfurter Rundschau*, 5.8.2009, =089.

676- Gerhard Piper, Das Arbeitsleben des V-Manns Mevlüt Kar in Deutschland, *Telepolis*, 2.12.2011, =038.

677- Rainer Nübel, Mutmaßlicher CIA-Mann war 'der Chef', *stern*, 4.2.2009, =049.

678- Geheimdienste unterwanderten früh die Sauerland-Gruppe, *Der Spiegel*, 6.9.2008, =1627.

679- *Hamburger Abendblatt*, 22.10.2008; *Die Welt*, 21.10.2008; *Tagesspiegel*, 20.10.2008; *Deutsche Welle*, 22.10.2008; *Badische Zeitung*, 23.10.2008; usw.

680- Hans Leyendecker, Heikle Fragen, *Süddeutsche Zeitung*, 9.9.2013, =1924.

681- Die CIA kannte den Wohnort der Deutschen, *Badische Zeitung*, 6.10.2010, =1628.

682- Yassin Musharbash, Sauerland-Prozess: Verteidiger beklagen unfaires Verfahren, *Spiegel Online*, 22.4.2009, =1617.

683- Jürgen Elsässer, Unklar: Die Verwicklung der Geheimdienste - Interview mit Rechtsanwalt Manfred Gnjidic, *Der Freitag*, 11.8.2009, =1611.

684- Paul Schreyer, Anm. 95, =053.

685- Nicholas Kulish and Souad Mekhennet, Anm. 62, =024.

686- Ein Deutscher und sein Weg zum heiligen Krieg, *Die Welt*, 10.8.2009, #2397.

687- Zweiter Angeklagter legt Geständnis ab, *Süddeutsche Zeitung*, 17.5.2010, =1663.

688- Hans Leyendecker, Anm. 80, =1619.

689- Claudia Wangerin, Krebsgeschwür muss weg, *junge Welt*, 8.4.2016.

690- Angeblicher Al-Qaida-Terrorist nur 'kleiner Fisch', *Die Welt*, 22.10.2014, =1654.

691- Peter Carstens, Deckname 'Abdullah', *FAZ*, 13.12.2011, =1655.

692- Angeblicher (...), Anm. 111, =1654.

693- Anklage gegen vier mutmaßliche Al-Qaida-Mitglieder - sogenannte Düsseldorfer Zelle, Der Generalbundesanwalt, 3.5.2012, =1562.

694- Anträge der Verteidiger abgeschmettert, *N-TV*, 25.7.2012, =1661.

695- Festnahme eines weiteren mutmaßlichen Mitglieds der Düsseldorfer Al-Qaida-Zelle, Der Generalbundesanwalt, 8.12.2011 - 44/2011, =1653.

696- Peter Carstens, Anm. 112, =1655.

697- Mit dem Schlachten der Hunde anfangen, *Die Welt*, 13.11.2014, =1660.

698- Angeblicher (...), Anm. 111, =1654.

699- Anträge (...), Anm. 115, =1661.

700- Die Vier von der Witzelstrasse, *taz*, 14.12.2012, =1662.

701- Gefährlicher Prediger zieht Terror-Fäden in Bochum, *FOCUS*, 6.8.2012. =1659.

702- Jörg Diehl, Staatliche Unterstützung: 20.000 Euro für den Ex-Leibwächter von Bin Laden, *Spiegel Online*, 6.9.2012, =1657.

703- Gefährlicher (...), Anm. 122, =1659.

704- Lorscheid, Helmut, Der Paragraph 129 b und die Rechtsstaatlichkeit, *Telepolis*, 4.8.2012, #1973

705- Ebd.

706- In zumindest einem Fall behauptete der Angeklagte, er hätte nur eine Attrappe herstellen wollen.

707- Zitiert in Hans-Dieter Otto, *Im Namen des Irrtums! - Fehlurteile in Mordprozessen* (Herbig, 2006), S. 153.

Teil III

708- Ein Musterbeispiel für den „blinden Fleck“ ist das sonst intelligente Buch über Terrorismus als ein Medienereignis von Brigitte L. Nacos, *Mass-mediated Terrorism* (Rowman & Littlefield Publishers, 2002).

709- Ein Musterbeispiel dafür ist Nicole Haußecker, Nachrichtenberichterstattung über Terrorismus. Eine Analyse der TV-Nachrichten über die Terroranschläge in Kenia 2002, *conflict & communications online*, Vol. 6, No. 1, 2007, #2333.

710- Christian Schicha & Carsten Brosda, Medien, Terrorismus und der 11. September 2001 - Eine Einleitung, in: *Medien und Terrorismus: Reaktionen auf den 11. September 2001* (ikö-Publikationen, herausgegeben vom Institut für Informations- und Kommunikationsökologie e.V. , Band 4, 2002) S. 7, Fußnote 3.

711- Jörn Lauterbach, Der mediale Umgang mit dem Terror, *Die Welt*, 13.9.2001, #2095.

712- Boris Kalnoky, Der Tag der tausend Bilder, *Die Welt*, 14.9.2001, #2096.

713- Brigitte L. Nacos, Anm. 1, S. 40-41.

714- Ebd. S. 41.

715- ZDF Live-Nachrichten vom 11.09.2001 (21:45 - 22:35 Uhr), URL: http://www.dailymotion.com/video/x21kpf0_zdf-live-nachrichten-vom-11-09-2001-21-45-22-35-uhr_news (abgerufen am 29.5.2016).

716- Marie-Luise Bernreuther, *Made in USA - Realitätskonstruktionen nach dem 11. September* (Peter Lang, 2004), S. 35.

717- Ebd. S. 39.

718- Klaus-Peter Schöppner, Deutsche sind gegen Vergeltung, aber für mehr Terror-Abwehr, *Welt Online*, 29.9.2001, #2335.

719- NDR-Dokumentation 'Die Todespiloten', *NDR*, 12.11.2001, =1927.

720- Zwei Grimme-Preise an NDR Produktionen: 'Die Todespiloten' und 'Die Manns' ausgezeichnet, *NDR*, 12.3.2002, =1928.

721- Programmschwerpunkt im Ersten 11. September 2001 - Ein Jahr nach den Terroranschlägen in den USA, ARD Das Erste, 8.8.2002, =1961.

722- Ebd. S. 56

723- Entschliessung zur Gladio-Affäre, Amtsblatt der Europäischen Gemeinschaften, NC C324/201 vom 24.12.1990, S. 16-17, =2013.

724- *Der Spiegel* (12. und 19. November), *Die Zeit* (23. November) und *Neues Deutschland* (10. Dezember). Daniele Ganser (Anm. 15) erwähnt auch die *taz* und *RTL* (S. 43).

725- David Martin, Seventeen Techniques for Truth Suppression, 28.12.1999, #2332.

726- Zitiert nach Eckart Spoo, Die Verteufelung der Zweifler, in Ronald Thoden (Hrsg), *Terror und Staat, Der 11. September - Hintergründe und Folgen* (Kai Homilius Verlag, 2004), S. 199-200.

727- Ebd. S. 200.

728- Matthias Gebauer, Verschwörungstheorien und ein schweigender Angeklagter, *Der Spiegel*, 15.8.2003.

729- Geheimnisvoller, externer Kronzeuge, *Freitag*, 30.1.2004, #2124 (Hervorh. E.D.).

730- Panoptikum des Absurden, *Der Spiegel*, 8.9.2003, #2331.

731- Eckart Spoo, Anm. 17, S. 201.

732- Anneliese Fikentscher und Andreas Neumann, Maischberger als Baustein der Diffamierungskampagne, Arbeiterfotografie.com, =1953.

733- Siehe auch: Elias Davidsson, Rezension eines Buches von Elmar Theveßen über 9/11, 7.12.2014, #2111.

734- Karin Beindorff, Mathias Bröckers & Andreas Hauß: Fakten, Fälschungen und die unterdrückten Beweise des 11.

September, Rezension, *Deutschlandfunk*, 22.9.2003, #2097.

735· Otto Schily, Eröffnungsrede, in Islamistischer Terrorismus: Eine Herausforderung für die internationale Staatengemeinschaft, Vorträge anlässlich der Herbsttagung des Bundeskriminalamts, 13.-15. November 2001, BKA (Hg.), =1977.

736· Otto Schily: Kirchen und Christen, mischt euch mehr ein! *Katholische Nachrichten*, 10.9.2005, =1978.

737· 186. Sitzung des Bundestags, 12.9.2001, Plenarprotokoll 14/186, =1979.

738· Ebd.

739· Hans-Jürgen Leersch, CDU will Bundeswehr gegen Terror einsetzen, Die Welt, 29.9.2001, =1980.

740· Ebd.

741· Otto Schily (...), Anm. 1, =1977.

742· Kai Biermann, NSA überwacht Deutschland noch immer wegen 9/11, *Zeit Online*, 11.6.2013, #1897.

743· Antwort der Bundesregierung auf eine Kleine Anfrage, Bundestag, 1.6.2011, Drucksache 17/604.8.

744· Ebd. (Hervorh. E.D.).

745· Bundesregierung: Alle Spuren führen zu Bin Laden, *Berliner Zeitung*, 6.10.2001, #2336.

746· Informal Defence Ministers Meeting, NATO HQ, Brussels, 26.9.2001 (Audio File): http://www.nato.int/multi/audio/2001/010926b.mp3; auch www.aldeilis.net/bpb/robertson.mp3.

747· Berlin: Keine Zweifel an Täterschaf, *Die Welt*, 6.10.2001, =1981.

748· Hans-Peter Friedrich, Die Selbstbehauptung unserer freiheitlichen Gesellschaft oder: Warum der Terrorismus nicht gesiegt hat, Bundesministerium des Innern, 12.9.2011, =179.

749· Anti-Terror-Gesetze werden um vier Jahre verlängert, Pressemeldung, Bundesministerium des Innern, 29.6.2011, =1800.

750· Große Anfrage der Abgeordneten Wolfgang Gehrcke, Jan Korte, Jan van Aken, weiterer Abgeordneter und der Fraktion DIE LINKE. Bundestag. Drucksache 18/2144. 8.7.2014, =1982.

751· Antwort der Bundesregierung auf die Große Anfrage der Franktion DIE LINKE (Krieg in Afghanistan · Eine Bilanz), Drucksache 18/4168, 27.2.2015, =1983.

752· Suzanne Delay, A Nation Challenged: The Evidence; NATO says U.S. Has Proof Against bin Laden Group, *The New York Times*, 3 October 2001, #1790.

753· Brief des Vertreters der USA (John Negroponte) an dem Präsident des Sicherheitsrats der Vereinigten Nationen, 7.10.2001, #569.

754· Steven Morris, US urged to detail origin of tape, *The Guardian*, 15.12.2001, #2367.

755· Ed Haas, FBI says, it has No hard evidence connecting Bin Laden to 9/11, Information Clearing House, 18.6.2006, #853.

756· Antwort der Bundesregierung, Anm. 17, =1983 (S. 4).

757· In einer Kleinen Anfrage von Abgeordneten der Fraktion Die Linke vom 5.2.2015 (Drucksache 18/3959), behaupten sie, dass die Anschläge auf Charlie-Hebdo in Paris in Januar 2015 von „Dschihadisten" begangen wurden.

758· Bundesrat, 768. Sitzung, 19.10.2001, =1984.

759· Ebd.

760· Ebd.

761· Bundesrat, 770. Sitzung, 30.11.2001, =1985.

762· Friedrich Merz, Es hätte genauso Paris oder Frankfurt, London oder Berlin treffen können, US Embassy, 8. November 2001, =1986.

763- Plenarprotokoll, Bundestag, 201. Sitzung, 14/201, 15.11.2001, =1987.

764- Navid Kermani, Die Gärten der Märtyrer, in Hubertus Lutterbach und Jürgen Manemann (Hg): *Religion und Terror*, 2002, S. 70 (Hervorh. E.D.).

765- Die offizielle Legende des 9/11 kann als „absurd" bezeichnet werden, wenn man sie kühn und ohne Vorurteile bewertet. Absurd ist die Behauptung, vier junge Männer könnten ohne Schusswaffen 90 Passagiere und Besatzungsmitglieder eines Passagierflugzeugs in Schach halten, ohne dass diese es bemerken. Ebenso absurd ist die Behauptung, die US-Streitkräfte wären nicht in der Lage, den Luftraum der USA zu verteidigen. Absurd ist ebenfalls die Vorstellung, riesige stahlverstärkte Wolkenkratzer könnten sich nach einem 55-minütigen Feuerbrand in feinen Staub auflösen bzw. senkrecht im freien Fall einstürzen.

766- Siehe u.a. Herbert Schui, *Politische Mythen und elitäre Menschenfeindlichkeit*, VSA-Verlag, 2014; ein Auszug aus dem Buch mit dem Titel "Gefährliche Halbbildung" wurde in der *jungen Welt* am 25.8.2016 publiziert.

Teil IV

767- Drohnentod aus Deutschland, *Süddeutsche Zeitung*, 28.11.2013, =1794.

768- Nick Turse, In Mali and Rest of Africa, the U.S. Military Fights a Hidden War, *The Intercept*, 20.11.2015, =1743.

769- Rick Rozoff, NATO: Africom's partner in penetrating Africa, *Third World Traveler*, 20.3.2010, =1831.

770- Ann Scott Tyson, U.S. Pushes Anti-Terrorism in Africa, *The Washington Post*, 26.7.2005, =1765.

771- L'anti-terrorisme à l'épreuve des droits de l'homme: les clés de a comptabilité, FIDH, November 2005, =1834.

772- Otfried Nassauer, Afrika – Objekt der Begierde, *Blätter für deutsche und internationale Politik*, 10/2004, =1835.

773- Pepe Escobar, The Algerian connection, *Asia Times*, 29.7.2005, =1782; =1784; Algerien: Informationsdienst Sicherheit, Rüstung und Entwicklung in Empfängerländern, BICC, 12/2015, =1785.

774- Adam Taylor, The U.S. military currently has troops in these African countries, *The Washington Post*, 21.5.2014, =1771; Craig Whitlock, U.S. expands secret intelligence operations in Africa, *The Washington Post*, 13.6.2012, =1772.

775- Ebd. =1771; Nick Turse, Under the cover of humanitarian aid: The US. military is all over Africa, *Salon*, 21.11.2015, =1778.

776- Ebd. =1771.

777- Ebd. =1771; Craig Whitlock, Anm. 9, =1772; Nick Turse, Anm. 10, =1778.

778- Ebd. =1771; Craig Whitlock, Anm. 9, =1772; Nick Turse, Anm. 10, =1778; Craig Whitlock, U.S. drone base in Ethiopia is operational, *The Washington Post*, 27.10.2011, =1776.

779- John Vandiver, Staging sites enable AFRICOM to reach hot spots 'within 4 hours,' leader says, *Stars and Stripes*, 8.5.2015, =1779.

780- Ebd.

781- Ebd.

782- Craig Whitlock, Anm. 9, =1772; Nick Turse, The Pivot to Africa, *Tomgram*, 5.9.2013, =1770.

783- Krieg gegen den Terror - USA haben weitere Drohnen- und Ausbildungsbasis in Afrika errichtet, *RT Deutsch*, 1.3.2016, =1795; Obama to deploy 300 US troops to Cameroon to fight Boko Haram, *The Guardian*, 14.10.2015, =1824.

784- Craig Whitlock, Anm. 9, =1772; Jaime Holguin, Anti-Terror Team Sent to W. Africa, *CBS News*, 12.1.2004, =1783.

785- Adam Taylor, Anm. 9, =1771; Nick Turse, Anm. 17, =1770; Nick Turse, Anm. 10, =1778.

786- Adam Taylor, Anm. 9, =1771.

787- Craig Whitlock, Anm. 9, =1772; Julian E. Barnes, U.S. Expands Drone Flights to Take Aim at East Africa, *The Wall Street Journal*, 21.9.2011, =1780.

788- Jeremy Scahill, The CIA's Secert Sites in Somalia, *The Nation*, 10.12.2014, =1757.

789- Adam Taylor, Anm. 9, =1771.

790- Nick Turse, Anm. 3, =1743.

791- Maxime H.A. Larivé, Welcome to France's New War on Terror in Africa: Operation Barkhane, *The National Interest*, 7.8.2014, =1832.

792- Alfred Hackensberger, Im Gewirr von Geheimdiensten und Terrorgruppen, *Telepolis* (Heise), 7.9.2010, =1786.

793- Mohammed Samraouni, *Chroniques des années de sang. Algérie: comment les services secrets ont manipulé les groupes is*lamiques (Denoël, 2003); deutsche Ausgabe: *Chronik der Jahre des Blutes: Wie die algerischen Geheimdienste die islamistischen Gruppen gesteuert haben* (Zambon Verlag, 2012)

794- Lounis Aggoun und Jean-Baptiste Rivoire, *Françalgérie, crimes et mensonges d'États - histoire secrète de la guerre d'indépendance à la 'troisième guerre' d'Algérie* (La Découverte, 2004).

795- Vergeltung: Amerika schlägt zurück, *Der Spiegel*, 8.10.2001, =1867.

796- Brief von John Negroponte, Anm. 1, =860.

797- George W. Bush, Presidential Address to the Nation, The White House, 7.10.2001, =1823.

798- Michael Moran, Bin Laden comes home to roost, *NBC News*, 24.8.1998, =1868.

799- Atta 'trained in Afghanistan', *BBC*, 24.8.2002, =1870.

800- Richard Clarke, *Against All Enemies: Inside America's War on Terror* (Free Press, 2004) S. 29-32.

801- Ebd. S. 31.

802- Spencer Ackerman, New Afghanistan pact means America's longest war will last until at least 2024, *The Guardian*, 30.9.2014, =1818; Declan Walsh and Azam Ahmed, Mending Alliance, U.S. and Afghanistan Sign Long-Term Security Agreement, *The New York Times*, 30.9.2014, =1884.

803- Body Count - Casualty Figures after 10 Years of the „War on Terror" (Iraq/ Afghanistan/Pakistan), A joint study by IPPNW, PSR & Physicians for Global Survival, March 2015 (URL: http://www.psr.org/assets/pdfs/body-count.pdf), =1957 (S. 68-69).

804- Linda Feldmann, The impact of Bush linking 9/11 and Iraq, *Christian Science Monitor*, 14.3.2003, =1871.

805- Ebd.

806- Iraq on the Record: The Bush Administration's Public Statements on Iraq, US House of Representatives, 16.3.2004, =1874.

807- Siehe dafür die Pressekonferenz von Präsident George W. Bush vom 21.8.20006, =1825.

808- Michael Provence, Iraq War: Ten years of consequences, *The San Diego Union-Tribune*, 7.3.2013, =1872.

809- Ebd.

810- Barbara Crossette, Iraq Sanctions Kill Children, U.N. Reports, *The New York Times*, 1.12.1995, =1873.

811- Antonia Juhasz, Why the war in Iraq was fought for Big Oil, *CNN*, 15.4.2013, =1875.

812- Danny Postel, It Wasn't About Oil, and It Wasnt's About the Free Market: Why We Invaded Iraq, *In These Times*, 11.2.2015, =1876.

813· Naval Support Activity Bahrain, Bahrain, Fast Facts, Military Installations, Department of Defense, USA, =1829.

814· Bush: Dubai ports storm hurts war on terror, *NBC News*, 10.3.2006, =1826.

815· Craig Whitlock, U.S. relies on Persian Gulf bases for airstrikes in Iraq, *The Washington Post*, 26.8.2014, =1830.

816· Ebd.

817· Ebd.

818· Lori Plotkin Boghardt, Qatar Is a U.S. Ally. They Also Knowingly Abet Terrorism. What's Going on? *New Republic*, 6.10.2014, =1877.

819· Elizabeth Dickinson, The Case Against Qatar, *Foreign Policy*, 30.9.2014, =1878.

820· Text of Bush's act of war statement, *BBC*, 12.9.2001, =1879.

821· Proclamation 7463: Declaration of National Emergency by Reason of Certain Terrorist Attacks, 14.9.2001, =1880.

822· Hollande: C'est un acte de guerre commis par une armée terroriste, Daech, *France24*, 14.11.2015, =1881.

823· Hollandes Rede im Wortlaut: Eine furchtbare Prüfung, die uns erneut heimsucht, *Der Spiegel*, 14.11.2015, =1882.

824· Laut der so genannten Caroline-Formel, die bis heute dem internationalen Gewohnheitsrecht unterliegt, dürfen Staaten gegen andere Staaten Waffengewalt nur im Fall eines unmittelbar bevorstehenden Angriffs einsetzen, der dem Angegriffenen keinen anderen Ausweg lässt (An „„instant and overwhelming necessity leaving no choice of means and no moment for deliberation").

825· Brief von John Negroponte, Anm. 1, =860.

826· Bundesregierung schon länger informiert? *Tagesschau*, 6.11.2015, =1885.

827· Peter-Michael Ziegler, US-Regierung lässt internationales Finanzdatennetz überwachen, *Heise Online*, 23.6.2006, =1856.

828· Thilo Weichert, US-Behörden kontrollieren weltweiten Banktransaktionsdaten von SWIFT, Unabhängiges Landeszentrum für Datenschutz Schleswig-Holstein, 10.7.2006, =1958; zusätzlich: Cooperative oversight principles and implementation for Euroclear SA and SWIFT, National Bank of Belgium, 2007, S. 92, =1959.

829· Peter-Michael Ziegler, Anm. 62, =1856.

830· Eric Lichtblau & James Risen, Bank Data Is Sifted by U.S. in Secret to Block Terror, *The New York Times*, 23.6.2006, =1847.

831· Daniel Neun, Erdbeben in Babel Kapitel III, *Radio Utopie*, 26.6.2006, =1853.

832· Entschließung des Europäischen Parlaments zu dem Zugriff auf SWIFT-U776 Überweisungsdaten durch die amerikanischen Geheimdienste vom 5.7.2006, Bundestag, Drucksache 601/06, 7.8.2006, =1857.

833· Presseerklärung der Artikel 29-Gruppe vom 23.11.2006 zu der SWIFT Affäre, Bundesbeauftragte für den Datenschutz, 23.11.2006, =1887.

834· SWIFT: Unabhängige Berater von der CIA, *ORF.AT*, 3.10.2006, =1854.

835· Stefan Krempl, EU-Parlament verabschiedet neues SWIFT-Abkommen zum Bankdatentransfer, *Heise Online*, 8.7.2010, =1855.

836· Ebd.

837· NSA bespitzelt Bankendienstleister Swift, *Zeit Online*, 9.9.2013, =1858.

838· Claus Hecking, NSA-Spionage: EU-Abgeordnete wollen Swift-Abkommen aussetzen, *Spiegel Online*, 9.9.2013, =2013.

839· IS hat weiterhin Zugang zu Bankensystem, *Tagesschau*, 3.3.2016, =1859.

840- Wladimir Putin, Rede auf der Münchner Sicherheitskonferenz zu Fragen der Sicherheitspolitik, München, 10.2.2007, =1860.

841- Sebastian Fischer, Sicherheitskonferenz in München: Putin schockt die Europäer, *Spiegel Online*, 10.2.2007, =1861.

842- Patrick S. Poole, ECHELON: America's Secret Global Surveillance Network, =1901; Hintertür für Spione, *Zeit Online*, 17.9.1998, =1899; R. James Woolsey, Ja, liebe Freunde, wir haben Euch ausgehorcht, *Zeit Online*, 30.3.2000, =1900.

843- Timeline of NSA domestic spying, Electronic Frontier Foundation (2015), =1902.

844- Ebd.

845- FOIA=Freedom Of Information Act (dt. Informationsfreiheitsgesetz).

846- Letter from the NSA to Mr. Jason Smathers, FOIA Case 63765, 24.1.2011, =1904.

847- Talking points for discussion, NSA (o.D.), DOCID: 3990860-2, =1903.

848- Koalitionsausschuss am 13. April 2016: Handlungsbedarf – Terrorismusbekämpfung, Maßnahmenkatalog, =1898.

849- Ausbau des Überwachungsstaates, *junge Welt*, 9.9.2016

850- Thilo Weichert, Datenschutz zwischen Terror und Informationsgesellschaft, *Unbequem*, Dezember 2001, S. 8-11, =1732.

851- Till Müller-Heidelberg, Terrorismusbekämpfungsgesetzes, *Unbequem*, Dezember 2001. S. 12-14, =1732.

852- Rolf Gössner, Eine Flut von Sicherheitsgesetzen überrollt uns, *Unbequem*, Dezember 2001, S. 15-21, =1732.

853- Nicolaus Mills, The Anthrax Scare: not a germ of truth, *The Guardian*, 15.9.2011, =1897.

854- Top Ten Abuses of Power Since 9/11, American Civil Liberties Union (ACLU), =1895.

855- Meagan Fitzpatrick, Security Spending after 9/11 tops $92B, *CBC News*, 7.9.2011, =1896.

856- Deutsches Antiterrorgesetz teilweise verfassungswidrig, *Der Standard*, 20.4.2016, =1894.

857- Terrorgesetze: De Maizière rüffelt Verfassungsgericht, *Spiegel Online*, 22.4.2016, =1893.

858- Entwurf eines Strafrechtsänderungsgesetzes - para 129b StGB, Bundestag, 24.9.2001, =1672.

859- Vereinsverbot wegen Völkerverständigungswidrigkeit, Urteil des Bundesverwaltungsgericht, 16.11.2015, =1670.

860- Martin Dolzer, Politprozess gegen Kurden, *junge Welt*, 5.8.2016, =2259.

861- Kevin Hoffmann, Gewaltenteilung wird zur Farce, *junge Welt*, 21.6.2016, =1971

862- Entwurf eines Gesetzes zur Bekämpfung des internationalen Terrorismus, Bundestag, 12.10.2001, =1675.

863- Ebd. =1675 (Hervorh. E.D.).

864- Gesetz zur Bekämpfung des internationalen Terrorismus (Terrorismusbekämpfungsgesetz), 9.1.2002, =1731

865- Ebd. (Artikel 1, Nummer 1), =1731.

866- Ebd. (Artikel 2, Nummer 1), =1731.

867- Rainer Wendt, Die Debatte über das Trennungsgebot muss geführt werden, *Tagesspiegel*, 4.12.2015, =1730.

868- Ebd.

869- Terrorismus: Schäuble hält Atom-Anschlag für eine Frage der Zeit, *Spiegel Online*, 15.9.2007, =1892.

870- Regierungskommission fordert Änderung der Anti-Terror-Gesetze, *Zeit Online*, 23.8.2013, =1666.

871- Entwurf eines Gesetzes zur Bekämpfung des internationalen Terrorismus, Bundestag, 12.10.2001 (Zu Artikel 3 Nummer 3 b, Nummer 6), =1675.

872- Ebd.

873- Anti-Terror-Gesetze werden um vier Jahre verlängert, Pressemeldung, Bundesministerium des Innern, 29.6.2011, =1800.

874- Entwurf (...), Anm. 106, =1675.

875- Anti-Terror-Gesetze, Anm. 108,=1800.

876- Entwurf (...), Anm. 106, (Zu Artikel 3 Nummer 3 b, Nummer 8), (Zu Artikel 3, Nummer 6), =1675.

877- Gesetz zur Bekämpfung des internationalen Terrorismus (Terrorismusbekämpfungsgesetz), 9.1.2002 (Artikel 1, Nummer 8), =1731.

878- Evaluation nach Artikel 9 des Gesetzes zur Änderung des Bundesverfassungsschutzgesetzes vom 7. Dezember 2011, in: GFA, April 2015, Bundestag, Drucksache 18/5935, =1809.

879- *Süddeutsche Zeitung*, 31.3.2007 (Zitiert in Hedwig Krimmer, Je mehr Not – desto mehr Notstand oder: Der Staatsumbau seit 1990, Humanistische Union, 10.7.2007, =1811).

880- Ebd.

881- Gesetz zur Errichtung einer standardisierten zentralen Antiterrordatei von Polizeibehörden und Nachrichtendiensten von Bund und Ländern (Antiterrordateigesetz - ATDG), § 2 Inhalt der Antiterrordatei und Speicherungspflicht.

882- Detlef Borchers, Von der Anti-Terror-Gesetzgebung über die Anti-Terror-Datei zum 'Schäuble-Katalog', *Heise*, 28.2.2007, =1741.

883- Entwurf eines Gesetzes zur Neuregelung der Telekommunikationsüberwachung und anderer verdeckter Ermittlungsmaßnahmen sowie zur Umsetzung der Richtlinie 2006/24/EG, Bundestag, Drucksache 16/5846, 27.6.2007.

884- Wolfram Göll, Nicht bereit für den Anti-Terror-Kampf? *Bayernkurier*, 17.11.2015, =1791.

885- Parlament stimmt EU-Richtlinie über Verwendung von Fluggastdaten zu, Pressemitteilung des Europäischen Parlaments, 14.4.2016, =1735.

886- EU-Parlament stimmt Fluggastdaten-Speicherung zu, *Deutsche Welle*, 14.4.2016, =1736.

887- EU-Parlament stimmt Speicherung von Fluggastdaten zu, *Die Zeit Online*, 14.4.2016, =1737.

888- Markus Reuter, 60 Dinge, die ab jetzt jedes EU-Land fünf Jahre über deine Flugreise speichert, *Netzpolitik*, 14.4.2016, =1738.

889- Europa bekommt eigenes System zur Erfassung von Passagierdaten, *Osnabrücker Zeitung*, 13.4.2016, =1739.

890- Ebd.

891- Noogie C. Kaufmann, BGH lehnt Online-Durchsuchungen ab und NRW schafft statthaftes Gesetz, MMR, 2007, Heft 2, XII, =1801.

892- Verfassungsgerichtsurteil: Schäuble will Online-Durchsuchung zügig ins Gesetz schreiben, *Spiegel Online*, 27.2.2008, =1802.

893- Ein Schritt in den Überwachungsstaat, *Süddeutsche Zeitung*, 19.5.2010, =1803.

894- Jörg Breithut, Staatstrojaner späht nur Windows-PCs aus, *Stuttgarter Nachrichten*, 11.4.2016, =1804.

895- Polizei will Bundes-Trojaner, *Der Tagesspiegel*, 18.9.2007, =1889.

896- Chris Jones, The visible hand: the European Union's Security Industrial Policy (Analysis), Statewatch, August 2016, =2016

897- Aufenthalt im Terrorlager strafbar, *Hamburger Abendblatt*, 14.1.2009, =1910.

898- Till Schwarze, Wenn Gedanken strafbar werden, *Zeit Online*, 29.10.2014, =1911.

899- Im Dritten Reich konnte das Strafrecht sich auf solche Begriffe beziehen, z.B. „Jude".

900- Stefan Braun, Diese Polizisten bilden Deutschlands stille Reserve gegen den Terror, *Süddeutsche Zeitung*, 16.12.2015, =1790.

901- Mit neuer Ausrüstung gegen den Terror, *FAZ*, 22.4.2016, =1788.

902- Andrej Hunko, Militarisierung durch die Hintertür, *junge Welt*, 25.4.2016, =1890.

903- Zitiert bei Otto Köhler, Zurück bleiben Leichen, *junge Welt*, 21.4.2016.

904- 27. Tätigkeitsbericht 2006 – 2. Teil: Öffentliche Sicherheit und Ordnung, Der Landesbeauftragte für den Datenschutz, Baden-Württemberg (Absatz 2.1), =1891.

905- Angst vor Terrorismus: Daimler will Mitarbeiter durchleuchten - alle drei Monate, *Spiegel Online*, 4.1.2015, =1805.

906- Janko Tietz, Überwachung in der Wirtschaft: Das ist ein freies Land - nur nicht am Arbeitsplatz, *Spiegel Online*, 7.1.2015, =1806.

907- Bundeswehreinsätze bald auch im Inland? *Tagesschau*, 12.4.2016, =1665.

908- Gerhard Piper, Einsatz der Bundeswehr im Inneren? *Telepolis* (Heise), 12.9.2007, =1793.

909- Wolfram Göll, Nicht bereit für den Anti-Terror-Kampf? *Bayernkurier*, 17.11.2015, =1791.

910- Ebd.

911- Einsatz im Inneren: Ex-Minister für Änderung des Grundgesetzes, Gespräch mit Rupert Scholz, Bundeswehr, 22.2.2016 , =1812.

912- Peter Schwarz, Bundeswehr wirbt für Einsatz im Innern, *WSWS*, 31.3.2015, =1813.

913- Deutschland und Israel mit größter Militärübung, *Israelnetz*, 28.10.2015, =1909.

914- James Petras, Jenin: Auschwitz or the Warsaw Ghetto? The Unz Review, 29.4.2002, =1906.

915- Jägerbataillon 1: Herausfordernde Ausbildung unter besonderen klimatischen Bedingungen in Israel, Deutsches Heer, 6.11.2015, =1905.

916- Allan Smith, Check out 'Baladia', the 5,000-Acre Fake City Israel Uses to Train for Urban Combat, *Business Insider* (Indonesia), 25.7.2004, =1907.

917- Mehrheit befürwortet bei Terror Bundeswehreinsatz im Inneren, *Zeit Online*, 29.12.2015, =1814.

918- Claudia Wangerin, Manöver für alle Fälle, *junge Welt*, 1.9.2016

919- London erlebt größte Anti-Terror-Übung aller Zeiten, *Die Welt*, 306.2015, =1789.

920- Ilija Trojanow & Juli Zeh, *Angriff auf die Freiheit: Sicherheitswahn, Überwachungsstaat und der Abbau bürgerlicher Rechte*, (dtv, 2010), S.13-15.

921- Truth Seeking: Elements of Creating an Effective Truth Commission, Partnership Project between Amnesty Commission of Brazil, the Brazilian Cooperation Agency of the Ministry of Foreign Relations, the International Center for Transitional Justice, and the United Nations Development Program, 2010, =1917; Elias Davidsson, The Right to the Truth About the Mass Killings of 11 September 2001, CounterCurrents, 5.8.2015, =1918.

922- Journalisten dürfen nichts bewusst verschweigen, *Handelsblatt*, 22.11.2005, =1916.

923- Klaus Malek, Abschied von der Wahrheitssuche, Eröffnungsvortrag zum 35. Strafverteidigertag 2011, =1972.

924- Jürgen Roth, Rainer Nübel & Rainer Fromm, *Anklage unerwünscht - Korruption und Willkür in der deutschen Justiz* (Eichborn, 2007) S. 285.

925- Einführung der digitalen Aufzeichnung von Gerichtsverhandlungen in Deutschland, Petition (o. D.), =1913.

926- Entwurf eines Gesetzes zur Verbesserung der Wahrheitsfindung im Strafverfahren durch verstärkten Einsatz von Bild-Ton-Technik, Stellungnahme 1/2010 des Strafrechtsausschusses der Bundesrechtsanwaltskammer (BRAK), 2010, =1919

927- Das wurde mir vom Generalbundesanwalt am 19. September 2014 brieflich bestätigt.

928- Rolf Bossi, *Halbgötter in Schwarz – Deutschlands Justiz am Pranger* (Goldmann, 2006) S. 20-21

929- Was man aus Zeugenaussagen in Strafverfahren lernen kann, wird im folgenden Beitrag beschrieben: Elias Davidsson, What can we learn from court testimonies? 26.7.2015 (URL: http://aldeilis.net/english/learn-court-testimonies/).

930- Urteil des Bundesverfassungsgerichts vom 7. November 2000 wegen einer Verfassungsbeschwerde seitens des n-tv Nachrichtenfernsehens, =1920.

931- Reinhard Walker, Die richterliche Veröffentlichungspraxis, in: JurPC Web-Dok, 34/1998, Abs. 1-163, =1914; ein Beispiel dieser richterlichen Willkür ist die Veröffentlichung der Urteilsbegründung gegen Uli Hoeneß, der zu dreieinhalb Jahren Haft wegen Steuerhinterziehung vom Landgericht München II in 2014 verurteilt wurde, =1921.

932- BVerwG, Urteil vom 26.02.1997, in: JurPC Web-Dok. 10/1998, Abs. 1 - 38, =1923.

933- Stefan Scherer, Fall Kachelmann: Die geheime Urteilsbegründung des Landgerichts Mannheim, Rechtsanwaltssozietät Scherer & Körbes, 16.9.2011, =1922.

934- Gerhard Wolf, Befreiung des Strafrechts vom nationalsozialistischen Denken?, HFR 1996, Beitrag 9, =1915.

935- Rolf Bossi, Anm. 8, S. 271.

936- Siehe u.A. Rolf Bossi, Anm. 8.

937- Von der Rede der Abgeordneten Halina Wawzuniak (die Linke) im Bundestag am 12. Juni 2014 übernommen.
938- Von der Webseite der jungedemokratInnen / junge linke - Rheinland-Pfalz übernommen (27.3.2008).

939- Das Doppel-Leben der Terrorpiloten: Geheimdienste hatten Atta schon im Visier, *Der Spiegel*, 22.11.2001, #2164.

Anhang

940- Daniele Ganser, Able Danger adds twist to 9/11, *Global Research*, 27.8.2005, #2165.

941- A Review of the FBI's Handling of Intelligence Information Prior to the September 11 Attacks, Office of the Inspector General, November 2004, #2166.

942- Elias Davidsson, *Hijacking America's Mind on 9/11* (Algora Publishers, 2013), S. 96-7.

943- Chris Hellman, Has the Pentagon's Post-9/11 Spending Spree Made Us Safer?, *The Nation*, 16.8.2011, #2168.

944- Marion Wieser, Terror-Abwehr auf Amerikanisch, *Süddeutsche Zeitung*, 17.5.2010, =1955

945- Präsident George W. Bush erklärte in einer Rede vor dem US-Kongress am 20. September 2001: „Jede Nation in jeder Region muss jetzt eine Entscheidung treffen. Entweder sie steht mit uns, oder sie steht mit den Terroristen." #2169.

946- Anschlagsserie in Spanien: Hinweise auf islamistische Terroristen entdeckt, *Der Spiegel*, 11.3.2004, #2174.

947- Maki Becker, Video: Al Qaeda did it, *Daily News* (New York), 14.3.2014, #2175.

948- Die Anschläge vom 11. März 2004, *Tagesschau*, 26.8.2007, #2176.

949- Bekenner-Video: „Ihr liebt das Leben, wir lieben den Tod", *Der Spiegel*, 13.3.2004, #2177.

950- Madrid bombers get long sentences, *BBC*, 31.10.2007, #2327.

951· Madrid bomb suspects threaten to starve to death, *Daily Mail Online*, 17.5.2007, #2102.

952· Mathieu Miquel, The Madrid 3/11 Bombings: Was it Really an Attack by „Islamic Terrorists"?, *Global Research*, 6.12.2009, #2254.

953· Ebd.

954· El Hadji Mamadou Gueye, Attentats du 11 mars en Espagne: De nouveaux témoignages pourraient blanchir le condamné marocain, *Yabiladi*, 14.11.2013, #2329.

955· Mons-la-Trivalle : film documentaire au Comptoir Associatif ce jeudi, *Midi Libre*, 14.12.2015, #2330.

956· Spain suspects 'were informants', *BBC*, 29.4.2004, #2219.

957· Luís del Pino, *The enigmas of March 11* (LibrosLibres, 2006), Kapitel 15 „Un ejercicio de escapismo".

958· Conclusiones de la Comisión de Investigación sobre el 11 de Marzo de 2004, Grupo Parlamentario Popular, Junio de 2005, #2103.

959· $1.4m for victims of Madrid bombings, *ABC News*, 2.11.2007, #2325.

960· La OTAN simuló un atentado en Europa con 200 muertos, Seguridad Pública y Protcción Civil, Noticias Profesionales, 18.3.2006, #2326.

961· Interview mit Carmen Baladia, Chefpathologin, Ni clavos, ni tuercas, ni tornillos; no había metralla entre nuestros 191 muertos, *Libertad Digital*, 23.1.2008, #2255.

962· Un alto mando policial autorizó a Renfe a destruir los trenes del 11-M, *Libertad Digital*, 6.2.2012, #2257.

963· Madrid-Anschläge: Täter gesteht nach sieben Jahren, *Die Presse*, 28.3.2011, #2328.

964· David Leppard, Police tracking bug found in 7/7 mastermind's car, *The Sunday Times*, 25.6.2006, #2217.

965· Duncan Gardham, July 7 leader Sidique Khan encountered security services 10 times before bombings, *The Telegraph*, 19.5.2009, #2258.

966· Inquiries Act 2005, http://www.legislation.gov.uk/ukpga/2005/12/contents.

967· UK: Amnesty launches appeal calling on judges to boycott sham inquiries, Amnesty International Press Release, 2.6.2005, #2221.

968· Coroner's Inquests into the London Bombings of 7 July 2005, Webpage, #2207.

969· 7/7 Inquests Transcripts as Searchable, Print-Friendly PDFs, J7: The July 7th Truth Campaign, URL: http://julyseventh.co.uk/j7-inquest-transcripts/, #2208.

970· July 7th People's Independent Inquiry Forum, URL: http://z13.invisionfree.com/julyseventh/index.php?

971· Suicide bomber's widow held by terror squad, *The Telegraph*, 10.5.2007, #2211; Ian Cobain, Cousin of 7/7 leader: I'm not the fifth bomber, *The Guardian*, 19.5.2007, #2212.

972· Ian Cobain, Ebd., #2212.

973· Hasan Suroor, Hasina Patel's curious arrest and the media, *The Hindu*, 21.5.2007, #2209.

974· Full Text Of July 7 Widow's Interview With Sky, *Sky News*, 27.7.2007, #2210.

975· Samantha Lewthwaite, the white Englishwoman [...] being guarded by police at a safe house. Audrey Gillan, Ian Cobain & Hugh Muir, Jamaican-born convert to Islam 'coordinated fellow bombers', *The Guardian*, 16.7.2005, #2215.

976· MI5: we did not receive a warning, *The Telegraph*, 17.7.2005, #2214.

977· Roger Howard, The myth of the White Widow, *The Spectator*, 1.11.2014, #2216.

978· Visor Consultants webpage: URL: http://www.visorconsultants.com/businesscontinuityteam.htm.

979- Terror Exercise Held on the Same Morning as the London 7/7 Bomb Attack, *Global Research*, 12.7.2005, #2218.

980- Ebd.

981- Ebd.

982- Efraim Halevi, Ex-Mossad Chief Calls For World War After London Attack, *Jerusalem Post*, 7.7.2005, #2178. Der Beitrag ist nicht mehr auf der Webseite der Zeitung vorhanden.

983- https://www.youtube.com/watch?v=-JKvkhe3rqtc.

984- Tom Secker, The 7/7 London Bombings: Documents Prove that the Official Story Cannot be True, *Global Research*, 3.7.2012, #2213.

985- Elias Davidsson, The London Transport Bombings of 2005, Abschnitt 14.4, http://aldeilis.net/bpb/london.html.

986- Verdächtiger legt Geständnis ab, Tagesschau, 24.7.2011, #2222.

987- Massenmord in Norwegen: Attentäter begründet Bluttat mit krudem Menschenhass, Spiegel Online, 24.7.2011, #2223.

988- Espen A. Eik, Breivik-Prozess in Oslo: Das Selbstmitleid des Attentäters, Spiegel Online, 23.4.2012, #2227.

989- Rapport fra 22. juli-kommisjonen, NOU 2012:14 (norwegisch), #2224.

990- 22. juli-kommisjonen ber om unntak fra offentlighet, Aftenposten (norwegisch), 9.11.2011, #2229.

991- Andreas Bakke Foss, Trente på Utøya-scenario 22. juli, Aftenposten (norwegisch), 26.8.2011, #2228.

992- Per Hinrichs, Viele riefen ihre Eltern ein letztes Mal an, Die Welt, 24.7.2011, #2225.

993- David Andersen und Julie Buhl Jörgensen, Øjenvidne til massakre anholdt, Ekstrabladet (dänisch), 23.7.2011, #2226.

994- Hicham Hamza, Les 72 anomalies de l'affaire Mohammed Merah, Oumma, 25.7.2012, #2134.

995- Marie Simon, Toulouse: la nébuleuse Al-Qaïda est-elle vraiment derrière Mohamed Merah? L'Express, 22.3.2012, =1999

996- Emmanuel Derville et al, De la prison au djihad: la dérive de Mohammed Merah, Le Point, 21.3.2012, #2141.

997- Interview mit Yves Bonnet, La Dépêche du Midi, 27.3.2012; auch REGARDEZ. Merah était-il un 'indic'?, Le Point, 27.3.2012, #2140.

998- Jean-Marc Leclerc, Qui enquête sur quoi dans l'affaire Merah, Le Figaro, 2.11.2012, #2142.

999- Jean-Michel Décugis et Christophe Labbé, Légion d'honneur: la 'promotion Merah', Le Point, 24.4.2012, #2133.

1000- Loi antiterroriste: Hollande la voudrait avant la fin de l'année, BFM TV, 3.10.2012, #2259.

1001- Jean-Claude Paye, De Ben Laden à Merah: de l'icône à l'image, Réseau Voltaire, 18.6.2012.

1002- Ian Crouch, Boston in lockdown, The New Yorker, 19.4.2013, #2129.

1003- Ed Pilkington, Boston faces lockdown as police hunt for marathon bombing suspect, The Guardian, 19.4.2013, #2126.

1004- Meghan Keneally, Boston is on LOCKDOWN as the ENTIRE CITY told to stay indoors during manhunt for the second bombing suspect, Mail Online, 19.4.2013, #2128.

1005- Chemi Shalev, The Boston Bombers Have Already Scored a Tremendous Victory for Terror, Ha'aretz, 19.4.2013.

1006- Jim Kinney, Boston Marathon bombing polls shows Massachusetts resident support decision to lockdown city, state police efforts in case, Mass Live, 30.4.2013, #2130.

1007- Robert Mendick, Nick Allen & Phil Sherwell, Boston bomber arrested: how David Henneberry found Dzhokhar Tsarnaev in his garden, The Telegraph, 20.4.2013, #2266.

1008- Wolfgang Jaschensky, Yes we did! Süddeutsche Zeitung, 2.5.2011, #2267.

1009- Franziska Bossy, Rainer Leurs, Benjamin Schulz & Jens Witte, Polizei nimmt mutmaßlichen Bombenleger fest, Der Spiegel, 20.4.2013, #2268.

1010- Tsarnaev gets death penalty for 2013 Boston Marathon bombing, Deutsche Welle, 24.6.2015, #2246.

1011- Alleged Boston bomber Dzhokhar Tsarnaev pleads not guilty, Deutsche Welle, 10.7.2013, #2234.

1012- Tsarnaev gets death penalty for 2013 Boston Marathon bombing, Deutsche Welle, 24.6.2015, #2233; Boston marathon bomber Dzhokhar Tsarnaev speaks in court – full text, The Guardian, 24.6.2015, #2297.

1013- Eric Levenson, Stephen Silva, friend of Dzhokhar Tsarnaev, sentenced to time served, Boston Globe, 22.12.2015, #2232.

1014- Milton J. Valencia, 'It was him,' defense admits as Marathon bombing trial begins, Boston Globe, 4.3.2015, #2231.

1015- Craig McKee, Justice denied: Tsarnaev's own lawyer ignores evidence he is innocent of Boston bombing, Truth and Shadows, 10.4.2015, #2272.

1016- Aaron Katersky, What Boston Marathon Bombing Suspect Dzhokhar Tsarnaev Wrote in Blood-Stained Boat, ABC News, 10.3.2015, #2260.

1017- Mutmaßlicher Boston-Attentäter: Zarnajew verfasste offenbar Bekennerschreiben, Der Spiegel, 16.5.2013, #2271.

1018- Dan Amira und Stefan Becket, 82 Things That Dzhokhar Tsarnaev Tweeted About, New York Magazine, 19.4.2013, #2320.

1019- Mutmaßlicher (...), Anm. 79, #2271.

1020- ABC News obtains image of Dzhokhar Tsarnaev note found in boat, ABC News, 17.4.2014, #2269.

1021- Rob Williams, Boston bombing suspect Tamerlan Tsarnaev was on CIA terror database say officials amid claims his brother was unarmed when arrested, The Independent, 25.4.2013, #2270.

1022- Boston Bombings 'set-up': Mother of patsies says sons groomed by FBI, Russia Today, 20.4.2013, #2132.

1023- Juliana DeVries, You can be prosecuted for clearing your browser history, The Nation, 2.6.2015, #2281.

1024- Timothy Williams, Boston Bombings Suspect's Friend Convicted of Lying to FBI, The New York Times, 28.10.2014, #2298; Boston Marathon bomber's friends going to prison, CBS News, 5.6.2015, #2282; auch Jeffrey MacDonald, Did FBI dupe Boston bombing witness? USA Today, 3.6.2014, #2284.

1025- Wesley Lowery, David Filipov & Mark Arsenault, Slain suspect had thought about missing FBI interview, The Boston Globe, 23.5.2013, #2230.

1026- Susan Zalkind, After Deportation, Tatiana Gruzdeva Looks to Move On, Boston Magazine, 18.10.2013, #2283.

1027- Scott Daugherty, FBI: Agents died in fall from helicopter off Va. coast, The Virginian-Pilot, 20.5.2013, #2279.

1028- Poppy Harlow, Amputee actors help soldiers prepare for war, CNN, 5.12.2012, #2244.

1029- Amputees in Action Ltd., Ground Floor, 6 Clerewater Place Lower Way, Thatcham, RG19 3RF, England, #2242; Amputees in Action – bringing dramatic realism to army exercises, Army Technology, 12.7.2012, #2243.

1030- Amputee actors train soldiers for combat, Youtube, Published on Dec 4, 2012. URL: https://www.youtube.com/watch?v=eSLm_yWqADc.

1031- Maria Cramer, Police response training planned, but bombs hit first, Boston Globe, 8. June 2013, #2239.

1032- Boston bombings, Fox News, 16.4.2013, #2240.

1033- Timothy C. Trepanier, Sott.net, 20.4.2013, #2131.

1034- Siehe http://www.freejahar.net/.

1035- Pamela Engel, Court Documents Describe Prison Life For Suspected Boston Bomber Dzhokhar Tsarnaev, Business Insider, 2.10.2013, #2245.

1036- Ebd.

1037- Special administrative measures (SAM), Case 1:13-cr-10200-GAO Document 1563-2, #2235.

1038- Charlie Hebdo: des rassemblements de soutien prévus à Paris et ailleurs, FranceTVInfo, 7.1.2015, #2247.

1039- Millionen Franzosen marschieren gegen den Terror, FAZ, 11.1.2015, #2248.

1040- Gerhard Wisnewski, Die Wahrheit über das Attentat auf Charlie Hebdo: Gründungsakt eines totalitären Europa (Kopp Verlag, 2015).

1041- Maria Abi-Habib & Margaret Coker, Al Qaeda in Yemen Claims Responsibility for Charlie Hebdo Attack, Wall Street Journal, 14.1.2015, #2139.

1042- Elaine Sciolino, Return of jihadists: Europe's fears subside, The New York Times, 7.4.2008, #2286.

1043- Les dates-clés de la radicalisation d'Amedy Coulibaly, Le Monde, 15.1.2015, #2287.

1044- Sonya Faure & Patricia Tourancheau, Amedy Coulibaly, suspect numéro 1 de l'assassinat de Montrouge, Libération, 9.1.2015, #2289.

1045- Elaine Sciolino, Anm. 104, #2286.

1046- Emeline Cazi, Jacques Follorou, Matthieu Suc & Elise Vincent, La fratrie Kouachi, de la petite délinquance au djihad, Le Monde, 8.1.2015, #2288.

1047- Terrorisme : la droite obtient une commission d'enquête parlementaire, Le Figaro, 19.1.2016, #2252; Thibault Raisse, Vers une commission d'enquête sur les mesures prises depuis Charlie Hebdo, Le Parisien, 20.1.2016, #2253.

1048- F. de H., Terrible drame à Limoges: le policier Helric Fredou, 45 ans, se suicide après l'attentat à Charlie Hebdo, SudInfo.be, 13.1.2015, #2250.

1049- Hicham Hamza, Affaire Charlie : la famille du policier 'suicidé' n'aura pas accès au rapport d'autopsie, Egalité, Reconciliation, 25.1.2015, #2251.

1050- Hollande ist plötzlich beliebt, Die Zeit, 19.1.2015, #2296.

1051- Meldung der französischen Botschaft in Berlin, 7.4.2015, http://www.ambafrance-de.org/Antiterror-Massnahmen-Frankreich.

1052- Pascal Thiele, 1984 ist jetzt? - Anti-Terror-Maßnahmen seit Charlie Hebdo, Neo Presse, 10.2.2015, #2295.

1053- Dänemark: Anschläge in Kopenhagen - was passierte wann, Der Spiegel, 15.2.2015, #2301.

1054- Die Polizei behauptete, dass der Erschossene zuerst auf die Polizeibeamten geschossen hätte.

1055- Dänemark (...), Anm. 115, #2301.

1056- Angelique Chrisafis & Robert Booth, Copenhagen attacks: 'the whole bar was showered with bullets', The Guardian, 15.2.2015, #2137.

1057- Danish shooting: Eyewitness describes blasphemy debate attack, BBC, 14.2.2015, #2304.

1058- Karl Ritter, Slain suspect in Copenhagen attacks just got out of jail, The Salt Lake Tribune, 16.2.2015, #2136.

1059- Ebd. #2136.

1060- Bo Maltesen, Frank Hvilsom & Simon Boas, Omar Abdel Hamid var en gammel kending af politiet, Politiken (dänisch), 15.2.2015, #2302.

1061- Denmark announces $150m Anti-Terror Upgrade, Reuters, 19.2.2015.

1062- Peter Beaumont, Leaders reject Netanyahu calls for Jewish mass migration to Israel, The Guardian, 16.2.2015, #2138.

1063- Terroristjakt efter dåd mot Vilks, Svenska Dagbladet (schwedisch), 14.2.2015, #2303.

1064- Søren Astrup und Jakob Stig Jørgensen, Overblik: Det ved vi om skudattentatet på Østerbro, Politiken (dänisch), 14.2.2015, #2300.

1065- Ebd.

1066- Rukmini Callimachi, ISIS Claims Responsibility, Calling Paris Attacks 'First of the Storm', The New York Times, 14.11.2015, #2144.

1067- Un portable trouvé près du Bataclan contenait un sms et un plan détaillé du Bataclan, FranceTVInfo, 18.11.2015, #2305.

1068- Des kalachnikovs retrouvées dans la voiture des terroristes à Montreuil, Europe-1, 15.11.2015, #2306.

1069- Maxime Vaudano, Attentats du 13 novembre : que sait-on des terroristes impliqués? Le Monde, 15.11.2015, #2307.

1070- Rukmini Callimachi, Anm. 128, #2144

1071- Sven Becker & Katrin Kuntz, Paris-Drahtzieher Abaaoud: Knast, Gehirnwäsche, Krieg, Spiegel Online, 2.12.2015, #2317.

1072- Christoph Sydow, Das zynische Kalkül der Dschihadisten, Der Spiegel, 15.11.201-5, #2145.

1073- Paris attacks: Who were the attackers? BBC, 18.3.2016, #2309.

1074- Hansgeorg Hermann, Stunde der 'Experten', junge Welt, 22.3.2016.

1075- Was wir über die IS-Mörder von Paris wissen, Die Welt, 16.11.2015, #2318.

1076- Mutter von Bilal Hadfi: Er war eine 'Zeitbombe', Die Presse, 18.11.2015, #2319.

1077- Rapport fait au nom de la commission d'enquête relative aux moyens mis en œuvre par l'Etat pour lutter contre le terrorisme depuis le 7 janvier 2015, Assemblée nationale, 5.7.2016, =2000.

1078- Kira Mitrofanoff, Comment le Samu s'est préparé aux attentats simultanés de Paris, Challenges, 15.11.2015, #2147.

1079- Attentats: le Samu avait „organisé une répétition générale vendredi matin", FranceTVInfo, 16.11.2015, #2148.

1080- Etat d'urgence : «Un régime d'exception, borné dans le temps», assure Valls, Le Parisien, 27.1.2016, #2321.

1081- François Hollande: C'est un acte de guerre, L'Humanité, 13.11.2015, #2322.

1082- Giani Borsa, Hollande calls France to war; recalls the EU Treaty and invokes Europe's assistance, Servizio Informazione Religiosa (SIR), 17.11.2015, #2323.

1083- Benoît Floc'h, Au centre de recrutement des armées: 'Ce coup-là, je m'engage', Le Monde, 19.11.2015, #2146.

1084- Marcin Grajewski, EU Response to the Paris Terrorist Attacks, European Parliamentary Research Service Blog, 4.12.2015, #2324.

1085- Ian Gallagher and Martin Beckford, Revealed: Two of the Jihadis sneaked into Europe via Greece, Daily Mail, 14.11.2015, =2001

1086- Judah Ari Gross, Slow response in Bataclan may have cost lives, says defense expert, The Times of Israel, 17.11.2015, =2002; Adam Nossiter, Response to Paris Attacks Points to Weaknesses in French Police Structure, The New York Times, 31.12.2015, =2003

1087- Bataclan Gunmen: ‚It Is All Hollande's Fault', Sky News, 4.7.2016

1088- Ebd.

1089- Alexandre Fache, Deux heures trente avec les terroristes du Bataclan, L'Humanité, 17.11.2015, #2315.

1090- Adrien Sénécat, Attentat de Nice : les réponse à vos questions, Le Monde, 19.7.2016, =2180.

1091- Marie Merdrignac, Après l'attaque de Nice, les rumeurs se propagent sur Internet, Ouest-France, 15.7.2016, =2181.

1092- L'Etat islamique revendique la tuerie de la Promenade des Anglais, Imazpress, 16.7.2016, =2136; auch L'EI revendique la tuerie de Nice, Le Point (AFP), 16.7.2016, =2147; auch Ambiguïté autour de la revendication de Daech, Slate, 16.7.2016, =2182.

1093- Christian Estrosi: „des armes lourdes" dans le camion, Le Parisien, 15.7.2016, =2183.

1094- Ebd. =2183.

1095- Zweites Schweizer Todesopfer – Attentäter identifiziert – 10 Minderjährige unter Opfern, NZZ, 15.7.2016, =2188.

1096- Suzanne Klaiber & Lea Kosch, Französischer Premierminister Valls: Täter hatte Verbindungen zum radikalen Islamismus, Huffington Post, 15.7.2016, =2189.

1097- Jabeur Lahouij Bouhlel : On n'a pas reçu 100.000 euros, FM Jawhara, 17.7.2016, =2236.

1098- Angela Charlton, Nice attacker Mohamed Lahouaiej Bouhlel: the undercover jihadist? The Sydney Morning Herald, 25.7.2016, =2190.

1099- Attack on Nice: Who was Mohamed Lahouaiej-Bouhlel? BBC, 19.8.2016, =2191.

1100- Ebd. =2191.

1101- Ebd. =2191.

1102- French police search home of suspected attacker, Middle East Eye, 15.7.2016, =2137.

1103- Attentat de Nice: des décapiteurs de Daech félicitent Bouhlel, Le Parisien, 20.7.2016, =2152.

1104- Sasan Abdi-Herrie et al, Was wir über den Anschlag von Nizza wissen, Zeit Online, 16.7.2016, =2192.

1105- Ebd. =2192.

1106- Sécurité à Nice: pour Eric Ciotti, les „mauvaises réponses" du ministère de l'Intérieur ont „créé un doute", BFM-TV, 25.7.2016, =2193.

1107- Nice, 202 blessés, l'auteur formellement identifié, Nice-Matin, 16.7.2016, =2122.

1108- Polizistin beklagt Einflussnahme, NTV, 25.7.2016; Kim Willsher, French minister sues police officer over Nice Bastille Day claims, The Guardian, 24.7.2016.

1109- „La police nationale était peut-être là mais je ne l'ai pas vue sur les vidéos", Le Républican Lorrain, 24.7.2016, =2257.

1110- Christel Brigaudeau, Attentat de Nice : à l'hôpital des enfants, le plus jeune blessé n'a que 6 mois, Le Parisien, 16.7.2016, =2217; «Il y avait des enfants partout», 20 minutes, 16.7.2016, =2218; Marie Vaton, Attentat de Nice : le jour d'après, la ville essuie ses larmes, Nouvel Obs, 15.7.2016, =2219; Mathilde Lemaire, La longue convalescence des rescapés de l'attentat de Nice, France Inter, 14.8.2016, =2221; «On ne réfléchit pas, on court», France Guyane, 16.7.2016, =2222; Injured Australians describe attack horror, Sky News, 15.7.2016, =2223; 14-Juillet à NICE, une nuit de terreur, Presse Agence, 15.7.2016, =2224.

1111- „On verra quelles sont les victimes indirectes : des enfants piétinés par la foule" @gkierzek #E1matin #Nice06, 14.7.2016, 21:51 Uhr (https://twitter.com/Europe1/status/753814109968142337), =2220.

1112- Christian Estrosi: "Le drame le plus terrible qu'a connu!", BFM-TV, 15.7.2016, =2184.

1113- Nice Attack Eyewitness: 'Most Victims Killed My Machine Gun Fire', LBC, 15.7.2016, =2154; auch Damien Allemand, ein Journalist von Midi-Matin, beschrieb Menschen die „wie Bowling-Kegel weggeflogen" sind („Die Menschen sind weggeflogen wie Bowling-Kegel", Spiegel Online, 15.7.2016, =2227).

1114- N52 Alissa J. Rubin et al, Terrorist Attack in Nice, France, Leaves 84 Dead and 202 Injured, The New York Times, 15.7.2016, =2247.

1115- Attentat de Nice : un photographe se souvient, Europe Nr. 1, 16.7.2016, =2109.

1116- Agnès Gruda, Nice, entre la douleur et la colère, La Presse (Canada), 19.7.2016, =2186.

1117- Schüsse, Schreie, Panik: Video zeigt, wie der Lkw auf die Promenade rast, Augsburger Allgemeine, 15.7.2016, =2187.

1118- Vincent Vantighem & Olivier Aballain, Attentat de Nice: Comment un camion de location est devenu une arme meurtrière, 20 minutes, 15.7.2016, =2116.

1119- Zoie O'Brien, Nice Attack: Police challenged truck terrorist then let him park on prom for NINE hours, Daily Express, 15.7.2016, =2239.

1120- Adrien Sénécat, Attentat de Nice : les réponses à vos questions, Le Monde, 19.7.2016, =2246.

1121- Alissa J. Rubin et al, Terrorist Attack in Nice, France, Leaves 84 Dead and 202 Injured, The New York Times, 15.7.2016, =2247.

1122- Aurore Malval, Ce que l'on sait de l'auteur présumé de l'attentat, Nice-Matin, 15.7.2016, =2248.

1123- Vincent Vantighem, Attentat de Nice: Les trois zones d'ombre que les enquêteurs doivent encore éclaircir, 20 minutes, 15.7.2016, =2238.

1124- Nice, 202 blessés, l'auteur formellement identifié, Nice-Matin, 16.7.2016, =2122.

1125- So lief der Anschlag in Nizza ab, Die Welt, 15.7.2016, =2123.

1126- Le récit de la terrible nuit du 14-Juillet à Nice, L'Est Républicain, 27.7.2016, =2128.

1127- Nice, 202 blessés, l'auteur formellement identifié, Nice-Matin, 16.7.2016, =2122.

1128- Attentat de Nice : les faits plutôt que les polémiques, L'Obs, 26.7.2016. =2104.

1129- Le camion du tueur de Nice est monté sur le trottoir pour contourner le barrage de police, France-3, 16.7.2016, =2194.

1130- https://www.tagesschau.de/multimedia/audio/audio-32491.html.

1131- http://video.lefigaro.fr/figaro/video/attentat-a-nice-les-temoins-racontent-l-horreur-de-la-soiree/5036692161001/

1132- Elias Davidsson, Briefe an Janine Konopka, =2256.

1133- Soren Seelow, Le profil inédit de Mohamed Lahouaiej Bouhlel, auteur de l'attentat de Nice, Le Monde, 17.7.2016, =2211.

1134- Pascale Égré, Attentat de Nice : 22h45, le camion fou débouche sur la promenade des Anglais, Le Parisien, 16.7.2016, =2212.

1135- Attentat de Nice : le récit d'une soirée d'horreur, Europe Nr. 1, 15.7.2016, =2210.

1136- Die Sendung ist nicht mehr zu finden (Stand 14.9.2016).

1137- Nice attack: At least 84 killed by lorry at Bastille Day celebrations, BBC, 15.7.2016, =2141.

1138- Attentat à Nice. Ce que l'on sait de l'attaque meurtrière , Ouest-France, 15.7.2016, =2214.

1139- En direct - Attentat de Nice: le bilan grimpe à 84 morts, Le Figaro, 15.7.2016, =2166.

1140- Der Videobeweis, Süddeutsche Zeitung, 6.9.2016, =2198.

1141- Als Leute den rasenden Lastwagen bemerkten, entfachte dies eine Lawine von Handyanrufe und Twittermeldungen seitens Polizisten, Sanitärer, Feuerwehrleuten, Journalisten und Passanten, in denen jedes Mal die genaue Zeit gespeichert wird. Darüber hinaus beschrifteten dutzende von Sicherheitskameras die genaue Zeit auf die aufgezeichneten Bilder.

1142- Aurelian Breeden & Benoît Morenne, News of the Attack in Nice, The New York Times, 15.7.2016, 10:10 AM, =2251.

1143- Indemnisations: la crainte du parcours du combattant pour les traumatisés de Nice, La Croix, 17.7.2016, =2252.

1144- Marie Piquemal, Attentats : comment donner un prix à une vie perdue? Libération, 14.2.2016, =2253.

1145- Christian Teevs, Der Lastwagen passte nicht ins Bild, Spiegel Online, 15.7.2016, 07:58 Uhr, =2119.

1146- EBd. =2119.

1147- Ein Lanze für den Unternehmerjournalismus: Richard Gutjahr in Kairo, Medial Digital, 4.2.2011, =2196.

1148- Stuart Jeanne Bramhall, The Arab Spring: Made in the USA (Review of Ahmed Bensada's Book), Global Research, 28.10.2015, =2195.

1149- Thamina Stoll, Shooting in #Munich shopping mall #OEZ!! People running away to seek shelter!! Twitter (besucht am 14.9.2016), =2197 (https://twitter.com/thaminastoll/status/756523948804808708).

1150- Eyewitness reports from Nice: ‚Every five meters there were lifeless bodies', DW, 15.7.2015, =2138.

1151- Nice attack: A firsthand account of the panic on the streets, ABC Net (Australia), 17.7.2016, =2157; und Another Terror Attack In France: Scores Killed In Nice, NPR, 15.7.2016, =2158.

1152- Susanne Freitag in Nizza, 15.7.2016, =2243.

1153- Terror i Nice: Mindst 84 dræbt (Dänisch), Information, 15.7.2016, =2139.

1154- Eyewitness reports from Nice: ‚Every five meters there were lifeless bodies', DW, 15.7.2015, =2138.

1155- Le récit de la terrible nuit du 14-Juillet à Nice, L'Est Républicain, 27.7.2016. =2128.

1156- A Nice, le chaos et la panique après l'attentat meurtrier sur la Promenade des Anglais, La Dépêche, 15.7.2016, =2133.

1157- Eyewitness reports from Nice: ‚Every five meters there were lifeless bodies', DW, 15.7.2015, =2138.

1158- Ebd. =2138.

1159- Attentat à Nice : „Il y a pas de mots pour dire tout ce qui s'est passé ce soir", rapporte un reporter de RTL, RTL, 15.7.2016, =2132.

1160- Mary Atkinson, Tollé après un article « choquant » contre une journaliste musulmane couvrant l'attentat de Nice, Middle East Eye, 20.7.2016, =2134.

1161- Alain Marschall: "On m'a raconté des scènes d'horreur" sur la promenade de Nice, BFM-TV, 15.7.2016, =2161.

1162- Ambiance irréelle à #Nice où se mêlent personnes traumatisées et vacanciers partant sur la plage ou sirotant du champagne dans les hotels, Marie-Estelle Pech, Twitter, 15.7.2016, =2244.

1163- Attaque à Nice : le témoignage d'un journaliste de MYTF1News présent sur place, Planet.fr, 15.7.2016, =2130.

1164- SWR-Reporterin Karin Senz hat mit trauernden Jugendlichen in Nizza gesprochen, SWRinfo, Scoopnest, August 2016, =2199. Allerdings hat SWR alle Interviews mit Karin Senz aus Nizza von ihrer Webseite entfernt. Sie erscheinen immer noch (5.9.2016) auf einer Google-Suche. Habe eine Anfrage an ihr am 14.9.2016 gesendet.

1165- Nice attack: Australians who witnessed the horror share their story, ABC News (Australia), 15.7.2016, =2140.

1166- Barbara Vorsamer & Jens Schneider, Das sind die Opfer von Nizza, Süddeutsche Zeitung, 15.7.2016, =2162.

1166b - Damien Allemand, "C'était une soirée cool...", Medium.com, 15.7.2016, #2912)

1167- Attentat à Nice: le „caractère terroriste ne peut être nié" affirme François Hollande, France Soir, 15.7.2016, =2249.

1168- Attentat de Nice: pour Molins, l'attaque correspond „aux appels permanents aux meurtres" des organisations djihadistes, France Soir, 15.7.2016, =2250.

1169- Nice, 202 blessés, l'auteur formellement identifié, Nice-Matin, 16.7.2016, =2122.

1170- Erklärung von Staatspräsident François Hollande nach den Ereignissen in Nizza, 15.7.2016, Französische Botschaft, Berlin, =2201.

1171- Communiqué de presse, Jean-Marie Le Pen, 15.7.2016, 02:54 Uhr, =2203.

1172- Eugénie Bastié, Attentat de Nice : une victime sur trois était musulmane, Le Figaro, 19.7.2016, =2204.

1173- Communiqué de François Fillon suite à l'attentat de Nice, 15.7.2016, =2200.

1174- Après l'attentat de Nice, les condamnations des politiques face à la „barbarie", Les Echos,15.7.2016, =2202.

1175- David Chazan et al, Nice terror attack: ‚soldier of Islam' Bouhlel ‚took drugs and used dating sites to pick up men and women, The Telegraph (UK), 17.7.2016, =2156.

1176- Paul Craig Roberts, The Tide is Turning: The Official Story Is Now The Conspiracy Theory, www.paulcraigroberts.org, 7.9.2016, =2118.

1177- Die aggressive Politik der USA gegenüber Kuba, Iran, Venezuela, Libyen und Syrien zeigt, dass besonders Staaten, die sich nicht dem Willen der globalen Finanzwelt unterordnen wollen, destabilisiert oder angegriffen werden.

1178- FBI rechnet nach IS-Niederlage in Syrien und Irak mit „terroristischer Diaspora", Zeit Online, 14.7.2016, =2171.

1179- Attentäter identifiziert, Tagesschau, 15.7.2016, =2254.

1180- Le récit de la terrible nuit du 14-juillet à Nice, Le Dauphiné, 15.7.2016, =2169.

1181- Attentat à Nice: un rescapé russe témoigne, Le Courrier de Russie, 18.7.2016, =2153.

1182- Vincent Vantighem & Olivier Aballain, Attentat de Nice: Comment un camion de location est devenu une arme meurtrière, 20 minutes, 15.7.2016, =2116.

1183- Attentat à Nice: un Israélien diffuse une étrange vidéo, Panamza, 15.7.2016, =2216 (http://www.panamza.com/150716-nice-israel-video/).

1184- Siehe insbesondere Blandine Le Cain, Pourquoi tant de rumeurs naissent-elles pendant les attentats? Le Figaro, 20.7.2016, =2178.

1185- Aline Teston, Attentat de Nice : les déclarations du procureur de la République de Paris, François Molins, Public, 15.7.2016, =2205.

1186- En direct - Attentat de Nice: le bilan grimpe à 84 morts, Le Figaro, 15.7.2016, =2166.

1187- Richard K. Breuer, Der Terroranschlag in Nizza vom 14. Juli 2016 und die Widersprüche - Eine Analyse! 30.8.2016, =2179.

1188- Ebd.

1189- Paul Barelli & Yves-Michel Riols, Attentat à Nice: la ville s'était pourtant préparée, Le Monde, 15.7.2016, =2258.

1190- Richard K. Breuer, Anm. 98, =2179.

1191- Attentat de Nice: La discothèque le High Club transformée en hôpital de fortune, 20 minutes, 18.7.2016, =2206.

1192- Attentat à Nice: une boîte de nuit transformée en hôpital d'urgence, BFM-TV, 18.7.2016, =2008.

1193- Fabien Binacchi, Découvrez le «hit de l'été» des pompiers pour promouvoir leur bal, 20 minutes, 30.5.2016, =2209.

1194- Attentat de Nice: hôtels et hôpitaux

ont accueilli une centaine de blessés, Le Journal du Médecin, 15.7.2016, =2207.

1195- Ebd.
1196- Siehe Bilder von bedeckten Leichen, Nizza, 14-15.7.2016, =2165.

1197- Richard K. Breuer, Anm. 98, =2179.

1198- Marc Nüßen, Todesfestellung, Recht im Rettungsdienst, =2143.

1199- „Un véritable carnage“, „des scènes totalement surréalistes“ : les premiers témoignages de l'attaque de Nice, Le Vif, 15.7.2016, =2215.

1200- Alain Auffray et al, Nice, la nuit de l'apocalypse, Libération, 15.7.2016, =2240.

1201- Fabien Binacchi, Attentat de Nice: «Dès que je croise un camion, j'ai l'impression qu'on va me tirer dessus», 20 minutes, 15.7.2016, =2150.

1202- Le récit de la terrible nuit du 14-juillet à Nice, Le Dauphiné, 15.7.2016, =2169.

1203- Attaque à Nice: „Le bilan est encore très incertain mais il est extrêmement lourd“, BFM-TV, 14.7.2016, =2168.

1204- Le récit de la terrible nuit du 14-juillet à Nice, Le Dauphiné, 15.7.2016, =2169.

1205- Ebd. =2169.

1206- Audrey Garric, Au CHU de Nice après l'attentat: 'C'est comme s'il y avait eu cent accidents de voiture', Le Monde, 16.7.2016, =2144.

1207- Arnaud Vaulerin, J'ai descendu la Promenade et c'était une scène de guerre, Libération, 15.7.2016, =2146.

1208- Barbara Vorsamer & Jens Schneider, Das sind die Opfer von Nizza, Süddeutsche Zeitung, 15.7.2016, =2162.

1209- Attentat à Nice: le bilan passe à 85 morts, Le Monde, 5.8.2016, =2167.

1210- Attentat de Nice: qui sont les victimes? Le Figaro, 27.7.2016, =2163.

1211- Attentat de Nice : quatre Tunisiens tués, cinq portés disparus , Europe Nr. 1, 27.7.2016, =2164.

1212- La ville de Nice a honoré Franck, Gwenaël et Alexandre, ses trois héros de l'attentat, Nice-Matin, 26.7.2016, =2237.

1213- Aussagen von Franck und Alexandre Migues (oder Nigues) über ihre Versuche den Lkw zu stoppen. =2255.

1214- Kimiko De Freytas-Tamura, For One Man, Three Seconds to Safety, The New York Times, 15.7.2016, =2148.

1215- http://www.lemonde.fr/les-decodeurs/article/2016/07/16/attentat-de-nice-une-video-manipulee-fait-croire-que-le-terroriste-a-ete-capture-vivant_4970688_4355770.html#1vG4EV-0B4JmvJP2U.99.

1216- Le récit de la terrible nuit du 14-juillet à Nice, Le Dauphiné, 15.7.2016, =2169.

1217- Kevin Knitterscheidt, Die Panik begann mit den Schüssen, Handelsblatt, 15.7.2016, Hervorhebung von E.D.,=2100.

1218- Marie Vaton, Attentat de Nice : „Le camion était presque sur nous, j'ai vu le visage du conducteur“, L'Obs, 15.7.2016, =2226.

1219- 12 hit by car on Strip, Las Vegas Review-Journal, 20.9.2007, =2230.

1220- Alex Johnson, Las Vegas Sidewalk Crash: One Dead, Dozens Hurt in ‚Intentional Act‘, NBC News, 21.12.2015, =2228.

1221- Las Vegas car crash: Police say woman with toddler aboard ‚intentionally‘ rams dozens of pedestrians, ABC News (Australia), 21.12.2015, =2229.

1222- Regina F. Graham et al, Female driver, 24, who ‚intentionally plowed into Vegas Strip crowd‘ outside Miss Universe pageant killing mom-of-three was living in her car with toddler, three, Mail Online, 22.12.2015, =2231.

1223· JW Probe: Govt. Hired, Rewarded Vegas Killer Lakeisha Holloway after Putting Her through At-Risk Youth Program, Judicial Watch, 24.2.2016, =2232.

1224· Angelika Finkenwirth, Was wir über den Angriff in Würzburg wissen, Die Zeit, 19.7.2016, =2262.

1225· Ermittler hegen Zweifel an der Herkunft, N-TV, 20.7.2016, =2263.

1226· Bluttat bei Würzburg: „Bin Soldat des Kalifats“: IS veröffentlicht angebliches Droh-Video des Angreifers, FOCUS Online, 19.7.2016, =2264.

1227· Ein Täter aus dem Nichts, Tagesschau, 19.7.2016, =2266.

1228· Ende einer Flucht, Tagesspiegel, 19.7.2016, =2267.

1229· Würzburg: IS-nahe Agentur veröffentlicht Video des Zug-Attent äters, Spiegel Online, 19.7.2016, =2268.

1230· Peter Issig, Attentäter Riaz A. galt als „sehr gut integriert", Die Welt, 19.7.2016, =2273.

1231· Daesh diffuse une vidéo de l'auteur avant l'attaque dans un train en Allemagne: le terroriste identifié comme étant Muhammad Riayad, La Nouvelle Gazette (Belgien), 20.7.2016, =2265.

1232· IS-Video zeigt Täter von Würzburg, Süddeutsche Zeitung, 19.6.2016, =2279.

1233· Allahu akbar: Die afghanische Axt, Der Freitag, 19.7.2016, =2280.

1234· Ermittler hegen Zweifel (...), Anm. 2, =2263.

1235· Angelika Finkenwirth, Anm. 1, =2262.

1236· Ermittler hegen Zweifel, Anm. 2, =2263.

1237· Würzburg: IS-nahe Agentur veröffentlicht Video des Zug-Attentäters, Spiegel Online, 19.7.2016, =2268.

1238· Ende einer Flucht, Anm. 5 =2267.

1239· Würzburg (...), Anm. 6, =2268.

1240· Das Video des Axt-Attentäters im Wortlaut, FAZ, 19.7.2016, =2281.

1241· Zug-Attacke: IS beansprucht Angriff bei Würzburg für sich, Spiegel Online, 19.7.2016, =2271.

1242· Axt-Attentat im Zug: Täter chattete offenbar mit dem IS, Merkur, 8.8.2016, =2274.

1243· Manfred Schweidler, Axt-Terrorist schlüpfte ungeprüft aus Ungarn herein, Main Post, 8.8.2016, =2275.

1244· Angelika Finkenwirth, Anm. 1, =2262.

1245· Die Chronologie der Würzburger Schreckensnacht, Augsburger Allgemeine, 20.7.2016, =2282.

1246· Nach dem Axt-Attentat – ein Ortsbesuch in Ochsenfurt, Berliner Morgenpost, 20.7.2016, =2288.

1247· Angriff in Regionalzug · Innenminister: handgemalte IS-Flagge bei Täter gefunden, Süddeutsche Zeitung, 19.7.2016, =2286; 17-Jähriger greift Reisende in Regionalzug bei Würzburg an · vier Schwerverletzte, Süddeutsche Zeitung, 19.7.2016, =2287.

1248· Sara Sophie Schmitt & Angelika Kleinhenz, Zeugin des Attentats: „Ich werde die Bilder nicht los“, Main Post, 23.7.2016, =2276.

1249· Sicherheit für alle? Fünf wichtige Fragen und Antworten, Merkur, 28.7.2016, =2290.

1250· Ebd.

1251· Anschläge in Bayern: So will die CSU Deutschland vor dem IS-Terror schützen, SHZ, 26.7.2016, =2292.

1252· Ebd.

1253· Florian Gathmann & Philipp Wittrock, Sicherheitsdebatte nach Ansbach: Gegen die Angst, Spiegel Online, 25.7.2016, =2291.

1254· Anschläge in Bayern: US-Geheimdienst entschlüsselte Befehle des IS, Merkur, 14.8.2016, =2294.

1255- So stark ist das Unsicherheitsgefühl der Deutschen, N24, 14.8.2016, =2293.

1256- Johanna Bruckner, „Wir sind keine Rambos", Süddeutsche Zeitung, 22.3.2013, =2295; Tätigkeit und Ausrüstung eines Spezialeinsatzkommandos (http://www.softaireinsatzkommando.de/5.html).

1257- Leiche des Würzburger Attentäters freigegeben, RP Online, 9.8.2016, =2278.

1258- 27-jähriger Attentäter offenbar in Ansbach beerdigt, Nordbayern, 9.8.2016, =2277.

1259- Leichen der Attentäter von München und Würzburg freigegeben, Augsburger Allgemeine, 9.8.2016, =2296.

1260- Leiche des Würzburger Attentäters (...), Anm. 34, =2278.

1261- Bei Würzburg: Mann attackiert Zugreisende mit Axt - vier Schwerverletzte, Spiegel Online, 19.7.2016, =2269.

1262- Sara Sophie Schmitt & Angelika Kleinhenz, Anm. 25, =2276.

1263- Ende einer Flucht, Anm. 5, =2289.

1264- Peter Issig, Anm. 7, =2273.

1265- Herrmann zu Grenzkontrollen: „Das können wir nicht mehr so laufen lassen", Merkur, 28.7.2016, =2283.

1266- Riaz A. erfuhr vom Tod eines Freundes in Afghanistan, Die Welt, 19.7.2016, =2272.

1267- Was wir wissen - und was nicht, Die Welt, 19.7.2016, =2284.

1268- Attentäter von Würzburg galt als ausgeglichen und integriert, Merkur, 20.7.2016, =2285.

1269- Angriff in Regionalzug, Anm. 24, =2286.

1270- Ähnlich wurde die 9/11 Kommission auf einen vorgegebenen Kurs festgelegt: Die Kommission musste von der offiziellen Legende der 19 islamistischen Attentäter ausgehen. Andere Spuren sollte sie nicht verfolgen.

1271- Die „Fakten" zu 9/11 wurden vom US-amerikanischen Kongress am 12. September 2001 politisch festgestellt. Auch die „Fakten" über vermeintliche irakische Massenvernichtungswaffen wurden politisch hergestellt, um die Invasion der USA in Irak zu legitimieren.

1272- Bornstein, B. H., Deffenbacher, K. A., Penrod, S. D., & McGorty, E. K. (2012). Effects of exposure time and cognitive operations on facial identification accuracy: A meta-analysis of two variables associated with initial memory strength. Psychology, Crime, & Law, 18, 473–490; Sheena M. Lorenza, Factors Affecting the Accuracy of Eyewitnesses Identification, The Review: A Journal of Undergraduate Student Research, Vol. 6, Article 9 (2003), =2022.

1273- Schießerei in München, LKA, 1284. Nachtrag vom 23.7.2016, =2076.

1274- Anzeige gegen OEZ-Anwohner: Das sagt der Staatsanwalt, TZ, 4.8.2016, =2058.

1275- Amoklauf in München: Im Rucksack des Täters waren noch 300 Schuss Munition, Der Spiegel Online, 23.7.2016, =2082.

1276- Polizei nach Leichenfund: womöglich ein Täter, Süddeutsche Zeitung, 22.7.2016, 22:39 Uhr, =2083.

1277- Polizei identifiziert 18-Jährigen als mutmaßlichen Täter, Die Zeit, 22.7.2016, =2079.

1278- Die Ereignisse vom Freitag zum Nachlesen, N-TV, 23.7.2016, =2074.

1279- Ebd. =2074.

1280- Ebd. =2074.

1281- Schießerei in München, LKA, 1282. Nachtrag vom 22.7.2016, =2077.

1282- Christian Unger und Eva Adler, Chaos und Panik in der Innenstadt, Berliner Morgenpost, 25.7.2016, =2073.

1283- Schüsse in München: Mehrere Tote bestätigt, Polizei geht von Amoklauf aus, web.de, =2068.

1284· Zehn Tote in München, Stadt unter Schock, Tagesschau, Ende des Liveblogs, 23.7.2016, 18:06 Uhr, =2078.

1285· Tote bei Schießerei in Münchner Einkaufszentrum, Süddeutsche Zeitung, 22.7.2016, =2072.

1286· Internet-Bilder schocken TV-Zuschauer, Tagesspiegel, 22.7.2016, =2070.

1287· München Schießereien um Einkaufszentrum · Mindestens zehn Tote! Express, 22.7.2016, 18:43, =2093.

1288· Deutsch-Iraner (18) erschießt offenbar neun Menschen und tötet sich selbst, t-online Nachrichten, 23.7.2016, =2067.

1289· Peter Orzechowski, Die tödlichen Schüsse von München: der verschwiegene Terror-Angriff, Kopp Verlag, 24.7.2016, =2080.

1290· Übersicht der veröffentlichten Pressemeldungen zur Schießerei in München, Bayerische Polizei, 23.7.2016, =2065; Polizei identifiziert 18-Jährigen als mutmaßlichen Täter, Die Zeit, 22.7.2016, =2079.

1291· Täter als Deutsch-Iraner identifiziert, ORF, 23.7.2016, =2084.

1292· Amoklauf in München: Schüsse in Einkaufszentrum, 10 Tote, Täter ein 18 Jahre alter Deutsch-Iraner · die Chronologie, web.de, =2071.

1293· Peter Orzechowski, Die Todesschüsse von München: Es war alles viel schlimmer, als man uns vorlügt, Kopp Online, 25.7.2016, =2092.

1294· Amoklauf in München (...), Anm. 20, =2071.

1295· Was wir über die Lage in München wissen, Süddeutsche Zeitung, 22.7.2016, 22:58, =2061.

1296· http://www.zdf.de/ZDFmediathek/beitrag/video/2794344/heute-spezial#/beitrag/video/2794344/heute-spezial

1297· Chris Williams and Jason Hanna, Several killed in shooting at Munich shopping mall, CNN, 22.7.2016, =2063.

1298· Zehn Tote in München, Stadt unter Schock, Tagesschau, Ende des Liveblogs, 23.7.2016, 18:06 Uhr, =2078.

1299· Ebd. =2078.

1300· Ebd. =2078.

1301· LKA: Zahl der Verletzten nach Amoklauf weiter erhöht, Süddeutsche Zeitung, 24.7.2016, =2064.

1302· Catherine E. Shoichet, Ralph Ellis & Jason Hanna, Munich shooting: 9 victims, gunman dead, police say, CNN, 23.7.2016, =2086.

1303· Gerhard Fischer, „Der Mann ging an unseren Tisch und schoss auf uns“ , Süddeutsche Zeitung, 19.8.2016.=2052.

1304· A92, A93, A94, A95

1305· Täter als Deutsch-Iraner identifiziert, Anm. 19, =2084.

1306· Danny Collins, Ellie Flynn & Guy Birchall, Killer 'lured kids to death'. Shooter hacked young girl's Facebook account to advertise free food at McDonald's, The Sun, 22.7.2016, =2090.

1307· Deshalb kreisen so viele Hubschrauber über der Stadt, Abendzeitung, 22.7.2016, 08:24 Uhr, =2081.

1308· Sebastian Matthes et al, Anm. 23, =2085.

1309· http://www.zdf.de/ZDFmediathek/beitrag/video/2793962/heute-in-Europa-vom-22.07.2016#/beitrag/video/2793962/heute-in-Europa-vom-22.07.2016.

1310· Schüsse in München, Anm. 11, =2068.

1311· Wie „Maurächer“ an seine Waffe kam, N24, =2075.

1312· Albert Schäffer,Wie Seehofer die richtigen Worte findet, FAZ, 26.7.2016, =2069.

1313· Der Terror als Mittel zur Überwindung der Demokratie, Jens Wernicke im Gespräch mit Conrad Schuhler, NachDenkSeiten, 8.8.2016, http://www.nachdenkseiten.de/?p=34525.

1314· De Maizière warnt vor Fehlinformationen im Internet, Die Zeit, 25.7.2016, =2089.

1315· Wie „Maurächer", Anm. 42, =2075.

1316· Ebd. =2075.

1317· Ebd. =2075.

1318· Amoklauf in München: Schüsse in Einkaufszentrum, 10 Tote, Täter ein 18 Jahre alter Deutsch-Iraner - die Chronologie, web.de, =2071.

1319· Peter Orzechowski, Die tödlichen Schüsse von München: der verschwiegene Terror-Angriff, Kopp Verlag, 24.7.2016, =2080.

1320· Amoklauf in München: Anm. 49, =2071.

Abkürzungsverzeichnis

AFIP	Armed Forces Institute of Pathology (Pathologisches Institut der Amerikanischer Armee)
AP	Associated Press
ASCE	American Society of Civil Engineers
ATD	Anti-Terror-Datei (Deutschland))
BfS-	Bundesverfassungsschutz (Deutschland)
BGH	Bundesgerichtshof (Deutschland)
BKA	Bundeskriminalamt (Deutschland)
BND	Bundesnachrichtendienst (Deutschland)-
CIA	Central Intelligence Agency (Auslandsgeheimdienst der USA)
CVR	Cockpit Voice Recorder (Stimmenrekorder eines Flugschreibers)
DoD	Department of Defense (US-amerikanisches Verteidigungsministerium)
EMT	Emergency Medical Technician (Notfallsanitäter)
EPA	Environmental Protection Agency (Umweltschutzbehörde der USA)
EST	Eastern Standard Time
FAA	Federal Aviation Administration
FAQ	Frequently Asked Questions (Häufig gestellten Fragen)

FBI	Federal Bureau of Investigation
FBIS	Foreign Broadcast Information Service (CIA)
FEMA	Federal Emergency Management Agency (Katastrophenschutz der USA)
FOIA	Freedom Of Information Act (Informationsfreiheitsgesetz der USA)
GTAZ	Gemeinsames Terrorabwehrzentrum (Deutschland)
IAKMR	Interamerikanische Kommission für Menschenrechte
IRS	Internal Revenue Service (Bundessteuerbehörde der USA)
KSM	Khaled Sheikh Mohammed
LKA	Landeskriminalamt (Deutschland)
MAD	Militärischer Abschirmdienst (Deutschland)
MIT	Türkischer Geheimdienst
NCIC	National Crime Information Center (Zentrale Sammlung von Informationen in Zusammenhang mit der Kriminalitätsbekämpfung in den USA)
NEADS	North American Aerospace Defense Command
NIST	National Institute of Standards and Technology (Nationales Institut für Standards und Technologie, USA)
NORAD	Siehe NEADS
NSA	National Security Agency (Größte Auslandsgeheimdienst der USA)
NTSB	National Transportation Safety Board (Nationale Behörde für Transportsicherheit, USA)

OEM	Office of Emergency Management (in WTC Nr. 7): Katastrophenstab der Stadt New York
OLG	Oberlandesgericht
PNAC	Project for a New American Century
SEC	Security and Exchange Commission (Börsenaufsichtsbehörde der USA)
StGB	Strafgesetzbuch (Deutschland)
StPO	Strafprozessordnung (Deutschland)
SWIFT	Society for Worldwide Interbank Financial Telecommunication
TBG	Terrorismusbekämpfungsgesetz (Deutschland)
WSWS	World Socialist Web Site
WTC	World Trade Center, New York

Literaturverzeichnis

Zitierte Bücher

Aaronson, Trevor: *The Terror Factory: Inside the FBI's Manufactured War on Terrorism* (lg Publishing, 2013).

Aggoun, Lounis & Jean-Baptiste Rivoire, *Françalgérie, crimes et mensonges d'états - histoire secrète de la guerre d'indépendance à la 'troisième guerre' d'Algérie* (La Découverte, 2004).

Ahmed, Nafeez Mosaddeq: *The War on Truth: 9/11, Disinformation, and the Anatomy of Terrorism* (Olive Branch Press, 2005).

Barrett, Wayne & Dan Collins: *Grand Illusion: The Untold Story of Rudy Giuliani and 9/11* (HarperCollins Publishers, 2006).

Beamer, Lisa: *Let's Roll* (Tyndale House Publishers, 2002).

Bernreuther, Marie-Luise: *Made in USA - Realitätskonstruktionen nach dem 11. September* (Peter Lang, 2004).

Bossi, Rolf: *Halbgötter in Schwarz: Deutschlands Justiz am Pranger* (Eichborn Verlag, 2006).

Brzezinski, Zbigniew K. : *The Grand Chessboard: American Primacy and Its Geostrategic Imperatives* (Basic Books, 1998); *Die einzige Weltmacht* (Fischer Taschenbuch Verlag, 1999).

Burnett, Deena: *Fighting Back* (Advantage Books, 2006).

Carpenter, Ted Galen: *A Search for Enemies: America's Alliances after the Cold War* (Cato Institute, 1992).

Clarke, Richard: *Against All Enemies: Inside America's War on Terror* (Free Press, 2004).

Davidsson, Elias: *Hijacking America's Mind on 9/11: Counterfeiting Evidence* (Algora Publishers, 2013).

del Pino, Luís: *The enigmas of March 11* (LibrosLibres, 2006).

Gaffney, Mark H.: *The 9/11 Mystery Plane and the Vanishing of America* (Trine Day LLC, 2008).

Ganser, Daniele: NATO's *Secret Armies: Operation Gladio and Terrorism in Western Europe: An Approach to NATO's Secret Stay-Behind Armies* (Cass, 2005).

Gilbert, Gustave M. : *Nürnberger Tagebuch* (Fischer, 1962).

Griffin, David Ray: *The 9/11 Commission Report: Omissions and Distortions* (Olive Branch Press, 2005).

Hopsicker, Daniel: *Welcome to Terrorland - Mohammed Atta and the 911 Cover-Up in Florida* (MadCow Press, 2004); Welcome to Terrorland - Mohammed Atta und seine amerikanischen Helfer, mit einem Nachwort von Mathias Bröckers (Zweitausendeins, 2004).

Lance, Peter: *Triple Cross* (HarperCollins Publishers, 2006).

Lutterbach, Hubertus & Jürgen Manemann (Hrsg): *Religion und Terror* (Aschendorff Verlag, 2002).

McDermott, Terry: *Perfect Soldiers: The 9/11 Hijackers: Who They Were, Why They Did It?* (HarperCollins Publishers, 2005).

Nacos, Brigitte L. : *Mass-mediated Terrorism* (Rowman & Littlefield Publishers, 2002).

Rolf Gössner, *Geheime Informanten* (Knaur, 2003).

Ruppert, Michael C. : *Crossing the Rubicon: The Decline of the American Empire at the End of the Age of Oil* (New Society Publishers, 2004).

Samraoui, Mohammed: *Chroniques des années de sang. Algérie: comment les services secrets ont manipulé les groupes islamique*s (Denoël, 2003); *Chronik der Jahre des Blutes* (Zambon, 2012).

Shenon, Philip: *The Commission: The Uncensored History of the 9/11 Investigation* (Little, Brown & Company, 2008).

Smith, Dennis: *Report from Ground Zero: The Story of the Rescue Efforts at the World Trade Center* (Viking Adult, 2002).

Spencer, Lynn: *Touching History, The Untold Story of the Drama That Unfolded in the Skies Over America on 9/11*, (Free Press, 2011).

Tarpley, Webster G.: *9/11 Synthetic Terrorism Made in USA* (Progressive Press, 2006).

Thoden, Ronald (Hrsg): *Terror und Staat, Der 11. September - Hintergründe und Folgen* (Kai Homilius Verlag, 2004).

Trento, Susan B. & Joseph J. Trento: *Unsafe at any Altitude: Failed Terrorism Investigations, Scapegoating 9/11, and the Schocking Truth about Aviation Security Today* (Steerforth Press, 2006).

Trojanow Ilija & Juli Zeh: *Angriff auf die Freiheit: Sicherheitswahn, Überwachungsstaat und der Abbau bürgerlicher Rechte*, (dtv, 2010).

von Essen, Thomas: *Strong of Heart: Life and Death in the Fire Department of New York* (Regan Books, 2002).

Wisnewski, Gerhard: *Verheimlicht, vertuscht, vergessen* (Knaur, 2013).

Wisnewski, Gerhard: *Die Wahrheit über das Attentat auf Charlie Hebdo: Gründungsakt eines totalitären Europa* (Kopp Verlag, 2015).

Zarembka, Paul (Ed.): *The Hidden History of 9-11* (Seven Stories Press, 2008).

Zusätzliche ausgewählte Literatur

Ahmad, Shamshad: *Rounded up - Artificial Terrorists and Muslim Entrapment After 9/11* (Shamshad, 2009).

Ahmed, Nafeez Mosaddeq: *The London Bombings, An Independent Inquiry* (Duckworth, *2006.)*

Bröckers, Mathias: *Verschwörungen, Verschwörungstheorien und die Geheimnisse des 11.9* (Zweitausendeins, 2002).

Bröckers, Mathias & Christian C. Walther: *11.9. - Zehn Jahre danach - Der Einsturz eines Lügengebäudes* (Westend, 2011).

Coll, Steve*: Ghost Wars, The Secret History of the CIA, Afghanistan and bin Laden, from the Soviet Invasion to September 10, 2001* (Penguin Books, 2004).

Gössner, Rolf: *Geheime Informanten - V-Leute des Verfassungsschutzes: Kriminelle im Dienst des Staates* (Knaur, 2003).

Griffin, David Ray: *The New Pearl Harbor - Disturbing Questions about the Bush Administration and 9/11* (Olive Branch Press, 2004); *Das Neue Pearl Harbor - Band 1: Beunruhigende Fragen zur Bush-Regierung und zum 11. September* (Peace Press, 2016).

Griffin, David Ray: *Christian Faith and the Truth Behind 9/11* (Westminster John Fox Press, 2006).

Griffin, David Ray*: Debunking 9/11 Debunking - An Answer to Popular Mechanics and Other Defenders of the Official Conspiracy Theory* (Olive Branch Press, 2007).

Griffin, David Ray: *9/11 Contradictions - An Open Letter to Congress and the Press* (Olive Branch Press, 2008).

Griffin, David Ray: *The New Pearl Harbor Revisited - 9/11, the Cover-Up, and the Exposé* (Olive Branch Press, 2008).

Griffin, David Ray: *The Mysterious Collapse of World Trade Center 7* (Arris Books, 2009).

Griffin, David Ray: *9/11 Ten Years Later - When State Crimes Against Democracy Succeed* (Haus Publishing, 2011).

Hannover, Heinrich: *Die Republik vor Gericht - Erinnerungen eines unbequemen Rechtsantwalts 1954-1974* (Prospero, 1998).

Henshall, Ian & Rowland Morgan: *9/11 Revealed- Challenging the facts behind the War on Terror* (Robinson, 2005).

Jackson, Richard: *Writing the War on Terrorism - Language, Politics and Counter-Terrorism* (Manchester University Press, 2005).

Keenan, Jeremy: *The Dark Sahara - America's War on Terror in Africa* (Pluto Press, 2009).

Kollerstrom, Nick: *Terror on the Tube - Behind the Veil of 7/7* (ProgRESSive, 2011).

Morgan, Rowland: *Flight 93 Revealed - What really happened on the 9/11 'Let's Roll' flight?* (Robinson, 2006).

Mushrif, S.M.: *Who Killed Karkare - The real face of terrorism in India* (Pharos, 2009).

Netanyahu, Benjamin: *Terrorism - How the West Can Win* (Avon Books,1986).

Paye, Jean-Claude: *Global War on Liberty* (Telos Press Publishing, 2007).

Rampton, Sheldon & John Stauber: *Weapons of Mass Deception* (Robinson, 2003).

Schreyer, Paul: *Inside 9/11 - Neue Fakten und Hintergründe zehn Jahre danach* (Kai Homilius Verlag, 2011).

Walther, Christian C.: *119 Fragen zum 119* (Wilhelm Heyne Verlag, 2003).

Walther, Christian C.: *Der Zensierte Tag - Wie man Menschen, Meinungen und Maschinen steuert* (Wilhelm Heyne Verlag, 2004).

Wisnewski, Gerhard: *Operation 9/11 - Angriff auf den Globus* (Knaur, 2003).

Wisnewski, Gerhard: *Mythos 9/11 - Der Wahrheit auf der Spur* (Knaur, 2004).

Wisnewski, Gerhard: *Operation 9/11 - Der Wahrheit auf der Spur, 10 Jahre danach: neue Beweise* (Knaur, 2011).

Wisnewski, Gerhard: *Verschlußsache Terror - Wie die Welt mit Angst regiert* (Knaur, 2007).

Zwicker, Barrie: *Towers of Deception - The Media Cover-Up of 9/11* (New Society Publishers, 2006).

Namensregister

A

B

C

D

E

F

G

H

I

J

K

L

M

N

S

Y

Z

1- "Piece of Flight 11 gear"

2- "Piece of Flight 175 fuselage"

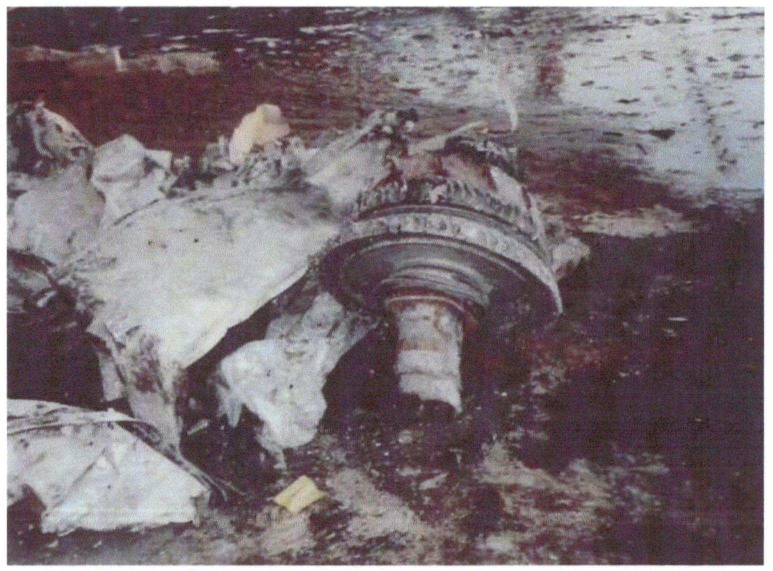

3- Angebliche Trümmer vom Flug AA77 ***(Quelle: Zacarias Moussaoui)***

4-5- Mutmaßliche Absturzstelle des Fluges UA93

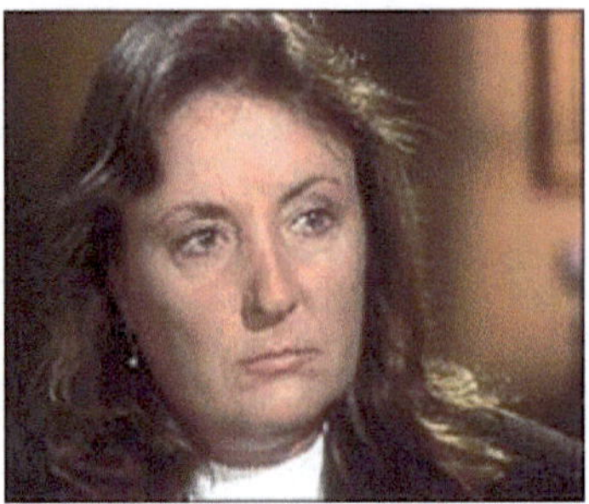

6- Johnelle Bryant

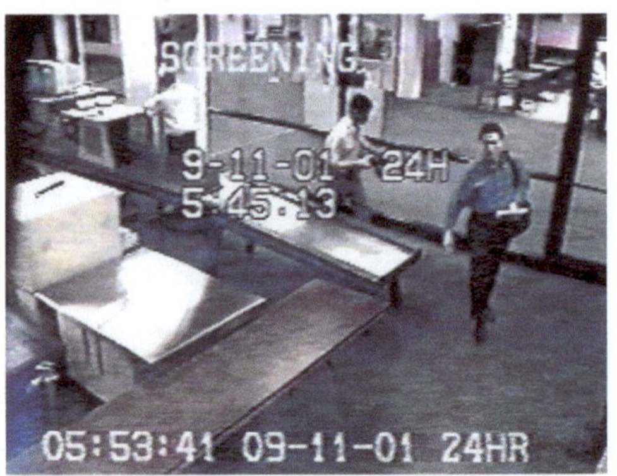

7-8- Atta und Alomari in Portland

9-10- "Attentäter" bei der Sicherheitskontrolle in Dulles

11-12- Entstehung der Staubwolken

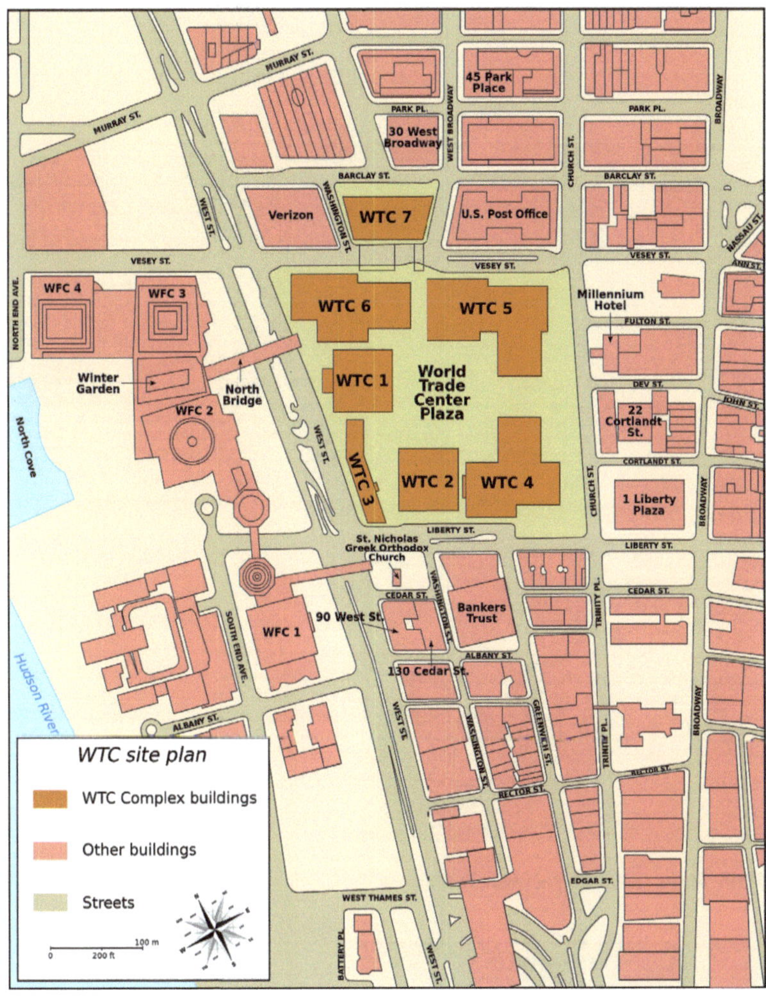

13. Diagramm des WTC Komplexes

14-15- Suche nach Trümmern beim Pentagon

16- Beamte entfernen Metallstücke beim Pentagon

17-21- Standbilder einer Sicherheitskamera beim Pentagon

22- Oberlandesgericht Düsseldorf

23- Militärstützpunkte der USA in Afrika

24- "Arabische Geisterstadt" in der israelischen Wüste zur Ausbildung im städtischen Kampf

25- Zukunftsvision in deutschen Städten?

26- US-Amerikaner feiern die mutmaßliche Ermordung von Osama bin Laden

27- US-Amerikaner feiern die Verhaftung des verwundeten 19-jährigen Jahar

28- Transport eines Schwerverletzten nach den Boston-Anschlägen

29- Mohamed Salmene Lahouaiej Bouhlel

Le camion qui a foncé sur la foule

23:21 - 14 Juil 2016

3 211 931

30- Screenshot aus Nice Matin

31- Mitglied der SEK bei voller Ausrüstung

32-33- Fröhlicher junger Mann (Riaz Khan Ahmadzai)

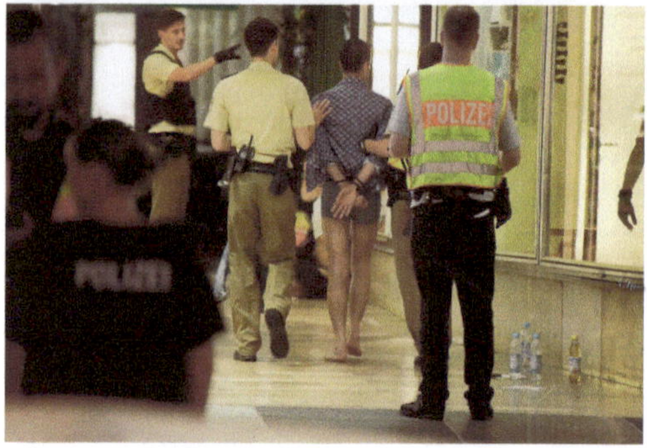

34-35- Verhaftungen in München

36- So wird die Bevölkerung zum Gehorsam trainiert (München, 22. Juli 2016)